Informatik aktuell

Herausgeber: W. Brauer
im Auftrag der Gesellschaft für Informatik (GI)

Springer
Berlin
Heidelberg
New York
Barcelona
Hongkong
London
Mailand
Paris
Singapur
Tokio

Harald Evers   Gerald Glombitza
Thomas Lehmann   Hans-Peter Meinzer (Hrsg.)

Bildverarbeitung für die Medizin 1999

Algorithmen – Systeme – Anwendungen

Proceedings des Workshops
am 4. und 5. März 1999 in Heidelberg

Springer

Herausgeber

Harald Evers
Gerald Glombitza
Abteilung für Medizinische und Biologische Informatik / H0100
Deutsches Krebsforschungszentrum
D-69120 Heidelberg

Thomas Lehmann
Institut für Medizinische Informatik
Universitätsklinikum der RWTH Aachen
D-52057 Aachen

Hans-Peter Meinzer
Abteilung für Medizinische und Biologische Informatik / H0100
Deutsches Krebsforschungszentrum
D-69120 Heidelberg

Die Deutsche Bibliothek - CIP-Einheitsaufnahme

Bildverarbeitung für die Medizin 1999 : Algorithmen - Systeme -
Anwendungen ; proceedings des Workshops am 4. und 5. März 1999
in Heidelberg / Hrsg.: Harald Evers ... - Berlin ; Heidelberg ; New
York ; Barcelona ; Hongkong ; London ; Mailand ; Paris ; Singapur ;
Tokio : Springer, 1999
   (Informatik aktuell)
   ISBN-13: 978-3-540-65627-2

CR Subject Classification (1999):
I.4, I.5, I.6, J.3, I.3.3, I.3.5, I.3.6, I.3.7, I.6.3

ISBN-13: 978-3-540-65627-2   e-ISBN-13: 978-3-642-60125-5
DOI: 10.1007/978-3-642-60125-5

Satz: Reproduktionsfertige Vorlage vom Autor/Herausgeber
Druck- u. Bindearbeiten: Weihert-Druck GmbH, Darmstadt
SPIN: 10682341   33/3142-543210 – Gedruckt auf säurefreiem Papier

Vorwort

Die Welt wird täglich digitaler. Neben den Neuerungen im Alltag, wie den digitalen Telefonnetzen, Online-Banking, Steuerungen in Geräten und Maschinen, digitalem Fernsehen und Satellitennavigation, ist in der Medizin schon seit vielen Jahren die digitale Bildgebung etabliert. Das digitale Format der Bilddaten erlaubt eine breite Anwendung der Bildverarbeitung für die Medizin. Die computergestützte Bildverarbeitung wird mit dem Ziel eingesetzt, Strukturen automatisch zu erkennen und insbesondere pathologische Abweichungen aufzuspüren und zu quantifizieren, um so z.B. zur Qualitätssicherung in der Diagnostik beizutragen. Doch die Anforderungen sind hoch, um die visuellen Fähigkeiten eines Experten bei der Begutachtung von medizinischem Bildmaterial nachzubilden. Dennoch gelingt die wichtige Unterscheidung von Strukturen durch zielgerichtete Algorithmen in Kombination mit der Leistungsfähigkeit moderner Computer. So wird es möglich, die Algorithmen und Technologien der medizinischen Bildverarbeitung zur Unterstützung der Medizin und zum Wohle der Patienten einzusetzen. Der Workshop *Bildverarbeitung für die Medizin 1999* bietet hier ein Podium zur Präsentation und Diskussion neuer Algorithmen, Systeme und Anwendungen.

Die Arbeitsgruppe Medizinische Bildverarbeitung der GMDS sowie die Fachgruppe Imaging und Visualisierungstechniken der GI haben zwischen 1992 und 1997 jedes Frühjahr in Freiburg einen Workshop zur medizinischen Bildverarbeitung veranstaltet. Im November 1996 hat am damaligen Institut für Medizinische Informatik und Biometrie der RWTH Aachen mit Unterstützung des Joint Chapters Engineering in Medicine and Biology (IEEE German Section) ein Workshop Bildverarbeitung für die Medizin stattgefunden. 1998 fand am Institut für Medizinische Informatik der RWTH Aachen erstmalig der gemeinsame Workshop vieler auf diesem Gebiet tätiger Fachgesellschaften statt. Der Workshop *Bildverarbeitung für die Medizin 1999* am Deutschen Krebsforschungszentrum Heidelberg führt diese Tradition fort.

95 Beiträge aus 8 Ländern wurden eingereicht und von jeweils zwei unabhängigen Gutachtern beurteilt. Anhand dieser Bewertungen wurden 83 Beiträge für den Workshop ausgewählt und in Vortrags- und Postersessions sowie Systemdemonstrationen zu den Themen Bildkorrektur und -filterung, Registrierung (I und II), Segmentierung (I, II und III) und Quantifizierung von Bildinhalten (I und II), Visualisierung (I und II), Archivierung und Anwendungen (I, II und III) gruppiert. Die Internet-Seiten des Workshops geben ausführliche Auskunft über das Programm und organisatorische Details rund um den Workshop. Sie sind abrufbar unter der Adresse:

http://mbi.dkfz-heidelberg.de/bvm99

Die Herausgeber dieser Proceedings möchten all denen einen herzlichen Dank aussprechen, die zum Gelingen des Workshops beigetragen haben: den Autoren für die rechtzeitige und formgerechte Einsendung ihrer interessanten Abstracts und Beiträge, dem Programmkomitee für die gewissenhafte und termingerechte Begutachtung, den Mitarbeitern der Abteilung Medizinische und Biologische Informatik des Deutschen Krebsforschungszentrums für die tatkräftige Unterstützung bei der Organisation und Durchführung des Workshops. Herrn Athanasios M. Demiris danken wir insbesondere für die Erstellung der Online-Formulare und die Programmierung der darauf aufsetzenden Auswertungen.

Allen Teilnehmerinnen und Teilnehmern wünschen wir auf dem Workshop *Bildverarbeitung für die Medizin 1999* einen interessanten Erfahrungsaustausch sowie ein wenig Zeit für die historische Umgebung im romantischen Heidelberg.

Heidelberg, im Januar 1999

Harald Evers
Gerald Glombitza
Thomas Lehmann
Hans-Peter Meinzer

Inhaltsverzeichnis

Bildkorrektur

Bildfilterung

Registrierung

Quantifizierung

Visualisierung

Bildarchivierung

Anwendungen

Systemdemonstrationen

Bildkorrektur

3D Bildrekonstruktion mit Hilfe geometrischer Modelle

Andreas Herzog, Bernd Michaelis, Katharina Braun*, Henning Scheich*

Otto-von-Guericke Universität Magdeburg
Universitätsplatz 2
D-39016 Magdeburg
Email: andreas.herzog@e-technik.uni-magdeburg.de
*Leibniz-Institut für Neurobiologie
Brenneckestraße 6
D-39118 Magdeburg

Zusammenfassung. Durch den Einsatz von geometrischen Modellen ist es möglich, auf einfache Weise a-priori Wissen über den zu erwartenden Bildinhalt in die Bildrekonstruktion einfließen zu lassen. Dabei können sowohl die Abbildungseigenschaften des Bildaufnahmesystems als auch statistische und geometrische Zusammenhänge zwischen den Bildpunkten berücksichtigt werden. Durch die Wahl der Modellparameter und Vorgabe ihrer Fehlergrenzen läßt sich die Güte der Approximation beeinflussen. Im Ergebnis erhält man geometrische Modelle der im Bild vorhandenen Objekte, die in den gewählten Grenzen der Modellierung eine optimale Rekonstruktion darstellen. Aus den Parametern der Modelle lassen sich morphologische Eigenschaften wie Längen, Durchmesser, Volumen und Lagebeziehungen ableiten. Die Modelle können einfach und schnell visualisiert werden.

Schlüsselwörter: Bildrekonstruktion, geometrische Modelle

1   Einleitung

Bei den klassischen Methoden der Bildrekonstruktion zwei- oder dreidimensionaler Grauwertbilder können oft nur die Übertragungseigenschaften des Bildaufnahmesystems und statistische Eigenschaften des Rauschens berücksichtigt werden [1]. Die oft bestehenden geometrischen Zusammenhänge zwischen den benachbarten Pixeln bzw. Voxeln werden hingegen nicht berücksichtigt. Jeder Grauwert stellt hier einen unabhängigen Parameter dar. Als Folge dessen ist die zu verarbeitende Informationsmenge hoch. Praktisch lassen sich aber zwischen benachbarten Bildpunkten deutliche Zusammenhänge finden. In vielen Fällen können die Zusammenhänge zwischen den Voxeln durch geometrische Modelle mit wenigen Parametern beschrieben werden. Die freie Wahl der Parameter und deren Fehlergrenzen ermöglicht es, sehr einfach a-priori Wissen zu integrieren.

Es soll ein Verfahren vorgestellt werden, mit dem Modelle von baumartig verzweigte Strukturen aus dreidimensionalen Grauwertbildern entwickelt werden können. Als Beispiel wird die Erkennung und Vermessung von Dendritenbäumen und dendritischen Spines aus dreidimensionalen Grauwertbildern eines konfokalen Laserscan-Mikroskops gewählt (siehe Abb. 1). Die Schwierigkeiten sind hier in dem schlechten Signal-Rausch-Verhältnis und in der richtungsabhängigen Übertragungsfunktion zu sehen. Das Verfahren läßt sich prinzipiell aber auch für andere Objekte (Blutgefäße oder Lungenkanäle) und andere bildgebende Verfahren (MR, CT, Schnittbilder) anwenden.

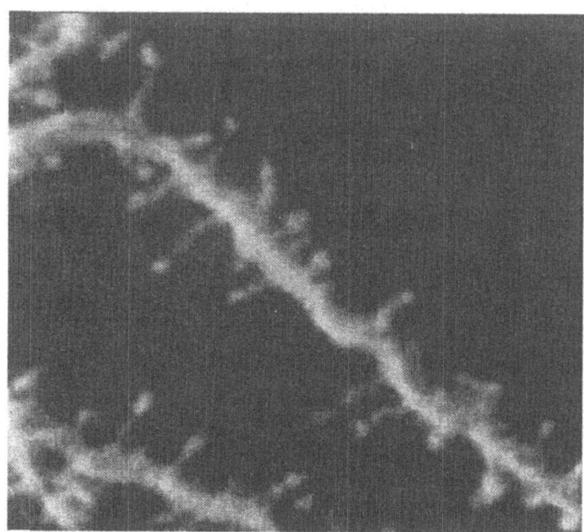

Abb. 1 Dendritenabschnitt mit Spines (Schattenprojektion von 3D - Grauwertbild)

2 Modellbasierte Bildrekonstruktion

2.1 Schrittweises Vorgehen und interaktive Korrektur

Geometrische Modelle gestatten eine schrittweise Bildrekonstruktion. In einem ersten Schritt wird ein Objekt erkannt und zunächst grob dargestellt. Eine grobe Darstellung bedeutet hier, daß nur wenige Parameter benutzt werden und der Wertebereich grob diskretisiert ist. In einem zweiten Schritte wird das Modell durch eine Beschreibung mit mehr freien Parametern ersetzt und die Parameter durch Minimieren eines Fehlerkriteriums optimiert.

Dieses schrittweise Vorgehen hat den Vorteil, daß das Erkennungssystem zur Erfassung typischer Teilobjekte aus denen sich zum Beispiel ein Dendritenabschnitt zusammensetzt, von der eigentlichen Bildrekonstruktion abgekoppelt ist. Gerade im biologischen Bereich hat sich gezeigt, daß automatische Erkennungssysteme nur bis zu einem bestimmten Grad korrekt arbeiten, da oft auch pathologische Fälle untersucht werden sollen. Hier ergibt sich eine einfache Möglichkeit einer interaktiven Korrektur für die jeweils auszuwertenden geometrischen Modelle. Da diese Korrektur aber vor der Optimierung der Modellparameter erfolgt, ist das Meßergebnis unabhängig davon, ob das Objekt von einem automatisch arbeitenden Algorithmus oder vom Bediener gefunden wurde. Auch die Subjektivität einer interaktiven Korrektur von Parametern wird so weitgehend unterdrückt.

Zudem läßt sich mit geometrischen Modellen die Genauigkeit lokal differenzieren. Das ist vor allem dann sinnvoll, wenn einige Objekte nur zum Bestimmen der Lagebeziehungen gebraucht werden oder schnell als uninteressant klassifiziert werden können. So läßt sich erheblich Rechenzeit bei der Optimierung und auch bei der Visualisierung einsparen.

Diese Möglichkeit wird bei der Erkennung und Vermessung dendritischer Spines genutzt. Der Dendrit und die Spines werden zunächst mit einem einfachen Volumenmodell, das aus Raumprimitiven zusammengesetzt ist, beschrieben. Die speziell interessierenden Spineköpfe werden sich dann in einem zweiten Prozeß mit einem genaueren Oberflächenmodell beschrieben.

2.2 Initialisierung

Die Initialisierung der geometrischen Modelle ist sehr stark von den zu untersuchenden Objekten abhängig. Hier sollte möglichst viel a-priori Wissen über Größe, Form und Lagebeziehungen mit einfließen und stark abstrahiert werden.

Zum Beispiel lassen sich baumartig verzweigte Strukturen, wie Dendriten einer Nervenzelle durch aneinandergefügte zylindrische Basiselemente gut darstellen. Dabei kann die Länge und der Radius dieser Elemente zunächst als konstant oder in nur wenigen Stufen quantisiert betrachtet werden. Des weiteren kann eine zum groben Verfolgen des Dendriten ausreichende Anzahl von Raumrichtungen definiert werden.

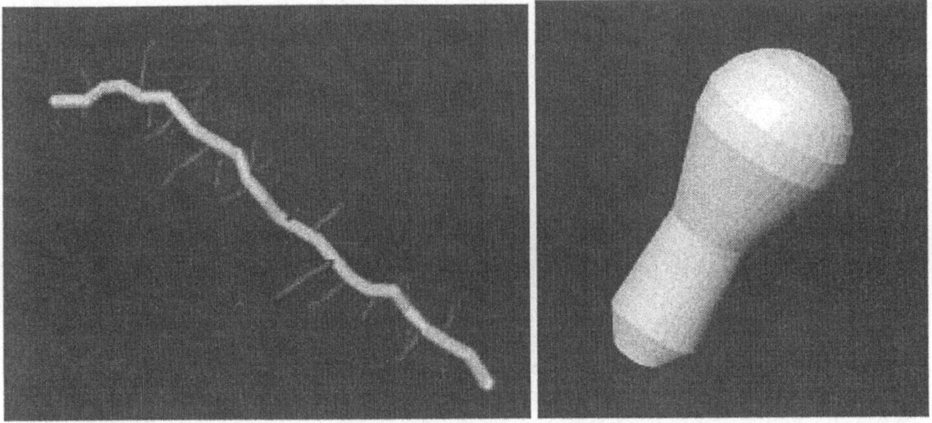

Abb. 2 Modell nach Initialisierung und manueller Bearbeitung (links)
Oberflächenmodell des Spinekopfes (rechts)

Nach dem Setzen eines Startelementes erfolgt durch das automatische Aneinandersetzen der zylindrischen Basiselemente die Erstellung eines Grobmodells. Dazu werden verschiedene Richtungen des Fortführens untersucht und nach geometrischen und statistischen Kriterien bewertet [3] (siehe Abb. 2 links). Dieses Grobmodell läßt sich bei Bedarf interaktiv korrigieren. Mit Hilfe dieser Korrekturen kann auch eine Feineinstellung des automatischen Erkennungssystems erfolgen.

Das Oberflächenmodell der Spineköpfe wird durch das optimierte Volumenmodell des Spinekopfes initialisiert (siehe Abb. 2 rechts).

2.3 Optimierung

Während die Auslegung des Erkennungssystems sehr stark von den gesuchten Objekten abhängt, läßt sich die Parameteroptimierung gut verallgemeinern. Es muß ein Vergleich zwischen dem aufgenommenen Bild und dem rekonstruierten Modell stattfinden. Das Modell wird dabei einer simulierten Abbildung des bildgebenden Verfahrens unterzogen, das sowohl die Subpixelpositionen der Objektkanten durch die Integration über den Bereich eines Voxels als auch die Abbildungseigenschaften des bildgebenden Verfahrens durch anschließende Faltung mit der Punktantwort (point-spread-function, PSF) berücksichtigt. Es entsteht ein simuliertes Bild, das direkt mit dem aufgenommenen Bild verglichen werden kann. Die im Vergleich hervortretenden Unterschiede bilden das Gütekriterium zum Optimieren der Modellparameter.

Zunächst wird aus dem Grobmodell ein Feinmodell erstellt. Das geschieht beim Dendritenbaum durch den Übergang der zylindrischen Basiselementen zu generalisierten Zylindern und bei den Spines durch eine Abtastung der Oberflächenpunkte in einem lokalen Polarkoordinatensystem. Die Oberflächenpunkte der Spines werden durch orthogonale Entwicklungsfunktionen beschrieben, deren Koeffizienten die neuen Parameter darstellen [4].

Da die Objektparameter sich gegenseitig beeinflussen, wird eine iterative Optimierung verwendet. Grundlage der Optimierung ist der Gradientenabstieg. Die Gradienten werden numerisch ermittelt. Dabei beschränkt sich die Abschätzung auf lokal begrenzte Gebiete und der Einfluß entfernterer Zonen innerhalb einer Iteration wird vernachlässigt [5].

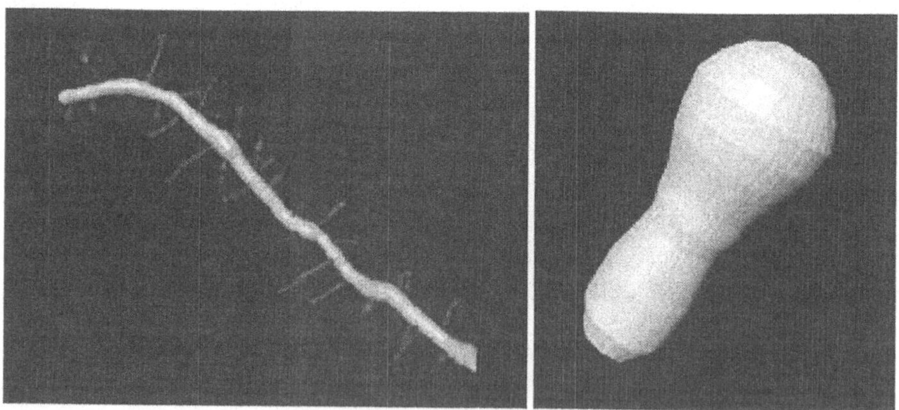

Abb. 3 Optimiertes Modell des Dendriten mit Spines (links), Spinekopf (rechts)

3 Zusammenfassung

Im Ergebnis erhält man geometrische Modelle der im Bild vorhandenen Objekte, die in den gewählten Grenzen der Modellierung eine optimale Rekonstruktion darstellen (siehe Abb. 3). Aus den Parametern der Modelle lassen sich einfach morphologische Eigenschaften wie Längen, Durchmesser, Volumen und Lagebeziehungen ableiten [6]. Die Modelle können einfach und schnell visualisiert werden.

4 Literatur

1. Lagendijk R L, Biemond J: Iterative Identification and Restoration of Images. Kluwer Academic Publishers, Boston/Dordrecht/London 1991
2. Herzog A, Krell G, Michaelis B, Braun K, Wang J, Zuschratter W: Restoration of Three-Dimensional Quasi-Binary Images from Confocal Microscopy and its Application to Dendritic Trees. in Progress in Biometrical Optics: Three-Dimensonal Microscopy: Image Acquisition and Processing IV. Carol J. Cogswell, José-Angel Conchello, Tony Wilson, Editors, Proc. SPIE 2984, pp. 146-157 (1997)
3. Herzog A, Krell G, Michaelis B, Zuschratter W: Tracking on tree-like structures in 3_D confical images. in Progress in Biometrical Optics: Three-Dimensonal Microscopy: Image Acquisition and Processing V. Carol J. Cogswell, José-Angel Conchello, Tony Wilson, Editors, Proc. SPIE 3261 pp. 165-176 (1998)
4. Herzog A, Schütze W, Lilienblum T, Braun K, Michaelis B: 3D Formrekonstruktion an der Auflösungsgrenze konfokaler Laserscan- Mikroskope. Mustererkennung 1997, DAGM Symposium Braunschweig September 1997, pp. 119-126 Springer 1997
5. Herzog A, Krell G, Michaelis B, Wang J, Zuschratter W, Braun K: Three-Dimensional Quasi-binary Image Restoration for Confocal Microscopy and its Application to Dendritic Trees. in Gerald Sommer, Kostas Daniilidis, Josef Pauli (Eds.) Computer Analysis of Images and Patterns 7'th International Conference, CAIP'97, Kiel, Germany Sep.1997, Proceedings. Lecture Notes of Computer Science 1296,pp. 114-121 Spinger Verlag 1997
6. Sommerkorn G, Seiffert U, Surmeli D, Herzog A, Michaelis B, Braun K. Classification of 3D dendritic Spines using SOM in G. D. Smith, N.C. Steele and R.F. Albrecht (editors) "Proceedings of International Conference of Artificial Neural Networks and Genetic Algorithms" (ICANNGA97), Norwich, England 2.4. - 4.4. 1997 pp. 129-133 Springer-Verlag, Vienna, Austria 1997

Wissensbasierte Bewegungskompensation in aktiven Konturmodellen

C. Palm, C. Neuschaefer-Rube*, T. Lehmann, K. Spitzer

Institut für Medizinische Informatik
*Klinik für Phoniatrie und Pädaudiologie
Rheinisch-Westfälische Technische Hochschule (RWTH), 52057 Aachen
Email: cpalm@imib.rwth-aachen.de

Zusammenfassung. Zur Analyse von Lippenbewegungsabläufen wird ein aktives Konturmodell eingesetzt. Probleme bereitet die hohe Sprechgeschwindigkeit, die in starken Objektverschiebungen resultiert und bislang nicht durch eine alleinige Konturanpassung kompensiert werden kann. In diesem Beitrag werden die klassischen aktiven Konturmodelle um eine Vorjustierung der Grobkonturen erweitert, die eine energiebasierte Konturanpassung erst möglich macht. Die Schätzung der Verschiebung zur Vorjustierung basiert auf dem Gradientenbild und einem prädikatenlogisch formulierten Regelwerk, das Annahmen und Nebenbedingungen als Wissensbasis enthält. Mit Hilfe dieser Erweiterungen ist eine automatisierte Konturverfolgung der Lippen möglich.

Schlüsselwörter: Aktives Konturmodell, Prädikatenlogik, Bewegungsschätzung

1 Einleitung

Die Farbvideotechnik wird zur Dokumentation von physiologischen und pathologischen Lippenbewegungsabläufen eingesetzt. Mit Hilfe von Bildverarbeitungsmethoden ist es möglich, durch eine automatische Lippensegmentierung eine Analyse dieser Bewegungsabläufe durchzuführen. Versuche zur Munddetektion- und verfolgung sind bislang vornehmlich in der Gesichtserkennung (z.B. in Sicherungs- oder Spracherkennungssystemen [1]) bekannt. Dabei werden deformierbare Templates verwendet, die der Lokalisation der Lippen im Gesicht und als Formbeschreibung dienen [2]. Medizinische Anwendung fand diese Technik bei der Untersuchung von Gesichtslähmungen (Fazialisparesen) [3].

Die Analyse von Lippenbewegungsabläufen erfordert andere Schwerpunkte, die weniger in der Formdeskription als in der pixelgenauen Konturerkennung liegen. Diese kann durch Einsatz von kantenbasierten aktiven Konturmodellen (Snakes) erreicht werden, die allerdings einen starken Gradienten und eine präzise Grobkontur voraussetzen. Bei langsamen Bewegungen kann die Ergebniskontur des vorherigen Bildes als aktuelle Grobkontur verwendet werden. Sie wird mit Hilfe von Energieminimierungsstrategien an die veränderte Lippenposition angepaßt.

Bei der Analyse schneller Sprechbewegungen ergeben sich hingegen Schwierigkeiten bei der Lippendetektion, da bereits in aufeinanderfolgenden Einzelbildern große Positionsänderungen der Lippen auftreten. Diese können mit den bisher eingesetzten Verfahren zur aktiven Konturanpassung nicht ausreichend erfaßt werden. In diesem Beitrag wird ein neuartiges Konzept vorgestellt, das Bild– und Bewegungsinformationen in Form einer prädikatenlogischen Wissensbank zur Vorjustierung der Grobkonturen einsetzt, um die Konturverfolgung den Erfordernissen schneller Bewegungsvorgänge anzupassen.

2   Aktives Konturmodell

Ein aktives Konturmodell [4] besteht aus Knoten und Kanten mit variabler Länge. Mit Hilfe einer iterativen Optimierung werden die Knoten einer groben Kontur so verschoben, daß ein Energieterm minimiert wird. Dieser Energieterm besteht aus einer gewichteten Summe: Die *interne Energie* dient der Glättung und nimmt bei einer Kreisform ihr Minimum an. Die *externe Energie* basiert auf dem (Farb-)Gradienten des Bildes, der dort hohe Werte zeigt, wo Grauwert- oder Farbsprünge auftreten. Da zwei Konturen, die sich schließen und wieder öffnen, quasiparallel verfolgt werden sollen, wird eine Abstoßenergie modelliert, die bei geringen Konturabständen zu einer Abstoßung führt, ohne ein echtes Schließen zu verhindern [5].

3   Bewegungsschätzung

Zur Bewegungsschätzung werden die Lippen orientierend lokalisiert, indem im aktuellen Gradientenbild die Zuordnung der Gradientenmaxima zu den Objekträndern erfaßt wird. Zur Vereinfachung wird das Problem auf den 1D-Fall zurückgeführt, indem die Werte des Gradienten entlang einer Scanlinie aufgetragen und dort lokale Maxima detektiert werden. Die Scanlinie verläuft durch den Schwerpunkt beider Konturen in Hauptbewegungsrichtung orthogonal zur Hauptachse. Dennoch ist die Maximazuordnung zu den Lippenkanten problematisch, weil durch Risse auf den Lippen, Glanzlichter usw., lokale Maxima entstehen, die nicht den Lippenrändern zuzuordnen sind. Desweiteren reduziert sich die Zahl der echten Randmaxima bei geschlossenen Lippen von vier auf drei (Abb. 1).

Zur Lösung wurde ein wissensbasiertes Regelwerk geschaffen, in das Annahmen über konstante Lippenfarbe und –breite während der Bewegung ebenso einfließen wie die Nebenbedingung der Überschneidungsfreiheit. Vorteil einer solchen Wissensbank ist die logische Nachvollziehbarkeit des einfließenden Wissens und die Anpassungsfähigkeit an andere Problemstellungen. Die Verzahnung erfolgt durch Anfragen der Wissensbank an die Bildverarbeitung, die in Form von Prädikaten antwortet. Durch logische Schlüsse und Variablenbindung erfolgt die gesuchte Zuordnung der Maxima zu den Objektkanten.

Zur Einführung der Prädikate gehen wir von diskreten Scanlinien S aus, die mit Hilfe der *Vorgänger*-Relation in eine Reihenfolge gebracht werden:

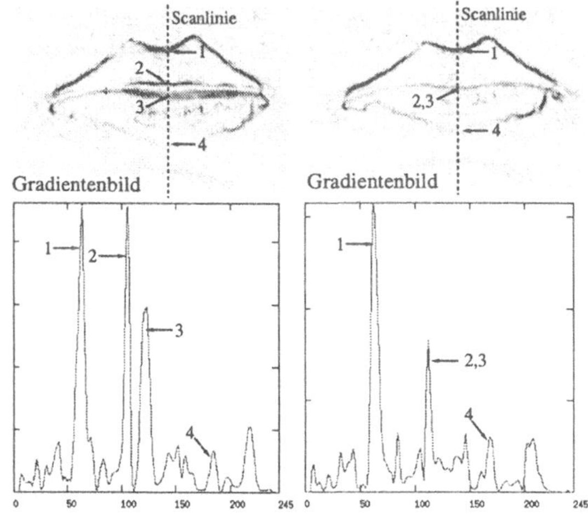

Abb. 1. Lokale Maxima auf einer Scanlinie bei offenem (links) und bei geschlossenem Mund (rechts), die den Lippenrändern zuzuordnen sind. Die Scanlinie verläuft orthogonal zur Hauptachse der vorherigen Kontur

- $iS(S)$ [*ist Scanlinie*]
- $iVS(S_1, S_2)$ [*ist Vorgänger-Scanlinie*]

Die detektierten lokalen Maxima werden mit der entsprechenden Scanlinie verbunden und über die *liegt-unter*-Relation zu Paaren verknüpft. Diese dienen letztlich als vermutete Ränder der Ober– bzw. Unterlippe:

- $ilMS(X, S)$ [*ist lokales Maximum auf Scanlinie*]
- $lu(X, Y)$ [*liegt unter*]
- $iPuM(X_1, X_2, S_2)$ [*ist Paar untereinanderliegender Maxima*]
- $vOL/UL(X_1, X_2, S_2)$ [*vermutete Ober(Unter-)lippe*]

Eine solche Vermutung ist unter folgenden Bedingungen gerechtfertigt:

1. Die mittlere Farbe der Lippen bleibt während der Bewegung konstant (Farbinvarianz). Dazu testet die Bildverarbeitung den Farbunterschied der gemittelten Farbe zwischen jeweils zwei Punkten auf zwei Scanlinien:
   - $gmFaD(X_1, X_2, S_2, Y_1, Y_2, S_1)$ [*geringe mittlere Farbdifferenz*]
   - $FaIg_{OL/UL}(X_1, Y_1, S_1, X_2, Y_2, S_2)$ [*Farbinvarianz Ober-/Unterlippe gilt*]
2. Die Vertikalausdehnung der Lippen bleibt während der Bewegung konstant (Forminvarianz). Die Differenz der paarweisen Abstände von Punkten auf der Scanlinie wird über ein Prädikat an die Wissensbank übergeben:
   - $gpAd(X_1, X_2, Y_1, Y_2)$ [*geringe paarweise Abstandsdifferenz*]
   - $FoIg_{OL/UL}(X_1, X_2, Y_1, Y_2)$ [*Forminvarianz Ober-/Unterlippe gilt*]
3. Die beiden Konturen überlappen sich nicht:
   - $kUe(X_1, X_2, X_1', X_2')$ [*kein Überlapp*]

Aus den verbleibenden Hypothesen werden nun diejenigen als faktische Lippenbegrenzungen ausgewählt, für die die erforderliche Verschiebung minimal wird:

- $hV(X_1, X_2, Y_1, Y_2, V)$ [*hat Verschiebung*]
- $fLb(X_1, X_2, X_1', X_2', S)$ [*faktische Lippenbegrenzungen*]

Die Grundlage der Inferenz bilden dann die Fakten und Regeln der Wissensbank:

$$iS(S_1); \qquad iS(S_2); \qquad iVS(S_1, S_2); \tag{1}$$

$$iPuM(X_1, X_2, S_2) \longleftarrow$$
$$ilMS(X_1, S_2) \;\wedge\; ilMS(X_2, S_2) \;\wedge\; lu(X_1, X_2) \tag{2}$$

$$FaIg_{OL}(X_1, X_2, S_2) \longleftarrow gmFaD(X_1, X_2, S_2, Y_1, Y_2, S_1)$$
$$\wedge\; fLb(Y_1, Y_2, Y_1', Y_2', S_1) \;\wedge\; iPuM(X_1, X_2, S_2) \tag{3}$$

$$FoIg_{OL}(X_1, X_2, S_2) \longleftarrow gpAd(X_1, X_2, Y_1, Y_2)$$
$$\wedge\; fLb(Y_1, Y_2, Y_1', Y_2', S_1) \;\wedge\; iPuM(X_1, X_2, S_2) \tag{4}$$

$$FoIg_{UL}(X_1', X_2', S_2), \qquad FaIg_{UL}(X_1', X_2', S_2) \qquad \text{dito.} \tag{5}$$

$$vOL(X_1, X_2, S_2) \longleftarrow FaIg_{OL}(X_1, X_2, S_2) \;\wedge\; FoIg_{OL}(X_1, X_2, S_2) \tag{6}$$

$$vUL(X_1', X_2', S_2) \longleftarrow FaIg_{UL}(X_1', X_2', S_2) \;\wedge\; FoIg_{UL}(X_1', X_2', S_2) \tag{7}$$

$$kUe(X_1, X_2, X_1', X_2') \longleftarrow$$
$$vOL(X_1, X_2, S_2) \;\wedge\; vUL(X_1', X_2', S_2) \;\wedge\; lu(X_2, X_1') \tag{8}$$

$$fLb(X_1, X_2, X_1', X_2', S_2) \longleftarrow kUe(X_1, X_2, X_1', X_2') \tag{9}$$
$$\wedge\,[\neg\,\exists\, X_1'', X_2''\,[hV(X_1'', X_2'', Y_1, Y_2, V_1) \;\wedge\; hV(X_1, X_2, Y_1, Y_2, V_2) \;\wedge\; V_1 < V_2]]$$
$$\wedge\,[\neg\,\exists\, X_1''', X_2'''\,[hV(X_1''', X_2''', Y_1', Y_2', V_3) \;\wedge\; hV(X_1', X_2', Y_1', Y_2', V_4) \;\wedge\; V_3 < V_4]]$$

Regel 9 liefert mit der Bindung von X_1, X_2, X_1' und X_2' die Lokalitäten der besten Hypothese für die Lippenkanten auf der aktuellen Scanlinie. Hierdurch kann die Kontur vorab in der Nähe der richtigen Gradientenpeaks positioniert werden.

4 Vorjustierung

Geht man von einer nicht pathologisch veränderten Lippenbewegung aus, so ist das Maximum der Bewegung, das zum Rand hin abnimmt, im Schwerpunkt beider Konturen zu finden. Die geschätzte Verschiebung auf der Scanlinie (Abschn. 3) stellt eine gute Näherung für dieses Maximum dar. Die seitlichen Ränder beider Lippen müssen sich immer berühren, so daß zum Rand hin die Bewegung gegen Null geht. Findet hier dennoch eine Verschiebung statt, so ist diese auf eine Kopfbewegung des Probanden zurückzuführen, die sich ebenso auf den Gesamtschwerpunkt auswirkt. Solche Kopfbewegungen können durch Überlagerung des Startkonturschwerpunktes und des durch Mittelung der Scanlinienmaxima geschätzten Schwerpunktes eliminiert werden.

Vereinfachend wird die Gesamtverschiebung der Lippen gemäß einer doppelten Exponentialfunktion modelliert, mit der sich die Verschiebung der Kontur zum Rand hin verringert. Sei $v_{x,y}^{\max}$ die mit Hilfe der Scanlinie bestimmte maximale Verschiebung, $(x_{\text{alt}}, y_{\text{alt}})$ der zu justierende Knoten der oberen bzw. unteren Kontur und a die Länge dessen Projektionsvektors auf die gemeinsame Hauptachse beider Konturen. Dann ergeben sich neue Koordinaten $(x_{\text{neu}}, y_{\text{neu}})$ aus

$$x_{\text{neu}} = \eta(a) \cdot v_x^{\max} \pm x_{\text{alt}} \qquad \text{bzw.} \qquad y_{\text{neu}} = \eta(a) \cdot v_y^{\max} \pm y_{\text{alt}} \tag{10}$$

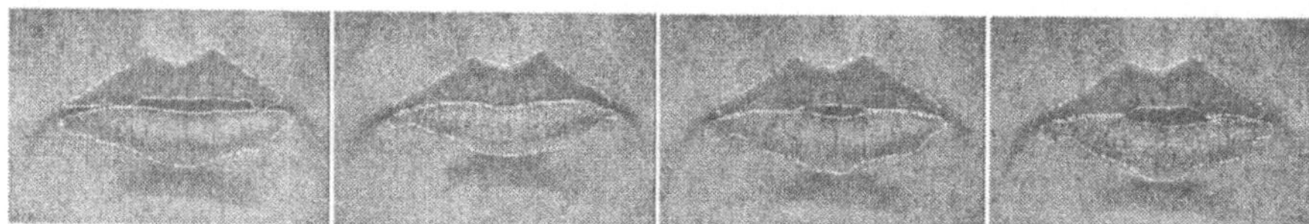

Abb. 2. Konturverfolgung aufeinanderfolgender Bilder einer Sequenz.

$$\eta(a) = \exp\left(- \left| \frac{\ln(M)}{HL} \cdot a \right| \right) \tag{11}$$

bezeichnet den relativen Verschiebungsanteil, HL die Länge der Hauptachse und M die minimale Verschiebung an beiden äußeren Rändern der Konturen. Da M ebenfalls die Stärke des Abfalls der Verschiebungskurve entscheidend beeinflußt, muß ein heuristischer Kompromißwert nahe Null gefunden werden. Dessen Spannbreite ist aber groß, da die justierte Kontur nur eine grobe Näherung darstellt und anschließend mit Hilfe des aktiven Konturmodells verfeinert wird.

5 Ergebnisse und Ausblick

Die vorgestellte Methode wird eingesetzt, um physiologische und pathologische Bewegungsabläufe der Lippen zu studieren. Dazu werden Patienten zu sehr schnellen Lippenbewegungen aufgefordert, die mit einer Standardfarbkamera aufgenommen und digitalisiert werden. Um den Farbkontrast zu verbessern, wird zur Zeit noch Lippenstift aufgetragen. Zur Analyse werden jeweils Sequenzen von ca. 50 Bildern ausgewertet (Abb. 2).

Die Lippenkonturen können mit $M \in [0.01; 0.1]$ automatisch verfolgt werden. Auch wenn die in der Wissensbank formulierten Annahmen über konstante Form und Farbe nur eingeschränkt zutreffen, ist durch ihre Kombination eine Zuordnung der Maxima möglich. Allerdings zeigt die Unterlippenkontur Ungenauigkeiten am unteren Rand, die auf Blurring-Effekte zurückzuführen sind.

Zukünftig wird die Verbesserung des Gradientenbildes angestrebt, um auch wenig kontrastreiche Bilder auswerten zu können. Desweiteren werden diagnostische Parameter zur Beschreibung pathologischer Bewegungsabläufe entwickelt.

Literatur

1. Mirhosseini AR, Yan H, Lam K-M: Adaptive deformable model for mouth boundary detection. Optical Engeneering 37(3): 869-875, 1998.
2. Yuille AL, Hallinan PW, Cohen DS: Feature Extraction from Faces Using Deformable Tamplates. Internat. Journal of Computer Vision 8(2): 99-111, 1992.
3. Ahlrichs U, Paulus D, Wolf S: Objektivierung der Beurteilung von Gesichtsasymmetrien durch Bildanalyse. In: Lehmann et al.(Hrsg.): Bildverarbeitung für die Medizin, Augustinus Verlag, Aachen, 125-130, 1996.
4. Kass M, Witkin A, Terzopoulos D: Snakes: Active Contour Models. Internat. Journal of Computer Vision 1(4): 321-331, 1988.
5. Scholl I, Sovakar A, Lehmann T, Spitzer K: Motion Analysis of Vocal Folds using adaptive Snakes. In: Wittenberg et al.(eds.): Advances in Quantitative Laryngoscopy, Friedrich-Alexander-University Erlangen-Nuremberg, 29-38,1997.

Kompensation von Intensitätsinhomogenitäten in MR Bildfolgen

Chr. Roßmanith[1], H. Handels[1], I. Grande-Nagel[2], H.-D. Weiss[2], S.J. Pöppl[1]

[1]Institut für Medizinische Informatik und [2]Institut für Radiologie,
Medizinische Universität zu Lübeck, Ratzeburger Allee 160, 23538 Lübeck
Email: {rossmani,handels}@medinf.mu-luebeck.de

Zusammenfassung. Bedingt durch die Aufnahmetechnik weisen T1-gewichtete MR-Sequenzen, die auf einem Magnetom SP generiert wurden, stark variierende mittlere Signalintensitäten auf. Das in diesem Beitrag vorgestellte Verfahren zur Korrektur dieser Intensitätsinhomogenitäten ist ein Modul von BRISANT, einem System zur Vorverarbeitung und Segmentierung von MR-Schichtbildfolgen und rechnergestützten Analyse von Hirntumoren.

Schlüsselwörter: Vorverarbeitung, Intensitätskorrektur

1 Einleitung

In einem Projekt zur rechnergestützten Analyse von Hirntumoren werden MR-Schichtbildfolgen des Kopfes segmentiert, um anschließend die Tumorform und -struktur beschreibende Merkmale extrahieren zu können [1]. Intensitätsbasierten Bildverarbeitungsverfahren liegt die idealisierende Annahme zugrunde, daß eine Gewebeklasse im 3D-Datensatz durch eine gewebespezifische Intensität repräsentiert wird. Diese Annahme wird jedoch bei T1-gewichtete MR-Sequenzen, die auf einem Magnetom SP der Firma Siemens generiert wurden, nicht erfüllt, da sie, bedingt durch die Aufnahmetechnik, stark variierende mittlere Signalintensitäten aufweisen (Abb. 1). Darüber hinaus sind die Schichten im Randbereich

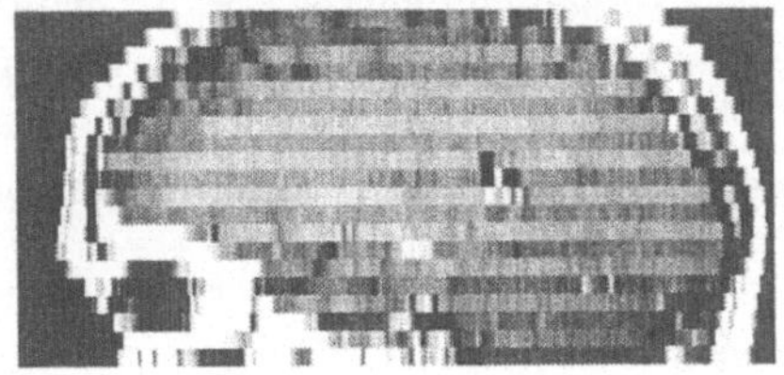

Abb. 1.
Sagittale Ansicht einer T1-gewichteten MR-Sequenz. Die schwankenden Grundhelligkeiten in den axial aufgenommenen Schichten stellen sich durch horizontale Streifen dar.

der Spule signalschwächer, u.a. deshalb, weil die HF-Homogenität dort abnimmt und die Signalverstärkung des Empfangsteils des Scanners auf die Mitte der Spule abgestimmt ist. Beide Effekte erschweren eine weitere Verarbeitung der Daten, wie z.B. eine schichtübergreifende, intensitätsbasierte Segmentierung.

Das von uns entwickelte Korrekturverfahren gleicht bei axialer Schichtführung sowohl die Intensitätsschwankungen als auch den Intensitätsabfall der ersten und letzten Schichten aus. Bei sagittaler bzw. coronarer Schichtführung muß der Ausgleich des Intensitätsabfalls durch Verfahren, die eine Intensitätskorrektur innerhalb einer Schicht durchführen [2][3], erfolgen.

2 Intensitätskorrektur

Die Kompensation der oben beschriebenen Intensitätsinhomogenitäten basiert auf der Annahme eines multiplikativen Modells:

$$S_i(x,y) = \alpha_i \cdot S_{i-1}(x,y)\,, \qquad i = 2, \ldots, N. \tag{1}$$

Hierbei bezeichnet $S = (S_1, \ldots, S_N)$ die zu korrigierende MR-Sequenz und α_i einen lokalen Korrekturfaktor, der die Signalintensität von Schicht S_{i-1} an die von Schicht S_i anpaßt.

Das Korrekturverfahren gliedert sich in drei Schritte: Zunächst wird für jeweils zwei benachbarte Schichten S_{i-1} und S_i der lokale Korrekturfaktor α_i ermittelt, wobei α_1 zu 1 gesetzt wird. Anschließend wird eine Referenzschicht S_{i_0} ausgewählt. Nun werden die lokalen Faktoren α_i zu globalen Faktoren β_i

$$\beta_i = \frac{\alpha_1 \cdot \alpha_2 \cdot \ldots \cdot \alpha_i}{\alpha_1 \cdot \ldots \cdot \alpha_{i_0}}\,, \qquad i = 1, \ldots, N \tag{2}$$

zusammengefaßt. Die abschließende Korrektur erfolgt durch Multiplikation von Schicht S_i mit Faktor β_i, wobei die Referenzschicht S_{i_0} so gewählt wird, daß $\beta_i \geq 1$, $i = 1, \ldots, N$ gilt.

Das Modell gilt streng genommen nur für Voxel $(x, y, i - 1)$ und (x, y, i), die zu identischen Gewebeklassen gehören. Es kann jedoch angenommen werden, daß sich die Bildinhalte von Schicht zu Schicht nicht stark ändern, so daß keine Segmentierung in verschiedene Gewebeklassen erforderlich ist. Da Gl. (1) nicht für Hintergrundvoxel gilt, erfolgt zunächst eine grobe, schwellwertbasierte Trennung von Objekt (ω_{obj}) und Hintergrund (ω_{back}). Die Intensitäten im Hintergrund sind Rayleigh-verteilt [4]. Daher werden für die Definition des Schwellwertes θ zunächst die Parameter einer skalierten Rayleigh-Verteilung aus dem Signalwerthistogramm des 3D-Datensatzes mit der Levenberg-Marquardt Methode bestimmt [5]. Nach der Binarisierung bzgl. des Schwellwertes $\theta = 4\sigma$ erhält man ein Datenvolumen $B = (B_1, \ldots, B_N)$, mit $B_i(x, y) = 1 \Leftrightarrow (x, y, i) \in \omega_{obj}$ (Abb. 2(a)).

Für die Bestimmung der α_i werden pixelweise Quotienten Q_i aufeinanderfolgender Schichten gebildet

$$Q_i(x,y) = \begin{cases} \frac{S_i(x,y)}{S_{i-1}(x,y)} & \text{falls } B_i(x,y) = 1 \\ 0 & \text{sonst} \end{cases} \qquad i = 2, \ldots, N \tag{3}$$

und anschließend deren diskretisierte Verteilung $h_{Q_i}^{\Delta}$ ermittelt (Abb. 2(b)):

$$h_{Q_i}^{\Delta}(j) = |\{(x,y) \mid (j - 0.5) \cdot \Delta < Q_i(x,y) \leq (j + 0.5) \cdot \Delta\}|\,. \tag{4}$$

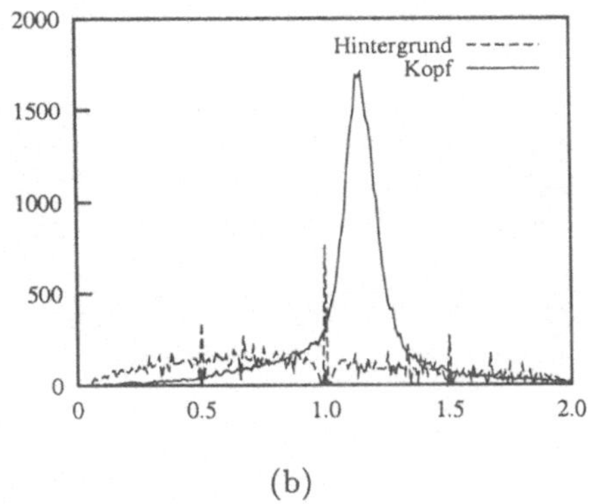

(a)   (b)

Abb. 2. (a) Ergebnis der automatischen, schwellwertbasierten Trennung von Kopf und Hintergrund. (b) Verteilung der Quotienten für Kopf- und Hintergrundpixel für das Schichtpaar (S_{10}, S_{11}). Die Verteilung der Quotienten für die Kopfpixel weist einen ausgeprägten Peak an der Stelle $\alpha = 1.12$ auf wohingegen die Verteilung der Quotienten für Hintergrundpixel stark streut.

Durch Glättung von $h_{Q_i}^{\Delta}$ mit einem Gaußfilter erhält man $H_{Q_i}^{\Delta}$. Die Stelle des absoluten Maximums j_{max}^{Δ} von $H_{Q_i}^{\Delta}$, aus der α_i berechnet wird, ist abhängig von der Intervallbreite Δ. Daher wird zunächst j_{max}^{Δ} für $\Delta = 0.01$ ermittelt, wodurch ein Intervall $((j_{max} - 0.5) \cdot \Delta, (j_{max} + 0.5) \cdot \Delta]$ von möglichen Korrekturfaktoren repräsentiert wird. Nun wird Δ sukzessive reduziert und das kleinste Δ gewählt, für das der gesuchte Korrekturfaktor $\alpha_i = j_{max}^{\Delta} \cdot \Delta$ innerhalb des Suchintervalls liegt. Liegen in der Umgebung von j_{max}^{Δ} lokale Maxima mit ähnlicher Amplitude, so wählt man statt j_{max}^{Δ} das gewichtete Mittel dieser Maximalstellen.

3 Ergebnisse

Das Korrekturverfahren, ein Modul des unter Khoros 2.2 entwickelten Systems BRISANT (Brain Image Sequence Analysis Tool), wurde mit der Motivation entwickelt, die Voraussetzungen für intensitätsbasierte Segmentierungsverfahren zu verbessern. Abb. 3(a) zeigt die Ansicht aus Abb. 1 nach Anwendung des Korrekturverfahrens. Für einen Beispiel-Datensatz wurde die Gewebeklasse *Gehirn* von Hand segmentiert. Abb. 3(b) zeigt den Verlauf der mittleren Intensitäten für diese Gewebeklasse. Die Schwankungen konnten deutlich reduziert werden und die Intensitäten der ersten und letzten Schichten angehoben werden.

Ein Segmentierungsmodul des Systems BRISANT berechnet für alle Voxel eines multispektralen 3D-Datensatzes die Mahalanobisdistanz d_{maha} [6] zwischen Signalwertvektor x und Mittelwertvektor μ einer Gewebeklasse ω:

$$d_{maha}^2(x, \mu) = (x - \mu)^t \Sigma^{-1} (x - \mu). \tag{5}$$

Sowohl μ als auch die Kovarianzmatrix Σ der Gewebeklasse werden aus interaktiv gewählten ROIs geschätzt. Alle Voxel, für die d_{maha} unterhalb einer

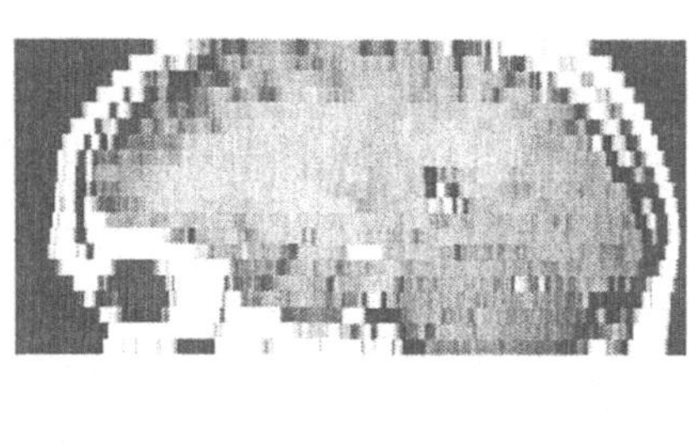

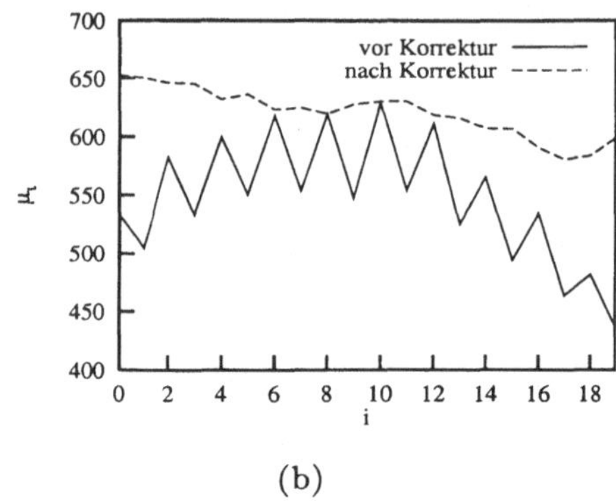

(a) (b)

Abb. 3. (a) Sagittale Ansicht des MR Datensatzes nach Intensitätskorrektur. Die Schwankungen der Grundhelligkeiten in den axial aufgenommenen Schichten konnte deutlich reduziert werden. (b) Mittlere Signalintensität μ_i von Hirnpixeln vs. Schichtindex i vor und nach Intensitätskorrektur.

vorgegebenen Schwelle liegt, werden als zu ω gehörig markiert. In diesem Beispiel bestehen die Eingabedaten nur aus der T1-gewichteten Sequenz. Abb. 4 stellt die Ergebnisse dieses Segmentierungsverfahrens vor und nach Intensitätskorrektur für zwei benachbarte Schichten gegenüber. Die MR-Daten wurden zunächst mit einem kantenerhaltenden, nicht linearen Gaußfilter vorverarbeitet [7]. In beiden Fällen wurden in einer Schicht drei ROIs der Größe 5×5 im Bereich der weißen Hirnsubstanz gewählt. Die Segmentierungsergebnisse sind nach morphologischer Nachbearbeitung [8] dargestellt. Ohne Vorverarbeitung (Abb. 4(b)) kommt es in Schicht S_{11} zu erheblichen Fehlsegmentierungen, die durch das von uns entwikkelte Verfahren wesentlich reduziert werden (Abb. 4(c)).

Für eine über die qualitative Beurteilung hinausgehende quantitative Bewertung des Verfahrens wird die Stärke der Signalschwankungen d_i von Schicht zu Schicht berechnet. Sie ist definiert als:

$$d_i = \frac{2 \cdot |m_{i-1} - m_i|}{m_{i-1} + m_i}, \qquad i = 2, \ldots, N, \tag{6}$$

wobei m_i den mittleren Signalwert der Objektpixel in Schicht i bezeichnet. Zur Berechnung dieses Maßes ist keine Segmentierung erforderlich. Die Werte für d_i betragen auch für Schichten mit geringen Änderungen des Bildinhaltes, z.B. axiale Schichten auf Höhe des Sinus frontalis, 0.10 - 0.12. Im Unterschied hierzu weisen nicht mit diesem Artefakt behaftete, T1-gewichtete Sequenzen in diesen Schichten Schwankungen von 0.01 - 0.02 auf. Das Verfahren wurde an 19 Datensätzen erprobt und führte in allen Fällen zu einer deutlichen Reduktion des Artefaktes. Die Schwankung der mittleren Signalintensität konnte im Mittel von 0.083 auf 0.035, ein Wert, der sich auch für Sequenzen ohne den beschriebenen Artefakt ergibt, reduziert werden.

Eine weitere Vereinheitlichung der Intensitäten innerhalb von Gewebeklassen läßt sich durch die Anwendung von Verfahren erzielen, die einen Intensitätsaus-

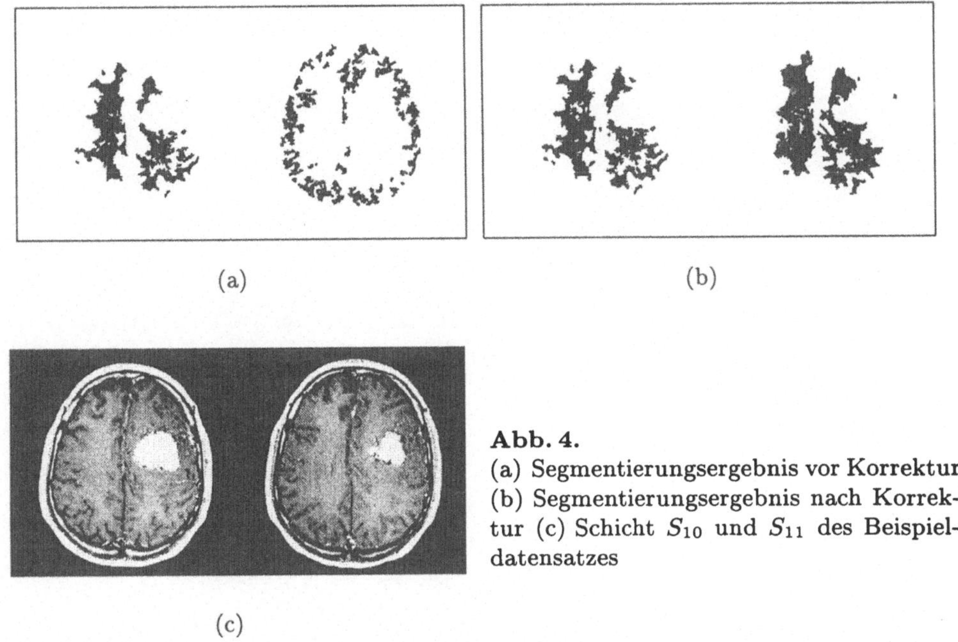

(a)

(b)

(c)

Abb. 4.
(a) Segmentierungsergebnis vor Korrektur
(b) Segmentierungsergebnis nach Korrektur (c) Schicht S_{10} und S_{11} des Beispieldatensatzes

gleich innerhalb von Schichten durchführen. Die Integration solcher Verfahren, wie in [2][3] vorgestellt, wird im nächsten Schritt erfolgen.

Literatur

1. Roßmanith C, Handels H, Pöppl SJ, Rinast E, Weiss HD: Characterisation and Classification of Brain Tumours in Three-Dimensional MR Image Sequences. In: Höhne KH, Kikinis R, Visualization in Biomedical Computing, Springer, 429-438, 1996.
2. Brechbühler C, Gerig G, Szekely G: Compensation of Spatial Inhomogeneity in MRI Based on a Parametric Bias Estimate. In: Höhne KH, Kikinis R, Visualization in Biomedical Computing, Springer, 141-146, 1996.
3. Wells WM, Grimson WEL, Kikinis R, Jolesz FA: Adaptive Segmentation of MRI Data. IEEE TMI, 15(4):429-442, 1996.
4. Brummer ME, Mersereau RM, Eisner RL, Lewine RRJ, Automatic Detection of Brain Contours in MRI Data Sets. IEEE TMI, 12(2):153-166, 1993.
5. Press WH, Teukolsky SA, Vetterling WT, Flannery BP: Numerical Recipes in C: The Art of Scientific Computing. Cambridge University Press, 2nd edition, 1992.
6. Duda RO, Hart PE: Pattern Classification and Scene Analysis. John Wiley & Sons, 1973.
7. Aurich V, Mühlhaus E, Grundmann S: Kantenerhaltende Glättung von Volumendaten bei sehr geringem Signal-Rausch-Verhältnis. In: Lehmann T, Metzler V, Spitzer K, Tolxdorff T, Bildverarbeitung für die Medizin. Springer, 49-53, 1998.
8. Sonka M, Hlavac V, Boyle R: Image Processing, Analysis, and Machine Vision. Thomson Publishing, 2nd edition, 1998.

Bildfilterung

Rauschrobuste Verbesserung schwacher Strukturen in digitalen Radiographien durch nichtlineare Multiskalen-Filterung

Sabine Dippel[1], Martin Stahl[1], Til Aach[2], Thorsten M. Buzug[1,*], Rafael Wiemker[1], Ulrich Neitzel[3], Edward Müller[4] und Jean P. Haas[4]

[1]Philips GmbH Forschungslaboratorien, Röntgenstr. 24-26, 22335 Hamburg
[2]Institut für Signalverarbeitung und Prozeßrechentechnik,
Medizinische Universität zu Lübeck, Ratzeburger Allee 160, 23538 Lübeck
[3] Philips Medizin Systeme Hamburg, Röntgenstr. 24-26, 22335 Hamburg
[4] Städtisches Klinikum Fulda, Institut für Radiologie, Pacelliallee 4, 36043 Fulda

Zusammenfassung. Heutige digitale Radiographiesysteme benutzen zur Verbesserung der Bilddarstellung meist Algorithmen, die auf der unscharfen Maske ("unsharp masking") basieren, wobei die zu filternde Radiographie in zwei bis drei Frequenzbänder zerlegt wird. Dies ermöglicht sowohl eine Verbesserung des Schärfeeindrucks der Radiographie (Verstärkung des hochfrequenten Bandes) als auch eine Harmonisierung des Bildes (durch relative Abschwächung des tieffrequenten Bandes). Allerdings erlaubt die Methode keine Verstärkung schwacher Strukturen mittlerer Größe. Wir stellen ein Verfahren vor, welches die Radiographie in eine Vielzahl von Frequenzbändern zerlegt und so Objekte größenabhängig voneinander trennt. In jedem Frequenzband können so schwach kontrastierende Strukturen identifiziert und verstärkt werden. Die Zerlegung erfolgt durch hierarchisch wiederholte Anwendung des in der unscharfen Maske verwendeten Verfahrens. Besonderer Wert wird auf Rauschrobustheit des Verfahrens gelegt. Seine Leistungsfähigkeit wird durch eine vergleichende klinische Studie belegt.

Schlüsselwörter: Digitale Radiographie, nichtlineare Bildverbesserung, Multiskalen-Ansatz, Rauschresistenz, klinische Evaluierung

1 Einleitung

In Radiographien sind diagnostisch relevante Detailinformationen oft von schwachem Kontrast, während der verfügbare Dynamikbereichs des Darstellungsmediums größtenteils von niederfrequenten Signalen großer Amplitude ausgenutzt wird. In Thorax-Radiographien z.B. dominiert der große Helligkeitsunterschied zwischen Mediastinum und Abdomen einerseits und der Lunge andererseits die schwächer kontrastierende Detailinformation in beiden Bereichen. Eine Aufgabe der digitalen Bildverarbeitung ist es, durch geeignete Prozessierung eine gute Darstellung aller Kontraste innerhalb des verfügbaren Dynamikbereichs zu erzielen. Heutige digitale Radiographiesysteme, wie z.B. Speicherfoliensysteme [1] oder das auf einem Selendetektor basierende Thoraxsystem ThoraVision [2], benutzen zur Bildverbesserung meist Algorithmen, die auf der unscharfen Maske

---

* aktuelle Adresse: University of Applied Sciences, Südallee 2, 53424 Remagen

basieren [3]. In diesem Beitrag wird ein Verfahren entwickelt, das durch hierarchische Wiederholung der unscharfen Maske zusammen mit einer sukzessiven Unterabtastung auf der Basis einer Pyramidenzerlegung der Radiographie in mehrere Frequenzbänder arbeitet [4] und so Zugang zu schwach kontrastierenden Strukturen mittlerer Größe ermöglicht.

2   Methoden

2.1   Von der unscharfen Maske zur Multiskalen-Verarbeitung

Bei der als Vergleichsverfahren gewählten Implementierung der unscharfen Maske wird die Radiographie in drei Frequenzbänder zerlegt [1]. Hierzu wird zunächst ein hochfrequentes Band erzeugt, indem die Eingangsdaten mit einem kleinen Faltungskern gefiltert werden und dieses leicht unscharfe Bild vom Originalbild subtrahiert wird. Weiterhin wird durch örtliche Filterung mit einem großen Faltungskern ein schmales Band mit sehr tieffrequenter Information erzeugt, so daß sich als Drittes ein relativ breites mittleres Frequenzband ergibt. Das hochfrequente und das mittlere Band werden dann mit unterschiedlichen konstanten Kontrastverstärkungsfaktoren multipliziert und gemeinsam mit dem tiefen Frequenzband wieder zum Gesamtbild zusammengesetzt.

Führt man dieses Verfahren ausgehend vom ersten Filterungsschritt mit dem kleinen Faltungskern in der unscharfen Maske hierarchisch fort, einhergehend mit einer Unterabtastung des Bildes nach jedem Filterschritt, so ergibt sich eine Zerlegung in Form einer Laplace-Pyramide (Abb. 1). Das oberste Teilband $I_{\text{edge }0}$ entspricht dabei dem hochfrequenten Band der unscharfen Maske. Durch geeignete Wahl der Zahl n der Zerlegungsebenen und der Faltungskerngröße kann erreicht werden, daß das unterste Teilband $I_{\text{org, }S(n-1)}$ der Pyramide dem tieffrequenten Band der unscharfen Maske entspricht. Hierdurch wird eine Abwärtskompatibilität des Multiskalen-Verfahrens zur unscharfen Maske gewährleistet. Im Unterschied zur unscharfen Maske enthält aber hier jedes Teilband Strukturen in nur einem bestimmten Intervall von Ortsfrequenzen bzw. Größen, ohne daß es zu Überlagerungen mit Strukturen anderer Größen kommt. Durch nichtlineare Verstärkung der einzelnen Teilbänder kann deshalb eine Anhebung schwachkontrastierender Strukturen nahezu beliebiger Größe erreicht werden.

2.2   Schwachstrukturverstärkung

Die nichtlineare Schwachstrukturverstärkung, die den konstanten Kontrastverstärkungsfaktor der unscharfen Maske in der Multiskalen-Verarbeitung ersetzt, sollte aus Kompatibilitätsgründen die folgenden Bedingungen erfüllen: Für starke Kontraste $|c|$ — wobei c für das lokale Teilbandsignal steht — soll die Funktion im i-ten Teilband einen konstanten Wert CF_i annehmen, welcher der Kontrastverstärkung der unscharfen Maske entspricht. Für sehr schwache Kontraste sollte die Funktion gegen $CF_i + G_i$ mit $G_i \geq 0$ gehen. Hierbei ist G_i der zusätzliche Verstärkungsfaktor im Teilband i. Im Falle $G_i = 0$ in allen Bändern

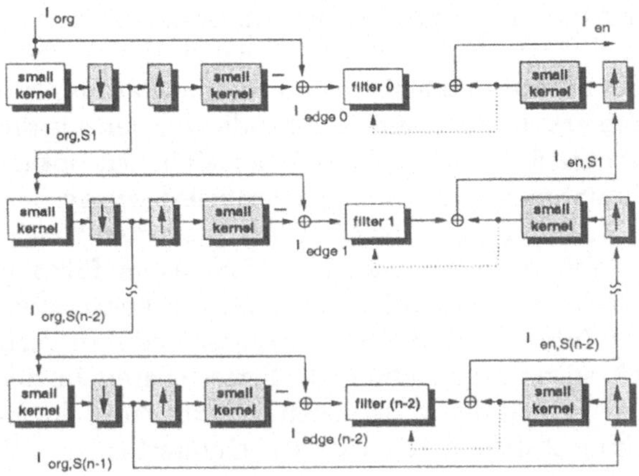

Abb. 1. Laplace-Pyramide mit Teilband-Verstärkung.

ergibt sich näherungsweise wieder die lineare unscharfe Maske. Diese Forderungen werden z.B. durch die Verstärkungsfunktion

$$K_i(c) = \begin{cases} G_i \cdot \left(1 - \frac{|c|}{c_0}\right)^{p_i} + CF_i & \text{für } |c| \leq c_0 \\ CF_i & \text{sonst} \end{cases}.$$

(1)

erfüllt, wobei $c_0 > 0$ einen Übergangskontrast darstellt. Die Filterung des i-ten Teilbandes $I_{\text{edge } i}$ erfolgt durch die Multiplikation mit $K_i(I_{\text{edge } i})$.

2.3 Rauschunterdrückung

Das volle Potential der Multiskalen-Verarbeitung kann nur ausgenutzt werden, wenn eine unakzeptable Verstärkung des hochfrequenten (Quanten-)Rauschens verhindert wird. Bei logarithmischer Konversion des Detektorsignals ist Rauschen in Bereichen sehr schwacher auf das Detektionsmedium auffallender Strahlung (d.h. sehr hell dargestellten Bereichen) am stärksten. In unserem Verfahren wird dies durch eine frequenzbandabhängige wie auch dichteabhängige Steuerung der Verstärkung berücksichtigt, welche in den hochfrequenten Teilbändern über Bereichen geringer optischer Dichte reduziert werden kann. Dies erlaubt es, das Rauschen in einem akzeptablen Rahmen zu halten, ohne die Vorteile der Schwachstrukturverstärkung über einem weiten Ortsfrequenz- und Dichtebereich zu verlieren.

3 Klinische Studie

Das Verfahren wurde auf einem klinischen Prototypen implementiert und in der klinischen Routine optimiert und evaluiert. Die Akzeptanz des Verfahrens wurde wesentlich dadurch erleichtert, daß durch die beschriebene Abwärtskompatibilität ein kontinuierlicher Übergang zwischen dem auf der unscharfen Maske basierenden Vergleichsalgorithmus und der verbesserten Verarbeitung ermöglicht wird.

Daher konnte in der Parameteroptimierungsphase auf das in Form der Parametrisierung des Vergleichsverfahrens vorhandene Know-How zurückgegriffen werden. Ausgehend von diesen Parametersätzen wurde die Parametrisierung für unsere Verarbeitung optimiert. In der klinischen Studie wurden für die verschiedensten Anatomien Parametersätze anhand von Beispielbildern optimiert, deren Wahl dann an vielen Aufnahmen gleichen Typs verifiziert wurde.

Besonders bei Aufnahmen, in denen sich entweder sehr viele knochige Strukturen überlagern, was zu eher schwachen Kontrasten führt (z.B. in lateralen Aufnahmen des Beckens), oder bei denen schwach kontrastierende Strukturen mittlerer Größe von Interesse sind (z.B. Darmgase und ihre Verteilung oder Luft-Flüssigkeitsspiegel, sowie organtrennende Fettschichten in der Abdomenübersichtsaufnahme), zeigt sich die Multiskalen-Verarbeitung der unscharfen Maske überlegen. Abbildung 2 demonstriert diesen Unterschied am Beispiel einer lateralen Aufnahme des Os Sacrum.

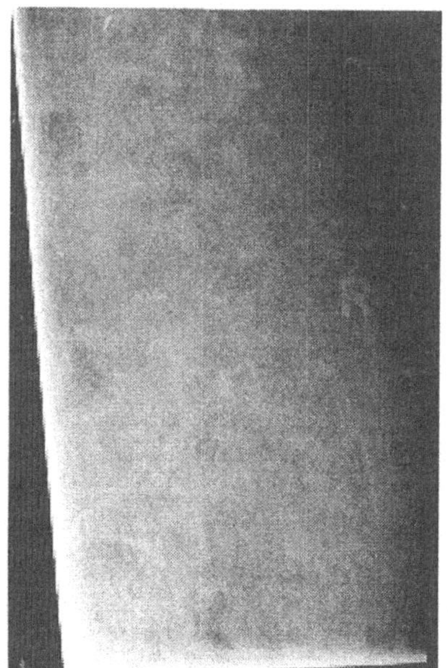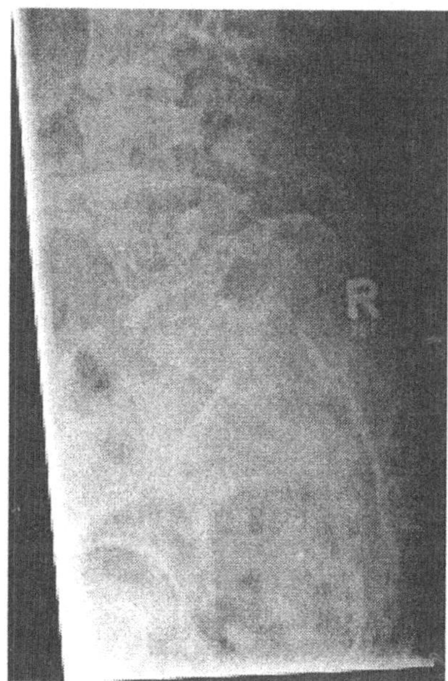

Abb. 2. Sacrum, laterale Aufnahme, prozessiert mit der unscharfen Maske (links) und mit Multiskalen-Verarbeitung (rechts).

Abbildung 3 zeigt das Ergebnis eines Blindversuchs, in dem die laterale Sacrumaufnahme von 14 Radiologen vergleichend über einer Skala von -3 (Vergleichsalgorithmus viel besser) bis +3 (neues Verfahren viel besser) bewertet wurde. Offensichtlich konnte eine deutliche Verbesserung erreicht werden, ohne daß das Rauschen wesentlich angehoben und die Harmonie des Bildeindrucks gestört wurde. Insgesamt zeigte die klinische Studie, daß die erreichbare Verbesserung gegenüber dem Vergleichsverfahren von der aufgenommen Anatomie abhängt. Mittelt man die Ergebnisse des obigen Blindversuchs für 20 verschiedene Aufnahmetypen, so ergeben sich ca. +1,2 Punkte für jedes Kriterium außer "Rauscheindruck" und "Harmonie des Bildeindrucks", ohne daß die letzteren beiden merklich beeinträchtigt werden. Des weiteren erwies sich die Möglichkeit der unterschiedlich großen Verstärkung in verschiedenen Frequenzbändern als unverzichtbar für eine gute Anpassung der Verarbeitung an unterschiedliche Anatomien.

	unscharfe Maske			Multiskalen-Verfahren		
	wesentl. besser	besser	geringf. besser	geringf. besser	besser	wesentl. besser
vergleichende Gesamtbewertung						
Detailerkennbarkeit						
Schaerfe						
Kontrast						
Rauschen						
Harmonie des Bildeindrucks						
Darstellung bildkritischer Bereiche						
Diagnostische Aussagekraft bzgl. der Hauptfragestellung						
Diagnostische Aussagekraft bzgl. nebenbefundl. Fragestellungen						

Abb. 3. Mittlere Bewertung von 14 Radiologen für die Sacrum-Aufnahme.

4 Zusammenfassung

In diesem Beitrag wurde ein nichtlinearer Multiskalen-Ansatz vorgestellt, der auf der Erweiterung der Methode der unscharfen Maske auf eine Laplace-Pyramide basiert. Hierbei wurde in der Implementierung großer Wert auf Rauschrobustheit und Abwärtskompatibilität gelegt. In einer klinischen Studie konnte gezeigt werden, daß bei geeigneter Wahl der Schwachstrukturverstärkung eine deutliche Verbesserung der Radiographien erreicht werden konnte. Insbesondere konnte eine verbesserte Detailerkennbarkeit ohne unakzeptable Verstärkung des Rauschens oder Störung eines ausgewogenen Bildeindrucks erreicht werden. Eine ausführliche Beschreibung des Verfahrens findet sich in Ref. [5] und Ref. [6].

Literatur

1. Aach T, Schiebel U, Spekowius G, Digital image acquisition and processing in medical X-ray imaging. Erscheint in J. Electr. Imag., Special Section on Biomedical Image Representation, Jan. 1999.
2. Neitzel U, Maack I, Günther-Kohfahl S: Image quality of a digital chest radiography system based on a selenium detector. Medical Physics, 21(4):509–516, 1994.
3. Cowen AR, Giles A, Davies AG, Workman A: An image processing algorithm for PPCR imaging. SPIE 1898, 833–843, 1993.
4. Burt PJ, Adelson EH: The Laplacian Pyramid as a compact image code. IEEE Trans. on Communications, 31(4), 532–540, 1983.
5. Stahl M, Aach T, Dippel S, Buzug TM, Wiemker R, Neitzel U: Noise resistant weak structure enhancement for digital radiography, angenommen bei SPIE Vol. 3661 (Medical Imaging 1999: Image Processing), 1999.
6. Stahl M, Aach T, Buzug TM, Dippel S, Neitzel U: Digital radiography enhancement by nonlinear multiscale processing. Eingereicht bei Medical Physics, 1998.

Morphologische Multiskalenfilterung

Volker Metzler[*], Christian Thies[†], Thomas Lehmann[†]

[*]Institut für Signalverarbeitung und Prozeßrechentechnik
Medizinische Universität zu Lübeck, Ratzeburger Allee 160, D–23538 Lübeck

[†]Institut für Medizinische Informatik
Rheinisch–Westfälische Technische Hochschule Aachen, D–52057 Aachen

E–mail: `metzler@isip.mu-luebeck.de`

Zusammenfassung. Um komplexes medizinisch–biologisches Bildmaterial zuverlässig zu segmentieren, wird das Verhalten von geeigneten signalbeschreibenden Merkmalen über mehrere Auflösungsstufen (Skalen) verfolgt. Hierbei werden signifikante Signalkomponenten bzw. wichtige Regionen des Bildes durch Merkmale repräsentiert, die über große Skalenbereiche stabil sind. Die hierfür notwendige Bedingung der Kausalität der Merkmale kann in morphologischen Skalenräumen besser erfüllt werden, als in herkömmlichen linearen Skalenräumen. Die Watershed–Transformierte einer morphologisch erzeugten Skala liefert für jedes Extremum eine ortsinvariante Region, entsprechend der relevanten Bildstrukturen. Hierbei wird die Signifikanz eines Mekmals u.a. als seine Stabilität im Skalenraum berechnet. Die Segmentierung eines Bildes besteht schließlich aus den signifikanten Regionen des Skalenraums.

Schlüsselwörter: Segmentierung, Skalenraum, Multiskalenfilterung, morphologische Operatoren, Watershed–Transformation

1 Einleitung

Der *Multiskalenansatz* zur Bildsegmentierung geht davon aus, daß Bilder in verschiedenen Auflösungsstufen (Skalen) betrachtet werden müssen, um robuste Segmentierungen zu erhalten. Gerade bei der Analyse von komplexen medizinischen Bilddaten sind solche Methoden von Vorteil. Beispielsweise repräsentieren spezifische Texturen oft Skalenunterschiede, die bei zweckmäßiger Analyse des dekomponierten Signals besser aufgelöst und untersucht werden können als im Originalsignal.

Diesen Ansatz greift das *Scale–Space Filtering* auf, bei dem ein Skalenraum durch sukzessives Tiefpaßfiltern erzeugt wird [1]. Niedrige Skalen (wenig gefiltert) enthalten somit Details wie z.B. differenzierte Objektkonturen, während hohe Skalen homogene Regionen qualitativ beschreiben. Objekte können so aufgrund globaler Information lokalisiert werden, ihre Details sind aber nur im lokalen Kontext zu ermitteln.

Zur Bildsegmentierung wird das Verhalten geeigneter signalbeschreibender Merkmale im Skalenraum analysiert. Dabei kann vorausgesetzt werden, daß solche

Merkmale, die über große Skalenbereiche stabil sind, also durch die sukzessive Filterung nicht entfernt werden, signifikante Signalkomponenten repräsentieren. Der Gaußsche Filterkern ist das einzige lineare Filter, das im zweidimensionalen die notwendige Kausalität, d.h. ein reproduzierbares monotones Verhalten der Merkmale über die Skalen, sicherstellt [2]. Dies gilt allerdings lediglich für Wendestellen, die zur Signifikanzanalyse nur bedingt geeignet sind, da sie bei Bildsignalen Konturen ausbilden. Diese Wendestellenkonturen sind ortsvariant, weshalb die notwendige Zuordnung von Merkmalen aufeinanderfolgender Skalen nicht immer eindeutig entschieden werden kann. Besser geeignet zur Signifikanzanalyse wären eindimensionale Merkmale (z.B. Extrema) für die aber kein lineares Filter existiert, das Kausalität garantiert [3].

Demgegenüber wurde für einige morphologische (also nichtlineare) Filter Kausalität bzgl. der Extrema von 2D–Signalen nachgewiesen [4]. Da für bestimmte Filter die Extrema zusätzlich ortsinvariant sind und die Strukturen form– und größenselektiv gefiltert werden, bietet die Analyse morphologischer Skalenräume sowohl zur Segmentierung als auch zur Rauschreduktion in bestimmten Anwendungsbereichen Vorteile gegenüber dem herkömmlichen Gaußschen Skalenraum.

2 Morphologische Skalenräume

Wie lineare Skalenräume werden morphologische Skalen durch Filterung des Originalbildes erzeugt. Eine morphologische Filteroperation wird durch ein zweidimensionales Strukturelement σ beschrieben, das eine Form durch Koeffizienten $\sigma(i,j) \neq 0$ vorgibt. Der Skalenparameter r ergibt sich als variables Designmerkmal des Strukturelements, beispielsweise als Radius. Als konsistente Erweiterung der bekannten binären Morphologie ergeben sich die beiden Basisoperationen *Erosion* $\mathbf{E}_{\sigma^r}$ und *Dilatation* $\mathbf{D}_{\sigma^r}$ mit grauwertigen Strukturelementen angewendet auf eine Grauwertfunktion f durch:

$$\mathbf{E}_{\sigma^r} f(x) = \min{}_{\mathcal{D}[\sigma_x^r]}\{f(x) + \hat{\sigma}_x^r\} \tag{1}$$

$$\mathbf{D}_{\sigma^r} f(x) = \max{}_{\mathcal{D}[\sigma_x^r]}\{f(x) + \sigma_x^r\} \tag{2}$$

wobei $\hat{\sigma}_x$ das punktgespiegelte Strukturelement σ_x mit Ursprung an der Stelle x ist. $\mathcal{D}[\sigma_x]$ bezeichnet den Definitionsbereich des Strukturelements (Abb. 1).

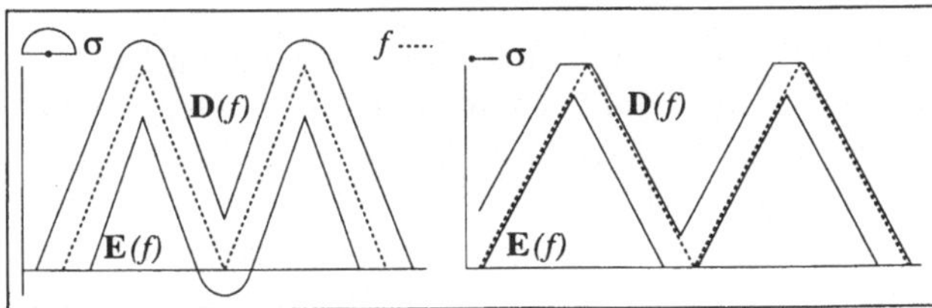

Abb. 1. Zwei Beispiele für grauwertige Erosion **E** und Dilatation **D** des Signals f mit dem Strukturelement σ.

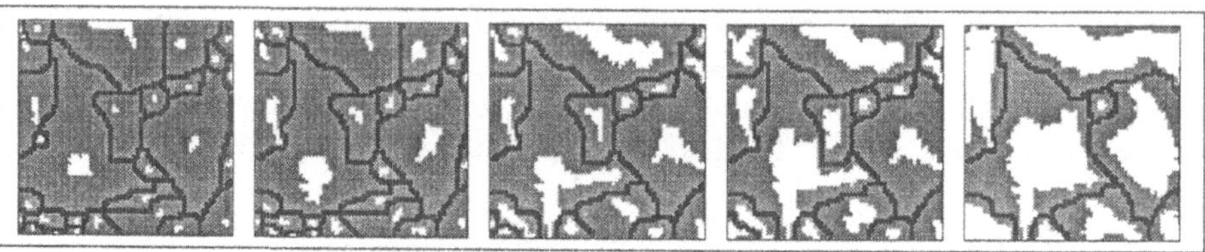

Abb. 2. Sukzessive Erosionen erzeugen aufsteigende Skalen. Eine Region ist durch
ihr Minimum eindeutig bestimmt. Die Anzahl der Minima (*weiß*) reduziert sich,
während die Teilmengenbeziehung erhalten bleibt.

Entscheidend für die Multiskalenanalyse sind die Kausalitätseigenschaften der
verwendeten Filter. Bei Erosion verschmelzen Minima mit steigender Skala,
während dies bei Dilatation für Maxima der Fall ist. Analog dazu verhalten sich
die komponierten Filter *Opening* ($\mathbf{O}f = \mathbf{DE}f$) und *Closing* ($\mathbf{C}f = \mathbf{ED}f$). Aus
den mengentheoretischen Eigenschaften der Filter ergibt sich, daß die Extrema
der Skala r immer Teilmengen der Extrema der Skala $r + 1$ sind, woraus die
Kausalität der Merkmale folgt (Abb. 2). Diese Eigenschaften bleiben auch bei
grauwertigen Strukturelementen erhalten, sofern diese kompakte Mengen sind
[4]. Dadurch kann das Skalenverhalten von Bildextrema eindeutig ermittelt und
analysiert werden.

Die Watershed–Transformation detektiert die Minima (oder nach vorherigem In-
vertieren die Maxima) eines Bildes und ordnet ihnen Regionen zu, deren Form
und Ausdehnung von der Lage der Nachbarminima abhängt. Die Grenzen der Regionen entsprechen sog. "Dividelines" des Bildes. Da die Kausalität der Exrema
gewährleistet ist, kann direkt auf das Skalenverhalten der Watershed–Regionen
geschlossen werden, deren Anzahl ebenso monoton fällt wie die der verfolgten
Extrema. Da die Watershed–Transformierte immer eine vollständige Partitionie-
rung des Bildes ergibt, modelliert sie das Signal wesentlich besser als die Extrema
selbst, die (im Kontinuierlichen) keine Ausdehnung besitzen.

3 Signifikanzanalyse

Da in linearen Skalenräumen die identifizierten Merkmale nicht ortsinvariant
sind, kann die Zuordnung von Merkmalen aufeinanderfolgender Skalen nicht immer zweifelsfrei entschieden werden. Außerdem müssen signifikante Merkmale
zum Originalbild ($r = 0$) zurückverfolgt werden, um die korrespondierenden
Bildbereiche zu ermitteln. Aufgrund der Teilmengenbeziehung der Extrema treten solche Schwierigkeiten in diesem Ansatz nicht auf.

Über die Verfolgung der Extrema im Skalenraum wird das Skalenverhalten der
Dividelines in einem sog. Intervallbaum festgehalten und analysiert. Dem Intervallbaum kann man entnehmen, in welcher Skala zwei Extrema verschmelzen,
sich also ein neues autonomes Extremum bildet. Jedem Extremum wird eine
Signifikanz zugeordnet, die sich als gewichtete Summe aus verschiedenen Maßen
zusammensetzt.

3.1 Stabilität von Merkmalen

Das wichtigste Signifikanzmaß ist die Stabilität des betreffenden Merkmals. Es ist offensichtlich, daß ein Merkmal wichtige Signalstrukturen repräsentiert, wenn es in einem großen Skalenbereich existiert, weil es dann vieler Filterschritte bedarf, um das Extremum zu entfernen. Das einfache Zählen der Skalen würde allerdings Extrema in hohen Skalen bevorzugen, da dort Filterungen einen geringeren Effekt haben, wodurch die Extrema auch länger überleben. Dies kann ausgeglichen werden, indem die Stabilität $S(e^{[r_1;r_2]})$ des Extremums e, das in den Skalen r_1 bis r_2 existiert, mit $\log(r_2) - \log(r_1)$ bewertet wird. Dieses Vorgehen ist in linearen Skalenräumen sinnvoll, während das für nichtlineare nicht unbedingt gilt. Aus diesem Grund wird hier die Stabilität in Abhängigkeit von der skalenabhängigen Anzahl vorhandener Extrema berechnet. Dadurch wird in der Stabilität eines Extremums die filter- und bildspezifische Reduktion der Extrema entlang der Skalen berücksichtigt:

$$S(e^{[r_1;r_2]}) = |\text{Ext}(r_1)| - |\text{Ext}(r_2)| \tag{3}$$

wobei $|\text{Ext}(r)|$ die Mächtigkeit der Menge der Extrema in Skala r bezeichnet.

3.2 Bildbasierte Signifikanzmaße

Neben der Stabilität wird die Ausdehnung einer Watershed–Region als Signifikanzmaß des Extremums gewertet. Dieses Maß bevorzugt also große Regionen, die sich tendentiell in hohen Skalen befinden. Die Segmentierung des Bildes wird dadurch grober. Weiterhin wird der Kontrast einer Region über die Varianz ihrer Grauwerte bewertet. Dadurch werden Regionen bevorzugt, die ausgeprägte Extrema besitzen und hohe radiale Gradienten haben.

Der Merkmalsbewertung kommt eine entscheidende Rolle bei der multiskalen Segmentierung zu. Wenn korrespondierende Watershed–Regionen zu 3D–Skalenraumregionen zusammengefaßt werden, können weitere sinnvolle Signifikanzmaße wie z.B. Volumen oder 3D–Kontrast abgeleitet werden [5].

4 Ergebnisse und Ausblick

Da Bildstrukturen in morphologischen Skalenräumen ortsinvariant sind, können, im Gegensatz zu linearen Skalenräumen, eindeutige Objektzuordnungen zwischen den Skalen ermittelt werden (Abb. 3).

Das beschriebene Verfahren ist zur Identifikation homogener Objekte auf einem helleren oder dunkleren Hintergrund einsetzbar und wurde anhand verschiedener medizinischer Bilder verifiziert (Abb. 4). Derzeit wird die Erweiterung dieses neuen Konzepts auf komplexere morphologische Filter (z.B. TopHat), sowie allgemein auf Rangordnungsfilter untersucht. Dazu müssen einerseits die Kausalitätseigenschaften der Merkmale bzgl. der Filter geprüft werden. Andererseits ist es notwendig, die Signifikanzanalyse um weitere bildbasierte Maße zu erweitern.

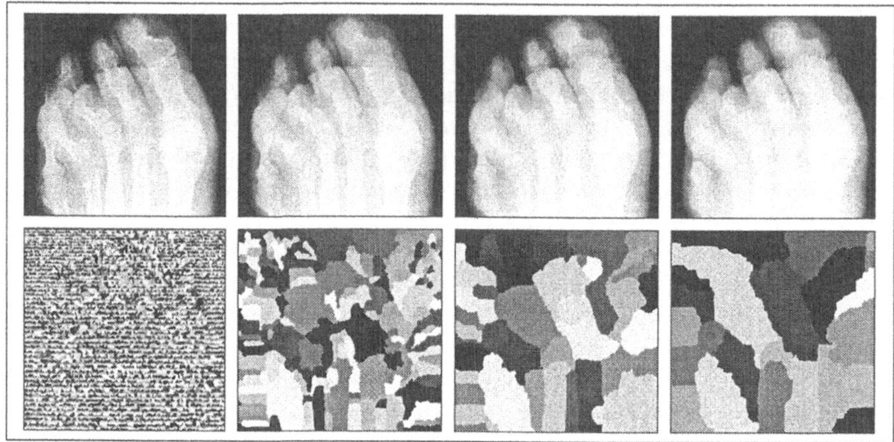

Abb. 3. Der Skalenraum (*oben*) wurde durch sukzessives Opening mit einem sphärischen Strukturelement berechnet ($r = 0, 2, 4, 6$). Die zugehörigen Watershed–Tranformierten (*unten*) zeigen die sukzessive Reduktion der Regionenzahl.

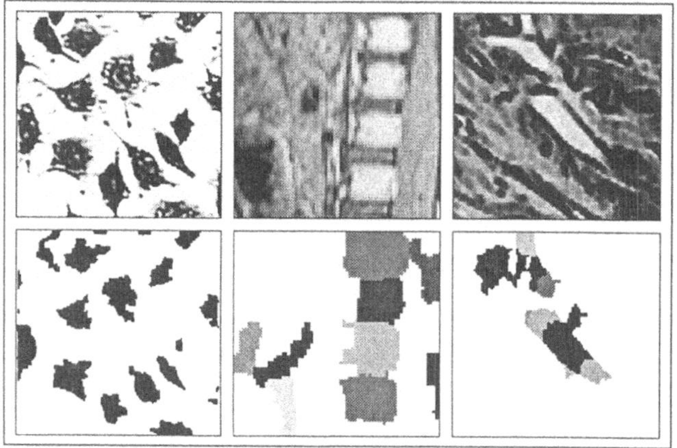

Abb. 4. Drei Segmentierungsergebnisse (*unten*) von medizinischen Bildern (*oben*). Die entsprechenden Skalenräume wurden mit Closing (*links*) und Opening (*Mitte, rechts*) erstellt. Die Signifikanz wurde unter Berücksichtigung der Regionengrößen ermittelt.

Literatur

1. Witkin AP. Scale space filtering: A new approach to multi–scale description. pp. 79–95. Ablex, New Jersey, 1984.
2. Babaud L, Witkin AP, Baudin M, Duda RO. Uniqueness of the gaussian kernel for scale–space filtering. *IEEE Trans. PAMI*, 8(1):26–33, 1986.
3. Lifshitz LM, Pizer SM. A multiresolutional hierarchical approach to image segmentation based on intensity minima. *IEEE Trans. PAMI*, 12(6):529–540, 1990.
4. Jackway PR, Deriche M. Scale–space properties of the multiscale morphological dilation–erosion. *IEEE Trans. PAMI*, 18(1):38–51, 1996.
5. Lindeberg T, Eklundh J–O. Scale–space primal sketch: Construction and experiments. *Image and Vision Computing*, 10:3–18, 1992.

Rauschfilterung von echokardiographischen Bildsequenzen mit adaptiven Rangordnungsfiltern

J. E. Santos Conde[1], A. Teuner[1], O. Pichler[2], B. J. Hosticka[1]

[1] Fraunhofer-Institut für Mikroelektronische Schaltungen und Systeme,
Finkenstr. 61, D-47057 Duisburg, Email: santos@ims.fhg.de
[2] Bosch Telekom GmbH, Backnang

Zusammenfassung Im vorliegenden Beitrag wird ein Verfahren zur Rauschfilterung von echokardiographischen Bildsequenzen mit adaptiven Orts-Zeit-Rangordnungsfiltern beschrieben, bei denen die Maske des Residuum-Filters den bedeutsamsten Rauschquellen angepaßt ist, so daß sie besonders wirksam zur Verbesserung des visuellen Eindrucks eingesetzt werden können. Dabei konzentrieren sich die Untersuchungen auf Ultraschallsequenzen, die mit Hilfe des Sektor-Scan-Verfahrens gewonnen werden, welches insbesondere zur Diagnose akustisch schwer zugänglicher Organe wie zum Beispiel dem Herzen eingesetzt wird. Die vorgestellten Simulationsergebnisse heben die Leistungsfähigkeit des vorgestellten adaptiven Filterverfahrens beispielhaft hervor.

Schlüsselwörter: Rauschfilterung, adaptive Rangordnungsfilter, Echokardiographie, Sektor-Scan-Verfahren, lineare Regression

1 Einleitung

Der wesentliche Nachteil der Ultraschalldiagnostik besteht darin, daß die Bildqualität der Ultraschallaufnahmen, aufgrund technischer und verfahrensbedingter Artefakte, sehr gering ist. Verfahrensbedingte Artefakte sind auf das Prinzip der Echoerfassung zurückzuführen und gelten als unvermeidbar, während technisch bedingte Artefakte vom Untersuchungsgerät selbst verursacht werden und durch konstruktive Maßnahmen begrenzt werden können. Eine der wesentlichen Störquellen, die im Rahmen diesen Beitrags näher betrachtet werden soll, sind Ultraschallstrahlen, die auf Gewebestrukturen mit einem hohen Impedanzsprung treffen. Diese Schallstrahlen erfahren eine Ablenkung, so daß auch dem Sendekristall benachbarte Kristalle das reflektierte Signal empfangen. Dieser Effekt macht sich in eine zum Sende-Empfangskopf tangentiale Verschmierung im visuellen Erscheinungsbild von Ultraschallaufnahmen bemerkbar. Diese verfahrensbedingte Störung wird im Rahmen des in Kapitel 2 vorgestellten adaptiven Rangordnungsfilters zur Rauschfilterung der Ultraschallsequenzen berücksichtigt. Die Ergebnisse der Rauschfilterung in Kapitel 3 zeigen, daß das adaptive Rangordnungsfilter gegenüber konventionellen Filterverfahren deutlich bessere Ergebnisse liefert ohne fein strukturierte Merkmale zu degradieren. Der Beitrag endet mit einer Zusammenfassung der gewonnenen Erkenntnisse.

2 Rauschfilterung mit adaptiven Rangordnungsfiltern

Bildsequenzen sind fortlaufend digitalisierte Aufnahmen von zeitlich variierenden Szenen, also eine zeitliche Folge von Bildern. Setzt man voraus, daß der Rauschprozeß $n(\mathbf{r}, t)$ statistisch unabhängig von der Originalsequenz $f(\mathbf{r}, t)$ ist, so erhält man für den dreidimensionalen Datenraum $g(\mathbf{r}, t)$, welcher mit Hilfe zweier diskreter Ortskoordinaten $\mathbf{r} = [x, y]^T$ und einer diskreten Zeitkoordinate t festgelegt wird, folgendes Rauschmodell $g(\mathbf{r}, t) = f(\mathbf{r}, t) + n(\mathbf{r}, t)$. Es wird angenommen, daß es sich um additives weißes gaußsches Rauschen mit dem Mittelwert Null und einer konstanten Varianz handelt.

Das Ziel einer Rauschfilterung ist $f(\mathbf{r}, t)$ aus der Beobachtung von $g(\mathbf{r}, t)$ zu schätzen. Um den hohen nichtstationären Charakter der Bilddaten in örtlicher sowie in zeitlicher Richtung zu berücksichtigen, wird hier ein neuartiges bewegungsunkompensiertes adaptives Orts-Zeit-Rangordnungsfilter vorgestellt, welches die für die Echokardiographie eminent wichtige Eigenschaft besitzt, Bildkanten zu erhalten [1,2]. Die Filterung beruht auf der Zerlegung der instationären Pixeltrajektorien $g(\mathbf{r}, t)$ in einen rauschfreien instationären und einen im weitesten Sinne stationären rauschbehafteten Anteil, das sogenannte Residuum [3,4]. Das Residuum wird anschließend mit einem nichtlinearen Filter weiterverarbeitet. Hierzu wird das instationäre Signal $g(\mathbf{r}, t)$ wie folgt zerlegt

$$g(\mathbf{r}, t) = \mu_g(\mathbf{r}, t) + \sigma_g(\mathbf{r}, t) y(\mathbf{r}, t) = \mu_g(\mathbf{r}, t) + \sigma_g(\mathbf{r}, t) \frac{g(\mathbf{r}, t) - \mu_g(\mathbf{r}, t)}{\sigma_g(\mathbf{r}, t)} \ , \quad (1)$$

wobei $\mu_g(\mathbf{r}, t)$ und $\sigma_g(\mathbf{r}, t)$ den lokalen Mittelwert und die lokale Standardabweichung des Signals $g(\mathbf{r}, t)$ beschreiben. Das Residuum $y(\mathbf{r}, t)$ besitzt einen zeitinvarianten Mittelwert von Null und eine zeitinvariante Standardabweichung von Eins. Wenn es sich, wie oben vorausgesetzt, um additives Rauschen mit dem Mittelwert Null handelt, so ist der lokale Mittelwert $\mu_g(\mathbf{r}, t)$ rauschfrei und das Residuum $y(\mathbf{r}, t)$ enthält vollständig den stationären Rauschanteil $n(\mathbf{r}, t)$.

Für den Erfolg der Filterung ist die Genauigkeit der Schätzungen für die lokalen Statistiken ausschlaggebend. Der zu verwendende Schätzalgorithmus muß robust gegen Rauschen und bildkantensensitiv sein. Um diesen Anforderungen zu genügen, wird ein Verfahren verwendet, welches die Rangordnungsstatistiken des Bildsignals auswertet. Der Schätzalgorithmus hat folgende Form

$$\hat{\boldsymbol{\theta}}(\mathbf{r}, t) = \begin{bmatrix} \hat{\mu}_g(\mathbf{r}, t) \\ \hat{\sigma}_g(\mathbf{r}, t) \end{bmatrix} = \begin{bmatrix} b_{1,1} & b_{1,2} & \cdots & b_{1,m} \\ b_{2,1} & b_{2,2} & \cdots & b_{2,m} \end{bmatrix} \begin{bmatrix} g_{(1)}(\mathbf{r}, t) \\ g_{(2)}(\mathbf{r}, t) \\ \vdots \\ g_{(m)}(\mathbf{r}, t) \end{bmatrix} = \mathbf{B} \mathbf{g}_{()}(\mathbf{r}, t) \ , \quad (2)$$

wobei $\hat{\boldsymbol{\theta}}(\mathbf{r}, t) = [\hat{\mu}_g(\mathbf{r}, t), \hat{\sigma}_g(\mathbf{r}, t)]^T$ die Schätzung für die lokalen Statistiken $\boldsymbol{\theta}(\mathbf{r}, t) = [\mu_g(\mathbf{r}, t), \sigma_g(\mathbf{r}, t)]^T$ darstellt. Der Vektor $\mathbf{g}_{()}(\mathbf{r}, t)$ beinhaltet die sortierten Ensemblewerte von $g(\mathbf{r}, t)$ $(g_{(1)}(\mathbf{r}, t) \leq \cdots \leq g_{(m)}(\mathbf{r}, t))$. Da die Ensemblewerte $\mathbf{g}_{()}(\mathbf{r}, t)$ in der Regel nicht bekannt sind, werden unter der Annahme lokaler Ergodizität diese durch die lokalen Orts-Zeit-Werte, also die Werte innerhalb der Maske um den Bildpunkt $g(\mathbf{r}, t)$, ersetzt. Die Schätzmaske wird, wegen des eingangs besprochenen Effekts der tangentialen Verschmierung im visuellen Erscheinungsbild von Ultraschallaufnahmen, an der Hypotenuse von $g(\mathbf{r}, t)$ ausgerichtet, wobei die radiale Ausdehnung der Schätzmaske größer ist als die tangentiale, um die in tangentialer Richtung korrelierte Verschmierung nicht zu stark zu bewerten [1,2]. Die Schätzmaske muß dabei so kompakt gewählt werden, daß lokale Ergodizität vorausgesetzt werden kann. Die Skalare $b_{p,q}$ mit $p \in \{1, 2\}$ und $q \in \{1, 2, \cdots, m\}$ sind die Gewichte des Schätzers. Diese müssen für die Bestimmung des lokalen Mittelwertes $\mu_g(\mathbf{r}, t)$ und der lokalen Standardabweichung $\sigma_g(\mathbf{r}, t)$ aus der Beobachtung von $g(\mathbf{r}, t)$ hergeleitet werden. Aus Gleichung (1), die auch für die Ensemblewerte von $g(\mathbf{r}, t)$ gilt, folgt nach Bildung des Erwartungswertes das folgende Gleichungssystem

$$g_{(i)}(\mathbf{r}, t) = \mu_g(\mathbf{r}, t) + \sigma_g(\mathbf{r}, t)\mathrm{E}\left\{y_{(i)}(\mathbf{r}, t)\right\} + \epsilon_i(\mathbf{r}, t) \quad 1 \leq i \leq m \ . \tag{3}$$

Die Erwartungswerte $\mathrm{E}\left\{y_{(i)}(\mathbf{r}, t)\right\}$ werden aus der Beobachtung des Residuums $y(t)$ ermittelt [4]. Für $m > 2$ ist das Gleichungssystem (3) überbestimmt. Das resultierende überbestimmte System von linearen Gleichungen für die unbekannten Parameter ist im allgemeinen nicht exakt lösbar. Man kann nur verlangen, daß die in den einzelnen Gleichungen auftretenden Residuen $\epsilon_r(\mathbf{r}, t)$, die durch das Fallenlassen der Erwartungswertbildung und der Verwendung der Ergodenhypothese entstehen, in einem zu präzisierenden Sinn minimal sind. Die unbekannten Parameter, der lokale Mittelwert $\mu_g(\mathbf{r}, t)$ und die lokale Standardabweichung $\sigma_g(\mathbf{r}, t)$, können durch lineare Regression ermittelt werden [5]

$$\hat{\boldsymbol{\theta}}(\mathbf{r}, t) = \inf_{\boldsymbol{\theta}(\mathbf{r},t)} \sum_{i=1}^{m} \epsilon_i^2(\mathbf{r}, t) \ . \tag{4}$$

Es wird davon ausgegangen, daß die lokalen Statistiken der Bildpunkte innerhalb der Schätzmaske der Statistik von $g(\mathbf{r}, t)$ ähnlich sind. Der lokale Mittelwert $\mu_g(\mathbf{r}, t)$ entspricht dem Ordinatenschnittpunkt und die lokale Standardabweichung $\sigma_g(\mathbf{r}, t)$ der Steigung der Geraden.

Um den Einfluß von Ausreißern zu reduzieren, wird das Schätzverfahren derartig modifiziert, daß es die Ausreißer erkennt und entsprechend gewichtet. Das Problem einer robusten Regression ist die richtige Detektion der Ausreißer. Dazu wird zunächst eine robuste Initialregression berechnet. Die dabei auftretenden Ausreißer werden entsprechend gewichtet, so daß sie eine geringere Wirkung auf das Regressionsergebnis besitzen. Anschließend erfolgt eine erneute Regression. Dieser iterative Prozeß, *iterated weighed least squares* (IWLS), wird solange durchgeführt, bis eine Konvergenz der Regression festzustellen ist. In [6] wird dazu eine nichtlineare Funktion vorgeschlagen

$$\hat{\boldsymbol{\theta}}(\mathbf{r}, t) = \inf_{\boldsymbol{\theta}(\mathbf{r},t)} \sum_{i=1}^{m} \Psi\left(\frac{\epsilon_i(\mathbf{r}, t)}{\sigma}\right) \ , \tag{5}$$

wobei σ die Standardabweichung der Residuen $\epsilon_i(\mathbf{r}, t)$ $(1 \leq r \leq m)$ ist. Die Lösung wird wegen der Nichtlinearität der sogenannten Huber-Funktion Ψ iterativ gelöst. Sie lautet

$$\hat{\boldsymbol{\theta}}^{s+1}(\mathbf{r}, t) = \left(\mathbf{A}^T \mathbf{C}_{(yy)}^{-1} \mathbf{W} \mathbf{A}\right)^{-1} \mathbf{A}^T \mathbf{C}_{(yy)}^{-1} \mathbf{W} \mathbf{g}_{()}(\mathbf{r}, t) \ , \tag{6}$$

wobei s den Iterationsschritt, $\mathbf{C}_{(yy)}$ die Kovarianzmatrix des Vektors $\mathbf{y}_{()}(\mathbf{r}, t)$, $\mathbf{A} = \left[\, \mathbf{1} \ \mathrm{E}\{\mathbf{y}_{()}(\mathbf{r}, t)\}\,\right]$ und $\mathbf{W}$ eine diagonale Gewichtungsmatrix

$$\mathbf{W} = \mathrm{diag}\left[w_i\left(\hat{\boldsymbol{\theta}}^s(\mathbf{r}, t)\right)\right] = \mathrm{diag}\left[\psi\left(\frac{\epsilon_i^s(\mathbf{r}, t)}{\sigma}\right) \Big/ \frac{\epsilon_i^s(\mathbf{r}, t)}{\sigma}\right] \tag{7}$$

darstellen. ψ stellt dabei die erste Ableitung von Ψ dar. Das vorgestellte Schätzverfahren benötigt nur einige Iterationen um eine robuste Schätzung für die lokalen Statistiken zu ermitteln. Als Initialvektor wird die Schätzung mit $\mathbf{W} = \mathbf{1}$ verwendet. In der Regel erfolgt dadurch eine schnellere Iteration. Um den Einfluß von Ausreißern auch bei der Filterung zu berücksichtigen, erfolgt die Schätzung $\hat{f}(\mathbf{r}, t)$ für das Originalsignal $f(\mathbf{r}, t)$ folgendermaßen

$$\hat{f}(\mathbf{r}, t) = \hat{\mu}_g(\mathbf{r}, t) + \hat{\sigma}_g(\mathbf{r}, t) \mathrm{F}\left\{\frac{g(\mathbf{r}, t) - \hat{\mu}_g(\mathbf{r}, t)}{\hat{\sigma}_g(\mathbf{r}, t)} w_g^2(\mathbf{r}, t)\right\} \ . \tag{8}$$

F repräsentiert das nichtlineare Rauschfilter und $w_g(\mathbf{r}, t)$ die im IWLS-Algorithmus berechneten Gewichtung von $g(\mathbf{r}, t)$. Zur Residuum-Filterung wird ein mehrstufiges Median-Filter verwendet. In der ersten Stufe der Filterkaskade erfolgt eine radiale und zeitliche Median-Filterung. Anschließend wird der Median aus dem aktuellen Bildpunkt, dem radialen und dem zeitlichen Medianwert bestimmt. Bei der radialen Median-Filterung handelt es sich, um ein eindimensionales Median-Filter, welches an der aktuellen Hypotenuse ausgerichtet ist. Diese Ausrichtung bewirkt, daß die in tangentialer Richtung vorliegenden Verschmierungen reduziert werden.

3 Simulationsergebnisse

Die Abb. 1 zeigt vergleichsweise die Filterergebnisse für ein Bild der verwendeten echokardiographischen Bildsequenz, die den apikalen Vierkammerblick darstellt. Das verwendete Orts-Zeit-Filter hat gegenüber reinen Orts- oder Zeit-Filtern den Vorteil, daß es die zeitliche und örtliche Korrelation der Bildsignale berücksichtigt. Feine Strukturen bleiben auch bei sich abrupt bewegenden Objekten, wie zum Beispiel die Mitralklappe, erhalten und werden scharf dargestellt.

4 Zusammenfassung

Es wurde ein neuartiges adaptives Orts-Zeit-Rangordnungsfilter vorgestellt, daß sich hervorragend für die Rauschfilterung von echokardiographischen Bildsequenzen eignet, da es fein strukturierte Bildmerkmale auch bei abrupten Bewegungen erhält. Dabei wurde bewußt auf eine bewegungskompensierte Filterung verzichtet, da die Bestimmung des optischen Flusses gegenüber den in Ultraschallsequenzen auftretenden Rauscheinflüssen sehr empfindlich ist.

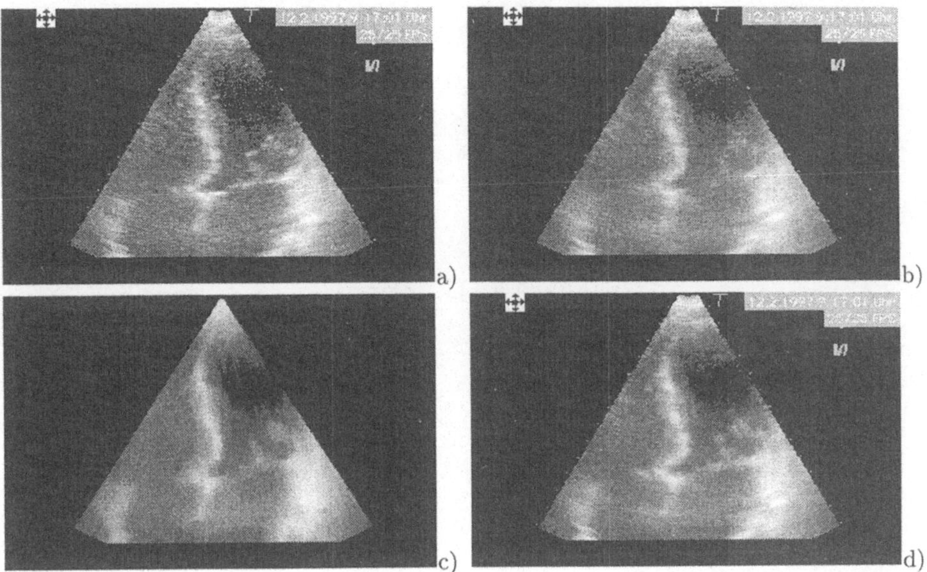

Abbildung1. Die Abbildung zeigt die Ergebnisse der Rauschfilterung: a) ungefiltertes Bild der Ultraschallsequenz, b) zeitliche Median-Filterung mit einer 7-Pixel-Maske, c) radiale Median-Filterung mit einer 13-Pixel-Maske [7] und d) adaptive Rangordnungsfilterung mit einer zeitlichen Maske von 7 Pixel und einer radialen Maske von 13 Pixel.

Literatur

1. J. E. Santos Conde, A. Teuner, O. Pichler und B. J. Hosticka. Algorithmus zur automatischen Endokarderkennung in digitalen echokardiographischer Bildsequenzen. *Biomedizinische Technik*, 43(7–8):221–226, Juli 1998.
2. A. Teuner, J. E. Santos Conde, O. Pichler und B. J. Hosticka. Computergestützte Endokarderkennung echokardiographischer Bildsequenzen. In *Mustererkennung 1998*, Seiten 447–454, Stuttgart, Oktober 1998. Springer-Verlag.
3. R. P. Kleihorst, R. L. Lagendijk und J. Biemond. Noise reduction of severely corrupted image sequences. *Proceedings of the IEEE International Conference on Acoustics, Speech, and Signal Processing*, Seiten 375–378, 1993.
4. R. P. Kleihorst, R. L. Lagendijk und J. Biemond. Noise reduction of image sequences using motion compensation and signal decomposition. *IEEE Transactions on Image Processing*, 4(3):274–284, März 1995.
5. E. H. Lloyd. Least-squares estimation of location and scale parameters using order statistics. *Biometrika*, 39:88–95, 1952.
6. R. L. Launer und G. N. Wilkinson. *Robustness in Statistics*. Academic Press, 1979.
7. J. Hackstein, O. Pichler und A. Teuner. Rechnergestützte Analyse von Ultraschallsequenzen des linken Ventrikels zur Bestimmung der Ejektionsfraktion. *Biomedizinische Technik*, 41(5):118–122, Mai 1996.

Registrierung

Ein computergestütztes Anpassungs-System zur Integration medizinischer Bildinformation

Thorsten Schormann[1], Stefan Henn[1], Karl Zilles[1,2]

[1]Heinrich-Heine-Universität Düsseldorf
Postfach 101007, 40001 Düsseldorf
[2]IME, Forschungszentrum Jülich, D-52425 Jülich
Email: thorsten@hirn.uni-duesseldorf.de

Zusammenfassung. Computergestützte Atlas-Systeme werden in der digitalen Bildverarbeitung benutzt, um einen Vergleich von (i) Bilddaten verschiedener bildgebender Systeme wie der Magnet Resonanz Tomographie (MRT), der Positronen Emissions Tomographie (PET) oder der Computer Tomographie (CT) zu ermöglichen als auch den Vergleich von (ii) verschiedenen Individuen einer bildgebenden Modalität. Hierfür ist es erforderlich, die Bildvolumina auf ein Referenzsystem zu transformieren, um die unterschiedliche Orientierung, Größe und individuelle Form räumlich zu normieren. Am Beispiel menschlicher Gehirne wird ein System vorgestellt, um die morphologische, funktionelle, makro- und mikrostrukturelle Information linear [1-5] und nichtlinear [6] in ein gemeinsames Referenzsystem zu überführen.

Schlüsselwörter: Flüssigkeitsmodell, Mehrgitter-Verfahren, Atlas -Systeme, lineare und nichtlineare Anpassungs-Verfahren

1   Einleitung

Zur Berechnung eines menschlichen Referenz-Gehirns, das zur Erfassung der normalen interindividuellen Variabilität hinsichtlich Struktur, Lokalisation und Ausdehnung menschlicher Cortexareale dient, ist es erforderlich, die interindividuellen, geometrischen Raumunterschiede einzelner Gehirne zu normieren, die mit verschiedenen bildgebenden Verfahren (z.B. MRT, PET) dargestellt sind. Hierdurch erfolgt neben der Erfassung der Variabilität eine Informationsverdichtung, die zu neuen Erkenntnissen bei der Erforschung der Funktionsweise des menschlichen Gehirns führt [12]. Für diese Aufgabe der Bildanpassung in der medizinischen Bildverarbeitung hat sich der computergestützte Atlas bewährt. Wesentliche Bestandteile eines solchen Atlas-Systems sind – neben einem Referenzsystem [9][10], auf das sämtliche Daten transformiert werden – lineare und nichtlineare Anpassungsverfahren, um die Strukturen mit höchstmöglicher Präzision miteinander vergleichen zu können.

2   Anpassungs-System

Im Folgenden soll ein Verfahren zur Berechnung und Darstellung zwei- und dreidimensionaler Raumunterschiede beschrieben werden, mit dem eine räumliche

Normierung von biologischen Objekten zur Anwendung für die medizinische Forschung [12][13] oder Medizintechnik möglich ist. Die Gesamtheit der Raumunterschiede zweier Objekte in einem gemeinsamen Koordinatensystem wird als Deformationsfeld bezeichnet. Hierbei werden nicht die Objekte, sondern die relativen Positionen der aus der Digitalisierung bildgebender Verfahren resultierenden Volumenelemente eines Objekts zum Referenzobjekt berechnet und dargestellt (Abbildung 1). Die Erfassung der geometrischen Ausdehnung eines

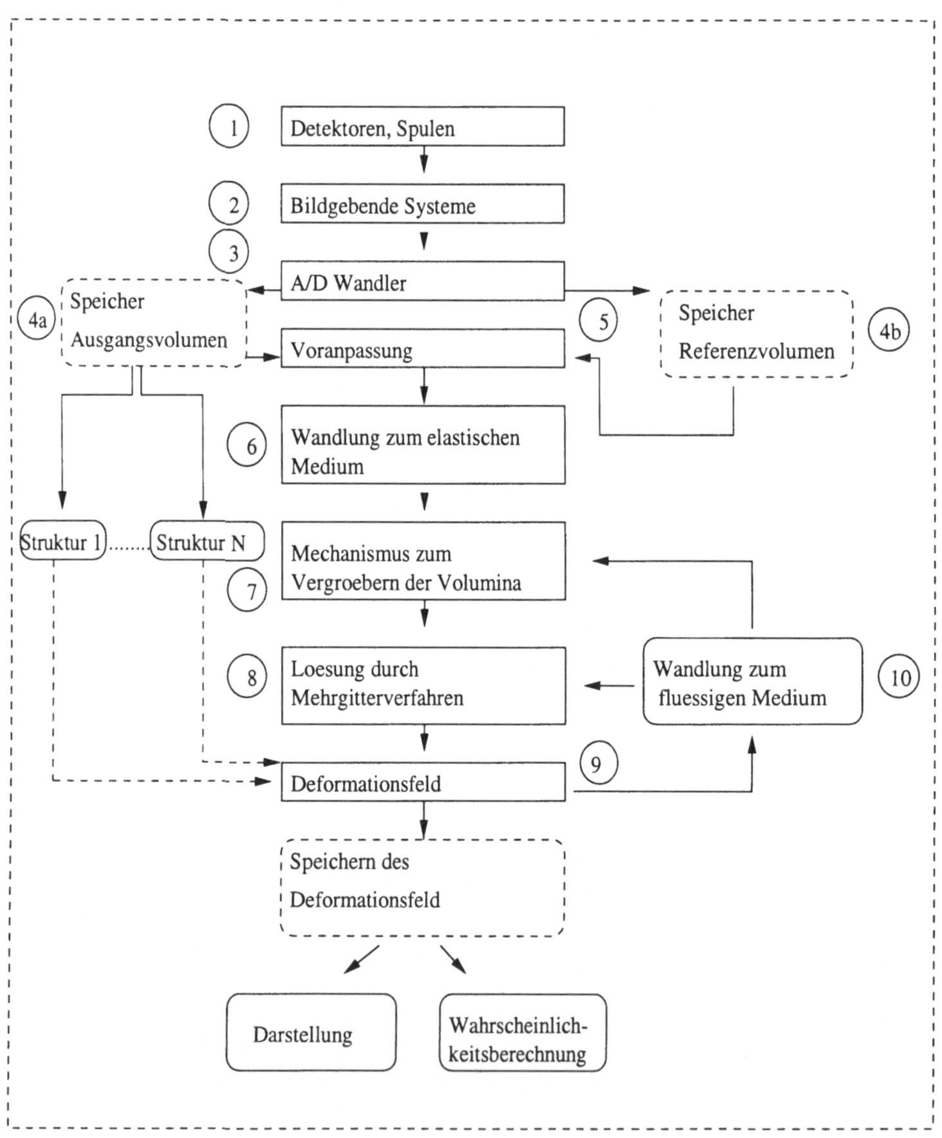

Abb. 1. Schema der sequentiellen Anpassung.

dreidimensionalen Objekts (Ausgangs- und Zielvolumen (4a, 4b)) erfolgt durch bildgebende Verfahren der Medizin (MRT, fMRT, PET, SPECT, histologische Serienschnitte). Bei der Erfassung der Objekte mit bildgebenden Verfahren sind die Volumina mit Hilfe von stereotaktischen Methoden so zu positionieren, daß eine globale, entsprechende Ausrichtung der Volumina gewährleistet ist. Bei fehlenden stereotaktischen Möglichkeiten wird die Position und Ausrichtung global durch Ausführung einer affinen Bewegung des Ausgangsobjekts korrigiert [1]. Hierbei gewährleistet eine affine Transformation i.A. eine höhere Anpassungsgüte als die Möglichkeit der stereotaktischen Fixierung, weil neben der Position auch noch zusätzliche die Größe korrigiert wird. Eine anschließende nichtlineare, dreidimensionale Transformation mit bis zu 24 Millionen Freiheitsgraden normiert die unterschiedliche Morphologie verschiedener Individuen. Die Transformationen der groben (lineare Parameter) und Feinanpassung (nichtlineare Parameter) lassen sich wie folgt zusammenfassen

$$\mathbf{x} \longrightarrow \mathbf{x} - \mathbf{A}\mathbf{x} - \mathbf{b} - \mathbf{u}(\mathbf{x} - \mathbf{A}\mathbf{x} - \mathbf{b}) \quad \forall \mathbf{x} \in \mathbf{T} \tag{1}$$

wobei $\mathbf{x}$ die Koordinaten des Ausgangsvolumens $\mathbf{T}$, $\mathbf{A}$ die affine Matrix, $\mathbf{b}$ den Translationsvektor und $\mathbf{u}$ die lokalen Verschiebungsvektoren bezeichnet, die sich aus der Lösung eines gekoppelten Differentialgleichungssystems mit bis zu $2{,}4 \cdot 10^7$ Unbekannten ergeben (s.u.). Die Gleichung (1) beschreibt die Transformation für jede Koordinate $\mathbf{x}$ des Ausgangsvolumens auf die korrespondierende Koordinate des Zielvolumens $\mathbf{R}$.

Die Matrix $\mathbf{A}$ kann den unterschiedlichen Anforderungen entsprechend gewählt werden: bei der Anpassung histologischer Volumina mit MR-Daten wird $\mathbf{A}$ über eine Matrix-Norm abgeschätzt, um den Einfluß nichtlinearer Deformationen zu minimieren [2], während in zwei Dimensionen gezeigt werden konnte [3], daß nichtlineare Deformationen in histologischen Serienschnitten Rayleigh-Bessel verteilt sind, was unter Anwendung dieser Statistik zu einer verbesserten, globalen Anpassung führt [4]. Bei der Integration intra- (MRT-PET, fMRT-MRT) und interindividueller Bildinformation (MRT-MRT) auf der Basis linearer Transformationsparameter war es erforderlich, die klassische Momenten-Hauptachsentransformation [11], die prinzipiell nur Skalierungs/Rotations-Transformationen bestimmen kann [1], auf allgemeine affine Parameter zu generalisieren [5]. Mit der erweiterten Momenten-Hauptachsentransformation können sämtliche Rotationsfehler, die prinzipiell bis zu 45° betragen können, und Skalierungsfehler vollständig unterdrückt werden.

Die lokalen Verschiebungsvektoren $\mathbf{u}$ werden mit Hilfe eines FMG-Flüssigkeitsmodells (FMG von engl.: Full Multigrid) bestimmt, das nicht nur in mehreren Auflösungsstufen bezüglich des gekoppelten Differentialgleichungs-Systems ((8), Abb. 1) arbeitet, sondern zusätzlich auf mehreren Auflösungsstufen der Volumina ((7), Abb. 1). Hierfür werden die Objekte zunächst als elastisches Material durch Anwendung der Navier-Stokes Gleichung modelliert ((6) in Abb. (1)) und grauwertbasierende Kräfte eingeführt. Dies hat den Vorteil, daß keine entsprechenden Paßpunkte in beiden Volumina bestimmt werden müssen, sondern die Bahn für jede Koordinate $\mathbf{x}$ des Ausgangsvolumens ergibt sich aus der Lösung einer Bewegungsgleichung. Hierfür ist es erforderlich, das elastische Modell auf ein Flüssigkeits-Modell zu erweitern ((10) in Abb. 1). Das resultierende Deformationsfeld wird auf verschiedenen Auflösungsstufen der Volumina berechnet (vgl. [8]). Durch dieses hierarchische Vorgehen gelangt die lokale Zuordnung von entsprechenden Voxel in den Bereich globaler Raumdifferenzen, womit die automatische Zuordnung räumlich komplexer Strukturen verbessert wird, da die Zuordnung von groben nach feinen Strukturen systematisch aufgebaut wird. Insbesondere kommt der Integration der Bildinformation aus histo-

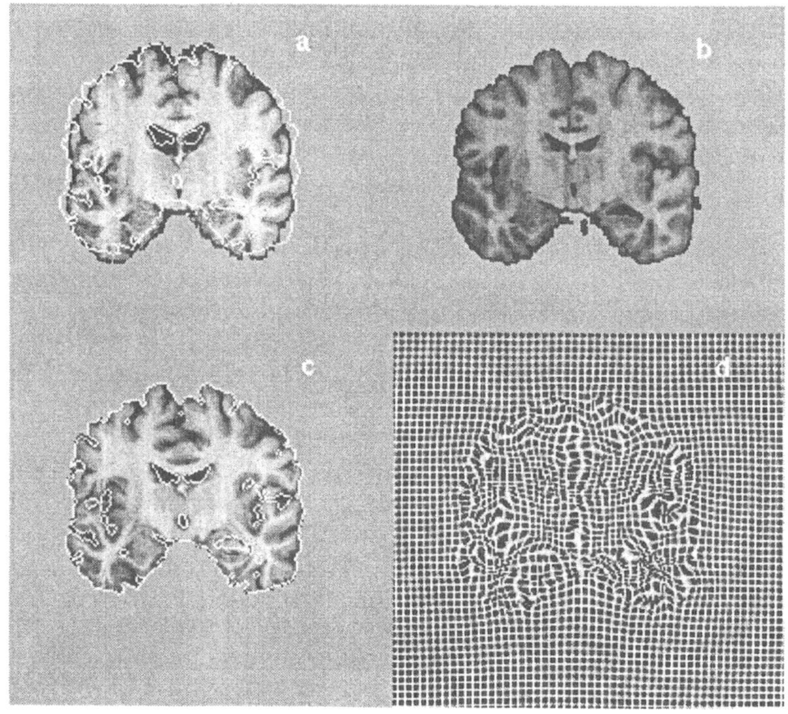

Abb. 2. Ausgangsbild (a), Referenz (b), Anpassungsergebnis (c) und Deformationsfeld (d), das mit Hilfe eines regelmäßigen Gitters sichtbar gemacht ist. Die äußere Kontur des Referenzbildes ist zum Vergleich in (a) und (b) überlagert.

logischen und MR-Bildsequenzen des identischen Objekts eine besondere Bedeutung zu, weil die makroskopische Information der MR-Bildsequenzen durch die lichtmikroskopische, histologische Information ergänzt werden kann (Abb. 2). Hierbei ist es für das Verfahren nicht erforderlich, für jede Struktur ein neues Deformationsfeld neu zu berechnen, sondern jede separate Struktur 1...N des Ausgangsobjektes kann mit Hilfe des einmal berechneten Deformationsfeldes auf die Referenz normiert werden.

3 Zusammenfassung

Das sequentielle Verfahren zur Integration intra- und interindivueller Bildinformation eröffnet Möglichkeiten, um Struktur-Funktionsbeziehungen durch Überlagerung von funktionellen (fMRT, PET) mit morphologischen Bilddaten untersuchen zu können. Die Vorteile des Verfahrens liegen (i) in der hohen Anzahl der Freiheitsgrade, womit die Berechnung komplexer Deformationen möglich wird, (ii) in der schnellen Berechnung durch ein FMG-Flüssigkeitsmodell, das zusätzlich auf mehreren Auflösungsstufen der Volumina arbeitet und (iii) in der Minimierung der interaktiven Unterstützung, so daß eine benutzerabhängige Zuordnung von Paßpunkten nicht erforderlich ist.

Literatur

1. Schormann, T., Zilles K. Limitations of the Principle Axes Theory IEEE Transactions on Medical Imaging, 16, (1997), 942-947
2. Schormann, T., v. Matthey, M., Dabringhaus, A., Zilles, K. Alignment of 3-D brain data sets originating from MR and histology. Bioimaging 1 (1993), 119-128 and Bioimaging 1 (1993), 185 (Erratum)
3. Schormann, T., Zilles K. Rayleigh-Bessel Distribution of Nonlinear Deformations in Histological Sections IEEE Transactions on Medical Imaging, revised July 1998
4. Schormann, T., Dabringhaus, A., Zilles, K. Statistics of deformations in histology and improved alignment with MRI IEEE Transactions on Medical Imaging 14 (1995), 25-35
5. Schormann, T. Lineare und nichtlineare Anpassungsverfahren in der digitalen Bildverarbeitung mit Anwendung zur Rekonstruktion der Abbildung von Hirnstrukturen Habilitationsschrift, Universität Düsseldorf (1997)
6. Schormann, T., Henn S., Zilles, K. A new approach to fast elastic alignment with application to human brains. Lecture Notes in Computer Science, 1131, (1996), 437-442
7. Schormann, T., Zilles, K. Three-dimensional linear and nonlinear transformations: an integration of light microscopical and MRI data. Hum. Brain Mapping 6 (1998), 339-347
8. Henn, S., Schormann, T., Engler, K., Zilles, K., Witsch, K.: Elastische Anpassung in der digitalen Bildverarbeitung auf mehreren Auflösungsstufen mit Hilfe von Mehrgitterverfahren. Springer Series: "Informatik-Aktuell" (1997)
9. Talairach, J. Tournou, X.P. Co-planar stereotactic atlas of the human brain: 3-D proportional system: an approach to cerebral imaging, Georg Thieme-Verlag (1988)
10. Roland, P.E. Zilles K. Brain atlases - a new research tool. TINS 17 (1994), 458-467.
11. Bajcsy R, Kovacic S. Multiresolution elastic matching. Comput Vision Graph Im Proc 46, (1989), 1-21
12. Geyer, S., Ledberg A., Schleicher A., Kinomura S., Schormann T., Bürgel U., Klingberg T., Larsson J., Zilles K., Roland P.E., Two different areas within the primary motor cortex of man, Nature 382, (1996), 805-807
13. Roland P.E., Geyer S., Amunts K., Schormann T., Schleicher A., Malikovic A., Zilles K., Cytoarchitectural maps of the human brain in standard anatomical space, Hum. Brain Mapping 5 (1997), 222-227

A Biomechanical Model of the Human Head for Elastic Registration of MR-Images

A. Hagemann[1], K. Rohr[1], H. S. Stiehl[1], U. Spetzger[2], J. M. Gilsbach[2]

[1]Universität Hamburg, FB Informatik, AB Kognitive Systeme,
Vogt-Kölln-Straße 30, D-22527 Hamburg, Germany
Tel.: +49 (40) 5494 2577 Fax: +49 (40) 5494 2572
E-Mail: hagemann@informatik.uni-hamburg.de
[2]Neurochirurgische Klinik, Universitätsklinik der
Rheinisch-Westfälischen Technischen Hochschule (RWTH),
Pauwelstraße 30, D-52057 Aachen, Germany

Abstract. The accuracy of image-guided neurosurgery generally suffers from brain deformations due to intraoperative changes, e.g. brain shift or tumor resection. In order to improve the accuracy, we developed a biomechanical model of the human head which can be employed for the correction of preoperative images. By now, the model comprises two different materials while the correction of the preoperative image is driven by a set of given landmark correspondences. Our approach has been tested on synthetic images and yields physically plausible results. Additionally, we carried out registration experiments with a preoperative MR image and a corresponding postoperative image simulating an intraoperative image. We found, that our approach yields good prediction results, even in the case when correspondences are given in a small area of the image only.

Keywords: biomechanical model, inhomogeneous materials, FEM

1 Introduction

The accuracy of image-guided surgery generally suffers from brain deformations due to intraoperative changes like brain shift or tumor resection. To improve the navigation accuracy, we developed a biomechanical model of the human head which allows to predict surgery-induced brain deformations and thus enables to correct preoperative images. Our approach is based on the well-established physical theory of continuum mechanics and uses the finite element method for discretization, which results in a large linear matrix system. Instead of using forces, which are generally difficult to determine from images, we use a set of given correspondences to drive the correction of preoperative images. Different materials were incorporated by spatially varying the material parameters according to the underlying anatomical structure. Prior to our registration experiments with clinical 2D pre- and postoperative tomographic images, we carried out experiments with synthetic 2D images in order to assess the physical plausibility of the deformations predicted by our model.

Previous work on intraoperative image correction, which also addressed the incorporation of different material properties, is based on mass-spring systems [1], a combination of different energy terms [2], or thin-plate splines [3]. However, in comparison to our approach, these models do not incorporate real physical material parameters and hence are only weakly related to the physical behaviour of biological soft tissue.

2 Approach

Our biomechanical model is based on the equations of motion which describe the deformation of a body Ω under externally applied forces. The material properties of Ω are incorporated by substituting the corresponding constitutive equation, which describes the stress/strain relationship of the body, into the equations of motion. Assuming linear elastic materials, i.e. using Hooke's law as constitutive equation, we yield a set of coupled differential equations:

$$\begin{cases} -\mathrm{div}[\lambda(\mathrm{tre}(\mathbf{u})) + 2\mu e(\mathbf{u})] = \mathbf{f} & \text{in } \Omega \\ (\lambda(\mathrm{tre}(\mathbf{u}))\mathbf{I} + 2\mu e(\mathbf{u}))\mathbf{n} = \mathbf{g} & \text{on } \Gamma. \end{cases} \tag{1}$$

Here, λ and μ denote the Lamé constants, $\mathbf{u}$ the unknown displacement vector field, $e(\mathbf{u})$ Cauchy's infinitesimal strain tensor, $\mathbf{I}$ the identity matrix, $\mathbf{n}$ the unit vector normal to the boundary Γ, $\mathbf{f}$ the applied body forces, and $\mathbf{g}$ the forces acting on Γ. Applying the finite element method, i.e. dividing the body Ω into quadrilateral elements and approximating the unknown continuous function $\mathbf{u}$ by elementwise linear basis functions multiplied with unknown coefficients u_i, yields the linear system

$$\mathbf{A}\mathbf{u} = \mathbf{f}, \tag{2}$$

which can be solved for the unknown $\mathbf{u}$. The correspondences for anatomical structures are both computed and incorporated into (2) as described in [4].

3 Material Parameters

So far, our biomechanical model distinguishes two different materials only: brain tissue and skull bone. These materials can be incorporated into the linear equation system (2) by spatially varying the values of the Lamé constants λ and μ according to the underlying anatomical structure. Since we drive the deformation by a set of given correspondences, which are always exactly fulfilled by the model, only the ratios of λ and μ are important for our biomechanical model. A comparison of the calculated ratios found by a comprehensive literature study revealed the interesting fact, that only a small number of different Lamé constant ratios for brain tissue and skull bone exists. Application of these ratios for some initial synthetic experiments showed only slight differences in the resulting deformations. Thus, we conclude that the mean values of the ratios serve as valid estimates for the material parameters. Figure 1 shows the resulting grid deformations and calculated displacement fields using these mean values.

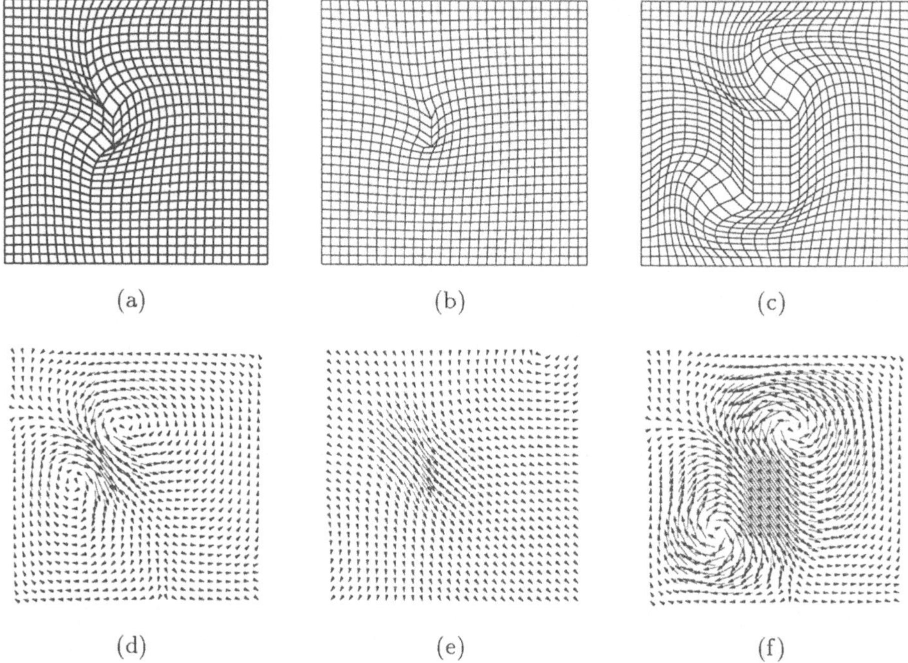

Fig. 1. Resulting grid deformations (top row) and displacement vector fields (bottom row) due to four correspondences acting on the upper left part of the grid. In (a) and (b) homogeneous areas of type brain tissue and skull bone were assumed, respectively. As expected, the assumed skull material results in a much stiffer behaviour. By spatially varying the Lamé constants, we can combine different materials as shown in (c). Here, a (simulated bony) rectangle embedded in simulated brain tissue results in a pure, shape-preserving translation of the rectangle while the surrounding tissue is deformed elastically.

4 Experiments

Our approach has been tested on 2D synthetic images as well as real tomographic datasets. The synthetic experiments comprised different types of movements of a rigid object (e.g., translation, rotation, scaling, and shearing) embedded into an otherwise elastic material. As shown in Figure 2, our approach yields physically plausible results. Problems arise with objects rotated by an angle larger than 45°. A possible explanation is that the linear elasticity assumption of small displacements is violated in the experiments with large rotation angles.

For the experiments with real data, we used 2D pre- and postoperative MR images which were routinely acquired in conjunction with the planning and therapeutic assessment of a tumor resection. First, the corresponding tumor outlines in both images were manually determined by a medical expert, see Figures 3(a) and (b). Thereafter, the snake algorithm described in [4] has been applied to determine the correspondences for these outlines, which then have

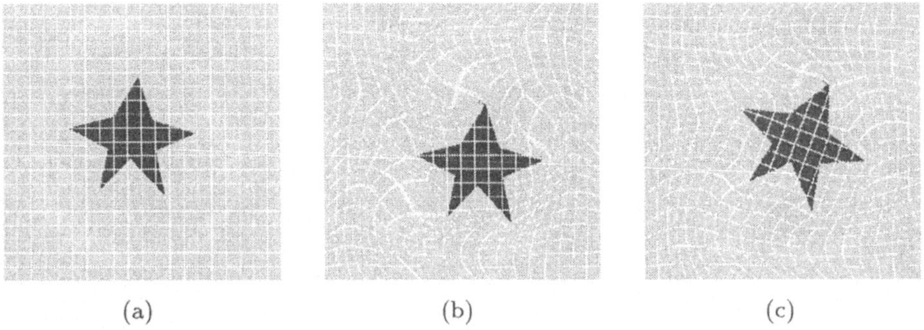

(a)   (b)   (c)

Fig. 2. Predicted translation of a rigid star embedded into soft material (a) due to two given correspondences (b). In (c), only one correspondence was used, resulting in a translation and rotation of the star.

been used as input for our model to match the pre- with the postoperative image. Assuming only homogeneous soft material for the whole image, Figure 3(d) shows the locally erroneous registration result. In order to improve the registration result, especially in the vicinity of the ventricular system, different materials were incorporated by locally varying the Lamé constants according to the underlying anatomical structures. Therefore, the preoperative image was segmented with an interactive watershed algorithm [5] into four different regions as shown in Figure 3(c): combined skin/skull region (white), brain (dark grey), CSF (light grey), and surrounding air, i.e. image background (black). For brain and skull, the previously determined ratios were used, while CSF and air were roughly approximated as rigid and very soft materials, respectively. The registration result is shown in Figure 3(e). Here, a global translation of the head can be observed which leads to a surprisingly poor result. However, this global effect can be easily suppressed by assuming a rigid image background, i.e. by assigning the Lamé constant values of a rigid body to the image background, see Figure 3(f).

5   Summary and Conclusion

We proposed a biomechanical model of the human head based on linear elasticity theory to predict brain deformations due to surgical interventions. The model is driven by a set of given correspondences and incorporates different material properties. By carrying out experiments using synthetic as well as real medical images, it turns out that the approach yields physically plausible deformation results. We expect that the incorporation of different types of constitutive equations renders possible further improvements of the prediction results.

6   Acknowledgement

Support of Philips Research Laboratories Hamburg, project IMAGINE (IMage- and Atlas-Guided Interventions in NEurosurgery), is gratefully acknowledged.

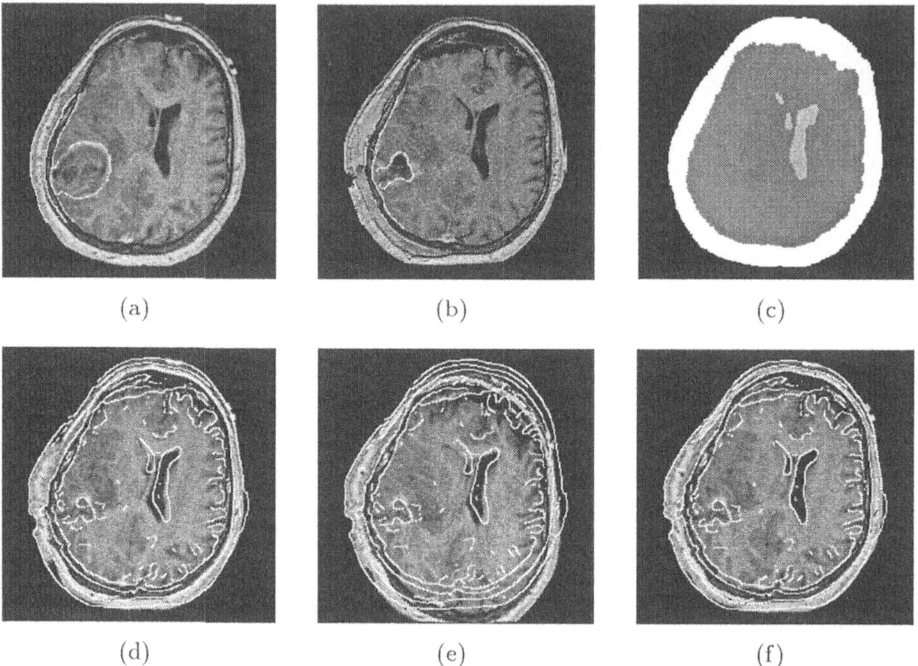

(a)   (b)   (c)

(d)   (e)   (f)

Fig. 3. Manually determined outlines in the pre- (a) and postoperative (b) image. In (c), the segmented regions using an interactive watershed algorithm are depicted. Figure (d) shows the registration result assuming homogeneous soft material properties only (with overlaid Canny edges of the original postoperative image). For the result depicted in (e), inhomogeneous material properties based on the segmentation given in (c) were assumed. The global head translation can be suppressed by assuming an artificial rigid image background, resulting in the overall good registration result of (f).

References

1. R. D. Bucholz *et al.* The Correction of Stereotactic Inaccuracy Caused by Brain Shift Using an Intraoperative Ultrasound Device. In *Computer Vision, Virtual Reality and Robotics in Medicine and Medical Robotics and Computer-Assisted Surgery (CVRMed-MRCAS'97)*, volume 1205 of *Lecture Notes in Computer Science*, pages 459–466, 1997.
2. P. J. Edwards *et al.* Deformation for Image Guided Interventions Using a Three Component Tissue Model. In *Information Processing in Medical Imaging (IPMI'97)*, volume 1230 of *Lecture Notes in Computer Science*, pages 218–231, 1997.
3. J. A. Little *et al.* Deformations Incorporating Rigid Structures. *Computer Vision and Image Understanding*, 6(2):223–232, 1997.
4. W. Peckar *et al.* Two-Step Parameter-Free Elastic Image Registration with Prescribed Point Displacements. *9th Int. Conf. on Image Analysis and Processing (ICIAP'97)*, 1310:527–534, 1997.
5. S. Tieck *et al.* Interactive graph-based editing of watershed-segmented 2D-images. In *1st Workshop on Interactive Segmentation of Medical Images (ISMI'98)*, Amsterdam, 1998, http://carol.wins.uva.nl/~silvia/workshop/prog.html.

Deformable Templates for the Localization of Anatomical Structures in Radiologic Images

Wolfgang Sörgel and Bernd Girod

Telecommunications Laboratory
University of Erlangen-Nuremberg
Cauerstraße 7, 91058 Erlangen, Germany
{wsoergel,girod}@nt.e-technik.uni-erlangen.de

Abstract. This paper describes a method for non-rigid registration of a model template with the corresponding anatomic structure in a radiologic image. The model template is a graph consisting of labeled nodes and edges. Each node is labeled by a feature vector that characterizes the sought structures in its vicinity. The edges connect the nodes in accordance with anatomical topology. The features which describe possible node positions are computed by filtering the image with a set of Gabor filters and comparing the filter responses with those from the model. The final node positions are determined by minimizing a deformation energy term associated with the template. We show results for digitized film orthopantomograms of the jaw which indicate good performance at modest computational effort for such artifact-rich images. The results are used for localization of bone lesions relative to anatomic structures.

Keywords: Deformable Templates, Gabor Filters, Anatomy Localization, Non-rigid Registration

1   Introduction

In the analysis of medical images it is often desirable to detect the position of typical anatomical structures. One way to achieve this is to register the image to a model or atlas image of the depicted structure. In this case, the shape, size and location in the image of the sought structure is roughly known but one needs to apply a non-rigid coordinate transformation for registration. The method proposed in this paper is similar to the one introduced by Amit [1] based on a decomposable graph of landmarks matched to the image by local operators and discrete optimization, which we have combined with feature computation by Gabor filtering as used for face recognition [2, 3]. The approach is based on a deformable template net consisting of nodes placed on anatomical landmarks and edges connecting these nodes. Figure 1 shows an example of a net that has been manually adapted to a schematic drawing of the facial skeleton. The nodes are labeled with features describing how the image should look like in the vicinity of each node. These features are compared with the respective features for each image coordinate point to identify possible locations of each node. The final position of each node is then determined by minimizing a deformation energy

Fig. 1. Model mesh with nodes and edges manually adapted to a schematic drawing of the facial skeleton.

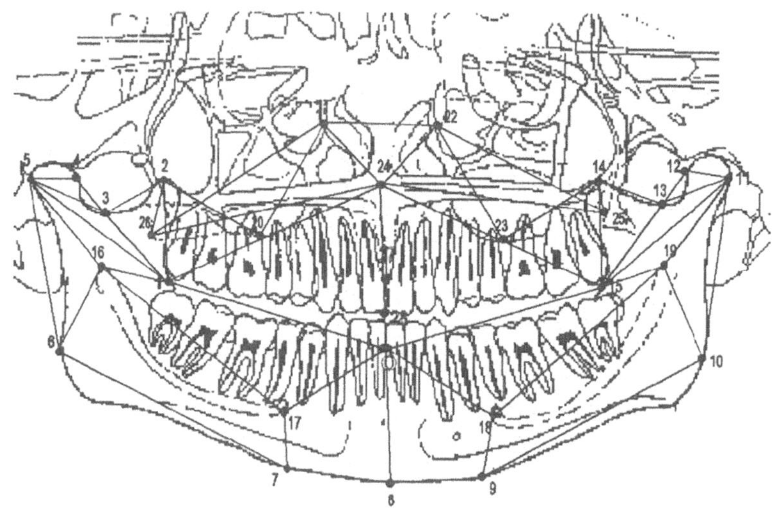

associated with the net. Based on the position of the nodes of the deformed net a non-rigid coordinate transform between model and image can be applied.

2 Image Feature Computation

The localization of different structures in the images is based on Gabor filtering. These filters have found widespread use in texture analysis [4] and various computer vision tasks [2, 3]. They allow detection of localized structures, are sensitive to orientation and spatial frequency while being tolerant against brightness variations and can easily be incorporated into multi-scale approaches. One such complex, zero mean filter kernel is given by

$$\psi(x, y) = \frac{k^2}{4\pi^2} \exp\left(-\frac{k^2(x^2 + y^2)}{8\pi^2}\right) \cdot \left(e^{-j(x\cos\phi + y\sin\phi)} - e^{-2\pi^2}\right). \quad (1)$$

It has the shape of a plane wave responding best at the spatial frequency or scale $k = 2^{-\frac{\nu+2}{2}}\pi$ and orientation ϕ, restricted by a Gaussian envelope. By linear filtering with filter kernels ψ of different scales and orientations, one obtains a complex feature vector $\mathbf{J}(x, y) = \begin{bmatrix} J_1(x, y) & J_2(x, y) & \dots & J_n(x, y) \end{bmatrix}^{\mathrm{T}}$ with elements of the form $J_i = a_i \exp(j\varphi_i)$ for each pixel location (x, y) in the image. For the anatomy detection application on panoramic X-ray images we use 4 scales $\nu \in \{0; 1; 2; 3\}$ and 4 orientations $\phi \in \{0^o; 45^o; 90^o; 135^o\}$ resulting in 16-dimensional feature vectors.

Based on these feature vectors we now determine similarity of points in a given image I to those in another model image I'. While the amplitudes a_i are spatially smooth, the phase components ϕ_i vary with approximately the characteristic spatial frequency of the kernel. We use

$$S(\mathbf{J}, \mathbf{J}') = \frac{\sum_i a_i a_i'}{\sqrt{\sum_i a_i^2 \sum_i a_i'^2}} \cdot \left(1 + \frac{\sum_i a_i a_i' \cos(\varphi_i - \varphi_i')}{\sqrt{\sum_i a_i^2 \sum_i a_i'^2}}\right) \tag{2}$$

as a similarity criterion function, resulting in high similarity where amplitude and phase are both similar. Compared to using amplitude only we so get better results. The similarity function is evaluated for each node of the mesh. Using one or more model images with known position of the node we obtain a similarity value from (2) for this node at every pixel within the search area in the image. A number of point positions most similar to the model is chosen as candidate points for possible positions of the node in the deformed net.

3 Deformation of the Mesh

The final position of the nodes in the image is now determined by minimizing a deformation energy associated with the net. This energy $E = E_{\text{distance}} + \lambda E_{\text{angle}}$ is composed of a distance term and an angle term. The distance term E_{distance} models the edges of the net as linear springs, normalized by the model edge length. Distance energy is used for keeping the proportions of the model. The second term E_{angle} is derived from the difference of the angles between the edges at each node from the actual net image to the model net. This term controls local deformations. Since we do not allow intersecting edges we further use a penalty term which increases the energy by a large, fixed amount for each intersection.

In the next step the model net is adapted to the image by minimizing an energy-like objective function. Energy minimization is initialized by placing each node on one of its candidate points. Then a greedy algorithm [5], moving nodes in turn among candidate points, is utilized to find the final position of the nodes by minimizing E. Actual minimization is done in three steps, using only E_{distance} first, then E_{angle} and finally the complete energy. Using 5 candidate points for each node, 4 to 6 iterations over all node points are needed for convergence of each step. Note that feature similarity (2) is not used for energy minimization, only for the selection of the candidate points which are then treated equally. Thus there is no need to trade off mesh deformation against feature similarity.

4 Results and Applications

We apply the proposed algorithm to a collection of 233 digitized orthopantomographs of the jaws, originating from different sources and with variable quality. The structure is well recognized in all cases. Well visible anatomical landmarks, like points at the outer contour of the mandible are correctly found in over 95 % of all images. On average 75 % of the 30 node points we use on these images are placed correctly. Most of the points not found are obscured by imaging artifacts or poor film exposure. Since the topological structure of the net is not affected by misplaced points and the misplacement is typically less than the average distance between node points, this rate is acceptable for our task. It could be further increased by adding another optimization step where the requirement that node points can only be placed on the candidate points determined in section 2 is relaxed. The use of a multi-resolution scheme which can be efficiently implemented within the given framework is another option. Computational effort is modest with an overall execution time of a few minutes on a desktop workstation. Figure 2 shows a typical example of a net adapted to an image of the jaw and an example for an artifact-rich image with some misplaced nodes. Note that the structure is recovered well nevertheless. The deformed template

Fig. 2. Deformable net adapted to an X-ray image of the facial skeleton. Upper image: Typical result. Lower image: Difficult image with some misplaced nodes

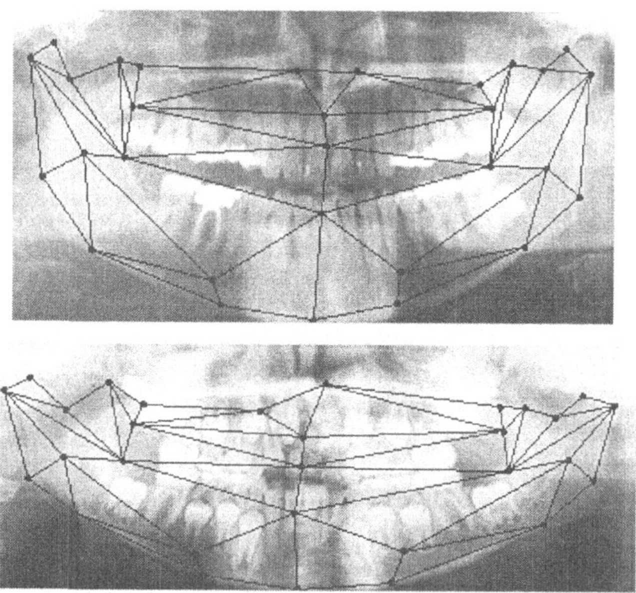

is then used to define a non-rigid coordinate transform from the actual image to the model. This transform can either be based on a triangulation of the net and affine transforms of the image points within each triangle or radial basis functions defined in the node points.

We use the proposed template matching method within a system for characterization and diagnosis of bone lesions in the facial skeleton [6]. The goal is to determine the position of a given region within the jaws. For this purpose, the coordinates of the contour of a lesion are transformed to the model coordinates which allows intersecting it with the predetermined anatomic labeling of the regions in the model. As a result we get a fuzzy membership value for each region which enables us to compare the location of different lesions.

5   Conclusions

We have presented a method for non-rigid registration of template models with anatomical structure in radiological images. Based on a labeled mesh we can determine a coordinate transform from the actual image to the model. The Gabor filters used as feature labels in the nodes allow detection of local characteristic structures, sensitive to scale and orientation while being robust against brightness and contrast variations commonly found in X-ray images. We achieve an overall rate of correct node localization of 75 %, with better results for well visible structures. For our application of mapping lesion positions to predetermined regions this performance is sufficient. Improvements by additional fine search, the use of a multi-resolution framework or by the application of heuristics are under investigation. The method is not bound to an image modality or application, extensions to 3D datasets are possible.

6   Acknowledgments

This work was supported in part by a grant from *FRIATEC AG*, Mannheim. We would like to thank the *Klinik und Poliklinik für Mund-, Kiefer-, Gesichtschirurgie* in Erlangen for their competent advise.

References

1. Yali Amit. Graphical shape templates for automatic anatomy detection with applications to MRI brain scans. *IEEE Transactions on Medical Imaging*, 16(1):28 – 40, February 1997.
2. M. Lades, J.C. Vorbrüggen, J. Buhmann, J. Lange, C. von der Malsburg, R. P. Würtz, and W. Konen. Distortion invariant object recognition in the dynamic link architecture. *IEEE Transactions on Computers*, 42(3):300 – 311, 1993.
3. Laurenz Wiskott, Jean-Marc Fellous, Norbert Krüger, and Christoph von der Malsburg. Face recognition and gender determination. In *Proceedings Intern. Workshop on Automatic Face- and Gesture Recognition*, pages 92 – 97, Zürich, 1995.
4. B. S. Manjunath and Y. W. Ma. Texture features for browsing and retrieval of image data. *IEEE Transactions on Pattern Analysis and Machine Intelligence (PAMI)*, 18(8):837 – 841, August 1996.
5. D.J. Williams and M. Shah. A fast algorithm for active contours and curvature estimation. *Computer Vision, Graphics, Image Processing*, 55:14 – 26, 1992.
6. Wolfgang Sörgel, Sabine Girod, Martin Szummer, and Bernd Girod. Computer aided diagnosis of bone tumors in the facial skeleton. In *Bildverarbeitung für die Medizin*, pages 179 – 183. Springer, March 1998.

Reducing False Detections in Extracting 3D Anatomical Point Landmarks*

Sönke Frantz, Karl Rohr, and H. Siegfried Stiehl

Universität Hamburg, Fachbereich Informatik, Arbeitsbereich Kognitive Systeme
Vogt-Kölln-Str. 30, D-22527 Hamburg, Germany
{frantz,rohr,stiehl}@informatik.uni-hamburg.de

Abstract. Applying 3D differential operators to extract point landmarks from medical images generally suffers from false detections. A considerable number of these false detections is caused by neighboring structures that are included in the region-of-interest (ROI) specified by the observer. The main contributions of this paper are two different approaches to reducing false detections resulting from neighboring structures. First, we present a statistical differential approach to selecting a suitable ROI size automatically. Second, we propose a differential approach to incorporating prior knowledge of the intensity structure at a landmark. Also, to cope with anisotropic voxel sizes in estimating partial derivatives, we implemented a computationally efficient scheme based on cubic B-spline image interpolation. Experimental results based on 3D MR and CT images of the human head are presented.

Keywords: Point landmarks, differential operators, false detections

1 Introduction

Anatomical landmarks are useful features for a wide spectrum of applications in medical image analysis. More specifically, we are interested in 3D point landmarks of the human head, which can be used for point-based elastic image registration. Here, prominent landmarks are, e.g., the tips of the lateral ventricles, the tip of the external occipital protuberance, or the saddle points at the zygomatic bones. However, manually extracting such landmarks from images is generally very tedious and often prone to error. Consequently, automating landmark extraction is of central interest. To this end, computationally efficient 3D differential operators for point landmark detection were introduced [1],[2]. These operators employ only first order partial derivatives of the intensity function and hence are relatively robust w.r.t. noise (see [3] for a comparative performance analysis of various differential operators for landmark detection). We apply our operators within a semi-automatic procedure: (i) the observer determines the landmark position only roughly, (ii) a differential operator is applied within a region-of-interest (ROI) to detect landmark candidates, and (iii) the observer selects the best candidate. However, this procedure generally suffers from false

---

* This work has been supported by Philips Research Hamburg, Project IMAGINE (IMage- and Atlas-Guided Interventions in NEurosurgery).

detections caused by neighboring structures that are included in the ROI. The main contributions of this paper are two different approaches to reducing false detections resulting from neighboring structures. First, we address the problem of selecting a suitable ROI size that enables reliable landmark detection but excludes neighboring structures. We present a statistical differential approach to selecting a suitable ROI size automatically (Sec. 2). Second, we present a differential approach to incorporating prior knowledge of the intensity structure at a landmark. Detected candidates with an inconsistent intensity structure are rejected automatically (Sec. 3). Also, to cope with anisotropic voxel sizes in estimating partial derivatives, we implemented a computationally efficient scheme based on cubic B-spline image interpolation (Sec. 4). Experimental results based on 3D MR and CT images of the human head demonstrate the efficacy of our approaches in reducing false detections (Sec. 5).

2 Automatically selecting a suitable ROI size

The observer determines the position of the landmark only roughly. At this position, a ROI is placed where the differential operators are applied to detect landmarks. Usually, a fixed ROI size is used. Because of this, however, neighboring structures are often included in the ROI, which gives rise to additional detections. We propose an approach to automatically selecting a suitable ROI size, based on a 3D differential approach developed for refined landmark localization [4]. With this differential edge intersection approach, tangent planes are defined to locally approximate the surface at a landmark. The tangent planes are intersected to estimate the landmark position. This approach can be used for ROI size selection by taking the statistical uncertainty of the position estimate as a criterion for the consistency of the present intensity structure w.r.t. the expected surface geometry at the landmark (e.g., a tip). Preliminary results based on a 2D version of the approach were reported in [5].

Suppose we have placed a cubic ROI of width w, say, at the manually determined position. Let $\mathbf{x}_w^*$ denote the position estimate from the 3D differential edge intersection approach [4]. The localization uncertainty of $\mathbf{x}_w^*$ is given by the covariance matrix, $\Sigma_w = \sigma_\varepsilon^2 \left(\sum_i \nabla g(\mathbf{x}_i) \nabla g(\mathbf{x}_i)^T \right)^{-1}$, where σ_ε^2 is a data-dependent noise term and $\nabla g(\mathbf{x}_i)$ denotes the intensity gradient at $\mathbf{x}_i$. The sum index i addresses all voxels within the ROI. A scalar measure for the localization uncertainty is the determinant of the covariance matrix, $U_w = det(\Sigma_w)$ (generalized variance). Exploiting the uncertainty U_w as a function of w, our strategy for selecting the optimal ROI size is as follows (see [5] for details): We start with a user-specified minimal ROI size (e.g., $w = 7$ voxels). If the ROI does not capture enough surface information to reliably estimate the landmark position, we expect that U_w is high. Hence, taking into account more image information by enlarging the ROI, we expect U_w to decrease. However, if neighboring structures finally begin to interfere, we expect a significant increase in U_w, which suggests that further enlarging the ROI is not useful. In our implementation, we detect such a signal change by requiring that (a) U_w increases and (b) the relative spatial variation of the position estimate exceeds a threshold. Finally, we select the 'optimal' ROI size based on minimal uncertainty.

3 Incorporating prior knowledge of the intensity structure at a landmark

We take advantage of prior knowledge of the intensity structure at a landmark to impose additional constraints for accepting a detected candidate. In an application, the user generally knows the landmark type (e.g., tip or saddle point) as well as the imaging modality. Here, we distinguish between tips and saddle points. Additionally, we distinguish between tips of dark and bright structures w.r.t. the background. To classify these structures, we exploit the curvature properties of the isointensity surface at a detected candidate.

Suppose we have detected a point $\mathbf{x}_d$ on the surface of an anatomical structure. Let K denote the Gaussian curvature and H denote the mean curvature of the isointensity surface at $\mathbf{x}_d$ (for details on computing differential measures of isointensity surfaces, we refer to, e.g., [6],[7]). Exploiting the sign of K, we distinguish between tips ($K > 0$) and saddle points ($K < 0$). Exploiting the sign of H, we further distinguish between tips of dark ($H < 0$) and bright ($H > 0$) structures w.r.t. the background. The candidate is rejected if the present classification is inconsistent with the expected intensity structure.

4 Coping with anisotropic voxel sizes in estimating partial derivatives

Our approaches described above require partial derivatives of the intensity function. Usually, the derivatives are calculated by applying sampled Gaussian derivative filters. However, problems generally arise when dealing with anisotropic data. Then, the filter sizes have to be adapted, which can result in instabilities. To cope with anisotropic voxel sizes, we implemented a computationally efficient scheme based on cubic B-spline image interpolation, following the work in [8]. With this approach, the partial derivatives are calculated based on the reconstructed continuous signal. Since the B-spline basis functions are separable, we only describe the 1D case and briefly point out the extension to 3D.

Let $\hat{g}(x)$ denote the cubic B-spline interpolated intensity function. Suppose the sampling distance is δ_x (in mm), i.e., the spatial variable in $\hat{g}(x)$ is given in δ_x units. To further smooth $\hat{g}(\cdot)$, we apply a Gaussian filter $G_\sigma(x) = 1/(\sqrt{2\pi}\sigma)\exp(-x^2/(2\sigma^2))$, which we also represent in terms of cubic B-splines as $\hat{G}_\sigma(x)$. To take into account the different coordinate scalings, the Gaussian is rescaled by adapting the standard deviation σ (in mm) to $\sigma' = \sigma \cdot 1\mathrm{mm}/\delta_x$. The whole computational chain for calculating the derivatives at the points of the discrete image can be expressed by convolving the B-spline coefficients of $\hat{g}(x)$ with a discrete filter. This filter is derived from (a) the B-spline coefficients of $\hat{G}_{\sigma'}(x)$, (b) the finite difference operator, (c) the discrete B-spline, and (d) a normalization constant depending on δ_x. The extension to 3D consists of three 1D convolutions in $x-$, $y-$, and $z-$direction with such a discrete filter. Hence, calculating the derivatives this way has the same complexity as 'conventional' derivative calculation. The only additional computational burden lies in computing the B-spline coefficients of the image.

5 Experimental results

We applied our approaches to 3D synthetic images and 3D tomographic images. Here, we study the efficacy of our approaches in reducing false detections in extracting anatomical landmarks from medical images. Exemplarily, we consider the tip of the external occipital protuberance (MC5e), the tip of the left frontal horn of the ventricular system (MC6l), and the saddle point at the left zygomatic bone (MC15l). We report on experiments with a 3D T1-weighted MR image ($256 \times 256 \times 120$ voxels, voxel resolution $0.86 \times 0.86 \times 1.2\text{mm}^3$) and a 3D CT image ($320 \times 320 \times 87$ voxels, voxel resolution $0.63 \times 0.63 \times 1\text{mm}^3$). To detect landmarks, the differential operator $Op3 = det(\mathbf{N})/tr(\mathbf{N})$ was used [2]. Here, $\mathbf{N}$ denotes the averaged dyadic product of the intensity gradient, $\mathbf{N} = \overline{\nabla g \nabla g^T}$, and $det(\cdot)$ and $tr(\cdot)$ denote the determinant and the trace of a matrix, resp. The scale of the Gaussian derivative filters was set to $\sigma = 1.0\text{mm}$ (which, however, was adapted according to the voxel resolution). Averaging the gradient was done within a neighborhood of $5 \times 5 \times 5$ voxels. Landmark candidates were determined by searching for local maxima of the operator responses in $3 \times 3 \times 3$ neighborhoods. No thresholds were applied to the operator responses.

Reducing false detections by selecting a suitable ROI size First, we manually determined the landmark positions. Then, a ROI was placed at those positions. The ROI size was automatically selected as described above, starting with $w = 7$ voxels. The maximum ROI size was restricted to $w = 21$. The operator was applied within the automatically selected ROIs and the number of remaining detections is compared with the case when using a maximum ROI size of $w = 21$.

In Fig. 1, the operator responses at the detected positions are drawn as a function of the distance to the manual position. Those candidates that lie within the automatically selected ROI are indicated by bold bars. Other candidates that would additionally be obtained by using the maximum ROI size are indicated by narrow bars. Moreover, the total number of detections as well as the number of remaining detections within the automatically selected ROI are given. In the case of MC5e and MC6l in MR, we obtain optimal ROIs that yield a unique candidate. In the case of MC5e in CT, two candidates remain, both of which are located at this structure. In the case of MC6l in CT and MC15l (both modalities), the automatically selected ROI size corresponds to the maximum ROI size. Further experiments with other data and other landmarks showed similar results, i.e., in a number of cases, adapting the ROI size avoids additional false detections from neighboring structures. Also, we tested the effect of varying the manual positions (e.g., due to different observers) on selecting the ROI size. Our approach appeared to be robust w.r.t. varying manual positions.

Reducing false detections by incorporating prior intensity knowledge A ROI of size $21 \times 21 \times 21$ voxels was placed at the manually determined landmark positions. In the case of MC6l (CT), a ROI of size $21 \times 21 \times 14$ was used since this landmark is located at the border of the image. The operator was applied within the ROIs and at each detected point the present intensity structure was classified.

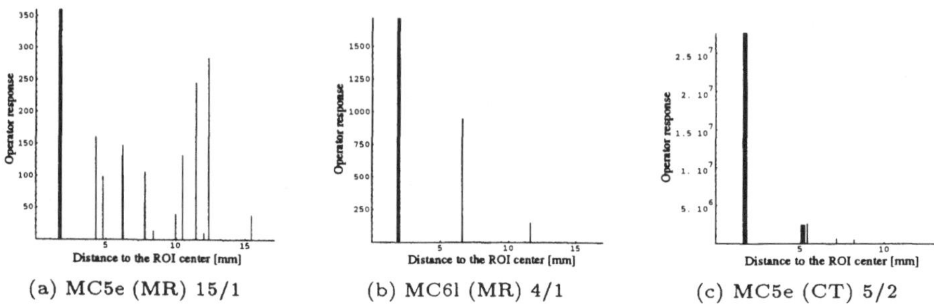

(a) MC5e (MR) 15/1   (b) MC6l (MR) 4/1   (c) MC5e (CT) 5/2

Fig. 1. Reducing false detections by automatically selecting a suitable ROI size. The operator responses are drawn as a function of the distance to the ROI center. Bold bars indicate the remaining detections within the automatically selected ROI. The numbers in the captions mean *total number of detections/remaining number of detections.*

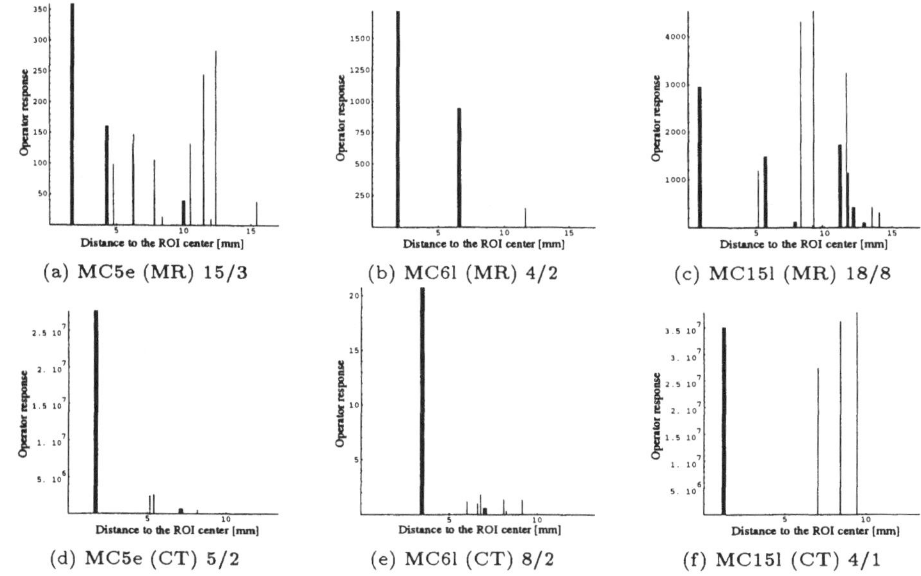

(a) MC5e (MR) 15/3   (b) MC6l (MR) 4/2   (c) MC15l (MR) 18/8

(d) MC5e (CT) 5/2   (e) MC6l (CT) 8/2   (f) MC15l (CT) 4/1

Fig. 2. Reducing false detections by incorporating prior knowledge of the intensity structure at a landmark. The operator responses are drawn as a function of the distance to the ROI center. Bold bars indicate the remaining detections after classification. The numbers in the captions mean *total number of detections/remaining number of detections.*

In Fig. 2, the operator responses at the detected positions are drawn as a function of the distance to the manual position. Those candidates where the present intensity structure corresponds to the expected one are indicated by bold bars. Other candidates that would additionally be obtained without this distinction are indicated by narrow bars. Moreover, the total number of detections as well as the number of remaining detections after classification are given. We see that a large number of detections that partly show significant operator responses are rejected due to an inconsistent intensity structure. However, in either case, those candidates that best detect the landmark, i.e., having minimal distance to the manual position, are correctly classified. Thus, the localization performance has not been affected. In sum, classifying the detections as described above has proven to be very effective in reducing false detections.

Both approaches to reducing false detections, i.e., automatically selecting the ROI size and incorporating prior intensity knowledge, have so far been studied separately. However, combining both approaches can further improve the results. For example, in the case of MC5e in CT, then only one candidate remains.

6 Conclusion

The performance of a semi-automatic procedure for extracting anatomical landmarks from medical images substantially depends on the number of detected landmark candidates. We have proposed two different approaches to reducing false detections. In experiments with 3D tomographic images, automatically selecting the ROI size and incorporating prior knowledge of the intensity structure at a landmark have proven to be effective in reducing false detections.

References

1. K. Rohr, H.S. Stiehl, R. Sprengel, W. Beil, T.M. Buzug, J. Weese, and M.H. Kuhn. Point-Based Elastic Registration of Medical Image Data Using Approximating Thin-Plate Splines. In K.H. Höhne and R. Kikinis, eds., *Proc. VBC'96*, LNCS 1131, pp. 297–306. Springer, 1996.
2. K. Rohr. On 3D differential operators for detecting point landmarks. *Image and Vision Computing*, 15(3):219–233, 1997.
3. T. Hartkens, K. Rohr, and H.S. Stiehl. Evaluierung der Detektionsleistung von 3D-Operatoren zur Ermittlung anatomischer Landmarken in tomographischen Bildern. In T. Lehmann, V. Metzler, K. Spitzer, and T. Tolxdorff, eds., *Proc. 2. Workshop Bildverarbeitung für die Medizin*, Informatik aktuell, pp. 93–97. Springer, 1998.
4. S. Frantz, K. Rohr, and H.S. Stiehl. Refined Localization of Three-Dimensional Anatomical Point Landmarks Using Multi-Step Differential Approaches. In K.M. Hanson, ed., *Proc. SPIE's Medical Imaging: Image Processing*, vol. 3338, pp. 28–38. SPIE, 1998.
5. S. Frantz, K. Rohr, and H.S. Stiehl. Multi-step Procedures for the Localization of 2D and 3D Point Landmarks and Automatic ROI Size Selection. In H. Burkhardt and B. Neumann, eds., *Proc. ECCV'98*, LNCS 1406, pp. 687–703. Springer, 1998.
6. L.M.J. Florack, B.M. ter Romeny, J.J. Koenderink, and M.A. Viergever. General Intensity Transformations and Differential Invariants. *Journ. of Mathematical Imaging and Vision*, 4:171–187, 1994.
7. J.-P. Thirion. Extremal Points: Definition and Application to 3D Image Registration. In *Proc. CVPR'94*, pp. 587–592. IEEE Computer Society Press, 1994.
8. M. Unser, A. Aldroubi, and M. Eden. B-Spline Signal Processing: Part I—Theory. *IEEE Trans. on Signal Processing*, 41(2):821–833, 1993.

Registrieren, Matching und Fusionieren
von Volumendatensätzen

Thomas Lorang[a], Ernst Schuster[a], Michael Prinz[a], Manfred Gengler[a],
Werner Backfrieder[b], Stefan Wachter[c], Natascha Gerstner[c]

Universität Wien, Allgemeines Krankenhaus
Währinger Gürtel 18-20, 1090 Wien / Österreich
(a) Institut für Medizinische Computerwissenschaften
(b) Institut für Biomedizinische Technik und Physik
(c) Universitätsklinik für Radiotherapie und Radiobiologie
Email: thomas.lorang@akh-wien.ac.at

Zusammenfassung. Vorgestellt wird ein interaktiver Ansatz zur Registrierung
von beliebigen, multimodalen Volumendatensätzen, durch den eine hohe Genauigkeit, Schnelligkeit und intuitives, leichteres Handling der Daten im Vergleich mit automatischen Methoden ermöglicht wird.

Schlüsselwörter: Registrierung, Matching, Fusionierung

1 Einleitung

Immer häufiger stehen dem Arzt Volumendatensätze eines Patienten von unterschiedlichen, bildgebenden Modalitäten zur Diagnose und Therapieplanung zur Verfügung. Vor allem die Fusionierung von CT- und MRI- Daten kann in der klinischen
Routine erhebliche Erleichterungen bringen.

Im allgemeinen wird bei der Registrierung von zwei dreidimensionalen Volumendatensätzen ein Datensatz als Basis- Datensatz und ein zweiter als anzupassender
Datensatz interpretiert. Bei der eigentlichen Registrierung werden folgende Schritte
durchgeführt

0   Bestimmen von Gemeinsamkeiten in beiden Datensätzen (aufgrund gemein-
     samer Informationen)
1   Herleiten der Transformationen für den anzupassenden Datensatz
2   Anwendung der Transformationen an den anzupassenden Datensatz
3   Fusionierung (verschmelzen komplementärer Informationen)

2 Markierungen

Die Registrierungsmethoden für medizinische Datensätze können derzeit in drei Bereiche gegliedert werden:
*   Anbringen von externen Markierungen

- Interne Markierungen (Interaktives Auffinden von anatomischen Gegebenheiten im Bildmaterial)
- Registrierung vorsegmentierter Bilder[1,2]

Alle oben genannten Zugänge benötigen interaktive Arbeitsschritte, entweder beim Anbringen von Markern oder beim Überwachen und Korrigieren von Segmentierungsalgorithmen. Ein Vergleich dieser Methoden muß daher, neben Genauigkeit und Schonung des Patienten auch die Einsatzfähigkeit in der klinischen Routine beinhalten.

2.1 Externe Markierungen

Das Anbringen von externen Markern ist im klinischen Betrieb einfach durchführbar und führt zu relativ hoher Registrierungsgenauigkeit [3,4]. Das Material der Markierung muß in mehreren Modalitäten (MR und CT) gut sichtbar sein und die Markierungen dürfen sich nicht relativ zueinander verschieben. Markierungen an der Haut beeinflussen das Wohlbefinden des Patienten am wenigsten, haben allerdings den Nachteil , daß gerade an der Hautoberfläche beim MR die Verzerrungen am größten sind. Die Elastizität der Haut bewirkt weitere Ungenauigkeiten. Um dem entgegenzuwirken, wurden Markierungen in den Knochen von Patienten angebracht[5]. Man erreicht dadurch eine weit höhere Übereinstimmung der Markierungen in MR- und CT- Aufnahmen, setzt allerdings den Patienten einer wesentlich höheren Belastung aus [6]. Dabei ist auch zu berücksichtigen, daß diese Markierungen groß genug sind, um in mehr als nur einer Schicht deutlich zu erscheinen, so daß auch eine Registrierung in Richtung der Schichtführung ermöglicht wird. Zylinderförmige Markierungen [7] sind über mehrere Schichten (5 mm) hinweg sichtbar und können wegen der höheren Auflösung innerhalb einer Schicht auch sehr dünn sein (2 mm). Diese eignen sich allerdings nur bei gleicher Schichtführung in den einzelnen Modalitäten.

2.2 Interne Markierungen

Interne Markierungen (Landmarks) werden am Computer in den einzelnen Schichten eingetragen [8,9]. Am einfachsten sind dabei Punktmarkierungen, die man als Paar in zwei Modalitäten einträgt. Dies steht allerdings dem Problem gegenüber, daß es in der menschlichen Anatomie kaum punktförmige Objekte gibt. Dazu kommt, daß auch bei gleicher Schichtführung, die Schichten kaum an der gleichen Position aufgenommen werden können. Somit kann ein in einer MR- Schicht auszumachender Punkt sich zwischen zwei CT- Schichten befinden und dort nur grob angenähert werden. Medizinisches Personal wird somit etliche Markierungen in mehreren Schichten eintragen müssen, um die geringe Ortsauflösung in Richtung der Schichtführung zu kompensieren. Je mehr Punktpaare eingetragen werden, um so komplexer wird dieses Gebilde und um so schwieriger wird eine Nachbearbeitung sein.

3 Interaktive Registrierung

Unser Ansatz zum Registrieren von Volumendatensätzen besteht darin, daß zwei Datensätze interaktiv gegeneinander verschoben, rotiert und skaliert werden, bis sich die subjektiv beste Übereinstimmung ergibt. Die Übereinstimmung wird dabei qualitativ anhand der Fusionierung von den beiden Datensätzen validiert. Der Vorgang soll im folgenden anhand der Registrierung eines axialen MR- und eines axialen CT- Datensatzes von einem Becken erklärt werden.

Beide Datensätze stammen von dem gleichen Patienten und wurden mit 14 Tagen Zeitunterschied aufgenommen. Die Akquisitionen wurden unabhängig voneinander mit unterschiedlichen Schichtabständen und Voxelgrößen durchgeführt. Die MR-Schichten wurden mit 0.2 Tesla, 9.6 mm Schichtabstand (6 mm Schichtdicke), 16 Bit Auflösung in 256*256 Matrizen abgelegt. Die CT- Schichten wurden mit 120 KVP, 5 mm Schichtabstand und Schichtdicke, 16 Bit Auflösung in 512*512 Matrizen abgelegt. Durch Laden der beiden Datenwürfel werden diese automatisch so registriert, daß ihre Mittelpunkte übereinstimmen. Wegen der unterschiedlichen Matrix- Größen haben beide Datensätze auch unterschiedliche Skalierungen, die jedoch durch Auswerten der Pixelabstände automatisch von unserer Anwendung behoben werden. Wir bezeichnen den MR- Datensatz als primären Datensatz und der CT- Datensatz als sekundären.

Unsere Anwendung erlaubt es nun, mit affinen Transformationen beide Datensätze entlang allen Achsen synchron zu rotieren, zu verschieben und zusätzlich den primären Datensatz unabhängig vom sekundären zu rotieren, zu verschieben und zu skalieren. Der erste Schritt bei unserem interaktiven Ansatz besteht darin, die Schichtlage von beiden Datensätzen aneinander anzupassen. Zuerst werden durch synchrone Rotationen etwaige Torquierungen im CT- Datensatz behoben. Mit den unabhängigen Rotationen werden anschließend Torquierungen im primären Datensatz bezüglich des sekundären behoben. Ein gutes Maß für die Behebung von Torquierungen entlang der Y- und Z- Achsen ist die Symmetrie der menschlichen Anatomie. Für Torquierungen entlang der X-Achse ist die Symmetrie allerdings ungeeignet.

Nachdem die Schichtlagen in beiden Datensätzen angepaßt sind, werden die Schichtpositionen aufeinander abgestimmt. Dabei sucht man – durch synchrone Verschiebung entlang der Z- Achse – im CT- Datensatz eine Schicht mit gut sichtbaren Knochenkonturen. Im Fall von Beckenaufnahmen ist dies eine Schicht, in der die Hüftgelenke deutlich sichtbar sind. Anschließend sucht man im primären (MR-) Datensatz, durch unabhängige Verschiebung entlang der Z- Achse, die entsprechende Schicht. Ist diese Schicht gefunden, werden Verschiebungen entlang der X- und Y- Achse korrigiert.

Zur Validierung der Registrierung wird nicht die gesamte CT- Information über die MR- Information eingeblendet, sondern nur die Konturen der Knochen (Abb. 1). Diese Fusionierung hat sich bei der Registrierung – vor allem von CT und MR – bewährt. Sie bietet dem Radiologen die komplette MR- Information – die im Beckenbereich deutlich höheren Kontrast hat als die CT- Information – in denen relevante CT- Informationen nur angedeutet sind.

Analog geht man bei der Registrierung von zwei CT- Datensätzen vor. Die Fusionierung von Houndsfield- Units und Knochenkonturen hat sich auch hier als gutes Maß für eine visuelle Überprüfung der Registrierung erwiesen. Durch zusätzliches

Einblenden der Knochenkonturen aus dem primären Datensatz (Abb. 3) wird das Resultat der Registrierung noch verdeutlicht.

4 Schlußfolgerung

Versuche mit dieser interaktiven Methode haben gezeigt, daß eine Registrierungsgenauigkeit im Subvoxel- Bereich erreichbar ist. Die Qualität der Resultate ist durchaus vergleichbar mit Resultaten von Matching- Algorithmen [10,11]. Beim Matchen von Oberflächen oder Konturen müssen diese Features durch Segmentierung aus den Datensätzen extrahiert werden, der interaktive Teil ist hier die Vorverarbeitung. Bei unserer Methode entfällt der Vorverarbeitungsschritt, der interaktive Teil ist die Registrierung bzw. das Matchen selbst.

Durch die unabhängigen Rotationen ist es sehr einfach möglich, axiale Schichten auch mit coronaren oder sagitalen Schichten zu matchen. Abb. 1-3 zeigen additive Überlagerung von multimodalen Informationen. Durch Bildung der Differenz erhält man ein sehr gutes, subjektives Maß für die Genauigkeit der Registrierung von zwei MR- Datensätzen. Diese interaktive Registrierung hat sich unabhängig von den verwendeten Modalitäten herausgestellt. Dies und die Tatsache, daß diese Methode kaum Vorverarbeitung von Volumendatensätze benötigen, hat weiteren Einfluß auf ihre klinische Anwendbarkeit.

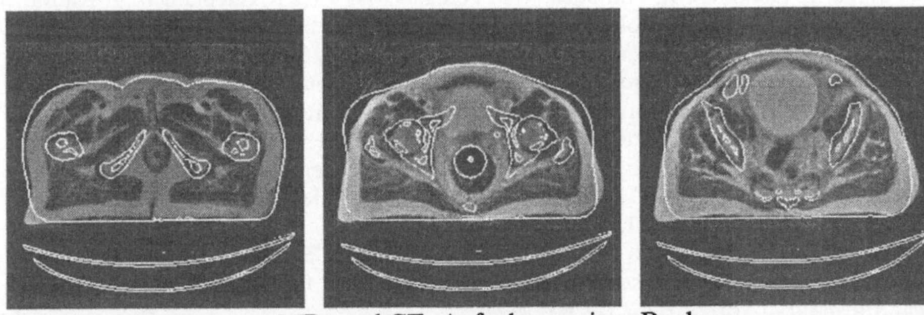

Abb. 1 Registrierung von MR- und CT- Aufnahmen eines Beckens
Im MR- Datensatz sind weiß überlagert die Konturen von Knochen und Haut aus dem CT- Datensatz

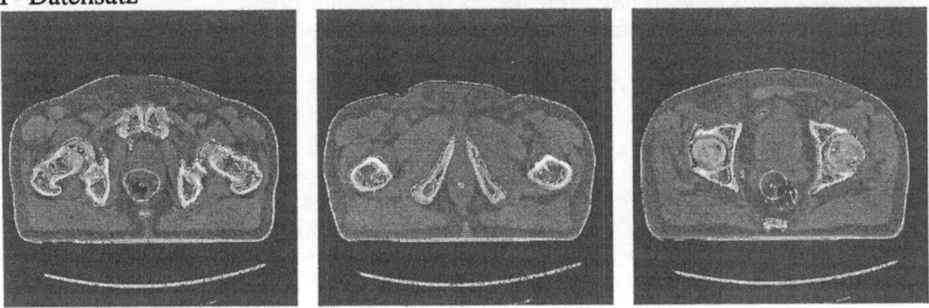

Abb. 2 Registrierung von zwei CT- Aufnahmen eines Beckens.
Weiß überlagert sind die Konturen von Knochen und Haut aus dem sekundären CT- Datensatz

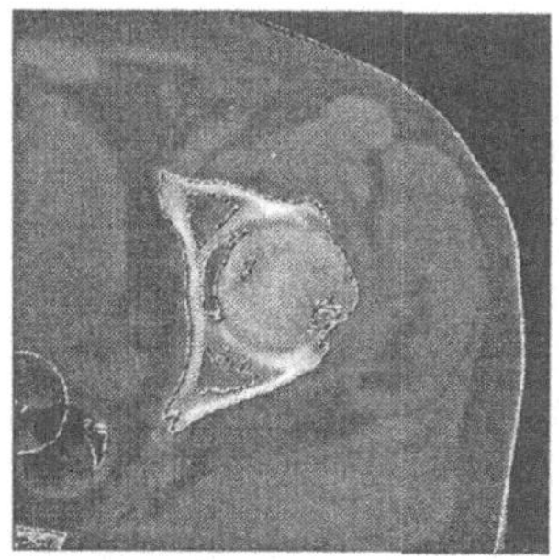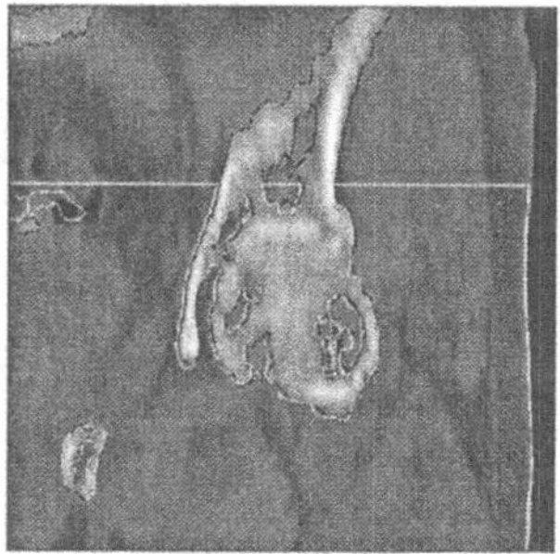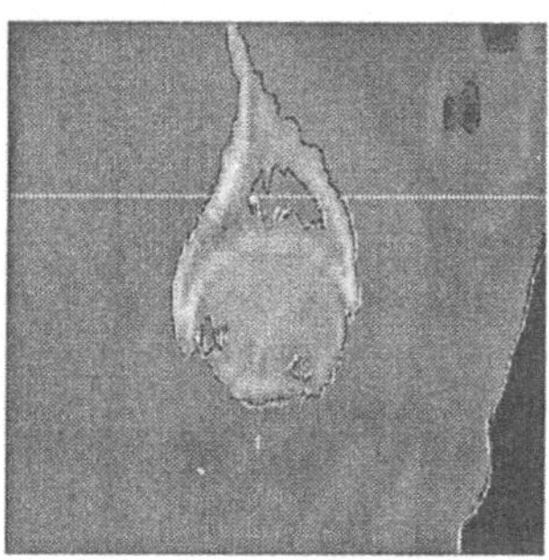

Abb. 3 Vergrößerung des Fusionierungsresultates am Hüftgelenk.
Zusätzlich sind hier die Knochenkonturen des Primären Datensatzes überlagert und
coronare und sagitale Rekonstruktion dargestellt

4Literatur

1. E.P. van-den, J.B. Maintz, and M.A. Viergever, Geometry driven multimodality matching of brain images *Brain Topogr.*, vol. 5, pp. 153-157, 1992.
2. E.P. van-den, J.B. Maintz, E.D. Pol, and M.A. Viergever, Image Fusion using geometrical features ed. R.A. Robb. ed. SPIE. 1808, 1992. Proceedings of Visualisation in Biomedical Computing 1992. Chapel Hill. NC.
3. O. Sipila, P. Nikkinen, H. Pohjonen, V.P. Poutanen, A. Visa, S. Savolainen, T. Katila, and K. Liewendahl, Accuracy of a registration procedure for brain SPET and MRI: phantom and simulation studies *Nucl.Med.Commun.*, vol. 18, pp. 517-526, Jun, 1997.
4. T.S. Sumanaweera, G.H. Glover, P.F. Hemler, E.P. van-den, D. Martin, J.R. Adler, and S. Napel, MR geometric distortion correction for improved frame-based stereotaxic target localization accuracy *Magn.Reson.Med.*, vol. 34, pp. 106-113, Jul, 1995.
5. C. Kremser, C. Plangger, R. Bosecke, A. Pallua, F. Aichner, and S.R. Felber, Image registration of MR and CT images using a frameless fiducial marker system *Magn.Reson.Imaging*, vol. 15, pp. 579-585, 1997.
6. F.C. Vinas, L. Zamorano, R. Buciuc, Q.H. Li, F. Shamsa, Z. Jiang, and F.G. Diaz, Application accuracy study of a semipermanent fiducial system for frameless stereotaxis *Comput.Aided.Surg.*, vol. 2, pp. 257-263, 1997.
7. M.Y. Wang, J. Maurer-CR, J.M. Fitzpatrick, and R.J. Maciunas, An automatic technique for finding and localizing externally attached markers in CT and MR volume images of the head *IEEE Trans.Biomed.Eng.*, vol. 43, pp. 627-637, Jun, 1996.
8. R. Boesecke, T. Bruckner, and E. Gabriele, Landmarkbased correlation of medical images *Phys.Med.Biol.*, vol. 35, pp. 121-126, 1998.
9. M. Merickel and M. McCarthy, Registration of contours for 3-D reconstruction AnonymousAnonymouspp. 616-620, 1984. IEEE Annual Conference of the Engeneering in Medicine and Biology Society.
10. G. Borgefors, Hierarchical Chamfer matching: A parametric edge matching algorithm *IEEE Trans.Pattern Anal.Machine Intell*, vol. 10, pp. 849-865, 1988.
11. C.A. Pelizzari, G.T. Chen, D.R. Spelbring, R.R. Weichselbaum, and C.T. Chen, Accurate three-dimensional registration of CT, PET, and/or MR images of the brain *J.Comput.Assist.Tomogr.*, vol. 13, pp. 20-26, Jan, 1989.

Funktionelle Einteilung der Leber durch Registrierung von präoperativen CT- und PET-Aufnahmen

C. E. Cárdenas S., G. Glombitza, A.M. Demiris, H.P. Meinzer

Deutsches Krebsforschungszentrum, Abt. MBI / H0100
Im Neuenheimer Feld 280, 69120 Heidelberg
Email: C.Cardenas@dkfz-heidelberg.de

Zusammenfassung. Bei der Entfernung von Tumoren in der Leber werden die betroffenen Segmente identifiziert. Diese Tumoren werden dann vollständig entfernt. PET- Aufnahmen beinhalten Informationen, die verwendet werden können, um Lebergewebevolumen in Abhängigkeit von seiner funktionellen Aktivität zu gewichten. Mit Hilfe dieser Aufnahmen ist es möglich, ein genaueres funktionelles Maß für die resezierte Leber zu bekommen. Mit dem Ziel eine Abschätzung der Lebervolumen nach der Leberresektion anhand präoperativen CT- und PET-Aufnahmen wird die Übertragung der PET-Information in die CT-Aufnahmen durchgeführt. Für diese Übertragung wird eine Registrierung der beiden Modalitäten (Matching) benötigt. In diesem Beitrag werden zwei Ansätze (Punktmatchingverfahren und Konturverfahren) vorgestellt, welche die 3D Registrierung von PET-Aufnahmen mit den entsprechenden CT-Daten realisieren. Auf der Grundlage einer bereits in den CT-Bildern segmentierten Leber wird sowohl eine manuelle Registrierung anhand von internen Landmarks, als auch eine automatische Registrierung anhand der äußeren Kontur der Leber durchgeführt.

Schlüsselwörter: Registrierung, Leberresektion, Leberfunktionsleistung, Visualisierung

1 Einleitung

Die Leber ist eines der wichtigsten Stoffwechselorgane des menschlichen Körpers, das häufig von Tumoren befallen wird. Aus funktioneller Sicht ist die Leber in acht voneinander unabhängige Segmente gegliedert. Jedes dieser Segmente besitzt eine eigene Versorgung durch die Pfortader, die Leberarterie und die Gallengänge. Bei der Tumorbekämpfung durch Leberresektion müssen die betroffenen Segmente vollständig entfernt werden. Als präoperatives Hilfsmittel stehen dem Chirurgen zur Zeit kontrastmittelverstärkte CT- oder MR-Aufnahmen zur Verfügung.

Durch ein bereits vorhandenes Verfahren wird die Verzweigungsstruktur des Pfortaderbaums und eine Einteilung der Leber in ihre Segmente anhand der kontrastmittelverstärkten CT-Schichtaufnahmen vorgenommen [1]. Hierzu werden alle Verzweigungen des Gefäßbaumes lokalisiert, was eine genaue Bestimmung aller Teiläste und der von ihnen versorgten Segmente ermöglicht. Neben der Identifizierung der Segmente der Leber ist es unser Ziel, eine Abschätzung des postoperativen Lebervolumens vorzunehmen, um Aussagen über die postoperative Leberfunktionsleistung machen zu können. Um die wahre Funktionsleistung der Leber in diese Rechnung zu integrieren, ist die ortsaufgelöste Darstellung des Stoffwechsels notwendig.

Dies kann mit Hilfe von PET-Aufnahmen geschehen, die im Gegensatz zu CT- und MR-Aufnahmen Stoffwechselinformationen darstellen. Diese Information kann verwendet werden, um die verbleibenden gesunden Lebergewebevolumina in Abhängigkeit von ihrer funktionellen Aktivität zu gewichten und somit ein genaueres Maß für die funktionelle Beurteilung der verbleibenden Leber zur Verfügung zu haben. Zusätzlich zu der funktionsgewichteten Volumetrie kann nun sowohl die Lage der Leber und eines eventuell vorhandenen Tumors als auch der Gefäßbaum und die durch die PET-Aufnahmen gewonnenen Informationen über die Verteilung des Metabolismus in der Leber dargestellt werden.

2 State-of-the-Art

In den letzten Jahren wurden verschiedene Ansätze eingesetzt, um Bilder unterschiedlichen Modalitäten zu registrieren. Einige dieser Ansätze basieren auf der Korrelation der Grauwerte [2]. Diese Verfahren basieren aber darauf, daß die zu registrierenden Bilder in ihren Grauwerte übereinstimmen. Punktmatchingverfahren [3] haben der Vorteil, daß sie entweder mit externen oder internen Kontrollpunkten definiert werden können und damit unabhängig von der Modalität sind. Für die Registrierung werden oft auch Konturen bzw. Oberflächen verwendet [4], denn die Registrierung von Bilder anhand von Kontrollpunkte ist in vielen Fälle ungenau oder gar unmöglich. In der medizinische Bildverarbeitung wird die Konturbasierte Methode verwendet, um Aufnahmen zu registrieren, deren Konturen einfach und schnell zu detektieren sind, oder , wie beispielsweise Knochen oder Gehirn, einfach zu identifizieren sind. Die Registrierung der PET-Aufnahmen der Leber mit ihren entsprechenden CT-Aufnahmen bringt einige Schwierigkeiten mit sich, weil ihre vollständige Abgrenzung von anderen Organen in den PET-Aufnahmen nicht möglich ist. Wir präsentieren hier zwei verschiedene Ansätze für die Registrierung solcher Aufnahmen.

3 Methode und Vorgehensweise

Der erste Ansatz basiert auf geometrischen Landmarks. Es wird eine Bounding Box definiert, welche die Leber im 3D Raum von anderen Organen abgrenzt. Der Anwender soll dazu mit Hilfe von 6 Mausklicks die Landmarks einzeichnen, welche die Grenzen der Bounding Box darstellen. Da die Auflösung der Bilddaten nicht miteinander übereinstimmt, wird eine Skalierung durch trilineare Interpolation der PET-Daten in den drei Achsen des Raums durchgeführt. Abschließend muß noch die Orientierung durch interaktive Rotation (affines Verfahren) der Daten in Übereinstimmung gebracht werden.

Aufgrund der Ungenauigkeit beim Setzen der Landmarks wurde eine zweite Methode implementiert, welche die Registrierung mit Hilfe der Leberkontur automatisiert. Als Ausgangsparameter für dieses Verfahren wird die segmentierte Leber in beiden Modalitäten vorausgesetzt.

4 Konturbasierte Registrierung

Der Ablauf unserer Methode basiert auf einem oder mehreren Iterationsschritten, deren Anzahl davon abhängt, wie ähnlich die PET- den entsprechenden CT-Aufnahmen sind. Folgende Schritte werden durchgeführt:

1. Für jede PET-Schicht wird die ihr ähnlichste CT-Schicht in dem Volumen festgestellt, somit werden alle PET-Schichten bestimmten CT-Schichten zugeordnet.
2. Der Korrelationskoeffizient dieser Zuordnung wird berechnet.
3. Das PET-Volumen wird entsprechend der Zuordnung in Z-Richtung interpoliert.
4. Solange die Korrelation sich weiter verändert, werden Kräfte zwischen den interpolierten CT und PET-Schichten berechnet, welche die Parameter der affinen Transformation bestimmen.

Die Ergebnisse der Registrierung hängen stark von der Segmentierung der Leber ab. Nachdem der Anwender die Segmentierung abgeschlossen hat und vor der Durchführung des ersten Schritt wird das PET-Volumen in x- und y-Richtung interpoliert. Somit wird die Höhe und die Breite der PET-Aufnahmen an die Größe der CT-Aufnahmen angepaßt. Als weitere Vorverarbeitung werden die Koordinaten der zum Rand gehörende Punkte durch die Parametrisierung der Konturen der einzelnen Schichten der PET-Aufnahmen gewonnen. Die Kontur wird Punkt für Punkt durchlaufen, dabei werden die benachbarten Punkte im Uhrzeigersinn darauf untersucht, ob sie zum Rand des Objekts gehören oder nicht.

Da die vollständige Abgrenzung der Leber in den PET-Daten wegen des hohen Metabolismus der Nachbarorgane nicht durchführbar ist (s. Abb. 1a), wird nur der Teil der Kontur für die Registrierung verwendet, der sich automatisch aus beiden Modalitäten erkennen läßt (s. Abb. 1b). Dies ist der vordere und der durch den rechten Rippenbogen abgegrenzte Teil.

Die affine Transformation wird in einem homogenen Koordinatensystem, mit sechs Freiheitsgraden durchgeführt (3 Rotationswinkel Φ_x, Φ_y, Φ_z und drei Translationsabstände T_x, T_y, T_z). Die rigiden Transformationen werden auf dem PET-Volumen durchgeführt, mit dem CT-Volumen als Bezugsvolumen. Für die Rotation der Objekte, wird der Massenschwerpunkt der PET-Kontur (M_p) und der Massenschwerpunkt der CT-Kontur (M_t) berechnet. Durch die Gleichung (1) kann die Transformation der Bildkoordinaten (P_p) der PET-Konturen auf die Bildkoordinaten der CT-Konturen (P_t) beschrieben werden. Dabei stellen R und T 4x4 Diagonalmatrizen dar, die jeweils die Rotation und Translation in dem 3D Raum ermöglichen.

$$V_t\left(P_t - M_t\right) = R_x\left(\Phi_x\right)R_y\left(\Phi_y\right)R_z\left(\Phi_z\right)V_p\left(P_p - M_p\right) + T\left(T_x T_y T_z\right) \qquad (1)$$

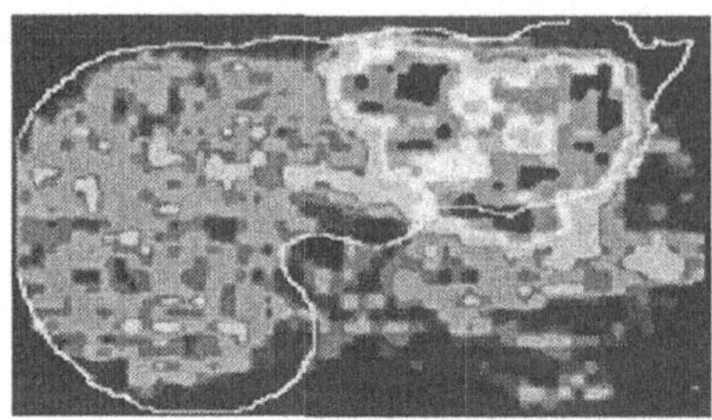 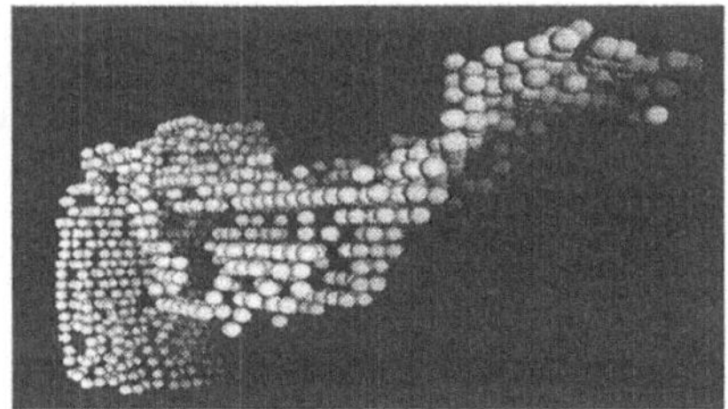

Mit dem Ziel die Zuordnung der PET- und CT-Schichten unter Verwendung der X-Koordinaten (X_p, X_c) und der Y-Koordinaten (Y_p, Y_c) der PET- und der CT Aufnahmen, wird in dem ersten Schritt die in Gleichung (2) gezeigte Kostenfunktion.

Abb. 1: (a) PET-Aufnahme der Leber mit der aus der CT-Aufnahme gewonenen Leber Kontur. (b) Darstellung der ausgewählten Punkte der PET-Kontur (in einem VRML-Browser)

$$C(u) = \frac{\sum_i X_c(i) X_p(i-u)}{\sum_i X_p^{\,2}(i-u)} \qquad C(v) = \frac{\sum_j Y_c(j) Y_p(j-v)}{\sum_j Y_p^{\,2}(j-v)} \tag{2}$$

Mit Hilfe dieser Ähnlichkeitsmetrik können alle Konturen des PET-Volumen mit den Konturen des CT-Volumen verglichen werden. Die ähnlichste CT-Kontur zu einer bestimmten Schicht wird durch *min(C(u),C(v))* ausgewählt. Wenn von aller PET-Schichten die zugehörige CT-Schicht bestimmt wurde, dann wird als zweiter Schritt das PET-Volumen in z-Richtung interpoliert. Dabei soll die Zuordnungsabbildung der Schichtnummern der verschiedenen Modalitäten eine Gerade bilden. Diese wird, falls nicht vorhanden, anhand der Summe der Abweichungsprodukte von aller CT-, der Abweichungsprodukt und der Abweichungsquadrate der PET-Schichten bestimmt. Die Festlegung des linearen Zusammenhangs der Zuordnung der PET und CT-Schichten, welche der dritte Schritt der Iteration ist, wird durch die Berechnung der Korrelation der berechneten lineare Regression durchgeführt.

Solange die Korrelation keine lineare Zuordnung aufweist, werden Kräfte berechnet, um die Rotations- und Translationsunterschiede zwischen den Schichten der beiden Modalitäten auszugleichen. Die Kraft, welche auf die Konturen ausgeübt wird, wird anhand einer Exponentialfunktion modelliert. Damit wird vermieden, daß große Schwankungen in der Kontur die Kräfte fälschlich erhöhen. Der Winkel und der Translationsfaktor, welche die Rotation und Translation der PET-Konturen bestimmen, werden durch die Gesamtkraft und das Drehmoment definiert. Die Kraft wird wie in Gleichung (4) gezeigt wird, durch die Addition aller Kräfte, welche zwischen den PET- und den CT-Konturen bestehen.

$$F = \sum_{i \in C_{CT}} F_{i,j(i)} + \sum_{j \in C_{PET}} F_{i(j),j} \tag{4}$$

$$M = \sum_{i \in C_{CT}} F_{i,j(i)} \times d_i + \sum_{j \in C_{PET}} F_{i(j),j} \times d_j \tag{3}$$

Hierbei repräsentiert *j* einen Punkt der PET-Kontur, während *i(j)* den Punkt der CT-Kontur beschreibt, der dem Punkt *i* am nächsten ist. d_i stellt den Differenzvektor zwischen dem Massenschwerpunkt M_p der PET-Kontur und dem Punkt *j* dar. $F_{i(j),j}$ stellt die Kraft zwischen dem Punkt *j* der PET-Kontur und dem Punkt *i(j)* der CT-Kontur dar.

Diese genannten Schritte werden solange wiederholt bis ein Abbruchkriterium erfüllt ist. In diesem Fall wird der maximale Korrelationskoeffizient verwendet, der bis dahin berechnet worden ist, um die Überlagerung zwischen den Schichten optimal zu realisieren. Nach dem Beenden der Iteration, welche mit der parametrisisierten Kontur durchgeführt wurde, wird dann die Transformation der PET-Aufnahme realisiert. Zum Anzeigen des Ergebnisses, wird dieser mit Hilfe des im DKFZ entwickelten Heidelberger Raytracers[5] durchgeführt. Die hier vorgestellte Ansätze werden zur Zeit mit Hilfe mehrerer Datensätze getestet.

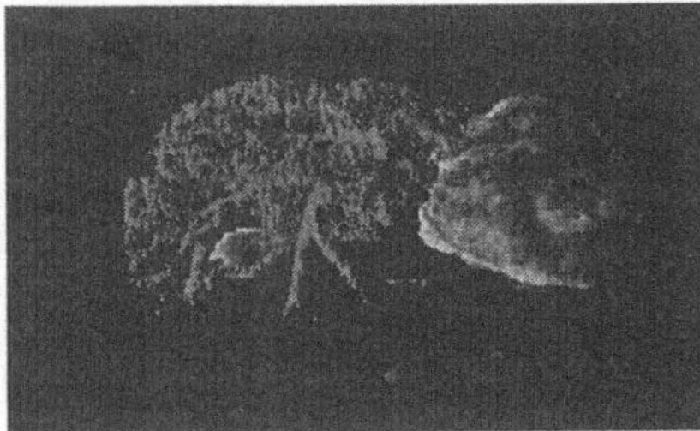

Abb. 2: Registrierte CT und PET-Aufnahmen.

5 Danksagung

Die Autoren wollen M.D. L. Strauss, M.D. A. Strauss, Dr. Kontaxakis von der Abteilung Onkologische Diagnostik und Therapie (PET-Gruppe) und Dr. Lamadé von der Uniklinik Heidelberg für ihre Unterstützung bei der Realisierung dieser Arbeit danken.

6 Literatur

1. Glombitza G., Lamade W., Demiris A.M., Göpfert M.R., Richter R., Otto G., Lehnert Th., Bahner M.L., Meinzer H.P, Herfarth Ch.: Computer aided planning of liver tumor resection. In: Bartolozzi C. et al. (Eds.): Proc. EuroPACS, pp. 215-218. Pisa, 1997.
2. Woods R.P.,Mazziotta J.C., Cherry S.R.: MRI-PET registration with automated algorithm. J Comp Assist Tomogr. 17(4), pp. 536-546, 1993.
3. Arun K.S., Huang T.S., Blostein S.D.: Least square fitting of two 3-D point sets. IEEE Trans PAMI 9(5), pp 698-700, 1987.
4. Strother S.C., Anderson J.R., Xu X.L., Liow J.S., Bonar D., Rottenberg D.A.: Quantitativ comparisons of image registration techniques based on highresolution MRI of the brain. J Comp Assist Tomogr 18(6), pp. 954-962, 1994.
5. Meinzer H.P., Meetz K., Scheppelmann D., Engelmann U., Baur H.J.: The Heidelberg Raytracing Model. IEEE Computer Graphics & Applications. Vol. 11(6), pp. 34-43, 1991.

Matching von dreidimensionalen Elektrodenpositionen ausgehend von biplanaren Röntgenbildverstärkern und CCD-Farbkameras

Ingo H. de Boer, Wolfgang Maurer, Frank R. Schneider, Olaf Dössel

Institut für Biomedizinische Technik
Universität Karlsruhe
Kaiserstraße 12, D 76128 Karlsruhe
email: idb@ibt.etec.uni-karlsruhe.de

Zusammenfassung. Die Arbeit behandelt die dreidimensionale Lokalisation und Darstellung von intra- und extrakorporalen Elektroden. Ziel ist es, für eine elektrophysiologische Untersuchung intrakardiale Elektroden eines Meßkatheters zusammen mit extrakorporalen Oberflächenelektroden räumlich zu lokalisieren. Als bildgebende Systeme dienen zwei C-Bogen-Röntgenbildverstärker und ein 4-Kamera-System. Sie liefern zweidimensionale Bilder der Objekte aus unterschiedlichen Blickrichtungen. Durch die Verwendung stereoskopischer Bildverarbeitungstechniken wird die Tiefeninformation aus diesen Bildern wiedergewonnen und somit eine 3D-Lokalisation durchgeführt.

Schlüsselwörter: 3D-Lokalisation, Kalibrierung, Röntgenbildverstärker, CCD-Farbkamera, Quellenrekonstruktion, Multikanal-EKG-Ableitung

1 Einleitung

Die Multikanal-EKG-Ableitung und die Impedanztomographie erfordern das Anlegen von Elektroden am menschlichen Oberkörper. Mit diesen Elektroden werden Potentiale gemessen oder Ströme eingespeist.

Ein Ziel der kardiologischen Diagnostik ist, Informationen über die individuellen elektrophysiologischen Vorgänge im Herzen eines Patienten zu erhalten. Dazu werden Potentialmessungen an verschiedenen Ableitungsorten am Körper durchgeführt. Extrakorporal erhält man diese Informationen über Multikanal-EKG-Ableitungen, im Körper sind endokardiale Messungen mit Hilfe von Meßkathetern möglich. Zur Erweiterung der Diagnosemöglichkeiten sollen in zukünftigen Projekten mit Multikanal-EKG-Ableitungen Oberflächenpotentialverteilungen (engl. *Body Surface Potential Maps*, abgekürzt auch *BSPM)* gemessen, sowie eine Rekonstruktion bioelektrischer Quellen auf dem Herzen durchgeführt werden. Zusätzlich zur Kenntnis der einzelnen Potentialverläufe muß die räumliche Lage der Ableitungsorte in die Berechnungen miteinfließen. Außerdem wird ein Leitfähigkeitsmodell des menschlichen Körpers [1], im Idealfall das des jeweiligen Patienten, benötigt. Die Quellenrekonstruktion aus einer gemessenen Potentialverteilung - auch inverses Problem genannt - ist ein sogenanntes *schlecht*

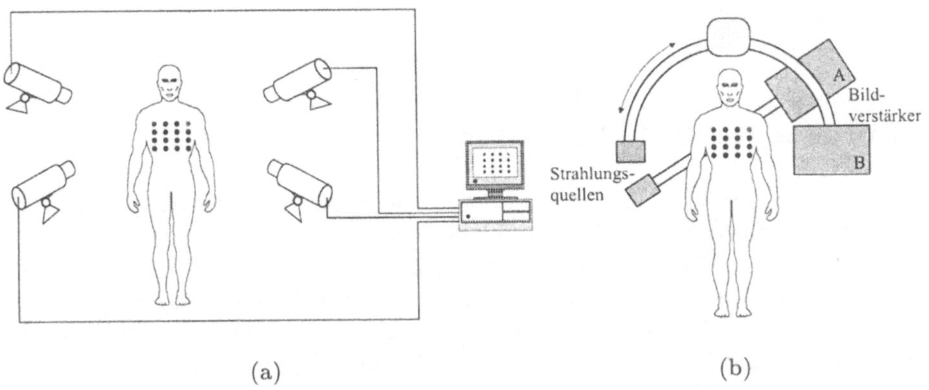

(a) (b)

Abb. 1. (a) Beispiel einer aus 16 Elektroden bestehenden Anordnung auf dem Patienten, die jedoch beliebig erweitert und verteilt sein kann. Eine rote, grüne und blaue Elektrode sind für die Kanalzuordnung im 4-Kamera-System erforderlich. Die restlichen Elektroden sind schwarz markiert. Durch die vier Kameras wird der Oberkörper sowohl frontal, als auch dorsal aufgenommen. (b) Die Abbildung zeigt das biplanare Röntgensystem.

gestelltes Problem: Ein und dieselbe Potentialverteilung kann durch verschiedene Quellverteilungen hervorgerufen werden [2], und die Rekonstruktion besitzt somit keine eindeutige Lösung. Durch das Einbeziehen von quellnahen, endokardialen Potentialmessungen soll die Qualität der Quellenrekonstruktion verbessert werden.

Die vorliegende Arbeit behandelt die Lokalisation der bei diesen Verfahren benötigten intra- und extrakorporalen Elektroden. Ausgangspunkt sind Stereofarbaufnahmen der auf den Thorax des Patienten geklebten Oberflächenelektroden und biplanare Röntgenaufnahmen des Katheters im Herzen. Die Arbeit gliedert sich in die drei Teilschritte extrakorporale Lokalisation, intrakorporale Lokalisation und Matching der Elektrodenpositionen.

2 Extrakorporale Lokalisation

Zur extrakorporalen Lokalisation erzeugen vier unterschiedlich positionierte CCD-Farbkameras die benötigten Aufnahmen (Abb. 1a). Zunächst erfolgt die Kalibrierung der Kameras. Dazu werden Farbaufnahmen eines Referenzobjektes eingesetzt, welches für das 4-Kamera-System optimiert wurde. Durch genaue Kenntnis der Geometrie des Referenzobjektes und einer Klassifizierung der Bilddaten läßt sich für jede Kamera eine Kalibrierungsmatrix aufstellen. Zur 3D-Lokalisation werden Farbaufnahmen einer farbig gekennzeichneten Elektrodenanordnung ausgewertet, die sich auf dem Oberkörper des Patienten befindet. Mit Hilfe der vorhandenen Kalibrierungsmatrizen wird die dreidimensionale Position jeder Elektrode berechnet. Die Farbkodierung der Elektrodenanordnung ermöglicht die Zuordnung der Elektroden im Bild zum Multikanal-EKG-Meßgerät [3].

3 Intrakorporale Lokalisation

Bei der intrakorporalen Lokalisation werden die endokardialen Elektroden an der Katheterspitze zusammen mit Oberflächenelektroden mittels eines biplanaren Röntgensystems bestimmt (Abb. 1b). Aufgrund des kleinen Sichtfeldes des Röntgenbildverstärkers ist nur eine Teilmenge der Oberflächenelektroden erkennbar. Die entstehenden Abbildungsfehler des Röntgenbildverstärkers, wie z. B. Verzerrung und Bildfeldkrümmung, werden mit Hilfe eines Referenzobjektes beseitigt. Die Kalibrierung erfolgt in ähnlicher Weise wie beim optischen System: Durch die Auswertung der Bilddaten und der vorhandenen Daten der Referenzobjekte wird für jeden Bildverstärker eine Kalibrierungsmatrix aufgestellt [4].

4 Matching der Elektrodenpositionen

Ziel des Matchings der dreidimensionalen Elektrodenpositionen, die in den ersten beiden Teilschritten ermittelt wurden, ist die Darstellung in einem einheitlichen Koordinatensystem: Die Oberflächenelektroden der biplanaren Röntgenaufnahmen werden in das Koordinatensystem des optischen Systems übertragen. Die Kanalzuordnungen aus dem Multikanal-EKG sind in beiden bildgebenden Systemen bekannt.

Vorverarbeitung In einem Vorverarbeitungsschritt werden die berechneten Elektrodenpositionen des Röntgensystems in eine initiale Ausgangsposition in das Koordinatensystem des Kamerasystems überführt, um die eigentliche Optimierung zu beschleunigen. Nach der Berechnung der Mittelpunkte der korrespondierenden Elektrodenpaare für das jeweilige System wird anschließend die Elektrodenanordnung des Röntgensystems durch eine Translation verschoben. Die Differenz der beiden Mittelpunktvektoren bildet den Translationsvektor.

Koordinatentransformation Die erforderliche Koordinatentransformation ist rigid:

$$\tilde{\mathbf{x}}^{R\ddot{o}ntgen} = \mathbf{R}(\alpha, \beta, \gamma)\mathbf{x}^{R\ddot{o}ntgen} + \mathbf{t}. \qquad (1)$$

Hier ist $\mathbf{t} = (t_x\ t_y\ t_z)^T$ der Translationsvektor. Die Rotationsmatrix $\mathbf{R}$ mit den drei Freiheitsgraden α, β und γ gibt die Drehung um die X-, Y- und Z-Achse an. Der Vektor $\mathbf{x}^{R\ddot{o}ntgen}$ beschreibt die Position einer Elektrode im Koordinatensystem des Röntgensystems und $\tilde{\mathbf{x}}^{R\ddot{o}ntgen}$ die Position dieser Elektrode im Kamerakoordinatensystem. Die Abbildung ist eine Funktion von sechs Freiheitsgraden.

Zur Bestimmung dieser sechs Parameter wird eine Gütefunktion definiert, die es zu minimieren gilt. Da die Zuordnung der Elektroden in beiden Systemen

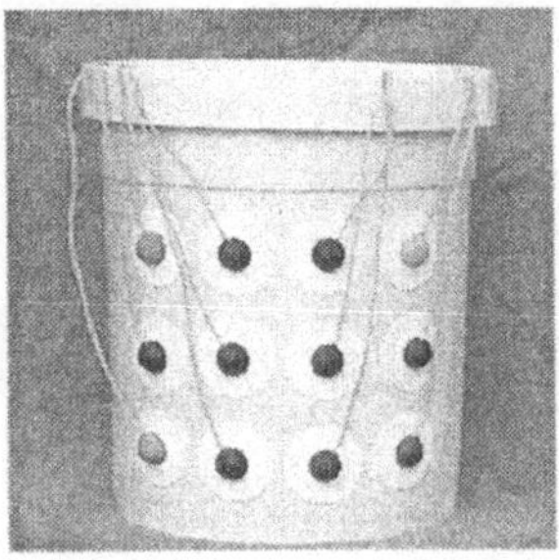

Abb. 2. Phantom mit zwölf Oberflächenelektroden. Das Phantom wird mit dem Kamera- und dem Röntgensystem aufgenommen. Im Inneren des Phantoms befindet sich während der Röntgenaufnahme ein Meßkatheter.

bekannt ist, wird als Gütefunktion die Summe der Abstände der korrespondierenden Elektroden herangezogen:

$$G(\alpha, \beta, \gamma, t_x, t_y, t_z) = \sum_{i=0}^{n-1} \left[\| \mathbf{x}_i^{Kamera} - \tilde{\mathbf{x}}_i^{R\ddot{o}ntgen} \| \right]^2 \Rightarrow min. \qquad (2)$$

Es ist n die Anzahl der korrespondierenden Elektroden. $\mathbf{x}^{Kamera}$ und $\tilde{\mathbf{x}}^{R\ddot{o}ntgen}$ sind die Positionen einer Elektrode im jeweiligen Koordinatensystem.

Minimierung der Gütefunktion Die Gütefunktion ist mehrdimensional. Zur Minimierung wird das numerisch stabile Verfahren von Powell herangezogen: die *Direction Set Methode* [5].

Auswertung Nach einer Genauigkeitsuntersuchung des Kamera- und Röntgensystems [3] [4] wird der maximale Differenzfehler der gefundenen korrespondierenden Elektroden bestimmt. Des weiteren wird der *rms*-Fehler (engl. *root mean square*) berechnet, der sich aus

$$rms = \sqrt{\frac{\sum_{i=0}^{n-1} \| \mathbf{d}_i \|^2}{n}} \qquad (3)$$

ergibt, wobei $\mathbf{d}$ der Differenzvektor zwischen zwei korrespondierenden Elektroden ist und n die Anzahl dieser zugeordneten Elektroden.

5 Ergebnisse und Diskussion

In dieser Arbeit wird ein Phantom mit zwölf Oberflächenelektroden präsentiert (Abb. 2). Das 4-Kamara-System bestimmt die dreidimensionalen Positionen dieser Elektroden mit einem *rms*-Fehler von 2 *mm* und einem maximalen Fehler

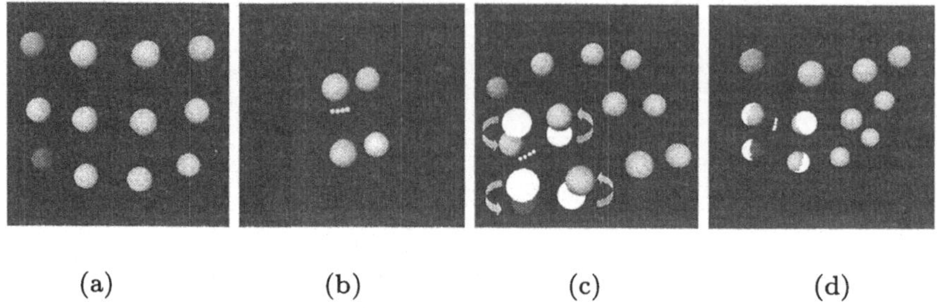

(a)   (b)   (c)   (d)

Abb. 3. Matching der 3D-Positionen. (a) Die dreidimensionale Lokalisation liefert die Positionen der Elektroden im Kamerasystem. (b) Das Röntgensystem lokalisiert in diesem Beispiel vier Oberflächenelektroden. Die vier kleinen Kugeln stellen den Meßkatheter dar. (c) Die Initialposition der Gesamtanordnung. (d) Das Matchingergebnis.

von 4 mm. Das Röntgensystem lokalisiert vier dieser zwölf Oberflächenelektroden mit einer Genauigkeit von 1 mm. Der Benutzer ordnet die gefundenen Elektroden interaktiv zu (Abb. 3a/b). Während der Aufnahmen mit dem Röntgensystem befindet sich ein Meßkatheter im Inneren des Phantoms. Nach der initialen Transformation werden die Positionen durch Minimierung der Gütefunktion gematcht (Abb. 3c/d) und der rms-Fehler berechnet. Im vorliegenden Fall ergibt sich ein rms-Fehler von 1.6 mm und ein maximaler Fehler von 2 mm. Diese Genauigkeit ist für die gestellten Anforderungen ausreichend.

In weiteren Projekten wird daran gearbeitet, ein Matching der hier ermittelten Elektrodengesamtanordnung in einen Volumendatensatz eines Patienten durchzuführen und die Genauigkeit des 4-Kamera-Systems zu erhöhen.

Literatur

1. F. B. Sachse. *Modelle des menschlichen Körpers zur Berechnung von physikalischen Feldern*. Doktorarbeit, Universität Karlsruhe, 1997.
2. F. R. Schneider, O. Dössel und M. Müller. Optimierung von Elektrodenpositionen zur Lösung des inversen Problems der Elektrokardiographie. In *32. Jahrestagung: Deutsche Gesellschaft für Biomedizinische Technik e.V.*, Band 43-1, Seiten 58–59. Biomedizinische Technik, September 1998.
3. I. H. de Boer, F. B. Sachse und O. Dössel. Entwicklung eines 4-Kamera-Systems zur Lokalisation einer Elektrodenanordnung auf dem Thorax. In *32. Jahrestagung: Deutsche Gesellschaft für Biomedizinische Technik e.V.*, Band 43-1, Seiten 56–57. Biomedizinische Technik, September 1998.
4. W. Maurer, I. H. de Boer, F. R. Schneider und O. Dössel. 3D-Lokalisation von Elektroden auf und in dem menschlichen Körper ausgehend von biplanaren Röntgenaufnahmen. In *32. Jahrestagung: Deutsche Gesellschaft für Biomedizinische Technik e.V.*, Band 43-1, Seiten 474–475. Biomedizinische Technik, September 1998.
5. W. H. Press et. al. *Numerical Recipes in C*. University Press, Cambridge, 2. Auflage, 1992.

Segmentierung

Automatische Segmentierung von Herz-Kavitäten in mehrdimensionalen Ultraschallaufnahmen

Ivo Wolf, Gerald Glombitza, Raffaele De Simone*, Hans-Peter Meinzer

Deutsches Krebsforschungszentrum, Abt. MBI / H0100
Im Neuenheimer Feld 280, 69120 Heidelberg
*Chir. Universitätsklinik Heidelberg, Abt. Herzchirurgie
Im Neuenheimer Feld 110, 69120 Heidelberg
Email: I.Wolf@dkfz-heidelberg.de

Zusammenfassung. Wir stellen hier ein neues Verfahren zur automatischen Detektion lückenhafter, annähernd konvexer Konturen vor. Entwickelt wurde das Verfahren zur Segmentierung von Herz-Kavitäten, um eine möglichst genaue Bestimmung des Volumens von Regurgitationsjets zu erreichen.

Schlüsselwörter: Algorithmen, Automatische Konturfindung, Echokardiographie, Segmentierung, Ultraschall Diagnostik

1 Motivation

Für die Bewertung von Herzklappendefekten stellt das Volumen der auftretenden Insuffizienzjets einen zentralen Anhaltspunkt dar. Für die Bestimmung dieser Volumina mittels Doppler-Echokardiographie [1] existiert bisher kein Standardverfahren. Zweidimensionale Verfahren sind aufgrund der darin enthaltenen Symmetrieannahmen nur beschränkt aussagekräftig. Am vielversprechendsten sind dreidimensionale oder gar vierdimensionale Methoden, die auf der gewichteten Summation der von den Jets in zweidimensionalen Schichtaufnahmen eingenommenen Flächen beruhen [2,3]. Dabei werden Bereiche hoher Blutfluß-Geschwindigkeiten und hoher Turbulenz als Jets interpretiert.

Da für die Beurteilung z.B. eines Rückflusses an einer defekten Mitralklappe nur die Flüsse im linken Vorhof interessieren, müssen diese isoliert werden. Dazu muß zunächst die relevante Herz-Kavität – in diesem Beispiel der linke Vorhof – segmentiert werden.

Bildgebungsbedingt muß ein Segmentierungsverfahren für Ultraschallaufnahmen tolerant gegenüber lückenhaften Konturen sein. Ein gängiger Ansatz für dieses Problem sind aktive Konturen. Wir stellen hier eine alternative Möglichkeit vor.

2 Konturdetektion

Das Verfahren wird schichtweise angewendet und besteht jeweils aus vier Stufen. In der ersten Stufe muß ein innerhalb der zu findenden Kontur liegender „Beobachtungspunkt" gewählt werden. Von dort ausgehend werden in der nächsten Stufe (Scan) Punkte gesucht, die möglicherweise zur Kontur gehören. Im dritten Schritt (Classify)

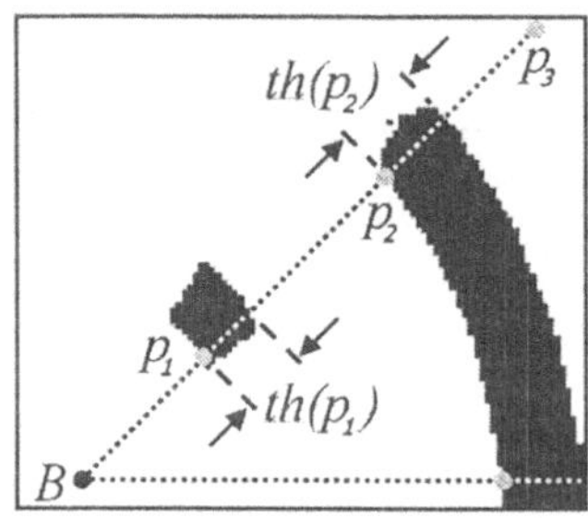

Abb. 1. Es ist $vi(p_1)=0$, $vi(p_2)=th(p_1)$, $vi(p_3)=th(p_1)+th(p_2)$, $th(p_3)=0$, $bp(p_3)=true$, $bp(p_1)=bp(p_2)=false$. Der Randpunkt auf dem unteren Strahl wird nicht akzeptiert.

werden diese zu Linienstücken gruppiert. Solche Punkt-Gruppen werden schließlich in der letzten Stufe (Connect) zur endgültigen Kontur verbunden.

2.1 Wahl des Beobachtungspunkts

Der Beobachtungspunkt muß im Inneren der zu segmentierenden Kavität liegen, möglichst in der Nähe des Zentrums. In der ersten Schicht geschieht dies zur Zeit manuell durch den Benutzer. Bei hinreichend standardisierten Aufnahmen ist auch ein fest gewählter Punkt denkbar. Nach Ablauf des restlichen Verfahrens ist die von der Kavität in dieser Schicht eingenommene Fläche und damit auch deren Schwerpunkt bekannt. Dieser wird als Beobachtungspunkt sowohl für die zeitlich, als auch für die räumlich folgende Schicht verwendet.

2.2 Scan

In dieser Stufe wird eine Liste von Punkten erstellt, die möglicherweise zur Kontur gehören. Ausgehend vom Beobachtungspunkt B werden im binomialgefalteten Bild auf radialen Suchstrahlen, die einen Abstand von wenigen Grad voneinander haben, Punkte gesucht, die ein bestimmtes Kriterium erfüllen. Im Falle der Ultraschallaufnahmen hat sich als Kriterium ein einfacher Schwellwert bewährt, der mit Hilfe des Verfahrens von Otsu [4] aus dem Histogramm bestimmt wird. Es werden nur diejenigen Punkte akzeptiert (je Suchstrahl können das auch mehrere Punkte sein), die das Kriterium erfüllen, deren unmittelbare Nachbarn in Richtung des Beobachtungspunkts jedoch das Kriterium *nicht* erfüllen (vgl. Abb. 1). Zudem werden alle Punkte am Rand des Aufnahmebereichs aufgenommen, die das Kriterium *nicht* erfüllen.

Die Koordinaten der akzeptierten Punkte p_i (kartesische (x_i, y_i) und Polarkoordinaten $(r_i, \varphi_i)=:(r(p_i), \varphi(p_i))$ bzgl. des Beobachtungspunkts) werden sortiert nach dem Winkel in eine Liste aufgenommen. Zusätzlich werden zu jedem gefundenen Punkt p_i die folgenden Merkmale der „Wand" an dieser Stelle gespeichert (vgl. Abb. 1):

- „Dicke" $th(p_i)$: Abstand von p_i entlang des Suchstrahls zum nächsten Punkt, der das Kriterium nicht mehr erfüllt.

- „Sichtbarkeit" $vi(p_i)$: Summe der Dicken $th(p_j)$ der Punkte p_j, für die $\varphi_j=\varphi_i$ und $r_j<r_i$ gilt. Die Sichtbarkeit von p_i ist daher um so besser, je *kleiner* $vi(p_i)$ ist.

- „Randpunkt" $bp(p_i)$: Boolscher Wert, der wahr ist, wenn der Punkt am Rand des Aufnahmebereichs liegt und das Kriterium *nicht* erfüllt.

- Abstand zur Kontur der vorigen Schicht $pd(p_i)$: Falls es sich um die erste Schicht handelt, wird $pd(p_i)=0$ gesetzt.

2.3 Classify

Die Aufgabe dieser dritten Stufe ist es, die gefundenen Punkte zu Linienstücken zusammenzusetzen, die Punkte also als zugehörig zu Punkt-Gruppen zu *klassifizieren*. Dies geschieht mittels eines least-cost Algorithmus. Im folgenden bezeichnet

- P die Menge aller im zweiten Schritt gefundenen Punkte
- C die Menge der bereits klassifizierten Punkte, anfangs ist daher $C=\varnothing$
- $G_L=(p_s, p_{s+1}, ..., p_f)$ die L-te Gruppe, eine geordnete Liste von Punkten
- $p_s(G)$ den Startpunkt und $p_f(G)$ den Endpunkt der Gruppe G
- $[\varphi(G)]=[\varphi_s(G),\varphi_f(G)]$ den Winkelbereich, unter dem die Gruppe G vom Beobachtungspunkt B aus erscheint
- $A(G)=\{p\in P\,|\,\varphi(p)\notin\,[\varphi(G)]\}$ die Menge aller Punkte, die nicht im Winkelbereich von G liegen
- $\angle(p_i,p_j)$ den Winkel in mathematisch positiver Richtung zwischen p_i und p_j
- d_{max} eine Konstante, die den maximal erlaubten Punktabstand angibt
- $f_m(p):=max(f(p),d_{max})$, wobei f ein Merkmal wie z.B. *th* ist
- η entweder s oder f, also $\eta\in\{s,f\}$
- $c_{cl}(p,G,\eta)$ die Kostenfunktion, definiert als

$$c_{cl}(p,G,\eta):=|p\text{-}p_\eta(G)|+vi_m(p)+pd_m(p)\text{-}th_m(p) \tag{1}$$

Das Anlegen einer neuen Gruppe G_L erfolgt durch Aufnahme eines Punkts $p\in P$, $p\notin C$ in die zunächst leere Gruppe G_L und in C. Es wird $s=f=0$ gesetzt, es ist also $p_s=p_f=p_0=p$, $G_L=(p_0)$.

Als Kandidaten für die Erweiterung der Gruppe werden nur Punkte $p\in A(G_L)$ betrachtet. Zunächst wird zudem $\angle(p_f,p)<\angle(p,p_s)$ gefordert, d.h. es wird in mathematisch positiver Richtung gesucht. Unter diesen Punkten wird derjenige Punkt $p\,´$ ausgewählt, für den $c_{cl}(p\,´,G_L,f)$ minimal ist. Falls $p\,´$ existiert und $p\,´\notin C$ sowie $|p\,´\text{-}p_f|<d_{max}$ gilt, wird $p\,´$ an das Ende von G_L angehängt (also $f=f+1$, $G_L=(G_L, p_f=p\,´)$), in C aufgenommen und dieser Teilschritt wiederholt.

Andernfalls gilt die Gruppe in mathematisch positiver Richtung als abgeschlossen, und es wird entsprechend in mathematisch negativer Richtung gesucht. Gefundene Punkte werden an den Anfang von G_L angefügt. Erfüllt kein Punkt mehr die Voraussetzungen, gilt die Gruppe G_L als komplett. Falls noch Punkte $p\in P$, $p\notin C$ existieren, wird eine neue Gruppe begonnen.

2.4 Connect

Diese vierte Stufe besteht aus dem Zusammensetzen geeigneter Linienstücke zur endgültigen Gesamtkontur. Zunächst wird das „beste" Linienstück bestimmt: Eine Gruppe gilt als um so besser, je länger, dicker und näher sie an der in der vorigen Schicht gefundenen Kontur ist und je weniger Randpunkte sie enthält.

Ausgehend von dieser Gruppe werden, ebenfalls mit einem least-cost Verfahren, die nächst günstigsten Linienstücke gesucht. Als Kostenfunktion wurde gewählt

$$c_{con}(p,K,\eta) := |p\text{-}p_\eta(K)| + vi_m(G_\eta(p)) + pd_m(G_\eta(p)) + pd_m(p_\eta(G(p))) - th_m(G_\eta(p)) \qquad (2)$$

Es bedeutet :

- K die zunächst unvollständige Kontur, eine Vereinigung von Gruppen G
- $G(p)$ die Gruppe G, deren Element p ist, für die also $p \in G$ gilt
- $G_f(p)$ die Teilgruppe von $G(p)$, die bei p beginnt und bei $p_f(G(p))$ endet
- $G_s(p)$ die Teilgruppe von $G(p)$, die bei $p_s(G(p))$ beginnt und bei p endet
- N_{min} eine Konstante, die die Mindestanzahl von Punkten angibt, die eine Teilgruppe haben muß, um in K aufgenommen werden zu können
- $N(G)$ die Anzahl der Punkte in G
- $f(G)$ den durchschnittlichen Wert von $f(p)$ für $p \in G$

Es wird dasjenige Paar (p,η), $p \in A(K)$, $\eta \in \{s,f\}$, $N(G_\eta(p)) \geq N_{min}$ ausgewählt, für das $c_{con}(p,k,\eta)$ minimal ist. Falls ein solches Paar existiert und entweder K noch weniger als $270°$ überdeckt oder $|p_f(K)\text{-}p_s(K)| > |p\text{-}p_\eta(K)|$ ist, so wird die Teilgruppe $G_\eta(p)$ zu K hinzugefügt (bei $\eta = s$ an den Anfang von K, sonst ans Ende) und dieser Teilschritt wiederholt. Andernfalls ist das Verfahren, bis auf Korrekturen, beendet und die Kontur K geschlossen.

Vor jedem Hinzufügen einer Teilgruppe und am Ende werden eventuell wieder Punkte aus K entfernt:

1. Das Hinzufügen von einer Teilgruppe $G_\eta(p)$ erfordert in der bisher beschriebenen Form die Interpolation einer Lücke der Länge $|p\text{-}p_\eta(K)|$. Existiert ein Punkt $p' \in K$ mit $|p\text{-}p'| < |p\text{-}p_\eta(K)|$, so werden die zwischen p' und $p_\eta(K)$ liegenden Punkte einschließlich $p_\eta(K)$ entfernt, so daß danach $p_\eta(K) = p'$ gilt und somit nur noch eine kleinere Lücke zu interpolieren ist.

2. K_1 sei eine unvollständige Kontur, zu der die Teilgruppe G_1 hinzugefügt werden soll. Die zu interpolierende Lücke sei d_1. Die Kontur – nach Hinzufügen evtl. weiterer Teilgruppen – sei K_2. Die nun (in derselben Richtung wie vorher G_1) hinzuzufügende Teilgruppe sei G_2 und die dabei zu interpolierende Lücke d_2. Ist nun $d_1 + d_2$ kleiner als die Lücke zwischen K_1 und G_2, so wird G_1 und die evtl. noch danach (in derselben Richtung) hinzugefügten Teilgruppen wieder aus der Kontur entfernt und dann erst G_2 hinzugefügt.

Treten in der Kontur K noch größere Lücken (größer d_{max}) auf, wird im Winkelbereich dieser Lücken nach Gruppen gesucht, deren Einpassung in die Kontur (bei gleichzeitiger Entfernung anderer Gruppen) zu einem insgesamt geringeren Interpolationsaufwand führt.

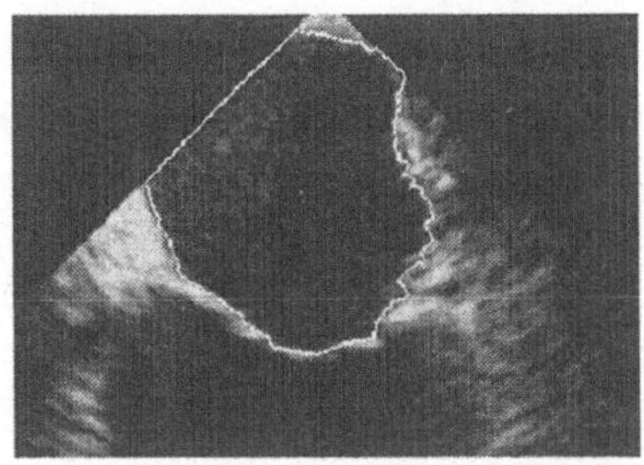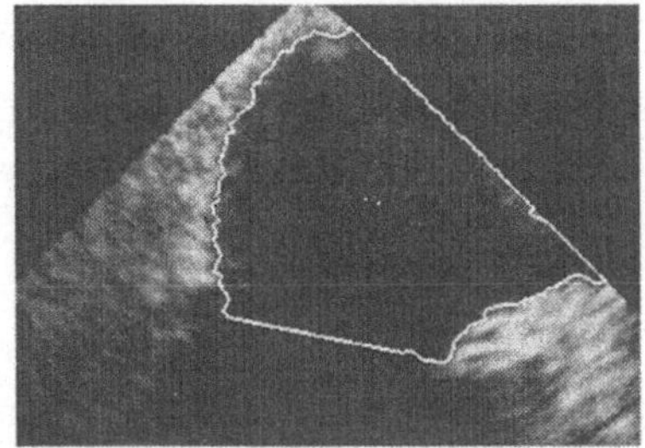

Abb. 2. Ergebnisse der Konturfindung

Im Winkelbereich verbleibender größerer Lücken wird mit einem schwächeren Kriterium, hier also einem niedrigeren Schwellwert, wie in Stufe zwei erneut gescannt und die Punkte wie in Stufe drei zu Gruppen zusammengefaßt. Dann wird versucht, diese neu gefundenen Gruppen in die Lücken von K einzupassen.

3 Diskussion und Ergebnisse

Das vorgestellte Verfahren ermöglicht eine schnelle, stabile Detektion lückenhafter Konturen bei minimaler Benutzerinteraktion (ein einziger Mausklick) und läßt sich auf zwei-, drei- und auch vierdimensionale Aufnahmen anwenden. Abb. 2 zeigt beispielhaft das Ergebnis der Konturfindung bei zwei Ultraschallaufnahmen mit unterschiedlich deutlich sichtbarer Mitralklappe.

Einzige Voraussetzung in der gegenwärtigen Implementierung ist eine annähernd konvexe Geometrie, eine Anpassung für andere Geometrien scheint unkompliziert. Die Anwendungsmöglichkeiten gehen weit über den beschriebenen Fall der Segmentierung von Herz-Kavitäten in der Echokardiographie hinaus.

4 Literatur

1. Feigenbaum H: Echocardiography. Lea & Febiger, Philadelphia, 5th Edition 1994.
2. Glombitza G, De Simone R, Merdes M, Mayer A, Vahl CF, Hagl S, Meinzer HP: Three-dimensional visualization and volumetric assessment of valvular regurgitant jets in echocardiography. Proceedings Computer Assisted Radiology and Surgery '98, Tokyo, 170-175, 1998.
3. Delabays A, Sugeng L, Pandian NG, Hsu TL, Chen CH, Marx G, Schwartz SL, Cao QL: Dynamic Three-Dimensional Echocardiographic Assessment of Intracardiac Blood Flow Jets. The American Journal of Cardiology, 76:1053-1058, 1995.
4. Otsu N: A threshold selection method from gray level histograms. IEEE SMC, 9:62-66, 1979.

Multiresolution Gradienten-Operator und polynombasierte Kantenrelaxation zur automatischen Analyse von Muskelbiopsien

H.-G. Luigs[1], A. Knepper[1], A. Dölemeyer[1] , J. M. Schröder[2], D. Meyer-Ebrecht[1]

[1]Lehrstuhl für Meßtechnik
Rheinisch-Westfälische Technische Hochschule (RWTH), 52056 Aachen
Email: achim@lfm.rwth-aachen.de

[2]Institut für Neuropathologie
Universitätsklinikum der RWTH Aachen, 52057 Aachen
Email: neupath@amsd.imib.rwth-aachen.de

Zusammenfassung. Bei der Untersuchung von Muskelbiopsien sind zur diagnostischen Präzisierung meistens morphometrische Analysen notwendig. Die lichtmikroskopischen Aufnahmen von gefärbten Semidünnschnittpräparaten von Muskelbiopsien werden dazu in kontrastoptimierte Graustufenbilder transformiert. Nach der Kantendetektion mit einem hierarchischen Canny-Operator folgt die Verkettung der gefundenen Kantenstücke zu geschlossenen Konturen mit Hilfe einer polynombasierten Kantenrelaxation. Die Objekttrennung als letzter Segmentierungsschritt arbeitet krümmungsbasiert. Für die klassifizierten Muskelfasern werden die morphometrischen Parameter Fläche, Kompaktheit, Abweichung vom mittleren Radius und die Fourierdeskriptoren bestimmt und nach Größenklassen in Diagrammform dargestellt.

Schlüsselwörter: Segmentierung, Muskelbiopsie, Relaxation, Morphometrie

1 Einleitung

Quantitative diagnostische Aussagen bei der Analyse von Muskelbiopsien erfordern eine objektive und reproduzierbare Auswertung. Die Auswertung der zu messenden Strukturen wird gegenwärtig oft noch „von Hand" am Mikroskop mit dem Meßokular oder auf Fotografien durchgeführt. Diese Auswertungen sind zeitintensiv, nur bedingt reproduzierbar und von den subjektiven Eindrücken der Betrachter abhängig. Der Einsatz eines rechnergestützten Analysesystems kann die Qualität der Aussagen verbessern, indem der subjektive Einfluß minimiert wird. Die Entwicklung analyseunterstützender Verfahren zur Segmentierung, Klassifikation und detaillierten Beschreibung der Muskelfasern anhand ihrer morphometrischen Parameter war Ziel dieser Arbeit. Es wurden lichtmikroskopische Aufnahmen von Semi-Dünnschnittpräparaten von Skelettmuskelfasern und nach ATPase-Färbung bei einen pH-Wert von 4,2 untersucht.

2 Bildvorverarbeitung

Vor der Segmentierung werden die Eingangsbilddaten in ein Graustufenbild mit optimiertem Kontrast transformiert, da bei den hier verwendeten Färbungen der Farbe des Bildpunktes keine Information bezüglich der Zugehörigkeit zum Objekt zu entnehmen ist. Dazu wird eine Gerade im RGB-Farbraum so bestimmt, daß die Summe der quadratischen senkrechten Abstände aller Farbpunkte im RGB-Farbraum von dieser Geraden minimal wird. Die senkrechte Projektion der einzelnen Farbwerte im RGB-Farbraum auf die berechnete Gerade bestimmt anschließend ihren Grauwert [1].

3 Segmentierung

Im folgenden Segmentierungsschritt wird das kontrastoptimierte Graustufenbild der Muskelbiopsie in die verschiedenen Muskelfasern aufgegliedert. Jede Muskelfaser soll einzeln analysierbar sein.

3.1 Kantendetektion

Zur Kantendetektion wird ein hierarchischer Canny-Operator [2] mit zwei stark verschiedenen Standardabweichungen verwendet. Der Canny-Operator mit der großen Standardabweichung liefert ein erstes Kantenbild auf dem die Muskelfaserränder als Kantenstücke sichtbar sind. Besonders an den Rändern der Muskelfaserbündel sind einige Muskelfaserränder wegen der großen Glättungseigenschaft des Canny-Operators bei Verwendung der großen Standardabweichung miteinander verbunden.

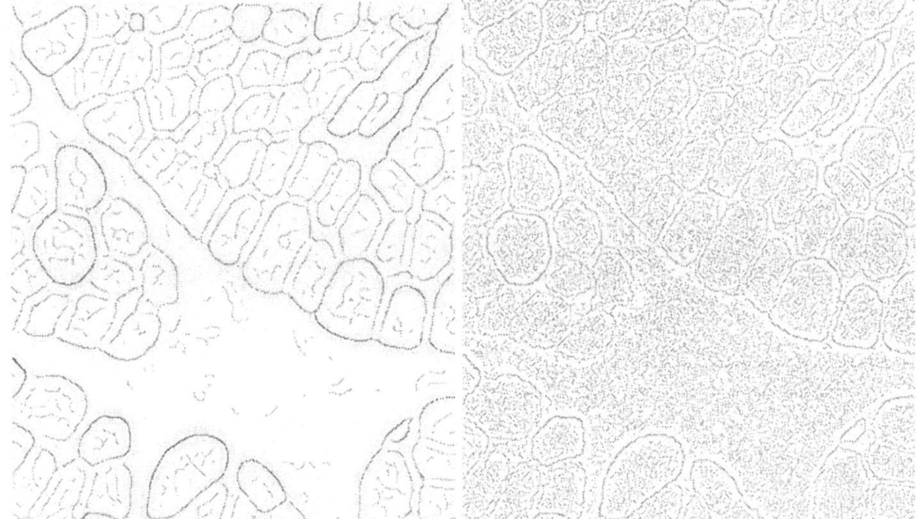

Abb. 1: Vergleich zwischen dem Ergebnis des Canny-Operators mit kleiner und großer Standardabweichung nach Nonmaxima-Suppression und Skelettierung.

Die Strukturen innerhalb der Muskelfasern sind nicht so stark vertreten wie auf dem Kantenbild des Canny-Operators unter Verwendung der kleinen Standardabweichung. Hier sind die Ränder der einzelnen Muskelfasern deutlich besser zu erkennen aber auch die Strukturen zwischen den einzelnen Muskelfaserbündeln werden stärker hervorgehoben.

Nach dem hierarchischen Canny-Operator wird eine Nonmaxima-Suppression [2,3] durchgeführt und eine Skelettierung der verbliebenen Maxima vorgenommen [4] (s. Abb. 1).

3.2 Kantenrelaxation

Das hier entwickelte Relaxationsverfahren basiert auf einer quadratischen Polynomregression [5], mit deren Hilfe die Kantenstücke auf Verkettungsmöglichkeiten hin untersucht werden. Das Wissen über die Gestalt von Muskelfasern kann das Verbinden von Randkanten mit den Kanten der inneren Strukturen der Muskelfasernn verhindern. Muskelfasern besitzen größtenteils eine konvexe Kontur. Scharfe Ecken kommen relativ selten vor. Die Beschreibung der Konturstücke mit einem quadratischen Polynom in Parameterform ermöglicht die Untersuchung der Konturstücke sowohl in ihrer näheren als auch ihrer weiteren Umgebung. Die Tangentengleichung, Normalengleichung und die Konturkrümmung liefern weitere wichtige Parameter zur Kantenrelaxation.

Eine quadratische Polynomregression wurde gewählt, da sich das quadratische Polynom der Muskelfaserkontur im auf wenige Pixel beschränkten Interpolationsgebiet sehr gut anschmiegt. Dadurch wird gleichzeitig eine Glättung der auf dem diskreten Gitter angeordneten Konturpixel erzielt. Kleine Ausreißer in der Konturlinie bewirken keine starken Sprünge der Konturkrümmung. Auf Anfang und Ende jedes Kantenstücks wird die quadratische Polynomregression angewendet und somit dadurch verlängert.

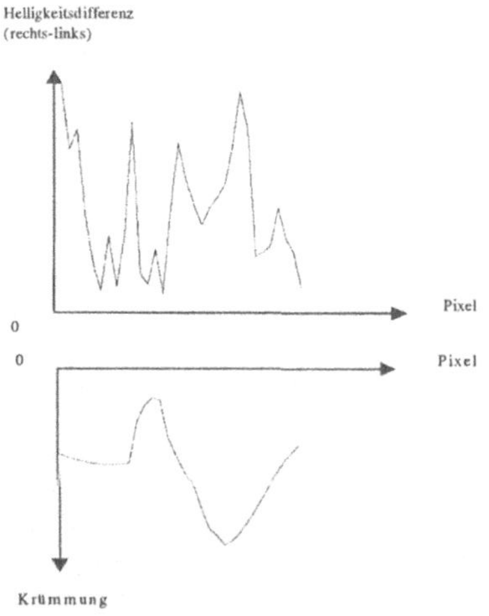

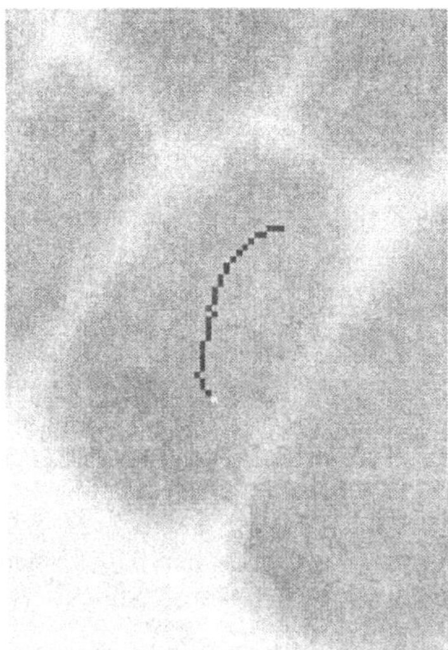

Abb. 2: Struktur innerhalb einer Muskelfaser; die Kante beginnt am hellen Pixel.

Bei der Extrapolation des Polynoms sowie seiner Tangente im Anfangs- bzw. Endpunkt wird überprüft ob zwischen der Tangente und dem extrapolierten Polynom andere Anfangs- oder Endpunkte anderer Kanten liegen oder ob andere Kanten geschnitten werden. Ist dies der Fall, wird entschieden ob die anderen Kanten an das betrachtete Kantenstück angehängt werden oder ob sie aufgebrochen werden und nur Teile von ihnen angehängt werden. Wichtige Parameter für das Aufbrechen sind in Abhängigkeit von der jeweiligen Entfernung die Helligkeitsdifferenz zwischen den beiden Seiten der betroffenen Kanten und die Kantenkrümmung in Bezug auf die Helligkeitsdifferenz. Weitere Parameter, die die Geschlossenheit der Kontur berücksichtigen sind der überstrichene Winkel, den eine Linie zwischen dem Anfangspunkt einer Kante und allen seinen Nachfolgern überstreicht und das Verhältnis zwischen dem Abstand zwischen Anfangs- und Endpunkt der Kontur und ihrer Länge. Durch die Berechnung der Normalen in einem Punkt der Kontur kann die Umgebung der Kante auf Grauwertunterschiede hin untersucht werden. Mit Hilfe der Konturkrümmung und dem Wissen, daß fast alle Muskelfasern eine konvexe Form besitzen, kann eine erste Prüfung durchgeführt werden, ob die vorliegende Kante zur Muskelfaserkontur oder zur Struktur im Innern der Muskelfaser gehört. In Abb. 2 ist eine Kante im Innern einer Muskelfaser mit ihrer Helligkeitsdifferenz zwischen den Pixeln auf der rechten Seite und der linken Seite sowie der Krümmung der Kante dargestellt. Die Krümmung der Kante ist auf ihrer gesamtem Länge negativ, daher sollte auf der rechten Seite der Kante ein deutlich dunklerer Grauwert vorherrschen als auf der linken Seite. Die Helligkeitsdifferenz (rechte Seite minus linke Seite) sollte daher konstant negativ sein. Wie in Abb. 2 aber leicht zu erkennen ist, ist die Helligkeitsdifferenz konstant positiv, so daß die gezeigte Kante nicht zum Muskelfaserrand gehören kann.

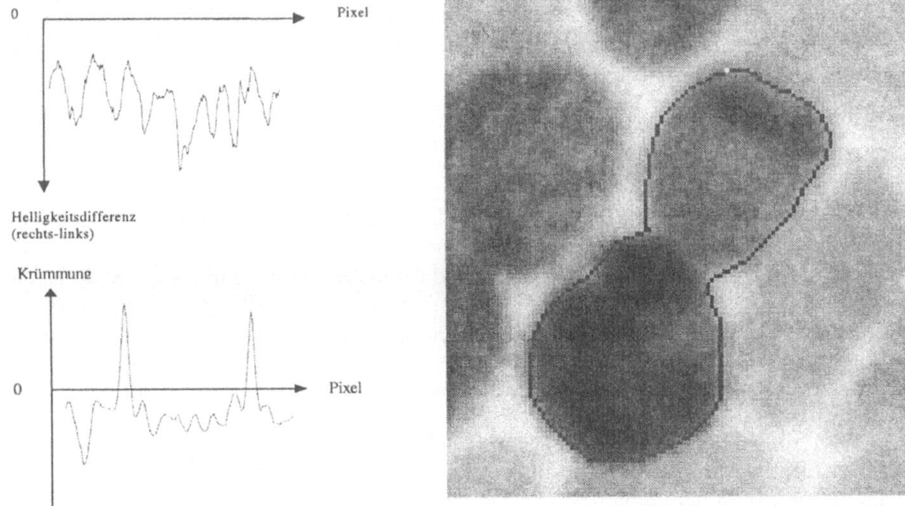

Abb. 3: Miteinander verbundene Muskelfasern; Kontur beginnt mit dem hellen Pixel.

3.3 Objekttrennung

Sind verschiedene Muskelfasern fast gleicher Färbung sehr eng benachbart, können sie nicht immer durch die Kantenrelaxation getrennt werden.

Die Objekttrennung arbeitet krümmungsbasiert unter Berücksichtigung der Strukturen innerhalb gefundener Objekte und dem Abstand gegenüberliegender Konturpunkte. Die Durchlaufrichtung aller Kantenstücke wird so geändert, daß alle Kanten eine größtenteils negative Krümmung besitzen. Treten innerhalb einer Kontur Stellen mit einer örtlich begrenzten, starken positiven Krümmung auf, so muß eine Objekttrennung an den Stellen mit der starken positiven Krümmung erfolgen. Tritt in einer Objektkontur nur an einer Stelle eine örtlich begrenzte, starke positive Krümmung auf, so müssen die Abstände zwischen dieser einen Stelle und allen anderen Konturpixeln verglichen werden, ob es eine Stelle auf der gegenüberliegenden Seite der Objektkontur mit einem minimalen Abstand gibt, der so gering ist, daß das Aufbrechen der Kontur sinnvoll ist (s. Abb. 3).

4 Zusammenfassung

Es wurde ein analyseunterstützendes Verfahren zur weitgehend automatischen Auswertung von Muskelbiopsien vorgestellt [6].

Zur detaillierten Beschreibung der segmentierten und klassifizierten Muskelfasern werden mehrere klinisch relevante Parameter bestimmt. Neben Anzahl und Fläche der segmentierten Muskelfasern wird die Kompaktheit [7] und die Abweichung der Muskelfaserform von der Kreisform [8] berechnet. Die aus den Konturpixeln bestimmten Fourierdeskriptoren beschreiben die Welligkeit der Muskelfaserkontur und vervollständigen den gewonnenen Parametersatz, der zum Abschluß der Muskelfaseranalyse getrennt nach Größenklassen in Diagrammform dargestellt wird.

5 Literatur

1. Russ JC: Optimal Grey Scale Images from Multiplane Color Images. Journal of Computer-Assisted Microscopy, 7(4):221-233, 1995.
2. Parker JR: Algorithms for image processing and computer vision. John Wiley & Sons, New York, 1997.
3. Bässmann H: Konturorientierte Verfahren in der digitalen Bildverarbeitung. Springer-Verlag, Berlin, Heidelberg, 1989.
4. Klette R, Zamperoni P: Handbuch der Operatoren für die Bildbearbeitung. Friedr. Vieweg & Sohn, Braunschweig/Wiesbaden, 1985.
5. Press WH: Numerical Recipes in C. Cambridge University Press, 1992.
6. Luigs H-G: Entwicklung von Algorithmen zur Analyse von Muskelbiopsien bei neuromuskulären Krankheiten. Diplomarbeit, RWTH Aachen, 1998.
7. Haberäcker P: Praxis der Digitalen Bildverarbeitung und Mustererkennung. Carl Hanser Verlag, München, 1995.
8. Haralick RM: Computer and Robot Vision. Addison-Wesley, 1992.

Segmentation of Dynamic Contrast-Enhanced MR-Images of Post Chemotherapy Ewing's Sarcoma with a Pharmacokinetic Model and a Neural Network

M. Egmont-Petersen*, R.J. van der Geest *, H.A. Vrooman*, P.C.W. Hogendoorn***,
H.J. van der Woude**, J.P. Janssen*, J.L. Bloem**, J.H.C. Reiber*

Leiden University Medical Center
*Division of Image Processing, Dept. of Radiology,
**Department of Radiology
***Department of Pathology
P.O.B. 9600,
2300 RC Leiden, The Netherlands
Email: michael@lkeb.azl.nl

Keywords: Pharmacokinetic analysis, perfusion analysis, nonlinear filtering, neural networks, bone tumors.

1 Introduction

Most patients with Ewing's sarcoma undergo neoadjuvant (preoperative) chemotherapy before surgery is performed. Generally, chemotherapy reduces the size of the tumor which makes the subsequent treatment more successful. MR-imaging aims at monitoring the effect of chemotherapy by identifying areas of vital remnant tumor. An MR-examination includes *static* T1- and T2-weighted MR-images as well as *dynamic*, contrast-enhanced T1-weighted MR-images. Whereas the static MR-images are used to estimate the volume of intra- and extra-osseous bone tumor, the dynamic contrast-enhanced MR-sequence indicates which parts of the tumor are highly perfused by blood. In general, malignant bone tumors are highly perfused. Moreover, these lesions are heterogenuous (sometimes multifocal) containing viable as well as nonviable (necrotic) parts. The only way to reliably distinguish viable from nonviable tumor tissue is by performing a perfusion study by dynamic contrast-enhanced MRI [1].

The temporal images (typically 45-55) per MR-slice obtained from contrast-enhanced MR-imaging using the contrast tracer GdTP need to be analyzed before a distinction is possible between viable and nonviable tumor. Important perfusion characteristics of tissue are *wash-in*, *wash-out* and *maximal enhancement* of blood. Each characteristic is modeled with a separate *pharmacokinetic parameter* for each individual voxel using a two-compartment pharmacokinetic model. This facilitates a classification of tissue into viable and nonviable tumor on a voxel-by-voxel basis.

Our approach reduces the information of the MR-signal to 3 pharmacokinetic characteristics, an operation that might retain information which contributes to the distinction between viable and nonviable tumor. In this paper, we compare the segmentation results obtained using the estimated parmacokinetic parameters with the segmentation result obtained from a feed-forward neural network that is trained to segment areas with viable tumor. The gold standard is obtained from matched histologic studies of the postoperative specimen.

2 Two-compartment pharmacokinetic model

In this section, we derive the two-compartment model that is used to differentiate viable from nonviable tumor. One compartment is the intravascular blood whereas the other is extracellular compartment surrounding the tumor cells.

The presence of MR-tracer causes local magnetic field fluctuations which results in reduced relaxation times, T_1 and T_2, of heavily vascularized tissues, see [2]. The total signal enhancement is linearly related with the tracer concentration in tissue C_e via the bulk longitudinal relaxation time T_e:

$$s_0(x, y) + s(x, y) = \frac{1}{T_e} = \frac{1}{T} + \alpha \, C_e \tag{1}$$

whereby the reduction of T_2 relaxation time is neglected. The parameter T is the relaxation time of the tissue in the absence of tracer and α the tissue- and frequency dependent relaxivity, $s_0(x,y)$ the signal intensity in the absence of tracer. The signal intensity after the tracer has arrived in the tissue (voxel) is proportional to T_e

$$s_0(x, y) + s(x, y) \propto 1 - e^{-\frac{T_r}{T_e}} \tag{2}$$

When the recovery time T_r is small compared to T_e, this exponential function can be approximated with a linear equation $s(x,y,t) \cong \beta T_e$, $t \in \{0,t_{\max}\}$. Assuming that the infusion of contrast tracer is a Dirac pulse and no wash-out takes place, the concentration of tracer follows a step function, which can be approximated by the differential equation

$$\lim_{g \to \infty} \frac{dC_b}{dt} = -g \, C_b(1 - C_b)$$
$$\lim_{g \to \infty} C_b = \frac{1}{1 + e^{-g(t-t_0)}} \tag{3}$$

with t the time and t_0 the moment of local contrast arrival. The wash-out of tracer from the blood compartment is given by the differential equation

$$\frac{dC_b}{dt} = -k_1 \, C_b \,, \quad C_b = e^{-k_1 \, (t-t_0)} \,, \quad t \geq t_0 \tag{4}$$

with k_1 the transfer rate from the blood to the extracellular space, the second compartment in our pharmacokinetic model. Combining Eq. (3) with Eq. (4) yields the following pharmacokinetic model for the blood compartment

$$C_b = \frac{1}{1 + e^{-g\,(t-t_0)}} e^{-k_1\,(t-t_0)} \tag{5}$$

For the extracellular compartment, the concentration of tracer after the bolus has been injected is specified by [2]

$$\frac{dC_e}{dt} = (k_1\,C_b - k_2\,C_e) \tag{6}$$

Combining Eq. (3) with Eq. (6) yields

$$C_e = \frac{1}{1 + e^{-g\,(t-t_0)}}\,(e^{k_1\,(t-t_0)} + e^{-k_2\,(t-t_0)}) \tag{7}$$

which encompasses Eq. (5) as a special case. This pharmacokinetic model is extended with an amplitude factor a and the MR-signal $s_0(x,y)$ before the tracer has arrived

$$C_e = s_0(x,y) + \frac{a}{1 + e^{-g\,(t-t_0)}}\,(e^{k_1\,(t-t_0)} + e^{-k_2\,(t-t_0)}) + \varepsilon \tag{8}$$

This function is differentiable and can be estimated for each individual voxel by least square minimization of the residual error ε using the Levenberg Marquart algorithm. The free parameters are the wash-in rate k_1, wash-out rate k_2, maximal enhancement a, local arrival time of tracer t_0 and the initial signal intensity before tracer has arrived in voxel (x,y), $s_0(x,y)$. The constant g is set to 10.

3 Segmentation of MR-images

The best indicator for the effect of chemotherapy that can be obtained from MR-examination is the (decrease in the) volume of viable tumor, an assessment that entails a segmentation of the diagnostic and preoperative *dynamic* MR-images into viable and nonviable tumor. Viable tumor is characterized by both a high amount of vessels and a high perfusion. The many blood vessels supply the dividing cancer cells with enough blood to ensure a high metabolism. The high perfusion of viable tumor is a pharmacokinetic characteristic that is captured well by our two-compartment model (Eq. (8)). The pharmacokinetic parameters contain functional information which is visualized by so-called *parametric images*. By thresholding the wash-in (k_1) image, which indicates the relative wash-in rate per voxel, we can identify the (viable) parts of the tumor where the wash-in rate of tracer is high. This segmentation is compared with a postoperative histologic macro slice – our gold standard – obtained a few days after the preoperative MR-scan. In this histologic slice, which is oriented and positioned as to obtain the best match with the MR-slice, areas containing viable tumor are clearly indicated. The histologic slice is digitized on a color scanner and annotations are made by an experienced pathologist.

We compare the segmentation results obtained from wash-in parametric images with the results obtained from a feed-forward neural network. In general, a feed-forward neural network with one hidden layer is capable of approximating every continuous function to an arbitrary precision when the number of hidden nodes is large enough [3]. Neural networks are trained to classify each individual voxel into viable and nonviable tumor based on the dynamic MR-signal. The networks are trained using a mask based on the annotations from the histologic macroslice. Each neural network obtains as input the intensities of voxel (x,y) corresponding to all time steps, $s(x,y)$. The network output contains the two (complementary) posterior probabilities that the voxel belongs to an area with viable tumor or not, $P(\omega_{viable} \mid s(x,y))=1-P(\omega_{nonviable} \mid s(x,y))$.

4 Experiments

We analyzed the dynamic (preoperative) MR-images from two patients with Ewing's sarcoma. Both patients underwent neoadjuvant chemotherapy followed by limb salvage surgery as specified by the standard protocols used in our hospital. The wash-in parametric image was computed and postprocessed with a 3×3 median filter. A threshold was chosen such that the number of incorrectly classified voxels was minimal. The resulting binary image was compared with the mask image derived from the histologic macro slice.

Neural networks with one hidden layer were trained with back-propagation to classify individual voxels as viable or nonviable tumor. Note that the average intensity $\mu(x,y)$ is subtracted from each signal $s(x,y)$ before being processed by the network. Neural networks with 1, 2, 4 and 6 hidden nodes were trained 3.000 cycles with back-propagation, learning rate=0,0001, momentum=0,5, offline learning.

Table 1. Overall and class-conditional correctness measures [4] for the 2 patients with Ewing's sarcoma computed from the segmentation obtained with the wash-in image and the neural network (test set).

Patient	Segmentation method	Correctness	Cl. cond. correctness (Nonviable)	Cl. cond. correctness (Viable)
EW-1	Wash-in parameter	0,9990	0,9983	0,4133
	Neural network (4 hid.)	0,9992	0,9998	0,5067
EW-2	Wash-in parameter	0,9966	0,9982	0,6633
	Neural network (4 hid.)	0,9984	0,9996	0,7450

The (best) results obtained with the two segmentation techniques are shown in table 1. For both patients, the neural network gives a better segmentation than the wash-in parametric image when computed on voxels that were not included in the training set. The class-conditional correctness [4] of 'viable tumor' is rather low, 0,40–0,66. This is mainly caused by the fact that only the centers of the areas with viable tumor are highly perfused. The border areas containing also viable tumor cells have a lower wash-in rate for both tumors. Fig. 1 shows a dynamic MR-image before the arrival of contrast tracer, 200 sec. after arrival of the tracer, the amplitude and wash-in images.

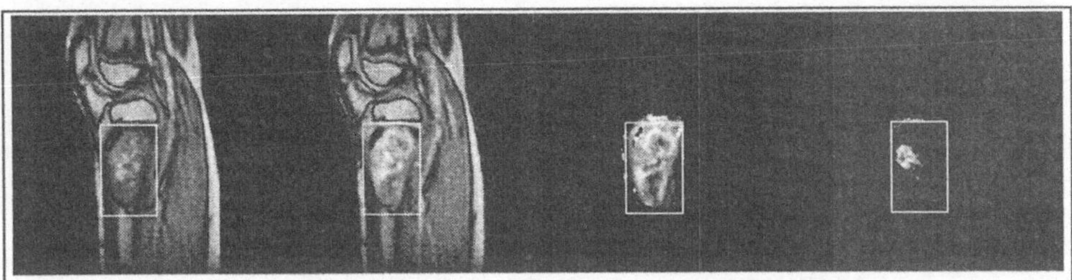

Figure 1. Shows a dynamic MR-image before the arrival of tracer (a), 200 sec. after arrival of the tracer (b), the amplitude parametric image (c) and the wash-in parametric image (d).

5 Discussion

The experiments indicate that the neural network gives a slightly better segmentation result than pharmacokinetic analysis. The neural network obtains all information present in the MR-signal whereas segmentation based on the *wash-in* parametric image captures solely one single feature of the MR-signal. Surprisingly, an acceptable distinction can be made between viable and nonviable tumor from the wash-in parameter alone.

6 Conclusion

In this paper, we investigated two techniques for detecting areas with viable and nonviable tumor based on dynamic contrast-enhanced MR-imaging. We compared the performance obtained from a two-compartment pharmacokinetic model with that obtained from a neural network. Our results indicate that the neural network results in a slightly better segmentation than the wash-in parametric image.

7 References

1. Woude van der HJ, et al.: Musculoskeletal tumors: does fast dynamic contrast-enhanced subtraction MR imaging contribute to the characterization? Radiology, 208(3):821-828, 1998.
2. Hoffmann U, Brix G, Knopp MV, Heß T, Lorenz WJ: Pharmacokinetic mapping of the breast: A new method for dynamic MR mammography. Magnetic Resonance in Medicine, 33(4):506-514, 1995.
3. Funahashi KI: On the approximate realization of continuous mappings by neural networks. Neural Networks, 2:183-192, 1989.
4. Egmont-Petersen M, Talmon JL, Brender J, McNair P: On the quality of neural net classifiers. Artificial Intelligence in Medicine, 6(5):359-381, 1994.

Segmentierung und Volumetrie der Hirnventrikel mit MRT-Datensätzen

Thomas Schindewolf, Uwe Frese* und Joachim Meissner**

MeVis – Centrum für Medizinische Diagnosesysteme
und Visualisierung an der Universität Bremen
Universitätsallee 29, D-28359 Bremen
* ZKH St.-Jürgen-Straße, Institut für Magnet-Resonanz-Diagnostik
St.-Jürgen-Straße 1, D-29205 Bremen
** ZKH St.-Jürgen-Straße, Klinik für Neurochirurgie
St.-Jürgen-Straße 1, D-29205 Bremen
Email: schindewolf@mevis.de

Zusammenfassung. Gehirn und Rückenmark sind von einem mit Liquor gefüllten Flüssigkeitskissen umgeben, das als sogenannter externer Liquorraum mit dem Ventrikelsystem, dem inneren Liquorraum, kommuniziert. Bei unterschiedlichen Krankheiten kann es zu Veränderungen des Volumens der internen und externen Liquorräume kommen. Das intracerebrale Ventrikelvolumen ist daher ein wichtiger Faktor bei der Diagnose und Behandlung verschiedener Hirnerkrankungen. Obwohl diese komplexe Problematik schon lange bekannt ist, gibt es bis heute keine objektivierbare, systematische Bestimmung des Volumens der Liquorräume.
In diesem Beitrag werden bildanalytische Methoden zur volumetrischen Erfassung der Gehirnventrikel aus MR-Volumendaten vorgestellt. Zur Segmentierung kommen Konzepte der Wasserscheidentransformation zum Einsatz, die Volumenbestimmung berücksichtigt den Partialvolumeneffekt.
Die entwickelten Verfahren wurden auf einer Workstation mit einer graphischen Benutzerschnittstelle implementiert. Ein erster Prototyp befindet sich in der klinischen Evaluierung.

Schlüsselwörter: Bildsegmentierung, Volumetrie, Partialvolumeneffekt, Hirnventrikel, Magnetresonanz

1 Medizinische Problemstellung

Das Zentralnervensystem (Gehirn und Rückenmark) ist von einem schützenden mit Liquor cerebrospinalis gefüllten geschlossenen Membransystem umgeben. Dieses als äußerer Liquorraum bezeichnete Kompartiment kommuniziert mit einem intracerebral gelegenen Hohlraumsystem bestehend aus dem Ventrikelsystem sowie dem Zentralkanal des Rückenmarks. Das gesamte Liquorvolumen beträgt etwa 120 - 180 ml.

Aufgrund der engen räumlichen Verhältnisse innerhalb der Schädelkalotte kann es schon bei geringfügigen Änderungen des intracerebralen Liquorvolumens zur Ausbildung erheblicher Beschwerdesymptomatiken kommen, die z. B. bei Liquorabflußstörungen vom inneren in den äußeren Liquorraum lebensbedrohende Ausmaße annehmen können. Das intracranielle, insbesondere das intracerebrale Ventrikelvolumen und dessen Schwankungen sind daher ein wichtiger Faktor bei der Diagnose und Behandlung des Hydrocephalus sowie degenerativer Hirnerkrankungen.

Geeignete Verfahren sollen es ermöglichen, eine exakte, reproduzierbare Volumenbestimmung des Ventrikelsystems weitgehend automatisch durchzuführen. Basierend auf MRT-Datensätzen, die eine deutliche Kontrastierung des Liquors gegenüber dem Hirnparenchym erzielen, wird angestrebt, zunächst eine halbautomatische Volumetrie zu entwickeln, die sich in den Routine-Untersuchungsbetrieb einfach und zeitsparend integrieren läßt.

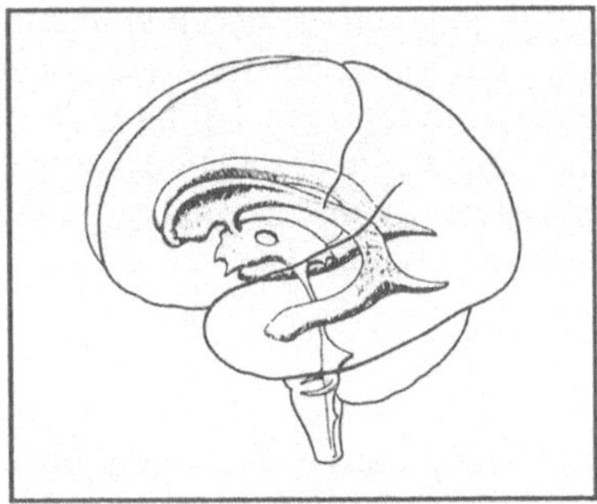

Abb. 1: Die Lage des Ventrikelsystems im Gehirn (Quelle: [1]) .

2 Material

In zahlreichen Vorversuchen wurde eine Aufnahmesequenz ermittelt, die einen guten Kompromiß darstellt zwischen den Anforderungen einer computergestützten digitalen Bildverarbeitung und den im Klinikumfeld routinemäßig realisierbaren Aufnahmeprotokollen. Von Patienten der Neurochirurgie wurden schließlich MR-Bilddaten unter Verwendung einer T2-gewichteten Gradientenecho-Sequenz aufgenommen (Abb. 3) .

Aufgrund der komplexen und teilweise filigranen Struktur des Ventrikelsystems muß für die digitale Bildverarbeitung eine minimale räumliche Auflösung gefordert werden (etwa 0.5 mm/Voxellänge). Das Beispiel in Abb. 3 wurde mit einer Auflösung von 0.45 x 0.45 x 3 mm^3 digitalisiert, was zu vertretbaren Scanzeiten in der diagnostischen Routine führt. Der primäre Bilddatensatz hat für das Beispiel eine Größe von 512 x 512 x 43 Voxel.

Um die Untersuchungsgenauigkeit und Reproduzierbarkeit der verwendeten Verfahren zu bewerten, wurden mehrere realitätsnahe Phantome des Ventrikelsystems aus Paraffin hergestellt und unter verschiedenen Kontrastverhältnissen im Kernspintomographen digitalisiert (Abb. 2) . Weiterhin wurden von einer freiwilligen Versuchsperson mehrere Datensätze erstellt nach mehrfacher Umlagerung im MRT.

3 Methoden der Bildverarbeitung

Bei der Anwendung der digitalen Bildverarbeitung werden drei wichtige Verarbeitungsschritte durchlaufen, die im folgenden erläutert werden.

3.1   Grobe Vorsegmentierung

In diesem Verarbeitungsschritt wird manuell ein Bildausschnitt definiert, um das zu bearbeitende Datenvolumen zu reduzieren. Dadurch kann der Speicherplatz- und Rechenzeitbedarf für die nachfolgende Transformation des Bildes erheblich verringert werden.

Die Verhältnisse für den Datensatz in Abb. 3 sehen wie folgt aus: Durch das Bestimmen eines quaderförmigen Bildausschnittes der Größe 240 x 260 x 31 Voxel wird das zu analysierende Volumen auf 17% des primären Bilddatensatzes eingeschränkt.

Das Ventrikelsystem nimmt in diesem Quader aufgrund seiner geschwungenen Form nur einen Anteil von etwa 4.2% ein. Bei der gewählten transversalen Aufnahmerichtung sind speziell in den Bereichen um das Aquädukt nur geringe Bildanteile zu segmentieren. Durch eine grobe manuelle Vorsegmentierung kann das Datenvolumen weiter reduziert werden: Etwa 10% des quaderförmigen Bildausschnittes bleiben somit für die endgültige Segmentierung im nächsten Arbeitsschritt erhalten.

3.2   Segmentierung

Zur Segmentierung des Ventrikelsystems wurde ein Segmentierungsalgorithmus entwickelt, der einige Konzepte der klassischen Wasserscheidentransformation [2] in Kombination mit einer Regionenverschmelzung verwendet [3, 4, 5]. Dabei wird zwischen einer Verarbeitung auf Voxelebene und einer hierarchischen, graphgesteuerten Transformation unterschieden. Eine Segmentierung kann durch das Markieren weniger Punkte im Bild erfolgen. Dies ist ausreichend, um die Grenze eines Bildobjektes zu bestimmen, die bei Bedarf mit zusätzlicher Interaktion verbessert werden kann. In Abb. 2 ist die 3D-Rekonstruktion des Segmentierungsergebnisses eines Paraffinphantoms und eines klinischen Datensatzes dargestellt.

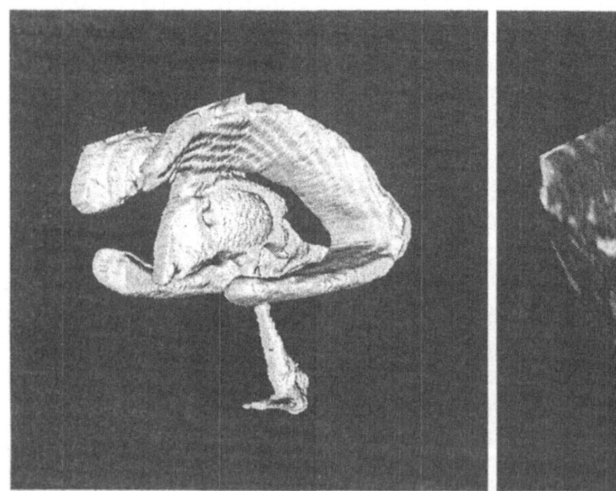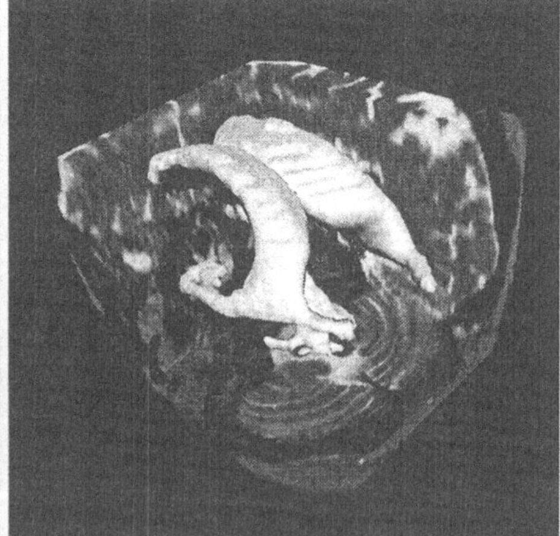

Abb. 2: 3D-Rekonstruktionen von segmentierten MR-Datensätzen: Oberflächendarstellung eines Paraffinphantoms (links) und eines realen Ventrikels (rechts).

3.3   Volumetrie

Von uns durchgeführte Versuche haben gezeigt, daß die Vermessung einer binären Bildmaske zur exakten Bestimmung des Ventrikelvolumens keinesfalls ausreichend ist. Ein Grund dafür ist die große Oberfläche des segmentierten Ventrikelsystem im Vergleich zu seinem Volumen: Etwa 50% der segmentierten binären Maske sind Randvoxel. Daher muß der Partialvolumeneffekt zur Bestimmung des Volumens mit eingerechnet werden [6].

Die Berücksichtigung des Partialvolumeneffektes erfolgt mit einem linearen Ansatz: Es werden zwei Schwellenwerte für die beiden Gewichtungsfaktoren $g_0 = 0$ und für $g_1 = 1$ festgelegt. Die Voxel der Segmentierungsmaske werden entsprechend ihrem Grauwert für die Volumenberechnung gewichtet. Durch eine Falschfarbendarstellung kann eine Plausibilitätskontrolle des berechneten Volumens vorgenommen werden.

4 Implementierung

Ein funktioneller Prototyp für eine Workstation wurde mit der Bildverarbeitungsplattform ImgLab von MeVis realisiert [7]. Aufgesetzt auf einzelnen Bildverarbeitungsmodulen wurde eine Applikation (Abb. 3) entwickelt, die einem Radiologen ein leichtes Einarbeiten in die Bedienung der Software ermöglichen soll.

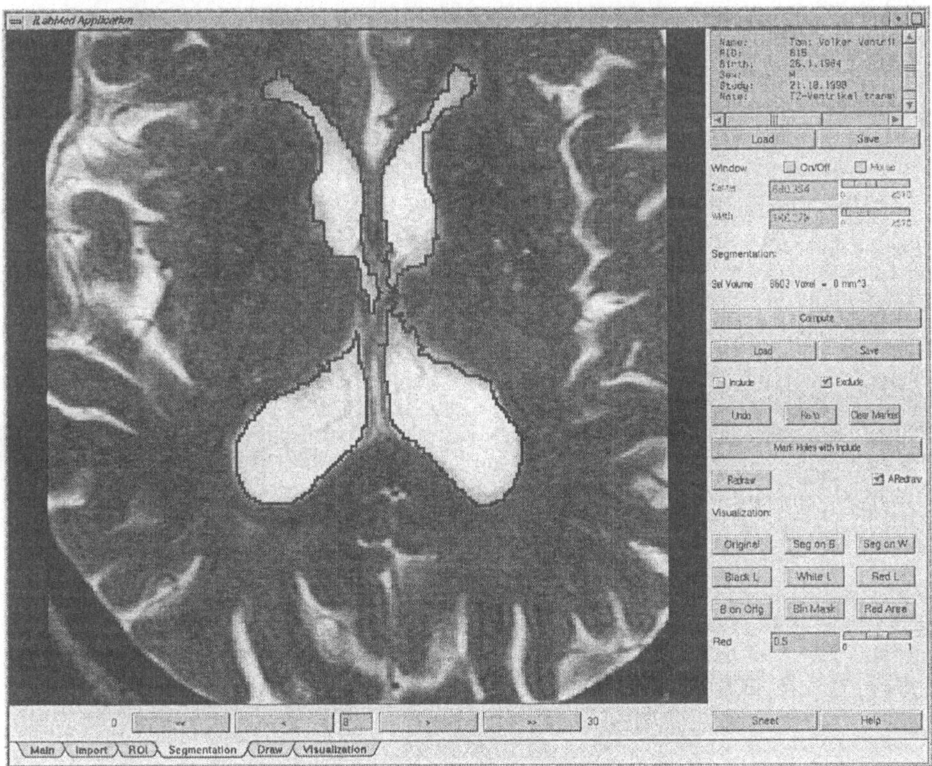

Abb. 3: Benutzerschnittstelle für die Segmentierung.

5 Ergebnisse und Ausblick

Unsere bisherigen Untersuchungen an vier Phantomdatensätzen und sechs klinischen Datensätzen zeigen, daß eine zuverlässige quantitative Messung des intracerebralen Ventrikelvolumens durchführbar ist. Das erschließt im klinischen Umfeld genauere diagnostische Informationen als mit der zur Zeit angewendeten planimetrischen Vermessung. Erste Abschätzungen an den Phantomen haben gezeigt, daß ein Volumenfehler von unter 10% erreichbar ist.

Nach Feststellung der Meßgenauigkeit werden mit den neu entwickelten Methoden als nächstes Untersuchungen sowohl bei Patienten mit krankhaft veränderten Ventrikelvolumina als auch an gesunden Probanden durchgeführt. Dies wird u. a. Antwort auf die bisher strittigen Fragen liefern, ob das Ventrikelvolumen z. B. tageszeitlichen Schwankungen unterliegt und wie groß die Unterschiede im intraindividuellen Vergleich sind (Alters- und/oder Geschlechtsabhängigkeit).

Literatur

1. Duus P: Neurologisch-topische Diagnostik. Anatomie, Physiologie, Klinik. 4. überarbeitete Auflage. Thieme.
2. Vincent L, Soille P: Watersheds in Digital Spaces: An Efficient Algorithm Based on Immersion Simulations. IEEE Trans Patt Anal Machine Intell 13: 583-598, 1991.
3. Evertsz CJG, Jürgens H, Peitgen H-O, Berghorn W, Biel M, Breitenborn J, Dachwitz S, Dorn T, Habermalz E, Haidekker M, Lang M, Netsch T, Scheil U, Schindewolf Th: Computer Assisted Problem-Solving in Radiology. Medical Imaging Technology 14: 643-651, 1996.
4. Selle D, Schindewolf Th, Evertsz CJG, Peitgen H-O: Quantitative Analysis of CT Liver Images. Proc. First International Workshop on Computer-Aided Diagnosis. Chicago, Illinois. September 20-23. 1998, im Druck.
5. Wegner S, Stalling D, Hege HC, Oswald H, Fleck E: Die 3D-Wasserscheidentransformation auf Graphebene - eine Anwendung für die Hyperthermieplanung. In: Arnolds B, Müller H, Saupe D und Tolxdorff T (Eds.). Digitale Bildverarbeitung in der Medizin. 5. Workshop. Zentralstelle für Forschungsförderung und Technologietransfer, Albert-Ludwigs-Universität Freiburg, Freiburg, 1997, pp. 31-36.
6. Luft AR, Skalej M, Welte D, Kolb R, Bürk K, Schulz JB, Klockgether T, Voigt K: A New Semiautomated, Three-Dimensional Technique Allowing Precise Quantification of Total and Regional Cerebellar Volume Using MRI. MRM 40: 143-151, 1998.
7. Netsch T, Dachwitz S, Jürgens H: ILab - Eine interaktive Programmierumgebung für die medizinische Bildverarbeitung. In: Arnolds B, Müller H, Tolxdorff T und Saupe D (Eds.). Digitale Bildverarbeitung in der Medizin. Workshop. Medizin-Technische Transferstelle, Klinikum der Albert-Ludwigs-Universität, Freiburg, 1995, pp. 1-7.

Monitoring und Gewebecharakterisierung humaner Hirninfarkte mittels multimodaler Kernspintomographie einschließlich Diffusions- und Perfusionsbildgebung

Johannes Bernarding, Jürgen Braun, Christian Koennecke[1], Jochen Hohmann, Karl-Jürgen Wolf[2] und Thomas Tolxdorff

Institut für Medizinische Informatik, Statistik und Epidemiologie, [1]Neurologische Poliklinik, [2]Abteilung für Radiologische Diagnostik, Universitätsklinikum Benjamin Franklin, Freie Universität Berlin, 12200 Berlin, Hindenburgdamm 30
Email: bernarding@ukbf.fu-berlin.de

Zusammenfassung: Neue kernspintomographische Methoden (Diffusions-, Perfusionsbildgebung) ermöglichen Nachweis und Differentialdiagnose des Hirninfarktes bereits zu einem Zeitpunkt, bei dem Computertomographie und Standard-Kernspintomographie oft wenig oder keine Auffälligkeiten zeigen. Noch nicht gelöst ist die Charakterisierung des betroffenen Gewebes, welches durch adäquate Therapie gerettet werden könnte. In einem neuen Ansatz wurden mehrdimensionale Histogramme aus unterschiedlichen kernspintomographischen Bilddaten gebildet. Gesunde und pathologische Gewebe wurden histogramm-basiert segmentiert und farbkodiert hochortsaufgelöst dargestellt. Aus Originaldaten berechnete Parameter wie der Diffusionskoeffizient (ADC) dienten zur Charakterisierung des Zeitverlaufes. Erste Ergebnisse zeigen einen reduzierten ADC in der ersten Woche nach Ischämieereignis. Dies erlaubt eine Differentialdiagnose zwischen akuten und chronischen Ischämien.

Schlüsselwörter: Infarkt, Multimodales Imaging, Diffusionsbildgebung

1. Einleitung

Die kernspintomographische Diffusionsbildgebung (DWI) zeigt ischämische Hirninfarkte bereits nach wenigen Stunden, während CT oder T2-gewichtete Bilder oft entweder noch unauffällig sind oder nur ungenaue Angaben über exakte Lokalisation und Ausmaß der Ischämie (Abbildung1) erlauben [1]. Eine möglichst frühzeitige Diagnostik ist andererseits besonders wichtig, da klinische Studien gezeigt haben, daß eine Wiederherstellung der Blutversorgung der betroffenen Gewebeteile (durch Lyse) innerhalb der ersten Stunden das klinische Outcome deutlich verbessert [2]. Die schwerwiegenden Konsequenzen eines Hirninfarktes, z. B. Lähmungen oder Sehverlust, könnten so entscheidend abgemildert werden. Zur Abschätzung des Therapierisikos gegen einen möglichen Benefit auch in einem späteren Stadium ist es jedoch notwendig, den Verlauf der Gewebeschädigung *ohne Therapie* zu charakterisieren, da in einer Vielzahl von Fällen nach einiger Zeit auch ohne Lyse eine deutliche Besserung eintritt. Zur Untersuchung der Faktoren, die hierbei eine Rolle spielen, sollten daher alle Bildinformationen, die Hinweise auf unterschiedliche metabolische Zustände der Gewebeanteile liefern, einbezogen werden.

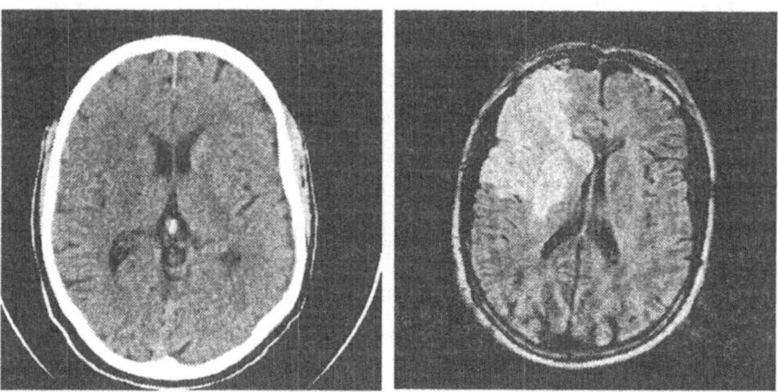

Abbildung 1: Computertomographie (links) und diffusionsgewichtetes kernspintomographisches Bild (rechts; b=529 s/mm^2) eines Patienten mit rechtshirnigem Infarkt.

Die Diffusionsbildgebung erlaubt die Berechnung des geräteunabhängigen *Diffusionskoeffizienten* (ADC), der zur Differentialdiagnose akuter und chronischer Infarkte notwendig ist. Die hohe Bewegungsempfindlichkeit der Methode erfordert aber entweder ultraschnelle Bildgebung (EPI-Techniken) oder Spin-Echo-Methoden mit spezieller Bildnachverarbeitung (s.u.). Die Perfusionsbildgebung ermöglicht die Bestimmung zusätzlicher Parameter, die den Zustand des Gewebes charakterisieren. Dazu zählen unter anderem regionales Blutvolumen und die mittlere Transitzeit. Zusammen mit weiteren quantitativen und qualitativen MR-Parametern aus T_1- und T_2-gewichteten Aufnahmetechniken können bei gleichen geometrischen Abbildungsverhältnissen die einzelnen Gewebeteile durch verschiedene Parameterkombinationen charakterisiert werden. Dies ermöglicht Untersuchungen darüber, ob bestimmte Parameterkombinationen bereits frühzeitig Hinweise geben, welche Gewebeanteile auf Dauer geschädigt bleiben bzw. welche Gewebeanteile ihre Funktion zurückgewinnen werden.

2. Methoden

20 gesunde Probanden und 40 Patienten mit Hirninfarkt wurden am Kernspintomographen untersucht. Das Meßprotokoll umfaßte T_1-, T_2- und selbstentwickelte diffusionswichtetende Untersuchungstechniken. 15 Patienten wurden mit einer diffusionsgewichteten Navigator-Spin-Echo-Sequenz (mit variabler Diffusionswichtung b von 0-529 s/mm^2), weitere 25 mit einer diffusionswichtenden EPI-Sequenz (b = 0-1001 s/mm^2) untersucht. 9 Patienten erhielten perfusionswichtende Aufnahmen. 25 Patienten wurden im Abstand von einer Woche erneut untersucht. Die Auswertung der Bilddaten erfolgte wahlweise an der Steuerkonsole des Tomographen oder auf einem externen Rechner. Das Signal S der diffusionsgewichteten Aufnahmen ist proportional zur Magnetisierung S_0 ohne Diffusionswichtung multipliziert mit einem

exponentiellen Signalverlust proportional zu der Diffusionswichtung b und dem Diffusionskoeffizienten ADC des Gewebes:

$$S = S_0 \exp(-b*ADC)$$

Zur bildlichen Darstellung der ADC-Werte in der sogenannten ADC-Map werden die Signale der unterschiedlich diffusionsgewichteten Aufnahmen logarithmiert, gegen b aufgetragen und eine Gerade durch die Punkte angepaßt. Aus der Steigung wird der jeweilige ADC-Wert bestimmt.

Beliebige Kombinationen von Bildinformationen können in einem mehrdimensionalen Histogramm zusammengefaßt werden, wobei Gewebe mit gleichen bzw. ähnlichen Parameterkombinationen Cluster bilden. Cluster wurden interaktiv durch Bestimmung einer Region of Interest (ROI) im Histogramm segmentiert. Die Parameterwerte der segmentierten Gebiete wurden entsprechend ihrer Ober- und Untergrenze farbig kodiert und als Overlay dem Originalbild überlagert. Mittelwerte, Standardabweichungen, Ober- und Untergrenze wurden unterhalb des Bildes abgebildet und wurden zusammen mit einer Kennzeichnung des jeweiligen Gewebeteiles abgespeichert. Weitere Einzelheiten zur Methodik finden sich in [3,4].

3. Ergebnisse

Abbildung 2 zeigt ein Original- und ein bewegungskorrigiertes Bild, die mit Hilfe der Navigatorechomethode akquiriert wurden.

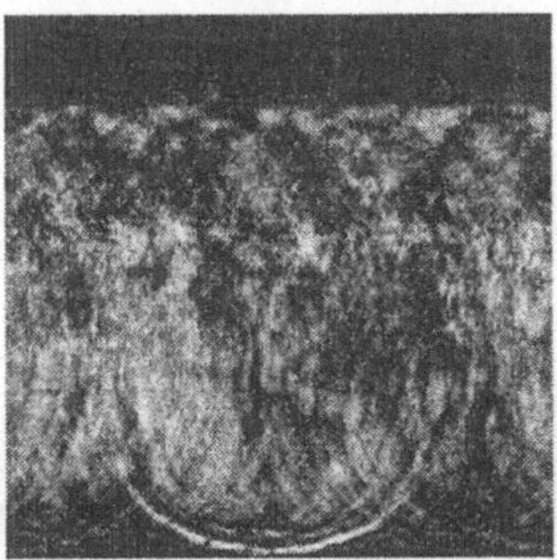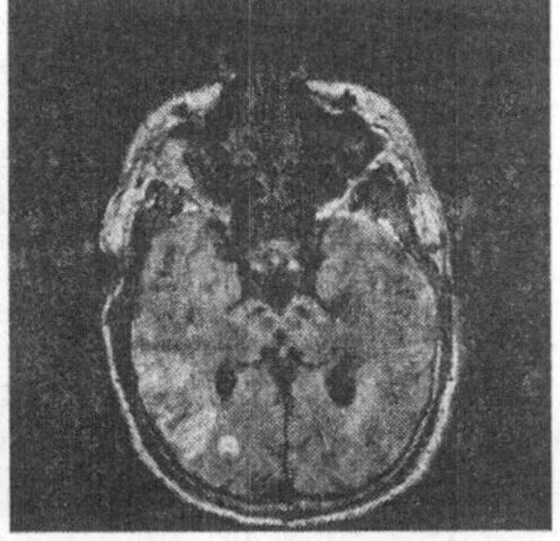

Abbildung 2: Diffusionsgewichtetes Original (links, b=529 s/mm^2) und bewegungskorrigiertes Bild (rechts) eines Patienten drei Tage nach Ischämieereignis. Die durch kleinste Kopfbewegungen verursachten Bewegungsartefakte wurden im Fourierraum gemäß [4,5] korrigiert.

Die multidimensionale Analyse (Abbildung 3) erlaubte eine zuverlässige Charakterisierung der gesunden und pathologischen Anteile des Hirnparenchyms [4]. Mittelwerte und Standardabweichungen verschiedener gesunder Hirngewebe (Graue Substanz, Weiße Substanz, Liquor) sowie separierbarer Infarktanteile wurden bestimmt. In Übereinstimmung mit der Literatur [6-8] blieben die relativen Mittelwerte des ADC (Clustermittelwert pathologischer Gewebe dividiert durch den

Clustermittelwert nicht betroffener Gewebe) in der ersten Woche reduziert und stiegen nachfolgend an. Die relativen T_2-Signale stiegen innerhalb der ersten Tage an und zeigten teilweise anschließend wieder ein rückläufiges Verhalten (Fogging-Effekt). Gewebeanteile, die sich zu Defekten entwickelten, zeigten in der Spätphase erhöhte ADC- und T_2-Werte. Mehrere Läsionen waren bei den Nachuntersuchungen nicht mehr nachweisbar. Hämorrhagische Anteile erforderten eine differenzierte Betrachtung von T_1- und T_2-gewichteten Bildern in Abhängigkeit der Einflüsse unterschiedlicher Oxidationsstufen des Hämoglobins auf das Signalverhalten.

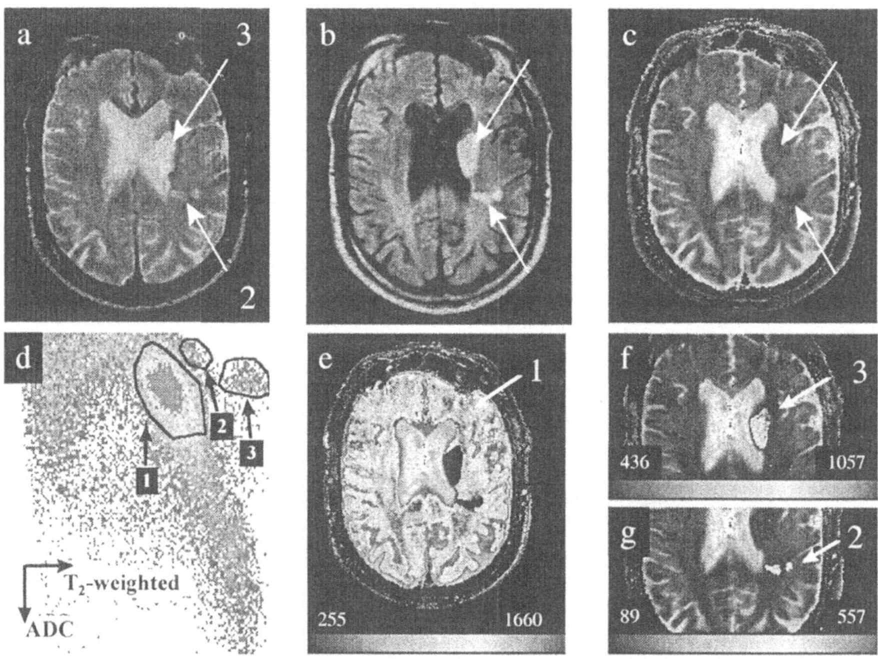

Abbildung 3: T_2- (a), diffusionsgewichtetes Bild (b; b=529 s/mm^2) und ADC-Map (c) eines Patienten mit 6 Tage alter progredienter Ischämie. Histogramm (d) der T_2-Signale und der ADC-Werte. Die im Histogramm segmentierten Regionen 1-3 sind als farbkodierte Overlays entsprechend der jeweiligen oberen und unteren ROI-Grenzen dargestellt. ROI 1 charakterisiert die nicht betroffene Hirnsubstanz. ROI 2 und 3 charakterisieren zwei Infarktgebiete mit unterschiedlichen T_2/ADC-Kombinationen. Mittlere relative ADC-Werte sind 40% für ROI 2 und 85% für ROI 3.

4. Diskussion

Das Zeitverhalten der ADC-ROI-Mittelwerte steht in guter Übereinstimmung mit der Literatur [6-8]. Als Auswerteverfahren wird im allgemeinen eine ROI-basierte Methode verwendet, bei der eine Ischämie-Region im Bild interaktiv segmentiert und mit einer vergleichbaren ROI nicht betroffenen Gewebes kontralateral verglichen wird [6-8]. Bei ausgedehnten oder verstreuten Infarkten ist dieses Verfahren aber kaum praktikabel. Die hier vorgestellte Methode arbeitet ohne a priori-Wissen und basiert auf der Ähnlichkeit physiologischer Eigenschaften von Gewebe. Dadurch können auch sehr unregelmäßige oder verstreute Infarkte schnell und zuverlässig segmentiert werden. Eine unserem Ansatz vergleichbare Methode wurde in [9] angewendet, wobei im Histogramm Ober- und Untergrenzen des dem gesunden Gewebe entsprechenden Clusters bestimmt wurden. Eine nachfolgende starre Einteilung in weitere rechteckige Histogrammgebiete (erhöht/normal/erniedrigte Werte) wurde auf Grundlage der zuvor ermittelten Grenzen durchgeführt. Diese unterschiedliche Bewertung des Gewebes führte zu deutlich früheren ADC-Erhöhungen, was eine starke Kontroverse ausgelöst hat [8] und auch im Gegensatz zu unseren Ergebnissen steht. Zusammenfassend zeigen die Ergebnisse, daß mit der vorgestellten Methode bereits frühzeitig Ischämiegebiete in hohem Maße differenziert werden können. Dies unterstützt die bessere Beurteilung therapeutischer Strategien.

5. Literatur

1. Moseley ME, Cohen Y, Mintorovitch J, Chileuitt L, Shimizu H, Kucharczyk J, Wendland MF, and Weinstein PR: Early Detection of Regional Cerebral Ischemia in Cats: Comparison of Diffusion- and T2-Weighted MRI and Spectroscopy. Magn Reson Med 14, 330-346, 1990.
2. Hacke W, Kaste M, Fieschi C, von Kummer R, Davalos A, Meier D, Larrue V, Bluhmki E, Davis S, and Donnan G: Randomised double-blind placebo-controlled trial of thrombolytic therapy with intravenous alteplase in acute ischaemic stroke (ECASS II). Lancet; 392 (9136):1245-51, 1998.
3. Bernarding J, Braun J, Haarbeck K, Haupt G, Hohmann J, Schilling A, Tolxdorff T, Wolf KJ: Combined Navigated Diffusion Imaging and Relaxometry on Standard Clinical MR Tomographs, MAGMA, 4 (Suppl), 71, 1996.
4. Bernarding J, Braun J, Hohmann J, Haarbeck K, Stapf C, Hoehn-Berlage M, Wolf KJ, Tolxdorff T: Multiparameter MR Imaging including ADC-Maps and Relaxometry for Cluster Analysis: Improved Differentiation between Healthy and Ischemic Tissue in Humans. Revised version submitted to Magn Reson Med, 1998.
5. Anderson AW and Gore JC: Analysis and Correction of Motion Artifacts in Diffusion Weighted Imaging. Magn Reson Med 32, 379-387, 1994.
6. Warach S, Gaa J, Siewert B, Wielopolski P, and Edelman RR: Acute Human Stroke Studied by Whole Brain Echo Planar Diffusion-weighted Magnetic Resonance Imaging. Ann Neurol 37, 231-241, 1995.
7. Warach S, Dashe JF, and Edelman RR: Clinical Outcome in Ischemic Stroke Predicted by Early Diffusion-Weighted and Perfusion Magnetic Resonance Imaging: A Preliminary Analysis. JCBF 16, 53-59, 1996.
8. Warach S, Moseley M, Sorensen GA, and Koroshetz W: Time Course of Diffusion Imaging Abnormalities in Human Stroke. Note to the Editor, Stroke 27(7), 1254-1255, 1996.
9. Welch KMA, Windham J, Knight RA, Nagesh V, Hugg JW, Jacobs M, Peck D, Booker P, Dereski MO, and Levine SR: A Model to Predict the Histopathology of Human Stroke Using Diffusion and T2-weighted Magnetic Resonance Imaging. Stroke 26(11), 1983-1989, 1995.

Adaptive Template Moderated Brain Tumor Segmentation in MRI

M. Kaus, S.K. Warfield, F.A. Jolesz and R. Kikinis

Surgical Planning Laboratory
Department of Radiology, Brigham & Women's Hospital
Harvard Medical School,
75 Francis Street, Boston, MA 02115, USA
Email: kaus,warfield,jolesz,kikinis@bwh.harvard.edu

Abstract. This paper describes a new method for the automated segmentation of MRI images of brain tumors. The algorithm is an iterative, hierarchical approach that integrates a statistical classification scheme and anatomical knowledge from an aligned digital atlas. For validation, the method was applied to 10 tumor cases in different locations in the brain including meningiomas and astrocytomas (grade 1–3). The brain and tumor segmentation results were compared to manual segmentations carried out by 4 independent medical experts. It is demonstrated that the algorithm produces results of comparable accuracy to those of the manual segmentations in a shorter time.

Keywords: Image Registration, Magnetic Resonance, Brain Tumor, Template based Segmentation

1 Introduction

Many applications of computer assisted neuro-surgery and -radiology rely on previously segmented medical images. However, this task often requires labor intensive and time consuming manual interaction. The goal was to develop a method for the automated segmentation of brain and tumor.

When considering the design of a tumor segmentation method, a large number of tumor types which vary greatly in size, shape, location, tissue composition and homogeneity has to be accounted for. Clinical image analysis reports large inter- and intra-patient variations and considerable overlap in grey value distribution both among different tumor histologies and with normal tissue, indicating that segmentation methods based on image information alone may be insufficient for successful differentiation between normal and tumor tissues [8].

Consequently, preliminary work on tumor segmentation using general segmentation methods that rely on the image information alone like thresholding and morphological operators [7], neural networks [16] or statistical classification methods [2] work well in some cases but may not differentiate between active tumor, associated pathology and normal tissue.

Template based segmentation methods solve the segmentation problem by aligning a digital atlas of a normal brain to the individual [3, 9, 12]. The anatomical knowledge represented in the atlas then may serve as a lookup map. However, these methods rely on the correctness of the alignment, and, by definition, normal digital brain atlases don't include pathologic structures, which poses a problem if used for the segmentation of pathology.

This paper describes a template based segmentation technique for the segmentation of meningiomas and grade 1-3 astrocytomas. The method is a hierarchical, iterative approach that uses anatomical knowledge to moderate a multi-spectral classification scheme.

2 Methods

Image database Development and validation of the algorithms are based on an MRI database of appr. 100 manually segmented tumor patients. Each dataset consisted of an SPGR volume ($256\times256\times124$, $1\times1\times1.5$ mm), and pre- and post-contrast T1 and T2 weighted volumes ($256\times256\times30$, $1\times1\times5$ mm) obtained with a GE 1.5 T MR imaging device [10].

Preprocessing Before the actual segmentation process, mis-registration due to patient movement was minimized with a linear registration algorithm based on the maximization of mutual information [15]. For noise reduction, edge preserving anisotropic diffusion filtering was applied [6].

Combining statistical classification with anatomical knowledge. For supervised multi-spectral statistical classification the k-Nearest-Neighbor (kNN) rule was applied, which has shown to be the most accurate and robust statistical classifier for application to MRI [1, 5].

Overlapping intensity distributions of different tissue classes result in voxel mis-classification. To resolve such ambiguities, a pre-segmented anatomical atlas can be used as a template to interact with the classification process. Since the atlas usually differs significantly from the individual to be segmented, some kind of spatial alignment is required. However, the registration produces some error so the atlas cannot be used directly for segmentation. Thus, the template's influence on the segmentation should reflect some amount of uncertainty. This is achieved by presenting the atlas information as additional feature channels to the classifier, one for each anatomical structure[13]. The classification is spatially constrained if both the prototype and the voxel of unknown class are located in different anatomical structures suggested by the atlas. The certainty of anatomical localization is modeled by generating distance maps for each structure.

Registration. The goal of the registration is to achieve alignment between the anatomical brain atlas and the patient. Alignment is computed in two steps: First, a linear registration based on segmented data accounts for the global translation and rotation [14]. The remaining mis-alignment is considered local and non-linear. This step is based on a fast multi-resolution optical-flow algorithm using a sum-of-squared-difference similarity measure on labeled data [4].

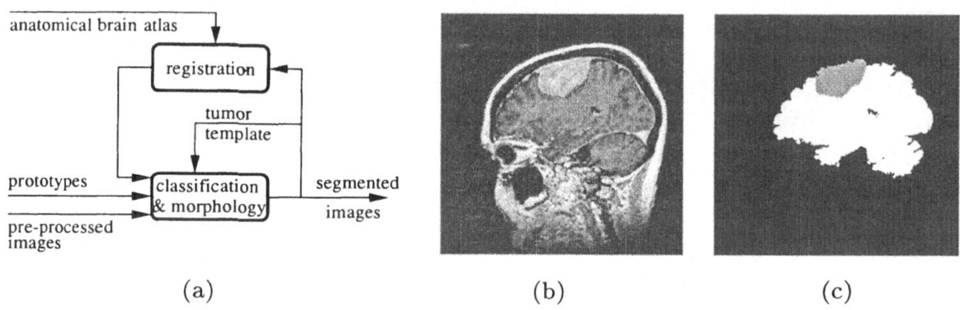

(a)   (b)   (c)

Fig. 1. Tumor segmentation algorithm scheme (a), original SPGR image (b) and automated segmentation result (c).

Local refinement of classified structures. Artifacts from the previous classification (small holes and unrelated structures connected with thin lines) were eliminated automatically with an erosion to remove thin connections, followed by a seeded region growing to fill small holes and remove non-connected pixels, and a dilation to recover the previously eroded boundaries [11].

Tumor Segmentation. Figure 1(a) presents a schematic overview of the tumor segmentation algorithm. The pre-processed image data and anatomic templates enter a closed loop of segmentation (classification and local refinement) and registration. Hierarchically, the method proceeds starting with skin-neck-bone, icc, ventricles and finally tumor. For the purpose of elastic matching the pathology is labeled as normal brain.

3 Results

The algorithm was validated on 10 tumor cases including meningiomas and grade 1-3 astrocytomas of compact shape in different locations of the brain. For quantitative analysis of the algorithm, we compared the brain and tumor from the 3D automatic segmentation to a randomly selected 2D slice within the tumor region that was segmented by 4 independent medical experts. A standard segmentation was defined as the area of overlapping voxels identified in at least 3 out of 4 manual segmentations. The variation in the expert's opinion is denoted as the disagreement (D), the area where less than 3 experts agreed.

To measure agreement and disagreement between automated and standard segmentations, we compared the volumes of brain and tumor respectively from the automatic method (V_a) to the volume from the standard segmentation (V_s). The voxels in V_a and V_s are the true positives, the voxels in V_a and not in V_s the false positives and the voxels in V_s and not in V_a the false negatives. All measures are given with respect to the standard volume V_s.

High true positive (TP) ratios for automatic segmentation (brain: 94–99%, tumor: 91–97%) and low false positive (FP) (brain: 2–14%, tumor: 2–9%) and false negative (FN) (brain: 0.1–6%, tumor: 4–10%) ratios express good comparability to the expert's standard. The expert's disagreement ratio (brain: 0.1–6%, tumor:14–22%) were in the range of or higher than the automated segmentation's error ratios FP and FN. The false positives are partially due to the expert's variation and in part due to the oversegmentation of the algorithm in the area of the lateral sulcus with abundant vessels and the tentorium cerebelli. Some of the extrinsic tumor cases (meningiomas) were underestimated by our method due to an underestimation of the brain. This may be accounted for by adapting the weight of the spatial constraint to the location of the tumor.

The overall computation time for a typical tumor case on an 8-processor Sun ES 5000 amounted to appr. 75 minutes including appr. 5-10 minutes operator time for training of the classifier. Complete manual segmentation time has been reported to be in the range of 180 minutes [10], which implies that the automatic method achieves a 95% reduction of operator time.

4   Discussion and Conclusion

We have developed a new automated anatomy atlas moderated statistical classification scheme for the segmentation of MRI of meningiomas and grade 1–3 astrocytomas.

The comparison between the new method and manual segmentations obtained from medical experts demonstrate comparable quality and significant reduction of operator time. Our algorithm may fail in cases where the intensity value distribution of the tumor is highly inhomogeneous and shows large spectral overlap with spatially close brain tissue. In such a case the initial tumor estimate may impose an incorrect spatial constraint on the classification process that may not be resolved in subsequent iterations. However, this can easily be corrected by extending the manual interaction.

Several issues remain uninvestigated. We are currently in the process of extending our model for more complex tumors such as the glioblastoma multiforme. This involves the improvement of the elastic matching technique to explicitly deal with the pathologic structures and the investigation of the use of additional feature channels for discrimination between the various tumor tissue classes.

Acknowledgments

This work was supported in part by a grant from the Deutscher Akademischer Austauschdienst (DAAD), a Postdoctoral Fellowship from the National Multiple Sclerosis Society (SW), NIH grants RO1 CA 46627-08, PO1 CA67165-01A1, PO1 AG04953-14, NSF grant BES 9631710 and Darpa grant F41624-96-2-0001. The authors thank Drs. A. Chabrerie, E. Chatzidakis, A. Nabavi and F. Ozlen, Brigham & Women's Hospital, for their help with the manual segmentations.

References

1. L.P. Clarke, R.P. Velthuizen, S. Phuphanich, J.D. Schellenberg, J.A. Arrington and M. Silbinger: MRI: Stability of Three Supervised Segmentation Techniques. Magnetic Resonance Imaging, 11(1):95–106, 1993.
2. L.P. Clarke, R.P. Velthuizen, M.A. Camacho, J.J. Heine, M. Vaidyanathan, L.O. Hall, R.W. Thatcher, and M.L. Silbinger: MRI Segmentation: Methods and Applications. Magnetic Resonance Imaging, 13(3):343–368, 1995.
3. D.L. Collins, T.M. Peters, W. Dai and A.C. Evans: Model based Segmentation of Individual Brain Structures from MRI Data. SPIE Proceedings of the 1st International Conference on Visualization in Biomedical Computing, 1808:10–23, 1992.
4. J. Dengler and M. Schmidt: The Dynamic Pyramid - A Model for Motion Analysis with Controlled Continuity. International Journal of Pattern Recognition and Artificial Intelligence, 2(2): 275–286, 1987.
5. R.O. Duda and P.E Hart, Pattern Classification and Scene Analysis. John Wiley and Sons, 1973.
6. G. Gerig, R. Kikinis, O. Kübler and F.A. Jolesz: Nonlinear Anisotropic Filtering of MRI Data. IEEE Transactions on Medical Imaging, 11(2):221–232, 1992.
7. P. Gibbs, D.L. Buckley, S.J. Blackband and A. Horsman: Tumour Volume Determination from MR Images by Morphological Segmentation. Physics in Medicine and Biology, 41:2437–2446, 1996.
8. M. Just and M. Thelen: Tissue Characterization with T1, T2 and Proton Density Values: Results in 160 Patients with Brain Tumors. Radiology, 169:779–785, 1988.
9. M. Kamber, R. Shinghal, D.L. Collins, G.S. Francis and A.C. Evans: Model-Based 3-D Segmentation of Multiple Sclerosis Lesions in Magnetic Resonance Brain Images. IEEE Transactions on Magnetic Resonance Imaging, 14(3):442–453, 1995.
10. S. Nakajima, H. Atsumi and R. Kikinis: Use of Cortical Surface Vessel Registration for Image-guided Neurosurgery. Neurosurgery, 40:1201–1210, 1997.
11. J. Serra: Image Analysis and Mathematical Morphology. Academic Press, 1982.
12. S.K. Warfield, J. Dengler, J. Zaers, C.R.G. Guttmann, W.M. Wells, G.J. Ettinger, J. Hiller and R. Kikinis: Automatic Identification of Grey Matter Structures from MRI to Improve the Segmentation of White Matter Lesions. Journal of Image Guided Surgery, 1(6):326–338, 1995.
13. S.K. Warfield, M. Kaus, F.A. Jolesz and R. Kikinis: Adaptive Template Moderated Spatially Varying Statistical Classification. Proceedings of the International Conference on Medical Image Computing and Computer-Assisted Intervention, Springer Verlag, 1496:431–438, 1998.
14. S.K. Warfield, F.A. Jolesz and R. Kikinis: A High Performance Computing Approach to the Registration of Medical Image Data. Parallel Computing, 24: 1345–1368, 1998.
15. W.H. Wells, P. Viola, H. Atsumi, S. Nakajima and R. Kikinis: Multi-Modal Volume Registration by Maximization of Mutual Information. Medical Image Analysis, 1(1): 35–51, 1996.
16. Y. Zhu, H. Yan: Computerized Tumor Boundary Detection using a Hopfield Neural Network. IEEE Transactions on Medical Imaging, 16(1):55–67, 1997.

Ermittlung der Verlaufsinformationen von Gefäßen in Volumendaten

Daniel Rinck und Udo Jendrysiak*

Klinik und Poliklinik für Radiologie,
Langenbeckstraße 1, 55101 Mainz
*ConVis Medizinische Datenverarbeitung GmbH & Co. KG,
Vogelsbergstraße 47, 55129 Mainz
Email: rinck@radiologie.klinik.uni-mainz.de

Zusammenfassung. In diesem Beitrag wird ein Verfahren vorgestellt, das es ermöglicht, in Volumendaten Gefäßstrukturen zu segmentieren und dabei automatisch Informationen über deren Verlauf zu gewinnen. Der Algorithmus betrachtet beim Verfolgen der Gefäßstruktur jeweils eine kleine, lokale Umgebung des Gefäßabschnitts. Innerhalb dieses *Subvolumens* werden automatisch Parameter datengetrieben bestimmt. Mit dem gefundenen lokalen Grauwertbereich der Struktur wird dann ein Region-Growing gestartet. Dieses segmentiert nur den Teil des Objekts innerhalb des Subvolumens. Als letzter Schritt wird nach Verzweigungen gesucht und diese in einer Baumstruktur gespeichert. Das Subvolumen wird dann nacheinander an die Verzweigungspunkte gesetzt. Der Algorithmus bricht ab, wenn keine Verzweigungen mehr gefunden werden, oder das segmentierte Objekt eine maximale Größe überschreitet. Zuerst wird der prinzipielle Ablauf des Verfahrens geschildert. Im Anschluß wird dann eine Möglichkeit zur Einteilung des Histogramms in mehrere Grauwertklassen aufgezeigt. Danach soll auf die Erkennung von Verzweigungen eingegangen werden. Am Schluß dieses Beitrages werden die Ergebnisse diskutiert.

Schlüsselwörter: Region-Growing, adaptive Schwellwertbestimmung, Verzweigungserkennung

1 Einleitung

Als Grundlage für eine Gefäßdarstellung dienen dem Radiologen Schichtbilder in denen sich die zu untersuchenden Gefäße hell abbilden (Signalreiche MR-Sequenzen, CT-Bilder mit Kontrastmittel). Um einen räumlichen Eindruck der Lage der Gefäße zu bekommen, fertigt der Radiologe meist eine Maximum-Itensity-Projektion (*MIP*) des aus den Schichtbildern zusammengesetzten Bildvolumens an. Eine andere Möglichkeit diese Information zu erhalten, stellt das *Volume-Rendering* dar. Eine Darstellung der Gefäßoberfläche kann auch mit der Methode des *Surface-Renderings* erfolgen (vgl. [1]).

Alle diese Verfahren dienen der reinen Darstellung eines Objektes. Es werden keine Informationen über den Verlauf der Struktur gewonnen. So läßt sich zwar das Gefäß mit diesen Verfahren darstellen, man bekommt jedoch vom Algorithmus keine Aussagen über die Verlaufsrichtung, den Durchmesser oder evtl. Verzweigungen.

Bei vielen Operationen ist allerdings eine genaue Strukturbeschreibung der Gefäße für eine Operationsplanung notwendig. Dies gilt speziell für Operationen im Kopfbereich (z.B. Stenosen der A. carotis Externa, minimal invasive Eingriffe am Hirn), oder innerhalb von Organen, die durch ihre Blutversorgung in Segmente aufgeteilt werden (Niere, Lunge, Leber).

2 Material

Unser Algorithmus wurde an zwei MR-Kopfdatensätzen sowie an drei CT-Datensätzen der Leber bzw. zwei CT-Datensätzen der Carotiden getestet. Die Schichtbilder haben eine Auflösung von 512 mal 512 Pixel. Die Anzahl der Schichten betrug je nach zu untersuchender Struktur zwischen 30 und 90 Schichten.

3 Methodik

Der Grundgedanke unseres Segmentierungsansatzes ist, daß die zu betrachtende Datenmenge auf den jeweils interessanten Teilbereich der Struktur reduziert wird. Dieses Subvolumen wird dann im Laufe der Segmentierung entlang der Gefäßstruktur verschoben.

3.1 Ablauf der Gefäßsegmentierung

Der Benutzer startet die Segmentierung, indem er einen Start- und einen Richtungspunkt im Bildvolumen vorgibt. Zuerst wird das Histogramm des Subvolumens ermittelt, und nach dem geeigneten Grauwertbereich untersucht. Mit diesem Parameter wird jetzt ein Keimzellenwachstum gestartet. Nachdem das Objekt innerhalb des Subvolumens segmentiert wurde, werden die das Subvolumen begrenzenden Ebenen nach Gefäßabgängen durchsucht. Die Positionen der gefundenen Gefäßabgänge werden in einer Baumstruktur gespeichert. Der Algorithmus durchläuft das sich verzweigende Objekt in einer Level-Order-Traversierung. Dabei werden immer Äste derselben Verzweigungshierarchie abgearbeitet, bevor die nächste Verzweigungsebene bearbeitet wird.

3.2 Bestimmung des lokalen Grauwertbereiches

Der Grauwertbereich des Gefäßes kann sich im Laufe der Struktur verändern. In CT-Bilddaten kann dies daran liegen, daß das Gefäß zum Aufnahmezeitpunkt nicht gleichmäßig mit Kontrastmittel gefüllt war. Bei MR-Daten kann es aufgrund von Verwirbelungen zu einem Schwanken der Signalintensitäten kommen.

Unser Algorithmus bestimmt nun für jedes Subvolumen den lokalen Grauwertbereich. Signalschwankungen im Verlauf der Struktur können dadurch kompensiert werden. Im Subvolumen liegt ein bimodales Bild vor: Objekt und Hintergrund. In [2] wird ein Verfahren nach Otsu et al. beschrieben, welches es gestattet, eine Schwelle t zu bestimmen, die das Histogramm in diese zwei Klassen unterteilt. Da sich die Gefäße hell abbilden, kann man ihnen die Klasse mit den höheren Grauwerten zuordnen.

Damit hat man aber noch nicht den Grauwertbereich des Gefäßes bestimmt. Man hat lediglich den Bereich eingeschränkt, in dem man suchen muß. Unsere Tests haben ergeben, daß der Grauwertbereich des Gefäßes oberhalb des Mittelwertes mw der oberen Klasse liegt. Als weiteres Merkmal wird der Wert $smin$ bestimmt.

$$ smin = \frac{1}{g_{max} - mw} \int_{mw}^{g_{max}} p(g)\, dg \qquad (1) $$

Die Schwelle sw wird nun bestimmt, indem man für jeden Wert oberhalb von $smin$ prüft, wie viele Voxel im Subvolumen größer als dieser Wert sind. Die Schwelle sw liegt dort, wo diese *Wachstumsfunktion* die größte Steigung hat.

In einer früheren Veröffentlichung unserer Arbeitsgruppe [3] haben wir die Aufteilung des Grauwertbereiches für Gefäße in drei Bereiche vorgeschlagen. Der innerste, sichere Bereich entspricht den Werten oberhalb sw. Die Voxel, die in diesem Bereich liegen, gehören sicher zum Gefäß. Die untere Schwelle kann nun verschoben werden ($smin,mw$), wobei es zu einer Übersegmentierung kommen kann. Eine Verbreiterung des Grauwertbereiches ist also sorgfältig zu prüfen.

3.3 Verzweigungserkennung

In Abb. 1 wurde das Vorgehen im Zweidimensionalen (vgl. [4]) dargestellt. Dort werden die Kanten der Fläche nach Gefäßabgängen durchsucht. Wenn eine Verzweigung detektiert wurde, wird diese in die Baumstruktur eingetragen. Das Vorgehen im Dreidimensionalen ist eine Erweiterung des 2D-Falls. Ein Gefäß kann das Subvolumen über eine Kante verlassen, dann ist es von zwei Ebenen aus sichtbar. Ein Gefäßabgang über eine Ecke kann von drei Ebenen detektiert werden. Der einfachste Fall liegt vor, wenn das Gefäß das Subvolumen durch eine einzige Ebene verläßt. Abb. 3 zeigt die geometrischen Verhältnisse.

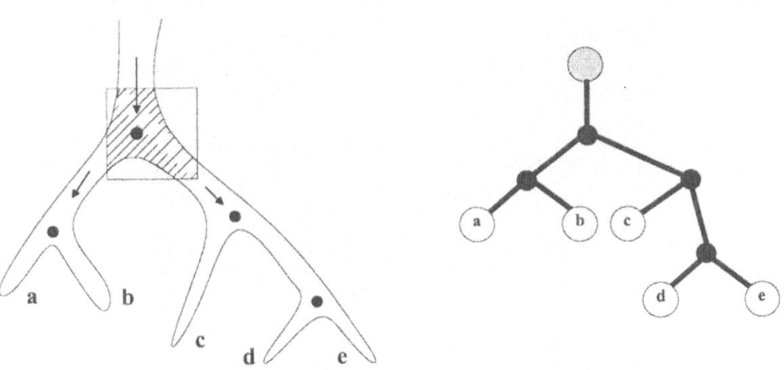

Abb. 1. 2D-Darstellung der Gefäßverfolgung

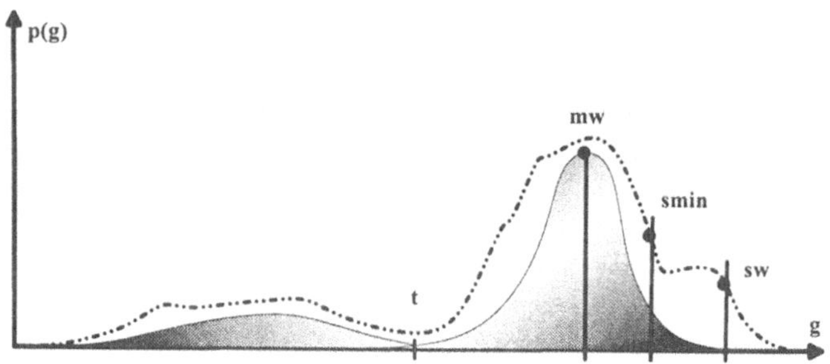

Abb. 2. Bestimmung des Grauwertbereichs

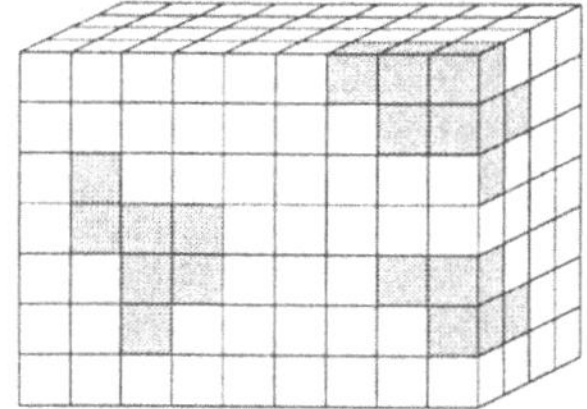

Abb. 3. Verzweigungserkennung im Subvolumen

3.4 Ergebnisse und Ausblick

Mit unserem Algorithmus ist es möglich ein Gefäß zu verfolgen und es dabei automatisch zu segmentieren. Während der Segmentierung wird automatisch eine VRML-Datei generiert (vgl. Abb. 4). Allerdings zeigte sich, daß unsere Verzweigungserkennung in einigen Fällen noch Probleme hatte. Da wir nur den sicheren Grauwertbereich für die Segmentierung zuließen, um ein Auslaufen zu vermeiden, hatte das Objekt eine *ausgefranste* Oberfläche. Dies verursachte Probleme

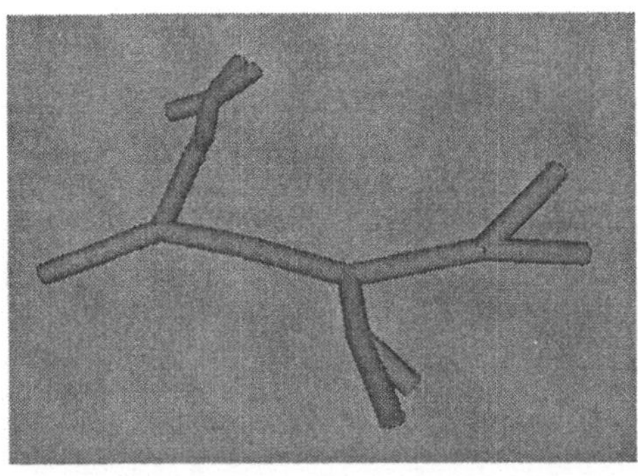

Abb. 4. VRML Darstellung eines Gefäßbaumes

bei der Verzweigungserkennung, da das Objekt auf den Ebenen des Subvolumens nicht mehr zusammenhängend war. Um das Region-Growing in seinem Wachstum besser kontrollieren zu können, werden in einer neuen Version der Verzweigungserkennung nur die Voxel angelagert, die auf einer Kugeloberfläche um den Mittelpunkt des Subvolumens herum liegen. So wird Radius für Radius durchlaufen und immer die Voxel angelagert, die im sicheren Bereich liegen. Bevor dann die Verzweigungen bestimmt werden, werden drei Dilatationen auf das Objekt angewandt. Hierbei werden nur Voxel angelagert, die bestimmte Grauwert-Distanz-Relationen erfüllen. Erste Tests an über 20 Verzweigungen ergaben eine sehr gute Übereinstimmung mit dem in [3] vorgeschlagenden Modell.

Literatur

1. David G. Heath et al.: Three-dimensional Spiral CT during Arterial Portography: Comparison of Three Rendering Techniques, Imaging and Therapeutic Technologie, *RadioGraphics*, S. 1001 - 1011
2. Lehmann T, Oberschelp W, Pelikan E, Repges R: Bildverarbeitung für die Medizin Grundlagen, Modelle, Methoden, Anwendungen Springer-Verlag, Berlin, 1. Auflage 1997, S. 364
3. Udo Jendrysiak: 3D-Segmentierung, -Rekonstruktion und -Visualisierung für die Neurochirurgische Operationsplanung, Dissertation am Institut für Medizinische Statistik und Dokumentation, Johannes Gutenberg-Universität Mainz, S. 46 - 51
4. Norberto Ezquerra, Steve Capell, Larry Klein, and Pieter Duijeves: Model-Guided Labeling of Coronary Structure, IEEE Transaktion on Medical Imaging, June 1998, S. 429 - 441

Segmentierung des Lungenparenchyms in posterior–anterioren Thoraxradiographien mit einem lokal–adaptiven Kantendetektor

Stefan Krass und Heinz–Otto Peitgen

MeVis – Centrum für Medizinische Diagnosesysteme und Visualisierung
Universitätsallee 29, 28359 Bremen
Email: krass@mevis.de

Zusammenfassung. Mit der zunehmenden Digitalisierung der Thoraxradiographie wird ein robuster, für die klinische Routine geeigneter Algorithmus zur Segmentierung des Lungenparenchyms notwendig. Der hier vorgestellte Algorithmus stellt ein semi–automatisches Verfahren dar, bei dem durch einen lokal–adaptiven Kantendetektor das Lungenparenchym segmentiert wird. Durch iterative Schätzung des Kantenverlaufs wird eine richtungsabhängige Skalierung und Gradientenbildung erreicht. Die Parametrisierung der Kurvenkrümmung erlaubt eine Anpassung an das zu segmentierende Objekt.

Schlüsselwörter: Segmentierung, lokal-adaptive Kantendetektion, Thoraxradiographie, Lungenparenchym

1 Einleitung

Die Thoraxradiographie, eine der am häufigsten durchgeführten Röntgenuntersuchungen, unterliegt einer Entwicklung, die dadurch charakterisiert ist, daß die bisher übliche Film–Folien Technik zunehmend durch digitale Aufnahmeverfahren abgelöst wird. Dies eröffnet völlig neue Möglichkeiten der computerunterstützten Radiologie, da die zeitaufwendige und mit Qualitätsverlusten verbundene Digitalisierung durch einen Filmscanner entfällt. Die Segmentierung des Lungenparenchyms in posterior-anterioren Thoraxradiographien nimmt dabei eine zentrale Rolle ein, da sie für viele Anwendungen computerunterstützter Diagnostik Voraussetzung ist, wie z. B. für Fragestellungen der Merkmalsanalyse [1] und der Registrierung von Thoraxradiographien zur temporären Subtraktion [2].

Es existieren eine Reihe von Arbeiten, die sich mit der Segmentierung des Lungenparenchyms in Thoraxradiographien beschäftigen. Grundsätzlich lassen sich dabei zwei Methoden unterscheiden [3]. Die eine basiert auf einer pixelweisen Klassifikation von Bildbereichen durch Bestimmung von Bildmerkmalen wie z. B. statistischen Grauwertparametern erster und zweiter Ordnung [4], auch unter Verwendung neuronaler Netzwerke [5]. Diese merkmalsbasierten Methoden sind sehr robust, führen jedoch nur zu einer sehr groben Bestimmung der Lungenkontur.

Der zweite Ansatz basiert auf Erkennung von Kanten in Bildprofilen und Bildbereichen [6]. Dabei kommen iterative Schwellwert– [7] und Gradientenverfahren [8], diese auch kombiniert mit Polynomapproximation [9], zum Einsatz. Diese Methoden führen zu einer genaueren Bestimmung der Thoraxwand, sind aber anfälliger für Fehlsegmentierungen. Zusätzliche Limitationen der meisten existierenden Algorithmen sind fehlende Interaktionsmöglichkeiten und die notwendige Standardisierung der Aufnahmebedingungen, die in der erforderlichen Form in der klinischen Routine häufig nicht gegeben ist, so daß die Entwicklung eines halbautomatischen, robusten Algorithmus wünschenswert ist.

In dieser Arbeit wird die Entwicklung eines semi–automatischen Algorithmus zur Segmentierung des Lungenparenchyms in posterior–anterioren Thoraxradiographien vorgestellt. Dabei stehen eine schnelle Handhabung, Robustheit gegenüber der Variabilität der Aufnahmebedingungen und der anatomischen Variabilität, klinische Anwendbarkeit und Korrekturmöglichkeit im Falle von Segmentierungsfehlern im Vordergrund.

2   Methode

Die Begrenzung des Lungenparenchyms stellt im Thoraxröntgenbild im Sinne der Multiskalenanalyse eine Kante großer Skala dar. Deshalb liegt es nahe, die Kante durch Faltung mit der Ableitung einer Gaußfunktion geeigneter Skala zu bestimmen [10]. Diese Variante der Wavelet–Analyse ist in einfacher Form in Kantendetektoren, wie z. B. dem von J. Canny, realisiert [11]. Solche globalen, nicht adaptiven Algorithmen sind jedoch zur Segmentierung des Lungenparenchyms in Thoraxradiographien nicht ausreichend, da insbesondere beim Übergang der dorsalen Rippenkanten in die laterale Thoraxwand Verzweigungspunkte von Kanten ähnlicher Stärke auftreten.

2.1   Lokal–adaptive Kantendetektion

Um dennoch die Vorteile des Multiskalenansatzes zu nutzen, wurde ein lokal-adaptiver Kantendetektionsalgorithmus entwickelt, der iterativ die Richtung des zu detektierenden Kantenverlaufes durch Extrapolation der bereits detektierten Kante schätzt. In Abb. 1 wird ein Iterationsschritt des Algorithmus veranschaulicht. In einem 1 Pixel–Abstand vom letzten detektierten Kantenpunkt P wird senkrecht zum geschätzten Kantenverlauf u ein Grauwertprofil bestimmt (a).

Das Profil wird mit einem separierbaren Gaußkern gefaltet, der ebenfalls entlang der Richtung der geschätzten Kante orientiert ist (b). Dadurch wird gewährleistet, daß Kanten, deren Richtung von der Schätzung stark abweichen, unterdrückt werden. Zudem wird eine unterschiedliche Skalierung parallel und senkrecht zur Kante erreicht. Profilbestimmung und Faltung wird mittels Nächster–Nachbar Interpolation durchgeführt. Die Standardabweichungen parallel ($\sigma_\parallel$) und senkrecht ($\sigma_\perp$) zur geschätzten Kantenrichtung sind freie Parameter des Algorithmus.

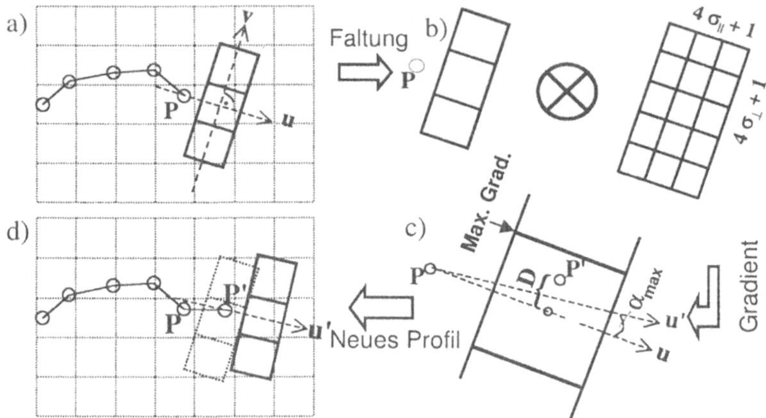

Abb. 1. Schematische Darstellung des iterativen Algorithmus. P: letzter detektierter Kantenpunkt, u: geschätzte Kantenrichtung, v: Richtung des Grauwertprofils, $\sigma_{\parallel}$, $\sigma_{\perp}$: Standardabweichung des Faltungskerns parallel bzw. senkrecht zur geschätzten Kantenrichtung, P': neuer detektierter Kantenpunkt, u': neue geschätzte Kantenrichtung, D: Diskontinuitätsparameter, α_{max}: Beschränkung der Kurvenkrümmung.

Im zweiten Schritt erfolgt eine Gradientenbildung durch einfache Berechnung der Grauwertdifferenzen benachbarbarter Pixel (c). Zusätzlich zur kantenorientierten Gradientenbildung wird durch eine Beschränkung der Kantenkrümmung die Empfindlichkeit des Algorithmus auf Kantenverzweigungen in das Lungenparenchym reduziert. Dies erfolgt durch den Parameter α_{max}. Die neue geschätzte Kantenrichtung darf nicht mehr als dieser Parameter in Richtung des errechneten Gradienten abweichen. Eine Beschränkung der Kurvenkrümmung führt jedoch auch zu Instabilitäten aufgrund der ungleichmäßig strukturierten Parenchymwand, wie Abb. 2 (a) zeigt: Eine Störung aufgrund der überlagerten Clavicula kann nicht mehr ausgeglichen werden und führt zu einer Oszillation der Kante. Deshalb wurde der Diskontinuitätsparameter D eingeführt, der es ermöglicht, daß die Position des neuen Kantenpunktes stärker von der geschätzten Richtung abweichen kann. Damit ist gewährleistet, daß der Algorithmus lokal auf Störungen reagieren kann, ohne daß die Richtung der Kante global zu stark variiert.

2.2 Halbautomatische Parenchymsegmentierung

Die Methode ist in der aktuellen Implementierung semi–automatisch und setzt die Vorgabe drei definierter Landmarken pro Lungenflügel voraus. Diese befinden sich in der Apexspitze, beim Übergang vom Diaphragma zur lateralen Thoraxwand (sinus phrenicocostalis) und zum Herzmuskel (sinus phrenicocardialis). Für mögliche Fehlsegmentierungen ist eine dynamische interaktive Korrekturmöglichkeit integriert, die die Vorgabe weiterer Stützpunkte erlaubt.

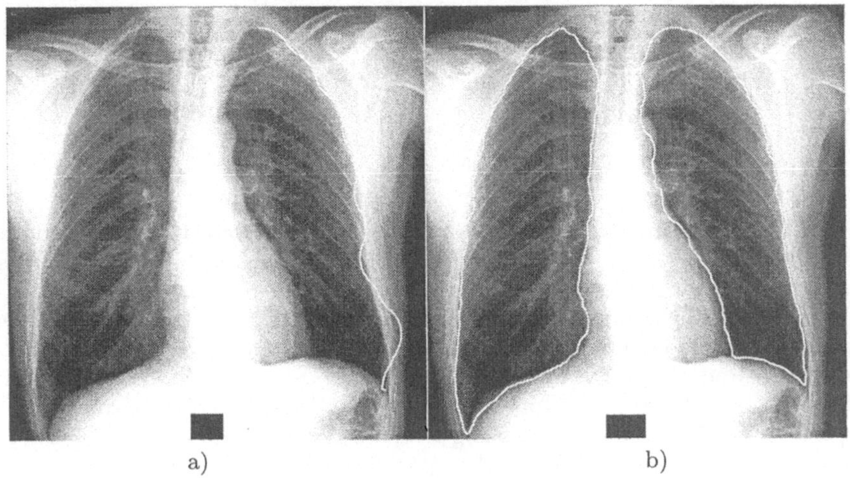

a)   b)

Abb. 2. Segmentierung des Lungenparenchyms. a) Ohne Diskontinuitätparameter D, caudaler Kantenverlauf. Eine kleine Störung im Bereich der Clavicula führt zu stärker werdenden Oszillationen um die Thoraxwand. b) Mit Diskontinuitätsparameter ($D = 0{,}02$ Pixel). Eine Segmentierung des Parenchyms wird erreicht.

3 Ergebnisse

Die Methode wurde in einem ersten Test auf zehn digitalisierte posterior–anteriore Thoraxradiographien aus der klinischen Routine mit unterschiedlicher Aufnahmequalität angewendet. Die Aufnahmen wurden mit einem Scanner (SciTron FD60) digitalisiert. Die Amplitudentiefe betrug 15 Bit, die Größe eines Pixel 200 μm x 200 μm. Dabei wurden die besten Segmentierungsergebnisse mit folgender Parametereinstellung erzielt: $\sigma_{parallel} = 11$ Pixel, $\sigma_{perp} = 7$ Pixel, $\alpha_{max} = 0{,}7^0$, $D = 0{,}02$ Pixel. In allen Fällen wurde eine Segmentierung des Lungenparenchyms erreicht. Interaktive Korrekturen waren meist im unteren Bereich der Lunge – zwischen sinus phrenicocostalis lateralis und sinus phrenicocardialis – notwendig. Sie konnten interaktiv durch wenige zusätzliche Marker durchgeführt werden. Abb. 2 (b) zeigt ein Beispiel für die Segmentierung des Lungenparenchyms mit der beschriebenen Methode.

4 Diskussion

Durch die lokal adaptive Gradientenbildung werden zwei üblicherweise getrennte Schritte bei der Kantendetektion – Kantenanhebung und Kantenverfolgung – integriert. Die selektive Kantenanhebung verhindert Fehlsegmentierungen, vor allem bei Verzweigungspunkten von Kanten ähnlicher Stärke. Durch die lokale Filterung wird zusätzlich ein Geschwindigkeitszuwachs gegenüber globalen Filterungen erreicht, da nur die Bildpunkte in der Umgebung der Kante der Faltungsoperation unterzogen werden. Dies ist vor allem vor dem Hintergrund der großen Faltungskerne von Bedeutung. Die Parametrisierung der Kantenkrümmung führt zu einer globalen Richtungsstabilität, bei gleichzeitiger Unempfindlichkeit gegenüber lokalen Störungen.

Literatur

1. Xu XW, Doi K: Image feature analysis for computer–aided diagnosis: detection of right and left hemidiaphragm edges and delineation of lung field in chest radiographs. Med. Phys., 23(9):1613–1624, 1996.
2. Difazio MC, MacMahon H, Xu XW, Tsai P, Shiraishi J, Armato SG III, Doi K: Digital chest radiography: Effect of temporal subrtraction images on detection accuracy. Radiology, 202:447–452, 1997.
3. Tsujii O, Freedman MT, Mun SK: Anatomic region–based dynamic range compression for chest radiographs using warping transformation of correlated distribution. IEEE Trans. on Medical Imaging, 17(3):407–418, 1998.
4. McNitt–Gray MF, Sayre JW, Huang HK, Razavi M: A pattern classification approach to segmentation of chest radiographs. SPIE, 1898:160–170, 1993.
5. Hasegawa A, Lo SC, Freedman MT, Mun SK: Convolution neural network–based detection of lung structure. SPIE, 2167:654–662, 1994.
6. Yue Z, Goshtasby A, Ackerman LV: Automatic detection of rib borders in chest radiographs. IEEE Trans. on Medical Imaging, 14:525–536, 1995.
7. Armato SG III, Giger ML, MacMahon H: Computerized detection of abnormal asymmetry in digital chest radiographs. Med. Phys., 21(11): 1761–1768, 1994.
8. Duryea J, Boone JM: A fully automated algorithm for the segmentation of lung fields on digital chest radiographic images. Med. Phys., 22(2):183–191, 1995.
9. Xu XW, Doi K: Image feature analysis for computer–aided diagnosis: accurate determination of ribcage boundary in chest radiographs. Med. Phys., 22(5):617–626, 1995.
10. Evertsz CJG, Berkner K, Berghorn W: A local multiscale characterization of edges applying the wavelet transform. In: Y. Fisher (Ed.), NATO ASI Series, Series F: Computer and System Science, vol. 159. Springer Berlin Heidelberg, pp. 261–277, 1998.
11. Canny J: A computational approach to edge detection. IEEE Trans. Patt. Anal. Mach. Intell., 8(6):679–697, 1986.

Wissensbasierte Gesichtsmodellierung und Kamerasteuerung zur Analyse von Patientengesichtern

A. Gebhard[1], U. Ahlrichs, D. Paulus

Lehrstuhl für Mustererkennung (LME, Informatik 5)
Martensstr. 3, Universität Erlangen–Nürnberg, 91058 Erlangen
Tel.: +49 (9131) 85–27824 — Fax: +49 (9131) 303811
`gebhard@informatik.uni-erlangen.de`
http://www5.informatik.uni-erlangen.de/Persons/ge

Übersicht In diesem Beitrag wird ein wissensbasiertes Bildanalysesystem zur Diagnoseunterstützung und Rehabilitation von Gesichtslähmungen vorgestellt. Die grundlegende Struktur für die Wissensbasis ist ein semantisches Netz, von dem die zentralen Komponenten beschrieben werden. Für das vorliegende System sind speziell die aktiven Komponenten der Bildanalyse von Bedeutung, beispielsweise Kameraaktionen. Die Kontrolle der Wissensbasis dient zur Auswahl der Kameraparameter und Aktionen ebenso wie zur Objekterkennung.

Keywords: Wissensbasierte Bildanalyse, aktives Sehen, Gesichtslähmungen

1 Motivation und medizinische Problematik

Die Fazialisparese (Gesichtslähmung) ist die häufigste isoliert auftretende Lähmung überhaupt. Allein in der Klinik und Poliklinik für Hals–, Nasen– und Ohrenkranke (HNO) der Universität Erlangen–Nürnberg werden pro Jahr über 100 Patienten mit neu auftretenden Gesichtsnervenlähmungen beobachtet. Die Diagnose dieser Lähmungen erfolgt aufgrund von Beobachtungen, die ein Arzt vom Patienten gewinnt, während dieser spezifische mimische Bewegungen ausführt. Aus diesen Beobachtungen wird mittels zweier in der Medizin etablierten Indizierungssysteme [6, 14] eine Diagnose erstellt. Ein Teil der Diagnose wird daher aufgrund subjektiver Bewertungen gestellt. Der Wunsch nach einer objektiven Diagnoseunterstützung von Seiten der Ärzte erfordert die Detektion und genaue Lokalisation von markanten Punkten im Gesicht. Durch automatische Analyse der Gesichtsmerkmale Stirn, Augen und Mund soll aufgrund von Maßzahlen eine Diagnoseunterstützung realisiert werden, die dem behandelnden Arzt ein objektives Werkzeug zur Verfügung stellt.

Die Grundlagen dieses System werden in Abs. 2 vorgestellt und in einen allgemeinen Rahmen eingeordnet. Wissensbasis und Kontrolle werden in Abs. 3 beschrieben. Die Funktionsfähigkeit des Systems wird in Abs. 4 durch Experimente belegt, bevor in Abs. 5 eine Zusammenfassung erfolgt.

---

[1] Diese Arbeit wurde unterstützt durch die *Deutsche Forschungsgemeinschaft* im Rahmen des Sonderforschungsbereichs 603.

2 Grundlagen

Eine automatische Auswertung von Gesichtsbildern kann die in Abs. 1 vorgestellte Diagnoseaufgabe unterstützen, indem sie eine objektivierte Beurteilung der Gesichtsmerkmale und eine Klassifikation in Lähmungsklassen gestattet [1]. Bei eventuell notwendigen Rehabilitationsübungen kann der Betreuungsaufwand durch medizinisches Fachpersonal reduziert werden, indem der Patient nach einer Einführung selbständig vor dem Rechner und der Kamera die empfohlenen Übungen durchführt.

Das hier vorgestellte Projekt ist Teil eines Gesamtsystems zur wissensbasierten aktiven Szenenanalyse, wie es in [9] vorgestellt wurde. Hierin werden zwei wichtige Aspekte der Bildanalyse vereinigt, die in der Verarbeitungsstrategie des aktiven Sehens [2] und der wissensbasierten Bildanalyse [13] bestehen.

Als Wissensrepräsentationsformalismus dient hier der ERNEST–Formalismus [8, 12] für semantische Netze, der in zahlreichen Problemen der Mustererkennung eingesetzt wurde, beispielsweise zur Analyse von Verkehrsszenen [4]. In [9] wurde am Beispiel der Exploration einer Büroszene beschrieben, wie *ein* semantisches Netz zur Repräsentation von Objektmodellen *und* Kameraaktionen eingesetzt werden kann.

Klassische wissensbasierte Bildanalyse kann in vielen Systemen gefunden werden, beispielsweise in SPAM [7]. In keinem dieser Systeme sind Kameraaktionen repräsentiert. Arbeiten zur Aktionsrepräsentation können z.B. in [10] gefunden werden; dabei werden Bayes–Netze eingesetzt. Beispiele für weitere einheitliche Repräsentationen von Aktionen und Modellen sind im Zusammenhang mit Situationslogik und Entscheidungsnetzen in z.B. in [11].

Der Stand der Kunst zur Gesichtsbildanalyse ist beispielsweise in [3] zusammengefaßt. Im Zusammenhang mit medizinischen Anwendungen befaßt sich [5] mit der Analyse von Gesichtsbildern.

3 Wissensbasis und Kontrolle des Systems

In Bild 1 ist die Wissensbasis, mit deren Hilfe die Analyse des Lähmungsgrades durchgeführt wird, dargestellt. Das Zielkonzept des Netzes ist das Konzept "Diagnose", das nach Abschluß der Analyse die Information über den Lähmungsgrad enthält. Die Diagnose setzt sich aus Teildiagnosen ("LähmungAuge", "LähmungMund" und "LähmungStirn") für die einzelnen Gesichtsregionen zusammen. Das Wissen über Gesichter findet sich im Konzept "Gesicht" und dessen Bestandteile "linkesAuge", "rechtesAuge" "Stirn" und "Mund" wieder. Abgesehen vom Konzept "Stirn" werden die Konzepte auf der Abstraktionsebene der Bilder durch eine Farbregion konkretisiert. Als Kameraaktion wird das Konzept "veränderZoom" integriert, dessen Aufgabe es ist, eine neue Brennweiteneinstellung zu berechnen, wenn eine Farbregion im Bild zu klein ist. Die Kameraaktion wird mit der Berechnung des Konzepts "explRegSeg" bei Bedarf ausgeführt, nämlich genau dann, wenn die Farbregion für eine Analyse der Gesichtsteile zu klein ist. Sie konkurriert sozusagen mit der Instantiierung der Konzepte, die die Gesichtsteile repräsentiert.

Zur Instantiierung der Konzepte der Wissensbasis werden problemabhängige Methoden eingesetzt. So wird bei der Instantiierung des Konzepts "Auge" überprüft, ob die

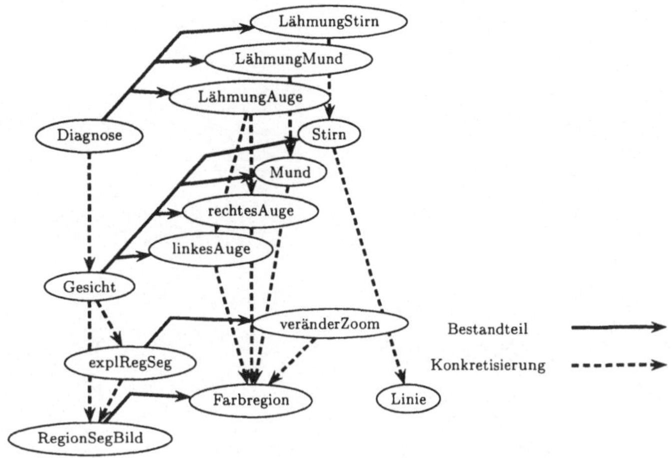

Bild1. Repräsentation von Wissen über Gesichter und Kameraaktionen

Größenverhältnisse denen eines Auges entsprechen, ob die Farbverteilung der erwarteten entspricht, etc.

Ist das Konzept "Auge" instantiiert, so kann die Instantiierung von "LähmungAuge" erfolgen. Dazu werden an der Stelle der Augenposition im Farbbild Merkmale extrahiert. Anhand von medizinischen Wissen und der Symptome kann dann der Lähmungsgrad bestimmt werden.

Sind alle Gesichtsmerkmale analysiert, so kann der Gesamtlähmungsgrad ermittelt und ein Diagnosevorschlag gemacht werden.

Während der Analyse von Gesichtsbildern bildet das in der Wissensbasis repräsentierte Wissen die Grundlage für die Interpretation der Bilder. Gesucht ist hierbei eine Interpretation die optimal zu den Daten paßt und kompatibel ist mit dem in der Wissensbasis gespeicherten Wissen. Aufgrund von Fehlern in der Segmentierung und Mehrdeutigkeiten in der Wissensbasis (Modalitäten) wird das Finden der Interpretation auf ein Suchproblem reduziert, das mit Suchalgorithmen wie zum Beispiel dem A*–Algorithmus oder iterativen Optimierungsverfahren gelöst werden kann.

Die Instantiierung der Wissensbasis erfolgt momentan datengetrieben. Dazu wird zunächst modellgetrieben ein sogenannter Instantiierungspfad gebildet, durch den die Instantiierungsreihenfolge vorgegeben wird.

Im Bild 3 sind Regionen dargestellt, die aus Bild 2 segmentiert wurden und dem semantischen Netz zur Analyse übergeben werden.

4 Experimente

Experimente wurden bislang mit einem Teilnetz des vorgestellten semantischen Netzes durchgeführt. Gefordert wurde die Instantiierung eines Gesichts, das aus einem Mund und zwei Augen besteht.

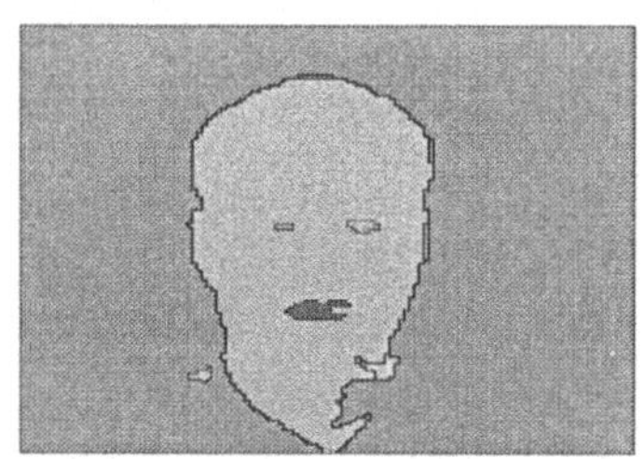

Bild2. Original

Bild3. Regionensegmentierung

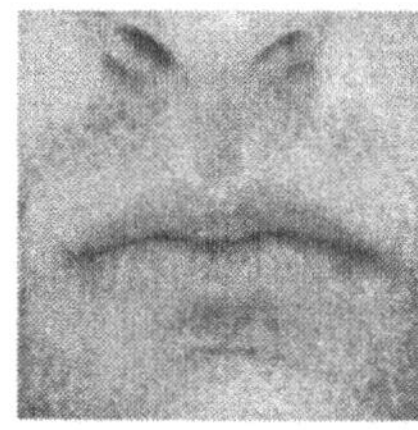

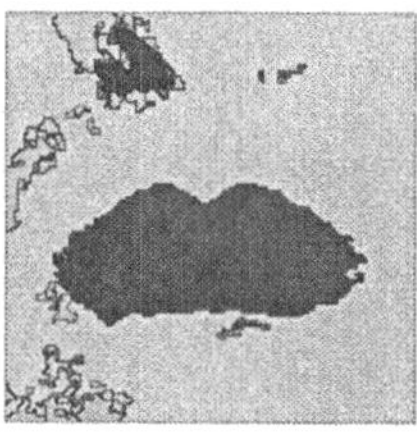

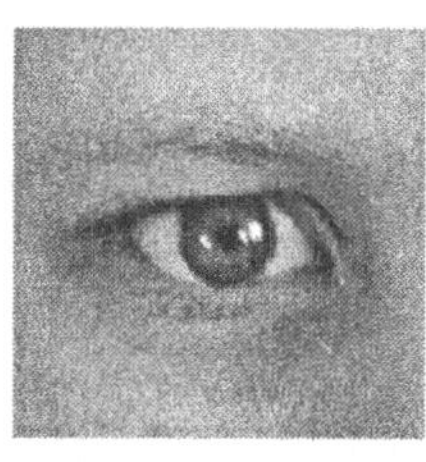

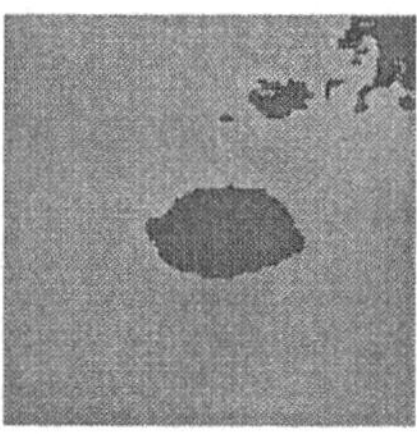

Bild4. Mund   **Bild5.** Segmente   **Bild6.** Auge   **Bild7.** Segmente

In den Bildern 4,5,6,7 werden die Originale und die automatisch segmentierten Regionen gezeigt, die dem semantischen Netz übergeben und von ihm zur Instantiierung verwendet werden.

Die Experimente wurden mit 9 Personen durchgeführt. Teilweise trugen die Personen Brillen oder Bart. Die Beleuchtung der beiden Gesichtshälften war unterschiedlich. Die rechte Gesichtshälfte wurde von einer Glühbirne beleuchtet, die linke von Tageslicht. Daraus ergaben sich starke Qualitätsunterschiede in der Augensegmentierung.

Die Kameraaktionen sind bislang in [9] konzeptionell realisiert, hier jedoch nur konzipiert und noch nicht im System implementiert. Daher wurde die Kamera von Hand geführt und dem System die so generierten Bilder übergeben.

Erkennungswahrscheinlichkeit Auge (Tageslicht)	0,54
Erkennungswahrscheinlichkeit Auge (Glühbirne)	0,77
Erkennungswahrscheinlichkeit Mund	0,88
Dauer Vorverarbeitung	4s
Dauer Instantiierung	10s

Tabelle1. Erste Ergebnisse

Tabelle 1 verdeutlicht, daß die Qualität einer regionbasierten Segmentierung von Gesichtsmerkmalen, speziell den Augen, stark von der Beleuchtung (Helligkeit *und* Temperatur) abhängt. Die gemessenen Zeiten wurden auf einer SGI O2 (R10000, 250 MHz) ermittelt.

5 Zusammenfassung

In diesem Beitrag stellen wir einen zentralen Teil eines Systems zur Diagnoseunterstützung von Patienten mit Gesichtslähmungen vor. Es handelt sich um das automatische Generieren von Nahaufnahmen der Gesichtsmerkmale Stirn, Augen, Nase und Mund. Die Implementierung erfolgte wissensbasiert und setzte auf dem semantischen Netzwerkformalismus **ERNEST** auf.

In einem regionensegmentierten Gesichtsbild werden die möglichen Regionen der Gesichtsmerkmale angezoomt. Vom semantischen Netz wird wiederum verifiziert, ob sich in den Bilddaten die gewünschten Gesichtsmerkmale befinden. Ist das der Fall, so können mit anschließenden Methoden Merkmale aus den Bildern extrahiert werden, aus denen dann anhand medizinischen Wissens eine Diagnose automatisch berechnen werden kann.

References

1. U. Ahlrichs, D. Paulus, S. Wolf: *Objektivierung der Beurteilung von Gesichtsasymmetrien durch Bildanalyse*, in T. Lehmann, I. Scholl, K. Spitzer (Hrsg.): *Workshop Bildverarbeitung für die Medizin*, Aachen, 1996, S. 125–130.
2. J. Aloimonos, I. Weiss, A. Bandyopadhyay: *Active Vision*, *International Journal of Computer Vision*, Bd. 2, Nr. 3, 1988, S. 333–356.
3. G. Chow, X. Li: *Towards A System For Automatic Facial Feature Detection*, *Pattern Recognition*, Bd. 26, 1993, S. 1739–1755.
4. V. Fischer: *Parallelverarbeitung in einem semantischen Netzwerk für die wissensbasierte Musteranalyse*, Dissertation, Technische Fakultät, Universität Erlangen–Nürnberg, Erlangen, 1995.
5. R. Herpers, H. Rodax, G. Sommer: *A neural network identifies faces with morphological syndrome*, in S. Andreassen (Hrsg.): *Artificial Intelligence in Medicine*, IOS Press, Amsterdam, 1993, S. 481–485.
6. J. W. House: *Facial Nerve Grading Systems*, *Laryngoscope*, Bd. 93, 1983, S. 1056–1069.
7. D. McKeown, W. Harvey, J. McDermott: *Rule-Based Interpretation of Aerial Imagery*, *IEEE Trans. on Pattern Analysis and Machine Intelligence*, Bd. 7, Nr. 5, 1985, S. 570–585.
8. H. Niemann, G. Sagerer, S. Schröder, F. Kummert: *ERNEST: A Semantic Network System for Pattern Understanding*, *IEEE Transactions on Pattern Analysis and Machine Intelligence (PAMI)*, Bd. 9, 1990, S. 883–905.
9. D. Paulus, U. Ahlrichs, B. Heigl, H. Niemann: *Wissensbasierte aktive Szenenanalyse*, in P. Levi (Hrsg.): *Mustererkennung 1998*, Springer, Heidelberg, September 1998, S. 185–192.
10. R. Rimey: *Control of Selective Perception using Bayes Nets and Decision Theory*, Department of Computer Science, College of Arts and Science, University of Rochester, Rochester, New York, 1993.
11. S. J. Russell, P. Norvig: *Artificial Intelligence. A Modern Approach*, Prentice-Hall, Englewood Cliffs, NJ, 1995.
12. G. Sagerer: *Darstellung und Nutzung von Expertenwissen für ein Bildanalysesystem*, Springer, Berlin, 1985.
13. G. Sagerer, H. Niemann: *Semantic Networks for Understanding Scenes*, Advances in Computer Vision and Machine Intelligence, Plenum Press, New York and London, 1997.
14. E. Stennert, C. H. Limberg, K. P. Frentrup: *Parese- und Defektheilungs-Index*, *HNO*, Bd. 25, 1977, S. 238–245.

Experimente mit mehrschichtigen Perzeptron-Netzen zur Vorverarbeitung und Merkmalgewinnung auf den SLDF-Perfusionsbildern der Netzhaut

István Pál[1], Heinrich Niemann[2] und Georg Michelson[1]

[1] Augenklinik mit Poliklinik Universität Erlangen–Nürnberg
Schwabachanlage 6. (Kopfklinikum), D–91054 Erlangen
Email: inpal@cip.informatik.uni-erlangen.de
[2] Lehrstuhl für Mustererkennung (Informatik5)
Universität Erlangen–Nürnberg
Martenstraße 3. D–91058 Erlangen

Zusammenfassung In dieser Arbeit werden die Möglichkeiten der Vorverarbeitung und Merkmalgewinnung der Netzhautbilder mittels neuronaler Netze bzw. mehrschichtigem Perzeptron–Modell (MLP) zur automatischen Auswertung dieser Bilder vorgestellt.

Schlüsselwörter: Neuronales Netz, Mehrschichtiges Perzeptron, Scanning–Laser–Doppler–Flowmetrie

1 Einleitung

Eine Reihe von Augenerkrankungen beruhen auf Zirkulationstörungen in der retinalen und papillären Strombahn. Da können die häufigsten Zirkulationserkrankungen, wie z.B. das Glaukom und Diabetes erwähnt werden, wobei die rechtzeitige Erkennung wegen der irreversibilen Veränderung und Absterben des Gefäßsystems große Bedeutung hat. Bei diesen Erkrankungen ist die Untersuchung der retinalen Kapillaren und der Gefäßsysteme sehr wichtig.

Die Bilder von Netzhaut werden mittels Scanning Laser Doppler Flowmetrie (SLDF) aufgenommen, die ein nicht-invasives Verfahren ist, das die Visualisierung des retinalen Gefäß- und Kapillarsystems durch eine 2-dimensionale Darstellung der retinalen Blutzirkulation ermöglicht [1].

Zur Vorverarbeitung und Merkmalgewinnung der Retinabilder werden neuronale Netze, mehrschichtigem Perzeptron–Modell (MLP) verwendet, um die Verarbeitungszeit zu reduzieren. Solche Verarbeitungsschritten sind z.B. die Kapillarhervorhebung und die Skelettierung der Gefäße.

2 Mehrschichtiges Perzeptron–Modell

Bei dem mehrschichtigen Perzeptron–Modell (MLP) wird ein $n \times n, n = 3, 5, 9, \ldots$ Eingang verwendet, dessen Referenzpunkt auf dem Eingangsbild mit Bildgöße

Abbildung1. *Links:* Mehrschichtiges Perzeptron *Rechts:* Mit shortcut Verbindungen

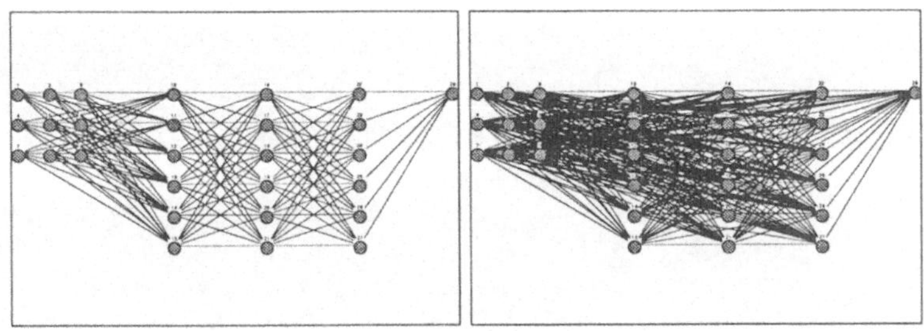

von $N \times M$ von Punkt zu Punkt verschoben wird. Die Topologie des Netzes ist vorwärtsgekoppelt, in dem die verborgenen Schichten voll bzw. short cut miteinander verbunden sind (siehe Abb. 1). Als Aktivationsfunktion der Neuronen war die sigmoide Funktion verwendet. Der Ausgangsneuron wird zu einem Ausgangsbild mit Bildgröße von $(N - \frac{n-1}{2}) \times (M - \frac{n-1}{2})$ zugeordnet, entsprechend der Verschiebung des Einganges [2]. Zur Verschiebung des Einganges auf dem Bild kann verschiedene Schrittgröße (1-5) gewählt werden. Als Lernverfahren wurden der Backpropogation (Bprop) und der Resilientpropogation (Rprop) Algorithmus verwendet und verglichen.

3 Vorverarbeitung und Merkmalgevinnung mit MLP

Es wurden für die mehrschichtigen Perzeptrone [3, 4] 3×3 und 9×9 Input gewählt. Das MLP besteht aus drei verborgenen Schichten und einem Ausgang. Es wird erwartet, daß die langsame, iterative und nichtlineare heuristische Verfahren, wie z.B. die Kapillarhervorhebung [5] und die Skelettierung [6] durch MLP ersetzbar werden.

3.1 Kapillarhervorhebung

Die Kapillarhervorhebung ermöglicht eine bessere Visualisierung der Gefäßstrukturen. Das ist bei der ärztlichen und auch bei der computerunterstüzten Beurteilung der Zirkulationsstörungen des Auges unerläßlich. In diesem Vorverarbeitungsschritt, also in der sogenannten Kapillarhervorhebung werden die Kapillaren durch eine nichtlineare iterative Kontrastverstärkung im Linienbereich (1–2 pixelbreite Gefäße) [5] hervorgehoben. Vom Ergebnisbild dieser Kapillarhervorhebung können die wichtigen Merkmale der Zirkulationstörungen, wie die Länge der Gefäße (durch Skelettierung), die Größe des kapillarfreien Gebietes und die Anzahl der Gefäßverzweigungen festgestellt. Es wird ein neuronales Netz gesucht, das dieses Verfahren verwirklicht. Als "Lernbilder" wird ein Bildpaar, Originalbild und das Ergebniss des heuristischen Verfahrens verwendet. Die Gewichte des Perzeptronnetzes werden durch den Lernverfahren Backpropogation

Abbildung2. Kapillarhervorhebung mit MLP mit 3×3 bzw. 9×9 Input

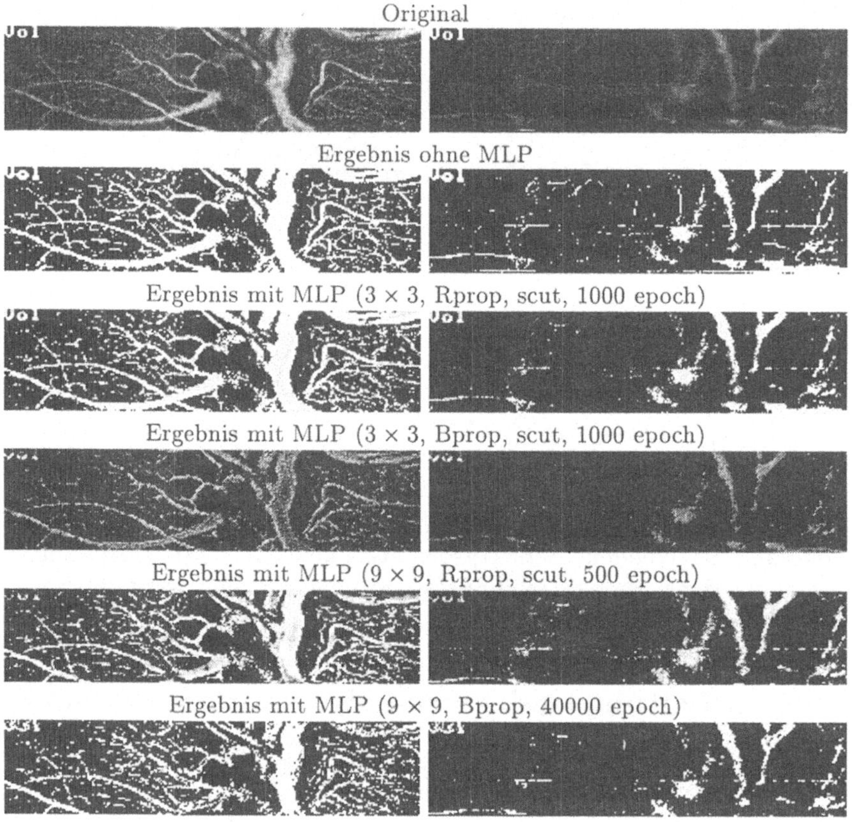

und Resilientpropogation bestimmt. Das Lernen wird unter einem bestimmten Netzfehler abgebrochen. Die Ergebnisse der beiden Lernverfahren bei einer gesunden und einer glaukomatösen Aufnahme sind auf der Abbildung 2 zu sehen.

3.2 Skelettierung

Das Skelett eines Bildes wird durch iterative Verwendung des Skelettierungsverfahrens festgestellt, das ebenfalls ein zeitaufwendiges Verfahren ist. Die Mittellinien der Gefäße auf den SLDF–Bildern werden auch durch Skelettierung bestimmt, die bei der Unterscheidung zwischen gesunder und veränderter Gefäßstruktur als Merkmal angewandt werden. Durch MLP wird es versucht, den mehrmaligen Durchlauf auf den Bilder, das das Skelettierungsverfarhen verlangsamt, zu vermeiden. Als teaching input wurde das Verdünnungsverfahren [6], das ein optimales Ergebniss auf den SLDF–Bildern als Skelettierung liefert, verwendet. Es wurde versucht, aus dem Originalbild das gewünschte Skelettbild

Abbildung3. Grauwertskelettierung mit MLP

Original

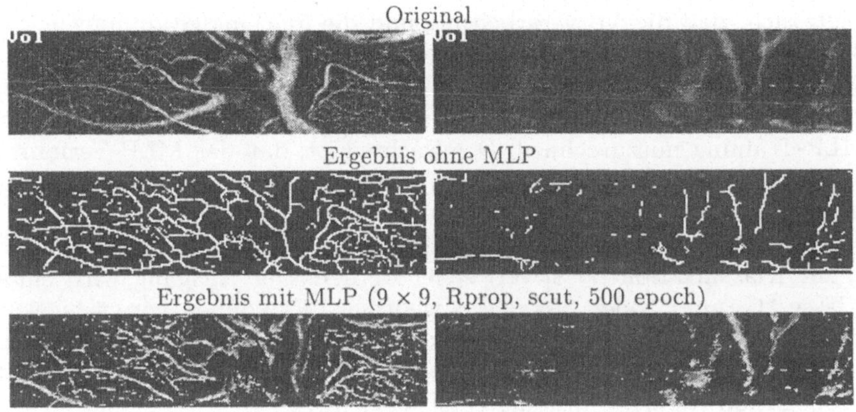

Abbildung4. Binärskelettierung mit MLP

Original

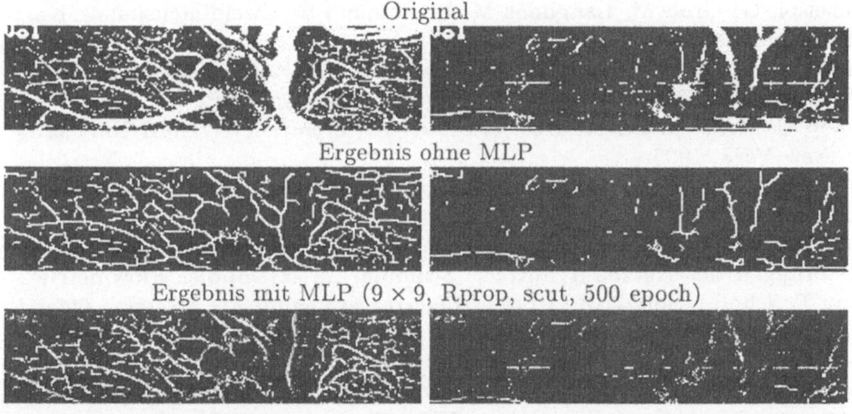

(Grauwertskelettierung) zu lernen bzw zu erreichen (siehe Abb. 3). Das Ergebniss ausgehend aus dem binarisierten und kapilarhervorhebten Bild (siehe Abb. 4) war wesentlich besser.

3.3 Kapillarfreies Gebiet

Das kapillarfreie Gebiet ist auch ein weiteres Merkmal, das bei der Erkennung der Zirkulationsstörungen verwendet werden kann. Das Verfahren beruht auch auf einem iterativen Verfahren mit Rekurzionen [5, 7]. Dieses Verfahren kann ähnlich wie in den Abschnitten 3.1 und 3.2 durch MLP herausgearbeitet werden.

4 Zusammenfassung und Ausblick

Es zeigte sich, daß die Vorverarbeitung und die Merkmalgewinnung mit MLP mit 3×3 Input, 3 verborgenen Schichten und mit Resilientpropagation herausgearbeitet werden können. Der Vorteil dieses MLP-Verfahrens besteht darin, daß es mehrfach schneller ist, als die heuristischen Methoden, natürlich ohne die Zeit der MLP-Training mitzurechnen. Der Nachteil ist, daß das MLP-Verfahren die Genauigkeit der heuristischen Verfahren nur approximiert und die Trainingszeit lang sein kann.

Die mit MLP hergestellten Merkmale können als Eingang einer neuronalen Netze zur Klassifikation [7, 8] verwendet werden. Der Ausgang wird entweder der Klasse "Gesund" oder "Krank" zugeordnet. Es können vorwärtsgekoppelte Netze mit einer und mehreren verborgenen Schichten verwendet werden. Als Lernverfahren kann der Backpropogation, der Quickpropogation oder der Resilientpropogation Algorithmus eingesetzt werden [7].

Literatur

1. Michelson G, Groh M, Langhans M. J, Schmauß B: Zweidimensionale Kartierung der retinalen und papillären Mikrozirkulation mittels Scanning Laser Doppler Flowmetrie. *Klinische Monatsblätter für Augenheilkunde*, 207(3):180–190, 1995.
2. Zell A, et. all : *SNNS. User Manual Version 4.1*, 1995.
3. Bishop C. M: *Neural Networks for Pattern Recognition*. Oxford University Press Inc, New York, 1995.
4. Kulkarni A. D: *Artificial Neural Networks for Image Understanding*. International Tomhomson Publishing, New York, 1994.
5. Pál I, Michelson G, Niemann H, Welzenbach J: Erkennung von Mikrozirkulationsstörungen der Netzhaut mittels "Scanning Laser Doppler Flowmetrie". Lehmann T, Scholl I, Spitzer K (Hrsg.), *Bildverarbeitung für die Medizin: Algorithmen–Systeme–Anwendungen Proceedings des Aachener Workshops*, Verlag der Augustinus Buchh., Aachen, S. 89–94, November 1996.
6. Zhou R. W, Quek C, Ng G. S: A novel single-pass thinning algorithm and an effective set of performance citeria. *IEEE Trans. on Pattern Recognition Letters*, 16:1267–1275, 1995.
7. Pál I, Niemann H, Michelson G: Evaluation of retina pictures using "Scanning Laser Doppler Flowmetrie" with neuronal networks. *Magyar Képfeldolgozók és Alakfelismerők Országos Konferenciája, Konferenciakiadvány*, Keszthely/Hungary, S. 18–24, Oktober 1997.
8. Pál I, Niemann H, Michelson G: Neuronale Netze zur automatischen Auswertung der Zirkulationsstörungen der Netzhaut auf den SLDF-Perfusionsbildern. Lehmann T, Metzler V, Spitzer K, Tolxdorff T (Hrsg.), *Bildverarbeitung für die Medizin 1998: Algorithmen–Systeme–Anwendungen Proceedings des Aachener Workshops*, Springer–Verlag, Berlin, Informatik aktuell, S. 318–322, März 1998.

Quantifizierung

Quantifizierung von Lungenarterienvolumina und perivaskulären Fibrosierungen bei Patienten mit fibrosierenden Lungengerüstveränderungen

Helmut König[1], Jens J. Froelich[1], Lennard Knaak[2], Wolf Spindler[3], Stefan Krass[3], Heinz-Otto Peitgen[3], Klaus J. Klose[1]

[1]Philipps Universität Marburg, Abteilung für Strahlendiagnostik
Baldingerstraße, 35033 Marburg
[2]Philipps Universität Marburg, Zentrum für Innere Medizin
Baldingerstraße, 35033 Marburg
[3]MeVis, Centrum für Medizinische Diagnosesysteme und Visualisierung GmbH
Universitätsallee 29, 28359 Bremen
Email: koenig1@mailer.uni-marburg..de

Zusammenfassung. Prospektiv wurden je fünf Patienten mit cardiopulmonalem Normalbefund und Lungenfibrose mittels Thorax Spiral-Computertomographie (CT) und Rechtsherzkatheteruntersuchung zur Abklärung eines obstruktiven Schlafapnoesyndroms bzw. pulmonaler Hypertonie untersucht. In den Spiral-CT-Volumendatensätzen wurden seitengetrennt die Lungen segmentiert. Anschließend wurde der pulmonalarterielle Gefäßbaum mit einem Gefäßverfolgungsalgorithmus rekonstruiert. Das auf Body Mass Index (BMI) normierte Lungenvolumen ist bei Lungenfibrosepatienten verringert (p<0,01). Das durch den Gefäßverfolgungsalgorithmus erhaltene Volumen, setzt sich bei Lungenfibrosen aus den Volumina der Pulmonalarterien, perivaskulärem Ödem und fibrotischen Einlagerungen zusammen und nimmt gegenüber Normalbefunden zu (p<0,01). Die Korrelation zwischen pulmonalarteriellem Mitteldruck und den auf BMI normierten Volumina beträgt: Pearson r=0,73, p=0,02.

Schlüsselwörter: Spiral-CT, Segmentierung, Pulmonalarterielles Gefäßvolumen, Lungenvolumen

1 Einleitung

Die Studie sollte zeigen, ob die Thorax Spiral-Computertomographie für die Beantwortung folgender Fragen geeignet ist:

0   Korrelieren volumetrische Daten mit funktionellen cardiopulmonalen Parametern?

1   Läßt sich das Ausmaß von Lungenfibrosen quantifizieren?

1.1 Beurteilung des pulmonalarteriellen Drucks

Standarduntersuchungsverfahren und invasive Methode zur Bestimmung des pulmonalarteriellen Drucks ist die Rechtsherzkatheteruntersuchung, bei der ein Katheter über die Vena cava superior, Herzvorhof und -kammer in die Lungenarterie vorgeschoben wird. Lungenfibrosen führen als interstitielle Lungenerkrankung häufig zu pulmonaler Hypertonie. Untersucht wurde deshalb, ob der pulmonalarterielle Druck als funktioneller Parameter durch ein nichtinvasives Untersuchungsverfahren geschätzt werden kann.

Bisher gebräuchliche Kriterien zur Beurteilung einer pulmonalarteriellen Druckerhöhung sind u.a.:

0   Erweiterung des Ramus descendens der rechten Arteria pulmonalis im Thoraxröntgenbild. Hier ist nur eine grobe Schätzung des Drucks möglich. Die Beurteilbarkeit der Gefäßweite ist durch projektionsbedingte Überlagerungen der Zielstruktur limitiert.

1   Computertomographische Messung der Weite des Truncus pulmonalis und der Pulmonalarterienhauptstämme. Im Schnittbild ist eine überlagerungsfreie Darstellung der genannten Gefäße möglich. Von den arteriellen Gefäßweiten kann auf die Höhe des Lungengefäßdruckes geschlossen werden [1,2,3]. Darstellung und quantitative Auswertung des Gefäßbaums und parenchymatöser Veränderungen sind mit den beschriebenen Methoden nicht möglich.

1.2 Gefäßanatomie der Lunge

Aus der rechten Herzkammer geht der Truncus pulmonalis als gemeinsamer Gefäßstamm der rechten und linken Lungenarterie hervor. Die Lungenarterien verzweigen in Segment- und Subsegmentbronchien begleitende Äste (Abb. 1) und enden in kapillären Netzen, die in den Alveolarwänden liegen. Lappenbronchien führen bei der linken Lunge zu Ober- und Unterlappen, rechts zusätzlich zum Mittellappen. Die Lungenlappen sind durch Fissuren getrennt, in deren Bereich gefäßarme Zonen liegen.

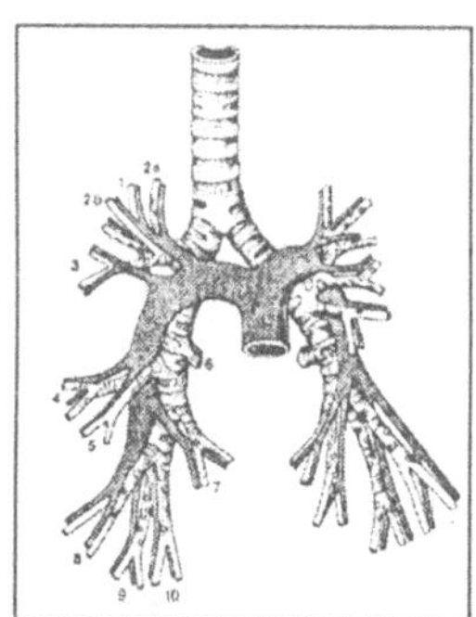

Abb. 1 Segmentbronchien und begleitende Arterien (nach von Hayek [4])

Lungenvenen bringen das oxygenierte Blut zum linken Vorhof des Herzens. Sie verlaufen unabhängig von zentral gelegenen Bronchien sowie den begleitenden Lungenarterienästen zwischen den bronchopulmonalen Segmenten und schließen sich den Hauptstämmen der Bronchien nur zentral am Lungenhilus an. Im Gegensatz zu den beschriebenen Pulmonalgefäßen (Vasa publica), die am Gasaustausch beteiligt sind, versorgen Bronchialgefäße (Vasa privata) die bindegewebigen Anteile der Lunge.

2 Material und Methode

Je 5 Normalbefunde und computertomographisch gesicherte Lungenfibrosen wurden untersucht. 3 von 5 Patienten der Lungenfibrosegruppe wiesen eine Erhöhung des pulmonalarteriellen Mitteldrucks von mindestens 20 mmHg auf (oberer Normwert der Rechtsherzkatheteruntersuchung: 18 mmHg).

2.1 Untersuchungsverfahren

Die Spiral-CT Untersuchung des Thorax wurde an einem Siemens Somatom Plus 4 Computertomographen mit folgenden Untersuchungsparametern durchgeführt: Röhrenspannung 140 kV, Stromstärke-Zeitprodukt 210 mAs, Rotationszeit des Röntgenstrahlenfächers 0,75 s, Inkrement 2mm. Intravenös wurden 80 ml Kontrastmittel mit einer Flußgeschwindigkeit von 2,5 ml/s gegeben. Die Zahl der Schichtbilder, die aus dem Volumendatensatz rekonstruiert wurden, lag je nach Körpergröße zwischen 110 und 148 bei einer Bildmatrix von 512 x 512 Pixeln mit 12 Bit Graustufentiefe.

Rechtsherzkatheteruntersuchung und Spirometrie wurden in üblicher Weise durchgeführt. Ziel der Untersuchungen war die diagnostische Klärung von Schlafapnoesyndromen bzw. pulmonalen Hypertonien. Das Studienprotokoll wurde durch die Ethikkommission des Universitätsklinikums Marburg genehmigt.

2.2 Segmentieren des bronchoalveolären Volumens und Lungenarterienrekonstruktion

Entwicklung und Implementierung der verwendeten Bildverarbeitungsalgorithmen und IlabMed-Software erfolgte durch das Centrum für Medizinische Diagnosesysteme und Visualisierung GmbH (MeVis).

Zunächst wurde die rechte und linke Lunge (bronchoalveoläres Volumen) seitengetrennt mit einem einfachen Schwellwertverfahren und anschliessendem Closing segmentiert (Abb. 2 links). Die Bildmatrix wurde hierzu auf ein Viertel der Originalgröße skaliert. Mit diesem Schritt wurden für die weitere Bildverarbeitung irrelevante Umgebungsstrukturen wie mediastinale Organe und knöcherner Thorax entfernt, um ein Auslaufen bei der Rekonstruktion des pulmonalarteriellem Gefäßbaums zu verhindern und das bronchoalveoläre Volumen zu bestimmen.

Anschliessend wurde ein Saatvoxel hilusnah im Hauptstamm der Arteria pulmonalis gesetzt. Durch den verwendeten Gefäßverfolgungsalgorithmus [5,6] wird der Gefäßbaum rekonstruiert (Abb. 2 rechts). Vom Saatvoxel ausgehend, wird überprüft, ob die angrenzenden Voxel (26er-Nachbarschaft) zum Objekt gehören (Grauwertintervall von 424 bis 4096). Es entwickelt sich eine Wellenfront, deren Ausdehnungsrichtung durch Markierung und Bestimmung der Eingangsrichtung der in der Wellenfront enthaltenen Voxel festgelegt wird. Die Teilungsstellen der Wellenfront bilden die Knotenpunkte des symbolischen Baums und dienen zur Unterscheidung von Gefäßabschnitten und -ästen [6]. Durch diese Analyse können nicht zum Gefäßbaum gehörige Strukturen (z.B. Teile der Trachea) entfernt werden, die somit nicht in die Volumenberechnung eingehen.

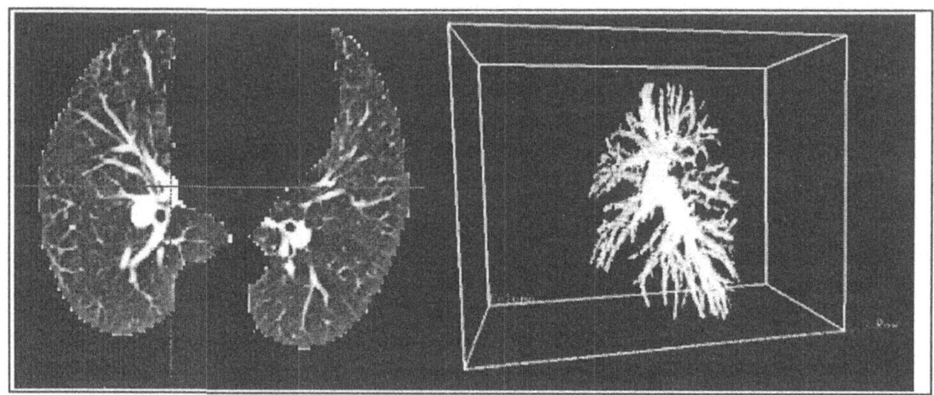

Abb. 2 Segmentieren der Lunge und Rekonstruktion des Gefäßbaums

3 Erste Ergebnisse

Bei der Lungenfibrosegruppe ist gegenüber cardiopulmonalen Normalbefunden:

0   das auf Body Mass Index normierte Lungenvolumen verringert (Wilcoxon-Mann-Whitney U=0,0, p<0,01)

1   das durch den Gefäßverfolgungsalgorithmus segmentierte, auf BMI normierte Volumen, das sich aus den Volumina der Pulmonalarterien, perivaskulärem Ödem und fibrotischen Einlagerungen zusammensetzt erhöht (Wilcoxon-Mann-Whitney U=0,0, p<0,01)

2   Zwischen den Spirometriewerten Vitalkapazität (Volumen zwischen maximaler Ein- und Ausatmung) und FEV1% (prozentualer Anteil der forcierten expiratorischen Einsekundenkapazität an der Vitalkapazität) bestehen keine signifikanten Unterschiede. (Vitalkapazität: U=9,0 p=0,90, FEV1% U=8,0 p=0,73)

3   Pulmonalarterieller Mitteldruck und die unter 2 beschriebenen, auf BMI normierten Volumina korrelieren: Pearson r=0,73, p=0,02.

4 Diskussion

Mit dem vorgestellten Verfahren war die Darstellung der Lungenarterien und quantitative Auswertung der beschriebenen Volumina bei allen Patienten möglich. Die computertomographische Bildacquisition kann, um atmungsbedingte Bewegungsartefakte auszuschließen, in Inspiration und Apnoe durchgeführt werden. Die Darstellung des Gefäßbaums zur morphologischen Beurteilung und quantitativen Auswertung ist in guter Qualität möglich.

Das bronchoalveoläre Volumen nimmt bei Lungenfibrosen ab. Dieses Ergebnis steht im Einklang mit der Abnahme der totalen Lungenkapazität und Vitalkapazität bei restriktiven Lungenerkrankungen. Spirometrisch bestand jedoch kein signifikanter Unterschied der Vitalkapaziät zu Normalbefunden. Dies ist wahrscheinlich durch die geringe Fallzahl und die relativ hohe Varianz der Vitalkapazitätswerte in der Fibrose-gruppe bedingt. Die Totalkapazität der Lunge wurde nicht bestimmt.

Die Zunahme des mit dem Gefäßverfolgungsalgorithmus rekonstruierten Volumens bei perivaskulären fibrotischen Einlagerungen verspricht einen Ansatz zur Quantifizierung des Schweregrades von Lungenfibrosen und, durch die Korrelation mit der Höhe der pulmonalarteriellen Druckwerte, die nichtinvasive Schätzung des pulmonalarteriellen Drucks. Die Darstellung der Gefäße ist darüber hinaus für die Beurteilung von Gefäßveränderungen bei pulmonalen Hypertonien, Embolien und interstitiellen Lungenerkrankungen medizinisch von Interesse. Für die Differenzierung einzelner Erkrankungsfaktoren ist eine größere Fallzahl und die Aufnahme von Fällen primär arterieller Hypertonie notwendig.

5 Literatur

1. Kuriyama K, Gamsu G, Stern RG, Cann CE, Herfkens RJ, Brundage BH: CT-determined pulmonary artery diameters in predicting pulmonary hypertension. Invest Radiol, 19: 16-22, 1984.
2. Moore NR, Scott JP, Flower CDR, Higenbottam TW: The relationship between pulmonary artery pressure and pulmonary artery diameter in pulmonary hypertension. Clinical Radiology, 39: 486-489, 1988.
3. Haimovici JB Ackman, Trotman-Dickenson B, Halpern EF, Dec GW, Ginns LC, Shepard JO, McLoud TC: Relationship between pulmonary artery diameter at computed tomography and pulmonary artery pressures at right-sided heart catheterization. Acad Radiol, 4:327-334, 1997.
4. von Hayek H: Die menschliche Lunge. Berlin, 2. Auflage 1970.
5. Zahlten C, Jürgens H, Evertsz CJG, Leppek R, Peitgen H-O, Klose KJ: Portal vein reconstruction based on topology. Eur J Radiol, 19: 96-100, 1995.
6. Zahlten C, Jürgens H, Peitgen H-O: Reconstruction of branching blood vessels from CT-data. In Göbel M, Müller H, Urban B (Hrsg.): Visualization in Scientific Computing. Springer Verlag, Wien, 41-52, 1995.

Dreidimensionale Parameterdarstellungen der Kontrastmittelanreicherung bei dynamischer MR-Mammographie

Jürgen Beier, Thomas Büge, Torsten Rohlfing, Hans Oellinger und Roland Felix

Strahlenklinik, Charité, Campus Virchow-Klinikum
Augustenburger Pl. 1, 13353 Berlin
Email: juergen.beier@charite.de

Zusammenfassung. Bei dynamischen Kontrastmittel-Studien können spezifische Merkmale der Zeit/Intensitäts-Kurve eines jeden Bildpunktes verwendet und in Form von Parameterbildern dargestellt werden. Aufbauend auf bestehenden Konzepten der zweidimensionalen Analyse der KM-Dynamik soll eine dreidimensionale Erweiterung mit adäquater computergraphischer Visualisierung realisiert werden. Von den akquirierten MR-Mammographien wurden unterschiedliche 2D- und 3D-Parameter-Darstellungen berechnet: 1) Maximum-Intensitäts-Projektion (TMIP) aller Pixel als Funktion über die Zeit, 2) zeitliche KM-Gradienten (TG) anhand der ZIK-Amplitude, 3) maximale ZIK-Steigung/Gefälle, 4) Zeitpunkte der ZIK-Maxima, 5) Korrelationskoeffizienten zu Vergleichs-ZIK. Die berechneten 3D-Daten der KM-Anreicherung wurden mittels multiplanarer Reformatierung, MIP, Oberflächenrekonstruktion, Volume Rendering und Textur-Mapping visualisiert und animiert. Die exakte Quantifizierung von Präsenz, Grad und Ankunftszeit des Kontrastmittels in lokalen Bildregionen unterstützt die Beurteilung der Vaskularisation sowie von ischämischen bzw. nekrotischen Arealen.

Schlüsselwörter: Kontrastmitteldynamik, Parameterbilder, Mamma, MRT

1 Einleitung

Die quantitative Analyse der Passage und des Anreicherungsverhaltens von Kontrastmittel (KM) nach Bolusinjektion und dynamischer Bildgebung bleibt, sowohl bei der Computertomographie (CT) wie auch üblicherweise bei der Magnetresonanztomographie (MR), auf eine einzige - zweidimensionale - Bildebene beschränkt [1 - 6]. Weitere Limitierungen ergeben sich aus der geräteinternen Auswertungssoftware, die i.a. nur die Berechnung von Zeit/Intensitäts-Kurven (ZIK) in Regions-of-Interest (ROI) erlaubt. Durch moderne MR-Geräte ist eine schnelle, simultane Akquisition von gesamten dreidimensionalen (3D) Datensätzen in kurzen Zeitabständen durchführbar. Damit eröffnet sich auch die Möglichkeit, eine funktionale Analyse (durch Generierung von Parameterdarstellungen anhand diverser ZIK-Merkmale) nach dreidimensionalen Kriterien vorzunehmen. Aufbauend auf den herkömmlichen 2D-Verfahren wurde eine Software entwickelt, die darüberhinaus die Berechnung von dreidimensionalen funktionalen Datensätzen und eine adäquate Visualisierung mit unterschiedlichen computergraphischen Techniken erlaubt. Die hier vorgestellten Methoden zur 3D-Analyse sind auf beliebige Modalitäten anwendbar und werden am Beispiel der MR-Mammographie demonstriert.

2 MRT-Untersuchung und Nachbearbeitung

16 Patientinnen mit Mammaläsionen (Mammakarzinom n = 11, Metastasen eines Primärherdes n = 3, Adenom n = 1, Papillom n = 1) wurden mittels MR-Mammographie untersucht (Gyroscan ACS NT 15 1,5 Tesla (Philips, Eindhoven, Niederlande), schnelle 3D-Gradientenecho-Sequenz (FFE, T1-gewichtet, TR = 10 ms, TE = 3,9 ms, Flipwinkel 25°), Mamma-Doppelspule, 2,5 mm Schichtdicke, koronare Schichtführung, rechteckiges Meßfeld 350 x 175 mm, 40 Schichten, Matrix 256 x 192, intravenöse KM-Injektion von 0,2 mmol Gadolinium-DTPA (Magnevist, Schering AG, Berlin) pro kg Körpergewicht, 3 ml/s Fluß mittels Pumpe, keine Verzögerung, Nachinjektion eines Bolus von 20 ml NaCl). Nach der Nativaufnahme wurden im Abstand von je 90 Sekunden fünf weitere Untersuchungen durchgeführt (pro Patientin 240 Bilder).

Bei ausgeprägten Patienten- und/oder Organbewegungen wurde zur Korrektur eine in unserer Arbeitsgruppe entwickelte Software eingesetzt (Registrierung mittels sog. „Elastic Warping"), die die Bewegung zwischen Nativ- und KM-Bild in lokalen Bildarealen erkennt und diese Vektoren zur Berechnung von entsprechend entzerrten Bildern benutzt. Somit war sichergestellt, daß sich korrespondierende Bildareale innerhalb der zeitlichen Bildsequenz immer an identischen Positionen befanden. Einzelheiten zum Prinzip dieses Verfahrens und zur Anwendung bei Subtraktionsbildern unterschiedlicher Modalitäten finden sich unter [7, 8].

3 Parameter-Bilder

3.1 Zeitabhängige Maximum-Intensitäts-Projektion (TMIP):

Analog zur bekannten räumlichen MIP wurde jedes Pixel (Picture Element, 2D) respektive Voxel (Volume Element, 3D) an der Stelle $Pxy(z)$ über die Zeit t verfolgt, die korrespondierende ZIK dt berechnet und deren Maximum bestimmt (TMIP$Pxyz$ = Max(d1, d2, ..., dn)). Daraus resultierte ein Bild bzw. ein 3D-Datensatz, welcher für jedes Pixel/Voxel die maximale KM-Anreicherung innerhalb der zeitlichen Sequenz darstellt. Nicht-anreichernde anatomische Strukturen blieben in dieser Repräsentation unverändert sichtbar. Die Visualisierung erfolgte entweder bildweise für die untersuchte Schicht, bzw. für 3D-Daten mittels multiplanarer Reformatierung und (räumlicher) MIP.

3.2 Zeitliche KM-Gradienten (TG):

Bei diesen funktionalen Datensätzen wurde für alle Zeit/Intensitäts-Kurven dt an den Positionen $Pxyz$ die Amplitude (TGPxyz = d_{max} - d_{min}) bestimmt. Parameterbilder dieser Art zeigten Areale mit hoher KM-Anreicherung in hellen Grauwerten, geringe Signalanstiege entsprechend dunkler. Alternativ zum Minimalwert d_{min} konnte interaktiv ein Referenzbild, i.a. das Nativbild der Sequenz, festgelegt werden (TGPxyz = d_{max} - d_{ref}); dieser Ansatz war äquivalent zur TMIP angewandt auf die berechneten Subtraktionsbilder. Der Bereich der auszuwertenden Daten wurde durch folgende Einstellungen näher spezifiziert, die in der Software interaktiv und on-line gesteuert wurden: 1) zeitliches Fenster, 2) Grauwertfenster der zu berücksichtigenden Daten im Nativbild, 3) Bereich der ZIK-Amplitude, 4) Grauwertfenster des Ergebnisbildes. Die berechneten 2D-Parameterbilder wurden entweder alleine als Graustufenbild oder mit Projektion der farbkodierten Funktionswerte auf die CT-Aufnahmen angezeigt. Dreidimensionale TG-Datensätze wurden unter Verwendung der Visualisierungssoftware AVS (Advanced Visual Systems) mittels multiplanarer Reformatierung, (räumlicher) MIP, Volume Rendering sowie schwellenwertbasierter Oberflächenrekonstruktion dargestellt.

3.3 Steigung / Gefälle der ZIK:

Als weiteres Kriterium zur Auswertung der Zeit/Intensitäts-Kurven wurde die maximal aufgetretene Steigung bzw. das größte Gefälle der ZIK verwendet ($SLOPEP_{xyz}$ = $Max(s_1, s_2, ..., s_n)$, $s_i = (d_{i+1} - d_i)/(t_{i+1} - t_i)$). Die einstellbaren Parameter und Optionen zur Darstellung des Resultats bei diesem Merkmal sind analog zu den zeitabhängigen Gradienten (Beschreibung siehe oben).

3.4 Zeitpunkt der maximalen Anreicherung (ZMA):

Ausgehend von den Zeit/Intensitäts-Kurven *dt* der individuellen Pixel bzw. Voxel wurden funktionale Daten berechnet, welche die Zeiten der maximalen KM-Anreicherung farbkodiert repräsentierten. Jede Farbe in diesem Parameterbild symbolisierte einen bestimmten Zeitpunkt; als Zeitwert konnte hier das erstmalige Auftreten des z.B. 50%, 80%, 100%igen Maximums *tb%* nach Injektionsbeginn gewählt werden. In der entwickelten Software waren folgende Größen konfigurierbar: 1) zeitliches Fenster, 2) Grauwertfenster der zu berücksichtigenden Daten im Nativbild, 3) Farbtabelle und -kontrast des Ergebnisbildes, 4) Prozentwert *b%* des ZIK-Maximums, 5) ZIK-Amplitudenbereich. Dreidimensionale ZMA-Datensätze wurden mittels multiplanarer Reformatierung, Projektion der Funktionswerte auf die Originalbilder, sowie 3D-Abbildung der funktionalen Information auf die Oberflächen anatomischer bzw. KM-anreichernder Strukturen visualisiert. Diese Darstellungstechnik wurde auch als filmische Sequenz (MPEG-, Quicktime-Format) als Funktion über den Signalanstieg animiert. Dadurch wurde die Abbildung der ZMA-Zeiten auf verschiedene Isointensitäts-Oberflächen der KM-Anreicherung möglich und erlaubte die Zuordnung der zeitlichen Information zum Betrag des Signalanstiegs. Darüberhinaus wurde eine spezielle Volume-Rendering-Technik realisiert, bei der die Informationen von zwei unterschiedlichen funktionalen 3D-Datensätzen simultan zur Darstellung kam: 1.) der Betrag der KM-Anreicherung (TG) bestimmte die Helligkeit und Farbsättigung, 2.) anhand der ZMA-Daten wurde der Farbwert eines Voxels kodiert.

3.5 Korrelation mit Vergleichs-ZIK:

Bei diesem Parameterbild wurde für jeden Bildpunkt der Grad der Ähnlichkeit der aktuellen Zeit/Intensitäts-Kurve mit einer Vergleichskurve bildlich kodiert. Diese Referenz-ZIK konnte entweder anhand einer ROI der auszuwertenden Untersuchung bestimmt oder empirisch aus mehreren ZIK eines Patientenkollektivs definiert werden. Zwischer aktueller und Vergleichs-ZIK wurde pixelweise der Korrelationskoeffizient *r* berechnet und in das Parameterbild eingetragen. Dies konnte wahlweise für absolute oder relative (KM-Anstieg) Werte der ZIK durchgeführt werden. Regionen im Bild, die eine hohe Korrelation zur Referenz-ZIK erzielten, wurden im Parameterbild hell dargestellt; Regionen mit geringer Ähnlichkeit mit entsprechend dunklen Grautönen.

3.6 3D-Parameter-Darstellungen

Zusätzlich zu den oben beschriebenen 2D-Techniken wurden auch 3D-Parameterdarstellungen berechnet. Aus den dreidimensionalen TG-Daten wurden Objektoberflächen erzeugt, welche die Isoflächen der KM-Zunahme auf verschiedenen Niveaus darstellten. Zusätzlich zur exakten Tumordarstellung konnten die beiden Mammillen sowie venöse Gefäße unterschieden werden. Als weitere Information wurde die Zeit der maximalen Anreicherung mittels Textur-Mapping auf die Oberflächen farbkodiert in die Darstellung integriert. Des weiteren konnten bei den dreidimensionalen TG-Daten mittels MIP und Volume-Rendering Gefäße und KM-anreichernde Strukturen gut abgebildet und mittels computeranimierter Rotation räumlich hervorgehoben werden. Die projizierte Darstellung der ZMA-Information auf 1) 2D-Originalbilder, 2) berechnete multiplanare Schnittbilder, 3) 3D-Oberflächen anatomischer Strukturen und 4) 3D-Volume-Rendering der TG erlaubte eine exakte Zuordnung der Zeiten der ZIK-Maxima zur abgebildeten Anatomie bzw. zu KM-anreichernden Strukturen. Durch pixelbasierte Korrelation der TIK aller Bildpunkte mit einem beim Mammakarzinom häufig auftretenden KM-Anreicherungsverhalten ließen sich suspekte Areale der Untersuchungsdaten hervorheben und einer weitergehenden kritischen Analyse zuführen.

4. Diskussion

Ein Schwerpunkt dieser Arbeit stellt die Verknüpfung der dreidimensionalen Daten von Anatomie sowie Betrag und Zeiten der KM-Anreicherung dar. So konnte durch die Verwendung von segmentierten 3D-Gebieten die komplette Tumorregion von mehreren Schichtbildern in einer gemeinsamen ZIK zusammengefaßt werden. Über die Berechnung der ZIK-Mittelwerte hinaus dienten die Werte der Standardabweichungen zu den unterschiedlichen Akquisitionszeitpunkten zur Beurteilung der Homo- bzw. Heterogenität der KM-Anreicherung innerhalb einer Region und gestatteten die quantitative Bewertung von nekrotischen bzw. stark vaskularisierten Anteilen einer Läsion. Da bei diesen VOIs Verfälschungen der ZIK durch Mittelwertbildung auftreten können, ist zur individuellen Beurteilung einzelner Tumorgebiete die Aufteilung der Region in weitere Subareale oder die Darstellung mittels pixel-/voxelweiser Parameterbilder sinnvoll.

Die dreidimensionalen Parameterdarstellungen zum Grad der KM-Anreicherung in Kombination mit der Zeit des ZIK-Maximums erleichtern die Beurteilung der Position der Läsion relativ zu Gefäßen und anderen umgebenden Strukturen. Dies gilt insbesondere für die Videoanimationen, die die Läsion aus unterschiedlichen Perspektiven und mit variablen Parametern zeigen. Bei Läsionen, die in den 3D-Darstellungen von anderen Strukturen (z.B. Fettgewebe, diffus anreichernde Mastopathien) räumlich verdeckt wurden, ließen sich mittels multiplanarer Reformatierung der Parameterdaten dennoch weitere Informationen gewinnen.

Die 3D-Darstellung zum Grad der KM-Anreicherung in Kombination mit der farbkodierten Ankunftszeit in einem gemeinsamen Bild bietet weitere Möglichkeiten zur fusionierten Darstellung unterschiedlicher Parameterbilder wie z.B. der KM-Anreicherung in Verbindung mit anderen ZIK-Parametem (z.B. Kurvenintegral, Korrelationskoeffizienten mit Vergleichskurven typischer Läsionen, etc.).

Die in der Software verwirklichten Verfahren und Visualisierungstechniken zur dreidimensionalen KM-Analyse sind ohne Änderungen direkt auf andere Körperregionen und/oder bildgebende Modalitäten übertragbar.

Die exakte Quantifizierung von Präsenz, Grad und Ankunftszeit des Kontrastmittels in spezifischen Bildregionen ist von großem klinischen Interesse in der Beurteilung der Tumorvaskularisation sowie von ischämischen bzw. nekrotischen Arealen. Über die konventionelle Auswertung mittels Zeit/Intensitäts-Kurven in ROIs einer Schicht hinaus bieten die pixelbasierten Parameterdarstellungen weitere funktionale Merkmale, die als zusätzliche Kriterien zur Tumorklassifikation dienen können.

Danksagung

Diese Arbeit wurde von der Deutschen Forschungsgemeinschaft im Rahmen des Graduiertenkollegs GRA 331/1-97 gefördert.

5 Literatur

1. Behrens U, Teubner J, Evertsz CJG, Walz M, Jürgens H, Peitgen HO: Computer Assisted Dynamic Evaluation of Contrast-Enhanced Breast-MRI, Proc. Computer Assisted Radiology CAR 96: 362 – 367, 1996
2. Kuhl CK, Bieling HB, Gieseke J, Kreft BP, Sommer T. Lutterbey G, Schild HH: Healthy premenopausal breast parenchyma in dynamic contrast-enhanced MR imaging of the breast: normal contrast medium enhancement and cyclical-phase dependency. Radiology 203(1): 137 – 144, 1997
3. Kuhl CK, Bieling HB, Lutterbey G, Sommer T, Keller E, Schild HH: Standardisierung und Beschleunigung der quantitativen Analyse dynamischer MR-Mammographien durch Parameterbilder und automatisierte ROI-Definition. Fortschr. Röntgenstr. 164(6): 475 – 482, 1996
4. Boetes C, Barentsz JO, Mus RD, van der Sluis RF, van Erning LJ, Hendriks JH, Holland R, Ruys SH: MR characterization of suspicious breast lesions with a gadolinium-enhanced TurboFLASH subtraction technique. Radiology 193(3): 777 – 781, 1994
5. Fischer U, Heyden von D, Vosshenrich R, Vieweg I, Grabbe E: Signalverhalten maligner und benigner Lasionen in der dynamischen 2D-MRT der Mamma. Fortschr. Röntgenstr. 158(4): 287 – 292, 1993
6. Hess T, Knopp MV, Hoffmann U, Brix G, Junkermann H, Zuna I, von Fournier D, van Kaick G: Pharmakokinetische Analyse der Gd-DTPA-Anreicherung in der MRT beim Mammakarzinom. Fortschr. Röntgenstr. 160(6): 518 – 523, 1994
7. Beier J, Richter CS, Fleck E, Felix R: Bewegungskorrektur und Visualisierung subtraktions-angiographischer Daten von Spiral-CT. Fortschr. Röntgenstr. 16: 258 – 264, 1995
8. Beier J, Oellinger H, Richter CS, Fleck E, Felix R: Registered Image Subtraction for CT-, MRI- and Coronary Angiography. Eur Radiol 7: 82 – 89, 1997

Schnelle dreidimensionale Farb-Ganzkörpervermessung

VITRONIC Dr.-Ing. Stein Bildverarbeitungssysteme GmbH

Hasengartenstr. 14a, 65189 Wiesbaden

Schlüsselwörter: Ganzkörpervermessung, VITUS

1 Einleitung

Menschen schnell und vollständig dreidimensional zu erfassen bzw. zu vermessen - dieser Traum war bisher nicht erfüllbar:

Im Prototypenbau Stand der Technik, scheiterte dies beim lebenden Objekt an den langen Meßzeiten verfügbarer dreidimensionaler (3D) - Meßtechnologien. An Anwendungsmöglichkeiten für ein solches System gibt es im medizinischen Bereich, z.B. in der Orthopädie (Rücken, Kiefer, Fuß), in der Chirurgie, bei Verlaufskontrollen (Heilungsprozesse, Diät etc.), bei Screening - Untesuchungen oder Bewegungs- und Haltungsstudien aber auch in der Ergonomie, der Bekleidungsindustrie und in der Kunst etc. keinen Mangel.

2 VITUS, eine Familie von 3D - Teil- und Ganzkörperscannern

Die VITRONIC Dr. - Ing. Stein Bildverarbeitungssysteme GmbH, Wiesbaden hat nun VITUS, eine Familie von 3D - Teil- und Ganzkörperscannern entwickelt: In wenigen Sekunden werden Menschen und andere Objekte vollständig, dreidimensional, unter Einbeziehung der Oberflächenfarbe und berührungslos optisch vermessen und die 3D – Farbdaten jedes Punktes der Körperoberfläche digital abgespeichert:

Der nach dem Laser - Lichtschnittverfahren arbeitende Ganzkörperscanner tastet den Menschen in 6 - 20 sec (je nach gewünschter Meßauflösung) vollständig ab. In dieser Zeit werden die Bilder von 16 Kamera - Laserkombinationen und 4 Farbkameras in Video - Echtzeit parallel aufgezeichnet und ausgewertet: Ca. 5 Millionen 3D - Meßpunkte mit einer Tiefen - Auflösung von ca. 1 - 2 mm in allen Raumkoordinaten und einer Farbauflösung von 16 Millionen Farbwerten, die zu einem virtuellen 3D - Farb - Menschmodell verrechnet werden, beschreiben anschließend die dreidimensionale Außenhülle des Menschen in Echtfarbe.

Mit den Teilkörperscannern können kleinere Objekte oder auch Details wie Gesichter, Hände, Füße mit noch höherer Meßauflösung vermessen werden. Die 3D - Modelldaten, überführt in das integrierte Menschmodell oder in eines der gängigen CAD - Datenformate, können nun entsprechend dem Anwendungszweck ausgewertet bzw. zur weiteren Verarbeitung verwendet werden.

2.1 Meßprinzip des Lichtschnittverfahrens

Bei diesem Verfahren wird als Lichtquelle ein Linienlicht, üblicherweise erzeugt durch eine Laserlichtquelle mit vorgesetzter Zylinderlinse, eingesetzt. Unter einem definierten Winkel zur Lichtquelle ist eine Videokamera angeordnet, in deren Bildfeld sich die auf dem Objekt abbildende Lichtlinie befindet. Entsprechend der Objekthöhen an der Linienposition erscheint die Lichtlinie im Kamerabildfeld verschoben und gekrümmt. Dabei bestimmt der Winkel zwischen Kamera und Lichtquelle (Triangulationswinkel W) die Verstärkung der Verschiebung und Krümmung: Je größer der Winkel W , desto größer die Verstärkung. Da der Winkel bekannt ist, kann die Objektform an der Lichtlinie durch einfaches Vermessen ermittelt werden. Somit wird mit dieser Messung ein Profilschnitt des Objektes pro Linienposition erzeugt und ausgewertet.

Wird nun der Sensor, bestehend aus der Lichtlinie und der aufnehmenden Kamera über das Objekt gefahren und werden gleichzeitig Profilschnitte erzeugt, die anschließend entsprechend dem Schnittabstand aneinandergereiht werden, entsteht ein 3D - Abbild der dem Sensor zugewandten Außenkontur des Objektes. Die so gewonnenen Meßdaten kodieren somit die Raumkoordinaten x, y, z der Auftreff - Linie des Laserlichts auf den Objekten. Um zusätzlich die Oberflächenfarbe erfassen zu können, werden zusätzlich Farbkameras mit Weißlichtbeleuchtung eingebaut, deren Bilder zeitgleich mit der Erfassung der 3D - Daten aufgenommen werden und die auf die 3D - Sensoren kalibriert sind, damit die Farbe an der richtigen Stelle „sitzt".

Der minimal mögliche Abstand zwischen zwei aufeinanderfolgenden Profilschnitten bei gegebener Fahrgeschwindigkeit des Sensors wird erreicht, wenn die Höhenprofile im Takt der Bildaufnahme (Videoechtzeit) aufgenommen werden. Dies ist bei den der europäischen Fernsehnorm genügenden CCD-Kameras ein 20 msek.-Takt. Somit können pro Sekunden 50 Profilschnitte erzeugt werden. Um einen ganzen Körper vollständig aufnehmen zu können, genügt selbstverständlich ein Sensor nicht, da er nur die Teile des Objektes erfassen kann, die ihm zugewandt sind. Es müssen deshalb mehrere Sensoren miteinander kombiniert werden, die das Objekt aus unterschiedlichen Raumrichtungen anvisieren. Je nach geforderter Meßauflösung und Objektgröße kann es zusätzlich nötig sein, den Meßbereich in mehrere Kamerafelder zu unterteilen, sodaß dann mehrere Kameras aus einer Blickrichtung auf das Objekt gerichtet sein müssen. All diese Sensoren sind aufeinander eingemessen, um die Meßwerte zusammenfügen zu können.

3 Systemaufbau des dreidimensionell messenden Bildverarbeitungssystem

3.1 Sensoren

Jeder einzelne Sensor besteht aus der Linienlichtquelle (Diodenlaser mit vorgeschalteter Präzisions - Zylinderoptik) und einer oder zwei hochauflösenden CCD - Matrix - Videokamera mit vorgeschaltetem, auf den Linienlaser angepaßten Bandpaßfilter.

Farbkameras nehmen zusätzlich während der Aufnahme der 3D - Daten die Farbinformation auf und speichern sie ortstreu ab.

3.2 Auswertehard- und Software

An die Auswerteeinheit können nahezu beliebig viele der oben beschriebenen Sensoren im Parallelbetrieb angeschlossen und betrieben werden (Multisensor - System). Die von den Sensoren erzeugten Bilddaten werden in eigens für dieses System entwickelten Interfacebausteinen parallel digitalisiert und im Computer gespeichert. Das Herz der Auswertehardware ist ein leistungsstarker PC, der mit eigens für das System VITUS entwickelten Echtzeit - Bildrechnerbausteinen bestückt ist. Diese Bildrechnerbausteine ermöglichen es, die Bilddaten nahezu beliebig vieler Sensoren parallel und synchron in Video - Echtzeit aufzunehmen und auszuwerten. Als Ergebnis liefern sie die 3D - Rohdaten für jeden Sensor, die dann im Arbeitsspeicher des Rechners zwischengespeichert und von den Prozessoren weiterverarbeitet werden.

In dieser Weiterverarbeitung werden die 3D - Rohdaten der einzelnen Sensoren aus der Maßeinheit "Pixel" in metrische Maße transformiert und einer mathematischen Regressionsanalyse objektabhängiger Ordnung zur Erzeugung eines stetigen, geglätteten Signalverlaufs unterzogen. Hierauf werden die Meßdaten aller Kameras einer Schnittebene zu einem stetigen Meßverlauf unter Berücksichtigung der Kalibrierdaten zusammengefügt. Im Anschluß werden alle Meßdaten aller Schnittebenen zu einem 3D - Modell des Objektes verrechnet.

Als Ergebnis steht eine dreidimensionale Datenwolke - das Modell des aufgenommenen Menschen - zur weiteren Datenverarbeitung zur Verfügung. In diese Datenwolke wird nun noch die Farbinformation der digitalisierten Oberfläche des Menschen als RGB - Datenwolke ortsrichtig eingefügt, sodaß nun jeder Meßpunkt aus den 6 Orts- und Farbkoordinaten (x,y,z; R,G,B) besteht. Diese Datenwolke kann nun in das virtuelle Menschmodell RAMSISR, das optional im Leistungsumfang enthalten ist, oder in CAD - oder Fräsdateien, Pseudo - 3D - Darstellung etc. überführt werden.

4 Ganzkörperscanner VITUS

Da die verschiedenen Teilkörperscanner unseres Hauses sich im prinzipiellen Aufbau und Funktionsweise nicht vom Ganzkörperscanner unterscheiden, sondern lediglich eine Untermenge darstellen, wird auf diese 3D - Scanner nur am Rande eingegangen.

Das Meßvolumen des Ganzkörperscanners beträgt ca. 2100 * 1200 * 800 mm (andere Meßvolumina auf Wunsch), sodaß ein Mensch vollständig in das Meßvolumen paßt. Um auch Details exakt auflösen zu können, wurde bei der hier beschriebenen Ausführung von VITUS eine Sensoranordnung gewählt, mit der eine Meßauflösung von ca. 1 - 2 mm in allen Koordinatenachsen erzielt wird.

4.1 Mechanischer Aufbau

Voraussetzung für die vollständige 360° - Erfassung ist eine in einer Richtung verfahrbare Rundum - Sensoranordnung. Wir haben Vertikalvorschub gewählt, bei dem evtl. Bewegungen des Menschen während der Aufnahme den geringsten Einfluß haben und vor allem detektiert und ggf. aus den Meßdaten herausgerechnet werden können. Um ein Meßvolumen von ca. 2 m³ zu erfassen, sind konsequenterweise entsprechend große Verfahrwege der Sensoren und stabile Mechaniken nötig.

Das verwindungssteif ausgeführte Meßportal, dessen Außenmaße ca. 1,8 x 2,8 x 3 m betragen, trägt zwei Meßgondeln mit einem gemeinsamen Antrieb. Jede Sensorgondel ist mit 2 Linienlasern, 8 3D – Meß-kameras und 2 Farbkameras bestückt, die zusammen die Hälfte des 360° - Meßvolumen abdecken.

4.2 Sensoren

Die Linienlaser und die Kameras sind auf justierbaren Sensorplattformen auf den Sensorgerüsten montiert. Die Laser werden beim Justieren der Anlage waagerecht ausgerichtet, so daß die Schnittebenen plan liegen. Um eine Sensorauflösung von ca. 1 - 2 mm zu erreichen, wäre auch die Hälfte der Kameras ausreichend. Die zweite Hälfte der Kameras wird benötigt, um auch den Bereich unter dem Kinn oder bei angewinkeltem Arm dessen Unterseite dreidimensional vermessen zu können. Lediglich die auch bei dieser Kameraanordnung noch vorhandenen Verdeckungen oder waagerechte Plateaus entziehen sich dann noch der Vermessung.

Die gewählte Anordnung der waagerecht ausgerichteten Laserlinie und der dazu im Winkel stehenden Kameras sorgt für "Ortstreue": Unabhängig von der Tiefe wird immer an der gleichen Vertikalposition gemessen. Für ganz besonders schnelle Meßvorgänge kann VITUS auch mit High speed 3D - Sensoren bestückt werden. Die Meßaufnahme dauert dann bei nahezu gleicher Meßauflösung nur noch 1/20 der Zeit, also weniger als 1 Sekunde für die millimetergenaue Vermessung eines Menschen.

4.3 Meßablauf

Der Proband stellt sich in die Mitte des Meßportals. Sobald er still steht, beginnt der Meßvorgang.Mit Beginn des Meßvorganges werden die augensicheren Laserlichtquellen eingeschaltet. Während des Meßvorgangs fahren die Gondeln in wenigen Sekunden von oben nach unten. Ein Drehwinkelgeber liefert der Auswerteeinheit Taktsignale zur Berechnung der Sensorhöhe für jede individuelle Schnittmessung.

Die Kameras liefern während des Meßvorganges kontinuierlich Bildsignale, die schritthaltend wie beschrieben ausgewertet werden. Die Fahrgeschwindigkeit des synchron laufenden Schlittens kann vom Anwender für jede Messung individuell eingestellt werden. Sie beeinflußt direkt die Meßzeit und die Schnittdichte und damit die Systemauflösung in der Vertikalen. Nach Ablauf der Meßzeit - typischerweise 10 bis 15 sec. - kann der Proband das Meßportal verlassen, nach wenigen weiteren Sekunden ist das System für die nächste Messung bereit.

4.4 Auswertehard- und Software

Die Arbeitsweise der Hard- und Software zur Generierung der Rohdaten und zum Berechnung des 3D-Modells wurde bereits im Überblick beschrieben. Während eines z.B. 17 sec. währenden Meßvorganges eines 1,7 m großen Menschen werden 850 360° - Schnitte mit einem vertikalen Schnittabstand von 2 mm vermessen. Jeder Schnitt besteht aus fast 7000 Einzelmessungen, sodaß in diesen 17 sec. ca. 4 Mio. 3D-Meßpunkte und ebenso viele Farbpunkte generiert werden, die zu einem 3D-Modell von typischerweise 0,7 - 1 Mio. 3D-Konturpunkten mit anhängender Farbinformation zusammengefaßt werden.

Die 4 Mio. 3D - Meßpunkte werden aus einem Rohdatensatz von ca. 4,5 Mrd. Bildpunkten (4,5 GByte) generiert. Diese Datenmenge führt den gigantischen Rechenaufwand vor Augen, der vom System in Video-Echtzeit bewältigt wird! Die in C bzw. C^{++} erstellte Applikationssoftware erlaubt eine bedienerfreundliche Anpassung aller für das Meßprogramm maßgeblicher Parameter sowie eine anschauliche Darstellung der Meßergebnisse. Nun können die Daten in CAD - gewohnter Umgebung oder auch mit Programmen wie Photoshop® etc. weiterverarbeitet werden.

Darüber hinaus stehen Applikationsmodule zur Verfügung, mit denen Umfangsmaße, Längen- und Breitenmaße an frei wählbaren Positionen des Körpers ermittelt werden können, Schnittansichten generiert werden können oder sogar vollständig automatisch Schnittmaße für die Maßkonfektion generiert werden. Ebenso die direkte Anbindung an die Ergonomiesoftware für das Menschmodell RAMSIS® zur Verfügung. Mit diesem Programmpaket ist es auch möglich, das virtuelle Individuum zu animieren, wobei die Bewegungsabläufe aus den individuell berechneten Gelenkpositionen resultieren.

Weiterhin können Fräsdateien für die Herstellung von gefrästen 3D − Abbildern der gescannten Person erzeugt werden. Die 3D-Farbdaten können nun auch ggf. nachbearbeitet werden (Schließen von Lücken an Hinterschneidungen oder Löchern; Manuelle Veränderungen einzelner Meßpunkte etc.).

4.5 Extraktion von Körpermaßen

Die häufigste Anwendung des Scanners dient der Erfassung von individuellen Körpermaßen. Am Institut Hohenstein werden seit November 1998 in einer Screening − Untersuchung die Körpermaße im Brustbereich von 2000 Frauen und Mädchen zwischen 16 und 70 Jahren vermessen. Ziel ist die Entwicklung neuer Größen- und Marktanteil − Tabellen zur Verbesserung der Paßform von Miederwaren. Bei TNO / Niederlande werden z, Zt, im Rahmen des internationalen Projektes CAESARTM (Civilian American and European Surface Anthropometry Resource) die Körpermaße von mehreren Tausend Holländern mit dem Scanner genommen, um eine aktuelle weltweite Datenbasis von Körpermaßen zu haben, die die Entwicklung neuer Auto- und Flugzeugsitze ebenso beeinflussen wird wie die Konfektionsgrößen von Herrenanzügen und die Passform von Jeans. Bei BMW wird der Scanner zur Gewinnung ergonometrischer Daten für das Design zukünftiger Cockpits ebeso eingesetzt wie zur schnellen Vermessung von Karosserieteilen im Bereich des Rapid Prototyping.

In weiteren Applikationen werden mit dem Scanner exakte Daten für die Herstellung von Spezialbekleidung mit hoher Anforderung an die Paßform (militärische Anzüge, Feuerwehrbekleidung, Pilotenhelme etc.) generiert. Aber auch für die Herstellung kunsthandwerklicher Skulpturen und die Erstellung von Rohlingen für die gegenständliche Bronzeguß − Bildhauerei wird VITUS erfolgreich eingesetzt. Selbst leibhaftige Engel werden zum Zwecke der Vervielfältigung (viele Engel braucht das Land) vermessen.

5 Medizinische Anwendungen

Trotz der vielen Möglichkeiten, die diese neue Technologie bietet, stehen wir bei diesem Anwendungsfeld noch weitgehend am Anfang unserer Aktivitäten. Einige medizinische Universitäts - Institute haben begonnen, sich mit dieser Thematik auseinanderzusetzen, 3D – Aufnahmen mit dem Ganzkörperscanner in unserem Haus durchgeführt und Haushaltsbudgets für die Beschaffung beantragt. Dabei geht es um Fragestellungen der plastischen Chirurgie, der Orthopädie, der Kieferorthopädie etc.

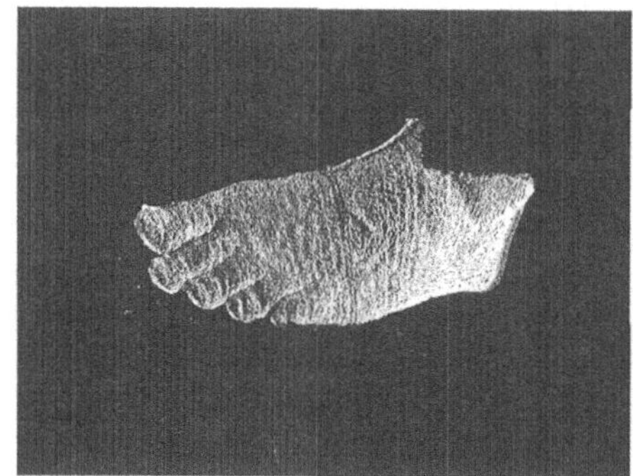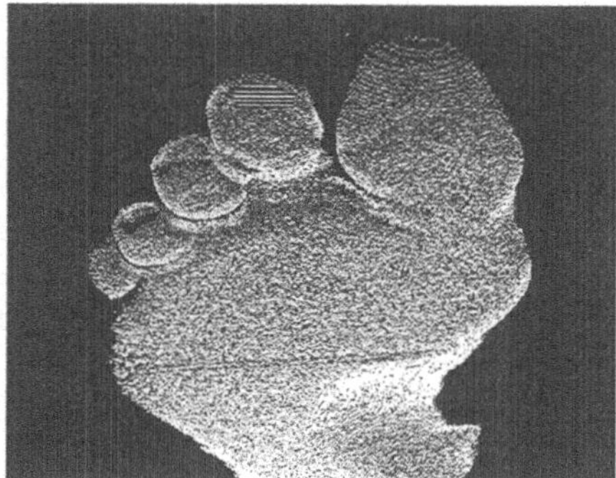

Abb. 1: Fußober- und –unterseite, aufgenommen mit VITUS Fußscanner

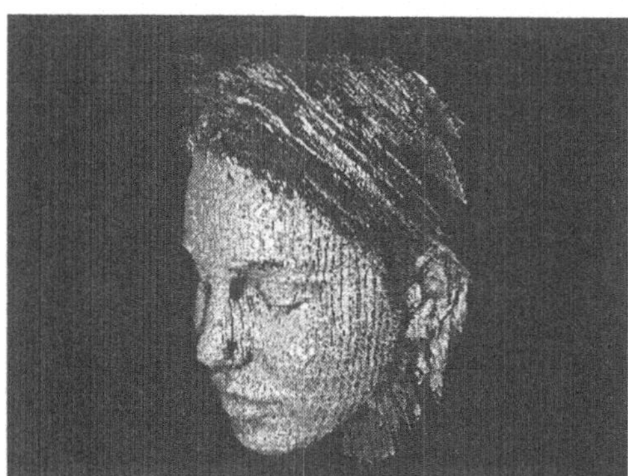

Abb. 2: Plastische Darstellung einer Kopfansicht,
die mit den Ganzkörperscanner erzeugt wurden

Für die komplette Vermessung der Außenkontur von Füßen haben wir einen speziellen Fußscanner entwickelt, der sich derzeit in der Validierung befindet. Er wird der Fußvermessung für die automatisierte objektive Schuhgrößenauswahl sowie für die Herstellung von Maßschuhen und orthopädischer Schuhe dienen.

Weiterführende Literatur: http://www.vitronic.de

Validität der Darstellung approximalen Knochenabbaus mit Hilfe digitaler Bildmanipulation

Peter Eickholz[1], Thomas Rieß[1], Markus Lenhard[1], Stefan Haßfeld[2], Hans Jörg Staehle[1]

[1] Poliklinik für Zahnerhaltungskunde;
[2] Klinik und Poliklinik für Mund-, Kiefer- und Gesichtschirurgie;
Klinik für Mund-, Zahn- und Kieferkrankheiten,
Ruprecht-Karls-Universität Heidelberg,
Im Neuenheimer Feld 400, 69120 Heidelberg
Email: peter_eickholz@ukl.uni-heidelberg.de

Zusammenfassung. Das Ziel der Studie war der Vergleich der Messung approximalen Knochenabbaus auf digitalisierten Röntgenbildern nach Anwendung von Bildbearbeitungsmodi (Filter) mit dem Goldstandard intraoperativer Messungen. Bei 33 Patienten wurden vor chirurgischer Therapie 50 Röntgenbilder von 50 Zähnen mit approximalem Knochenabbau angefertigt. Intraoperativ wurden die Distanzen Schmelz-Zement-Grenze (SZG) zum Limbus alveolaris (LA) und SZG zum Defektboden (DB) gemessen. Alle Röntgenbilder wurden digitalisiert. Die Strecken wurden auf dem jeweils unmanipulierten Röntgenbild und nach Anwendung von 7 Bildbearbeitungsmodi gemessen. In dieser Studie konnte durch Anwendung digitaler Bildbearbeitung keine statistisch signifikante Verbesserung der Validität der Messung approximalen Knochenabbaus erreicht werden.

Schlüsselwörter: digitales Röntgen, parodontaler Knochenabbau, Validität, Messung linearer Distanzen

1 Einleitung

Die röntgenologische Darstellung unterschätzt das Ausmaß des parodontalen Knochenabbaus [1, 2]. Digitale Manipulationen der Röntgenbilder verbessern möglicherweise die Validität der Röntgendiagnostik [3]. Ziel dieser Studie war es die Validität der Messung approximalen Knochenabbaus auf digitalisierten Röntgenbildern nach Anwendung verschiedener Manipulationsmodi zu bestimmen und für verschiedene Filter zu vergleichen.

2 Material und Methoden

2.1 Patienten

33 Patienten (17 männlich, 16 weiblich) mit fortgeschrittener marginaler Parodontitis im Alter von 28 bis 68 Jahren nahmen an der Studie teil.

2.2 Röntgenuntersuchung

Vor parodontalchirurgischer Therapie wurden standardisierte Röntgenaufnahmen hergestellt [2, 4]: Auf der mandibulären Seite des Filmhalters waren Drähte angebracht, die auf den Röntgenbildern abgebildet wurden und die Berechnung der Winkelabweichung des Zentralstrahls von der orthoradialen Projektion für jedes Röntgenbild ermöglichten. Auf der maxillären Seite war parallel zur Filmebene ein Draht von etwa 10 mm Länge angebracht. Seine genaue Länge wurde für jeden Filmhalter auf 0,1 mm genau gemessen. Intraorale Zahnfilme (Ultraspeed 31x41 mm, Eastman Kodak Co., Rochester, NY, USA) wurden mit einer Röntgenröhre belichtet (Heliodent 70, 70 kV, 7 mA, Siemens, D-Bensheim) und unter standardisierten Bedingungen belichtet (Periomat, Dürr Dental, D-Bietigheim-Bissingen).

2.3 Klinische Untersuchungen

Vor parodontalchirurgischer Therapie wurden an 6 Stellen pro Zahn Gingival und Plaque Index [5] erhoben sowie Sondierungstiefen (ST) und vertikale Attachmentlevels (PAL) auf 0,5 mm genau gemessen (PCPUNC 15, Hu Friedy, Chicago, IL). Nach Mobilisation eines Mukoperiostlappens wurden die Distanzen Schmelz-Zement-Grenze (SZG) zum Limbus alveolaris (LA) und SZG zur apikalsten Ausdehnung des knöchernen Defektes (DB) auf 0,5 mm genau gemessen (PCPUNC 15). Wenn die SZG durch eine Restauration (z.B. Füllung, Krone) zerstört war, wurde der Restaurationsrand als Referenz genutzt. Alle klinischen Messungen erfolgten durch einen Untersucher (PE).

2.4 Röntgenologische Auswertung

Definition der Referenzpunkte: Wenn die SZG durch eine Restauration zerstört war, wurde der Restaurationsrand als Referenz genutzt. DB war definiert als der am weitesten koronal gelegene Punkt, bis zu dem der Desmodontalspalt eine gleichmäßige Breite zeigte. Wenn kein Desmodontalspalt identifiziert werden konnte, diente der Punkt, an dem die Projektion des LA die Wurzeloberfläche kreuzte, als Referenzpunkt (LA). Konnten beide Strukturen identifiziert werden, wurde der durch den Desmodontalspalt definierte Punkt als DB und der durch die Projektion des LA bedingte Punkt als LA angesehen [2]. Wenn mehrere Knochenkonturen die Wurzeloberfläche kreuzten, wurde die am weitesten apikal gelegene als DB und die am weitesten koronale als LA gemessen [2].

Nach Digitalisierung der Röntgenbilder durch einen Flachbettscanner (Auflösung 600x1200 dpi) wurden die linearen Distanzen SZG-LA und SZG-DB in einem approximalen Defekt jedes Röntgenbildes mit dem "measurement tool" eines computergestützten Analysesystems (Friacom, Friatec AG, Mannheim) bei 11x Vergrößerung gemessen: Die Länge l_R der Abbildung des maxillären Filmhalterdrahtes wurde markiert. Dann wurde die tatsächliche Länge l des Drahtes in das Programm eingegeben. Alle weiteren Messungen wurden automatisch entsprechend der Vergrößerung des Bildes korrigiert. Von jedem Röntgenbild wurden 8 verschiedene Versionen erstellt: ein unmanipuliertes digitalisiertes Bild und Bilder nach Bearbeitung durch 7 Filter (Tab. 1). Alle Versionen aller Röntgenbilder wurden in randomisierter Reihenfolge von einem für die klinischen Parameter verblindeten Untersucher (TR) ausgemessen.

Tabelle 1. Beschreibung der Filter, die zur Bildbearbeitung benutzt wurden.

Filter	Beschreibung
Dynamik	Anpassung der Helligkeit, des Kontrastes und der Gamma-Charakteristik
Inversion	Inversion der Grauwerte der Pixel, z.B. ein Pixel mit dem Wert 200 wird zum Grauwert 55 invertiert
Hochpass	Akzentuierung des Kontrastes entlang der Konturen in einem Bild
Struktur	Der Übergang von Hell nach Dunkel wird als helle Linie vor dunklem Hintergrund dargestellt
Mittelwert	Verminderung des Rauschens durch eine binomiale Funktion; Reduktion der Auflösung von Details
Histogramm Korrektur	Grauwerte, die in einem Bild häufiger erscheinen werden erweitert im Verhältnis zu seltener auftretenden Grauwerten
Spreizen	Das hellste Pixel erhält den Wert 255 (weiß) und das Dunkelste den Wert 0 (schwarz). Die dazwischen liegenden Pixel werden linear angepaßt

2.5 Biometrische Auswertung

Als statistische Einheit wurde der Defekt und als Hauptzielkriterium die Validität (Differenz: intraoperative Messung [Goldstandard] minus röntgenologische Messung) definiert. Nach Prüfung der Parameter auf Normalverteilung mit dem Kolmogorov-Smirnov/Lilliefors-Test wurde mittels einer multivariaten Varianzanalyse der Vergleich der Validität der verschiedenen Filter für beide Stecken (SZG-LA, SZG-DB) angestellt. Als unabhängige Variablen wurden Filter, Kiefer (OK/UK), Referenz (SZG/ Restaurationsrand) sowie die intraoperativen und röntgenologischen Meßwerte untersucht. Ferner wurden schrittweise multiple Regressionsanalysen für das Hauptzielkriterium für beide Meßstrecken mit den unabhängigen Variablen Winkelabweichung, Filter, Art des Knochenabbaus (vertikal/horizontal) GI, PlI, S, PAL, SZG-LA/SZG-DB durchgeführt. Die verschiedenen Filter und die Art des Knochenabbaus wurden als Dummyvariablen definiert. Eine Irrtumswahrscheinlichkeit von $p < 0,1$ wurde definiert, um eine unabhängige Variable die Modelle aufzunehmen. Die statistische Auswertung erfolgte mit dem Systat for Windows 5.03 Statistikprogramm (Systat Inc., Evanston, IL, USA).

2 Ergebnisse

50 Röntgenbilder wurden angefertigt. Nur eine approximale Stelle pro Röntgenbild wurde in die Analyse einbezogen. Die klinischen Parameter der approximalen Defekte und die Winkelabweichungen des Zentralstrahls zeigt Tabelle 2.

Tabelle 2. Klinische Parameter der 50 approximalen Läsionen und vertikale sowie horizontale Winkelabweichung des Zentralstrahls von der orthoradialen Projektion.

	klinische Parameter				Winkelabweichung/°	
	GI	PlI	ST/mm	PAL/mm	vertikal	horizontal
Mittelwert±SD	1,74±0,57	0,38±0,75	6,89±2,23	7,44±2,35	2,17±1,62	0,74±0,63
Intervall	0,0-2,0	0,0-3,0	3,0-12,0	2,5-13,0	0,0-5,7	0,0-2,6

Die Mittelwerte des Hauptzielkriteriums schwankten zwischen 0,12 mm Überschätzung und 0,12 mm Unterschätzung für die Strecke SZG-LA, während alle röntgenologischen Messungen der Strecke SZG-DB das Ausmaß des Knochenabbaus um 0,30-0,83 mm unterschätzten. Mit keiner der digitalen Manipulationen war es möglich, die Validität der Messungen im Vergleich zum unmanipulierten Röntgenbild zu verbessern (Tab. 3, 4). Ein Filter (Mittelwert) führte zu einer statistisch signifikanten Verschlechterung der Validität der Messung der Strecke SZG-DB.

Tabelle 3. Multivariate Varianzanalyse; abhängige Variable: Differenz intraoperative minus röntgenologische Messung der Strecke SZG-LA (MQ: Mittelwert der Quadrate).

	Summe der Quadrate	FG	MQ	F-Ratio	P
Filter	0,966	7	0,138	1,244	0,278
Referenz	0,002	1	0,002	0,021	0,885
Kiefer	0,045	1	0,045	0,401	0,527
Filter x Referenz	0,558	7	0,080	0,719	0,656
Filter x Kiefer	1,177	7	0,168	1,516	0,160
Referenz x Kiefer	0,044	1	0,044	0,401	0,527
Filter x Referenz x Kiefer	0,455	7	0,065	0,587	0,767
Intraoperative Messung	1453,081	1	1453,081	13101,012	0,000
Röntgenologische Messung	739,448	1	739,448	6666,878	0,000
Fehler	40,594	366	0,111		

Tabelle 4. Multivariate Varianzanalyse; abhängige Variable: Differenz intraoperative minus röntgenologische Messung der Strecke SZG-BD (MQ: Mittelwert der Quadrate).

	Summe der Quadrate	FG	MQ	F-Ratio	P
Filter	1,607	7	0,230	2,725	0,009
Referenz	0,216	1	0,216	2,569	0,110
Kiefer	0,146	1	1,460	1,732	0,189
Filter x Referenz	1,607	7	0,230	2,725	0,009
Filter x Kiefer	1,665	7	0,238	2,824	0,007
Referenz x Kiefer	0,193	1	0,193	2,269	0,131
Filter x Referenz x Kiefer	1,600	7	0,229	2,714	0,009
intraoperative Messung	1406,278	1	1406,278	16694,806	0,000
röntgenologische Messung	763,095	1	763,095	9059,179	0,000
Fehler	30,830	366	0,084		

Die Diskrepanz zwischen intraoperativer und röntgenologischer Messung der Strecke SZG-LA wurde durch die Faktoren PlI, ST, Art des Knochenabbaus, einen der Filter (Histogramm Korrektur) sowie die röntgenologische und intraoperative Messung beeinflußt, während die Winkelabweichungen keinen Einfluß hatten (Tab. 5). Die Validität der Messung der Strecke SZG-DB wurde durch die Projektionsgeometrie, GI, einen Filter (Mittelwert) sowie die röntgenologische und intraoperative Messung beeinflußt.

Tabelle 5. Schrittweise multiple Regressionsanalyse; abhängige Variable: Differenz intraoperative minus röntgenologische Messung der Strecke SZG-LA; n=400; R^2=0,979; $R^2_{korrigiert}$=0,979.

	Koeffizient	s.e.(b)	Toleranz	P
Konstante	-0,026	0,072		0,718
Plaque Index	0,043	0,023	0,928	0,060
Sondierungstiefe	0,030	0,012	0,414	0,009
vertikaler Knochenabbau	-0,107	0,056	0,408	0,057
Histogramm Korrektur	0,130	0,050	0,980	0,010
SZG-LA (Röntgen)	-1,013	0,012	0,799	0,000
SZG-LA (intraoperativ)	0,984	0,008	0,878	0,000

Varianzanalyse					
	Summe der Quadrate	FG	Mittelwert der Quadrate	F-Ratio	P
Regression	1979,913	6	282,845	2636,238	0,000
Residuale	42,058	393	0,107		

Tabelle 6. Schrittweise multiple Regressionsanalyse; abhängige Variable: Differenz intraoperative minus röntgenologische Messung der Strecke SZG-DB; n=400; R^2=0,977; $R^2_{korrigiert}$=0,977.

	Koeffizient	s.e.(b)	Toleranz	P
Konstante	0,141	0,076		0,067
vertikale Winkelabweichung	-0,017	0,010	0,943	0,069
Gingiva Index	-0,077	0,030	0,792	0,010
Mittelwert	0,122	0,045	1,000	0,006
SZG-DB (Röntgen)	-0,995	0,010	0,577	0,000
SZG-LA (intraoperativ)	0,999	0,008	0,504	0,000

Varianzanalyse					
	Summe der Quadrate	FG	Mittelwert der Quadrate	F-Ratio	P
Regression	1494,336	5	298,867	3419,754	0,000
Residuale	34,433	394	0,087		

3   Diskussion

Parodontaler Knochenabbau kann mittels intraoraler Röntgenbilder dargestellt werden. Die röntgenologische Darstellung parodontalen Knochenabbaus unterschätzt das Ausmaß des Knochenabbaus [1, 2]. Digitale Manipulationen der röntgenologischen Darstellung approximaler Karies konnten die Validität der Kariesdiagnostik verbessern [3].

Die Mittelwerte der röntgenologischen Messungen kamen dem Goldstandard der intraoperativen Messungen sehr nahe. In einer früheren Untersuchung war für eine Lupe bzw. ein computerunterstütztes Analysesystem (LMSRT) gezeigt worden, daß die Unterschätzung des Knochenabbaus für die Strecke SZG-LA geringer war (Lupe: 0,9 mm, LMSRT: 0,5 mm [2]) als für die Strecke SZG-DB (Lupe: 1,2 mm; LMSRT: 0,8 mm[2]). Die multiple Regressionsanalyse bestätigt diese Beobachtungen, indem sie zeigt, daß die Validität der Messung der Strecke SZG-DB bei vertikalem Knochenabbau geringer ist als bei horizontalem (Tab. 5).

Die multivariate Varianzanalyse konnte nicht zeigen, daß einer der Filter die Validität der Messung der Strecke SZG-LA im Vergleich zum unmanipulierten Bild beeinflußte (Tab. 3), während die schrittweise multiple Regressionsanalyse zeigte, daß der Filter "Histogramm Korrektur" die Validität dieser Messung verringert (Tab. 5). Ein Grund für die Diskrepanz zwischen beiden Analysen mag darin liegen, daß die Winkelabweichungen bei der Regressions- nicht aber bei der Varianzanalyse berücksichtigt wurden. Für die Strecke SZG-DB konnte die multivariate Varianzanalyse den Einfluß eines Filters auf die Validität der Messung zeigen (Tab. 4). Allerdings erhöhte der Filter "Mitterwert" die Validität nicht, sondern verringerte sie. Die multiple Regressionsanalyse bestätigte diese Beobachtung (Tab. 6). Darüber hinaus identifizierten die multiplen Regressionsanalysen die Längen der computerunterstützt und intraoperativ gemessenen Strecken SZG-LA bzw. SZG-DB aus Einflußfaktoren der Validität: Je größer die röntgenologische Messung, desto geringer die Unterschätzung des Limbus alveolaris bzw. der apikalen Ausdehnung des Knochendefektes. Je größer die intraoperative Messung, desto größer die Unterschätzung des Goldstandards, d.h. je tiefer ein Defekt, desto wahrscheinlicher ist es, seine Ausdehnung auf einem Röntgenbild zu unterschätzen.

Es können folgende Schlußfolgerungen gezogen werden: I.) Die grundlegenden digitalen Manipulationsmodi, die in dieser Studie zur Bearbeitung von Röntgenbildern verwendet wurden, konnten die Validität der röntgenologischen Darstellung approximalen Knochenabbaus im Vergleich zu den unmanipulierten Bildern nicht verbessern. Im Gegenteil verschlechterten 2 der Filter die Validität der Messung approximalen Knochenabbaus. II.) Die Messungen sowohl auf den digitalisierten aber unmanipulierten wie auch auf den bearbeiteten Röntgenbildern kamen dem Goldstandard intraoperativer Messungen sehr nahe. Dies zeigt, daß die Röntgenbilder nach Digitalisierung gut für die parodontale Diagnostik geeignet sind.

4   Literatur

1. Theilade J: An evaluation of the reliability of radiographs in the measurement of bone loss in periodontal disease. J Periodontol 31: 143-153, 1960.
2. Eickholz P, Kim TS, Benn DK, Staehle HJ: Validity of radiographic assessments of interproximal bone loss. Oral Surg Oral Med Oral Pathol 85: 99-106, 1998.
3. Shrout MK, Russell CM, Potter BJ, Hildebolt CF: Digital enhancement of radiographs: can it improve caries diagnosis? J Am Dent Assoc 127: 469-473, 1996.
4. Eickholz P, Dörfer C, Staehle HJ: Reproduzierbarkeit standardisierter Bißflügelaufnahmen bei Patienten mit fortgeschrittener Parodontitis. Dtsch Zahnärztl Z 49: 398-402, 1994.
5. Löe H: The Gingival, the Plaque Index and the Retention Index system. J Periodontol 38: 610-616, 1967.

Auswertung von Funktions-CT oberer Halswirbel zur Diagnose von Weichteildistorsionen

M. Hahn, D. Zerfowski, H. Friedburg, Th. Beth

Universität Karlsruhe, IAKS, D-76128 Karlsruhe
Email: s_hahn@ira.uka.de, zerfowsk@ira.uka.de

Zusammenfassung.

Schlüsselwörter: Schleudertraumata, Computer-unterstützte Diagnose, Funktions-CT C0/2, Hough-Transformation, Segmentierung.

1   Einleitung

Im Rahmen der Diagnose von Distorsionen der Halswirbelsäule, den sogenannten Schleudertrauma, lassen die heutigen diagnostischen Möglichkeiten in der Regel keine faßbaren morphologischen Veränderungen [1] erkennen. Für den Nachweis von Ansprüchen der Patienten gegenüber Versicherungen bzw. Berufsgenossenschaften ist die Angabe von objektiven Maßzahlen unabdingbar, um funktionelle Störungen zu beschreiben, die auf einen unfallbedingten Schaden rückschließen lassen.

Wir präsentieren ein Programmpaket namens *ROSE* (Rotation Of cervical Spine Evaluation), das automatisch für eine Begutachtung relevante Meßgrößen aus mehreren Schichtdatensätzen bestimmt.

Um die Objektivität der Diagnose zu erhöhen werden im wesentlichen zwei unterschiedliche Ansätze im Rahmen der Funktions-CT-Diagnostik verfolgt. Bei beiden Verfahren wird die Einschränkung der Rotationsfähigkeit der Halswirbel in sagittaler bzw. in axialer Ebene untersucht. In dem vorliegenden Papier beschränken wir uns auf das neuere, in der Axialebene operierende Verfahren.

Die Aufnahmen werden mit einem Spiral-CT-Scanner durchgeführt. Nach Anfertigung eines digitalen sagittalen Übersichtsbildes (Topogramm) werden ca. 30-40 Schichten mit einem Abstand von 1.5 mm, etwa ab der Mitte der hinteren Schädelgrube bis unterhalb des Bandscheibenfachs C2/3 angefertigt. Nach aktiver maximaler Rechtsdrehung (bis zur Schmerzgrenze) erfolgt eine erneute Aufnahmeserie nach angepaßter Kippung der Aufnahmeeinheit (sog. Gantry). Entsprechendes erfolgt für eine maximale Linksdrehung (Abb. 1). In den CT-Schnitten werden für C0, C1 und C2 jeweils anatomische Landmarken ausgesucht, die in den drei Schichtpaketen, also Neutralstellung, bei maximaler Rechtsrotation und maximaler Linksrotation, jeweils identifizierbar sein müssen. Nach Markierung dieser Referenzpunkte und Einzeichnen entsprechender Hilfslinien wird für jedes Segment der Rotationswinkel zwischen der Sagittalebene und der vertikalen Bildebene bestimmt. Hierfür werden für jedes Segment drei unterschiedliche Winkelmessungen zwischen verschiedenen Hilfslinien und den Referenzebenen durchgeführt. Diese Arbeitschritte nehmen pro Patient bei manueller Ausführung etwa eine Stunde in Anspruch.

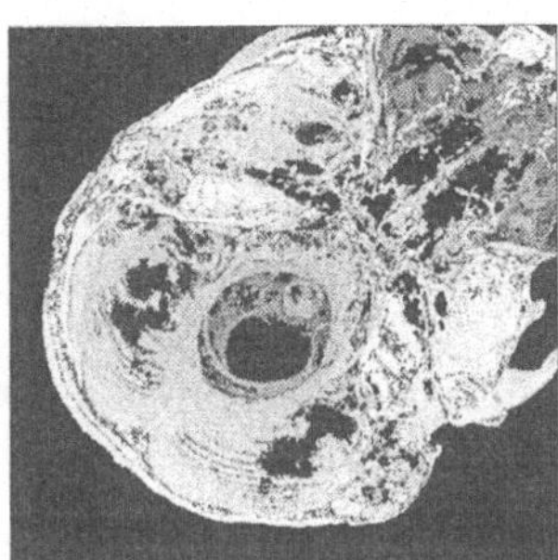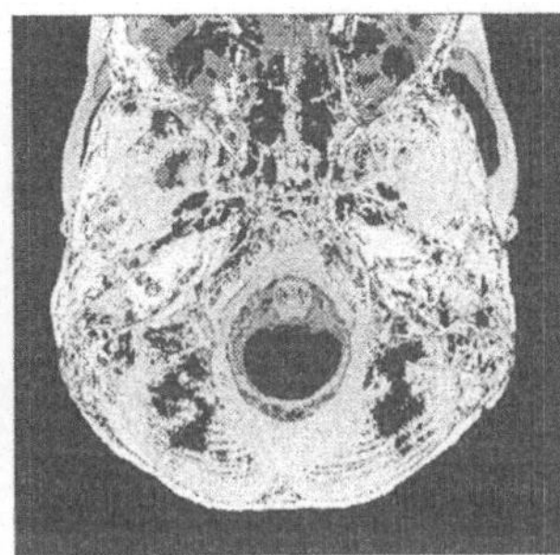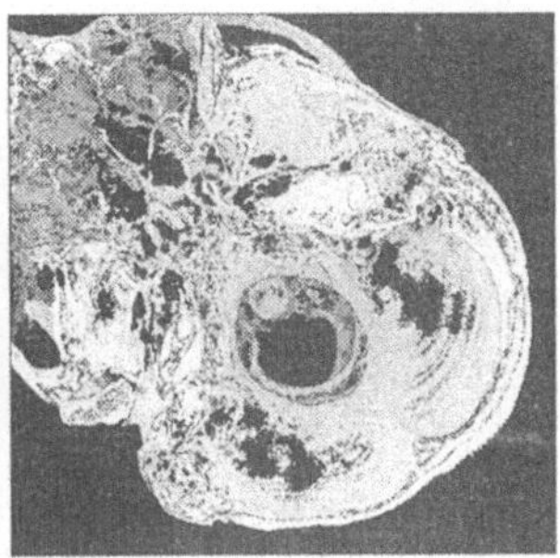

Abb. 1. Schichtaufnahmen in unterschiedlichen Rotationsstellungen.

2 Programmpaket *ROSE*

Für die Evaluation der zuvor beschriebenen Diagnosemethode [2] ist die Durchführung einer hinreichend großen Anzahl solcher Untersuchungen notwendig. Um den Zeitaufwand hierfür zu reduzieren, wurde von uns im Rahmen des plattformunabhängigen, Java-basierten Programmpaketes *ROSE* ein automatisches Verfahren zur Bestimmung der erforderlichen Rotationswinkel entwickelt, welches in der Praxis eingesetzt wird. *ROSE* arbeitet mit Datensätzen gemäß DICOM-Standard Version 3.0.

3 Detektion der Schädelbasis und des Wirbelkanals

In *ROSE* wird zur Bestimmung der Position und Orientierung der einzelnen Wirbel ausgehend vom obersten Schichtbild in der Schädelbasis nach kaudal eine „Durchstoßgerade" durch den Wirbelkanal bestimmt. Hierzu wird in einem ersten Schritt die Position der Schädelbasis innerhalb des Schichtbilds mit Hilfe einer modifizierten Hough-Transformation zur Detektion von Kreisen bestimmt (s. Abb. 2) [3].

Experimente zeigen, daß vorhandene Asymmetrien in lateralen Verschiebungen des errechneten Kreises und damit auch seines Mittelpunktes M resultieren. Zur Bestimmung eines optimierten Mittelpunktes M_{opt} wird M zu beiden Seiten in einem Bereich von $d = 11$ mm variiert. In einem Winkelsegment von 47° werden in dorsaler Richtung die Abstände zur inneren Schädelwand mittels eines Borderline-Algorithmus bestimmt und diese Abstände unter Optimierung lokaler Achsensymmetrien bzgl. der dorsalen Richtung untersucht.

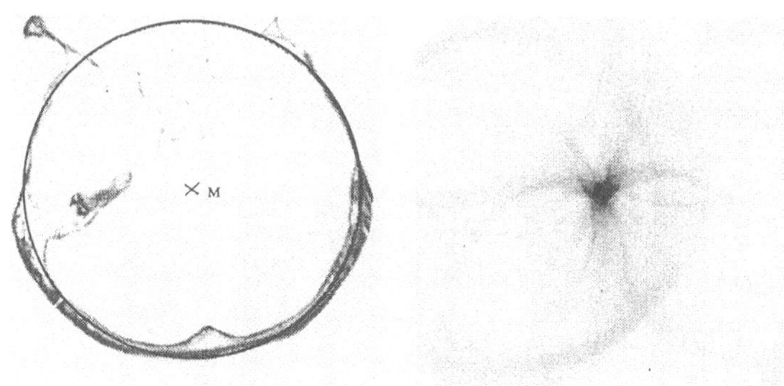

Abb. 2. Gefundener Kreis und zugehörige Hough-Transformation.

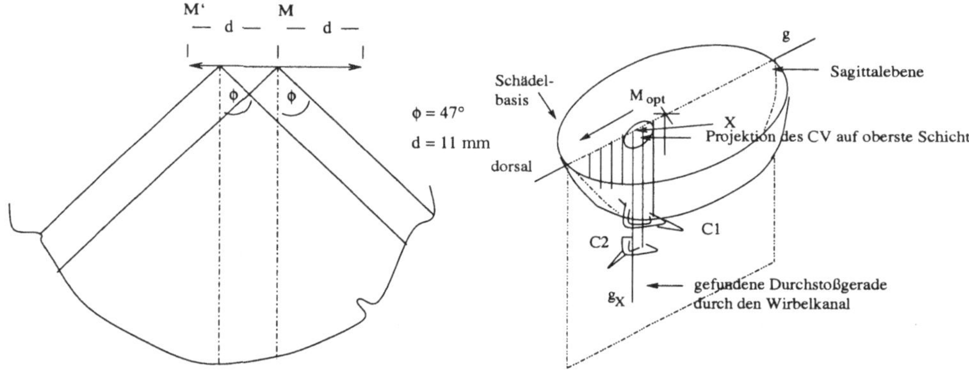

Abb. 3. Bestimmmung von M_{opt} (links) und der Durchstoßgerade g_x (rechts).

Eine Autokorrelationsanalyse liefert die Position für den optimierten Mittelpunkt M_{opt} bei dem die Abstände zur inneren Schädelwand die größte Symmetrie aufweisen (Abb. 3 links).

Um den Wirbelkanal aufzufinden, wird nun eine Gerade innerhalb der Sagittalebene durch M_{opt} betrachtet. Auf dieser Geraden g wird in dorsaler Richtung entlang gegangen und für jeden Geradenpunkt die innerhalb der Sagittalebene auf g orthogonale Gerade daraufhin untersucht, ob sie eine Durchstoßgerade g_x durch den Wirbelkanal darstellt (Abb. 3 rechts).

Mittels eines Borderline-Algorithmus werden in den Schichten die Wirbel detektiert. Als Pol P_{x_i} wird der Schnittpunkt der Geraden g_x mit der Schicht i verwendet. In diskreten Winkelabständen werden vom Pol P_{x_i} beginnend (innere Borderline) bzw. von außen zum Pol gerichtet (äußere Borderline) Strahlen verfolgt und der erste Schnitt mit Knochengewebe detektiert.

Die in Polarkoordinaten aufgetragene Borderline (Abb. 4) liefert die entscheidende Information über die Rotation der Wirbel. In den unterschiedlichen Aufnahmestellungen des Patienten ergeben sich im wesentlichen Borderline-Kurven, die um den entsprechenden Rotationswinkel zueinander verschoben sind.

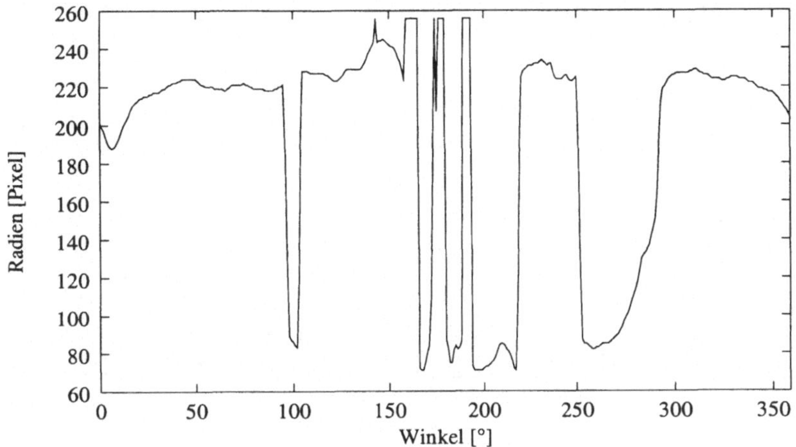

Abb. 4. Innere Borderline vom Kreismittelpunkt M.

4 Detektion der Wirbelgrenzen und Bestimmung der Rotationswinkel

Zur Bestimmung der Wirbelgrenzen wird ausgehend von g_x in jeder Schicht die äußere Borderline bestimmt. Wie auch bei der Optimierung des Kreismittelpunktes werden nur dorsale Ausschnitte der Borderline, in diesem Fall mit $\Phi = 5°$ betrachtet. Die Radien nehmen beginnend in der Schädelbasis nach kaudal ab, bis sie im knochenfreien intervertebralen Bereich C0/1 ganz verschwinden. Ein erneuter Anstieg der Radien deutet auf die schichtweise Schließung des Arcus posterior im Atlas hin. Ebenso kündigt sich der Axis nach vorherigem Verschwinden der Radiuslängen durch einen erneuten Anstieg derselben an. Eine Medianbildung über die jeweils betrachteten Radien macht das Verfahren robust gegen eventuelle Bildstörungen oder anatomische Besonderheiten (Abb. 5).

In ähnlicher Weise geschieht die Auswertung für die Rotationslagen.

Vor der Winkelbestimmung werden in den Schichtbildern eventuell vorhandene Artefakte mittels morphologischer *Opening*-Operatoren [4] reduziert.

Zur Bestimmung der Rotationswinkel werden die Knochenanteile in den zu Atlas bzw. Axis gehörenden Schichtbilder nach einer Schwellwertbildung mit einer binären XOR-Addition aufaddiert.

5 Ergebnisse

Zur Bewertung der Leistungen von *ROSE* wurden aus dem routinemäßigen Praxisbetrieb 14 Fälle herausgegriffen, manuell ausgewertet und anschließend durch *ROSE* automatisch bearbeitet. Von den 42 (= 14·3) zu bestimmenden Rotationswinkel wurden 38 korrekt berechnet. Unter diesen befanden sich auch Datensätze

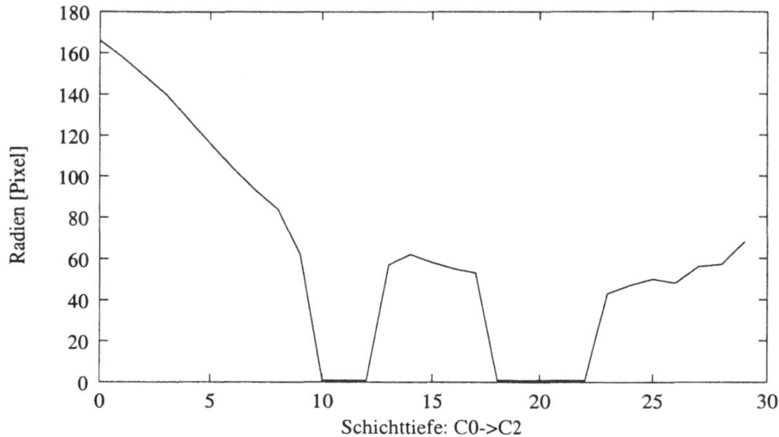

Abb. 5. Median gefilterte äußere Borderline.

mit anatomischen Besonderheiten. Die 7 fehlerhaft bestimmten Rotationen wurden durch in den Aufnahmen vorhandene Metallartefakte bzw. falsche Positionierungen des Patienten (Teile der Schädelbasis lagen außerhalb des Datensatzes) verursacht.

Die errechneten Werte sind reproduzierbar und damit objektiver als manuell ermittelte Werte. Insbesondere liegen die automatisch bestimmten Rotationswinkel innerhalb der Meßgenauigkeiten manueller Auswertungen. Die durchschnittliche Berechnungszeit inklusive der Ausgabe von GIF-Bildern liegt bei 4 Minuten (Cyrix M2 P200, Windows 95 mit Symantec JIT).

Danksagung. Wir danken der Deutschen Forschungsgemeinschaft für die Unterstützung durch den Sonderforschungsbereich SFB 414 „Informationstechnik in der Medizin – Rechner und sensorgestützte Chirurgie" (Teilprojekt Q1).

Literatur

1. A. Dávid und M. Hahn. Schleudertrauma der Halswirbelsäule - Beschwerdebild aus der Unfallchirurgie. In *Schleudertrauma der Halswirbelsäule*, Seiten 70–77. Thieme, 1994.
2. T. Nagelmüller und H. Friedburg. Welchen Beitrag vermögen CT und MRT zur posttraumatischen Beurteilung der Kopf-Hals-Region zu liefern? In *Weichteildistorsionen der oberen Halswirbelsäule*. Springer, 1997.
3. C.-E. Liedtke und M. Ender. *Wissensbasierte Bildverarbeitung*. Springer, 1989.
4. T. Lehmann, W. Oberschelp, E. Pelikan und R. Repges. *Bildverarbeitung für die Medizin*. Springer, 1997.

Ein interaktives Tool für die Segmenteinteilung der Leber in der chirurgischen Operationsplanung

M.Thorn[1], S.Sonntag[1], G. Glombitza[1], W. Lamadé[2], H.P. Meinzer[1]

[1]Deutsches Krebsforschungszentrum, Abt. Medizinische und Biologische Informatik
Im Neuenheimer Feld 280, 69120 Heidelberg
[2]Chirurgische Klinik der Universität Heidelberg, Im Neuenheimer Feld 110, 69120 Heidelberg

Zusammenfassung: Zur Leberresektionsplanung stehen dem Chirurgen kontrastmittelverstärkte CT- und MR-Aufnahmen zur Verfügung, die jedoch eine genaue Volumenabschätzung von Leberparenchym und Tumorgewebe nicht ermöglichen. Zudem ist die dreidimensionale Struktur der Gefäßbäume innerhalb zweidimensionaler Schichtbilder nur sehr schwer zu beurteilen. Dazu wurde ein Werkzeug entwickelt, das es ermöglicht CT- und MR-Bilder zu visualisieren, Lebersegmente mithilfe von planaren Ebenen, die auf Grundlage vordefinierter Landmarks erzeugt wurden, interaktiv einzustellen, und die somit entstandenen Lebersegmente volumetrisch zu analysieren.
Schlüsselwörter: Leberoperationsplanung, 3D-Visualisierung, Segmentierung, Volumetrie.

1 Einleitung und Motivation

Für Leber-Metastasen des Dickdarmkrebses ist die vollständige chirurgische Entfernung die einzige derzeit verfügbare potentiell heilende Therapie. Aber nicht jeder Patient kann einer Operation zugeführt werden, da die Operabilität dieser Metastasen von den folgenden Faktoren abhängig ist:

- der Lebertumor muss mit ausreichendem Sicherheitsabstand im gesunden Gewebe entfernt werden;
- das belassene Lebergewebe muss eine ausreichende Funktionsleistung erbringen, welche vom verbleibenden Lebervolumen abängig ist;
- die durch die Operation von der Durchblutung abgetrennten Lebergewebsbereiche müssen erkannt und ebenfalls entfernt werden, wodurch sich das Restlebervolumen und somit die Leberleistung weiter verringert [3].

Um diese Faktoren berücksichtigen zu können, hat der Chirurg drei mögliche Operationsstrategien zur Auswahl. Zum einen die Hemihepatektomie, also die komplette Entfernung einer Leberhälfte. Diese Methode garantiert, bei entsprechender Lage des tumorösen Gewebes, dass der Sicherheitsabstand eingehalten werden kann, jedoch wird dadurch ein grosser Anteil gesunden Gewebes entfernt, der bei anderer Strategie erhalten werden könnte. Die zweite Strategie ist die tumororientierte Operation, bei der ein keilförmiges Gebiet, in dem sich der Tumor befindet, aus der Leber geschnitten wird, wobei nicht auf die komplizierte Struktur der blutzuführenden und -ableitenden Gefäße geachtet wird. Dies führt zu einem erhöhten Risiko von Nachblutungen. Ausserdem kann nicht sichergestellt werden, dass sämtliches von der Blutversorgung abgeschnittene Lebergewebe entfernt worden ist [7]. Die dritte Strategie, auf der auch die Ansätze dieser Arbeit beruhen, ist die segmentorientierte Operation. Die Leber kann aufgrund der Struktur ihrer zuführenden Gefäße (Leberarterie und Pfortader) und ableitenden Gefäße (Lebervene,Gallenabfluss) in acht Segmente unterteilt werden, die in Bezug auf ihre Blutversorgung als funktionelle Einheiten betrachtet werden und somit innerhalb einer Operation einzeln entfernt werden können [1].

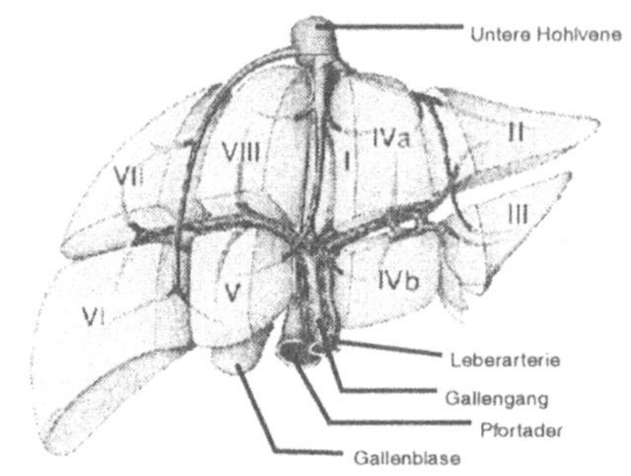

Abbildung 1: Segmenteinteilung der Leber nach Couinaud

Grundlage für dieses Verfahren ist jedoch eine exakte Operationsplanung, bei der die betroffenen Segmente mit Hilfe der Gefäßbäume extrahiert und das daraus resultierende Restlebervolumen bestimmt werden können. Dem Chirurgen stehen dazu kontrastmittelverstärkte CT- und MR-Schichtaufnahmen der Leber zur Verfügung, die ihm einen Eindruck von der Ausdehnung und Lokalisierung der Metastasen geben. Die Zuordnung des tumorösen Gewebes zu den entsprechenden Segmenten sowie die Abschätzung des damit verbundenen gesunden Lebergewebes erfordern jedoch sehr viel Erfahrung des Chirurgen, so daß eine Unterstützung durch die Bildverarbeitung an diesem Punkt ansetzen kann.

Innerhalb unserer Abteilung wurde aus diesem Grund das von C. Zahlten entwickelte Verfahren [8] zur Extraktion der Gefäßbaume aus kontrastmittelverstärkten CT-Bildern verbessert [4], so dass das abhängige Lebergewebe ermittelt und volumetrisch ausgewertet werden kann. Die Ergebnisse werden mit Hilfe des Heidelberger Raytracers [6] dreidimensional visualisiert. Der Einsatz dieses Verfahrens in der Routine zeigte jedoch, daß die aufgenommenen kontrastmittelverstärkten CT-Aufnahmen bzgl. der Segmentierbarkeit der Gefäßbäume nur sehr unzufriedenstellende Ergebnisse brachte, da feine Gefäßstrukturen, die für die Analyse notwendig sind, in den Aufnahmen nicht ideal abgebildet wurden. Somit bestand der Bedarf, einerseits den bestehenden Algorithmus zu verbessern und auf MR-Schichtaufnahmen zu erweitern, andererseits ein Werkzeug zu entwickeln, das es ermöglicht die Segmenteinteilung interaktiv anhand der segmentierten Datensätze vorzunehmen, diese entsprechend zu visualisieren und volumetrisch auszuwerten.

2 Methoden

Ziel war es ein Programm zu entwickeln, innerhalb dessen die Leberhülle, die Lebergefäße, das Tumorgewebe sowie die Trennflächen der Segmente dargestellt werden. Diese Ebenen sollten interaktiv durch den Anwender manipulierbar sein, wobei man sich während der Manipulation anhand der Ausprägung der Gefäßbäume orientieren kann. Desweiteren sollte es ermöglicht werden, segmenteingeteiltes Lebergewebe volumetrisch auszuwerten und entsprechend zu visualisieren. Bei der Umsetzung sollte vor allem auf leichte Bedienbarkeit und gute Interaktivität geachtet werden, um eine hohe Akzeptanz für die klinische Routine zu erreichen.

2.1 Visualisierung der Leber, Gefäßbäume und des Tumorgewebes

Für die graphische Darstellung des Segmentmodells, der Leberhülle, der Gefäßbäume und des Tumors werden Methoden der Graphikbibliothek OpenGL benutzt, die es auf einfache Weise ermöglichen dreidimensionale Objekte mit unterschiedlichen Transparenzwerten darzustellen. Dabei zeigt sich die Problematik, dass zum einen die Leberhülle transparent zum anderen die Gefäße jedoch solide dargestellt werden müssen, um die Schnittlinien zwischen den Segmentebenen und den Gefäßen deutlich zu zeigen, da diese der Orientierung des Chirugen innerhalb des Volumendatensatzes dienen.

Abbildung 2: Visualisierung der transparenten Leberhülle und der soliden Gefäße

Unter Ausnutzung des Polygon-Renderings unter OpenGL, werden die segmentierten CT-Schichtbilder mit Hilfe des Marching-Cube-Algorithmus [5] trianguliert. Den dadurch entstehenden Oberflächen der verschiedenen Objekte können unterschiedliche Farb- und Oberflächeneigenschaften zugewiesen werden, so daß schließlich ein dreidimensionaler Eindruck der durchsichtigen Leber mit den darinliegenden Gefäßbäumen entsteht. Dabei werden zuerst die soliden Gefäße ohne Blending sowohl in den Bildspeicher wie auch in den Tiefenspeicher geschrieben und schließlich sämtliche transparenten Objekte (Tumor, Flächen des Segmentmodells, Leberhülle) mit Hilfe des Blendings nur in den Bildspeicher geschrieben. Die Ergebnisse lassen einen guten dreidimensionalen Eindruck entstehen, so dass sich dem Anwender ein realistisches Bild von der Ausprägung der Gefäßbäume im Zusammenhang mit den Tumor und der Leberhülle ergibt.

2.2 Visualisierung des Segmentmodells

Das Segmentmodell besteht aus drei vertikalen Ebenen, die sich jeweils aus vier Dreiecken zusammensetzen, und vier horizontalen Dreiecken. Diese Dreiecke können jedes einzeln in einem vorgegebenen Rahmen verschoben werden. Dies wird realisiert mit Hilfe sogenannter Manipulatoren, die sich an den Ecken der einzelnen Flächen befinden bzw. durch die Ebenen selbst, die durch direktes Anklicken im Ganzen verschoben werden können.

Es wird davon ausgegangen, dass eine segmenttrennende Ebene eine planare Fläche darstellt. Diese Annahme wird bestätigt durch die Definition der Segmentflächen von Couinaud, die er 1957 [1] aufgestellt hat. Zur Vereinfachung der Einstellungen der einzelnen Flächen kann der Chirurg, bevor er das Programm startet, innerhalb der CT-Schichtbilder zehn Landmarks (drei für die Vena Cava, drei für die vertikalen Ebenen und vier für die horizontalen Ebenen) angeben, die an signifikanten

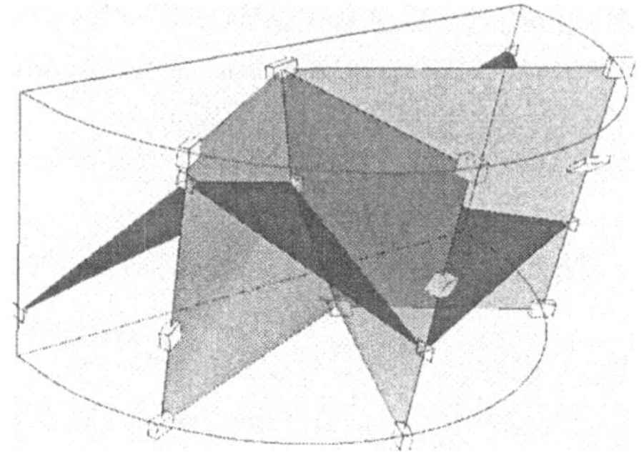

Abbildung 3: Interaktives Segmentmodell

Stellen während der Segmentierungsvorgangs innerhalb des Programms VOLMES [2] definiert werden können. Somit erhält der Anwender bereits zu Beginn des Programms eine Segmenteneneinstellung, die er für die anschließende Volumenauswertung nur noch geringfügig verbessern muss. Schließlich ist es möglich die getroffenen Einstellungen zu dem angezeigten CT-Datensatz abzuspeichern.

Neben der Manipulation der Segmentflächen, hat man die Option das gesamte Modell mit der darinliegenden Leber frei im Raum zu rotieren und in das Volumen zu zoomen. Somit kann die Ansicht auf das Lebervolumen frei gewählt werden, um die optimale Einstellung der Ebenen zu finden bzw. Besonderheiten innerhalb des Lebervolumens zu betrachten.

Mit diesem Modell ist ein sehr intuitiv bedienbares Werkzeug entstanden, das dem Anwender eine neue Perspektive auf die vorhandenen CT- bzw. MR-Daten liefert.

2.3 Volumenberechnung

Anhand der getroffenen Ebeneneinstellung werden mittels eines modifizierten Linescan-Algorithmus die Voxel des Leberdatensatzes, die von den Ebenen geschnitten werden, den entsprechenden Segmenten zugeordnet. Danach werden mit Hilfe eines 3-D Region-Growing-Alghorithmus die entsprechenden Segmente klassifiziert und die Ergebnisse relativ zum Gesamtlebervolumen ausgegeben.

Die einzelnen berechneten Segmente werden als Volumendatensätze abgespeichert, so daß durch andere Programme auf diese zugegriffen werden kann, um sie weiterzuverarbeiten. Diese Datensätze dienen auch zur Visualisierung der einzelnen Segmente innerhalb des Programmes, indem sie mit Hilfe des Marching-Cube-Algorithmus in ein Oberflächenmodell umgesetzt werden.

3 Ziel

Im folgenden soll eine Studie durchgeführt werden, in der das klassische Segmentmodell, das hier vorgestellt wurde, mit dem der Gefäßbaumanalyse nach C. Zahlten [4,8] verglichen wird, um Aufschlüsse darüber zu bekommen, in wie weit die klassische Methode von Couinaud eine exaktes Verfahren für die Leberoperationsplanung darstellt. Ausserdem ist es denkbar, das hier vorgestellte Programm innerhalb der Lehre einzusetzen, um dem Medizinstudenten die Möglichkeit zu bieten, CT- bzw. MR-Schichtbilder im Vergleich zur dreidimensionalen Darstellung zu betrachten und somit Schichtbilder besser interpretieren zu können.

4 Ausblick

Die intuitive Interaktion mit dem Leberdatensatz läßt eine hohe Akzeptanz innerhalb der klinischen Routine erwarten, da auch bei undifferenzierter Gefäßkontrastierung innerhalb der CT- bzw. MR-Daten eine volumetrische Segmentanalyse erfolgen kann. Desweiteren läßt sich dieses Werkzeug um weitere Funktionalitäten, wie z.B. der Gefäßbaumanalyse von MR-Aufnahmen oder der Darstellung von PET-Bildsequenzen, problemlos erweitern. Dieses Werkzeug bildet die Grundlage für die Operationsplanung am Computer, da innerhalb dieser Anwendung nicht nur das Lebervolumen auf unterschiedlichste Weise visualisiert werden kann, sondern auch Benutzerinteraktionen zugelassen werden können, die z.B. wie geplant ein Schneiden oder ähnliche Aktionen am 3D-Leberdatensatz simulieren. Desweiteren ist eine Integration dieser Anwendung als PlugIn in das Teleradiologiesystem CHILI geplant.

Literatur

1. Couinaud C: Le Foie - Etudes anatomiques et chirurgicales. Masson, Paris, 1957.
2. Demiris AM, Cárdenas CE, Meinzer HP: Eine modulare Architektur zur Vereinfachung der Entwicklung klinischer Bildverarbeitungssysteme. In: Lehmann T, Metzler V, Spitzer K, Tolxdorff T (eds). Bildverarbeitung für die Medizin 1998 - Algorithmen Systeme Anwendungen: Springer (1998) 184-188.
3. Glombitza G, Lamadé W, Göpfert MR et al:Technical Aspects of Virtual Liver Resection Planning. Proc. MedInfo '98, S.1041-1045, Seoul 1998.
4. Göpfert M, Glombitza G, Demiris AM, Lamade W, Meinzer HP. Trennung von Gefäßbäumen in medizinischen Schichtbildserien am Beispiel der Leber. In: Lehmann T, Metzler V, Spitzer K, Tolxdorff T (Eds). Informatik Aktuell - Bildverarbeitung für die Medizin 1998 - Algorithmen, Systeme, Anwendungen. Berlin, Heidelberg, New York: Springer (1998), 264-268.
5. Lorensen WE, Cline HE: Marching Cubes: A high resolution 3D surface reconstruction algorithm. Computer Graphics, 21(4), S. 163-169, 1987.
6. Meinzer HP, Meetz K, Scheppelmann D: Raytracing of Medical 3D Tomographies. Proceedings 13. Annual International Conference of the IEEE EMBS, Orlando. In Nagel, J.H., Smith, W.M. (eds): New Frontiers of Biomedical Engineering 13, No. 1, 41-42 IEEE, New York 1991.
7. Strasberg SM: Terminology of Liver Anatomy and Liver resections: coming to grips with hepatic babel. Journal of the American College of Surgeons, Vol. 184, S.413-434, 1997.
8. Zahlten C, Jürgens H, Peitgen HO:Reconstruction of Branching Blood Vessels from CT-Data. In: Göbel M., Müller H., Urban B. (Hrsg.): Visualization in Scientific Computing. Springer-Verlag, Wien, S. 41-52,1995.

Charakterisierung der Farbeigenschaften melanozytärer Hautveränderungen zur Unterstützung der Früherkennung des malignen Melanoms

R. Pompl[1], W. Bunk[1], D.R. Dersch[2], A. Horsch[3], W. Stolz[4], W. Abmayr[5], W. Brauer[6], A. Gläßl[4], R. Schiffner[4] und G. Morfill[1]

[1]Max-Planck-Institut für extraterrestrische Physik, Garching
[2]Department of Electrical Engineering, University of Sydney
[3]Institut für medizinische Statistik und Epidemiologie, TU München
[4]Klinik und Poliklinik für Dermatologie der Universität Regensburg
[5]Fachbereich Informatik/Mathematik, Fachhochschule München
[6]Lehrstuhl für Theoretische Informatik und Grundlagen der KI, TU München
Email: pompl@mpe.mpg.de

Zusammenfassung. Beste Chancen zur Heilung des malignen Melanoms bestehen bei frühzeitiger Erkennung. Die morphologische Vielfalt, auch gutartiger melanozytärer Hautveränderungen, erschwert die Diagnose. Hilfe verspricht die Dermatoskopie und die dazugehörige dermatoskopische ABCD-Regel, die die Merkmale Asymmetrie, Berandung, Farbvielfalt und Differentialstrukturen semiquantitativ bewertet. Durch Einsatz digitaler Bildverarbeitung sollen diese Kriterien quantitativ, objektiviert, reproduzierbar und nachvollziehbar zur Unterstützung des Dermatologen bewertet werden. In diesem Beitrag wird die Quantifizierung der Farbeigenschaften detailliert beschrieben. Diese lassen sich durch die Farbvielfalt, die Farbhomogenität innerhalb der Läsion und die farbliche Symmetrie bezüglich der Läsionsachsen beschreiben.

Schlüsselwörter: Quantitative Bildverarbeitung, Farbeigenschaften, Dermatoskopie, malignes Melanom

1 Einleitung

Das maligne Melanom (*schwarzer Hautkrebs*) ist die bösartigste Hauterkrankung beim Menschen. Im allgemeinen bestehen nur bei frühzeitiger Erkennung gute Heilungschancen. Innerhalb der letzten zehn Jahre hat die Dermatoskopie (Auflichtmikroskopie bei 10facher Vergrößerung) und die dazugehörige dermatoskopische ABCD-Regel [1] als diagnostisches Instrument weite Verbreitung gefunden. Voraussetzung für ihre erfolgreiche Anwendung ist allerdings viel dermatoskopisches Expertenwissen. Ziel des Projekts MELDOQ [2, 3] ist daher die bildanalytische Modellierung der diagnostischen Kriterien. Besonderes Augenmerk gilt der Transparenz der Ergebnisse und hoher diagnostischer Genauigkeit. Das entstehende System soll also den Dermatologen bei der Befundung unterstützen, die Bewertungsgründe objektnah visualisieren und die Verlaufskontrolle erleichtern. Durch den Einsatz der digitalen Bildverarbeitung wird eine Reduktion der Intra- und Interobserver-Variabilität erreicht.

Die dermatoskopische ABCD-Regel bewertet semiquantitativ vier Kriterien: Asymmetrie (A), Berandung (B), Farbvielfalt (C, *color*) und Differentialstrukturen (D). Jedem der Merkmale wird entsprechend seiner Ausprägung ein Score zugeteilt. Durch gewichtete Addition ($1.3 \cdot A[0-2] + 0.1 \cdot B[0-8] + 0.5 \cdot C[1-6] + 0.5 \cdot D[1-5]$, die Zahlen in den eckigen Klammern geben den Wertebereich des Merkmals an) wird der sogenannte Dermatoskopie-Punktwert, ein empirisches Maß für die Malignität, gebildet. Gegenstand dieses Beitrags sind die Farbeigenschaften, die in die Kriterien A und C einfließen. Ausgangsmaterial für die Analyse sind standardisierte dermatoskopische Aufnahmen von melanozytären Hautveränderungen. Die Auflösung entspricht einer Darstellung von 512 Pixel auf 11.8 mm bei 24 bit Farbtiefe. Erster Schritt im Analyseprozeß ist die Segmentierung der Hautveränderung (Läsion) von der umgebenden Haut, die an anderer Stelle genauer beschrieben wird. Die untersuchten Farbeigenschaften umfassen die Farbvielfalt, die Homogenität der Farbverteilung innerhalb der Hautveränderung sowie die Farbsymmetrie bezüglich der Symmetrieachsen der Läsion.

2 Methoden

Gemeinsam ist allen weiteren Quantifizierungsschritten eine vorgeschaltete Farbraumtransformation. In Experimenten hat sich der HLS-Raum als vorteilhaft für die Klassifikation erwiesen.

2.1 Farbvielfalt

Zur Bestimmung der Farbvielfalt wird die dreidimensionale normierte Häufigkeitsverteilung p_{hls} der auftretenden Farben berechnet. Die Partition dieses Farbmerkmalraums ist homogen und beträgt 1/100 des möglichen Wertebereichs der HLS-Koordinatenachsen. p_{hls} beschreibt dabei die relative Häufigkeit von Bildpixeln bei Farbton h (*hue*), Helligkeit l (*lightness*) und Farbsättigung s (*saturation*). Als Maß für die Farbvielfalt wird die Entropie der relativen Häufigkeitsverteilung verwendet:

$$C_V = -\sum_h \sum_l \sum_s p_{hls} \log(p_{hls}) \qquad (\forall p_{hls} > 0) \tag{1}$$

Der Score C_V wächst monoton mit der Anzahl der Farben und der Homogenität der Farbhäufigkeitsverteilung.

2.2 Farbhomogenität

Zur Beurteilung der räumlichen Verteilung der Farben wird die Läsion mit einem regelmäßigen Gitter überzogen. Als Ausgleich für die unterschiedliche Größe der Hautveränderungen wird die Gittergröße m als Funktion der Läsionsausdehnung modelliert. Als Parameter dient die gemittelte Ausdehnung der Läsion in x- und y-Richtung:

$$r = \frac{1}{2}((x_{max} - x_{min}) + (y_{max} - y_{min})) \tag{2}$$

Zur Vermeidung von zu kleinen Gittern wird die Mindestgröße auf $m = 50$ Pixel festgelegt. Anhand einer Testmenge hat sich folgende Funktion zur Bestimmung von m bewährt:

$$m(r) = 50 + 0.1 \cdot \max(\{0, r - 50\}) \tag{3}$$

Ausgangspunkt für die Anordnung des Gitters ist der geometrische Mittelpunkt der Läsion. Für jedes Gitterfenster i wird lokal die Farbvielfalt c_V^i (siehe Abschnitt 2.1) bestimmt, falls das Gitterfenster zu mindestens einem Drittel mit Läsionspixeln gefüllt ist. Als Maß für die Homogenität der Farbverteilung wird die Standardabweichung der lokalen Scores verwendet:

$$C_H = \sqrt{\frac{1}{n} \sum_i (\mu_{c_V} - c_V^i)^2} \tag{4}$$

n bezeichnet die Anzahl der betrachteten Gitterfenster, μ_{c_V} ist der Mittelwert der c_V^i.

2.3 Farbliche Symmetrie

Die dermatoskopische ABCD-Regel versteht unter dem Begriff Asymmetrie auch das Nichtvorhandensein von Symmetrie bezüglich der Farben. Ausgangspunkt der vorgeschlagenen Quantifizierung sind die Symmetrieachsen g_1 und g_2 der Läsion, die basierend auf der binären Objektmaske mittels Hauptkomponententransformation bestimmt werden. Für jedes der Läsionspixel p, zu dem ein achsensymmetrisches Pendant p' existiert (die Menge dieser Punkte sei mit $\mathcal{L}$ bezeichnet), wird die Farbdifferenz d im HLS-Raum berechnet:

$$d(p) = \sqrt{w_h \min(\{|h_p - h_{p'}|, 360 - |(h_p - h_{p'})|\})^2 + w_l(l_p - l_{p'})^2 + w_s(s_p - s_{p'})^2}$$

$$\tag{5}$$

Durch die Gewichte kann einerseits der Einfluß der Farb-Koordinatenachsen gesteuert und andererseits die unterschiedlichen Größenskalen ausgeglichen werden. In unserer Studie hat sich die Wahl $w_h = 1$, $w_l = 120$ und $w_s = 120$ bewährt. Für beide Symmetrieachsen werden die Mittelwerte der nach Gleichung 5 gebildeten Farbabstände berechnet:

$$C_S^{1,2} = \frac{1}{|\mathcal{L}^{1,2}|} \sum_{p \in \mathcal{L}^{1,2}} d(p) \tag{6}$$

Der Gesamtscore ist nun das Maximum der beiden Werte:

$$C_S = \max(\{C_S^1, C_S^2\}) \tag{7}$$

3 Ergebnisse

Die beschriebenen Methoden wurden an insgesamt 705 melanozytären Hautveränderungen (145 maligne und 560 benigne) getestet. Die Farbvielfalt (Abb. 1)
weist bei einer *area under curve* (AUC) der ROC-Kurve von 0.919 gute Trenn-
eigenschaften auf. Der dem Optimalpunkt (Sensitivität = 1, falsch-positiv-Rate
(FPR)= 0) am nächsten gelegene Punkt der Kurve liegt bei Sensitivität = 0.855
und Spezifität = 0.830. Die Charakteristik der Farbhomogenität (Abb. 2) ist
etwas schlechter: Die AUC beträgt 0.809 bei einer Sensitivität von 0.786 und
einer Spezifität von 0.714. Das stärkste Merkmal ist die Farbsymmetrie bei einer
AUC von 0.946 (Sensitivität: 0.897, Spezifität: 0.868, Abb. 3).
Eine Untersuchung der Korrelationskoeffizienten erlaubt Aussagen über die Un-
abhängigkeit der Scores voneinander. Die Korrelation zwischen der Farbvielfalt
C_V und der Farbhomogenität C_H ist mit 0.308 gering. Dies deutet darauf hin,
daß die Farbhomogenität auch bei Läsionen mit geringer farblicher Variabilität
einen wichtigen Hinweis auf die Malignität darstellt. Mit einem Wert von 0.511
liegt die Korrelation der Farbhomogenität C_H und der Farbsymmetrie C_S etwas höher. Da eine erhöhte Farbvielfalt im allgemeinen größere Farbabstände
bedingt, besitzt die Korrelation mit dem Merkmal Farbsymmetrie mit 0.777 den
höchsten Wert.

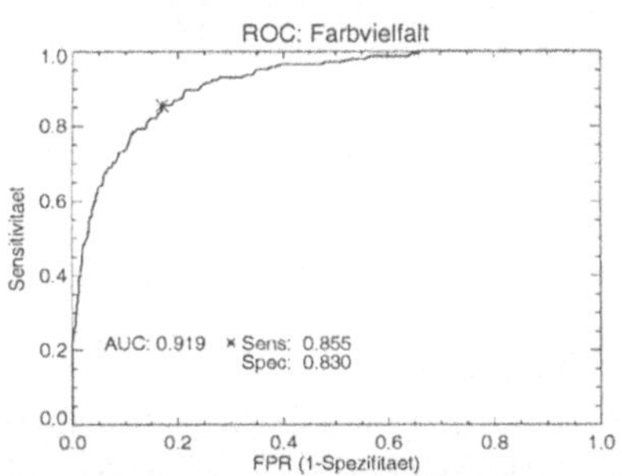

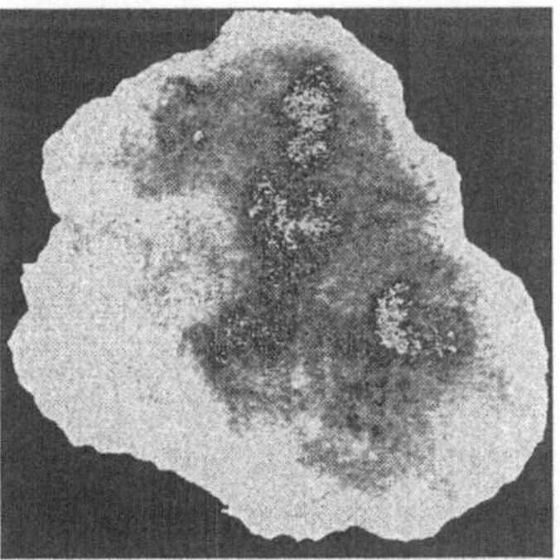

Abb. 1. *Links:* ROC-Kurve zum Merkmal Farbvielfalt. *Rechts:* Beispiel

4 Diskussion und Ausblick

Die dermatoskopische ABCD-Regel weist den Farbeigenschaften melanozytärer
Hautveränderungen große Bedeutung zu. Der maximale Beitrag in der C-Kom-
ponente beträgt 3.0; im Falle asymmetrischer Farbverteilung liegt der Score für
die A-Komponente bei 2.6. Damit ist der größtmögliche Beitrag der Farbeigenschaften 5.6 von insgesamt 8.9 Punkten (63%). Diese überragende Bedeutung bestätigt sich auch in den dargestellten ROC-Kurven der quantitativen,

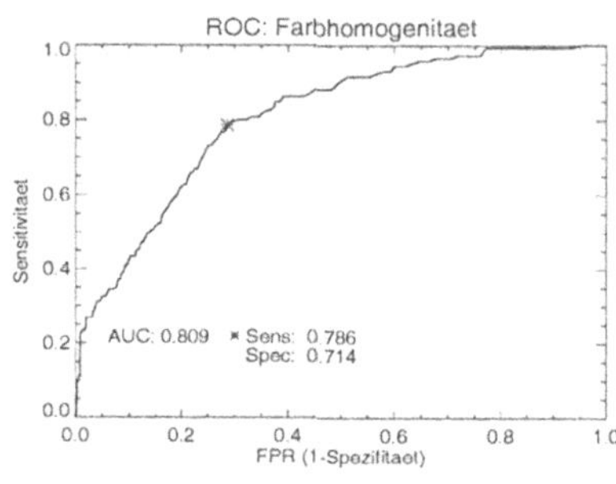

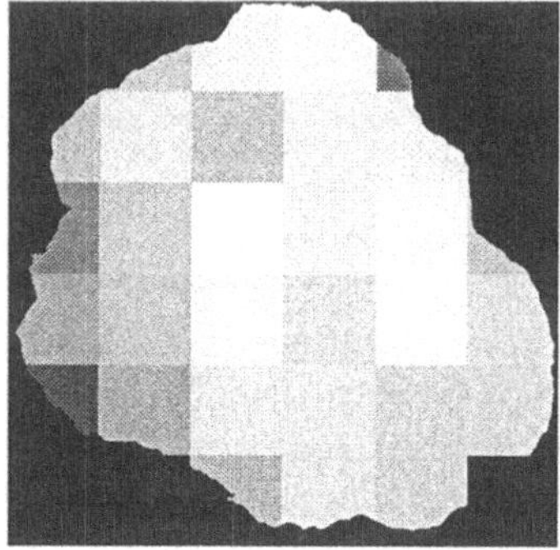

Abb. 2. *Links:* ROC-Kurve zum Merkmal Farbhomogenität. *Rechts:* Beispiel

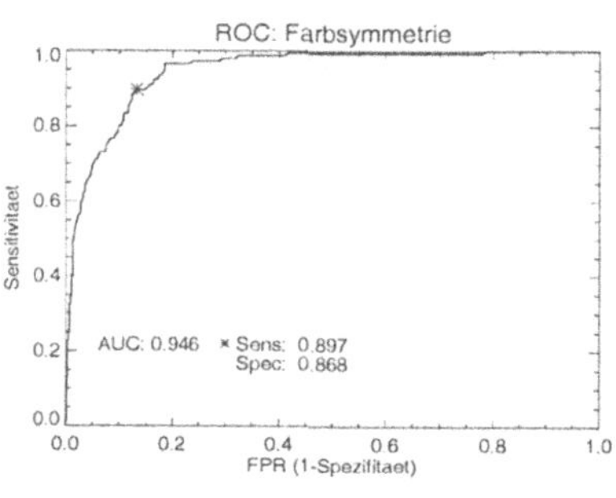

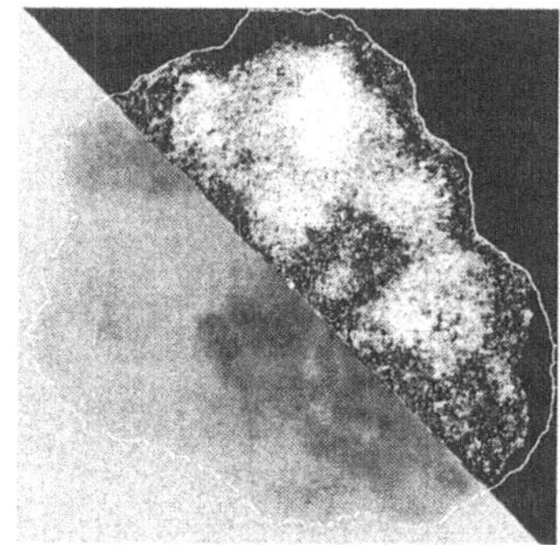

Abb. 3. *Links:* ROC-Kurve zum Merkmal Farbsymmetrie. *Rechts:* Beispiel

computerbasierten Bewertung. Mit Hilfe der Visualisierung lassen sich die Ergebnisse auch dermatoskopisch Ungeübten näherbringen. Die insgesamt niedrigen Korrelationskoeffizienten weisen auf geringe Abhängigkeit der Merkmale untereinander hin. In Kombination mit den anderen Merkmalen der ABCD-Regel wird eine Erkennungsrate nahe der des dermatoskopischen Experten erreicht.

Literatur

1. Stolz W, Braun-Falco O, Bilek P, Landthaler M: Farbatlas der Dermatoskopie. Blackwell Wissenschaft, Berlin, 1993.
2. Horsch A, Stolz W, Neiß A, Abmayr W, Pompl R, Bernklau A, Bunk W, Dersch D, Gläßl A, Schiffner R, Morfill G: Improving Early Recognition of Malignant Melanomas by digital Image Analysis in Dermatoscopy. Pappas C, Maglaveras N, Scherrer J (eds): MIE '97, IOS Press 531–535, 1997.
3. Pompl R, Bunk W, Dersch D R, Horsch A, Stolz W, Abmayr W, Brauer W, Gläßl A, Schiffner R, Morfill G: Charakterisierung der Berandungseigenschaften melanozytärer Hautveränderungen zur Unterstützung der Früherkennung des malignen Melanoms. 43. Jahrestagung der gmds, Bremen, 1998. MMV Medien & Medizin Verlag, 309–312

Visualisierung

Haptisch-visuelle Benutzerschnittstelle für die kieferchirurgische Operationsplanung
3-D-Segmentierung von Kieferknochen mit Kraftrückkopplung

Armin Schulz, Patrick Neumann, Dirk Siebert, Manfred Krauss, Gabriele Faulkner
und Thomas Tolxdorff

Institut für Medizinische Statistik, Epidemiologie und Informatik
Universitätsklinikum Benjamin Franklin (UKBF)
Freie Universität Berlin, Hindenburgdamm 30, D-12200 Berlin
Email: ar.schulz@medizin.fu-berlin.de

Zusammenfassung. Ziel unserer Arbeit ist ein vollständig computergestütztes System für die kieferchirurgische Operationsplanung [1]. Ein wichtiger Bestandteil ist die interaktive Bestimmung der für die Planung benötigten Knochensegmente unter Benutzung virtueller Werkzeuge. Zu diesem Zweck haben wir eine einfach zu bedienende Benutzerschnittstelle geschaffen, die sowohl visuelles als auch haptisches Feedback bietet. Es wurde untersucht, inwieweit Kraftrückkopplung (Force-Feedback) unter Verwendung von Geräten aus dem Niedrigpreisbereich für die medizinische Anwendung einsetzbar ist.

Schlüsselwörter: Operationsplanung, 3-D-Segmentierung, Kraftrückkopplung, Benutzerschnittstelle

1 Einführung

Ein Hauptziel der Kiefer- und Gesichtschirurgie ist die Verschiebung von Schädelknochen, um angeborene oder von schweren Verletzungen herrührende Fehlstellungen zu korrigieren. Der Chirurg durchtrennt intraoperativ verschiedene Schädelknochen, bearbeitet diese und positioniert sie an anderer Stelle, um beispielsweise eine gute Okklusion des Gebisses oder eine Verbesserung der Gesichtsästhetik zu erreichen. Die Operation muß sehr sorgfältig geplant sein, um die gewünschte Zielform von Schädelknochen und Weichteilgewebe zu erreichen.
Die herkömmliche kieferchirurgische Planung stützt sich auf einen Gipsabdruck des Patientengebisses. Das Gipsmodell wird in einen sogenannten Artikulator gespannt (Abb. 1a), wodurch es ermöglicht wird, Kieferteile herauszuschneiden und in definierter Relation neu zu positionieren.
Der Einsatz von Techniken aus dem Gebiet der Virtuellen Realität erweitert diese traditionelle Planung und könnte diese möglicherweise sogar ersetzen. Eine stereoskopische 3-D-Visualisierung sowie die Bereitstellung von virtuellen Werkzeugen, die die computergestützte Veränderung des Objektes ermöglichen, beschleunigen und ergänzen den Planungsprozeß. So sind beispielsweise vergleichende Untersuchungen von Planungsvarianten denkbar.

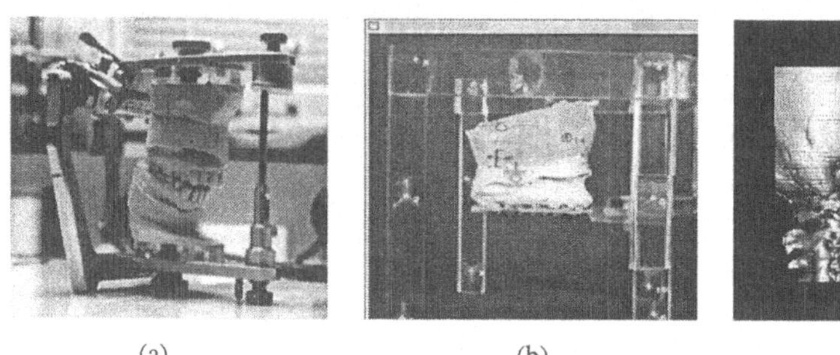

(a)   (b)   (c)

Abb. 1. (a) Artikulator für Gipsmodelle, (b) kalibrierter Splint, (c) CT mit Splint.

2 Methoden

Die Operationsplanung stützt sich auf visualisierte 3-D-Volumendaten des Patienten, die durch eine Computertomographie (CT) erzeugt wurden. Sie wird ergänzt durch die Bereitstellung virtueller Werkzeuge, die durch Force-Feedback die Interaktion haptisch unterstützen.

2.1 Visualisierung

Der Visualisierungsprozeß besteht aus vier Phasen (Abb. 2). Zunächst wird der Datensatz unter Verwendung eines schwellwertbasierten Verfahrens in Knochen und Weichteile segmentiert (preprocessing stage). Um eine schnelle Visualisierung zu erreichen, wird jeder 3-D-Datensatz in einen kleineren Bitwürfel transformiert, der die Knochenzugehörigkeit der Voxel repräsentiert [2].

Nachdem die für die OP-Planung relevanten Kieferobjekte unter Verwendung der virtuellen Werkzeuge vom Schädel abgetrennt worden sind (object segmentation stage), schließt sich deren Rekonstruktion an (object reconstruction stage). Dazu wird für jedes Subobjekt eine Tiefenkarte aus der Projektion der Voxel des jeweiligen Bitwürfels berechnet und entsprechend beleuchtet. Abschließend werden die visuellen Resultate der verschiedenen Objekte in einem Ausgabebild zusammengeführt (object composing stage). Eine Hervorhebung der segmentierten Kieferteile gegenüber dem restlichen Schädel wird z.B. durch Verwendung verschiedener Farben bei der Zusammenführung der sich überlappenden Tiefenkarten der Teilobjekte erreicht.

2.2 Kraftrückkopplung

Zur Segmentierung von 3-D-Objekten auf einem 2-D-Monitor ist es notwendig dem Benutzer Information über innere, nicht sichtbare Strukturen zu vermitteln. Bei einem echten chirurgischen Eingriff erhält der Arzt diese Informationen durch spürbare Kräfte an seinen Operationswerkzeugen. Es liegt daher nahe, solche Effekte bereits bei der Operationsplanung über entsprechende Eingabegeräte nachzubilden.

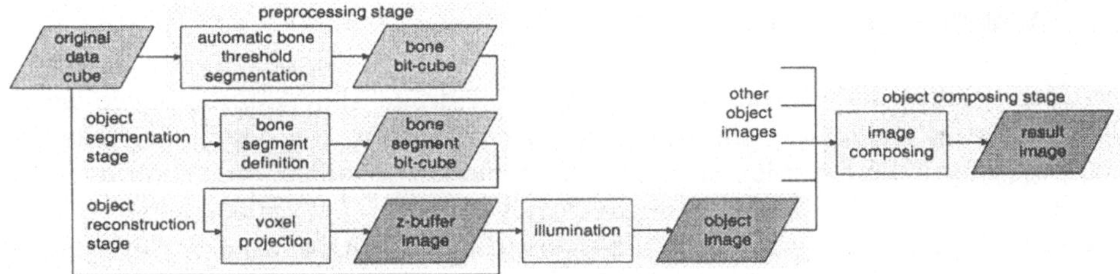

Abb. 2. Visualisierungspipeline.

Im vorliegenden Fall werden die Werkzeugcharakteristiken Sägen und Bohren durch den Einsatz von Force-Feedback haptisch wahrnehmbar gemacht. Während dieser beiden virtuellen Vorgänge, die durch einen Zeiger visualisiert werden, werden die Kraftparameter kontinuierlich zu dem Force-Feedback-Gerät übertragen [3] (force streaming). Dem Sägen ist ein Kraftparameter proportional zur Knochendicke, dem Bohren ein Parameter proportional zur Knochenkonsistenz des augenblicklich zu durchbohrenden Knochengebietes zugeordnet. Zum Beispiel spürt der Benutzer beim Übergang von Knochengewebe zu Weichgewebe ein Rucken.

In der Testumgebung wurde der *Sidewinder*™ Force-Feedback-Joystick der Firma *Microsoft* von einem PC über das *DirectX*™-Protokoll angesteuert. Es wurde eine High-Level-Schnittstelle für die zum Einsatz kommenden Effektparameter geschaffen, die von den zugrundeliegenden Einzelheiten des Gerätetreibers abstrahiert.

2.3   Dreidimensionale Segmentierung

Die Segmentierung der Kieferteile wird durch das Setzen eines Anfangspunktes in der gewählten Objektsicht begonnen. Diese Auswahl wird durch Positionierung eines Zeigers auf dem Monitor vorgenommen, der dem Joystick, wie bei einer Maus, zugeordnet ist. Das dem ausgewählten Pixel entsprechende Voxel wird als Startpunkt eines Volume-growing-Verfahrens genommen, das aufgrund einer 26-Nachbarschaft der Voxel im Datenwürfel ein zusammenhängendes Gebiet ermittelt [4].

Für das Volume-growing werden zwei neue Datenwürfel angelegt; einer als Kopie des noch nicht segmentierten Datensatzes und ein anfänglich leerer. Es wird sukzessive jedes dem zusammenhängenden Gebiet zugehörige Voxel aus der Kopie entfernt und in das zweite Subobjekt übernommen. Dieser Segmentierungsprozeß kann in Echtzeit visualisiert werden, weil mit jedem Schritt nur ein Voxel verändert wird und nicht jedes segmentierte Voxel zur Oberfläche gehört.

Die Segmentierung kann durch virtuelles Schneiden begrenzt werden. Ein Schnitt wird gesetzt, indem mit dem Joystick eine beliebige Linie gezeichnet wird, die dann auf das Objekt projiziert wird. Um die Interaktion einfach zu halten, wird orthogonal zur Sichtebene geschnitten, wobei die Tiefe mit dem Joystick festgelegt wird. Möchte man die Schneiderichtung ändern, wählt man eine neue Sicht auf das Objekt und schneidet wiederum orthogonal zu dieser in die Tiefe. Mit jedem neuen Schnitt beziehungsweise jeder Änderung eines solchen beginnt das Volume-growing des aktuellen Initialpunktes von neuem.

3 Zusammenfassung

Das hier vorgestellte Operationsplanungssystem erfüllt die Anforderungen an ein bildorientiertes, virtuelles chirurgisches Planungssystem wie sie von Cleynenbreugel [5] formuliert worden sind. Die Kombination bekannter Verfahren (schnelle Visualisierung, Volume-growing) mit der Verwendung eines Force-Feedback-Joysticks aus dem Niedrigpreisbereich zum einfachen Ausschneiden von Kiefersegmenten gewährleistet die Akzeptanz im klinischen Umfeld.

3.1 Ergebnisse

Im besonderen wird das System für die Korrektur von Kieferfehlentwicklungen (Dysgnathien) eingesetzt (Abb. 3). Es hat sich gezeigt, daß das Herausschneiden der für den Planungsprozeß relevanten Kiefersegmente für den Chirurgen durch die virtuellen Werkzeuge erleichtert wurde. Der Unterkiefer kann durch Setzen eines Initialpunktes und von Schnitten an den Kiefergelenken sowie zwischen Ober- und Unterkiefer leicht und schnell segmentiert werden (Abb. 4). Um eine sagittale Korrektur des Unterkiefers vorzunehmen, muß ein Schnitt zwischen den aufsteigenden Ästen des Unterkiefers (Ramus) und dem restlichen Unterkiefer gesetzt werden.

Eine wesentliche klinische Anforderung einer Kieferoperation an ein Planungssystem ist eine hohe Genauigkeit von ±0.5mm. Die Genauigkeit der erläuterten Segmentierung ist beschränkt durch die Voxel-Auflösung der zugrundeliegenden CT-Daten. Der verwendete moderne Spiral CT-Scanner der Firma *Siemens* kann Voxel mit einer Auflösung von 0.7 x 0.7 x 1.4 mm erzeugen.

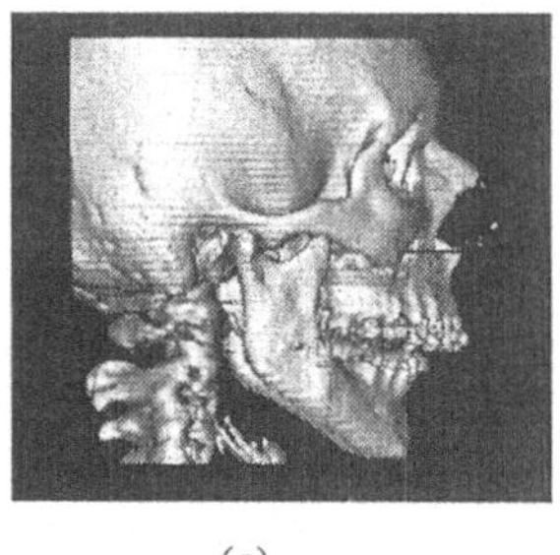 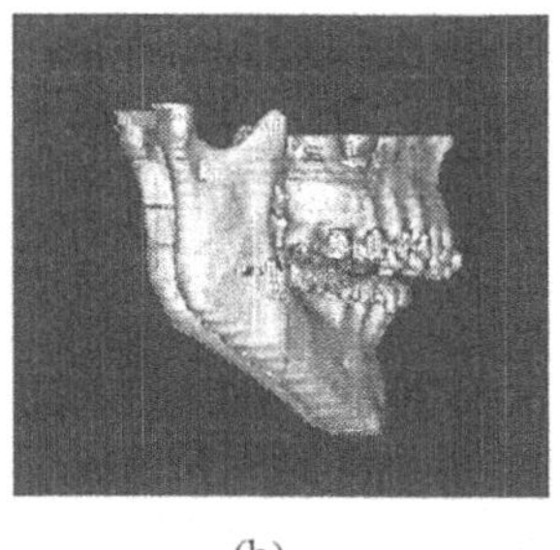 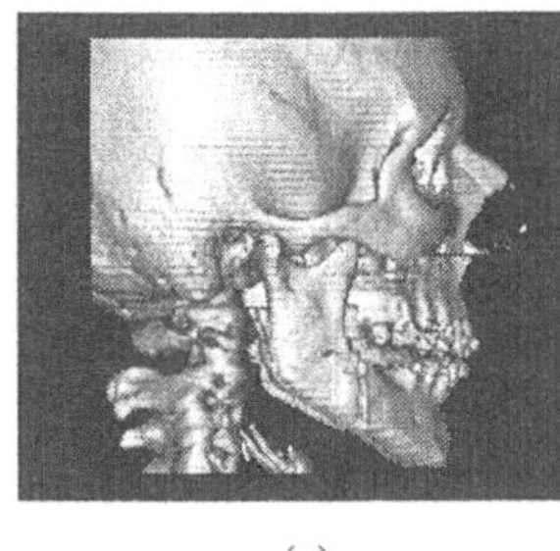

(a) (b) (c)

Abb. 3. Korrektur-Planung einer Dysgnathie: (a, b) vor, (c) nach der Korrektur.

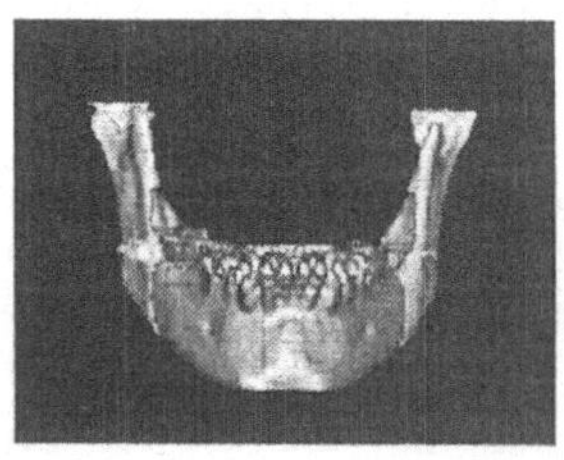 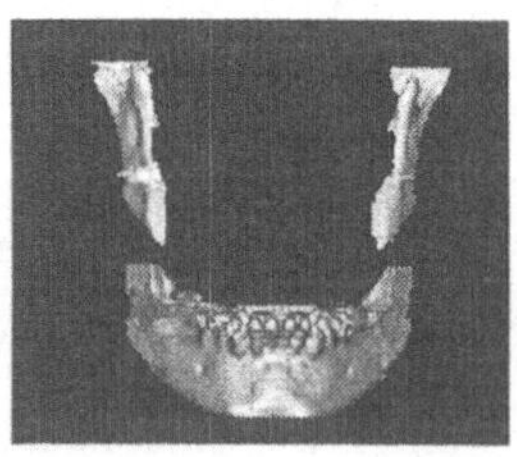 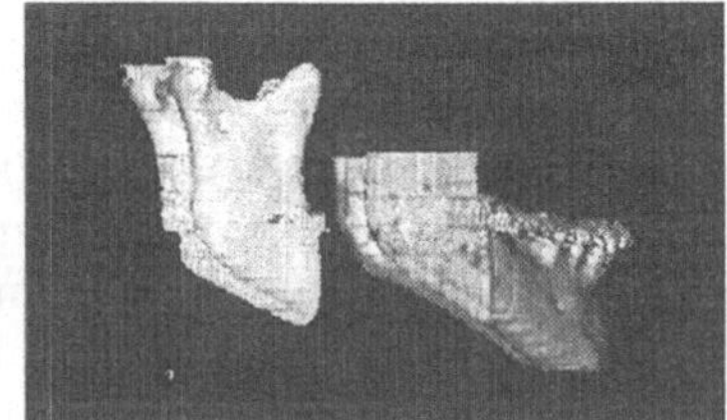

Abb. 4. Verschiedene Ansichten des segmentierten Ramus.

3.2 Ausblick

Zukünftig ist die Integration einer sogenannten See-through-Brille in das System anvisiert. Dadurch können während einer Operation die Planungsdaten mit dem Operationsgeschehen visuell verschmolzen werden, um dem Chirurgen eine Navigationsunterstützung zu bieten.

4 Danksagung

Das Forschungsprojekt *Intraoperative Navigationsunterstützung* wird von der DFG und dem Universitätsklinikum Benjamin Franklin (UKBF) gefördert. Dank für die Unterstützung gilt auch der Klinik für Kieferchirurgie und Plastischen Gesichtschirurgie des UKBF.

5 Literatur

1. Neumann P, Faulkner G, Haarbeck K, Tolxdorff T: MeVisTo-Jaw: Ein Visualisierungstool für die kieferchirurgische OP-Planung. In: Lehmann T, Metzler V, Spitzer K, Tolxdorff T (Hrsg.): Bildverarbeitung für die Medizin 1998. Springer-Verlag, Berlin, 1998.
2. Wood C, Ling C, Lee CY: Real Time 3D Rendering of Volumes on a 64bit Architecture. SPIE-Mathematical Methods in Medical Imaging, 2707:152-158, 1996.
3. Rosenberg LB: A Force Feedback Programming Primer. Technischer Report. Immersion Corporation, San Jose, Kalifornien, 1997.
4. Toennies KD, Derz C: Volume rendering for interactive 3-d segmentation. In: Yongmin Kim (ed.), Medical Imaging 1997, Image Display, SPIE 3031:602-609, 1997.
5. Cleynenbreugel JV, Verstreken K, Marchal G, Suetens P: A Flexible Environment for Image Guided Virtual Surgery Planning. In: Höhne KH, Kikinis R (ed.): Visualization in Biomedical Computing, 501-510, 1996.

Entwicklung einer Simulationsumgebung zur Untersuchung von Vorhofflimmern[1]

Andreas Bollmann[1], Bernhard Preim[*] und Matthias Kunze[**]
Klinik für Kardiologie, Angiologie und Pneumologie
Otto-von-Guericke Universität Magdeburg
Leipziger Str. 44, 39120 Magdeburg
[*] MeVis gGmbH an der Universität Bremen
Universitätsallee 29, 28359 Bremen
[**] RCOM Software GmbH
Am Krökentor 1A, 39104 Magdeburg
Email: andreas.bollmann@medizin.uni-magdeburg.de

Zusammenfassung. In diesem Beitrag wird eine Experimentierumgebung vorgestellt, mit der die Erregungsausbreitung im menschlichen Herzen schematisch dargestellt werden kann. Die statistische Untersuchung der Entstehung und des Verlaufs von Vorhofflimmern stehen dabei im Vordergrund. Der Kern der Simulationsumgebung ist ein zellularer Automat, in dem die Mechanismen der Erregungsausbreitung nachgebildet werden. Der zellulare Automat kann flexibel parametrisiert werden. Die Zustände des Automaten werden schritthaltend visualisiert, wobei ein Video für eine spätere Auswertung erzeugt wird. Die Simulationsumgebung ermöglicht es, durch Veränderung der Ausgangsparameter (Leitungsgeschwindigkeit und Refraktärzeit) eine Analyse der zeitlichen und räumlichen Organisation von VHF sowie deren Zusammenhang mit der klinisch erfaßbaren Frequenz der fibrillatorischen Aktivität durchzuführen.

Schlüsselwörter:Vorhofflimmern, Zellulare Automaten, Simulation, Visualisierung

1 Einleitung

Vorhofflimmern (VHF) stellt die häufigste zu behandelnde Herzrhythmusstörung beim Menschen dar, die bei etwa 5 Prozent der über 60-jährigen Bevölkerung auftritt. Aufgrund einer teilweise erheblichen Symptomatik (Herzrasen, Atemnot) sowie einem erhöhtem Risiko für thromboembolische Komplikationen (vor allem Schlaganfälle) stellt VHF ein bedeutendes klinisches Problem dar [1]. Neben der wachsenden Anzahl an Therapieoptionen (z.B. atrialer Defibrillator, Stimulationsverfahren) ist es in der letzten Zeit durch hochauflösende intrakardiale EKG-Ableitungen zu einem besseren Verständnis der elektrophysiologischen Mechanismen dieser Herzrhythmusstörung gekommen [2].

2 Elektrophysiologische Mechanismen von VHF

Im Gegensatz zur normalen elektrischen geordneten Aktivierung des Herzens liegt beim VHF eine ungeordnete elektrische Aktivität der Vorhöfe durch mehrere simulta-

---

[1] Dieser Beitrag basiert auf der Arbeit aller drei Autoren an der Otto-Universität Magdeburg.

ne Kreiserregungen vor [3], [4]. Dabei ist die Größe und Anzahl der Kreiserregungen vom Produkt aus Leitungsgeschwindigkeit und Refraktärzeit (Zeit, in der Zellen nicht erregbar sind) abhängig. Niedrige Leitungsgeschwindigkeit und kurze Refraktärzeit sind Voraussetzungen für das Fortbestehen mehrerer simultaner Erregungswellen und damit für die Aufrechterhaltung von VHF [4].

Beim Menschen sind während VHF weder Leitungsgeschwindigkeit noch Refraktärzeit zu bestimmen, so daß die Auswirkungen von Veränderungen dieser Parameter auf die Komplexität von VHF mit einem Computermodell untersucht werden sollen.

3 Computermodell von VHF

In Anlehnung an Moe et al. [3] und Peck et al. [5] erfolgte eine Erweiterung und Modifikation bereits vorgestellter Computersimulationen.

Die vorliegende Simulationsumgebung basiert auf einem zellularen Automaten mit einer variablen Auflösung (bis zu 150×150 quadratische Zellen, die Vorhofareale simulieren). Jede Zelle kann entweder (1) erregt, (2) nicht erregt und nicht erregbar (refraktär) oder (3) nicht erregt und erregbar sein. Abb. 1 zeigt die Zustände und die möglichen Zustandsübergänge. Um morphologische Veränderungen (z.B. Narbenbildung) oder therapeutische Optionen (z.B. Operation/Ablation) zu simulieren, ist es möglich, Zellen als unbenutzt (nicht erregbar) zu definieren. Diese Zustände werden farbcodiert dargestellt.

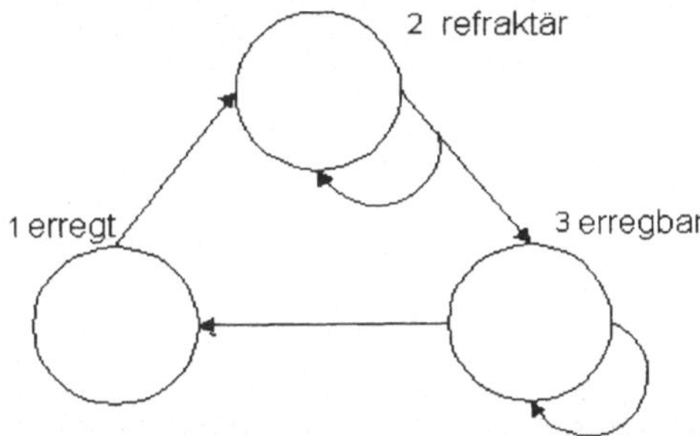

Abb. 1: Zustandsübergänge zwischen den Zellen, die Areale des Vorhofes simulieren. Wie lange, eine Zelle refraktär bleibt, wird durch die Refraktärzeit bestimmt. Der Übergang einer Zelle zum erregten Zustand erfolgt, wenn eine Zelle in der Nachbarschaft erregt wird.

Die Parameter Leitungsgeschwindigkeit und Refraktärzeit sind als Mittelwert und deren Standardabweichung einstellbar (siehe Abb. 2). Eine erregte Zelle geht nach einem Zyklus in den Zustand (2) über und nach der entsprechenden Refraktärzeit in den Zustand 3, in dem sie wieder erregt werden kann. Eine erregte Zelle erregt ihre 8 Nachbarn, wenn diese im Zustand (3) sind. Das Verhalten der Erregungsfronten an den Rändern der Matrix (Auslöschen oder Wiedereintritt an der gegenüberliegenden Seite) ist frei wählbar.

Die Experimente werden statistisch ausgewertet, wobei die Zahl, die Form und das Verhalten (Teilung, Kollision etc.) der simultanen Erregungsfronten erfaßt wird. Zusätzlich wird angezeigt, wieviel Zellen sich in welchem der drei ständig wechselnden Zustände befinden. Die Anzeige dieser Statistiken wird regelmäßig aktualisiert, wobei zusätzlich nach dem Experiment eine kumulative Statistik durchgeführt wird. Die erzeugten Bilder werden gespeichert und nach Abschluß der Simulation in ein Video konvertiert. Mit einer videorekorderähnlichen Schnittstelle (Vor- und Zurückspulen,

Standbild etc.) kann die Simulation später betrachtet werden. Die Experimentierumgebung läuft auf PCs mit Windows 95.

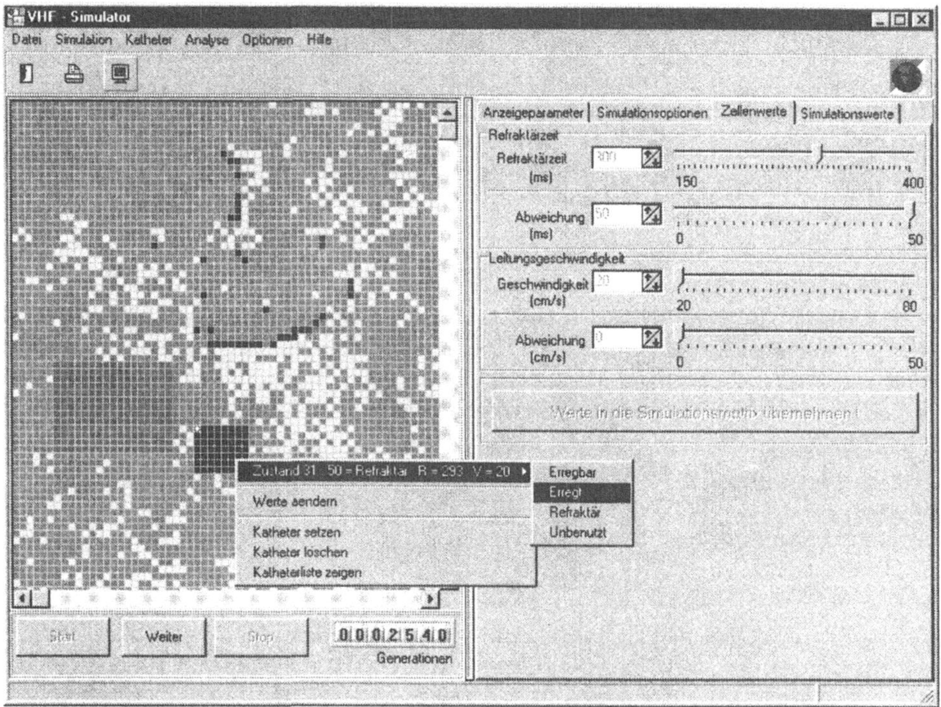

Abb. 2: Einstellung der Ausgangsparameter. Einzelne Zellbereiche können über ein Popup-
Menü manipuliert werden. Die dunklen Zellen sind erregt.

4 Anwendung des Computermodells

Nach Konings et al. [2] werden 3 Typen von VHF anhand der Ausbreitung der simultanen Erregungsfronten unterschieden. Dabei zeigte sich, daß mit zunehmender Komplexität die Frequenz der fibrillatorischen Aktivität steigt. Demnach kann die Frequenz von VHF als Parameter für den Schweregrad von VHF angesehen werden. Dies
wurde einerseits durch experimentelle Arbeiten ([6]) unterstützt, die einen engen inversen Zusammenhang zwischen lokaler Flimmerfrequenz und Refraktärzeit fanden.
Andererseits wurde in ersten eigenen Untersuchungen am Menschen [8], [9], [10] auf
die Bedeutung der Frequenz der fibrillatorischen Aktivität für den natürlichen Verlauf
von VHF und das Ansprechen auf eine medikamentöse Behandlung hingewiesen.

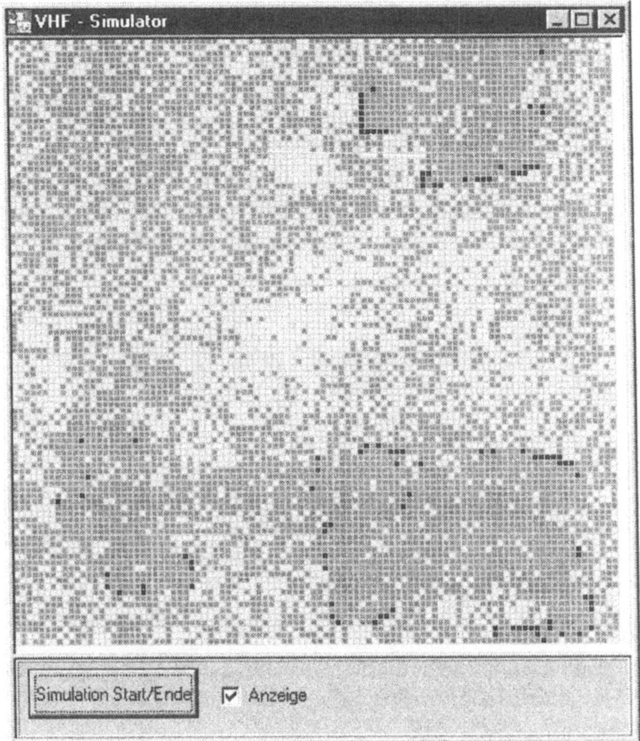

Abb. 3: Die dunklen erregten Zellen bilden mehrere Erregungskreise – es liegt Vorhofflimmern vor.

Die Simulationsumgebung ermöglicht es, durch Veränderung der Ausgangsparameter (Leitungsgeschwindigkeit und Refraktärzeit) eine systematische Analyse der zeitlichen und räumlichen Organisation von VHF sowie deren Zusammenhang mit der klinisch erfaßbaren Frequenz der fibrillatorischen Aktivität durchzuführen.

Bei der hier vorgestellten Simulationsumgebung steht demzufolge die mathematisch-statistische Beschreibung der Erregungsfronten und nicht die exakte anatomische Darstellung im Vordergrund.

5 Zusammenfassung und Ausblick

In diesem Beitrag wurde eine Experimentierumgebung auf der Basis eines (2d) zellularen Automaten durchgeführt. Die Visualisierung dieses Automaten erlaubt eine Analyse der Mechanismen der Erregungsausbreitung während VHF. Die Visualisierung zielt nicht auf anatomische Korrektheit, wie dies in [7] der Fall ist, wo ein 3d-zellularer Automat genutzt wird, wobei die Zellen Elemente eines hochauflösenden Voxelmodells sind. Die geringere Anschaulichkeit der einfachen 2d-Visualisierung wird dadurch aufgehoben, daß die Probleme mit der Verdeckung von Objekten sowie Licht und Schatten nicht auftreten. Weiterführende Arbeiten werden sich auf die Erzeugung von lokalen EKGs konzentrieren, die notwendig sind, um die Ergebnisse der Simulation mit klinischen Studien zu vergleichen.

Danksagung

Wir möchten uns bei Herrn Prof. Hofestädt und bei Herrn Prof. Strothotte von der Fakultät für Informatik der Otto-von-Guericke Universität für die konstruktive Begleitung der in diesem Zusammenhang entstandenen Diplomarbeit [11] bedanken.

Literatur

[1] Prystowsky EN, DW Benson, V Fuster et al. (1996)
„Management of patients with atrial fibrillation: a statement for healthcare professionals from the subcommittee on electrocardiography and electrophysiology", *Circulation*, Band 93, S. 1262-1277

[2] Konings KT, CJ Kirchhof, JR Smeets, HJ Wellens, OC Penn und MA Allessie (1994)
„High-density mapping of electrically induced atrial fibrillation in humans", *Circulation*; Band 89, S. 1665-1680

[3] Moe GK (1962)
„On the multiple wavelet hypothesis of atrial fibrillation", *Arch Int Pharmacodyn Ther*, Band 140, S. 183-188

[4] Allessie MA, WJ Lammers, FI Bonke und J Hollen (1985)
„Experimental evaluation of Moe's multiple wavelet hypothesis of atrial fibrillation", In: D. P. Zipes, J. Jalife *Cardiac Electrophysiology and Arrhythmias*. Orlando, Fla: Grune & Stratton, S. 265

[5] Peck, J, P Bavly, G Botteron und J Smith (1994)
„The effects of refractoriness and conduction velocity on spatial organisation in a computer model of atrial fibrillation", *IEEE Computers in Cardiology*, S. 237-240

[6] Capucci A, M Biffi, G Boriani, F Ravelli, G Nollo, P Sabbatani, C Orsi, B Magnani (1995)
„Dynamic electrophysiological behavior of human atria during paroxysmal atrial fibrillation", *Circulation*, Band 92, S. 1193-1202

[7] Freudenberg, J und KH Höhne (1998)
„Modellierung und Visualisierung kardialer Erregungsausbreitungen in einem Voxelmodell des Herzens", *Bildverarbeitung für die Medizin* (Aachen, März), Springer-Verlag, S. 432-436

[8] Bollmann A, NK Kanuru, KK McTeague, PF Walter, DB DeLurgio und JJ Langberg (1998)
„Frequency analysis of human atrial fibrillation using the surface electrocardiogram and its response to ibutilide", *Amercian Journal of Cardiololgy*, Band 81 (12), S. 1439-1445

[9] Bollmann A, K Sonne, HD Esperer et al. (1999)
„The duration of paroxysmal atrial fibrillation episodes correlates with the frequency of fibrillatory activity on the surface ECG" (abstract), *J Am Coll Cardiol* (im Druck)

[10] Bollmann A, HD Esperer, K Sonne et al. (1999)
„Spectral analysis of the fibrillatory activity on the surface ECG in patients with persistent atrial fibrillation and its response to chronic antiarrhythmic medication", (abstract), *J Am Coll Cardiol* (im Druck)

[11] Kunze M (1998)
Entwicklung einer Experimentierumgebung zur Untersuchung von Vorhofflimmern, Diplomarbeit, Fakultät für Informatik, Otto-von-Guericke Universität Magdeburg

Computergestützte Planung von Hüftoperationen in virtuellen Körpern

H. Handels, J. Ehrhardt, P. Peters*, W. Plötz *, S.J. Pöppl

Institut für Medizinische Informatik und *Klinik für Orthopädie
Medizinische Universität zu Lübeck, Ratzeburger Allee 160, 23538 Lübeck
Email: handels@medinf.mu-luebeck.de

Zusammenfassung. Innerhalb dieses Beitrages wird ein Softwaresystem zur Planung und Simulation von Hüft- und Beckenoperationen an virtuellen 3D-Modellen vorgestellt. Ausgangsbasis für die Erstellung der dreidimensionalen Modelle der Hüfte bilden räumliche CT-Bildfolgen, in denen die Knochenstrukturen der Hüfte segmentiert werden. Durch speziell auf die orthopädischen Anforderungen abgestimmte 3D-Interaktionen und Visualisierungstechniken wird die virtuelle Planung von Beckenteilersatzoperationen von der Sektion des Hüftknochens bis hin zum Einsatz der Prothese unterstützt. Der Einsatz stereoskopischer 3D-Bilderzeugungsverfahren erweitert hierbei die Möglichkeiten zur räumlichen Darstellung und erleichtert die Navigation sowie das Setzen von Schnittebenen im virtuellen Hüftmodell.

Schlüsselwörter: OP-Planung, Prothesenanpassung, virtuelle Realität

1 Einleitung

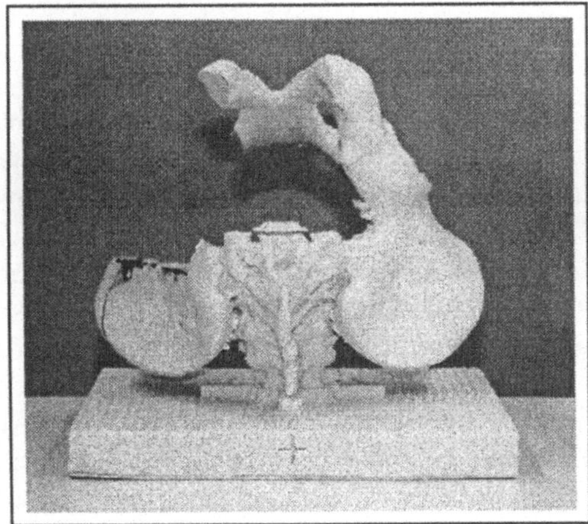

Abb.1: Gefrästes Hartschaummodell der Hüfte nach der Sektion

Das Auftreten von Knochentumoren im Hüftbereich macht oftmals die Durchführung einer Beckenteilersatzoperation notwendig. Bei dieser Operation wird die befallene Knochenstruktur typischerweise durch Schnitte am Darmbein oberhalb der Hüftpfanne sowie an Sitz- und Schambein entfernt. Anschließend wird eine individuelle, modular gefertigte Beckenendoprothese in den verbliebenen Hüftknochen eingesetzt [1]. Die Planung dieser Operationen erfolgt derzeit an der Klinik für Orthopädie der Medizinischen Universität zu Lübeck an gefrästen Hartschaummodellen des Beckens (Abb. 1).

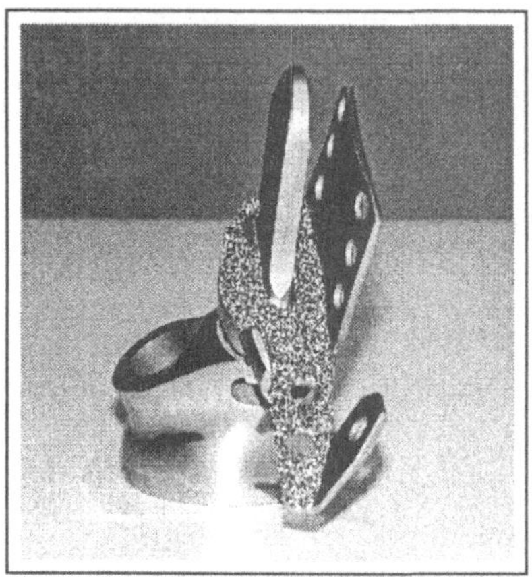

Abb. 2: Oberer Teil der Hüftprothese
für die Beckenteilersatzoperation

Die Fräsdaten werden durch eine semiautomatische Segmentierung der Knochenstruktur aus den CT-Daten gewonnen. Anschließend werden vom Operateur die Resektionslinien am Hartschaummodell bestimmt und eine entsprechende Knochenresektion vorgenommen. Anhand des resultierenden postoperativen Modells wird die Prothese gefertigt (Abb.2).

Die computergestütze Planung und Simulation chirurgischer Eingriffe gewinnt zunehmend an Bedeutung [2, 3]. Bei der computergestützten Planung von Beckenteilersatzoperationen wird die Simulation des operativen Eingriffs sowie die individuelle Prothesenanpassung anhand eines virtuellen Hüftmodells im Rechner durchgeführt. Dies ermöglicht das Durchspielen verschiedener Operationstechniken sowie die Betrachtung verschiedener Schnittführungen und ihrer Auswirkung auf das Prothesendesign. Darüber hinaus werden durch die Möglichkeit zur Einsparung des gefrästen Hartschaummodells der Hüfte Kostenreduktionen bei der Durchführung dieser Operationen erwartet. Die in der Simulationsumgebung vorab visualisierte, operative Vorgehensweise kann weiterhin zur Information des Patienten sowie in der Lehre für die Ausbildung von Medizinstudenten genutzt werden.

2 Generierung der 3D-Modelle

Für die oberflächenorientierte, dreidimensionale Darstellung der Hüfte werden Drahtgittermodelle benötigt, die auf der Basis räumlicher CT-Bildfolgen mit einer typischen Pixelgröße von 0.75 mm × 0.75 mm × 4 mm erzeugt werden (Abb. 3). Zur Segmentierung der knöchernen Beckenstrukturen werden zunächst Schwellwertoperationen eingesetzt. Fehlsegmentierungen, wie sie z.B. durch verkalkte Gefäße entstehen, werden nachfolgend durch morphologische Operatoren eliminiert. Ein interaktiver Arbeitsschritt ist zumeist zur genauen Trennung von Hüftbein und Kreuzbein sowie von Acetabulum und Femur notwendig.

Aus den segmentierten Daten werden unter Verwendung des Marching Cubes Algorithmus [4] Oberflächenmodelle der folgenden anatomischen Strukturen generiert: rechter und linker Femur, rechtes und linkes Hüftbein sowie das Kreuzbein. Nach einem weiteren Verarbeitungsschritt zur Reduktion der Dreiecksanzahl [5] bestehen diese Modelle typischerweise aus 80.000 bis 130.000 Dreiecken.

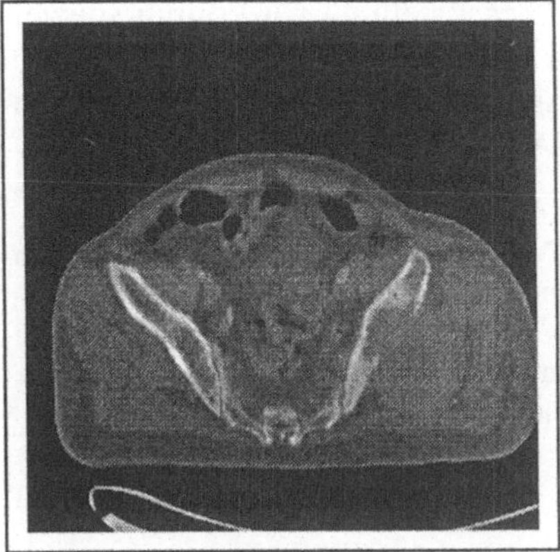

Abb. 3: CT-Bild der Hüfte mit einer Pixelauflösung von 0.75 mm × 0.75 mm × 4 mm. Der rechte Hüftknochen ist durch einen Knochentumor teilweise zerstört.

Anhand interaktiv bestimmter Landmarken werden die 3D-Modelle in einem normierten Koordinatensystem unter Anwendung von Rotationen und Translationen ausgerichtet. Dieser Schritt ermöglicht es, Prothesenparameter wie z.B. Eingangsebene oder Position der künstlichen Hüftpfanne in einem von der Aufnahmegeometrie unabhängingen Koordinatensystem anzugeben. Bei der Erstellung und 3D-Darstellung der Hüftmodelle wird das „Visualization Toolkit" [6] als Plattform verwendet.

3 Simulation der Hüftpfannenresektion und des Protheseneinbaus

Die generierten 3D-Modelle können innerhalb der entwickelten Simulationsumgebung vom Chirurgen dreidimensional dargestellt und interaktiv manipuliert werden. Neben Translationen, Rotationen und Zoom-Operationen können für beliebige Raumebenen die zugehörigen CT- bzw. MR-Bilder in die 3D-Visualisierung mit Hilfe von Texture Mapping Techniken eingeblendet werden, wodurch die Darstellung der 3D-Modelle im Kontext des umliegenden Gewebes möglich wird. Darüber hinaus kann der Operateur am virtuellen Modell die Resektionslinien interaktiv bestimmen. Die Simulation der Hüftpfannenresektion wird durch virtuelle Schnittwerkzeuge unterstützt, durch die beliebige Schnittebenen im 3D-Modell definiert werden können.

Die herkömmliche 2D-Maussteuerung ist zur Navigation in 3D-Szenen sowie zur präzisen Positionierung der Schnittwerkzeuge nur eingeschränkt geeignet. 3D-Eingabegeräte wie Spaceballs oder 3D-Mäuse ermöglichen hingegen eine einfache und intuitive Interaktion mit den 3D-Modellen und Schnittwerkzeugen. Zusätzlich werden stereoskopische Visualisierungstechniken und –medien (Shutter-Brillen, Z-Screen und Polarisationsbrillen) benutzt, um dem Operateur einen realitätsnahen, räumlichen Eindruck mit hoher Tiefenwirkung zu vermitteln.

Neben der Simulation des operativen Eingriffs werden Kenndaten für die Erstellung einer individuell angepaßten Hüftprothese berechnet. Am postoperativen 3D-Modell lassen sich Form und Größe der Auflagefläche, Länge und Lage der Knochenverankerung sowie die Positionen der Verschraubungen der Prothese bestimmen.

Die Ermittlung der optimalen individuellen Prothesenstellung wird durch spezielle Visualisierungstechniken unterstützt. Zum einen erlauben transparente Darstellungen der Knochenoberfläche die Beurteilung der Lage des intramedullären Prothesenzapfens innerhalb des verbliebenen Hüftknochens (Abb. 4).

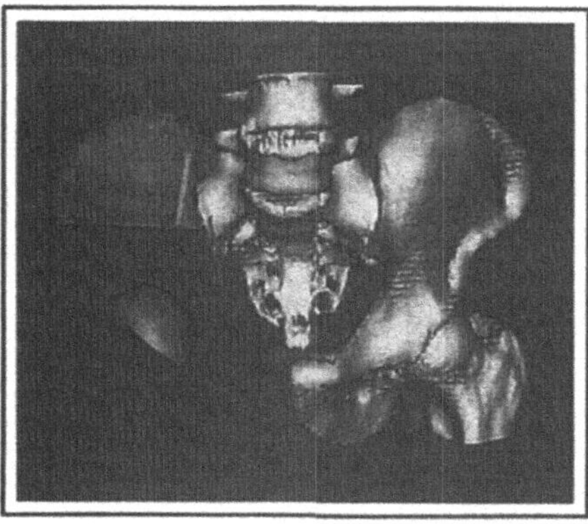

Abb. 4: Transparente Darstellung des Hüftprothesenzapfens im resezierten Hüftknochen. Darüber hinaus ist die künstliche Hüftpfanne dargestellt, deren Position interaktiv an die individuelle Anatomie angepaßt werden kann.

Zum anderen können die minimalen Abstände zwischen der Oberfläche des Hüftknochens und des Prothesenzapfens farbkodiert auf der Hüftknochenoberfläche dargestellt werden (Abb. 5). Rot gefärbte Bereiche (Abb. 5, links) treten hier bei ungünstiger Prothesenlage auf, bei der der Prothesenzapfen der Knochenoberfläche zu nahe kommt bzw. diese durchbricht. Eine geeignete Prothesenstellung, bei der die Prothese im Inneren des Hüftknochens positioniert ist, wird in Abb. 5 rechts dargestellt. Als Ergebnis dieses Optimierungsprozesses erhält man die räumliche Lage der Resektionslinien in Relation zu den gewählten Landmarken sowie die zur Prothesenfertigung benötigten Parameter.

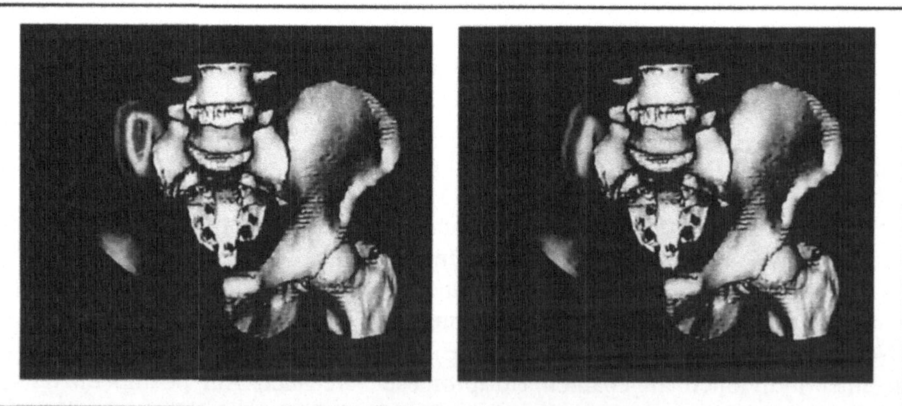

Abb. 5: Farbkodierte Darstellung der minimalen Abstände zwischen der Oberfläche des Hüftknochens und des Prothesenzapfens bei ungeeigneter (links) und korrekter Position (rechts) des Prothesenzapfens. Geringe Abstände sind rot, große Abstände blau dargestellt.

Die Stellung der Hüftpfanne sowie weitere anatomische Parameter wie die Position des Hüftpfannenmittelpunkts werden in der virtuellen Operationsplanungsumgebung anhand der gesunden Hüftseite ermittelt. Die Feinjustage der künstlichen Hüftpfanne kann nachfolgend interaktiv durchgeführt werden (Abb. 4 und 5). Die so extrahierten Kenndaten dienen als Grundlage für die Fertigung einer individuell angepaßten Hüftprothese.

4 Diskussion und Ausblick

Es wurde ein System zur virtuellen Planung und Simulation von Beckenteilersatzoperationen vorgestellt. Gegenüber der herkömmlichen Methode bietet die computerunterstützte Operationsplanung die Möglichkeit, eine kostengünstige und effiziente Planung von Beckenteilersatzoperationen durchzuführen. Insbesondere können die Auswirkungen aus der Verwendung verschiedener Schnittführungen im virtuellen Beckenmodell systematisch untersucht werden. Durch die computergestützte Operationsplanung werden aus dem postoperativen Beckenmodell Formbeschreibungen der Schnittfläche sowie Kenngrößen zur Erstellung individuell angepaßter Prothesen ermittelt. Dies wird unterstützt durch interaktive Werkzeuge zur Messung von Abständen und Winkeln im 3D-Modell sowie zur Berechnung von Flächen und Volumina ausgewählter anatomischer Strukturen.

In weiteren Arbeiten wird eine Schnittstelle zur direkten Weiterleitung der CAD-Modelle individuell angepaßter Hüftprothesen an einen Prothesenhersteller erarbeitet. Darüber hinaus soll das System um spezielle Funktionen zur Planung anderer Hüftoperationen wie Beckendreifach- und Umstellungsosteotomien erweitert werden.

5 Literatur

1. Gradinger R, Rechl H, Ascherl R, Plötz W, Hipp E: Endoprothetischer Teilersatz des Beckens bei malignen Tumoren. Orthopäde, 22: 167-173, 1993.

2. Richolt JA, Teschner M, Everett P, Girod B, Millis MB, Kikinis R: Planning and Evaluation of Reorienting Osteotomis of the Proximal Femur in Cases of SCFE Using Virtual Three-Dimensional Models. In: Wells WM, Colchester A, Delp S, eds. Medical Image Computing and Computer-Assisted Intervention - MICCAI 98. Berlin: Springer Verlag, 1998.

3. Tso CY, Ellis RE, Rudan J, Harrison MM: A Surgical Planning and Guidance System for High Tibial Osteotomies. In: Wells WM, Colchester A, Delp S, eds. Medical Image Computing and Computer-Assisted Intervention - MICCAI 98. Berlin: Springer Verlag, 1998.

4. Lorensen WE, Cline HE: Marching Cubes: A High Resolution 3-D Surface Construction Algorithm. Computer Graphics, 21 (4): 163-169, 1987.

5. Schroeder WJ, Zarge JA, Lorensen WE: Decimation of Triangle Meshes. In: SIGGRAPH92, Chicago, 1992.

6. Schroeder W, Martin K, Lorensen B: The Visualization Toolkit - An Object-Oriented Approach To 3D Graphics. New Jersey, Prentice Hall, 1998.

Simulation von Schnittoperationen in medizinischen Volumenmodellen

Bernhard Pflesser und Ulf Tiede und Karl-Heinz Höhne

Institut für Mathematik und Datenverarbeitung in der Medizin,
Universitäts-Krankenhaus Eppendorf,
Martinistraße 52, 20246 Hamburg
Email: pflesser@uke.uni-hamburg.de

Zusammenfassung. Die Exploration von Volumendaten ist bisher im wesentlichen beschränkt auf das Entfernen von vorsegmentierten Objekten und die Unterteilung mittels Schnittebenen. Für eine realistischere Simulation von operativen Eingriffen ist aber eine interaktive Simulation von beliebigen Schnittoperationen erforderlich (*virtuelles Skalpell*). Wir stellen Methoden zur Repräsentation, Spezifikation und Visualisierung von beliebig geformten Schnitten im Voxelmodell vor. Weiterhin haben wir eine Technik für das Bewegen von Objekten im Volumenmodell entwickelt, so daß herausgetrennte Objektteile beliebig repositioniert werden können.

Schlüsselwörter: Simulation, Schnittoperationen, Visualsierung, Volumenmodell

1 Einleitung

Systeme zum Planen und Erlernen von chirurgischen Eingriffen basieren meist auf traditionellen Techniken der Computergraphik, bei denen Objekte mittels ihrer Oberfläche repräsentiert werden [2, 4]. Somit bieten diese Ansätze keine Informationen über das Objektinnere. Eine realistische Simulation einer Schnittoperation kann so nicht erreicht werden. Methoden zur Objektmanipulation im Volumenmodell sind weit weniger untersucht [8]. Beide Ansätze bieten weder flexible Spezifikationswerkzeuge noch eine realistische Visualisierung von Schnittoberflächen.

In einem ersten Ansatz [3] haben wir eine Methode vorgestellt, bei der beliebig geformte Schnitte durch Grauwertmodifikation repräsentiert wurden. Diese Methode lieferte eine relativ detailgetreue Visualisierung von Schnittoberflächen, war jedoch für komplexe Schnittoperationen nicht flexibel genug. Deshalb haben wir neue Methoden zur Simulation von beliebig geformten Schnitten in das VOXEL-MAN Visualsierungssystem [5] integriert, die folgende Eigenschaften umfassen:

- Repräsentation von Schnittbereichen mit Erhaltung der Objektinformation
- Subvoxel-Modellierung von Schnittoberflächen (Position, Form und Gradienten)

- Interaktive und flexible Schneidewerkzeuge
- Realistische Visualisierung von Schnittoberflächen

2 Methoden

2.1 Repräsentation von Schnittbereichen

Die Repräsentation der Schnittregionen erfolgt im sogenannten *Generalisierten Voxelmodell* [1], bei dem jedem Voxel ein Satz von Attributen zugewiesen werden kann. Um beliebig geformte Schnittbereiche repräsentieren zu können, haben wir ein zusätzliches Attribut eingeführt, welches die Zugehörigkeit zu einem Schnittbereich definiert. Auf diese Weise wird die vorhandene Volumeninformation (Objektinformation, tomographische Daten) vollständig erhalten und jede Operation kann leicht rückgängig gemacht werden.

Voxel-Attribute sind auf die Auflösung der zugrunde liegenden Daten begrenzt und ermöglichen somit keine realistische Visualisierung. Für die Visualsierung von 3D-Objekten ist eine präzise Abschätzung der Oberflächenneigung nötig. Im Bereich der Visualierung von tomographischen Volumendaten hat sich die Grauwertgradienten-Methode [6] etabliert. Daher modellieren wir Schnittoberflächen in einem Datenvolumen mittels einer Simulation des Partialvolumen-Effektes. Mit dieser Methode kann sowohl die Oberflächenneigung als auch auch die Position eines Schnittes mit Subvoxel-Auflösung bestimmt werden.

2.2 Spezifikation

Interaktive Werkzeuge Die Spezifikation wird mit Werkzeugen realisiert, die frei im 3D-Raum bewegt und positioniert werden können. Weiterhin sind die Werkzeugspitzen sehr flexibel zu parametrisieren: in Form, Größe und anderen Eigenschaften, wie z.B. die Selektion von *schneidbaren* Objekten. Somit können für verschiedenste Anwendungen vom *virtuellen Skalpell* bis hin zur Resektion sehr großer Bereiche die Werkzeuge angepaßt werden.

Modellierung von Schnittflächen Nach der Spezifikation der Form und der Position des Werkzeuges können die Voxel innerhalb der Werkzeugspitze leicht bestimmt. Die Simulation des Partialvolumen-Effektes wird dann erreicht, in dem der Bereich um die Werkzeugspitze neu abgetastet wird. Hierbei wird für jedes Voxel der Anteil, der von dem Werkzeug eingenommen wird, bestimmt (Abb. 1, links). Die Attributierung von Voxeln, die an der Schnittoberfläche liegen, ist dann abhängig von der Schwellwertdefinition der Schnittbereiche.

Insbesondere für inkrementelles Schneiden mit einem *virtuellen Skalpell* ist es wichtig, bereits bestehende Schnittoberflächen zu erhalten. Daher muß auch der Bereich eines bestehenden Schnittes, der nicht von der neuen Schnittoperation betroffen ist, bestimmt werden (Abb. 1, rechts). Dies wird durch trilineare Grauwertinterpolation erreicht.

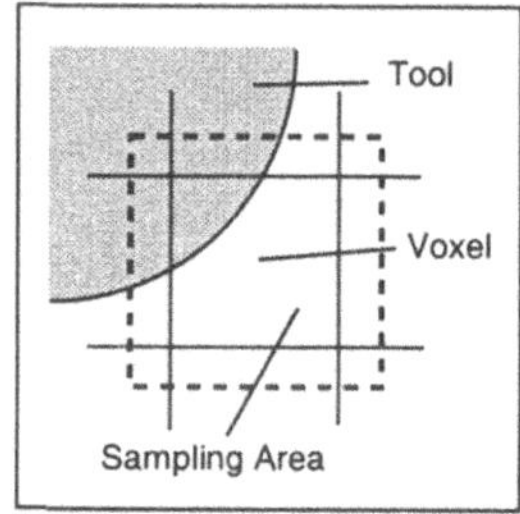

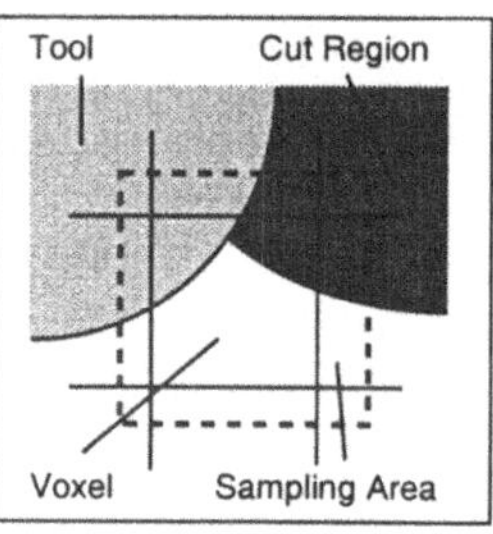

Abb. 1. Links: Abtasten der Werkzeugspitze zur Simulation des Partialvolumen-Effektes. Rechts: Erhalt einer bestehenden Schnittoberfläche durch Abtastung mit trilinearer Grauwertinterpolation

2.3 Visualisierung

Wir haben die Techniken zur Visualisierung multi-attributierter Volumendaten [7], für die realistische Darstellung von Schnittflächen erweitert. Diese Techniken ermöglichen sowohl die Lokalisation von Objektoberflächen als auch die Bestimmung der Oberflächenneigung mit Subvoxel-Auflösung.

Die Darstellung von Schnittflächen mit subvoxelgenauer Auflösung wird im wesentlichen durch zwei Techniken erreicht: Zum einen wird durch eine *Simulation des Partial-Volumen-Effektes* an Schnittflächen eine präzise Bestimmung der Oberflächenneigung ermöglicht und zum anderen lokalisieren wir mit der Methode der *Adaptiven Abtastung* exakt den Verlauf der Schnittkante.

Adaptive Abtastung Die Besonderheit bei der Darstellung von Schnittoperation liegt darin, daß zwischen zwei Abtastpunkten entlang des Sehstrahls meist mehr als eine Objektoberfläche positioniert ist und man nicht direkt entscheiden kann, ob eine (und ggfls. welche) Oberfläche dargestellt werden muß. Wenn diese Entscheidung nicht getroffen wird, enstehen Artefakte in der Darstellung, die im wesentlichen drei Ursachen haben können: Erstens: Eine Schnittoberfläche wird dargestellt, obwohl kein Objekt angeschnitten wurde; zweitens: Ein angeschnittener Objektteil wird *übersprungen*; drittens: Ein Objektteil wird dargestellt, obwohl er entfernt wurde.

Mit der Methode der Adaptiven Abtastung läßt sich die vorliegende Situation in jedem Fall korrekt bestimmen. Hierbei wird zunächst für jede Oberfläche, die zwischen zwei Abtastpunkten gefunden wurde, die genaue Position bestimmt. Dann wird jeweils zwischen zwei Oberflächen ein neuer Abtastpunkt generiert, an dem die Objektbestimmung durchgeführt wird. Falls diese Bestimmung ein darzustellendes Objekt ergibt, so ist die darzustellende Oberfläche gefunden. In dem anderen Fall wird entweder der nächste, zusätzliche Abtastpunkt generiert oder die Strahlverfolgung wird fortgesetzt.

Objektbewegung Die Simulation von Objektbewegungen basiert auf einer erweiterten Ray-Casting Technik, bei der für jeden Bildpunkt in Abhängigkeit von den Transformationen der bewegten Objekte ggfls. mehrere Strahlen verfolgt werden. Auf diese Weise bleibt die volle Volumeninformation erhalten ohne die Daten transformieren zu müssen und es können leicht Bereiche der Verdeckung und Durchdringung detektiert und visualisiert werden.

3 Ergebnisse und Schlußfolgerungen

Wir haben die beschriebenen Verfahren für verschiedene Applikationen angewendet, die das weite Feld der Anwendungsmöglichkeiten illustrieren. Ein Anwendungsfeld ist die Simulation von operativen Eingriffen. Abbildung 2, oben, zeigt

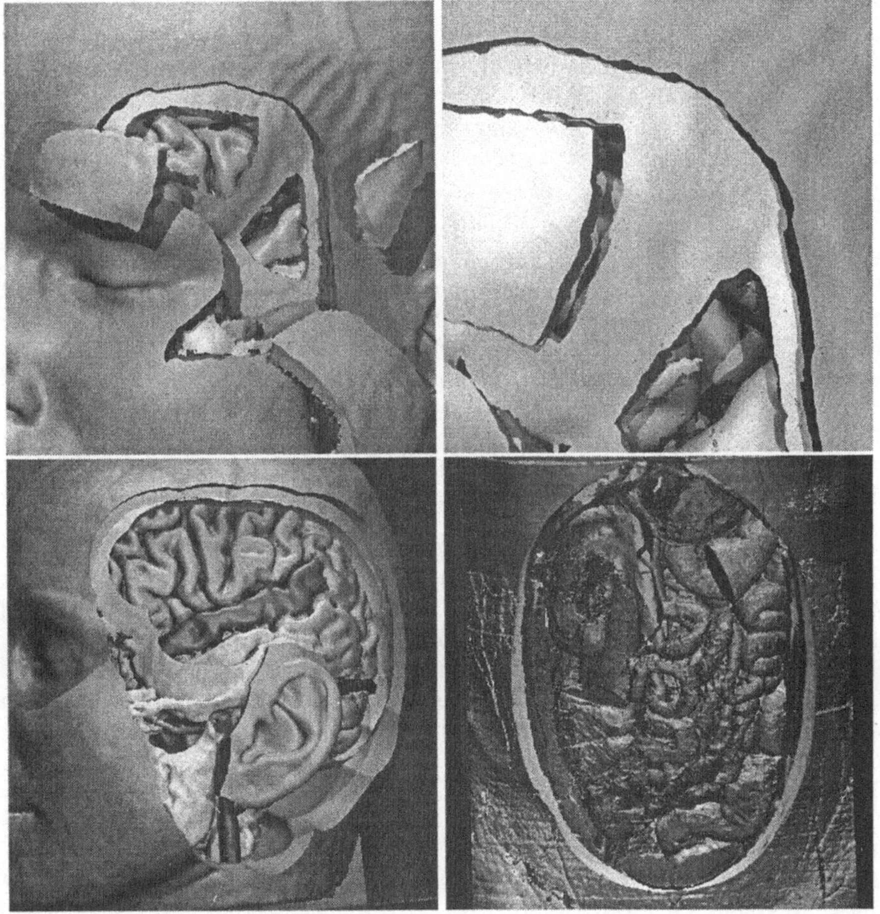

Abb. 2. Anwendungsbeispiele für Schnittoperationen:
Oben links: Teile der Haut und des Schädels wurden interaktiv herausgetrennt und repositioniert. Oben rechts: Der Verlauf der Schnittkante wird mit Subvoxel-Auflösung detektiert. Unten links: Beispielhafte Exploration eines 3D medizinischen Atlasses vom menschlichen Gehirn. Unten rechts: Simulation von anatomischen Präparation am Beispiel des Visible-Human.

exemplarisch eine Anwendung aus dem Bereich der craniofacialen Chirurgie. Teile der Haut und des Schädels sind interaktiv mit einem skalpellartigen Werkzeug herausgetrennt und repositioniert worden. In der Abbildung 2, oben rechts, kann man erkennen, wie präzise der Verlauf der Schnittkante detektiert wird und daß die Grauwertgradienten-Methode zu einer sehr genauen Darstellung der Schnittoberfläche führt.

Eine andere Applikation ist Exploration von 3D-medizinischen Atlanten. Hier ist insbesondere die Simulation von anatomischen Präparationen (Abb. 2, unten links) von großer Bedeutung für die medizinische Ausbildung. Es hat sich gezeigt, daß die neuen Methoden ein wesentlich freieres *Erforschen* von Volumendaten erlaubt und insbesondere die visuelle Erfassung von räumlichen Beziehungen erleichtert.

Die vorgestellten Methoden sind völlig unabhängig von den zugrunde liegenden Daten und daher können die Verfahren auch auf Daten aus dem Visible-Human Projekt^{TM} angewandt werden. In Abbildung 2, unten rechts, ist durch Entfernen von Teilen des Darms die rechte Niere freigelegt worden.

Literatur

1. Höhne, K. H., Bomans, M., Pommert, A., Riemer, M., Schiers, C., Tiede, U., Wiebecke, G.: 3D-visualization of tomographic volume data using the generalized voxel-model. *Visual Comput. 6*, 1 (1990), 28–36.
2. Keeve, E., Girod, S., Girod, B.: Craniofacial Surgery Simulation. In Höhne, K. H., Kikinis, R. (Eds.): *Visualization in Biomedical Computing, Proc. VBC '96*, Lecture Notes in Computer Science 1131, Springer-Verlag, Berlin, 1996, 541–546.
3. Pflesser, B., Tiede, U., Höhne, K. H.: Towards realistic visualization for surgery rehearsal. In Ayache, N. (Ed.): *Computer Vision, Virtual Reality and Robotics in Medicine, Proc. CVRMed '95*, Lecture Notes in Computer Science 905, Springer-Verlag, Berlin, 1995, 487–491.
4. Reinig, K., Spitzer, V., Pelster, H., Johnson, T., Mahalik, T.: More Real-Time Visual and Haptic Interaction with Anatomical Data. In Morgan, K. et al. (Eds.): *Medicine Meets Virtual Reality: Global Healthcare Grid, MMVR'97*, Studies in Health Technology and Informatics 39, IOS Press, Amsterdam, 1997, 155–158.
5. Schubert, R., Höhne, K. H., Pommert, A., Riemer, M., Schiemann, T., Tiede, U., Lierse, W.: A new method for practicing exploration, dissection, and simulation with a complete computerized three-dimensional model of the brain and skull. *Acta Anat. 150*, 1 (1994), 69–74.
6. Tiede, U., Höhne, K. H., Bomans, M., Pommert, A., Riemer, M., Wiebecke, G.: Investigation of medical 3D-rendering algorithms. *IEEE Comput. Graphics Appl. 10*, 2 (1990), 41–53.
7. Tiede, U., Schiemann, T., Höhne, K. H.: High quality rendering of attributed volume data. In Ebert, D. et al. (Eds.): *Proc. IEEE Visualization '98*. IEEE Computer Society Press, Los Alamitos, CA, 1998, 255–262.
8. Yasuda, T., Hashimoto, Y., Yokoi, S., Toriwaki, J.-I.: Computer system for craniofacial surgical planning based on CT images. *IEEE Trans. Med. Imaging MI-9*, 3 (1990), 270–280.

Ergebnisse der klinischen Erprobung der Operationszugangsplanung mit NeurOPS

Udo Jendrysiak und Klaus Resch*

ConVis Medizinische Datenverarbeitung GmbH & Co. KG
Vogelsbergstr. 47, 55129 Mainz
*Klinik und Poliklinik für Neurochirurgie
Klinikum der Johannes Gutenberg-Universität Mainz, 55101 Mainz
Email: jendrysiak@convis.de

Zusammenfassung: Bildgebende Systeme liefern dem Neurochirurgen eine Fülle von Bildmaterial mit ständig steigender Qualität, deren praktischer Nutzen für die Operation und deren Planung nur selten hinterfragt wird [5]. Der klinische Einsatz einer computergestützten Planung wird vor allem durch den notwendigen Zeitaufwand zur Rekonstruktion, weniger bei der Planung selbst, behindert. Das Programm NeurOPS wurde speziell für die Planung patientenindividueller Zugangswege für einen minimalinvasiven Eingriff in enger Zusammenarbeit mit Neuroradiologen und Neurochirurgen entwickelt. 1998 wurde abschließend eine umfangreiche klinische Erprobung durchgeführt.

Schlüsselwörter: Teilautomatische Segmentierung, strukturspezifische Rekonstruktion, Volume-Rendering, virtuelle Zugangsplanung

1 Einleitung

NeurOPS verarbeitet CT- und MRT-Volumenbilddaten und unterstützt eine schnelle, teilautomatische Segmentierung relevanter Organstrukturen sowie eine 3D-Darstellung mit einer virtuellen Kamera, die auch eine endoskopische Sicht nachahmt. Ab 1994 erfolgte die Entwicklung mit Förderung der Stiftung Rheinland-Pfalz für Innovation, die auch den klinischen Test umfaßt, der 1998 abgeschlossen wurde. Über die gesamte Zeit erfolgte die Entwicklung in enger Zusammenarbeit von Informatikern und Anwendern (Neuroradiologie, Neurochirurgie). Das Programm wurde unter UNIX und dem X-Window-System mit Motif Widget-Set entwickelt. Für die Gestaltung der Benutzeroberfläche wurde 1993 eine Benutzerbefragung durchgeführt, in deren Rahmen eine Reihe von Funktionsprototypen erstellt und von den Benutzern bewertet wurde [1].

NeurOPS unterstützt drei Verarbeitungsschritte: die Objektsegmentierung, die Überlagerung von zwei Volumendatensätzen und die Planung von Zugangswegen. Ziel des Projektes war es, durch eine teilautomatische Segmentierung die Vorverarbeitungszeit soweit zu reduzieren, das eine patientenindividuelle Operationszugangsplanung in der klinischen Routine möglich wird. Der klinische Test sollte zeigen, ob und wieweit diese Ziele erreicht wurden.

2. NeurOPS – Segmentierung und Zugangsplanung

Vor allem Gefäße, aber auch Tumoren sind für die Zugangsplanung besonders wichtig. Von Interesse sind aber auch Hohlräume, wie die Seitenventrikel im Kopf, die dem Neurochirurgen einen Zugang ohne Gewebeschnitte erlauben. Gefäße, Gehirngewebe und vor allem die Hirnnerven sind Risikostrukturen, die bei der Zugangsplanung berücksichtigt und daher zuvor segmentiert werden müssen.

2. 1 Teilautomatische Segmentierung

Alle Verfahren erfordern lediglich die Angabe eines Startpunktes oder im Falle der Textursegmentierung die Vorgabe einer Region [2,3].

Für die Segmentierung von Blutgefäßen wurden mehrere Verfahren entwickelt, die auf unterschiedliche Weise eine Segmentierung erlauben und eine Übersegmentierung automatisch vermeiden. Sie arbeiten häufig noch zu „konservativ", d.h. die Segmentierung der Gefäßbäume ist meist unvollständig und muß daher wiederholt an verschiedenen Stellen erneut gestartet werden.

Zur Segmentierung der Seitenventrikel des Kopfes wurde ein spezieller Algorithmus implementiert, der ein „Auslaufen" der Segmentierung in dünne Liquorkanäle durch ständige Prüfung der lokalen Objektgröße und statistischer Maße des Objektes vermeidet [4].

Die Tumorsegmentierung wurde mit einem texturbasierten Verfahren realisiert, das in der Mehrzahl der Fälle gute Ergebnisse liefert, gelegentlich aber korrigiert werden muß und im Randbereich häufig noch nicht zufriedenstellend arbeitet [4].

Für Nerven oder andere Strukturen, die nicht mit einem der oben genannten oder einem Standardverfahren rekonstruiert werden können, wurde ein virtueller 3D-Rekonstruktionsstift entwickelt, der manuell in einer 2D-Ansicht geführt wird, und eine Markierung einer Struktur im Raum ermöglicht.

2. 2 Zugangsplanung

Bis zu vier unabhängige Zugangswege können in 2D-Schnitten des Datensatzes beliebig definiert und manipuliert werden. Eine virtuelle Kamera kann nun einfach entlang eines so definierten Zugangsweges vor- und zurückbewegt werden, um den Zugangsweg sowohl zwei- als auch dreidimensional zu inspizieren. Zwei virtuelle Kameras erzeugen eine perspektivische Darstellung mit einem Ray-Tracing-Verfahren (Volume-Rendering). Dabei liefert die eine Kamera das Bild eines virtuellen Mikroskops resp. Endoskops, die andere Kamera zeigt mit etwas Abstand eine Übersicht der Szene und beobachtet quasi die erste Kamera. Damit erhält der Benutzer die notwendige Orientierungshilfe [2].

3. Klinischer Test

Der klinische Test wurde von einem Facharzt für Neurochirurgie mit langjähriger neurochirurgischer Erfahrung durchgeführt. Nach einer mehrwöchigen Schulungs- und

Einarbeitungsphase erfolgte der Test in den Monaten Juni bis September 1998. In dieser Zeit wurden über 30 Patientendatensätze rekonstruiert, knapp die Hälfte davon präoperativ. Hinzu kamen postmortale Inspektionen. Die virtuelle Planung wurde mit den Ergebnissen der konventionellen Planung verglichen. Am klinischen Test waren das Institut für Neuroradiologie, die Klinik für Neurochirurgie und das Institut für Medizinische Statistik und Dokumentation beteiligt.

Für jeden einzelnen Fall erfolgte eine Dokumentation, wobei zunächst das jeweilige Ziel des Programmeinsatzes, dann die erfolgte Tätigkeit und abschließend eine Bewertung der Ergebnisse genannt werden. Zu jedem Fall gehören eine Anzahl von Photographien vom Bildschirm, weiterhin Bildschirmschnappschüsse, die auf CD-ROM gespeichert und teilweise ausgedruckt wurden.

3. 1 Ergebnisse

Die Zeit für die Bearbeitung eines Patientendatensatzes addiert sich aus den Zeiten, einen Datensatz aus dem digitalen Archiv zu holen, in einen Volumensatz umzuwandeln (ca. 5 Minuten), die relevanten Strukturen zu segmentieren (zwischen 0,5 und 3 Stunden) und der Zugangsplanung (15 Minuten). Im Folgenden zitiere ich aus dem Abschlußbericht des klinischen Tests

3.2 Praktischer Nutzen im klinischen Alltag

„Mit dem NeurOPS-Programm lassen sich für die OP-Planung relevante Ergebnisse in einer Zeit von 3-4 Stunden erzielen. Besondere Vorteile bietet der direkte Vergleich von bis zu 4 Zugangswegen, die nach der Segmentierung vom Benutzer in wenigen Minuten angelegt sind. Bei folgenden Diagnosen wurde NeurOPS untersucht: 13 Gefäßpathologien, 4 Hirntumoren, 4 cystische Läsionen, 2 Hypophysentumoren, 2 HWS Dislokationen, 2 Aquäductstenosen, 1 Hirnblutung, 1 Trigeminusneuralgie und 1 Vergleichsdatensatz eines Probanden [6]."

„Der praktische Nutzen im klinischen Alltag ist nach den vorliegenden Erfahrungen an unumstößliche Bedingungen geknüpft, die nur zum Teil erfüllt sind. Erfüllt ist ein interessantes und relevantes Spektrum von Manipulationsmöglichkeiten der Datensätze. Nicht erfüllt ist die Praktikabilität bezüglich der Geschwindigkeit des Rechners, Stabilität des Systems und Bedienerfreundlichkeit ... [6]."

3.3 Weitere Anwendungsmöglichkeiten

Zur Erstellung eines exemplarischen anatomischen Atlas-Datensatzes wurden in 24 Stunden, auf 5 Tage verteilt, insgesamt 30 verschiedene Objektstrukturen rekonstruiert, dabei sämtliche Hirnnerven, Hirnstamm, und die wichtigsten Stammganglien, das limbische System, Marklager, und die spezifischen cortikalen Zentren nach Yasargil, sowie die großen Arterien und der venöse Sinus.

„Das System ist je nach Wunsch noch wesentlich verfeinerbar, insbesondere die Faserbahnen betreffend, aber bei der Arbeit mit diesem Baukasten entsteht ein anschaulicher Eindruck der räumlichen Verhältnisse. ... Die Farbcodierung mit nur 10 Farben gerät dabei an Grenzen, ... Dieses System ist für beliebige Anwendungen effektiv einsetzbar, wie Unterricht, Zugangsbeschreibung etc. [6]."

3.4 Systemeigenschaften

Die Bewertung der Systemeigenschaften untersucht die Anwendbarkeit der einzelnen Programmfunktionalitäten. Hier ist nur eine Auswahl herausgegriffen:

„Insgesamt ist das System für die OP-Planung zu langsam und in Teilen der Bedienung zu umständlich gewesen, andererseits gibt es sehr interessante Anwendungsmöglichkeiten, so daß die Entwicklung einer besseren Bedienerfreundlichkeit lohnend wäre. Das System ist noch zu instabil und stürzte zu oft ab, ... Die Funktionen im Segmentierungsmodus sind für die *automatisierten Manipulationen* wie Segmentation nach gut differenten Dichtewerten oder Zugangspfadbestimmungen ausgereift und erwiesen sich als praktikabel. *Die manuellen Funktionen*, die sowieso zeitraubend sind, erwiesen sich als träge und umständlich, so z.B. die Segmentierungskorrektur mit der Funktion „Select". Die automatischen *Segmentationsfunktionen nach Formtyp* (Skin, Ventricle, Vessel, Tumor) zeigten keine Vorteile und waren verzichtbar. ...Besonders wirkungsvoll und vielen anderen Systemen fehlend, sind *die Mal-und Zeichenfunktionen* in 2D und 3D, weil damit tatsächlich individuelle Objektveränderungen präzise durchgeführt werden können, ... Vier Zugangspfade sind wählbar, ... Der Zugangskanal hat quadratischen Querschnitt und die Kantenlänge ist wählbar. Diese Funktion erwies sich als sehr praktikabel, insbesondere auch, weil man definieren kann durch welche Objekte der Kanal geht bzw. nicht, so daß tief gelegene Strukturen ohne Stanzdefekt im Kanal sichtbar werden [6]."

4. Diskussion

Obwohl sich das System auf wenige spezielle Eigenschaften konzentrieren sollte, zeigte es sich, daß die praktische, klinische Anwendbarkeit von der Erfüllung vieler weiterer, eher allgemeinerer Programmeigenschaften abhängt, da sonst die gesamte Bearbeitungszeit für einen Patienten zu groß ist oder die Akzeptanz aus anderen Gründen leidet. Hierzu gehören Schnittstellen zu Modalitäten bzw. digitalen Archiven gemäß DICOM, aber auch viele Standardfunktionen eines radiologischen Befundungsprogrammes. Diese wurden daher z.T. ebenfalls implementiert, wofür relativ viel personelle Ressourcen benötigt wurden. Dennoch zeigt der klinische Test, daß hier noch mehr hätte getan werden müssen.

Die angegebenen Zeiten von 3-4 Stunden pro Patient sind zum Teil durch die verwendete Hardware (3 Jahre altes SUN UltraSparc10 System), zum größeren Teil aber durch die Geschwindigkeit der Segmentierung- und Darstellungsfunktionen begründet. Sie sind um den Faktor 5 langsamer als die bereits 1993 in der Benutzerbefragung erkannte Obergrenze von max. 30 Minuten. Die Qualität der graphischen Benutzeroberfläche wird an mehreren Stellen bemängelt, obwohl diese in Abstimmung und nach den Wünschen der klinischen Partner gestaltet wurde. Hier zeigt sich, das Designkriterien aus den Jahren 1993-1994 trotz Anpassungen durch die rasante Entwicklung der PC-Systeme und einer Erwartungshaltung, die von MS-Windows geprägt wird, teilweise überholt wurden. Kritikpunkte wie nicht vorhandene Konfigurationsmöglichkeiten (z.B. Bedienleiste auf der rechten Bildschirmhälfte statt links) zeigen, daß die unter wissenschaftlichen Gesichtspunkten untergeordneten Eigenschaften bei der Akzeptanz eines Systems eine prominente Rolle spielen können.

„Zusammenfassend kann hervorgehoben werden, daß die computerassistierte OP-Planung sich in eine bis zum extrem ausgelastete Logistik einzufügen hatte... Die Testbedingungen waren absolut hart und es wurde keine Rücksicht auf die Studie genommen. Nicht zuletzt war die zeitliche ... Vorgabe eine entscheidende Limitation [6]."

Für die Entwickler war es überraschend, daß die teilautomatischen Segmentierungsfunktionen nur wenig benutzt wurden. Noch überraschender war, daß statt den automatisch kontrollierten Zugangspfaden (deren Stabilität und Funktionsweise positiv bewertet wurde, s.o.) eine manuelle Gestaltung von Zugangswegen mit dem 3D-Malstift vorgezogen wurde.

5. Literatur

1. Helmut Brunzlow: Entwurf einer graphischen Benutzeroberfläche für ein System zur Neurochirurgischen Operationsplanung – Evaluation der Benutzerwünsche und Realisierung unter X-Windows. Diplomarbeit im Fachbereich Informatik der FH Wiesbaden, 1993.
2. U. Jendrysiak, S. Gregg, J. Weinert: Virtual access planning for neurosurgery with ´NeurOPS´. In: H.U. Lehmke, M.W. Vannier, K. Inamura. Proceedings CAR´ 97 p. 761-6
3. U. Jendrysiak, S. Gregg, J. Weinert: Strukturspezifische Segmentierung mit NeurOPS für die computergestützte Operationsplanung. Digitale Bildverarbeitung in der Medizin, Tagungsband Workshop Univ. Freiburg 1997
4. Dirk Kübast: Teilautomatische Segmentierungsroutinen für ausgewählte Ventrikel und Tumorformen auf dreidimensionalen NMR-Bilddaten des Kopfes. Diplomarbeit im Fachbereich Informatik der FH Wiesbaden, 1994.
5. K.D.M. Resch, M. Mazánek, A. Perneczky, P. Stoeter: Grenzen der 3D-CT Planung in der Endoneurochirurgie. Endoskopie heute 1/1997
6. K.D.M. Resch, J. Weinert, S. Boor, U. Jendrysiak, K. Darabi, J. Michaelis, P. Stoeter: Computerassistierte 3D-Bildverarbeitung zur neurochirurgischen OP-Planung (NeurOPS). Evaluation von 30 Fällen aus neurochirurgischer Sicht. Abschlußbericht, Mainz 1998.

Interactive Direct Volume Rendering of the Inner Ear for the Planning of Neurosurgery

P. Hastreiter[1], C. Rezk–Salama[1], B. Tomandl[2], K. Eberhardt[2], T. Ertl[1]

[1] Computer Graphics Group, University of Erlangen–Nuremberg
Department of Computer Science, Am Weichselgarten 9, 91058 Erlangen
Email: {hastreiter, cfrezksa, ertl }@informatik.uni-erlangen.de
[2] Division of Neuroradiology, University of Erlangen–Nuremberg
Department of Neurosurgery, Schwabachanlage 6, 91054 Erlangen
Email: neuroradiologie@rzmail.uni-erlangen.de

Abstract A high quality polygonal model of the temporal bone and the structures related to the middle and inner ear is presented. The segmentation of the spiral CT–data and the reconstruction was performed in an iterative process taking several hours to complete. In comparison to this, the power of direct volume rendering is presented which produces meaningful images of the same data in a very short time by interactively adjusting pre–defined color look–up tables. Additionally, using hardware assisted registration, the fusion of CT– and MR–data gives an even more comprehensive representation of the whole situation. Examples demonstrate the direct clinical application and show the value for the planning of neurosurgery.

Keywords: Polygonal Reconstruction, Volume Rendering, Registration

1 Introduction

For the analysis of the temporal bone high–resolution spiral CT–data is an important source of information since it provides detailed imaging of the anatomy. However, the full spatial understanding of the situation proves considerably difficult with the small and complex structures of the middle and the inner ear which requires appropriate three–dimensional visualization. Polygonal representations are usually obtained after a time consuming process of explicit segmentation and reconstruction. Thereby, the data is reduced to a specific surface representation which is considerably difficult to obtain in a normal situation and impossible in cases such as effusion in the temporal bone. Contrary to that, direct volume rendering takes into account all the information inherent in a data set. Applying transfer functions for color and opacity, semi–transparent views give insight to interior structures by enhancing or suppressing groups of specific data entries. This makes separate segmentation dispensable.

In section 2 the generation of a high quality polygonal model of the small and complex structures of the inner ear is presented which gives an impression of the necessary segmentation and reconstruction process. However, in order to obtain a meaningful visualization of the volume data in a much shorter time an approach of direct volume rendering based on 3D texture mapping is suggested in section 3 which was introduced previously [1]. In addition, fusion of MR and CT leads to a comprehensive overview during the planning of surgery since the spatial relation of the inner ear and a lesion area is clearly shown. This is provided by a registration procedure, briefly demonstrated in section 4. It uses mutual information for accurate alignment and hardware acceleration for fast performance. Finally, clinically relevant examples are presented in section 5.

2　Polygonal Model

The generation of polygonal models from medical image data always requires an explicit segmentation. Since the robustness of fully automatic procedures is often insufficient, a semi–automatic approach [2] was chosen in order to obtain a detailed delineation of the middle and inner ear from spiral CT data. It is mainly based on sophisticated volume–growing, hysteresis–thresholding, intelligent scissors and pixel painting. Having extracted the boundary of the segmented region with a simple algorithm for contour detection on every slice, an initial polygonal model is triangulated with an approach presented by Geiger [3]. Since the resulting surface is generated from voxel data on a uniform grid, it contains many misleading edges which require further post–processing. For this purpose discrete fairing, as presented by Kobbelt [4], is used which leads to a smooth representation. In a second step the total number of triangles is reduced using a polygon reduction algorithm according to Campagna [5]. In order to obtain an optimal model both algorithms use specific tolerance values and have to be applied alternately during several iterations.

3　Direct Volume Rendering

As an alternative approach, direct volume rendering allows the efficient visualization of tomographic 3D image data, using implicit segmentation based on transfer functions for color and opacity values. However, it requires a huge amount of interpolation operations which are the most limiting factor for interactive manipulation of any visualization parameter. Modern high–end graphics computers allow the application of 3D texture mapping with hardware accelerated trilinear interpolation. As presented by Cabral [6], this feature is efficiently exploited to guarantee direct volume rendering at high image quality and interactive frame rates. Having loaded the volume data to 3D texture memory the visualization process requires clipping of planes parallel to the viewport against the bounding box of the data set. During rasterization the resulting polygons are textured with their corresponding image information directly obtained from the 3D texture by trilinear interpolation. The final image is produced by blending the textured polygons back–to–front onto the image plane. Since the trilinear interpolation operations are completely performed within the graphics hardware, the time consumed for rendering is negligible compared to software solutions. In order to produce a semi–transparent representation hardware is also exploited for the interactive adjustment of pre–defined look–up tables for color and opacity. Thereby, fast implicit segmentation leads to meaningful and sufficient visualization in many cases. Additionally, several independent clipping planes and a functionality for clipping [7] with arbitrary geometry allow to suppress insignificant regions of the volume.

4 Registration

The preparation of surgery close to the structures of the inner ear requires comprehensive anatomical information about the location of the target lesion. Therefore, registration and consecutive fusion of CT and MR is performed. In order to provide an initial alignment a least squares optimization of a set of corresponding anatomical landmarks is applied. Subsequently, the accurate solution is achieved with an approach based on mutual information which makes extensive use of graphics hardware, as suggested in [8]. Similar to the approach used for direct volume rendering the method uses the imaging and texture mapping subsystem. Thereby, all trilinear interpolation operations are completely performed with hardware assisted 3D texture mapping. In addition to that, the marginal and the point probability distributions required for mutual information are obtained with the blending functionality and the histogram extension within OpenGL.

5 Results

The presented approach was so far applied to 7 patients. The basis of all examinations was spiral CT data with an image matrix of 512^2, 60–120 slices and a resolution of $0.11 \times 0.11 \times 0.5$ mm. In addition, MR_{T1} scans were performed in 4 cases due to a lesion in the close vicinity of the inner ear. Since 3D texture mapping hardware is required, all visualization and registration was performed on a SGI Onyx (R10000, 195MHz) with RE-II graphics hardware providing 64MB of texture memory.

As presented in Figure 1 *(top)* the segmentation and consecutive reconstruction of a high quality model of the middle and inner ear was performed in one case. Showing the temporal bone, the cochlea and the semi–lunar canals, it mainly serves for reference and demonstration purpose making impressive endoscopic fly–throughs possible. However, the model has to be adjusted in a time consuming process in order to correct errors related to the segmentation and triangulation process. Therefore, its practical application is limited. Contrary to that, Figure 1 *(middle)* shows the same data using direct volume rendering for visualization. In order to ensure a convenient inspection pre–defined look–up tables for color and opacity values are used. They are adjusted interactively with only a few manipulation operations, similar to changing the center and width parameter during the process of windowing used for slice images.

In Figure 1 *(bottom)* the fusion of CT and MR gives a comprehensive overview of a tumor which lies very close to the structures of the inner ear. Taking

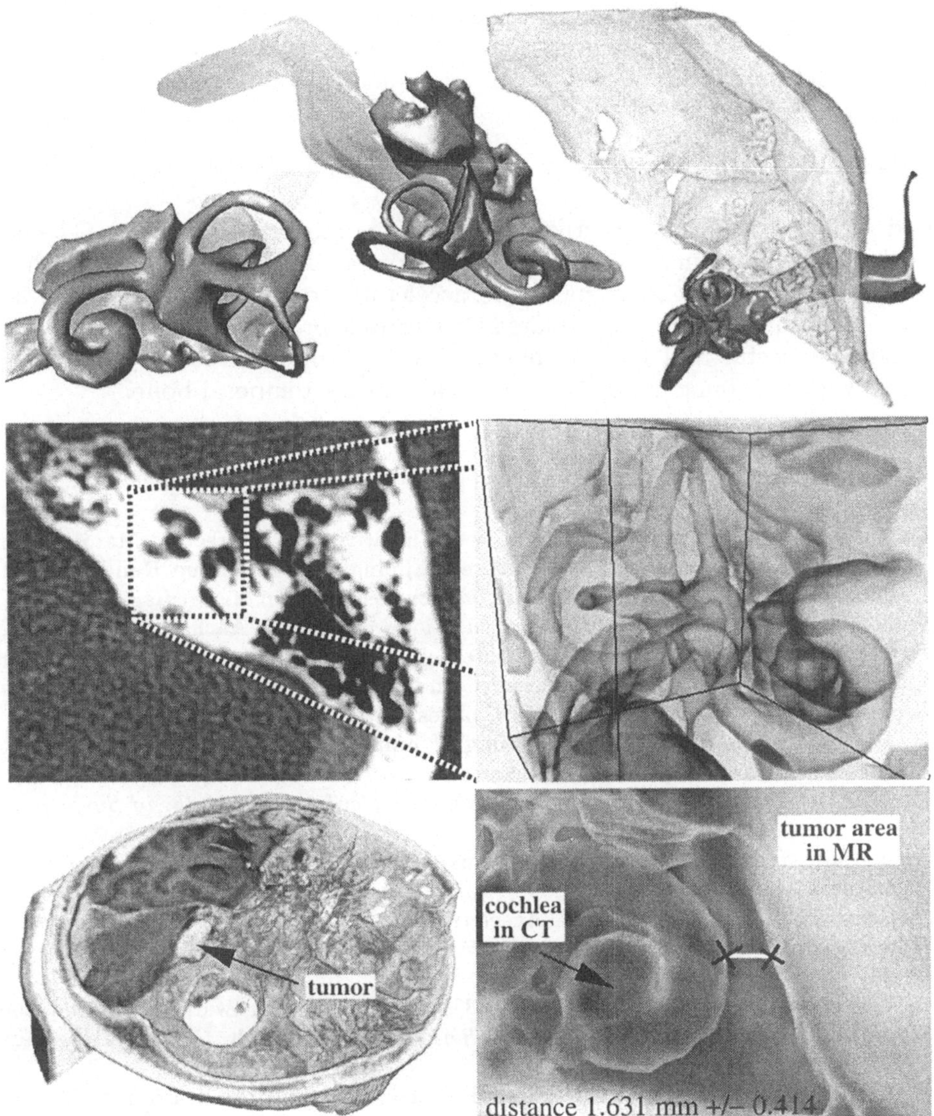

Figure1. Polygonal model of temporal bone and inner ear extracted from CT after time–consuming segmentation and reconstruction *(top)* — Fast delineation of inner ear with direct volume rendering *(middle)* — Fusion and distance measurement of tumor (MR) relative to inner ear (CT) *(bottom)*

into account the whole analysis, the registration procedure including both pre–alignment and fine tuning requires about 5–10 minutes, whereas optimizing the transfer functions during visualization takes another 5 minutes.

6 Conclusion

Based on 3D textures interactive direct volume rendering of spiral CT–data provides meaningful images of the structures related to the inner ear without explicit segmentation. Using hardware accelerated registration to MR, a fast and comprehensive overview of related structures is provided. Consequently, the method is a useful tool for the diagnosis and planning of surgery in case of patients with anatomic anomalies and tumors of the temporal bone.

References

1. P. Hastreiter, H.K. Çakmak, and Th. Ertl. Intuitive and Interactive Manipulation of 3D Data Sets by Integrating Texture Mapping Based Volume Rendering into the OpenInventor Class Hierarchy. In *Bildverarbeitung für die Medizin: Alg., Sys., Anw.*, pages 149–154. Inst. f. Med. Inf. u. Biom. d. RWTH, Aachen, 1996.
2. P. Hastreiter and T. Ertl. Fast and Interactive 3D–Segmentation of Medical Volume Data. In H. Niemann, H.-P. Seidel, and B. Girod, editors, *Proc. of Img. and Multidim. Dig. Sig. Process. (IMDSP)*, pages 41–44. IEEE Sig. Proc. Soc., 1998.
3. B. Geiger. Three-dimensional modeling of human organs and its application to diagnosis and surgical planning. Technical Report 2105, INRIA, 1993.
4. L. Kobbelt. Discrete Fairing. In *Proc. 7th IMA Conf. on the Math. of Surf.*, pages 101–131, 1997.
5. Swen Campagna, Leif Kobbelt, and Hans-Peter Seidel. Enhancing Digital Documents by Including 3D-Models, 1998. To appear in Comp.s & Graphics.
6. B. Cabral, N. Cam, and J. Foran. Accelerated Volume Rendering and Tomographic Reconstruction Using Texture Mapping Hardware. *ACM Symp. on Vol. Vis.*, pages 91–98, 1994.
7. R. Westermann and T. Ertl. Efficiently Using Graphics Hardware in Volume Rendering Applications. In *Proc. of SIGGRAPH*, Comp. Graph. Conf. Series, pages 169–177, 1998.
8. P. Hastreiter and T. Ertl. Integrated Registration and Visualization of Medical Image Data. In *Proc. CGI*, pages 78–85, Hannover, Germany, 1998.

VIVENDI - Ein Planungssystem für minimal-invasive Eingriffe in der Neurochirurgie

Dirk Bartz[a], Martin Skalej[b], Dorothea Welte[b],
Wolfgang Straßer[a], Dirk Freudenstein[c] und Frank Duffner[c]

[a]WSI/GRIS, Universität Tübingen
Auf der Morgenstelle 10/C9, D72076 Tübingen
Email: {bartz,strasser}@gris.uni-tuebingen.de
[b]Abteilung für Neuroradiologie
[c]Abteilung für Neurochirurgie
Universitätsklinik Tübingen
Hoppe-Seyler-Str. 3, D72076 Tübingen

Zusammenfassung. In der medizinischen Bildverarbeitung und Computer Graphik stellt die virtuelle Medizin ein neues und an Bedeutung schnell gewinnendes Gebiet dar. Zahlreiche Visualisierungsmethoden werden genutzt, um Daten verschiedener Modalitäten zu modellieren und darzustellen. In relativ kurzer Zeit wurde die virtuelle Endoskopie eines der populärsten Teilgebiete der virtuellen Medizin, wobei verschiedene Ansätze auf unterschiedliche Organe oder Organsysteme angewendet werden. In diesem Beitrag stellen wir ein Endoskopiesystem für die virtuelle Endoskopie des Ventrikelsystems des menschlichen Gehirns vor. Hauptzweck dieses Systems ist es, eine verbesserte Planungsmöglichkeit für komplizierte endoskopische Eingriffe innerhalb des Ventrikelsystems zu schaffen.

Schlüsselwörter: Virtuelle Realität, Virtuelle Endoskopie, Ventrikuloskopie.

1 Einleitung

In der Neurochirurgie gewinnen minimal-invasive Methoden mehr und mehr an Bedeutung. Grund dafür ist unter anderem, daß im Vergleich zu den traditionellen chirurgischen Techniken weniger gesundes Gehirngewebe geschädigt wird; weiterhin belasten sie den Patienten weniger. Andererseits ermangelt es diesen Methoden eines schnellen und direkten Zugriffs im Falle ernster Komplikationen, wie z.B. starken Blutungen nach Verletzung eines großen Blutgefäßes. Aus diesem Grund ist eine sorgfältige Planung und eine vorsichtige Ausführung von Eingriffen mittels dieser Methoden notwendig, um solche Komplikationen zu vermeiden. Das Problem verschärft sich dadurch, daß die Führung und die Kontrolle der entsprechenden Endoskope sehr schwierig ist. Insbesondere beschränken geringe Materialflexibilität, ein sehr eingeschränktes Sichtfeld und die empfindliche Natur des Gehirngewebes die Führung des Endoskops. Um den Erfolg der minimal-invasiven neurochirurgischen Eingriffe zu verbessern, wurde am WSI/GRIS in Kooperation mit den Abteilungen für Neuroradiologie und für Neurochirurgie der Universitätsklinik Tübingen ein virtuelles Endoskopiesystem - VIVENDI - entwickelt. In Ergänzung zum herkömmlichen Vorgehen wird nach der MRT-basierten Planung ein Planungsschritt mit Hilfe von VIVENDI eingefügt.

Im folgenden Beitrag werden wir einen Überblick über die vorhandene Literatur geben (Abschnitt 1.1) und kurz in die medizinische Problematik einführen (Abschnitt 1.2). Bisher erzielte Ergebnisse zeigen wir in Abschnitt 2 und schließen den Beitrag ab mit einer Zusammenfassung und einem Ausblick auf zukünftige Arbeit.

1.1 Literaturübersicht

Virtuelle Endoskopiesysteme wurden bereits für eine Reihe von Anwendungen vorgeschlagen. Hierunter fallen vor allem die virtuelle Dickdarmendoskopie [1, 2], die Bronchoskopie [3, 4] und die Angiographie [5, 6]. Erst kürzlich wurde diese Methode auch auf das Ventrikelsystem angewendet [7].

Im Wesentlichen unterscheiden sich die verwendeten Techniken durch die Navigationsmethoden. Eine ganze Reihe von Systemen verwendet eine automatische Navigation [8, 2, 9, 10, 11], bei der, nach Spezifikation einiger Randbedingungen, eine Animation eines virtuellen Durchfluges durch das entsprechende Organ berechnet wird. Leider beschränken sich die Interaktionmöglichkeiten auf eine Videorekorder-ähnliche Funktionalität, so daß potentiell interessante Strukturen in mühseligen Iterationen untersucht werden müssen. Dem gegenüber wurden Systeme mit freier Navigation entwickelt, in denen jedoch eine Orientierung oft schwerfällt [7, 4, 5, 3, 12]. Hong et al. stellten 1997 ein System mit unterstützender Navigation vor, bei dem ein virtuelles Endoskop durch Potentialfelder zu einem spezifizierten Zielort führt [1]. Gleichzeitig kann jedoch der Benutzer jederzeit die Kontrolle wieder übernehmen, um so interessante Strukturen zu untersuchen. Unser Ansatz adoptiert diese unterstützende Navigation, um dem untersuchenden Chirurgen ein Optimum an Interaktionsfreiheit und Orientierung zu bieten. Aus Platzgründen verweisen wir für weitere technische Details auf [13], in dem dieser Aspekt von VIVENDI deutlicher behandelt wird.

1.2 Medizinischer Hintergrund

Zur Vermeidung einer Schädigung von Gehirngewebe werden in der minimalinvasiven Neurochirurgie vorhandene Hohlräume verwendet, um ein Endoskop zum Zielort zu führen. In diesem Beitrag konzentrieren wir uns auf das Ventrikelsystem des menschlichen Gehirns, in dem der Liquor cerebrospinalis (Liquor) erzeugt und wieder resorbiert wird. Es besteht aus vier einzelnen, miteinander verbundenen Ventrikeln. Die ersten beiden Ventrikel sind die paarigen lateralen Ventrikel, die über das interventrikuläre Foramen (Monroi) mit dem dritten Ventrikel verbunden sind. Dieses ist wiederum über den schmalen Kanal des Aquaeductus cerebri mit dem vierten Ventrikel verbunden (Abb. 1).

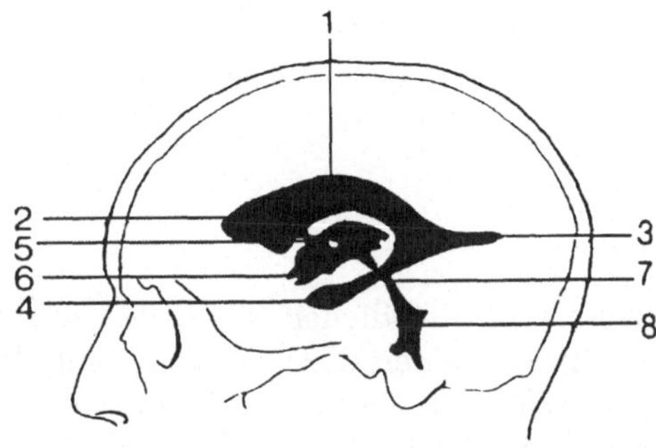

Abb. 1. Ventrikelsystem [14]: 1-4: Lateraler Ventrikel, 1: Pars Centralis, 2: Vorderhorn, 3: Hinterhorn, 4: Temporalhorn, 5: interventrikuläres Foramen (Monroi), 6: Dritter Ventrikel (Loch stelle Adhaesio Interthalamica dar), 7: Aquaeductus cerebri, 8: Vierter Ventrikel.

Infolge von intrakraniellen Druckschwankungen, die durch Atmung oder durch den Herzschlag entstehen, zirkuliert der Liquor durch diese Hohlräume innerhalb des menschlichen Gehirns. In bestimmten Fällen ist die Zirkulation jedoch durch Verengungen oder Verlegungen, vor allem im Bereich des Aquaeductus cerebri, blockiert. Störungen der natürlichen Liquorzirkulation ziehen in der Regel eine gefährliche Gehirndruckerhöhung nach sich und haben eine ernste Schädigung des Gehirns zur Folge. Dieses klinische Bild des Hydrocephalus ist eine der wichtigsten Indikationen für eine minimal-invasive Intervention innerhalb des Ventrikelsystems. Bei einer solchen Intervention wird ein Bypass durch die Perforation des Bodens des dritten Ventrikels geschaffen, um so die Liquorzirkulation wiederherzustellen.

Um ein Endoskop zu dem Ventrikelsystem zu führen, wird ein Loch in den knöchernen Schädel gebohrt und das Endoskop mittels eines Führungsrohrs eingeführt. Durch die wasserähnlichen optischen Eigenschaften des Liquors ist das Betrachten des angrenzenden Gewebes per Video möglich. Die Bewegungen des Endoskops sind jedoch durch seine eigene Starrheit, durch die Führungsröhre und durch das angrenzende Gewebe begrenzt. Der eigentliche minimal-invasive Eingriff wird mit Mikroinstrumenten durchgeführt, die durch einen zusätzlichen Kanal innerhalb des Endoskops eingeführt werden können. Leider erhöhen die eingeschränkte Sicht und Orientierung während dieses Eingriffs - bei einem nicht sehr erfahrenen Neurochirurgen - dessen Dauer erheblich, wodurch sich die inhärenten Risiken einer ernsten Komplikation erhöhen. Um diesen Nachteil auszugleichen, schlagen wir eine Planung dieses Eingriffs auf Basis eines virtuellen Endoskopiesystems vor. Dadurch wird außerdem eine Optimierung des Zugangs durch den knöchernen Schädel möglich, da genauere Information über die Lage der interventrikulären Foramen (Monroi) vorhanden sind, die die Position des Zugangs wesentlich bestimmen. Weiterhin ist eine Orientierungshilfe während des eigentlichen Eingriffs wünschenswert, da die Orientierung mit Hilfe des optischen Endoskops schwierig ist, insbesondere wenn die optische Sicht nach Verletzung auch kleiner Gefäße sich deutlich verschlechtert.

2 Ergebnisse

Als Basis für die Rekonstruktion dienen T2-gewichtete MRT-Aufnahmen des menschlichen Kopfes, die mit einer CISS-Sequenz erstellt wurden. Die liquorgefüllten Hohlräume innerhalb des Schädels - und damit das Ventrikelsystem - werden so mit einem guten Kontrast dargestellt und können dadurch gut segmentiert werden [15].

Linker Lateraler Ventrikel, Zugang vom Hinterhorn durch den Pars Centralis (PC) zum Vorderhorn (Anterior Horn/AH): CP = Plexus Choroidius, CPV = Plexus Choroidius Vene.

Interventrikuläres Foramen (Monroi), Zugang vom dritten Ventrikel: LLV = Eingang zum linken Lateral Ventricle, RLV = Eingang zum rechten Lateral Ventricle, AI = Adhaesio Interthalamica, LT = Lamina Terminalis

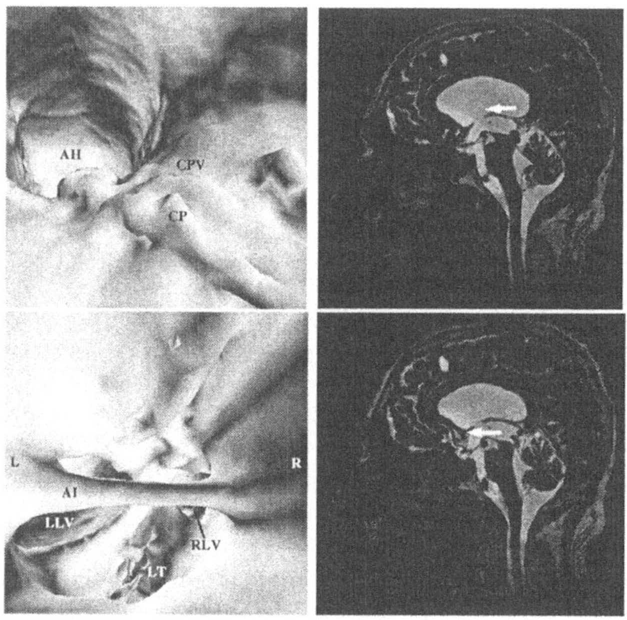

Abb. 2. MRT-Aufnahme eines 63-jährigen männlichen Patienten. Die dilatierten lateralen Ventrikel sind gut in der sagittalen Schichtaufnahme zu erkennen. L bezeichnet hierbei die linke Seite und R die rechte Seite.

Allgemein konnten wichtige Strukturen des ventrikulären Systems gut rekonstruiert werden. Dies umfasst Strukturen wie die lateralen Ventrikel, der dritte und vierte Ventrikel, die interventrikulären Foramen nach Monroi, die Cisterna Magna, der Plexus Choroidius und einige andere Strukturen. Manche Strukturen sind jedoch schwer zu identifizieren, da die Texturinformation - wie sie sich durch ein optisches Endoskop darstellt - nicht durch ein MRT wiedergegeben werden kann. Weiterhin konnten wegen Partialvolumeneffekten dünne Strukturen wie die Lamina Terminals des dritten Ventrikels nicht immer komplett aus den MRT-Schichtbildern rekonstruiert werden. Dies führte dann zur Verbindung von Hohlräumen hinter der Lamina Terminalis und dem dritten Ventrikel.

Zur Visualisierung der anatomischen Strukturen des Ventrikelsystems bietet VIVENDI fünf verschiedene Techniken: die Darstellung durch das virtuelle Endoskop, eine vollständige Darstellung des 3D-rekonstruierten liquor-gefüllten Hohlraumes und die drei Standardaufnahmen aus der Radiologie, die coronale, sagittale und transversale Aufnahme. Während besonders die 3D-Rekonstruktion des Liquorraumes zur Orientierung geeignet ist, stellen wir hier aus Platzgründen nur die simulierte endoskopische Sicht und die sagittale Aufnahmen dar (Abb. 2).

3 Zusammenfassung und Ausblick

In diesem Beitrag haben wir ein virtuelles Endoskopiesystem für die Planung von endoskopischen Eingriffen im Ventrikelsystem des menschlichen Gehirns vorgestellt. In der näheren Zukunft wird dieses System außerdem zur Orientierung während endoskopischer Eingriffe verwendet. Hierzu soll das optische Endoskop mit Hilfe eines 3D-Navigationssystems mit dem virtuellen Endoskop gekoppelt werden.

Bisher wurden mit dem virtuellen Endoskopiesystem ca. fünf MRT-basierte Datensätze von gesunden wie auch von erkrankten Menschen untersucht. Obwohl die ersten Ergebnisse sehr ermutigend waren, stießen wir jedoch auch auf einige Probleme. Im Wesentlichen konzentrieren sich die Probleme auf die Segmentierung, die durch Partialvolumeneffekte verursacht wurden. Die Lösung dieser Probleme wird einen wesentlichen Anteil an der zukünftigen Arbeit stellen.

Weiterhin steht die klinische Evaluation des Systems auf dem Arbeitsprogramm. Dies ist besonders wichtig für die Verwendung des Systems als Navigationshilfe während endoskopischer Eingriffe.

Danksagungen

Diese Arbeit wurde unterstützt durch das MedWis Programm des Bundesministeriums für Ausbildung, Wissenschaft, Forschung und Technologie und mit Rechnerausstattung durch das Hewlett-Packard Workstations Systems Lab, Fort Collins, Colorado. Die Datensätze stammen von der Abteilung für Neuroradiologie der Universitätsklinik Tübingen. Besonderer Dank gilt Barbara Kortmann und Marion Strayle-Batra von der Abteilung für Neuroradiologie, und Corina Lang für Korrekturen. Nicht zuletzt möchten wir uns bei Rupert Kolb und Mechthild Uesbeck bedanken.

Literatur

1. L. Hong, S. Muraki, A. Kaufman, D. Bartz, and T. He. Virtual Voyage: Interactive Navigation in the Human Colon. In *Proc. of ACM SIGGRAPH*, pages 27–34, 1997.

2. D. Vining, D. Gelfand, R. Bechtold, E. Scharling, E. Grishaw, and R. Shifrin. Technical Feasibility of Colon Imaging with Helical CT and Virtual Reality. In *Annual Meeting of American Roentgen Society*, page 104, 1994.

3. G. R. Ferretti, D. J. Vining, J. Knoplioch, and M. Coulomb. Tracheobronchial Tree: Three-Dimensional Spiral CT with Bronchoscopic Perspective. *Journal of Computer Assisted Tomography*, 20(5):777–781, 1996.

4. J. Rodenwaldt, L. Kopka, R. Roedel, A. Margas, and E. Grabbe. 3D Virtual Endoscopy of the Upper Airways: Optimization of the Scan Parameters in a Cadaver Phantom and Clinical Assessment. *Journal of Computer Assisted Tomography*, 21(3):405–411, 1997.

5. B. Marro, D. Galanaud, C. A. Valery, A. Zouaoui, A. Biondi, A. Casasco, M. Sahel, and C. Marsault. Intracranial Aneurysm: Inner View and Neck Identification with CT Angiography Virtual Endoscopy. *Journal of Computer Assisted Tomography*, 21(4):587–589, 1997.

6. E. Gobbetti, P. Pili, A. Zorcolo, and M. Tuveri. Interactive Virtual Angioscopy. In *Proc. of IEEE Visualization*, pages 435–438, 1998.

7. D. P. Auer and L. M. Auer. Virtual Endoscopy - A New Tool for Teaching and Training in Neuroimaging. *International Journal of Neuroradiology*, 4:3–14, 1998.

8. B. Geiger and R. Kikinis. Simulation of Endoscopy. In *AAAI Spring Symposium Series: Application of Computer Vision in Medical Image Processing*, pages 138–140, 1994.

9. W. Lorensen, F. Jolesz, and R. Kikinis. The Exploration of Cross-Sectional Data with a Virtual Endoscope. In R. Satava and K. Morgan, editors, *Interactive Technology and New Medical Paradigms for Health Care*, pages 221–230. 1995.

10. L. Hong, A. Kaufman, Y. Wei, A. Viswambharan, M. Wax, and Z. Liang. 3D Virtual Colonoscopy. In *IEEE Symposium on Biomedical Visualization*, pages 26–32, 1995.

11. G. Rubin, C. Beaulieu, V. Argiro, H. Ringl, A. Norbash, J. Feller, M. Dake, R. Jeffrey, and S. Napel. Perspective Volume Rendering of CT and MR Images: Application for Endoscopic Imaging. In *Radiology*, volume 199, pages 321–330, 1994.

12. C. P. Davis, M. E. Ladds, B. J. Romanowski, S. Wildermuth, J. F. Kopflioch, and J. F. Debatin. Human Aorta: Preliminary Results with Virtual Endoscopy Based on Three-dimensional MR Imaging Data Sets. *Radiology*, 199:37–40, 1996.

13. D. Bartz, M. Skalej, D. Welte, W. Straßer, and F. Duffner. A Virtual Endoscopy System for the Planning of Endoscopic Interventions in the Ventricle System of the Human Brain. In *Proc. BiOS'99: Biomedical Diagnostics, Guidance and Surgical Assist Systems*, 1999.

14. W. Pschyrembel and C. Zink. *Pschzrembel Klinisches Wörterbuch*. Walter de Gruyter, Berlin, 256th edition, 1990.

15. D. Welte, T. Grunert, U. Klose, D. Petersen, and E. Becker. Interactive 3D Segmentation and Visualization of Vessels. In *Computer Assisted Radiology*, pages 329–335, 1996.

Mehrschichtige Oberflächenmodelle zur computergestützten Planung in der Chirurgie

Detlev Stalling[1], Martin Seebass[1], Stefan Zachow[2]

[1]Konrad-Zuse-Zentrum für Informationstechnik, Takustr. 7, 14195 Berlin
[2]Charite Berlin, Campus Virchow Klinikum, Augustenburger Platz, 13353 Berlin

Zusammenfassung Polygonale Schädelmodelle bilden ein wichtiges Hilfsmittel für computergestützte Planungen im Bereich der plastischen Chirurgie. Wir beschreiben, wie derartige Modelle automatisch aus hochaufgelösten CT-Datensätzen erzeugt werden können. Durch einen lokal steuerbaren Simplifizierungsalgorithmus werden die Modelle so weit vereinfacht, daß auch auf kleineren Graphikcomputern interaktives Arbeiten möglich wird. Die Verwendung eines speziellen Transparenzmodells ermöglicht den ungehinderten Blick auf die bei der Planung relevanten Knochenstrukturen und läßt den Benutzer zugleich die Kopfumrisse des Patienten erkennen.

Keywords: Isoflächen, Simplifizierung, Transparenzen

1 Einleitung

Komplizierte chirurgische Eingriffe werden heute zunehmend am Computer vorausgeplant. Dies gilt insbesondere für die plastische Chirurgie im Kopfbereich. Voraussetzung ist dabei in der Regel ein detailliertes Polygonmodell, das mindestens die knöchernen Strukturen sowie die Hautoberfläche des Patienten beschreibt. Solche Modelle können in hoher Auflösung aus computertomographischen Schnittbildern rekonstruiert werden. Für eine interaktive Planung ist es jedoch oftmals erforderlich, die Anzahl der Dreiecke im Modell zu reduzieren, bzw. die Darstellung auf andere Art und Weise zu beschleunigen.

In diesem Beitrag stellen wir ein vollautomatisches Verfahren vor, mit dem polygonale Schädelmodelle mit vorgegebener, lokal variabler Auflösung aus CT-Daten rekonstruiert werden können. Wir beschreiben weiter, wie qualitativ hochwertige Bilder durch eine geeignete semi-transparente Darstellung der Hautoberfläche erzeugt werden können. Der Einsatz verschiedener Beschleunigungstechniken erlaubt es, die resultierenden Modelle schon auf kleineren Graphikrechnern, z.B. Silicon Graphics O2, fließend darzustellen.

Die hier vorgestellten Techniken wurden ursprünglich für die Planung der robotergestützten Implantation von Ohrepithesen am Virchow-Klinikum Berlin entwickelt. Dabei sind vom Benutzer bestimmte Bohrpunkte auf der Knochenoberfläche zu definieren, an denen später ein Steg zur Befestigung einer Ohrepithese angebracht wird. Trotz dieses speziellen Anwendungsbezugs sind die hier diskutierten Methoden jedoch so allgemein, daß sie auch für andere Planungsaufgaben eingesetzt werden können.

2 Modellerstellung

Bei der Erstellung polygonaler Patientenmodelle lassen sich prinzipiell zwei Herangehensweisen unterscheiden. Zum einen gibt es Verfahren, bei denen versucht wird, übereinanderliegende, in verschiedenen Schichten definierte Konturen durch Dreiecke miteinander zu verbinden. Solche Verfahren gestatten es, glatte, an die reale Anatomie angepaßte Modelle zu erstellen, wobei sich die Auflösung der Modelle leicht kontrollieren läßt. Auf der anderen Seite gibt es voxelbasierte Methoden, die Grenzflächen aus einem entsprechend segmentierten Bildvolumen extrahieren. Sofern nur ein binäres Labelling vorliegt, lassen sich im allgemeinen nur schwer glatte Modelle erzeugen. In unserem Fall können allerdings sowohl Knochen wie auch Hautoberfläche mittels Schwellwertsegmentierung aus CT-Daten extrahiert werden. Das erlaubt es, Verfahren zur Berechnung von Isoflächen einzusetzen, die sehr viel robuster als die oben erwähnten konturbasierten Methoden sind.

2.1 Extraktion von Isoflächen

Polygonale Darstellungen von Isoflächen in 3D-Bildvolumina lassen sich aus Teilflächen konstruieren, die für jede Gitterzelle separat berechnet werden können. Beim Marching Cubes Algorithmus wird dazu eine binäre Klassifizierung der Eckpunkte einer Gitterzelle vorgenommen. Die zugehörigen $2^8 = 256$ verschiedenen Teilflächen lassen sich leicht in einer Tabelle auflisten. Die Tabelle kann so aufgebaut werden, daß die Flächen benachbarter Zellen garantiert zusammenpassen und sich somit eine topologisch konsistente Gesamtfläche ergibt. Um ein möglichst glattes Modell zu erhalten, wird die Lage der Eckpunkte der Dreiecke auf den Kanten der Gitterzellen durch lineare Interpolation der Grauwerte bestimmt.

Aufgrund der Verschiebung von Punkten entlang von Kanten erhält man allerdings oft sehr kleine bzw. sehr dünne langgestreckte Dreiecke. Solche Dreiecke können praktisch ohne Genauigkeitsverlust eliminiert werden, indem man Flächenpunkte aus verschiedenen Zellen, die nahe an einem gemeinsamen Gitterknoten liegen, zu einem gemeinsamen Punkt zusammenfaßt. Die Koordinaten des neuen Punktes ergeben sich durch Mittelung der Koordinaten der Ausgangspunkte. Auf diese Weise wird aus sehr kleinen Dreiecken ein Punkt und aus langgestreckten dünnen Dreiecken eine Kante. Das entsprechende Verfahren ist als Compact Cubes Algorithmus bekannt und geht auf Moore und Warren zurück [3]. Gegenüber dem einfachen Marching Cubes Algorithmus erhält man eine um etwa 40% reduzierte Anzahl von Polygonen. Man beachte, daß Punkte verschmolzen werden können, sobald alle acht an einem Gitterknoten angenzenden Zellen traversiert worden sind. Auf diese Weise wird das Speichern einer vollaufgelösten Zwischenfläche vermieden.

In unserem Fall wenden wir den Algorithmus mit zwei verschiedenen Schwellwerten an, um hochaufgelöste Ausgangsmodelle für Knochen und Hautoberfläche zu erzeugen. In der Regel empfiehlt es sich, die Ausgangsbilddaten zuvor mit einem geeigneten Filter auf 256×256 Pixel pro Schicht zu reduzieren. Auch nach einer solchen Reduktion besteht ein mit Compact Cubes produziertes komplettes Schädelmodell typischerweise aus etwa 500 000 Dreiecken. Da dies für interaktives Arbeiten zu groß ist, muß das Modell im folgenden weiter vereinfacht werden.

2.2 Flächensimplifizierung

In Bereich der Computergraphik haben sich in den vergangenen Jahren Simplifizierungsalgorithmen durchgesetzt, bei denen die Modelle schrittweise durch wiederholte Anwendung bestimmter Elementaroperationen vereinfacht werden. Solche Elementaroperationen sind insbesondere das Entfernen eines Punktes aus der Fläche und das anschließende Retriangulieren des entstehenden Lochs, sowie das Zusammenziehen einer Kante.

Für das vorliegende Problem haben wir auf einen 1997 von Garland und Heckbert vorgeschlagenen Kontraktionsalgorithmus zurückgegriffen, der einen guten Kompromiß zwischen Schnelligkeit und Genauigkeit darstellt [1]. Das Verfahren beruht darauf, daß der quadratische Abstand eines Punktes von einer Ebene als quadratische Form geschrieben werden kann. Die Summe der quadratischen Abstände eines Punktes von mehreren Ebenen läßt sich nun in gleicher Weise ausdrücken, wobei die Komponenten der quadratischen Formen einzeln aufzusummieren sind.

Vor der eigentlichen Simplifizierung werden zunächst für jeden Flächenpunkt die quadratischen Formen der an den Punkt grenzenden Dreiecke zu einer quadratischen Form Q_i aufsummiert. Anschließend wird jede Kante $\overline{v_i v_j}$ daraufhin untersucht, welcher Fehler sich bei einer Kontraktion ergeben würde. Dieser Fehler ergibt sich aus dem Minimum von $(Q_i + Q_j)(p)$. Die Lösung des Minimierungsproblems liefert zusätzlich die optimale Position, auf die die beiden Endpunkte der Kante zusammengezogen werden sollten. Im Laufe der Simplifizierung wird nun nacheinander jeweils die Kante kontrahiert, die den geringsten Fehler verursacht. Nach Kontraktion einer Kante werden die Fehler für angrenzende Kanten entsprechend aktualisiert. Die Simplifzierung wird solange fortgeführt, bis die gewünschte Anzahl von Dreiecken erreicht ist. Dabei ist es vorteilhaft, wenn die verschiedenen Teilgeometrien (Haut und Knochen) gleichzeitig simplifiziert werden. Nur so verteilt sich der durch die Reduktion verursachte Fehler gleichmässig im Gesamtmodell.

Für spezielle Anwendungen kann es sinnvoll sein, in bestimmten Regionen eine höhere Auflösung zu verwenden. In der Regel werden dies die Bereiche sein, in denen später ein operativer Eingriff stattfinden soll. Eine lokal variable Auflösung läßt sich mit dem Algorithmus von Garland und Heckbert erreichen, indem man die Fehlerquadriken Q_i lokal skaliert. Im speziellen Anwendungsfall der Ohrepithesen-Planung legen wir dazu zunächst interaktiv eine Kugel um das zu behandelnde Ohr. Wird im Inneren der Kugel eine 10fach höhere Genauigkeit gefordert, so müssen alle Fehlerquadriken innerhalb der Kugel mit dem Faktor 100 skaliert werden. Es empfiehlt sich weiterhin, die Skalierung linear in einem Übergangsbereich auf eins zu reduzieren. In Abbildung 1 ist die Wirkung einer solchen Skalierung zu sehen.

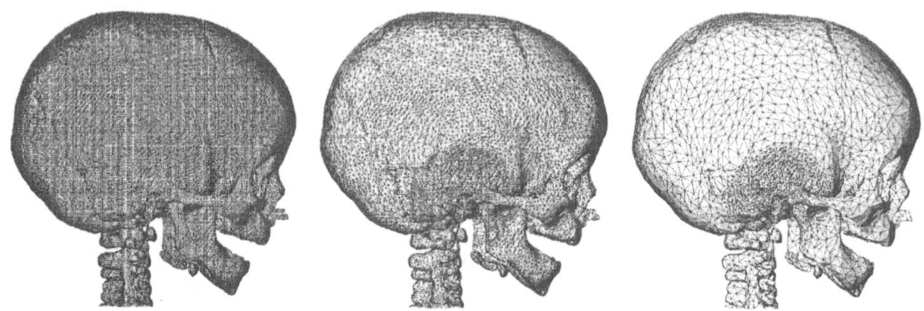

Abbildung1. (a) Ausgangsmodell nach Isoflächen-Berechnung. (b) Zwischenergebnis während der Simplifizierung. (c) Modell mit 25 000 Dreiecken und 10fach erhöhter Genauigkeit innerhalb eines kugelförmigen Gebietes.

3 Darstellung

Neben der reinen Modellerstellung spielt die grafische Darstellung des Modells für praktische Anwendungen eine entscheidende Rolle. Im Fall der Epithesenplanung dient die Hautoberfläche vornehmlich zur Orientierung, während auf dem darunterliegenden Knochen die eigentlichen Bohrlöcher gesetzt werden müssen. Deshalb bietet es sich an, die Hautoberfläche transparent über dem undurchsichtigen Schädelknochen darzustellen.

3.1 Transparenzen

Bei transparenten Flächen setzt sich die Farbe an einem Punkt aus der Farbe des Objektes selbst und der Hintergrundfarbe zusammen. Bei mehreren transparenten Objekten erhält man nur dann ein korrektes Ergebnis, wenn alle Objekte sortiert von hinten nach vorne überlagert werden. Im Prinzip kann es vorkommen, daß sich Dreiecke wechselseitig überdecken, so daß eine korrekte Tiefensortierung unmöglich ist. Man erhält jedoch oft zufriedenstellende Ergebnisse, wenn man alle Dreiecke nach der Entfernung ihres Schwerpunktes vom Blickpunkt sortiert. Um nicht für jede Ansicht neu sortieren zu müssen, erzeugen wir drei Listen, in denen die Dreiecke entsprechend ihrer x-, y- und z-Koordinaten geordnet sind. Bei gegebener Blickrichtung wird nun die jeweils passendste Liste entweder von hinten nach vorne oder umgekehrt traversiert.

Eine wesentliche Verbesserung der Bildqualität ergibt sich, wenn man die Opazität α der Dreiecke von deren Orientierung relativ zur Blickrichtung abhängig macht. Dahinter steht die Idee, daß der optische Weg durch eine Glasplatte umso grösser wird, je flacher ein Strahl auftrifft [2]. Es gilt

$$\alpha = 1 - e^{-\kappa d/\cos\phi} = 1 - \tau_0^{1/\cos\phi}, \quad \cos\phi = n \cdot v$$

Wie Abbildung 2 zeigt, ist die Fläche an den Silhouetten relativ undurchsichtig. Dadurch ist die Form gut erkennbar, während in anderen Bereichen der Blick auf den darunterliegenden Knochen frei bleibt. Der Effekt läßt sich noch künstlich überhöhen, indem der Ausdruck $n \cdot v$ mit einer Konstanten γ potenziert wird.

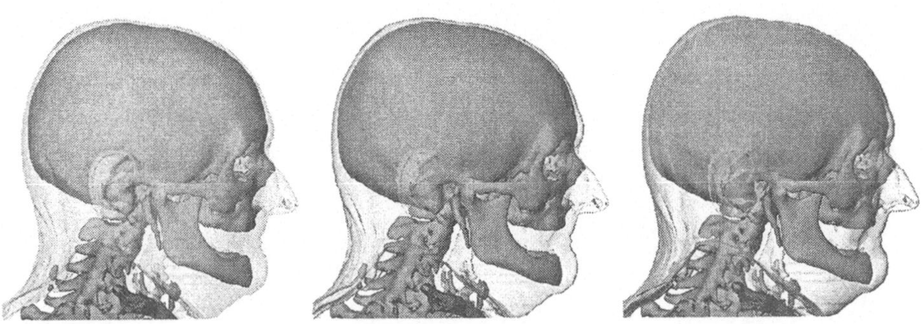

Abbildung2. (a) Konstante Transparenz. (b) Transparenz abhängig vom Winkel zwischen Dreiecksnormale und Blickrichtung. (c) Überhöhung der Richtungsabhängigkeit.

3.2 Beschleunigungstechniken

Schädelmodelle werden in der Regel nur von aussen betrachtet. Deshalb müssen Dreiecke auch nur mit ihrer nach aussen gerichteten Seite dargestellt werden, sofern man Transparenzen ignoriert. Durch dieses sogenannte Backface-Culling wird eine Geschwindigkeitssteigerung um nahezu einen Faktor zwei erreicht. Ein weiterer Trick, der sich allerdings ausschließlich auf undurchsichtige Flächen anwenden läßt, besteht darin, Dreicke in Streifen zu organisieren. Dreiecksstreifen können auf vielen Graphikcomputern erheblich schneller dargestellt werden als die gleiche Menge isolierter Dreiecke. Eine optimale Zerlegung der Fläche in Streifen ist ein NP-schweres Problem. Heuristische Lösungen, wie sie zum Beispiel im Graphik-Toolkit *Open Inventor* implementiert sind, liefern aber schon bei vertretbarem Rechenaufwand eine deutliche Geschwindigkeitssteigerung.

4 Ergebnisse und Ausblick

Die beschriebenen Verfahren zur Erzeugung und Darstellung von mehrschichtigen Oberflächenmodellen wurden in das am Konrad-Zuse-Zentrum Berlin entwickelte Visualisierungssystem Amira integriert (`http://amira.zib.de`). Dieses System ist sehr modular aufgebaut und stellt bereits eine Vielzahl von Datenstrukturen und Algorithmen zur Verfügung. Die Erfahrung zeigt, daß Schädelmodelle mit 50 000 Dreiecken mit etwa 5-10 Bildern pro Sekunde auf einer SGI O2 dargestellt werden können. Bei dieser Auflösung ist die Modellqualität für viele Anwendungen ausreichend. Die Zeit, um ein solches Modell zu erstellen, betrug etwa 90 Sekunden inklusive aller Simplifizierungsschritte.

References

1. Garland M, Heckbert PS: Surface Simplification Using Quadric Error Metrics. SIGGRAPH 97 Conference Proceedings, 209–216, 1997
2. Kay DS, Greenberg DP: Transparency for Computer Synthesized Images. Computer Graphics, 13(3), 158–164, 1979
3. Moore D, Warren J: Mesh Displacement: An Improved Contouring Method for Trivariate Data. TR-91-166, Rice Univesity, Department of Computer Science, 1991

Bildarchivierung

Strukturadaptierte Prädiktion in der verlustfreien Kompression medizinischer Bilddaten

Herbert Baierl, Andreas Klappenecker*

Institut für Algorithmen und Kognitive Systeme (Professor Beth)
Universität Karlsruhe, D-76128 Karlsruhe, Deutschland
baierl@ira.uka.de
*Department of Mathematics, Texas A&M University
College Station, TX 77843-3368, USA
Andreas.Klappenecker@math.tamu.edu

Zusammenfassung Wir schlagen ein neues verlustfreies Kompressionsverfahren vor, das unterschiedliche Prädiktoren verwendet, welche für die lokale Struktur der jeweiligen Bildregion besonders geeignet sind. Zwischen diesen Prädiktoren wird blockweise umgeschaltet. Damit auch in der Umgebung einer Kante eine gute Prädiktion erzielt werden kann, lassen wir auch nicht-lineare Prädiktoren zu, die Gradienteninformation ausnutzen. Das Verfahren wurde in C implementiert und das Programm LBC (lossless block compression) ist im Quellcode frei verfügbar.

Schlüsselwörter: Verlustfreie Kompression, Prädiktion, blockbasierte Prädiktion, Entropiecodierung.

1 Einleitung

Schichtbilder von Computer- und Kernspintomographien weisen eine hohe Korrelation von benachbarten Bildpixeln auf, da in großen Bereichen dieser Bilddaten relativ glatte Grauwertübergänge vorherrschen. Diese Eigenschaft läßt sich gewinnbringend bei der Kompression von medizinischen Bilddaten ausnutzen. So kann der Wert eines Bildpixels aus bereits codierten Bildpixeln vohergesagt werden, beispielsweise durch Mittelwert-Bildung des linken und oberen Nachbarpixels. Codiert wird dann die Differenz zwischen dem vorhergesagten und dem tatsächlichen Grauwert. Die Entropiecodierung des Fehlerbildes kann etwa mit einem arithmetischen Codierer geschehen. Der verlustfreie Modus des JPEG Kompressionsstandards beruht auf solch einer prädiktiven Codierung. In diesem Artikel wird ein neues Kompressionsverfahren vorgeschlagen, das auf einem ähnlichen Prinzip beruht, jedoch den Charakteristika von lokalen Strukturen in medizinischen Bilddaten Rechnung trägt.

2 Prädiktion

Ein Bild läßt sich mit einem universellen Kompressionsverfahren (wie etwa dem Lempel-Ziv Algorithmus) direkt komprimieren. Diese Vorgehensweise besitzt je-

doch den praktischen Nachteil, daß vorhandenes Wissen über die vorliegenden
Bilddaten ungenutzt bleibt oder erst eingelernt werden muß. So ist beispielsweise
schon durch den Aufnahmeprozeß bei CT- oder MRT-Daten klar, daß die Bilddaten in großen Bereichen relativ glatt sind, also Variationen im Grauwertverlauf
innerhalb einer kleinen Umgebung in der Regel gering sind.

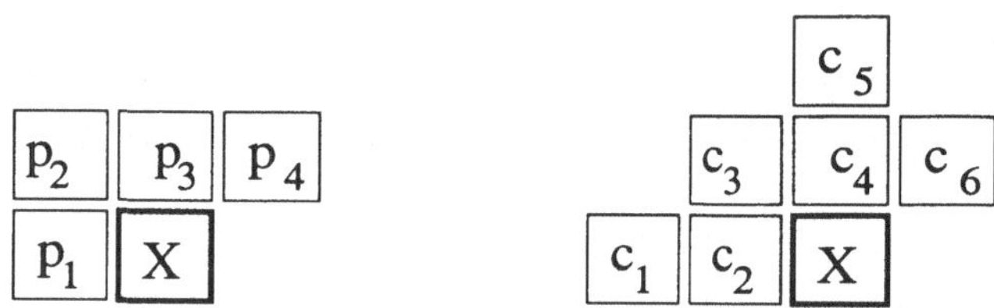

Abbildung 1. Im Programm LBC werden nur direkt benachbarte Werte $p_1, \ldots, p_4$
zur Prädiktion des Wertes X verwendet. Auf der rechten Seite ist die zur Codierung
benutzte Umgebung abgebildet.

Bei einer prädiktiven Codierung wird diese Eigenschaft der Bilddaten ausgenutzt. Wird das Bild etwa zeilenweise durchlaufen, so können etwa die Werte der
benachbarten westlichen, nordwestlichen, nördlichen und nordöstlichen Nachbarpixel (siehe Abbildung 1) für eine Prädiktion des aktuellen Pixelwertes herangezogen werden. Dieser Prädiktionswert wird bei der prädiktiven Codierung vom
aktuellen Pixelwert subtrahiert und die Differenz codiert.

Durch die Prädiktion mit Hilfe einer Linearkombination der Pixelwerte aus
einer kausalen Umgebung ergeben sich in glatten Bildbereichen sehr kleine Feh-
lerwerte. Tatsächlich läßt sich durch eine geeignete Wahl der verwendeten Linearkombination die Kompressionsrate verbessern. Beim lossless JPEG Standard
kann üblicherweise zwischen acht verschiedenen Prädiktoren gewählt werden.

3 Blockbasierte Prädiktion

Die komplexe Struktur von CT- und MRT-Bilddaten läßt sich jedoch nicht mit
Hilfe eines stationären Prozesses modellieren. Vielmehr unterscheiden sich Tex-
tur (Knochen, Gewebe, Luft, etc.) und Kantenstruktur in lokalen Bereichen des
Bildes erheblich. Daher ist die globale Auswahl eines Prädiktors für das gesamte
Bild (wie beim JPEG Standard) wenig geeignet. Aus diesem Grund schalten
wir blockweise zwischen verschiedenen Prädiktoren um, welche für die lokale
Struktur der jeweiligen Bildregion besonders geeignet sind. Damit auch in der
Umgebung einer Kante eine gute Prädiktion erzielt werden kann, lassen wir auch
nicht-lineare Prädiktoren zu, die Gradienteninformation ausnutzen.

Das Grundprinzip unseres Verfahrens beruht auf folgenden elementaren Schritten: Das Bild wird in quadratische Blöcke mit $N \times N$ Pixeln unterteilt. Für jeden
Block wird aus einer vorgegebenen endlichen Menge P von Prädiktoren derje-
nige ausgewählt, welcher zu einem minimalen L^1-Fehler (oder L^2-Fehler) führt.

Damit eine Rekonstruktion möglich ist, wird der verwendete Prädiktor und das Fehlerbild eines Blockes codiert. Im Falle $|P| = 1$ erhalten wir als Spezialfall eine klassische prädiktive Codierung.

In Abbildung 2 wird an einem Bild gezeigt, welcher Prädiktor ausgewählt wurde. Hier wurden vier JPEG-Prädiktoren verwendet. Die Auswahl des Prädiktors ist rechts mit Grauwerten codiert dargestellt.

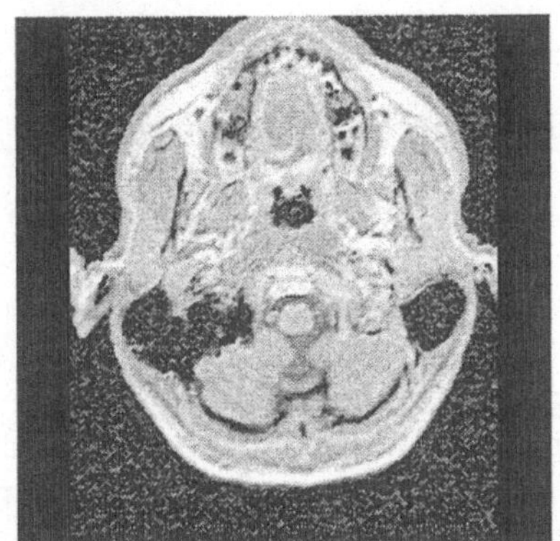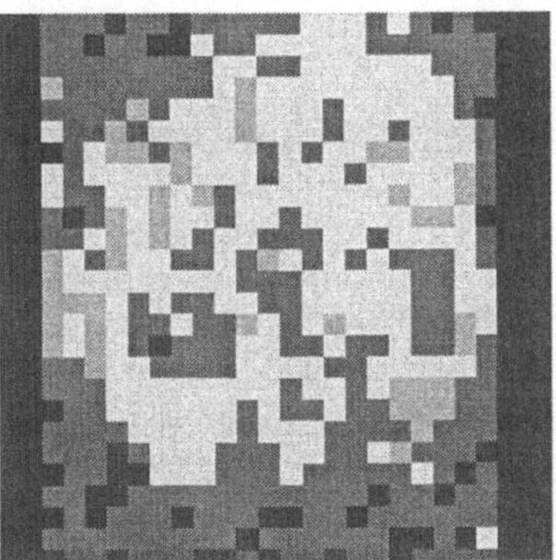

Abbildung2. CT-Aufnahme und Prädiktorenbild (Blockgröße=10).

Für eine Rekonstruktion des Bildes muß bei diesem Verfahren neben dem Fehlerbild auch noch pro Block die Wahl des Prädiktors codiert werden. Es gibt nun zwei gegenläufige Effekte. Einerseits führen kleinere Blockgrößen zu einer Verbesserung der Prädiktion, andererseits müssen bei kleiner Blockgröße mehr Informationen über die Auswahl der Prädiktoren abgespeichert werden. Die Auswirkung der Wahl der Blockgröße wird in Abbildung 3 an einem Beispiel gezeigt. Der hier abgebildete Verlauf ist typisch und bei fast allen Bildern variiert nur die Position des Minimums; geeignete Werte sind üblicherweise $N \in [7..12]$.

Die Prädiktormenge P enthält beim Programm LBC alle JPEG-Prädiktoren, sowie einige weitere lineare Prädiktoren. Zudem ist ein nicht-linearer Prädiktor enthalten, der durch den folgenden Pseudocode beschrieben werden kann:

```
max := max(p₁, p₃); min := min(p₁, p₃);
if (p₂ > max) then predval := min;
else if (p₂ < min) then predval := max;
else predval := p₁ + p₃ − p₂;
fi;
```

Hierbei stellen $p_1, \ldots, p_3$ die Werte der umgebenden Pixel wie in Abbildung 1 dar. Dieser Prädiktor ist im wesentlichen dem Programm LOCO [1] entnommen.

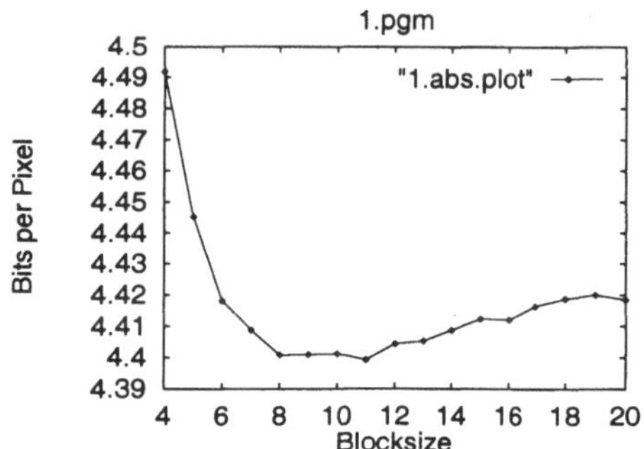

Abbildung3. Kompressionsrate in Abhängigkeit von der Blockgröße.

4 Codierung

Nach der Prädiktion erfolgt die Entfernung der Redundanz mit adaptiver arithmetischer Codierung. Die verwendete Wahrscheinlichkeitstabelle wird durch eine kausale Umgebung von Pixeln bestimmt (siehe Abbildung 1). Hierfür wird aus den umgebenden Pixeln mit den Werten c_i die Summe

$$C_x = \sum_{i=1}^{6} \sum_{j=1,j\neq i}^{6} |c_i - c_j|$$

gebildet. Ein kleiner Wert von C_x weist auf einen „glatten" Bereich im Bild hin, und es ist auch zu erwarten, daß der Prädiktionsfehler an dieser Stelle sehr klein ist. Dieser Wert wird quantisiert und zur Selektion einer Wahrscheinlichkeitstabelle (siehe Abbildung 4) im arithmetischen Codierer verwendet.

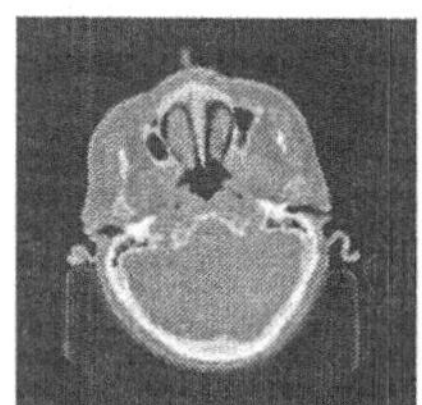
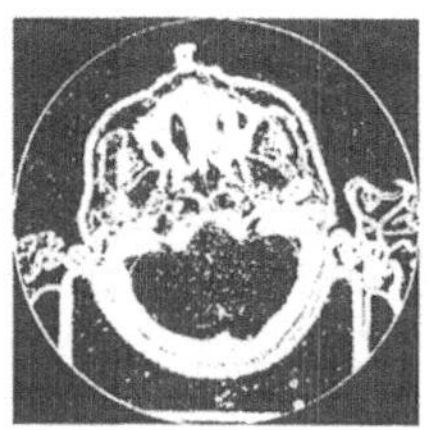

Abbildung4. Hier wurde C_x auf drei Werte q_k quantisiert. Links ist das Originalbild zu sehen. Die folgenden drei Bilder zeigen (in Schwarz) an welcher Stelle des Originalbildes der Wert q_1, q_2, q_3 angenommen wird.

5 Ergebnisse

Die folgende Tabelle zeigt die Kompressionsergebnisse von unserem Programm
LBC im Vergleich mit drei weiteren Kompressionsverfahren.

DATEI	ORIGINAL	GZIP	CALIC	LOCO	LBC
brain.2.00.pgm	65551	33399	36924	39017	34863
ct271221.pgm	262159	52871	26557	26342	24649
i01.pgm	1048593	710062	609541	624712	608721
sc270171.pgm	802831	423954	273970	280664	268818
abdom_1.pgm	262159	86820	51089	51119	49309
$\sum$ absolut	2441293	1307106	998081	1021854	986360
$\sum$ in Prozent	100.000	53.542	40.883	41.857	40.403

Das bekannte Kompressionprogramm GZIP basiert auf dem Lempel-Ziv (LZ77)
Algorithmus. Die Programme LOCO [1] und CALIC [2] wurden für den kommenden JPEG lossless Standard vorgeschlagen.

Eine genaue Beurteilung eines Kompressionsverfahrens kann nur dann sinnvoll erfolgen, wenn es als Programm zur Verfügung steht. Aus diesem Grund ist
LBC frei erhältlich unter

`http://iaks-www.ira.uka.de/home/klappi/lossless.html`

In diesem Artikel wurden lediglich die Grundideen erläutert. Die Details der
Realisierung können dem C-Quellcode entnommen werden.

Danksagung. Wir danken der Deutschen Forschungsgemeinschaft für die Unterstützung durch den Sonderforschungsbereich SFB 414 „Informationstechnik
in der Medizin – Rechner und sensorgestützte Chirurgie" (Projekte Q1 und Q6).

Literatur

1. M. J. Weinberger, G. Seroussi und G. Sapiro: *LOCO-I: A Low Complexity, Context-
   Based, Lossless Image Compression Algorithm.* Technischer Bericht Hewlett-
   Packard Laboratories, Palo Alto, CA 94304, 1996.
2. X. Wu, N. Memon und K. Sayood: *A Context-based, Adaptive, Lossless/Nearly-
   Lossless Coding Scheme for Continous-tone Images.* Technischer Bericht Depart-
   ment of Electrical Engineering, University of Nebraska-Lincoln, 1995.

Ein Vergleich von Wavelet und JPEG basierten selektiven Methoden im Bereich der medizinischen Bildkompression

Alfred Bruckmann und Andreas Uhl

Forschungsinstitut für Softwaretechnologie (RIST++)
Hellbrunnerstr.34, A-5020 Salzburg
Universität Salzburg, Österreich
Email: {abruck,uhl}@cosy.sbg.ac.at

Zusammenfassung. In dieser Arbeit stellen wir verschiedene Algorithmen zur selektiven Kompression von medizinischen Bildern vor. Hierbei werden explizit angegebene Regionen im Bild verlustfrei und unwichtigere Regionen verlustbehaftet gespeichert. Wir vergleichen dabei Verfahren, die einerseits auf der JPEG Methode basieren und andererseits mit einer Wavelettransformation arbeiten.

Schlüsselwörter: Bildkompression, Wavelets, Selektive Kompression

1 Einleitung

Grundsätzlich gibt es zwei unterschiedliche Arten von Kompressionsmethoden:

- Verlustfreie Methoden, die eine Rekonstruktion des Bildes ohne jeglichen Verlust an Qualität erlauben.
- Verlustbehaftete Methoden, die eine höhere Kompression erlauben, wobei sich allerdings das rekonstruierte Bild vom Original unterscheiden kann.

Selektive Bildkompression ist eine Kompressionstechnik die explizit definierte signifikante Bereiche verlustfrei speichert und Regionen im Bild, die von geringerer Bedeutung sind, verlustbehaftet komprimiert. Diese Verfahren stoßen auf großes Interesse in der Telemedizin und anderen medizinischen Anwendungen.

Medizinische Bildkompression leidet unter dem Faktum, daß die meisten Ärzte ihrer Diagnose nicht ein Bild zu Grunde legen wollen, das verlustbehaftet gespeichert wurde (d.h. mit Fehlern). Dies ist zum Teil durch juristische Umstände begründet und natürlich spielt die Angst vor einer Fehldiagnose hervorgerufen durch verloren gegangene Informationen während des Kompressionsvorgangs eine große Rolle [1]. Dadurch können nur verlustfreie Kompressionstechniken verwendet werden, welche die Kompressionsrate auf in etwa 3 beschränken (im Gegensatz von Raten bis zu 100 bei verlustbehafteten Methoden). Andererseits sind viele Mediziner davon überzeugt, daß die Zukunft des Gesundheitswesens von Anwendungen wie Telemedizin wesentlich geprägt werden wird. Anwendungen dieses Typs verlangen höhere Kompressionsraten als dies mit verlustfreien Methoden erreichbar ist [2].

Einen möglichen Kompromiß stellen die selektiven Kompressionsmethoden dar, die höhere Raten erreichen als reine verlustfreie Methoden. Dabei werden nur für die Diagnose relevanten Bereiche des Bildes ohne Verlust gespeichert.

Waveletmethoden haben auch im Bereich der medizinischen Bildverarbeitung viel Aufmerksamkeit erregt. Die Anwendungen erstrecken sich über Rauschreduzierung, Bildverbesserung, Computer Axial-Tomographie (CAT), Kernspintomographie (KST) und Positronenemmisionstomographie (PET). Panych [3] und Urriza [4] diskutieren verschiedene Aspekte von Wavelet basierten Algorithmen zur Kompression von medizinischen Bildern, analoge Verfahren für medizinische Videodaten werden von Ho [5] und Wang [6] beschrieben. Für Übersichten über fortführende Literatur in diesem Bereich siehe auch [7, 8].

In dieser Arbeit stellen wir verschieden selektive Bildkompressionsmethoden vor und vergleichen sie mit JPEG basierten Techniken.

- **Wavelet Bildkompression** Wavelet basierte Kompressionsmethoden beruhen grundsätzlich auf einer sequentiellen Anwendung von Hoch- und Tiefpaßfiltern auf die Spalten und Zeilen des Bildes die eindeutig invertierbar sind. Verschiedene Techniken können dabei angewandt werden (siehe auch [9, 10]). Für die der Transformation folgenden Quantisierung der Koeffizienten können ebenfalls eine ganze Reihe von verschiedenen Methoden verwendet werden, angefangen von einfachen Entropy Codierungen über Vektorquantisierung [11], adaptive Methoden [12, 13] und Zerotree Codierung [14].

- **JPEG (Joint Photographic Experts Group)** Auch bei dieser Methode wird das Bild zunächst in eine günstigere Darstellung gebracht. Hierbei wird durch die diskrete Cosinustransformation (DCT) das Signal vom Ortsraum in den Frequenzraum überführt. Bei der JPEG Technik wird das Bild in 8x8 große Blöcke zerlegt und jeder Block wird separat transformiert und anschließend quantisiert. Diese Methode hat sich im Bereich der Bildkompression als de facto Standard herauskristallisiert. Detaillierte Beschreibungen können in [15] gefunden werden.

2 Selektive Bildkompression

In dieser Arbeit gehen wir nicht näher darauf ein wie die signifikanten Gebiete im Bild markiert werden. Dies könnte automatisch geschehen (z.B.: durch Suchalgorithmen zum Auffinden von Kalkablagerungen in Mammogrammen), oder durch interaktives Markieren der Bereiche durch einen medizinischen Experten.

2.1 Wavelet basierte Methoden

- **Algorithmus W1:** Als erster Schritt wird der signifikante Bereich verlustfrei komprimiert. Die Form und Position der Region(en) wird als (komprimiertes) binäres Bild gespeichert (wir nennen es "importance map"), und der Inhalt wird mit einem Arithmetischen Coder komprimiert. Der unwichtige Teil des Bildes wird mit einem Wavelet Coder komprimiert, der dieses binäre Bild verwendet um nur Bildpixel außerhalb des signifikanten Bereichs zu kodieren. Dieses Verfahren beruht wesentlich auf der Eigenschaft der zeitlichen (bzw. örtlichen) Lokalität im Transformationsraum der Wavelettransformation (die bei einer reinen Frequenzbeschreibung wie durch DCT nicht gegeben ist). Detaillierte Untersuchungen über diesen Algorithmus finden sich in [16].

– **Algorithmus W2**: Im Gegensatz zur ersten Methode wird hierbei das ganze Bild mit einem Wavelet Coder komprimiert. Danach stellen wir das Bild wieder her (mit einem Verlust an Qualität) und berechnen mit Hilfe des Originalbildes ein Fehlerbild beschränkt auf den signifikanten Bereich. Dieses Fehlerbild wird zusammen mit der "importance map" verlustfrei gespeichert.

2.2 JPEG basierte Methoden

In Analogie zu den Waveletverfahren untersuchen wir zwei unterschiedliche JPEG Algorithmen die auf "direkter" Codierung (**Algorithmus J1**) und auf Fehlerbild Codierung (**Algorithmus J2**) beruhen. Mit Waveletmethoden haben wir den Vorteil den signifikanten Bereich beliebig wählen zu können. Durch den Umstand, daß der Standard JPEG Coder block-basiert aufgebaut ist, besteht hingegen der Nachteil, daß der signifikante Bereich nur mit 8x8 Blöcken approximiert werden kann. Die signifikanten Bereiche werden mit denselben verlustfreien Methoden wie bei den Waveletalgorithmen gespeichert, um einen fairen Vergleich zu erlauben. Die unwichtigen Bereiche des Bildes werden wiederum mit einem Standard JPEG Coder (verlustbehaftet) komprimiert.

Es ist wichtig darauf hinzuweisen, daß die direkten Methoden (W1 und J1) progressive Transmission erlauben was insbesondere bei beschränkter Kanalkapazität in telemedizinischen Anwendungen von großer Wichtigkeit sein kann. Im Gegensatz dazu sind die Verfahren die auf der Fehlerbildspeicherung beruhen (W2 und J2) auf eine feste Kompressionsrate festgelegt und können die signifikanten Bildteile erst am Ende der Bearbeitung darstellen, wogegen direkte Verfahren dies sofort leisten können (also vor einer Anzeige der restlichen Bildteile).

3 Experimentelle Ergebnisse

Die Kompressionsrate ist definiert durch das Verhältnis zwischen der Anzahl der Bits im Originalbild und der Anzahl der Bits im komprimierten Bild. Die erreichbaren Raten sind sehr von der Größe und Form der markierten Gebiete abhängig. Um die Qualität komprimierter Bilder zu messen verwenden wir als Maßzahl PSNR (Peak to Signal Noise Ratio) gemessen in Dezibel (db):

$$PSNR = 10 \log_{10} \frac{255^2}{\frac{1}{N^2} \sum_{i=1}^{N} \sum_{j=1}^{N} (f(i,j) - \hat{f}(i,j))^2}$$

wobei f und $\hat{f}$ die N x N Pixel im Original und im komprimierten Bild repräsentieren.

In der Abb. 1 sehen wir die Selektion von wichtigen Bereichen für ein Lungen CT und den Vergleich der erreichten Kompressionsleistungen der unterschiedlichen Algorithmen. Wie auch für ein Angiogramm (Abb. 2) können wir

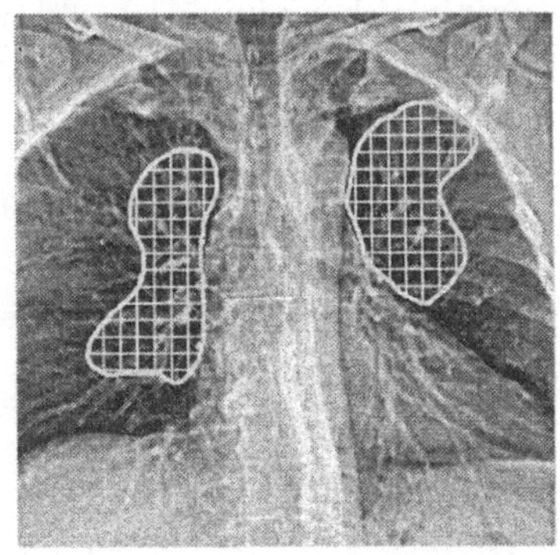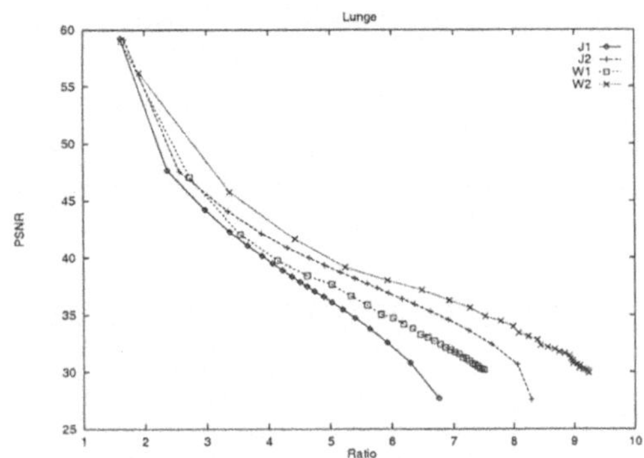

Abb. 1. Selektion und Kompressionsleistung für ein Lungen CT

die klar bessere Leistung der Algorithmen die mit einem Fehlerbild arbeiten erkennen. Insbesondere zeigt der auf Wavelets basierende Algorithmus W2 immer das beste Verhalten. Diese Beobachtung konnte auch noch für viele andere medizinische Bilder gemacht werden, die hier nicht gezeigt werden.

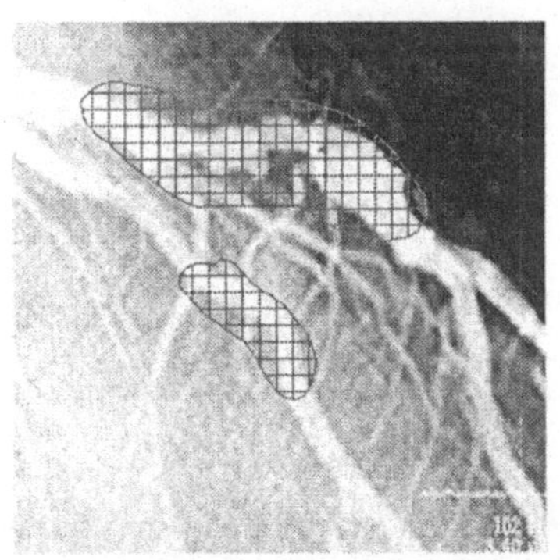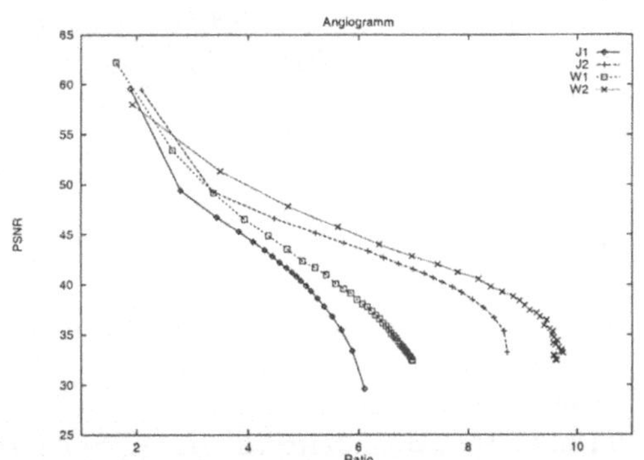

Abb. 2. Selektion und Kompressionsleistung für ein Angiogramm

4 Schlußfolgerungen

In der vorliegenden Untersuchung zeigt sich (wie schon in vielen vorhergegangenen Vergleichen), daß Wavelet-basierte Kompressionsverfahren dem JPEG Standard wesentlich überlegen sind. Insbesondere zeigt sich die Überlegenheit dieser Methoden im Bereich der selektiven Bildkompression die durch spezielle theoretische Eigenschaften des Wavelettransformationsbereiches plausibel erklärt werden kann. Insbesondere bei hohen Kompressionsraten zeigt sich bei gleicher Bildqualität eine deutlich bessere Kompressionsleistung. Zusätzlich zeigt sich, daß die erhöhte Funktionalität von "direkten" Methoden im Bereich der progressiven Transmission mit einer etwas geringeren Kompressionsleistung bezahlt werden muß.

Basierend auf unseren Ergebnissen kann für eine spezifische Anwendung der am meisten geeignete Algorithmus ausgewählt werden.

Literatur

1. S. Wong, L. Zaremba, D. Gooden, and H.K. Huang. Radiologic image compression – a review. *Proceedings of the IEEE*, 83(2):194–219, 1995.
2. P.C. Cosman, R.M. Gray, and R.A. Olshen. Evaluating quality of compressed medical images: SNR, subjective rating, and diagnostic accuracy. *Proceedings of the IEEE*, 82(6):919–932, 1994.
3. L.P. Panych. Theoretical comparison of Fourier and Wavelet encoding in Magnetic Resonance Imaging. *IEEE Trans. on Medical Imaging*, 15(2):141–153, 1997.
4. I. Urriza, L.A. Barragan, J.I. Artigas, J.I. Garcia, and D. Navarro. Choice of word length in the design of a specialized hardware for lossless wavelet compression of medical images. *Optical Engineering*, 36(11):3033–3042, November 1997.
5. B.K.T. Ho, M.-J. Tsai, J. Wei, M. Ma, and P. Saipetch. Video compression of coronary angiograms based on discrete wavelet transform with block classification. *IEEE Transactions on Medical Imaging*, 15(6), December 1996.
6. J. Wang and H.K. Huang. Medical image compression by using three-dimensional wavelet transformation. *IEEE Transactions on Medical Imaging*, 15(4), August 1996.
7. M. Unser and A. Aldroubi. A review of wavelets in biomedical applications. *Proceedings of the IEEE*, 84(4):626–638, 1996.
8. A. Aldroubi and M. Unser, editors. *Wavelets in Medicine and Biology*. CRC, Boca Raton, FL, USA, 1996.
9. A. Averbuch, D. Lazar, and M. Israeli. Image compression using wavelet transform and multiresolution decomposition. *IEEE Trans. on Image Process.*, 5(1):4–15, 1996.
10. M.L. Hilton, B.D. Jawerth, and A. Sengupta. Compressing still and moving images with wavelets. *Multimedia Systems*, 3(2), 1995.
11. P.C. Cosman, R.M. Gray, and M. Vetterli. Vector quantization of image subbands: A review. *IEEE Transactions on Image Processing*, 5(2):202–225, 1996.
12. P. Desarte, B. Macq, and D.T.M. Slock. Signal-adapted multiresolution transform for image coding. *IEEE Transactions on Information Theory*, 38(2):897–904, 1992.
13. A. Uhl. Image compression using non-stationary and inhomogeneous multiresolution analyses. *Image and Vision Computing*, 14(5):365–371, 1996.
14. J.M. Shapiro. Embedded image coding using zerotrees of wavelet coefficients. *IEEE Trans. on Signal Process.*, 41(12):3445–3462, 1993.
15. G.K. Wallace. The JPEG still picture compression standard. *Communications of the ACM*, 34(4):30–44, 1991.
16. A. Bruckmann and A. Uhl. Selective medical image compression using wavelet techniques. *Journal of Computing and Information Technology (Special Issue on Biomedical Image Processing and Analysis)*, 2(6):203–213, 1998.

Ein verteiltes Bilddatenbank- und Bildverarbeitungssystem für medizinische Bilder

Michael Prinz, Thomas Lorang, Manfred Gengler und Ernst Schuster*,
Stefan Wachter und Natascha Gerstner[†]

Universität Wien, Allgemeines Krankenhaus
Währinger Gürtel 18-20, A-1090 Wien
*Institut für Medizinische Computerwissenschaften
[†]Univ. Klinik für Strahlentherapie und Strahlenbiologie
Email: Michael.Prinz@akh-wien.ac.at

Zusammenfassung. Internetbasierte Anwendungen eröffnen weitreichende Möglichkeiten der Kommunikation und des Datenaustausches. Wir stellen in diesem Zusammenhang ein in Entwicklung befindliches verteiltes Bilddatenbank- und Bildverarbeitungssystem für medizinische Bilder vor. Die Benutzerschnittstelle und Kommunikation mit Servern wird in Java-Technologie realisiert. Das System verwaltet medizinische Bilder verschiedener Formate (DICOM [1], JPEG, GIF, ...), und erlaubt dem Benutzer, Bildverarbeitungsoperationen auf die in der Datenbank oder lokal abgelegten Bilder anzuwenden. Hierbei werden einfache Bildmanipulationen wie Drehen, Spiegeln, Kontrast- und Helligkeitsveränderungen und Markierungsfunktionen bis zu Segmentationsverfahren wie Watershedding und der Visualisierung von dreidimensionalen Volumendaten [2] unterstützt. Die Datenbank wird in der Lage sein, einfache Abfragen bezüglich Patienten, Organen, Krankheitssymptomen u.ä. zu beantworten.

Schlüsselwörter: Bilddatenbank, Bildverarbeitung, Java, DICOM

1 Einleitung

Der Austausch bildhafter medizinischer Daten wird im Spitalsbereich meist über proprietäre *Picture-Archiving-and-Communication-System* (PACS)-Lösungen durchgeführt. Diese Lösungen sind zwar für den Routinebetrieb am besten geeignet, deren Anschaffungskosten sind jedoch sehr hoch. Bereits bestehende Computerhard- und -software kann kaum bis überhaupt nicht eingebunden werden. Die mitgelieferte Software ist in den Möglichkeiten der Bildbearbeitung stark eingeschränkt.

Viele beispielhafte Anwendungen am World-Wide-Web (WWW) haben gezeigt, daß mit geringem Aufwand benutzerfreundliche und mächtige kommunikationsunterstützende Systeme erstellt werden können. Dateneingabe und Visualisierung bildhafter Daten lassen sich unter Nutzung bestehender Bibliotheksklassen einfach implementieren. Bereits bestehende Rechnerhardware (PCs, Macintosh-Rechner und Workstations) mit verschiedenen Betriebssytemen lassen sich unter Nutzung der Java-Technologie problemlos integrieren. Die einzige Voraussetzung hierfür ist das Vorhandensein der *Java-Runtime-Umgebung* (JRE) für das jeweilige Betriebssystem.

Unter diesen Voraussetzungen bietet sich die Entwicklung eines internetbasierten Bildkommunikationssystems für den Krankenhausbereich an. Abrardo und Casini zum Beispiel berichteten in [3] von dem Java-basierten Teleradiologie-System Medinet an der Universität Pisa.

2 Die Netzwerkarchitektur

Das für die Wissenschaft dedizierte Netz im Wiener AKH baut auf IBM Token-Ring- und IBM ATM-Technologie auf. Wählleitungszugriffe können derzeit nicht direkt, sondern nur über die Universität Wien oder andere Internet-Provider durchgeführt werden. In naher Zukunft jedoch, werden im Rahmen der Implementierung einer Firewall eigene ISDN- und normale Wählleitungszugänge eingerichtet werden.

Das medizinische Bildkommunikationssystem im Wiener AKH ist auf einem Datenbank-, einem WWW- und einem Bildverarbeitungsserver aufgebaut, wobei die Services auch von einem einzigen physikalischen Rechner zur Verfügung gestellt werden können (Abb. 1). In der ersten Entwicklungsphase ist eine SGI Octane-Workstation als einziger physikalischer Server geplant. Im AKH-Intranetbereich können im Rahmen eines durch das System definierten Intranets, für verschiedene Aufgaben ausgestattete Klienten mit unterschiedlichen Berechtigungen und unterschiedlicher Hardware auf die Services zugreifen. So wird es Dateneingabe-, Datenvisualisierungs-, Bildbearbeitungsstationen und Systemkonsolen geben.

In der zweiten Entwicklungsphase sollen auch Zugänge von außerhalb des AKHs via Internet oder Wählleitung ermöglicht werden. Speziell Zugriffe über Internet werden nur eingeschränkt und unter Beachtung rigider Sicherheitsmaßnahmen möglich sein. So werden z.B. Daten zwar angezeigt aber nicht verändert werden können.

3 Benutzerinterface Melange

Da im Bereich des Allgemeinen Krankenhauses Wien eine stark heterogene Hardwarelandschaft existiert (PCs, Apple Macintosh Rechner und vereinzelt auch Workstations), wird die Benutzerschnittstelle in Form der JAVA-Application Melange realisiert, wodurch ein Maximum an Plattformunabhängigkeit und ein Minimum an Wartungsaufwand erreicht wird. Die Entwicklung basiert zur Zeit auf dem *Java-Development-Kit* (JDK) Version 1.1.6 [4]. Die Graphische Benutzeroberfläche wird mit Swing-Komponenten gestaltet (Abb. 2).

Als eine der ersten Entwicklungen in diesem Projekt wurde die DICOM-Einleseschnittstelle geschaffen. Über die Versuche hierzu wurde in [5] berichtet. Letztendlich soll der Funktionsumfang, des auf lokale Aufgaben beschränkten

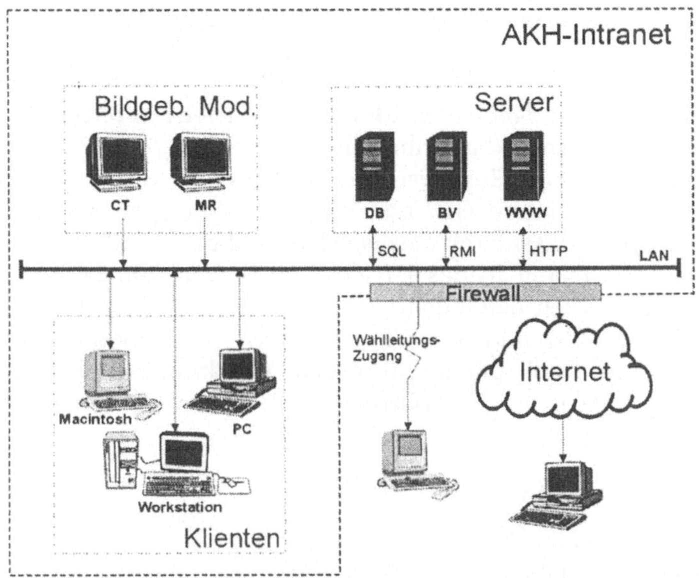

Abb. 1. Netzwerkarchitektur des AKH-Bildkommunikationssystems

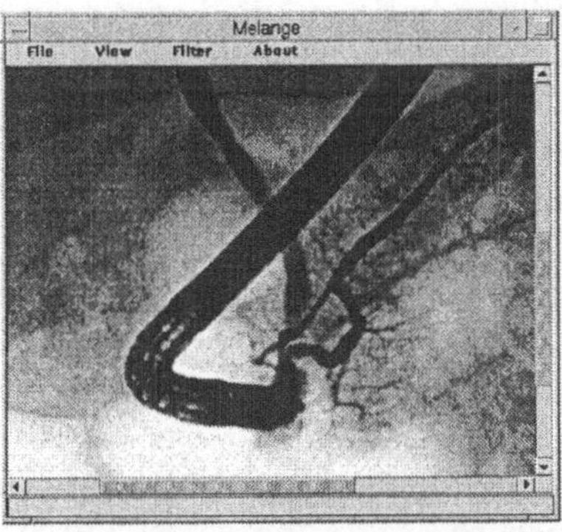

Abb. 2. Der Java-Klient Melange mit einem dargestellten DICOM-Bild

Teiles von Melange, dem des Osiris-Programmes [6] des University Hospital of Geneva entsprechen.

4 Bilddatenbanksystem

Die Datenbankinhalte basieren auf den Einträgen des DICOM 3.0-Standards. Dateneinträge von bildgebenden medizinischen Modalitäten wie CT, MR, Ultraschall etc. werden direkt oder über Zwischenbegutachtung durch einen Administrator in die Datenbank transferiert, wobei die Bilddaten selbst nicht in der Datenbank abgespeichert werden. Die Bilddaten werden als Dateien extra abgelegt, in der Datenbank werden nur Verweise auf diese Dateien eingefügt. Dieser Ansatz entlastet einerseits die Datenbank und bietet andererseits die Möglichkeit, auf die Bilder via Ftp, unter Einhaltung rigider Sicherheitsmaßnahmen, zuzugreifen. Die bildgebenden Modalitäten liefern bereits alle relevanten Informationen wie Patientendaten und die Bilder selbst, die Daten müssen daher im Normallfall nicht ergänzt werden. Es ist jedoch möglich, Bilddaten anderer Formate wie JPEG und GIF über das Hinzufügen relevanter Daten über Eingabemasken in die Datenbank einzuspielen. In diesem Fall werden die Bilder und die zugehörigen Daten in das DICOM 3.0-Format konvertiert und in der Folge als DICOM-Dateien behandelt.

Die Datenbank wird den Zugriff über Such- und Listenfunktionen unterstützen. Der Zugriff soll patienten-, organ- und krankheitsbezogen möglich sein. Hier ist das System auf die Vollständigkeit der Daten angewiesen.

5 Bildverarbeitungsumgebung

Im Rahmen der Benutzerschnittstelle werden dem Anwender Bildverarbeitungswerkzeuge angeboten. Diese reichen von einfachen Spiegelungs-, Rotierungs-, Vergrößerungs- und Verkleinerungsoperationen über Kontrast- und Helligkeitsanpassungen und Filtern bis zu komplexen Segmentationsalgorithmen. Da Ärzte im Normalfall nicht das Wissen besitzen, die komplexen Werkzeuge effizient und zielführend einzusetzen, werden über WWW-Dokumente begleitende Hilfen und Anleitungen angeboten.

Je nach Rechenintensität werden die Bildverarbeitungsoperationen entweder lokal von dem Java-Klienten selbst durchgeführt oder über den Bildverarbeitungsserver abgearbeitet. Durch den Einsatz des *Just-In-Time-Compilings* (JIT) können Java-Programme selbst rechenaufwendige Aufgaben in akzeptabler Geschwindigkeit ausführen. Komplexe Bildverarbeitungsoperationen werden per Java-*Remote-Method-Invocation* (RMI) [4] an den Bildverarbeitungsserver weitergeleitet. Der Server startet daraufhin über das *Java-Native-Interface* (JNI) [4] in C oder C++ geschriebene Bibliotheksfunktionen. Diese Funktionen führen dann entweder die gewünschte Operation selbst durch oder starten unter der Bildverarbeitungsumgebung KB-Vision der Firma Amerinex implementierte Funktionen (Abb. 3). Die Ergebnisse werden über den umgekehrten Weg wieder an den Java-Klienten zurückgereicht, der es dann am Bildschirm visualisiert. Tabelle 1 zeigt den Geschwindigkeitunterschied der lokalen und serverseitigen Berechnung.

6 Ergebnisse und Ausblick

Durch die klare Trennung der Services in Datenbank, Bildverarbeitung und WWW lassen sich unterschiedliche Technologien wie Java, C / C++ und SQL problemlos miteinder verbinden. Ein Wehrmutstropfen ist, daß Java vor allem im Bereich der Darstellung der Graphischen Benutzeroberfläche noch merklich zu langsam ist.

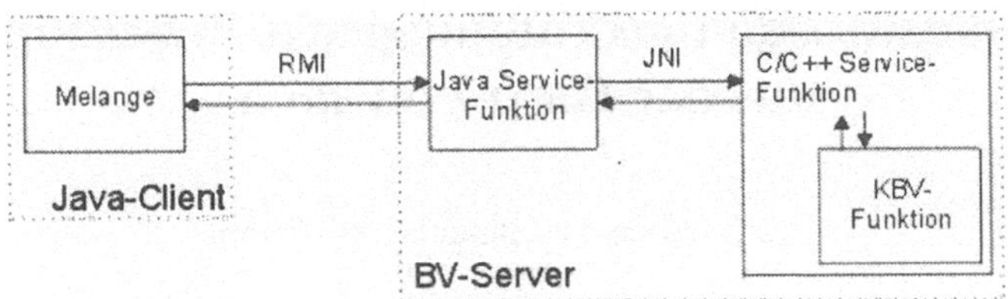

Abb. 3. Funktionsaufruf einer serverseitigen Bildverarbeitungsfunktion

Tabelle 1. Rechenzeitvergleich der Filterung eines 750 × 500 Pixel großen Bildes mit einem Mittelwert- und einem Medianfilter mit und ohne Nutzung von JIT bzw. Serverberechnung. Die Java-Routinen wurden lokal auf einer IBM-RS6000/365 Workstation ausgeführt. Als Server diente eine SGI-Onyx Workstation. Die Zeitangaben sind in Sekunden zu verstehen.

	lokal		servergestützt
	ohne JIT	mit JIT	
Mittelwertfilter	56	9	2
Medianfilter	266	56	8

Besonderes Augenmerk wird auf die Verschlüsselung der Daten vor dem Transport über das Netz zu legen sein. Sicherheitsrestriktionen beim Zugriff auf lokale Dateien wie in [7] erwähnt, sind in der Java-Technologie bereits gelöst und stellen daher keine Einschränkung mehr dar.

Literatur

1. ACR-NEMA: Digital Imaging and Communications in Medicine (DICOM). ACR-NEMA Standards, 1996.
2. Lorang T, Schuster E, Prinz M, Gengler M, Wachter S, Gerstner N: Developing a Medical Multimedia and Image Processing Database. 16.EUROPACS'98 Annual Meeting, Barcelona, 195–199,1998.
3. Abrardo A, Casini A L: Embedded Java in a web-based teleradiology system. IEEE Internet Computing, May-June 1998:60–68, 1998.
4. Sun Microsystems: Java Platform Documentation. http://java.sun.com/docs.
5. Prinz M, Schiefthaler H: Evaluation eines Java-basierten DICOM-Viewer für eine verteilte Bildverarbeitungsumgebung. Fachtagung der OCG: Medizinische Informatik in Österreich, 1997.
6. Ligier Y, Funk M, Ratib O, Perrier R, Girard C: The OSIRIS user interface for manipulating medical images. NATO ASI meeting on 'Picture Archiving and Communication System (PACS) in Medicine', 1990.
7. Prinz M, Gengler M, Schuster E: A HTML-based environment for standard and advanced image processing. 21.Workshop der Austrian Association for Pattern Recognition, Hallstatt, 293–297, 1997.

Bilddatenaustausch und radiologische Telekooperation auf der Basis von Java

H.-C. Klaiber, H. Handels, S.J. Pöppl

Institut für Medizinische Informatik, Medizinische Universität zu Lübeck,
Ratzeburger Allee 160, 23538 Lübeck
Email: klaiber@medinf.mu-luebeck.de

Zusammenfassung: Digitale Kommunikationstechnologien wie ISDN und Internet haben in den vergangenen Jahren im klinischen Alltag neue Möglichkeiten der computerbasierten Diagnostik eröffnet. Die Entwicklung des Teleradiologiesystems CYPRIS auf der Basis von Java ermöglicht den Bilddatentransfer und die Durchführung radiologischer Telekonferenzen unabhängig von Betriebssystemen und Hardwareplattformen. Die freie Wahl eines Kommunikationspartners wird nicht mehr durch das Vorhandensein eines vorinstallierten, lokal verfügbaren Kommunikationsprogramms beschränkt. Als Laufzeitumgebung wird lediglich ein handelsüblicher Internetbrowser benötigt. Ein umfassendes Sicherheitskonzept berücksichtigt die Aspekte des Datenschutzes und der Datensicherheit. CYPRIS unterstützt insbesondere die Kommunikation via ISDN, Intranet oder Internet und ermöglicht so die kostengünstige Durchführung medizinischer Telekonferenzen.

Schlüsselwörter: Teleradiologie, Telekooperation, Java, Dicom, Datenschutz

1 Einleitung

Die Teleradiologie hat durch die schnelle Entwicklung digitaler Netzwerktechnologien wie ISDN und dem Internet in den vergangenen Jahren im klinischen Alltag an Bedeutung gewonnen. Dem computergestützten Bilddatenaustausch und der computergestützten Besprechung medizinischer Bilder kommt in diesem Kontext eine besondere Bedeutung zu.
Dies führte zur Entwicklung teleradiologischer Systeme, die hohen medizinischen Anforderungen an Funktionalität, Bildauflösung und Bedienungsfreundlichkeit[1-4] genügen müssen. Heutige Systeme ermöglichen die Übermittlung von radiologischen digitalen Bildern und deren kooperative Bearbeitung in Telekonferenzen unter Verwendung von CSCW-Techniken (CSCW: computer supported cooperative work). Sie unterstützen insbesondere den DICOM-Standard und bieten dem Anwender eine originäre Bildqualität mit 2^{12} Grauwertstufen. Für die Datenübertragung werden alle Netze, die auf dem TCP/IP Protokoll basieren, wie z.B. ISDN, LAN oder ATM- Netze, unterstützt. Sie bieten die Möglichkeit zur Bildbearbeitung sowie des Zugangs zu digitalen Bildarchiven und bildgebenden Modalitäten in PAC-Systemen. Die Durch-

führung einer kooperativen Telekonferenz setzt vorinstallierten, lokalen Programmcode bei den Teilnehmern voraus. Die Sprachkommunikation erfolgt über ein Telefon und optional mittels eines Videokonferenzsystems.

2 Neue Möglichkeiten durch den Einsatz Java-basierter Teleradiologiesysteme

Am Institut für Medizinische Informatik in Lübeck wird ein neues, auf der Programmiersprache Java basierendes Teleradiologiesystem CYPRIS entwickelt. Dieses System realisiert die Funktionalität herkömmlicher Teleradiologiesysteme in Java (Abb.1).

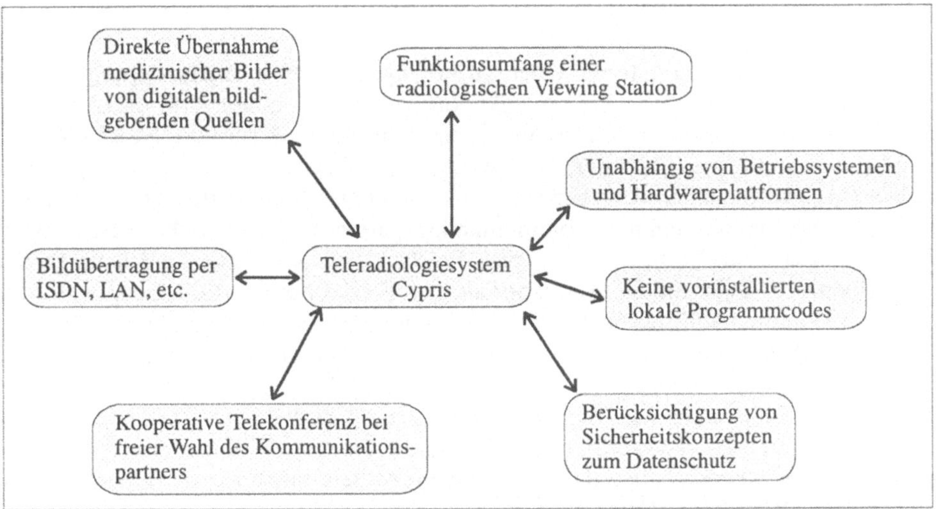

Abb. 1 : Funktionalität und Eigenschaften des Teleradiologiesystems CYPRIS

CYPRIS wird in 100% pure Java Code der Firma Sun Microsystems programmiert. Das Programm ist als Internet-Applet konzipiert, das mittels einer Internetkommunikation auf einer HTML-Seite im WWW (World Wide Web) aufgerufen werden kann. Das Softwarepaket muß nicht lokal installiert sein. Als Laufzeitumgebung dient ein Java-fähiger Internetbrowser wie der Netscape Browser oder der Internet Explorer. CYPRIS kann somit auf einem beliebigen Computer mit Internetzugang, unabhängig von Betriebssystemen (z.B. Windows 95, NT 4.0, Unix, ...), Hardwareplattformen und vorinstallierten, lokal verfügbaren Kommunikationsprogrammen gestartet werden.

3 Systembeschreibung

Nachfolgend wird die Systemkonzeption des in der Entwicklung befindlichen Teleradiologiesystems CYPRIS beschrieben. Vor einer kooperativen Telesitzung werden medizinische Bilder in originärer Qualität mit einer Auflösung von 12 bit via ISDN, Intra- oder Internet an die beteiligten Teilnehmer übertragen. Die Bilddaten können aus unterschiedlichen Quellen wie z.B. CT, MRT, digitaler Kamera oder Scanner in CYPRIS integriert werden. Der Datentransfer von den bildgebenden Modalitäten basiert auf dem radiologischen Kommunikationsstandard DICOM 3.0. Da jedoch viele ältere Geräte diesen Standard nicht unterstützen, wird auch die Einbindung von Bilddaten im ACR/NEMA 1.0 und 2.0-Format ermöglicht. Die in den Bilddaten enthaltenen Zusatzinformationen wie Patientenname, Geburtsdatum usw. werden in einer separaten Datenbank verwaltet. Dem medizinischen Anwender werden diese zusammen oder getrennt mit den Bilddaten so präsentiert, wie er es von anderen radiologischen Konsolen gewohnt ist.

Eine Telekonferenz beginnt mit einer programmgesteuerten Aufforderung, die auf dem Display des entfernten Kommunikationspartners in einem Browserfenster erscheint. Wird diese mit dem Mauspointer positiv quittiert, so startet CYPRIS automatisch auf dem entfernten Rechner. Die gesamte Sprachkommunikation wird per Telefon, per Freisprechanlage oder über ein Videokonferenzsystem realisiert. Während der Telekonferenz werden beiden Kommunikationspartnern stets gleiche Bildschirminhalte präsentiert. Die Partner können nun die Bilddaten bearbeiten und neue Bilddateien öffnen. Ein Telepointer zeigt während der Telekonferenz die Mausposition des entfernten Kommunikationspartners an. Die Bilder können in Originalgröße, in unterschiedlichen Vergrößerungen sowie mit unterschiedlichen Bildteilungen dargestellt werden. Mittels eines Mausklicks können einzelne Bilder in Übersichtsbildern ausgewählt werden. Es ist möglich Bildsignale anzuzeigen, ROI`s mit verschiedenen grafischen Werkzeugen zu generieren und für diese die Fläche sowie Mittelwert und Standardabweichung der Signalwerte zu berechnen. Mittels einer Lupe werden Bildausschnitte vergrößert. Eine Videofunktion ermöglicht die Visualisierung von Bildfolgen. Als Plug-in wird eine Volume Rendering Funktion zur 3D-Visualisierung medizinischer Bildobjekte angeboten, die auf einer Client-Server Kommunikation beruht.

4 Datenschutz

Den Aspekten der Datensicherheit und des Datenschutzes kommt bei der Entwicklung in doppelter Hinsicht eine besondere Bedeutung zu. CYPRIS ermöglicht zum einen die Übertragung medizinischer patientenbezogener Daten, die als besonders schützenswert angesehen werden müssen. Zum anderen wird das Programm auf einer HTML-Seite im WWW gestartet und lokal auf dem Computer eines Webanwenders ausgeführt. Die Ausführung von nicht verifiziertem Bytecode ohne die Implementierung eines restriktiven Sicherheitskonzeptes führt hier zu einem besonderen Sicherheitsrisiko, da das ausgeführte Programm so unbeschränkten Zugriff auf die Systemressourcen des Anwenders hat. Um die Vertraulichkeit und Authentizität der übertragenen Datenpakete sowie die Sicherheit der Systemdateien des Anwenders zu gewährleisten, wird in CYPRIS ein umfassendes Sicherheitskonzept integriert, daß auf den Bestimmungen der einschlägigen Datenschutzgesetze und der ärztlichen Schweigepflicht basiert. Alle lokalen Daten werden mit einem symmetrischen kryptographischen Verfahren verschlüsselt. Die zu übertragenden Daten werden mit Checksummen und einer digitalen Unterschrift des Absenders versehen sowie mit dem Kryptographiesystem „pretty good privacy" (PGP) verschlüsselt.

5 Stand der Entwicklung

Die Phase der Systemkonzeption und des Oberflächenlayouts für das Teleradiologiesystem CYPRIS ist abgeschlossen. Neben der Vollversion wird in Zusammenarbeit mit der Klinik für Neurochirurgie der Medizinischen Universität zu Lübeck eine eigenständige Version für die telemedizinische Unterstützung bei der bildbasierten Beurteilung von Notfallpatienten entwickelt. Vorgesehen ist insbesondere die Vernetzung kleinerer Kliniken in ländlichen Regionen. Die Implementierung beider Systemversionen wird zur Zeit in der Programmiersprache Java realisiert.

6 Diskussion

Aktuelle Diskussionen in allen Bereichen des Gesundheitswesens sind von ökonomischen Aspekten der Kostenreduktion bei möglichen Steigerungen der Effizienz und Qualität in der Patientenversorgung geprägt. In Bezug auf Kostenreduktionen im klinischen Alltag ermöglicht CYPRIS deutliche Einsparungen in den Bereichen Patienten -und Bildtransport-, Filmmaterial sowie in der Reduktion von Dienstfahrten und Mehrfachuntersuchungen. Hohe Investitionskosten zum Kauf von plattformgebundenen Softwarelizenzen herkömmlicher Teleradiologiesysteme werden durch den Erwerb einer temporären Zugangslizenz abgelöst. Das Programm kann auf einem beliebigen Computer mit Internetzugang, unabhängig von Betriebssystemen (z.B. Windows 95, NT 4.0, Unix, ...) und von vorinstallierten, lokal verfügbaren Kommunikationsprogrammen bei den Teilnehmern einer Telekonferenz gestartet werden, wodurch eine flexible und kostengünstige Gestaltung teleradiologischer Arbeitsabläufe in Kliniken und Praxen ermöglicht wird.

7 Literatur

1. Handels H, Busch C, Encarnacao J, Hahn C, Kühn V, Miehe J, Pöppl SJ, Rinast E, Roßmanith C, Seibert F, Will A: KAMEDIN: A Telemedicine System for Computer Supported Cooperative Work and Remote Image Analysis in Radiology, Computer Methods and Programms in Biomedicine, 52, 175 – 183, 1997.
2. Handels H, Rinast E, Busch C, Hahn C, Kühn V, Miehe J, Roßmanith C, Seibert F, Will A: Image Transfer and Computer-Supported Cooperative Diagnosis, Journal of Telemedicine and Telecare, 3,1 , 103-107, 1997.

3. Engelmann U, Schröter A, Bauer U, Müller H, Werner O, Schwab M, Meinzer HP: Design of the next Generation of Teleradiology, EuroPACS 97 Proceedings, Pisa: Tipografia Editrice Pisana, 121-124, 1997.
4. Bahner ML, Engelmann U, Meinzer HP, van Kaick G: Anforderungen an ein Teleradiologiesystem, Radiologe, Springer Verlag, 269-277, 1997.
5. Baur HJ, Engelmann U, Saurbier F, Schröter A, Baur U, Meinzer HP: How to Dial with Security Issues in Teleradiology, Computer Methods and Programs in Biomedicine 53,1-8, 1997.

Anwendungen

Ein ergonomisches System für die interaktive Volumenmessung in der Herz- und Leberchirurgie

Athanasios M. Demiris[1], Gerald Glombitza[1], Marc R. Göpfert[1], Antje Schroeder[2], Jörg Albers[2], Wolfram Lamadé[3], Hans-Peter Meinzer[1]

[1]Deutsches Krebsforschungszentrum, Abt. MBI / H0100
Im Neuenheimer Feld 280, 69120 Heidelberg
[2]Chirurgische Universitätsklinik Heidelberg, Abt. Herzchirurgie
[3]Chirurgische Universitätsklinik Heidelberg, Abt. Allg. Chirurgie
Email: A.M.Demiris@Computer.org

Zusammenfassung. In sehr vielen disjunkten, klinischen Fragestellungen spielt die Messung des Volumens, der Volumenverhältnisse oder der Volumenänderung bestimmter Organe oder Körperregionen eine zentrale Rolle. Die medizinische Bildverarbeitung bietet hierfür sehr gut geeignete Methoden an. Nach einer initialen Segmentierung zur Identifikation der Regionen, die vermessen werden sollen, erfolgt die Berechnung des Volumens. Eine Reihe von existierenden Verfahren und Systemen scheint allerdings zwei wichtige Aspekte zu vernachlässigen: die Anpassungsfähigkeit der eingesetzten Segmentierungsverfahren und die Einfachheit der Bedienung. Außerdem eignen sich die Algorithmen für die Volumenberechnung nicht für alle Bildgebungsverfahren. Um diese Aspekte zu berücksichtigen, wurde in unserer Arbeitsgruppe das Volumenmeßsystem VolMeS (Volume Measuring System) entwickelt, das die Volumenmessung in der Herzchirurgie und verschiedenen anderen Anwendungsgebieten der klinischen Bildverarbeitung im Routinebetrieb genau und effektiv erlaubt.

Schlüsselwörter: Volumenmessung, Ergonomie, Segmentierung, Partialvolumen Effekt

1 Einleitung

Seit einigen Jahren konzentriert sich ein großer Teil der Forschungsbemühungen im Bereich der medizinischen Bildverarbeitung auf die Computer-basierte Unterstützung der Operationsplanung. Der genaue Ablauf und der Aufbau der Operationsplanung ist von dem konkreten klinischen Anwendungsgebiet abhängig. Alle Anwendungen der computerunterstützten Chirurgie haben allerdings zwei Aspekte gemeinsam: die Quantifizierung des Bildinhaltes und die Visualisierung der Ergebnisse. Beide setzen die Klassifikation des Bildmaterials, also die Segmentierung, voraus. Im Rahmen zweier klinischer Projekte in der Leber- und Herzchirurgie, ist in unserer Abteilung ein System entwickelt worden, welches die semiautomatische Segmentierung und Volumenmessung in Schichtbildern erlaubt. Der Auslöser für eine Neuentwicklung, trotz zahlreicher Lösungen im Bereich der Bildverarbeitung, war der Mangel an domänenspezifischen, ergonomischen Lösungen sowie auch die Notwendigkeit für präzise Volumenmessung, unabhängig von Eigenheiten der Bildgebung. Das Zustande gekommene System trägt die Arbeitsbezeichnung VolMeS (Volume Measuring System).

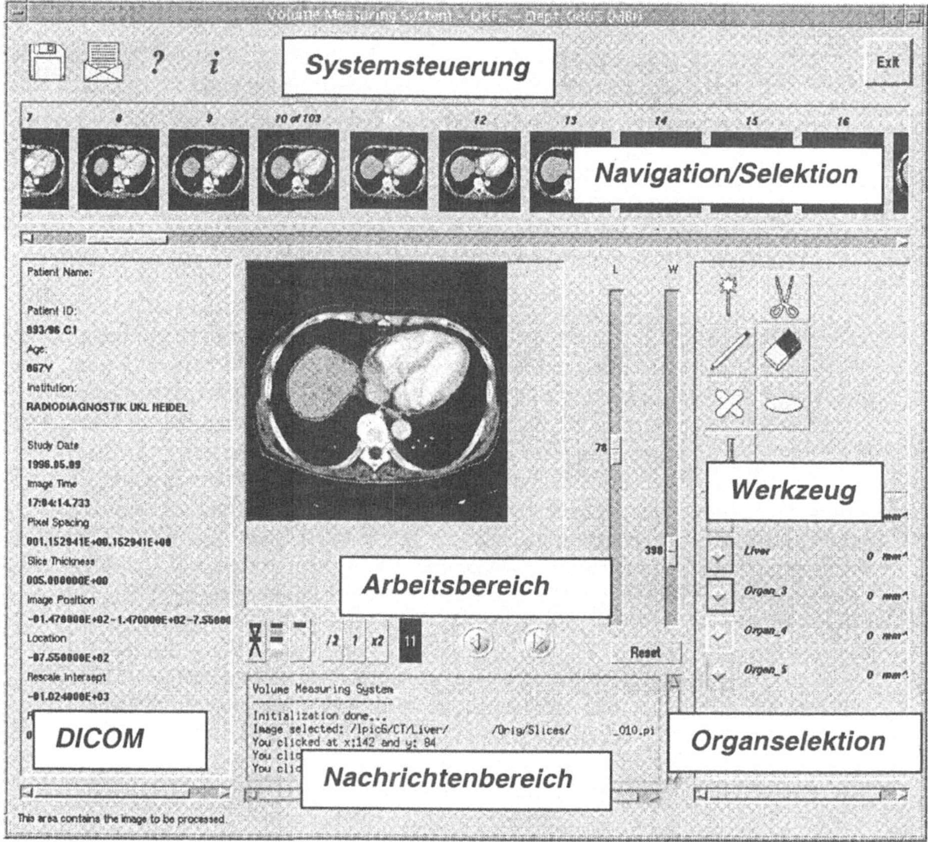

Abb. 1 Ein Überblick über das System VolMeS. VolMeS ist in verschiedenen Bereichen unterteilt, die für die Bearbeitung unterschiedlicher Aufgaben gedacht sind.

2 Material und Methoden

2.1 Aufbau

VolMeS wurde nach Software-ergonomischen Kriterien entwickelt [1]. Es besteht aus mehreren Komponenten, die jeweils für bestimmte Aufgaben zuständig sind (Abb. 1). Neben einer Navigations- und Selektionsleiste mit Miniaturen der Bildschichten, gibt es einen Teilbereich zum Anzeigen der Informationen über den Patienten und die Bildgebung (DICOM-Information). Im Mittelpunkt des Systems steht die Arbeitsfläche, in der das Bild angezeigt und bearbeitet werden kann. Ein weiterer Teilbereich beinhaltet die Werkzeuge, welche zur Segmentierung des Bildmaterials verwendet werden können. In der minimalen Konfiguration beinhaltet dieser Bereich Werkzeuge zur Segmentierung und zur Korrektur der Segmentierung in jeweils einer manuellen und einer semiautomatischen Variante. Die Selektion und Zusammensetzung dieser Werkzeuge kann von einem Experten durchgeführt und danach vom medizinischen Endanwender in seinem Kontext eingesetzt werden.

2.2 Ergonomie

Die Akzeptanz eines Systems hängt davon ab, ob die Arbeitssituation durch dessen Einführung erleichtert oder erschwert wird. Ein neues Software-Paket mit aufwendiger Einarbeitung führt in der Regel zur Ablehnung einer Lösung, oft auch wenn die eingebaute Funktionalität sehr hohen Standards entspricht. Die Bedienung des Systems sollte in domänennaher Art und Weise erfolgen [2]. In der klinischen Bildverarbeitung würde ein System mit einer extrem breiten Palette an Werkzeugen, deren Parameter einzeln eingestellt werden müssen zu den Kandidaten für eine Ablehnung seitens der medizinischen Endanwender gehören, da viele Einzelheiten einer fremden Domäne, nämlich der Bildverarbeitung, für die erfolgreiche Bedienung des Systems erforderlich wären. Alle Abläufe im System müssen entweder den Abläufen im Einsatzgebiet entsprechen oder über einfache Metaphern mit ihnen assoziiert werden [3,4].

VolMeS unterstützt die Arbeit mit klinischen Studien und anatomischen Organen. Eine Sitzung mit VolMeS entspricht der Bearbeitung der Bilddaten eines Patienten, die im Rahmen einer Aufnahmesitzung in der radiologischen Abteilung entstanden sind. Alle relevanten Daten werden vom System detektiert und in die Navigationsleiste geladen. Die Bilddaten werden schichtweise bearbeitet. Alle Aktionen beziehen sich ausschließlich auf ein Organ. Die Grenzen des Organs werden farblich dargestellt; pro Organ wird eine vom Benutzer selektierte Farbe verwendet. Es ist möglich alle bereits bearbeitete Organe der aktuellen Schicht zusätzlich einzublenden, um die räumlichen Beziehungen besser zu visualisieren.

Zur Bearbeitung stehen zwei Klassen von algorithmischen Sequenzen zur Verfügung: semiautomatische und manuelle Werkzeuge. Zu den semiautomatischen gehören ein Region-Growing Algorithmus und eine Funktion zur Korrektur von Konturausläufen auf der Basis von Illusionskanten [5]. Manuelle Werkzeuge sind solche, die ein freies Einzeichnen oder Entfernen von Kontursegmenten mit dem Eingabegerät (Maus oder Graphik-Tablett) ermöglichen. Für alle Algorithmen besteht die Möglichkeit der Parametereinstellung. Diese erfolgt in der Regel von dem Fachpersonal, bevor das System für eine bestimmte Anwendung vom klinischen Personal freigegeben wird. Damit ist kein technisches Fachwissen von Seiten des medizinischen Anwenders erforderlich.

Eine weitere Reihe von Anpassungen an die Anforderungen der klinischen Routine sind am System vorgenommen worden. Die im DICOM-Kopf der Bilddaten gefundene Information wird in einem getrennten Bereich angezeigt. Die fünf wichtigsten Einträge (nach einer Umfrage bei einigen Anwendern) werden immer angezeigt. Zusätzliche Einträge können individuell nach Bedarf ein- oder ausgeblendet werden. Alle Kommentare, Änderungswünsche oder Probleme der Anwender können während der

Arbeit mit dem System protokolliert werden und sowohl in eine Datei gespeichert, als auch per E-Mail an die Entwickler verschickt werden.

2.2 Volumenmessung

Nach der Segmentierung des Bildmaterials erfolgt die Volumenberechnung. Hierfür stehen dann zwei Alternativen zur Verfügung. Das erste Verfahren, das die Anzahl der segmentierten Voxel mit der Voxel-Größe multipliziert, ist sehr weit verbreitet. In unserer Implementierung werden Eigenheiten diverser Bildgebungstechniken berücksichtigt. So ist die Größe eines Voxels im Falle eines Spiral-CTs abhängig davon, ob bei der Rekonstruktion die Schichten direkt aufeinanderfolgend berechnet wurden, oder ob es Überlappungen bzw. Lücken zwischen den Schichten gibt. Das zweite Verfahren, welches wir als "randgenau" bezeichnen, gewichtet alle Voxel, die in ihrer Nachbarschicht keine darunterliegenden Voxel haben, so daß der Einfluß des "Partial-Volume" Effekts reduziert werden kann.

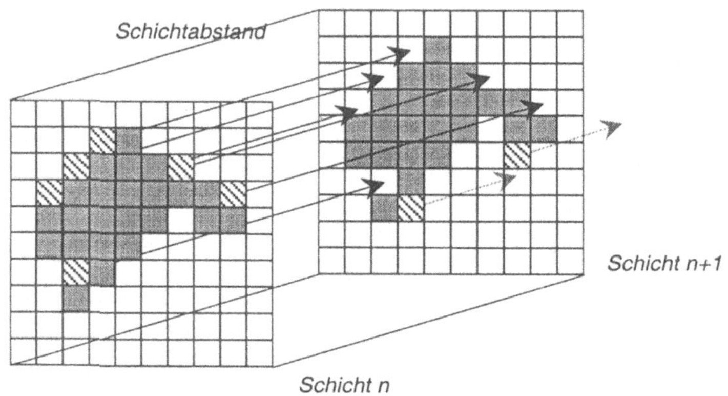

Abb. 2 Randgenaue Berechnung am Beispiel zweier benachbarten Schichten im Bildvolumen. Die schraffierten Quadrate repräsentieren Pixel, die keine Nachbarn besitzen und damit anders gewichtet werden.

In der Operationsplanung für die onkologische Leberchirurgie ist es sehr üblich, kontrastmittelverstärkte spiral-CT Aufnahmen mit Überlappungen [6] zu erstellen. Die Aufnahmeprotokolle unserer klinischen Partner sahen Bildserien mit 60 bis 120 Schichten á 5mm dick, vor. Der Schichtabstand beträgt in der Regel in diesen Protokollen 2mm. Damit entstehen mehrfache Überlappungen. Der Partialvolumeneffekt läßt sich in z-Richtung (von Schicht zu Schicht) reduzieren, indem man Voxel eines Organs besonders gewichtet, die in der Nachbarschicht keinen Nachfolger haben (d.h. das Voxel mit den gleichen Koordinaten in der nächsten Schicht gehört nicht mehr zum betrachteten Organ). Der Grund dafür ist, daß die Verteilung vom Gewebe ungünstig für das Auftreten in der zweiten Schicht war. Am Beispiel: das Gewebe war 2mm dick, während die Schicht 5mm dick war. Dadurch entsteht an dieser Stelle im CT Bild ein Punkt, der wesentlich dunkler ist, als die zum Organ gehörenden Voxel.

Damit wird dieses Voxel während der Segmentierung nicht mehr zum Organ gezählt. Besonders betroffen sind Organe, die viele Krümmungen aufweisen. Voxel, die Nachfolger besitzen, beinhalten definitiv Gewebe und sind nicht als Ergebnis einer Mittelung zu betrachten.

3 Ergebnisse

Momentane Anwendung findet das System in der Operationsplanung für die Herz- und onkologische Leberchirurgie. Für erstere wird die funktionelle Untersuchung der Herzventrikel ermöglicht. Die Volumenänderung des linken Ventrikels über die Zeit (z.B. Vergleich zw. endsystolischem und enddiastolischem Volumen) ist eine wichtige kardiologische Determinante und stellt eine quantitative Funktionsmessung dar. In der onkologischen Leberchirurgie ist die Resektion eines Tumors oder metastatischer Regionen in der Leber nur unter bestimmten Voraussetzungen möglich. Eine zentrale Rolle spielen dabei die Lage des Tumors und das Volumenverhältnis zwischen dem gesunden und dem pathologischen Gewebe. Das zugrundeliegende Bildmaterial sind MR oder native und kontrastmittelverstärkte CT Schichten eines Patienten. Wenn native und kontrastmittelverstärkte CT Bildserien vorliegen, so wird automatisch (transparent für den Endanwender) ein Vektor-Region-Growing anstelle konventioneller skalarer Verfahren zur Segmentierung eingesetzt.

Zur Zeit wird das System routinemäßig von medizinschem Fachpersonal an zahlreichen MR sowie CT Bildserien getestet, allerdings noch nicht im klinischen Betrieb. Es besteht hierbei die Möglichkeit, Kommentare über das eingebaute Feed-Back-System an die Entwickler per e-Mail zu senden. Der Segmentierungsaufwand wird vom System zur Laufzeit berechnet und festgehalten, um Verbesserungen ergonomischer Natur vornehmen zu können. Eine sehr ausführliche Testreihe mit unterschiedlichen Bildaufnahmetechniken, um den genauen Unterschied der beiden Verfahren der Volumenmessung zu validieren, läuft demnächst an.

4 Literatur

1. Demiris AM, Meinzer HP: Cognition Based Development and Evaluation of Ergonomic User Interfaces form Medical Image Processing and Archiving Systems. Medical Informatics, 22(4):349-358, 1997.
2. Gulliksen J, Sandblad B: Domain Specific Design of User Interfaces. International Journal of Human-Computer Interaction, 7(1):135-151, 1994
3. Dutke S: Mentale Modelle: Konstrukte des Wissens und Verstehens. Verlag für Angewandte Psychologie, Göttingen, 1994.
4. Carrol JM, Mack R, Kellog W: Interface Metaphors and User Interface Design. in: Helander M (Ed.): Handbook of Human-Computer Interaction, Elsevier, Amsterdam, 1988
5. Glombitza G, Makabe MH, Meinzer HP: Formorientierte Korrektur von regionenbasierten Bildanalysemethoden. in: Arnolds B, Müller H, Saupe D, Tolxdorff T (Eds.): Digitale Bildverarbeitung in der Medizin, Universität Freiburg, 120-125, 1996.
6. Seeram E: Computed Tomography: Physical Principles, Clinical Applications and Quality Control. W.B. Saunders Comp., Philadelphia USA, 1994.

ILabMed-Workstation - Eine Entwicklungsumgebung für radiologische Anwendungen

A. Schenk, J. Breitenborn, D. Selle, T. Schindewolf, D. Böhm,
W. Spindler, H. Jürgens, H.-O. Peitgen

MeVis - Centrum für Medizinische Diagnosesysteme und Visualisierung
Universitätsallee 29, 28359 Bremen
Email: andrea.schenk@mevis.de

Zusammenfassung. Die *ILabMed-Workstation* ist eine Entwicklungsumgebung für die medizinische Bildverarbeitung. Basierend auf einer großen Anzahl an Bildverarbeitungsalgorithmen können verschiedenste radiologische Probleme gelöst werden. Das System kann in einfacher Weise um neue Algorithmen erweitert und die individuellen Problemlösungen können mit einer Bedienoberfläche versehen werden. Dies wird in der neu entwickelten Programmiersprache *APrIL* durchgeführt, die durch eine interpretierte Ausführung kurze Entwicklungszyklen ermöglicht.
Die ILabMed-Workstation wird am Centrum für Medizinische Diagnosesysteme und Visualisierung zur Entwicklung von radiologischen Anwendungsprojekten u.a. im Bereich der präoperativen Planung der Leberchirurgie eingesetzt.

Schlüsselwörter: Entwicklungsumgebung, Computer Assisted Surgery, Software Engineering, Gefäßerkennung, Visualisierung

1 Einleitung

In den letzten Jahren hat der Einsatz der computerunterstützten Bildverarbeitung in der Medizin eine immer größere Bedeutung erlangt. Gleichzeitig nehmen die Komplexität der Algorithmen und der Bedienungsaufwand zur Lösung der vielfältigen medizinischen Fragestellungen zu.

Ein modulares Bildverarbeitungssystem, das Teilaufgaben in einzelnen Komponenten realisiert, die sich entsprechend der speziellen Problematik kombinieren und erweitern lassen, stellt ein geeignetes flexibles Konzept zur Entwicklung medizinischer Anwendungsprogramme dar. Dieses System bietet idealerweise auch eine Möglichkeit zum Bau graphischer Benutzungsschnittstellen an, um den Bedienkomfort zu erhöhen und um Akzeptanzprobleme bei der Verwendung im klinischen Alltag zu verringern.

Die *ILabMed-Workstation* ist ein Bildverarbeitungssystem, das dieses Konzept realisiert und den Entwicklungsprozeß, angefangen von der Programmierung neuer Bildverarbeitungsalgorithmen über deren Verknüpfung mit weiteren sogenannten *Operatoren* in Bildverarbeitungsnetzwerken bis hin zur Erstellung von leicht bedienbaren Benutzungsoberflächen, unterstützt.

2   Die ILabMed-Workstation

Die Basisplattform der ILabMed-Workstation wird seit 1993 am Centrum für Medizinische Diagnosesysteme und Visualisierung auf Silicon Graphics Workstations entwickelt, und eine erste Version wurde 1995 auf dem 3. Freiburger Workshop vorgestellt [1]. Seitdem ist das System kontinuierlich weitergeführt und verbessert worden. Im folgenden werden die bisherigen Komponenten zusammengefaßt und die neuesten Entwicklungen präsentiert.

2.1   Die Systemkomponenten

Die ILabMed-Workstation stellt mehr als 200 Bildverarbeitungsalgorithmen, Datei-Operationen und Visualisierungswerkzeuge zur Verfügung. Diese lassen sich innerhalb einer graphischen Oberfläche interaktiv zu Bildverarbeitungsnetzwerken verknüpfen.

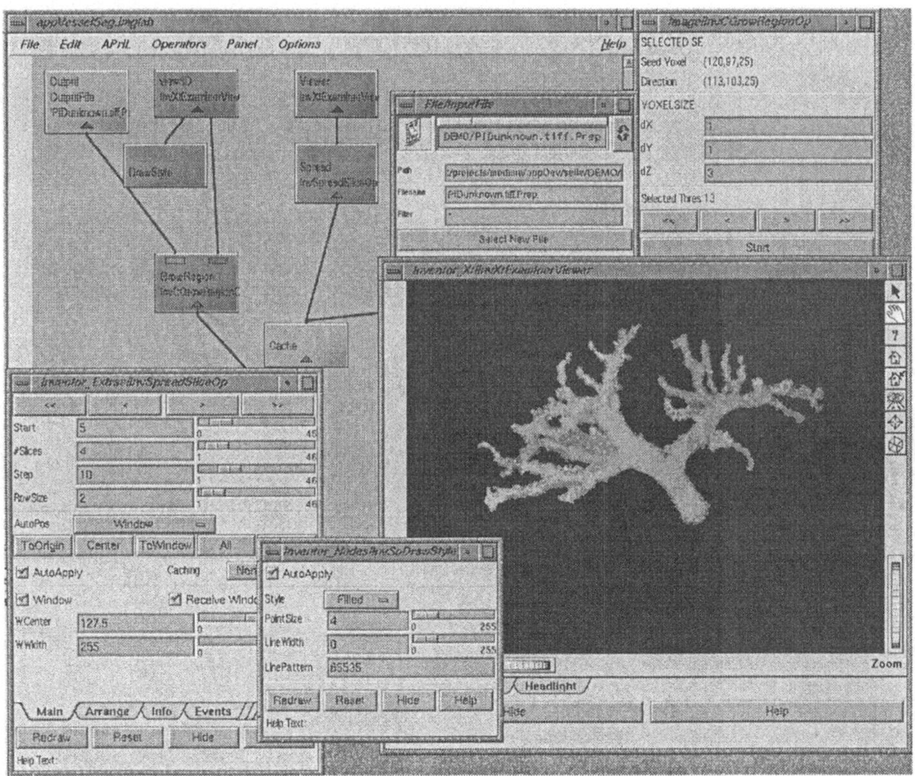

Abb. 1. Ein Bildverarbeitungsnetzwerk mit Operatoren und deren Schnittstellen

Weitere problemspezifische Algorithmen lassen sich innerhalb der Entwicklungsumgebung mit der neu entwickelten Programmiersprache APrIL oder auch in C++ implementieren und integrieren.

Bei komplexen Problemen enthalten die Bildverarbeitungsnetzwerke eine große Anzahl an Operatoren, deren eigene vielfältige Parameter auf separaten Benutzungsschnittstellen kontrolliert werden. Dies kann die Bedienung aufwendig machen und erfordert neben der Kenntnis des Datenflusses auch die Übersicht über die Lage der Bedienfelder (Abb. 1).

Innerhalb der ILabMed-Workstation kann diese Komplexität reduziert werden, indem in der Programmiersprache APrIL ein einziges Benutzungsinterface implementiert wird. Dazu können sowohl die schon vorhandenen Bedienelemente der benutzten Operatoren kopiert als auch neue Oberflächenelemente hinzugefügt werden. Auf diese Weise können zahlreiche Parameter vorbelegt werden und erscheinen ebenso wie andere nicht benötigte Bedienfelder nicht mehr auf der dann übersichtlichen und benutzerfreundlichen Oberfläche (Abb. 2).

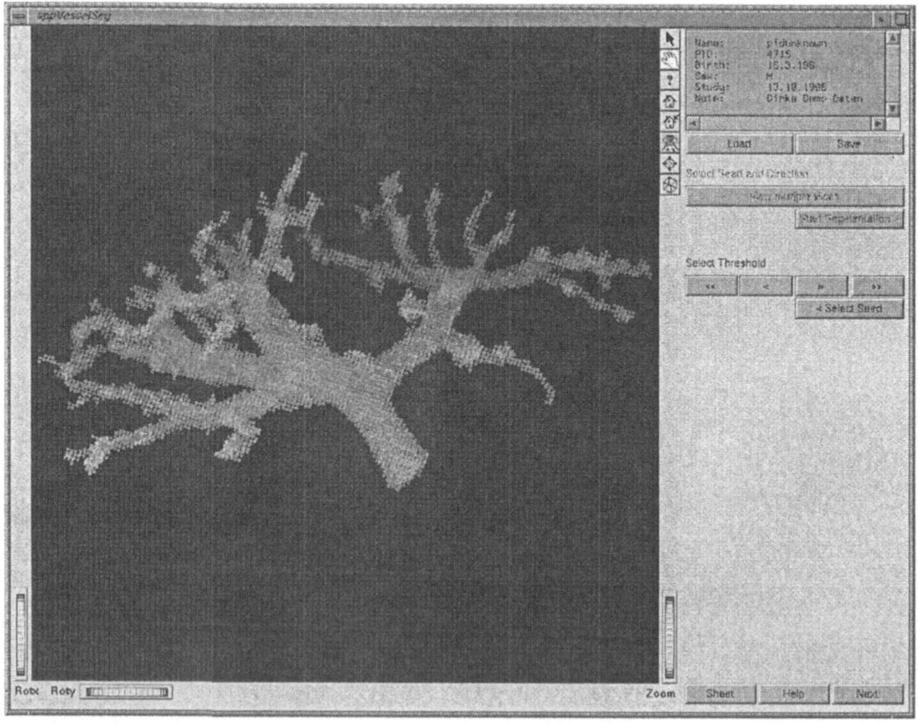

Abb. 2. Benutzerfreundliche Bedienoberfläche zum Netzwerk von Abb. 1

Eine zusätzliche Hilfestellung und Führung durch die Applikation erlaubt
ein HTML-Browser. In diesem Fenster können sowohl Hilfetexte angezeigt als
auch einzelne oder komplexe Bedienschritte über HTML-Links ausgelöst werden. Damit ergibt sich die Möglichkeit, die Applikation um ein interaktives
Demonstrations- bzw. Lernprogramm zu erweitern.

Soll speziell eine größere, aus mehreren sequentiellen Arbeitsschritten bestehende Applikation aufgebaut werden, läßt sich auch der Workflow mit Hilfe von
APrIL steuern. Dies ermöglicht eine genaue Kontrolle des Datenflusses und einen
besseren Anwendungskomfort.

2.2 Die Programmiersprache APrIL

Eines der Hauptwerkzeuge der ILabMed-Workstation ist die neu entwickelte, ob-
jektorientierte Programmiersprache APrIL (Application Programming Interface
Language). Sie stellt mit ihrer C++ ähnlichen Syntax und zahlreichen an den
Applikationsbau angepaßten Methoden ein schnell erlernbares und mächtiges
Hilfsmittel zur Implementierung von Bildverarbeitungsalgorithmen und zur Er-
stellung von graphischen Benutzungsschnittstellen dar. Durch die Ausführung
des APrIL-Codes in einem interpretierten Modus reduziert sich die benötigte
Zeit der Entwicklungszyklen. Innerhalb der ILabMed-Workstation wird dieser
Modus durch die automatische Generierung von C++ Sourcen, Header- und
Makefiles ergänzt und ermöglicht so die abschließende Kompilierung. Alternativ
kann die Implementierung auch direkt in C++ erfolgen.

3 Das Anwendungsbeispiel HepaVision

HepaVision ist ein komplexes Anwendungssystem zur präoperativen Planung in
der Leberchirurgie. Es beruht auf Algorithmen, die im Centrum für Medizinische
Diagnosesysteme und Visualisierung entwickelt wurden [2, 3] und beinhaltet alle
Schritte, die zur Segmenteinteilung der Leber und zur Volumetrie von Leber und
Tumoren nötig sind.
Im einzelnen sind dies die Komponenten

Datei-Import	Laden von Daten über eine DICOM-Schnittstelle und Einlesen von ACR-Nema, Tiff und anderen Dateiformaten
Region of Interest	Ansicht der Daten in drei Raumrichtungen und Auswahl einer ROI
Segmentierung	Halbautomatische Segmentation von Objekten im zwei- oder dreidimensionalen Datensatz
Volumetrie	Berechnung der Volumina von Leber und Tumoren mit Hilfe der Wasserscheidentransformation [4]

Gefäßanalyse	Auf Skelettierung beruhende Auswertung des Gefäßsystems der Leber
Segmenteinteilung	Modellbasierte Bestimmung der Lebersegmente und deren farbliche Markierung
Visualisierung	Objektbasierende Graphik mit 3D-Rendering und Surface-Shaded-Displays.

Realisiert wurde die Applikation innerhalb der ILabMed-Workstation durch mehrere Bildverarbeitungsnetzwerke und eine in APrIL programmierte Benutzungsschnittstelle. Ebenfalls in APrIL wurde der die einzelnen Teilschritte verbindende Workflow umgesetzt, der u.a. die automatische Weitergabe von Informationen des aktuellen Datensatzes möglich macht.

4 Zusammenfassung

Die ILabMed-Workstation ermöglicht nur mit Kenntnis der C++ ähnlichen Programmiersprache APrIL eine schnelle Entwicklung von neuen Bildverarbeitungsalgorithmen und Benutzungsschnittstellen für Applikationsprototypen. Mit diesen neuen Tools und der Bildverarbeitungsbasis, die die ILabMed-Workstation bietet, lassen sich auch sehr spezielle radiologische Fragestellungen bearbeiten und erfüllen somit den Wunsch nach einem umfassenden Werkzeug für die medizinische Bildverarbeitung.

Literatur

1. T. Netsch, S. Dachwitz, H. Jürgens: ILab - Eine interaktive Programmierumgebung für die medizinische Bildverarbeitung. Digitale Bildverarbeitung in der Medizin, Tagungsband zum 3. Freiburger Workshop, 1995, S. 1-7.
2. C.J.G. Evertsz, H. Jürgens, H.-O. Peitgen, D. Selle, W. Spindler, C. Zahlten, K.-J. Klose, R. Leppek: Segmenteinteilung der Leber: Operationsplanung, Therapieüberwachung und Anatomie. Mathematik - Schlüsseltechnologie für die Zukunft, Verbundprojekte zwischen Universität und Industrie. K.-H. Hoffmann, W. Jäger, T. Lohmann, H.Schunck (Hrsg.). Springer Verlag, Berlin 1997, S.421-434.
3. D. Selle, T. Schindewolf, C.J.G. Evertsz, H.-O. Peitgen: Quantitative Analysis of CT Liver Images. Proc. First International Workshop on Computer-Aided Diagnosis. Chicago, Illinois, September 20-23, 1998 (in press).
4. S. Wegner, D. Stalling, H.C. Hege, H. Oswald, E. Fleck: Die 3D-Wasserscheidentransformation auf Graphebene - eine Anwendung für die Hyperthermieplanung. Digitale Bildverarbeitung in der Medizin. Tagungsband zum 5. Freiburger Workshop, 1997, S. 31-36.

InViVo-IORT - Ein System zur Qualitätskontrolle in der Intra Operativen Radiotherapie

Stefan Walter[1], Gerd Straßmann[2] und Marco Schmitt[3]

[1] Fraunhofer Institut Graphische Datenverarbeitung, 64283 Darmstadt
walter@igd.fhg.de
[2] Städtische Kliniken, Strahlentherapie, Offenbach
[3] MedCom GmbH, Darmstadt

Zusammenfassung. Intra Operative Ratdio Therapie ist eine Art der Strahlenbehandlung, die nach der chirurgischen Entfernung eines Tumores am offenen Situs angewendet wird, mit dem Ziel Überbleibsel des Tumors, die chirurgisch nicht entfernt werden konnten zu bestrahlen. Die genaue Positionierung eines dafür nötigen Flabs, durch den während der Bestrahlung eine Iridium-Strahlenquelle gezogen bzw. geschoben wird, innerhalb des Körpers des Patienten ist stark abhängig von der Erfahrung und Kenntnis des Operateurs. Weder eine Dokumentation der verabreichten Iso-Dosis kann erstellt noch eine individuelle Strahlenbehandlung kann vorgenommen werden, da die Position des Flabs in Relation zum Körper des Patienten, insbesondere zu einem vom Patienten aufgenommenen CT Datensatz nicht bekannt ist. Ziel dieser Entwicklung ist es, die oben genannten Nachteile mit Hilfe eines Computers und eines angeschlossenen Tracking Systems zu überwinden.

Schlüsselwörter: Intra operative Radio Therapy, Volume Rendering, Intra operative Navigation

1 Einleitung

Intra Operative Ratdio Therapie ist eine Strahlungsbehandlung, die nach der chirurgischen Entfernung eines Tumores am offenen Situs angewendet wird, mit dem Ziel Überbleibsel des Tumors, die chirurgisch nicht entfernt werden konnten zu bestrahlen. In diesem Verfahren wird eine Irridium Strahlenquelle mit Hilfe eines sogenannten Flabs (*Freiburger Flab*) über der Stelle plaziert, an der sich der Tumor befand. Ein solcher Flab besteht aus einer Matte von Gummikugeln sogennannten *Pellets* (s. Abb. 1) durch die eine Reihe von Plastikröhrchen (*Applikatoren*) verläuft, durch welche die Strahlenquelle gezogen oder geschoben wird. Die genaue Plazierung des Flabs innerhalb des Körpers des Patienten ist stark abhängig von der Erfahrung und Kenntnis des Operateurs, weder eine Dokumentation der verabreichten Iso-Dosis kann erstellt noch eine individu-

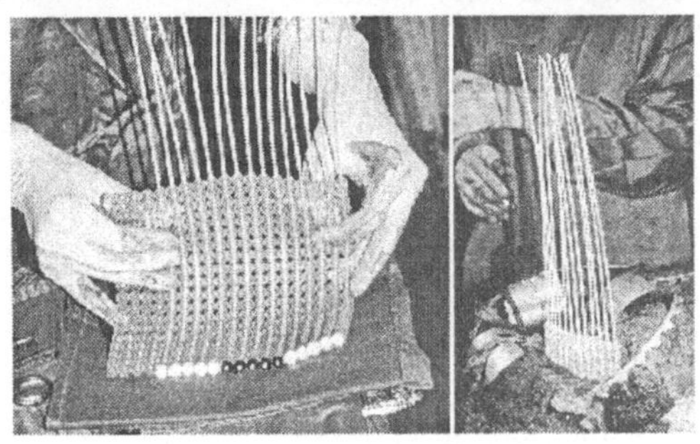

Abbildung 1: Flab und Flab in Situ

elle Strahlenbehandlung kann vorgenommen werden, da die Position des Flabs in Relation zum Körper des Patienten, insbesondere zu einem vom Patienten aufgenommenen CT Datensatzes nicht bekannt ist. Die Sakral Region eines Patienten (Beckenbereich) unterliegt keinen anatomischen Veränderungen von der Aufnahme der CT Scans hin zum offenen Situs während der Operation. Aus diesem Grund ist hier eine Registrierung des Patientenkörpers mit den CT Daten möglich. Ziel dieser Entwicklung ist es die oben genannten Nachteile mit Hilfe eines Computers und eines daran angeschlossenen Tracking Systems zu überwinden.

Die bisherige Arbeitsweise besteht aus den folgenden Schritten:
- Aufnahme eines CT Datensatzes zur Operationsplanung
- Chirurgisches entfernen des Tumors, soweit dies möglich ist
- Plazierung des Flabs über der den Resten des Tumors, anschließend Fixierung des Flab im Körper des Patienten
- Bestrahlung: Die Strahlenquelle wird von einer Steuereinheit durch die Applikatoren gezogen bzw. geschoben und an vorher definierten Punkten zur Bestrahlung angehalten.

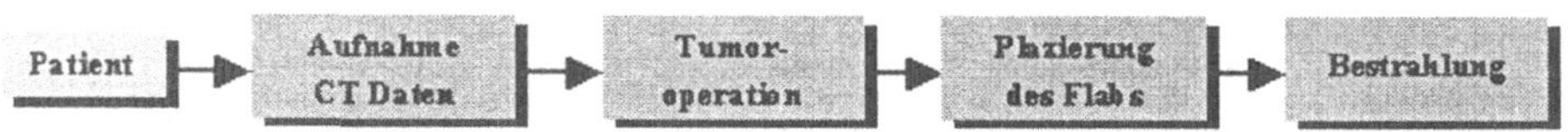

Abbildung 2: Bisherige Arbeitsschritte bei der IORT

2 Implementierung

Das System zur Qulitätskontrolle in der IORT basiert auf einem handelsüblichen PC mit Microsoft NT Betriebssystem und einem angeschlossenen elektromagnetischen Trakking System (6 Freiheitsgrade). Das Tracking System besteht aus einem Sender, der ein elektromagnetisches Feld aufbaut und einem Empfänger, dessen räumliche Position und Orientierung gemessen und an den PC weitergeleitet wird. Die Visualisierungssoftware basiert auf dem *InViVo* System, das im Faunhofer IGD über mehrere Jahre entwickelt

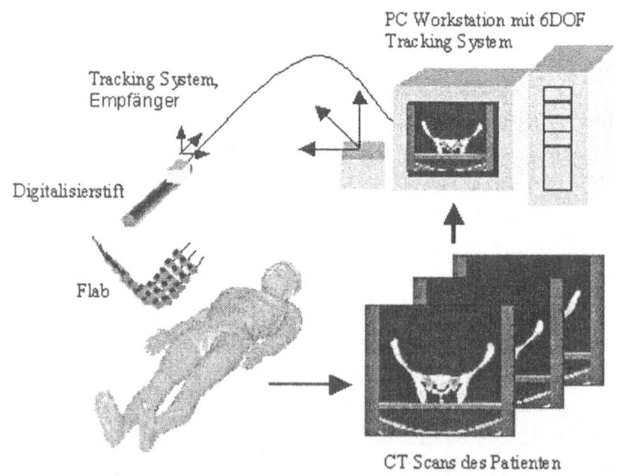

Abbildung 3: Übersicht des InViVo-IORT Systems

wurde (s. [4], [5]). und für das IORT System erweitert wurde. CT Daten des Patienten, die in unserem Fall mit einem Siemens Somatom aufgenommen wurden können direkt in das System über eine DICOM 3 Schnittstelle eingelesen und visualisiert werden. *InViVo* bietet neben der Ansicht der original CT Scans auch beliebige Schnittdarstellungen durch die Volumendaten und zusätzlich 3D Visualisierungen (Volume Rendering), z.B. Oberflächen (semi-transparent clouds, gradient shading) oder Transparenzdarstellungen (s.[1][2][3]). Als Bestrahlungsplanungssystem kommt das Nucletron Plato System (BPS 2.4) zum Einsatz, an das alle erzeugten Geometriedaten weitergegeben werden können. Mit diesem System kann die Aufnahme der Flab Geometrie wie folgt vorgenommen werden (s. Abb. 4):

- Aufnahme eines CT Datensatzes zur Operationsplanung, zusätzlich werden die Daten in den weiteren IORT Schritten benötigt.
- Chirurgisches entfernen des Tumors, soweit dies möglich ist
- CT - Landmarks: Mindestens vier Landmarks müssen mit Hilfe der *InViVo* Software in den CT Daten an markanten Knochenpunkten manuell markiert werden.
- Plazierung des Flabs über der den Resten des Tumors, anschließend Fixierung des Flab im Körper des Patienten
- Patienten Landmarks: Mit Hilfe des Digitalisierstiftes des Tracking Systems werden die räumlichen Koordinaten der zu den CT Landmarks korrespondierenden Knochenpunkte aufgenommen.
- Registrierung: Durch Lösung des durch die Knochenpunkte-Paare definierten

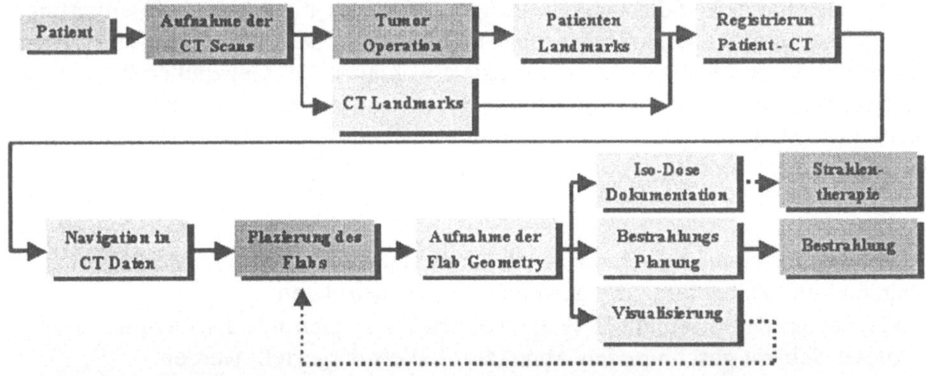

Abbildung 4: Erweitertes IORT Verfahren, neue Arbeitsschritte sind hell dargestellt.

(überbestimmten) Gleichungssystems wird eine Transformation berechnet, die die Abbildung der Koordinaten eines räumlichen Punktes am Körper des Patienten auf den korrespondierenden Punkt in den CT Daten beschreibt.

- Navigation: Durch Anfahren eines Punktes im Körper des Patienten mit dem Digitalisierstift des Tracking Systems kann die entsprechende Position in den CT Daten dargestellt werden. Somit kann in einem ersten Schritt die Lage des Flabs im Körper des Patienten kontrolliert und gegebenenfalls korrigiert werden.
- Aufnahme der Flab Geometrie: Mit dem Tracking System können nun die räumlichen Positionen der Pellets des Flabs aufgenommen werden, aus denen sich die Applikatorgeometrie ableiten läßt. Die so aufgenommenen Geometriedaten kön-

nen an das Bestrahlungsplanungssystem weitergegeben und dort für Zwecke wie Dokumentation und Erstellung einer individuellen Bestrahlungsplanung verwendet werden.

- Bestrahlung: Die Strahlenquelle wird von einer Steuereinheit durch die Applikatoren gezogen bzw. geschoben und an vorher definierten Punkten zur Bestrahlung angehalten.
- Visualisierung: Die Applikatorgeometrie kann zusammen in den CT Daten zusammen mit dem in den CT Daten markierten (zwischenzeitlich chirurgisch entfernten) Tumor dargestellt werden.

3   Ergebnisse & Ausblick

Das vorgestellte System ermöglicht die Digitalisierung der Applikator Geometrie eines Flabs in der IORT im ersten Schritt zum Zweck der Dokumentation der verabreichten Iso-Dosis zur Qualitätskontrolle und in einem weiteren Schritt zur Anfertigung eines individuellen Bestrahlungsplanes, auch im Rahmen einer längerfristigen Bestrahlungsplanung. Mit Studien an einem Phantom konnte eine Genauigkeit der Aufnahme der Applikatorgeometrie unter OP Bedingungen von 3mm verifiziert werden, was zufriedenstellend ist.

Das elektromagnetische Tracking System unterliegt - wie alle Systeme dieser Art - der Störung durch Metalle, was weitestgehend durch eine genaue Evaluierung der Arbeitsweise und des konkreten Aufbaus des Systems (z.B. Abstand vom OP Tisch, Bauchklammer aus Kunststoff) kompensiert werden kann. Gegenüber Infrarot Trakking Systemen haben elektromagnetische Tracking Systeme neben dem weitaus niedrigeren Preis den Vorteil, daß keine direkte Sichtverbindung von einer IR Diode zu einer Kamera notwendig ist, was in dieser Anwendung nicht gewährleistet werden kann.

Das System bietet verschiedene Modi zur interaktiven Visualisierung der IORT Navigation und Darstellung der gewonnenen Geometridaten:
- CT Scans: Die original CT Scans können Zusammen mit der Geometrie der von dieser Schicht geschnittenen Applikator Pellets dargestellt werden.
- Orthogonale Schnittbilder: 3 orthogonale Schnittbilder werden in einer räumlichen Ansicht zusammen mit den Pellets dargestellt (s. Abb 5).
- Volume Rendering: Die CT Daten werden als Volume Rendering mit eingebetteten Pellets dargestellt (s. Abb 5).

In allen Modi kann die aktuelle Position des Digitaliserstiftes zur intraoperativen Navigtion fortlaufend eingeblendet werden.

Das System befindet sich zur Zeit in einer ersten klinischen Erprobung in den Städtischen Kliniken Offenbach. Schwachpunkt des Systems ist zur Zeit die Bestimmung der Landmarks am Patienten, hier wird in naher Zukunft ein externes Referenzsystem zum Einsatz kommen.

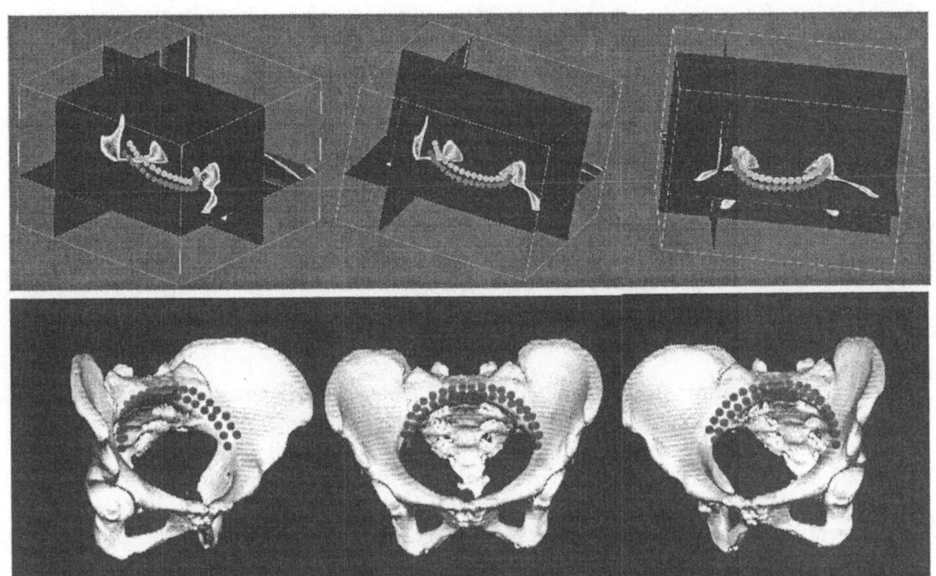

Abbildung 5: Oben: Darstellung orthogonaler Schnittbilder mit Applikator Pellets,
Unten: Darstellung als Volume Surface Rendering mit Pellets

Danksagung

Hiermit möchten wir uns ganz herzlich bei den klinischen Partnern in den Städtischen
Kliniken Offenbach für die gute Zusammenarbeit und die wertvollen praktischen Rat-
schlägen. Unser Dank gilt besonders Prof. Dr. Nier, von der Chirugischen Klinik, und
seinem Team, Prof. Dr. Dr. Zambouglu and OA Dr. Kolotas von der Strahlenklinik in
Offenbach.

4   Literatur

1. R.Ohbuchi, D.Chen, H.Fuchs: Incremental Volume Reconstruction and Rendering for 3D
    Ultrasound Imaging, SPIE Visualization in Biomedical Computing, pp. 312-323, 1992.
2. D.H.Pretorius, T.R.Nelson: Opinion: Three-dimensional Ultrasound, Ultrasound Obstet.
    Gynecol., Vol.5,pp. 219-221, April 1995.
3. M. Levoy: Display of Surfaces from Volume Data, IEEE Computer Graphics and Applica-
    tions, Vol. 8,pp. 29-37, May 1988
4. G.Sakas, S.Walter: Extracting Surfaces from Fuzzy 3D Ultrasonic Data, ACM Computer
    Graphics, SIGGRAPH '95, Los Angeles, USA, pp. 6-11, August 1995.
5. G.Sakas, L.A.Schreyer, M.Grimm: Case Study: Visualization of 3D Ultrasonic Data, IEEE,
    Visualization '94, Washington D.C., USA, pp. 369-373, Oktober 1994.
6. I.-K. K. Kolkman Deurloo, A.G. Visser, M. H. M. Idzes, P. C. Levendag, Reconstruction
    accuracy of dedicated localiser for filmless planning in intra-operative brachytherapy, Ra-
    diotherapy & Oncology 44 (1997) 73-81
7. J.M. Vaeth (Ed.), Intraoperative Radiation Therapy in the Treatment of Cancer, Front Ther.
    Oncol., Basel, Karger, 1997, Vol 31

CHILI: Eine Integrationsplattform für medizinische Bildverarbeitungsmethoden

Uwe Engelmann, Andre Schröter, Harald Evers, Steffen Gundel,
Markus Schwab, Hans-Peter Meinzer

Deutsches Krebsforschungszentrum, Abteilung Medizinische und Biologische Informatik
Im Neuenheimer Feld 280, 69120 Heidelberg
Email: U.Engelmann@DKFZ-Heidelberg.de

Zusammenfassung. Bildverarbeiter in der Medizin stehen immer wieder vor
dem Problem, daß sie sich neben der eigentlichen Bildanalyseaufgabe mit zusätzlichen Funktionen beschäftigen müssen, die nichts mit dem eigentlichen
Problem zu tun haben. Die Integration der realisierten Lösung in das spätere
klinische Umfeld ist ein immer wiederkehrendes Problem. CHILI ist eine er-
weiterungsfähige Radiologie-Workstation mit Telekonferenzfunktionen. Diese
ist vollständig in das radiologische Umfeld eingebettet. Durch den CHILI
PlugIn-Mechanismus kann das System nachträglich um Bildanalysemethoden
erweitert werden. Entwickler profitieren durch geringeren Entwicklungsauf-
wand und Anwender durch geringere Kosten und einfachere Bedienung, da die
neuen Methoden in bekannten Softwareumgebungen und mit gewohnter Benutzungsschnittstelle angewendet werden können. Zusätzliche Rechner oder unnö-
tige Datentransfers können entfallen. Dieser Bericht stellt die grundlegenden
Mechanismen des PlugIns vor und untersucht an realisierten PlugIn-Lösungen
aus verschiedenen Bereichen die Möglichkeiten und Grenzen des Systems.

Schlüsselwörter: Radiologische Workstation, Teleradiologie, Plug-in, Softwa-
reentwicklung

1 Einleitung

Bildverarbeiter in der Medizin stehen immer wieder vor dem Problem, daß sie grundlegende Funktionen, wie Bildkommunikation per DICOM, Datenhaltung, verschiedene Dateiformate oder die Darstellung von 12-bit Bildern re-implementieren müssen,
obwohl dies bereits mehrfach gelöst wurde. Ein weiteres Problem ist die Vernetzung
mit den vorhandenen Informationssystemen der Radiologie, bzw. des Krankenhauses.
In der Regel ist für das neue Bildanalysesystem ein neuer Rechner zu beschaffen und
die Anwender müssen sich mit einer neuen Benutzungsschnittstelle auseinandersetzen.
Zusätzliche Datentransfers zum Auswertungssystem sind in der Regel notwendig.

2 Die (Tele-) Radiologie-Workstation CHILI®

CHILI ist eine radiologische Workstation mit ausgeprägten Teleradiologie-
Funktionen. Die Basis des Systems ist eine Software, die per DICOM oder proprietäre

Schnittstellen digitale medizinische Bilder empfangen, bearbeiten und versenden kann. Die Viewing-Funktionen entsprechen denen einer klassischen Radiologie-Workstation. In der Telekonferenz können Bilder über ISDN-Leitungen, das Internet oder andere Netzwerke von zwei Benutzern gemeinsam dargestellt und bearbeitet werden. Dabei sind die Mauszeiger beider Kommunikationspartner sichtbar. Alle Funktionen werden synchron auf beiden Seiten auf gespiegelten Daten durchgeführt. Ein umfassendes Sicherheitskonzept berücksichtigt die nationalen und europäischen Gesetze und Empfehlungen zum Datenschutz. Das System gliedert sich nahtlos in die IT-Infrastruktur einer radiologischen Abteilung ein.

Der CHILI-Verbund besteht zur Zeit (Stand Dezember '98) aus über 30 Systemen. Mehr als 160.000 Bilder wurden bisher in diesem Verbund zwischen privaten Praxen, kleinen und mittleren Krankenhäusern, Universitätskliniken und Forschungseinrichtungen klinisch relevant verschickt. Das System wird in ganz unterschiedlichen Anwendungsszenarien eingesetzt und es gibt viele funktionale Erweiterungswünsche der Anwender von der 3D-Visualisierung bis zum Operationsplanungssystem.

3 Methodik: Das CHILI® PLUGIN Konzept

Das besondere an CHILI ist seine nachträgliche Erweiterungsfähigkeit durch den Anwender über einen PlugIn-Mechanismus. Dieses können existierende Anwendungen sein, die in die Benutzungsschnittstelle des Systems integriert werden oder neue Module, die Schnittstellen zu allen Komponenten des Basissystems haben. Es werden z.B. Schnittstellen zur Datenbank, zu medizinischen Bildformaten, zum Nachrichtensystem und zur Benutzungsoberfläche bereitgestellt. Der Entwickler von Zusatzmodulen erhält mit dem Software-Development-Kit ferner ein spezielles Darstellungselement (Widget) für medizinische 12-Bit-Bilder und die klassischen Bildmanipulationen zur Verfügung gestellt. PlugIns können in der Telekonferenz kooperativ von zwei räumlich entfernten Benutzern bedient werden.

Für die Integration von existierenden Anwendungen als CHILI-PlugIn werden auf einer Konfigurationskarte diverse Kenndaten und Parameter des Programms eingetragen. Diese Daten werden benutzt, um das externe Programm dynamisch in die Benutzungsoberfläche von CHILI zu integrieren. Der Aufwand für diese Art der Integration beträgt wenige Minuten.

Funktionale Zusatzmodule, PlugIns in der CHILI-Terminologie, werden ebenfalls als externe, dynamisch ladbare Objekte realisiert. Der Programmierer erhält mit einer Programm-Bibliothek viele Schnittstellen zum CHILI-Hauptsystem. Mehrere Arbeitsbereiche existieren parallel. Da immer nur die Arbeitsfläche eines Arbeitsbereiches zentral auf der Benutzungsoberfläche dargestellt wird, ermöglicht eine Schaltleiste am rechten Rand den Wechsel der Arbeitsbereiche (s. Abb. 1).

PlugIns können als neue Arbeitsbereiche realisiert werden. Sie erhalten Schnittstellen zu verschiedenen Systemkomponenten. Das PlugIn gliedert sich wie andere Arbeitsbereiche in die graphische Benutzungsschnittstelle des System ein. Es hat seine eigene Arbeitsfläche und einen Knopf zu dessen Aktivierung. Im Arbeitsbereich "Einstellen" des Hauptsystems kann es eine Konfigurationkarte zur Einstellung und Speicherung von Parametern zur Verfügung stellen. Der Lichtkasten im linken Bereich der

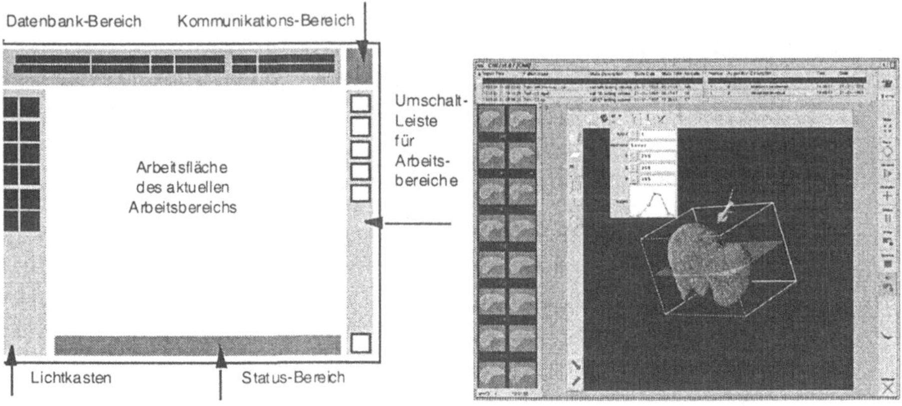

Abb.1: Komponenten der graphischen Benutzungsschnittstelle von CHILI

Abb.2. PlugIn zur 3D-Visualisierung (Darstellung von CT-Daten der Leber)

Oberfläche ist ebenfalls mit dem Arbeitsbereich verbunden. Das PlugIn kann neue Icons im Lichtkasten erzeugen und Benutzeraktionen auf den Icons auswerten. Für die Darstellung von medizinischen 12-bit-Bildern existiert ein Darstellungselement (PIC Widget), das über eingebaute Methoden die wichtigsten Darstellungsfunktionen bereits zur Verfügung stellt (Grauwertfensterung, Grauwertabfrage, Regionenauswertung, Messungen etc.). Die Datenbank kann vom PlugIn abgefragt, gelesen und geschrieben werden. Im Statusbereich können eigene Nachrichten, Warnungen und Fehlermeldungen zur Anzeige gebracht werden. CHILI stellt dem Programmierer auch eine Bibliothek für das eigene Bildformat (PIC) zur Verfügung, das eine Erweiterung des DICOM-Standards ist. Mit diesen Funktionen können Bilder auf der Platte, in der Datenbank, im Hauptspeicher oder im Netz gelesen und geschrieben werden. Das CHILI-System besteht aus über zehn eigenständigen Softwarekomponenten, die über ein Nachrichtensystem (Middleware) miteinander kommunizieren. PlugIns ist es erlaubt sich für bestimmte Nachrichtenklassen zu registrieren, Nachrichten zu lesen und zu erzeugen. Der CHILI Style Guide und die Dokumentationsrichtlinien, sollen dafür sorgen, daß PlugIns das gleiche "Look and Feel" wie andere Arbeitsbereiche von CHILI haben und die Software wartbar bleibt.

CHILI läuft unter dem Betriebssystem Unix. Unter Einsatz der Trägersysteme eXceed (Hummingbird Inc.), OpenNT und Interix (Softway Systems, Inc.) läuft es unter Windows NT. Das CHILI Kernsystem wurde wegen möglichst großer Portabilität in ANSI-C realisiert. Die Wahl der Programmiersprache für das PlugIn bleibt dem Entwickler überlassen. Als Fenstersystem wird das X Window System und OSF/Motif verwendet. Der PlugIn-Entwickler kann ebenfalls Interface Toolkits einsetzen.

CHILI verarbeitet sensible patientenbezogene Daten und hat konsequenterweise ein strenges Sicherheitskonzept [2]. PlugIns sind potentielle Sicherheitslücken im Sicherheitskonzept. Deshalb wurde ein Zertifikationsmechanismus entwickelt. Nach Fertigstellung eines PlugIns wird dieses nach einer eingehenden Prüfung mit einer digitalen Signatur versehen. Diese wird vor jedem Aufruf von CHILI auf Konsistenz geprüft. Das Laden von unzertifizierten PlugIns kann vom CHILI Systemadministrator per Konfiguration unterbunden werden.

4. Ergebnisse

Inzwischen haben knapp zehn Institutionen aus Forschung und Industrie sich entschieden, ihre neuen Bildverarbeitungsmethoden als CHILI-PlugIn zu realisieren, um somit die üblichen Probleme der Integration in die klinische Umgebung zu lösen und schneller mit innovativen Softwarelösungen in die klinische Routine zu kommen.

Die Erfahrungen zeigen, daß ein geübter Programmierer wenige Minuten für die Integration einer bestehenden Anwendung in CHILI benötigt. Es wurden mehrere externe Programme nachträglich in das CHILI-System integriert. Beispiele für solche Programme sind ein Radiologieinformationssystem (RADOS-M), der Netscape Navigator oder der Acrobat-Reader, der zur Online-Anzeige der Handbücher eingesetzt wird. Diverse Spiele wurden ebenfalls integriert. Auch die Integration von Tcl/Tk-Scripten ist ohne Probleme realisiert worden.

Mehrere neue funktionale Module werden zur Zeit von Grundlagenforschern in der medizinischen Bildanalyse entwickelt. Beispiele hierfür sind eine 3D-Komponente, die die 3-dimensionale Visualisierung und volumetrische Vermessung erlaubt (Abb.2, [3]). Eine Besonderheit dieses PlugIns ist die Integration von OpenGL und OpenInventor, die direkt von modernen Grafik-Workstations in Hardware unterstützt werden, aber auch in Software zur Verfügung stehen (z.B. unter Linux). Eine weitere Forschungsgruppe arbeitet an einem PlugIn für die Planung von Leberresektionen [4]. Mehrere Bildverarbeitungs-Gruppen des Sonderforschungsbereichs 414 "Computer- und Sensorgestütze Chirurgie" entwickeln ihre Bildanalysesysteme als PlugIn.

Im vergangenen Jahr wurde ein computergestütztes System zur quantitativen Analyse von Farbdopplerbildern sowohl als Standalone-Programm unter Microsoft Windows NT als auch als CHILI-PlugIn realisiert, um die Vor- und Nachteile beider Methoden zu vergleichen [5][6]. Die Kernfunktionen für die eigentliche Bildauswertung wurden nur einmal geschrieben und in beiden Systemen verwendet.

Es zeigte sich, daß der Aufwand für die Darstellung von Bildern und Bildicons, einfache Bildanalysetools von CHILI sofort verwendet werden konnten, während diese in der Standalone-Version zeitaufwendig realisiert werden mußten. Die Mechanismen zum Datenimport per DICOM-Protokoll oder File-Importschnittstelle waren weitere große Arbeitserleichterungen. Das DICOM-basierte Datenmodell von CHILI, bzw. die Datenbank, konnten direkt verwendet werden. Zusätzliche Datenfelder zur persistenten Speicherung von Auswertungsergebnissen konnten der CHILI-Datenbank hinzugefügt werden. Die Entwicklung gänzlich neuer GUI-Elemente war unter Windows schneller als unter X11, da im ersten Fall der GUI-Builder des Microsoft Developer Studios verwendet wurde und im zweiten Fall direkt in Motif ohne Verwendung eines GUI-Builders programmiert wurde. Zusammenfassend kommt Gundel zu dem Ergebnis: "...daß die Verwendung der PlugIn-Bibliothek ein hohes Maß an Zeitersparnis gegenüber der Entwicklung einer Standalone-Version mit sich bringt. Der Entwickler kann sich auf das Wesentliche konzentrieren. Allerdings bedeutet das

Angewiesensein auf die PlugIn-Bibliothek unter Umständen eine Einschränkung der Flexibilität." [5].

Die Einschränkung der Flexibilität ist ein generelles Problem von vorgegebenen Bibliotheken. Die CHILI Entwickler versuchen diesem entgegen zu wirken, indem sie direkten Kontakt mit den PlugIn-Entwicklern halten und zusätzlich benötigte Funktionen so rasch es geht zur Verfügung stellen. Ferner wurde eine Mailinglist für PlugIn-Entwickler aufgebaut, in der Fragen, Wünsche und Verbesserungsvorschläge offen zwischen dem PlugIn-Entwicklern und dem CHILI-Team diskutiert werden.

Der oben genannte höhere Aufwand zur Erstellung von neuen GUI-Elementen kann beseitigt werden, wenn auch für die PlugIn-Entwicklung ein GUI-Builder benutzt wird. Dies ist ohne Einschränkung möglich.

5 Schlußfolgerung

Der Vorteil der realisierten PlugIn-Technologie für CHILI liegt in der integrierten und homogenen Systemumgebung für den Anwender. Dies spart nicht nur Zeit für den Anwender, sondern vereinfacht für den Entwickler die Erstellung von neuen Anwendungen, insbesondere die Integration in das klinische Umfeld, da auf existierende Realisierungen zurückgegriffen werden kann. Jeder geübte Softwareentwickler ist nun in der Lage, CHILI um eigene Funktionen zu erweitern. Dies spart nicht nur Kosten, sondern erleichtert dem Anwender den Umgang mit den neuen Methoden. Innovative Methoden der medizinischen Bildanalyse können so schneller den Weg in die Klinik finden und somit schneller dem Patienten zugute kommen.

6 Literatur

1. Engelmann, U., Schröter, A., Baur, U., Werner, O., Schwab, M., Müller, H., Bahner, M., Meinzer, H.-P.: Second Generation Teleradiology. In: Lemke, H.U., Vannier, M.W., Inamura, K. (Eds): Computer Assisted Radiology and Surgery. Amsterdam: Elsevier (1997) 632-637.
2. Baur, H.J., Engelmann, U., Saurbier, F., Schröter, A., Baur, U., Meinzer, H.-P.: How to deal with Security and Privacy Issues in Teleradiology. Computer Methods and Programs in Biomedicine, 53, 1 (1997) 1-8.
3. Evers, H., Mayer, A., Engelmann, U., Schröter, A., Baur, U., Demiris AM, Gieß Ch, Wolsiffer, K., Meinzer, H.-P.: Extending a teleradiology system by tools for visualization and volumetric analysis through a plug-in mechanism. Int. Journal of Medical Informatics, 53,2-3 (1999) 265-275.
4. Glombitza, G., Lamadé, W., Demiris, A.M., Göpfert, M.R., Richter, G., Otto, G., Lehnert, Th., Bahner, M.L., Meinzer, H.-P., Herfarth, Ch.: Computer aided planning of liver tumour resection. Caramella: 15th International EuroPACS Meeting, Pisa, 1997. Brussels: EuroPACS Association (1997) 215-218.
5. Gundel S. Ein computergestütztes System zur quantitativen Analyse von Farbdoppler- und B-Bildern. Diplomarbeit. Universität Heidelberg/Fachhochschule Heilbronn 1998.
6. Gundel S, Delorme S, Schröter A, Engelmann U, Meinzer HP, van Kaick G. Computergestütztes System zur quantitativen Analyse von Farbdopplerbildern. In: Baumgartner et al (Eds.): Ultraschall in der Medizin - Abstracts zum 22. Dreiländertreffen der DEGUM, ÖGUM und SGUM Ultraschall '98. Stuttgart: Georg-Thieme, 1998, 107.

Grundlagen eines interaktiv-funktionellen Atlanten der menschlichen Anatomie

Andres Kriete[1], Lars C.Berger[1], Jan Stallkamp[2], Matthias Wapler[2]

[1] Institut für Anatomie und Zellbiologie
Bildverarbeitungslabor, Uni-Klinikum , Aulweg 123, 35385 Giessen
Email: andres.kriete@anatomie.med.uni-giessen.de
und
[2] Fraunhofer Institut für Produktionstechnik und Automatisierung IPA/IFF
Nobelstr. 12, 70569 Stuttgart

Zusammenfassung. Es werden die Grundlagen eines computergrafischen Atlanten der menschlichen Anatomie (Virtual Human) dargestellt, der kinematische und funktionelle Eigenschaften aufweist. Nach der Generierung von Oberflächenmodellen des Skeletts werden diese für eine interaktiv gesteuerte Kinematik aufbereitet. Die Navigation und Interaktion mit dem Modell erfolgt über eine VRML - Oberfläche. Zur Vorbereitung einer funktionellen Simulation der Lunge wird ein Modellbildungsverfahren vorgestellt, bei dem aus verschiedenen 3-D bildgebenden, hochauflösenden Modalitäten (HRCT, Micro-CT) das Verzweigungsmuster extrahiert auf der Basis finiter Elemente simuliert wird.

Schlüsselwörter: Visible Human, VRML, kinematisch-funktionelles Körpermodell

1 Einführung

Im Bereich der anatomischen Atlanten sind erfolgreiche Ansätze unternommen worden, menschliche Anatomie in Form von digitalisierten Schnittbildsequenzen und computergrafischen Modellen zu repräsentieren. Evaluationen mit Medizinstudenten, wie sie z.B. am Lernzentrum oder in speziellen vorklinischen Vorlesungen des Uni-Klinikums Giessen durchgeführt wurden, haben erbracht, daß die Starrheit dieser Modelle, die Nichtberücksichtigung der Physiologie und die eingeschränkte Verfügbarkeit als gravierenste Nachteile der heutigen Systeme angesehen werden. Daher werden die Grundlagen für einen neuartigen computergrafischen Atlanten der menschlichen Anatomie dargestellt, der kinematische und funktionelle Eigenschaften aufweist. Als Datenbasis dient das Visible Human Projekt, welches sich in den letzten Jahren zu einem wichtigen Datensatz in der medizinischen Datenverarbeitung entwickelt hat [1]. Die Darstellung erfolgt über eine VRML-Oberfläche. Innerhalb dieses 'Virtual Human' soll es nicht nur möglich sein, durch eine statische 3-D Szene zu navigieren und eine interaktiv gesteuerte Kinematik (z.B. Gelenkbewegung) auszuführen, sondern auch das Köpermodell dynamisch zu betrachten. Basierend auf den Erfahrungen funktioneller Simulation von Lungen kleiner Säugetiere werden die zur strukturellen Modellbildung notwendigen Schritte der Datengewinnung und Auswertung diskutiert, die die notwendige Voraussetzung funktioneller Simulationen darstellen.

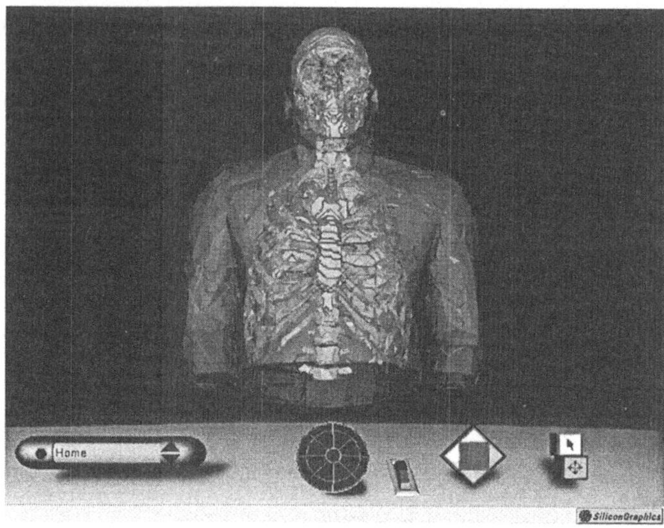

Abb.1 Der Visible Humen in einer VRML-Umgebung. Auf dieses Modell kann im Internet unter
http://www.med.uni-giessen.de/ipl zugegriffen werden.

2 Modellbildung und Kinematik

2.1 Gewinnung von Oberflächenmodellen

Ausgewählte Schnittbildsequenzen des Visible Human Datensatz wurden mit Hilfe des
Programms ANALYZE (Mayo Clinic, Rochester, MN) zu einem Volumenfile zusammengeführt.
Es fand zunächst eine Bildvorverarbeitung statt, um die Segmentierung zu verbessern. Diese
wurde semi-automatisch mit Hilfe von ROI- und Tracetechniken bei visueller Kontrolle
durchgeführt. Aus segmentierten Körperteilen wurden mit Hilfe des Marching Cube Algorithmus Oberflächen generiert und in das ASCII-Open Inventor Datenformat exportiert. Für eine
interaktive Benutzung mit Internet-Browsern mußte eine Mesh Reduction vorgenommen werden.
Wir benutzten dabei eine Decimation Methode (JADE [2]), da relevante Vertices unverändert
läßt. Die Abweichungen der reduzierten Meshes mit dem Orginal wurden quantitativ kontrolliert.
Unter diesen Voraussetzungen konnte ein 3-D Modell generiert werden, welches in einer
VRML-Umgebung zufriedenstellend navigiert werden kann (siehe Abb.1).

2.2 Gelenkkinematik

Nach der Generierung von Oberflächenmodellen der einzelnen Köperteile wurden diese für eine
interaktiv gesteuerte Kinematik aufbereitet, um mit den Bilddaten interagieren zu können. Am
Fraunhofer-Institut für Produktionstechnik und Automatisierung wurde dazu ein Prototyp für
einen interaktiven 3D Anatomieatlas auf Basis von Virtual Reality Techniken entwickelt. Dieses

Modell ist unter dem Namen DIGIHOM 3D bekannt. Prinzipielles Merkmal des Ansatzes ist die Verwendung von 3D Oberflächenmodellen, um eine interaktive Betrachtung der virtuellen Anatomie aus beliebigen Blickwinkeln sowie in beliebiger Körperstellung zu erreichen. Um die Funktion des Bewegungsapparates darzustellen wurde ein sehr vereinfachtes kinematisches Modell des menschlichen Skeletts mit 151 Freiheitsgraden erstellt [4,5]. Diese Kinematik und Interaktion mit dem Modell kann auch innerhalb der VRML-Umgebung erreicht werden (Abb2).

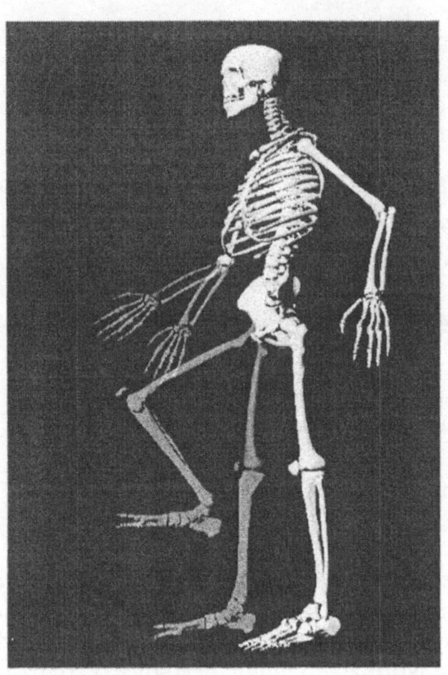

Abb.2 Modellierung der Kinematik des menschlichen Skeletts.

2.3 Modellierung des Bronchialbaums

Eine exakte strukturelle Modellierung des Bronchialbaums ist eine entscheidende Voraussetzung für funktionelle Simulationen. Bei der Analyse der menschlichen Lunge wurden zur exakten Analyse des konduktiven Teil des Bronchialbaums HRCT-Serien ausgewertet. Durch die hohe Strahlenbelastung kann dies nur an speziell präparierten Lungen erfolgen. Eine 3-D Visualisierung einer solchen HRCT-Serie ist in Abbildung 3 links dargestellt. Nach der Auswertung dieser Daten bzgl. Selbstähnlichkeit und Symmetrie erfolgte abschnittsweise eine geometrische Simulation mittels fraktaler Grafik. Das Modell besteht dabei aus ca. 700000 einzelnen Segmenten (Röhren zwischen Bifurkationen), die als finite Elemente oder Volumina aufgefaßt werden können.

Für den respiratorischen Teil des Bronchialbaums müssen die respiratorischen Einheiten (Acini) modelliert werden. Die mit HRCT gewonnene Auflösung reicht dabei nicht aus. Für die

Datengewinnung wurde ein Micro-CT (Skyscan) eingesetzt. Nach entsprechender Optimierung der Präparation sind wir jetzt in der Lage, größere Teile von Lungenacini bei einer Auflösung von 10 Mikrometer dreidimensional darzustellen. Aus diesen Bildern heraus lassen sich die notwendigen Erkenntnisse zur strukturellen Simulation von respiratorischen Einheiten der menschlichen Lunge ableiten (siehe Abb.3 rechts).

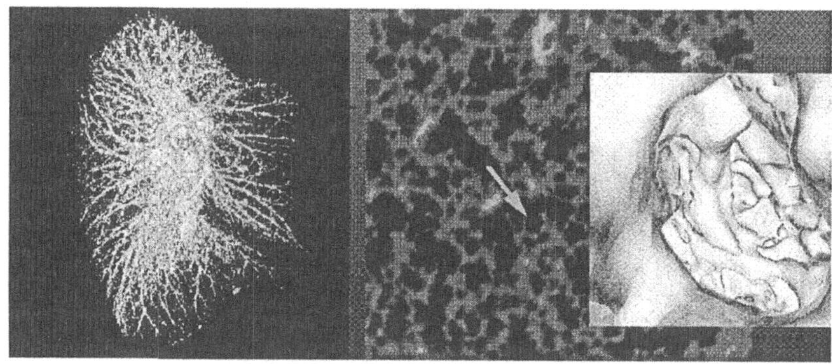

Abb.3 3-D Visualisierung des Bronchialbaums und Micro-CT der Lunge mit virtueller Endoskopie.

Die so gewonnen Volumendaten wurden mit speziellen 3-D Bildverarbeitungstools ausgewertet, einschließlich Segmentierung und Tracen des Verzweigungsmusters. Projeziert man das Verzweigungsmuster zweidimensional und analysiert den Zuwachs des Volumens, so ergibt sich eine Normalverteilung. Diese Normalverteilung, bezüglich Varianz und Mittelwert abhängig von der Größe der respiratorischen Einheiten, läßt sich trotz des unregelmässigen Aufbaus der Acini gut für eine strukturelles Modell verwenden.

Das komplette Modell besteht damit aus dem konduktiven Teil und dem daran angeschlossenen respiratorischen Einheiten. Für jedes einzelne Segment des Bronchialbaums, welches ein finites Volumen umschreibt, läßt sich eine Massentransportgleichung postulieren, die in diesem Teil den Gastransport in der Lunge beschreibt. Die Gleichungen können durch partielle Differentialgleichungen ausgedrückt werden, die analytisch jedoch nicht lösbar sind. Eine Lösung kann jedoch durch iterative Berechnungen erfolgen, bei denen der Atemzyklus in viele zeitliche Einzelschritte unterteilt wird [5,6].

3 Diskussion

Die Repräsentation des menschlichen Körpers in einer VRML-Umgebung erlaubt nicht nur die 3-D Navigation unter einer standardisierten Benutzeroberfläche, sondern auch Interaktion mit dem Modell und Darstellung dynamischer Szenen. Interaktivität besteht in dem beschriebenen Modell bezüglich der Kinematik von Gelenken. Einzelne Teile des Skeletts können aktiviert und interaktiv bewegt werden, unter Berücksichtigung der tatsächlichen Beweglichkeit.

Dynamische VRML-Szenen eignen sich für die Darstellung physiologischer Vorgänge. Um die Möglichkeiten der Dynamik an einem Beispiel vorzubereiten, wurde ein strukturelles Modell der menschlichen Lunge geschaffen. Es wurde gezeigt, wie durch Kombination der Daten aus verschiedenen 3-D bildgebenden Modalitäten, der Extraktion und fraktalen Modellierung typischer Merkmale zunächst ein exaktes strukturelles Modell gewonnen werden kann. Bisherige Modelle gehen entweder von einem idealisierten, regelmäßig-dichotomischen Verzweigungsmuster des Bronchialbaums aus oder untersuchen nur funktionelle Teilaspekte. Aus solchen Modellen lassen sich daher nur in beschränkten Umfang Aussagen zur Gesamtfunktionalität der Lunge ableiten. Die sich aus diesen Berechnungen ergebenden zugehörigen Gaskonzentrationen sollen später innerhalb des 3-D Modells computergrafisch und farbkodiert visualisiert werden. Die besondere Eigenschaft dieses Modells der Computerlunge ist es, daß für jeden beliebigen Teil des Bronchialbaums Gaskonzentrationen abgelesen werden können (digitale Dosimetrie). Diese Berechnungen sind sehr zeitaufwendig und können nur off-line vorbereitet werden um sie dann im Atlas bereitzustellen.

Die Möglichkeiten eines solchen Atlanten sind vollkommen neuartig und es besteht hiermit erstmals die Möglichkeit einer computergestützten, realistischen Darstellung kinematischer und physiologischer Abläufe des menschlichen Körpers. Das Programm soll kursbegleitend, in Seminaren und im Lernzentrum des Anatomischen Instituts Giessen evaluiert werden.

4 Literatur

1   Ackerman,K. : *The visible human project.* J.Biocomm. Vol.18,2 pp.14, 1991
2   Ciampalini,A., Cignoni, P., Montani, C., Scopigno,R.: *Multiresolution decimation based on global error.* The Visual Computer, Springer, 13,5, 1977
3   M. Wapler, K. Grefen:. *DIGIHOM 3D - An Interactive Atlas of the Human Body*, Minimally Invasive Therapy and Allied Technologies, Cernobbio, Vol. 5, Supplement 1, p. 94, September 18-20, 1996
4   Andresen,H., M. Wapler, K. Grefen: *DIGIHOM - the Digital Man.* *Virtual Reality World '95*, pp. 153 158, Stuttgart, February 21-23, 1995
5   Kriete,A.: *Form and function of mammalian lung: analysis by scientific computing.* Advances in Anatomy, Embryology and Cell Biology, Springer -Verlag, Berlin, 1998
6.   Mercer, R.R., Anjivel,S., Miller,F.J., Crapo,J.D.: *Inhomogenity of ventilatory unit volume and its effects on reactive gas uptake.* J.Appl.Physiol. 70,5, pp 2193-2205, 1991.

A PC-Based Voice-Controlled Front-End of an Endoscopic Video Server in DICOM

G. Bellaire, D. Steines, G. Graschew, A. Thiel*, J. Bernarding*,
T. Tolxdorff*, P. M. Schlag

Surgical Research Unit OP 2000, Robert Rössle Klinik am Max-Delbrück-Centrum für
Molekulare Medizin, Universitätsklinikum Charité, Medizinische Fakultät der
Humboldt Universität zu Berlin,
*Department of Medical Informatics, University Hospital Benjamin Franklin,
Free University of Berlin
Email: bellaire@rrk-berlin.de

Abstract. Results of a video-server implementation for endoscopic investigations are presented. A PC-based workplace for video-capturing equipped with a speech-controlled interface for the surgeon is described. The clip size of the video to be stored is determined by clip length, image resolution, frame rate, and compression scheme. Captured clips are converted into DICOM 3.0 and integrated into a digital patient record. Additionally, an approach is presented to analyze the motion of the endoscopic camera for future automatic video-cutting. This approach analyzes compressed MPEG-2 video sequences to detect scenes of diagnostic interest.

Keywords: Video Documentation, Video in DICOM, Video Indexing, Endoscopy, Second Opinion, Voice Control

1   Introduction

The Surgical Research Unit OP 2000 designs, develops, and implements modules of the operating room of the future [9]. One of the key modules of the concept is the telecommunication module. Via telemedicine the advantages of increasing specialization in medicine can be effectively used by integrating the necessary data and diagnostic findings and by involving different medical experts. There are external and in-house telemedical applications. External applications are often point-to-point, require security mechanisms using public networks, and include expert consultations. Internal applications are mostly based on the access to various data archives and online data sources.

This paper describes the PC-based front-end of an endoscopic application. A prototype for the endoscopic system has been constructed. It has an interface to our surgical HIS and soon it will be used to supplement endoscopic investigations in our clinic.

The use of public networks such as the Internet for transmitting patient-specific data must comply with local legislation on data security and integrity. The typical heterogeneous hardware and software infrastructure within a hospital requires a standardized data exchange format and protocol like that provided by the DICOM standard in radiology. Unfortunately, DICOM does not yet include inherent data security concepts. The goal of the MedSec project that is implemented by Benjamin Franklin University Hospital, is to evaluate the secure high-speed transfer of very large amounts of data within LAN/WAN networks linking project partners using DICOM [2, 10].

Key issues of the video server are intelligent and standardized access using a database, the DICOM protocol for data security demands, and video compression [1].

2   A Video Interface for DICOM

Our concept for a video server combining a commercial database (INFORMIX Dynamic Server) [8] with the Mallinckrodt CTN DICOM server [6] opens new perspectives for medical documentation. Second opinions from internal or external medical experts can be obtained online (live) and offline (e.g., diagnostic data). The offline, external second-opinion procedure for diagnosis can be simplified by secure Internet access.

The following service parameters (SP) are required for archiving medical video adequately:

- *Objective* SP
  patient data (name, address, age, insurance)
- *Application-dependent, subjective* SP
  finding (primary, secondary, etc.)
  technical specification of the video (e.g., image source, compression, image size, frame rate, etc.)
- *Content-based* SP
  features of images or image segments
  classification of images or image segments

To be able to exchange video data with the Mallinckrodt DICOM software, we developed a definition for a new generic DICOM object containing video data. The Mallinckrodt software was modified accordingly so that it can handle the new objects and recognize the additional attributes.

3   Video Grabbing

Video can be captured using a PC equipped with an Aspro Invader32 video digitizer adapter with hardware Motion-JPEG compression. The analog PAL output signal from the endoscope is connected to the video adapter. The SDK shipped with the adapter provides the necessary function calls for initialization and capture control.

3.1 DICOM conversion

The dialog for video capture control (see Figure 1) written in C++ is integrated into a JAVA application that provides the DICOM functionality. Patient information can be entered using the GUI or be sent to the application from the GUSTAV surgical documentation system. The video clips are recorded into .AVI files on hard disk. After concluding the examination, all recorded video clips are wrapped with a DICOM header containing necessary patient data and examination parameters. These newly created DICOM objects can afterwards be sent to the DICOM server (see Figure 2).

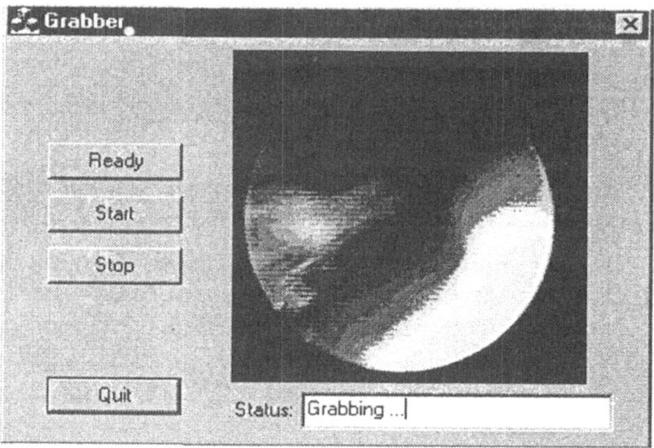

Figure 1: Speech-controlled Front-End for video-grabbing

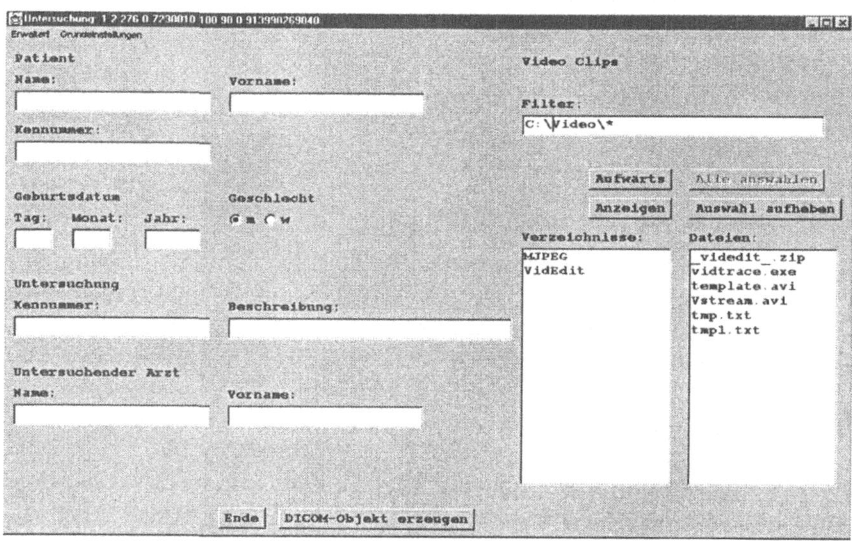

Figure 2: Front-End for DIOCM conversion.

3.2 Speech control

To achieve speech control, we implemented the script language of the SmartWord Professional 3.0 (Dragon) system using a commercial PC with sound blaster 16V audio adapter. The workplace requires 5 commands for speech control. The system has a very high recognition rate concerning false positive and false negative results. Even without an adaptation of the speaker's voice to the system, the recognition rate is tolerable. In our experience the most sensitive parameter of the speech recognition is the relative position of the microphone to the speaker's mouth. We are currently experimenting with different microphone configurations for use in the operating room (e.g., under the surgeon's mask, positioned on the operating light, etc.).

3.3 Viewer

There are three different viewing options for the system. Our clinic uses the documentation system GUSTAV, which is based on NEXTStep™ technology. To integrate video sequences into GUSTAV, a link to a video file is generated and stored on a NFS-mounted hard disk. In GUSTAV there is a list of all surgical procedures available for a given patient, including endoscopic intervention. If a video documentation of an endoscopic intervention has been produced, a keyframe of the video is shown in the patient file. For video playing the NEXTStep™ Quicktime™ player is used. Currently doctors in our clinic have access to GUSTAV from 15 workplaces.

Additionally, a JAVA-based DICOM video client has been developed. This client can connect with a DICOM video server. A patient can be selected using his/her unique patient ID. Findings are ordered by (DICOM) studies and by the video acquisition date.

For external use, an improved JAVA video client with security facilities is being constructed that is based on developments in the MedSec project [10]. Performance tests have been conducted using SSL within DICOM to encrypt image and/or patient data transferred between Robert-Rössle-Klinik and Benjamin Franklin hospital (two Berlin university hospitals) [3].

4 Results

Table 1 shows the parameters of the system. To get an impression of the viewing performance using our 10 Mbit/s in-house network, consider the following example.

An image with a resolution of 352x288 contains 101376 Pixel. The underlying color format YCbCr 4:2:0 implies 1.5 Bytes/pixel. The resultant 152 Kbytes/frame times 25 frames/sec times an estimated length of 10 sec result in 38 Mbyte/clip. M-JPEG compression (1:10) reduces clip sizes on 3.8 Mbyte/10s video. With real 4 Mbit/s network performance, a doctor needs about 8 seconds for video access. To calculate the archive sizes we estimate 20 videos per day (two videos/patient * 10 patients)* 200 days/year * 3.8 MByte/video = 15.200 GByte/year.

Table 1.

Application	Clip length	Image resolution	Video scheme	Compression ratio	Frame / s
Endoscopy	< 10 sec	280x200	M-JPEG	1:10 to 1:15	25
Second Opinion	< 10 sec	355x288	M-JPEG	1:10 to 1:30	25

5 Indexing of Endoscopic Video

Approaches and preliminary results for the automatic video cutting of endoscopic sequences are presented in [4, 5]. The approach is based on the assumption that the doctor performing endoscopy is fixating his endoscope more or less motion free to inspect current regions of interest. After coding the video in MPEG-2, the motion information of succeeding frames is investigated to automatically detect sequences of interest directly on the compressed video (see [7]). We assume that the variations of the motion vector pattern in the P-Frames (predicted frames) give almost enough information to differentiate between areas that are ignored and intensively inspected areas. A future analysis step will be to differentiate between translatorial motion and motion due to zooming.

6   Conclusion

The system presented here represents a step toward an optimized functionality of the multi-medial patient record. The interface with the doctor has to be intuitive and adequate. Voice control seems to be one of the most promising approaches in sterile environments. The current overall cost of the underlying hard- and software components for the presented video front-end is below US$3000 (PC, M-JPEG compression board, Speech Control). In our opinion, using multi-platform viewing software and existing digital workplaces for doctors, only the addition of a suitable video archive with a medical interface is needed.

In the next step, video indexing of endoscopic video can be integrated into the workplace as soon as the cost of MPEG-2 boards is substantially lower.

Acknowledgments

MedSec is funded by the Fed. Ministry of Science, Research and Technology. The database integration is part of the INFORMIX research grant program.

References

1. G. Bellaire, D. Steines, G. Graschew, A. Thiel, J. Bernarding, T. Tolxdorff, P. M. Schlag,
   "OP 2000 and MedSeC: A concept to extend the DICOM Standard to Include Digital Stereoscopic Video Sequences", Proc. of the BVM 98, Lehmann et al ed.1998, 234-238
2. G. Bellaire, F. Hasenbrink, G. Graschew, M. Göbel, P.M. Schlag, "The OP2000 Medical Augmented Immersive Environment (MAIE)", Proc. of CVE'98, 33-40, Manchester,1998
3. G. Bellaire, D. Steines, G. Graschew, A. Thiel, J. Bernarding, T. Tolxdorff, P. M. Schlag, "OP 2000 and MedSeC: Implementating a Medical Video Server Using a Data-secured DICOM Interface", Proc. of the EuroPACS, Barcelona, pp. 205-207, Spain, 1998
4. G. Bellaire, D. Steines, G. Graschew, A. Thiel, J. Bernarding, T. Tolxdorff, P.M. Schlag, "Storage, acces and retrieval of endoscopic and laparoscopic video", accepted for Capture, Analysis and Display of Image Sequences, SPIE EI, San Jose, Januar, 1999
5. G. Bellaire, D. Steines, G. Graschew, A. Thiel, J. Bernarding, T. Tolxdorff, P.M. Schlag, „Standardized Access, Display and Retrieval of Medical Video", accepted for SPIE Medical Imaging, San Diego, March, 1999
6. CTN, DICOM Software Documentation,
   ftp://ftp.erl.wustl.edu/pub/dicom/software/ctn/doc
7. A. K. Elmagarmid, H. Jiang, A. A. Helal, A. Joshi, M. Ahmed, Video Database Systems: Issues Products and Applications, Kluwer, 1997
8. Informix Video Foundation DataBlade Module User's Guide, Version 1.1
9. P.M. Schlag, G. Graschew A Vision of Surgery, the concept OP2000 Langenbeck's Arch Surg, 385:194-197, 1998
10. A. Thiel, J. Bernarding, J. Hohmann, D. Cosic, G. Bellaire, T. Tolxdorff, "Security extensions to DICOM", Proc. of the EuroPACS, Barcelona, pp. 177-180, Spain, 1998

Klinische Evaluierung eines computergestützten T-Staging von Ösophagustumoren an ausgewählten Standbildern des Endoskopischen Ultraschalls

Helmut Sußmann, David Hansel, Thomas Rösch*, Hans-Dieter Allescher*, Alexander Horsch

Institut für Medizinische Statistik und Epidemiologie
*II. Medizinische Klinik
Klinikum rechts der Isar der Technischen Universität München
Ismaninger Str. 22, 81675 München
Email: helmut.sussmann@imse.med.tu-muenchen.de

Zusammenfassung. Zur objektivierenden Unterstützung der Beurteilung von Endosonographiebildern des Ösophagus wurde eine Tumorstagingsoftware herangezogen, die durch ein semiautomatisches Verfahren eine Einstufung in die Entwicklungsstadien T1, T2 und T3 vornimmt. Für die hierzu notwendige Erkennung und Bewertung der Tumorgrenzen wurde ein neuronales Netz und ein statistischer Algorithmus als Klassifikationsmethoden verwendet. Die Evaluierung der Leistungsfähigkeit des Programmes erfolgte an Einzelbildern, die aus Videoaufnahmen der endoskopischen Ultraschalluntersuchungen von Patienten des Klinikums rechts der Isar der TU München gewonnen wurden.

Schlüsselwörter: Computergestützte Diagnostik, Endosonographie, Ösophagustumoren, Tumorstaging

1 Einleitung

Der endoskopische Ultraschall ist derzeit die Methode der Wahl zur Klassifizierung von Tumoren des Gastrointestinaltraktes [1, 2].

Die visuelle Bewertung der Stadien von Ösophagustumoren in Endosonographiebildern durch den Arzt unterliegt aber einer starken Intra- und Interobservervariabilität. Dem Tumorstaging kommt jedoch hinsichtlich des weiteren Therapievorgehens und der Prognose der Erkrankung eine entscheidende Bedeutung zu. Angestrebt wird eine höhere Bewertungssicherheit durch eine computerunterstützte Zweitmeinung. Systeme die eine vergleichbare Aufgabenstellung bewältigen, konnten wir bisher in der Literatur nicht finden.

2 Vorarbeiten

Auf der Grundlage von 85 Ultraschallbildern mit histologisch gesicherter Diagnose wurde ein Bildverarbeitungsprogramm entwickelt, das in Anlehnung an die im klinischen Alltag gebräuchliche TNM-Klassifikation ein Staging der Tumore in die Klassen T1 bis T3 durchführt [3].

Da sich eine vollautomatische Lokalisation der Tumore in den Standbildern als zu komplex erwies und auch die diagnostische Erfahrung der beteiligten Ärzte genutzt werden sollte, wurde ein halbautomatisches Verfahren herangezogen. Als Orientierungshilfe für die Detektion der Tumoraußengrenze wurden einige Punkte auf dieser Grenze durch die Ärzte markiert. Die anschließende Klassifikation erfolgte über die Merkmale Tumorgröße sowie Erhaltungsgrad und Irregularität der Muskularis. Der Zustand dieser Schleimhautschicht des Ösophagus spielt beim Befunden der Tumorstadien eine wesentliche Rolle [4, 5]. Beim Staging durch das Programm wurden die Merkmale in einem k-nearest-neighbour-Verfahren (kNN) und einem neuronalen Netz (mehrschichtiges Perzeptron) verarbeitet. Die während der Entwicklung des Verfahrens erzielten guten Ergebnisse, mit einer Treffsicherheit bis zu 77 %, sollten in dieser Studie anhand von Ösophagustumorfällen in 55 Patienten der II. Medizinischen Klinik des Klinikums rechts der Isar verifiziert werden.

3 Studiendesign

Als Ausgangsmaterial diente ein VHS-Videoband mit Aufnahmen endoskopischer Ultraschalluntersuchungen von Speiseröhrentumoren. Die Videosequenzen wurden auf einer SGI-Workstation O2 mit der Software Mediarecorder digitalisiert. Die beiden beteiligten, in der Endosonographie erfahrenen Ärzte sichteten an einem PC mit der Videobearbeitungssoftware Adobe Premiere das Material. In mehreren Arbeitssitzungen wählten sie getrennt voneinander jeweils fünf Einzelbilder (Abb. 1) pro Fall aus, die exakten Positionen der Frames wurden notiert.

Die zuvor ausgewählten Stellen wurden aufgesucht und die Einzelbilder als Tiff-Dateien exportiert (Abb. 2). Als Komprimierungsmethode diente der Cinepak Codec von Radius. Gleichzeitig wurden in diesem Arbeitsschritt die Bilder beschnitten, um die eingeblendeten Patientendaten zu entfernen und eine Anonymisierung zu gewährleisten. Es entstanden insgesamt 550 Einzelframes mit den Ausmaßen 672x480 Pixel und einer Dateigröße von jeweils 949 KB.

Mit der auf einer SGI-Workstation Indy R5000 installierten Tumorstagingsoftware wurden die einzelnen Bilddateien nacheinander geladen. In jedem Bild setzten die Ärzte mindestens drei Punkte durch Anklicken mit der Maus, um die ungefähre Außengrenze des Tumors zu markieren (Abb. 3). Die Klassifikation erfolgte wiederum mit den oben genannten Methoden (Abb. 4). Die Stagingergebnisse wurden für beide Ärzte und für beide Verfahren getrennt gespeichert und ausgewertet.

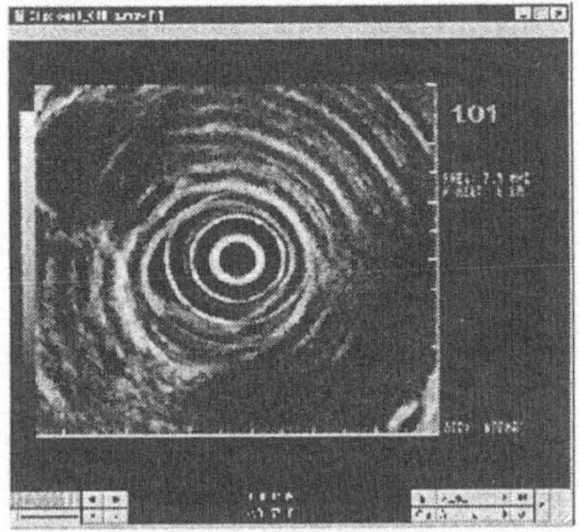

Abb. 1 Ausschnitt aus Video

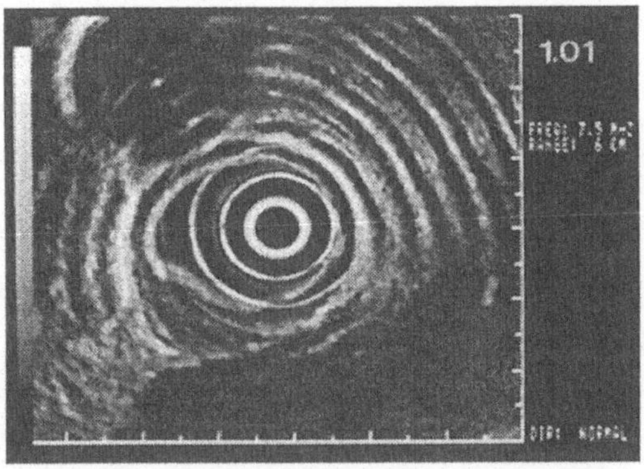

Abb. 2 Importiertes Einzelbild

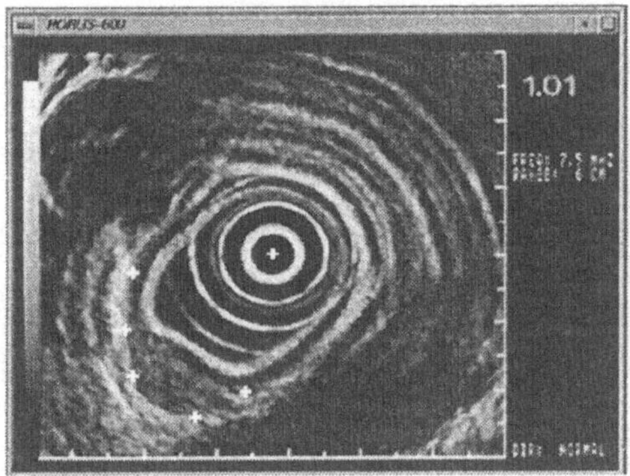

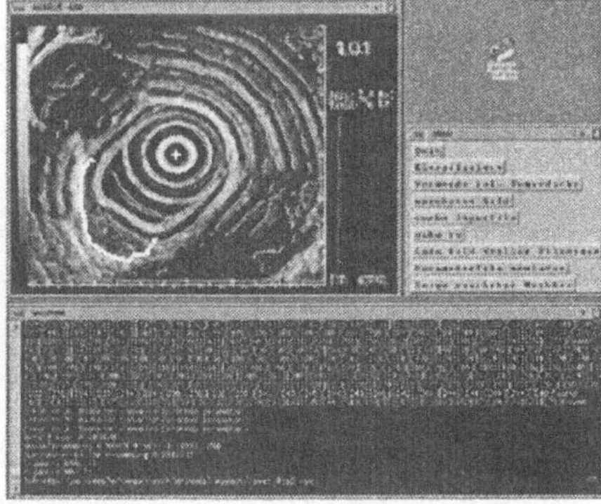

Abb. 3 Markiertes Einzelbild

Abb. 4 Programmoberfläche nach Staging

4 Ergebnisse

Im Vergleich mit den vorhandenen histologischen Befunden ergaben sich in der bild-
bezogenen Auswertung der Ergebnisse variierende Trefferquoten (Tab 1 bis Tab 4).
In nahezu allen Fällen konnten die Resultate der vorangegangenen Studie nicht erreicht werden.

4.1 Ergebnisse mit dem statistischen Algorithmus

| Tatsächliches | Ergebnis der Klassifikation | | |
Tumorstadium	T1	T2	T3
T1	11 (28)	20(50)	9 (22)
T2	20 (25)	29 (36)	31 (39)
T3	23 (15)	65 (42)	67 (43)

Tabelle 1. Arzt 1-Ergebnisse der richtig klassifizierten Einzelbilder (in Prozent)

Tatsächliches Tumorstadium	Ergebnis der Klassifikation		
	T1	T2	T3
T1	17 (43)	7 (17)	16 (40)
T2	8 (10)	24 (30)	48 (60)
T3	8 (5)	40 (26)	107 (69)

Tabelle 2. Arzt 2-Ergebnisse der richtig klassifizierten Einzelbilder (in Prozent)

4.2 Ergebnisse mit neuronalem Netz

Tatsächliches Tumorstadium	Ergebnis der Klassifikation		
	T1	T2	T3
T1	14 (35)	2 (5)	24 (60)
T2	9 (11)	10 (13)	61 (76)
T3	8 (5)	14 (9)	133 (86)

Tabelle 3. Arzt 1-Ergebnisse der richtig klassifizierten Einzelbilder (in Prozent)

Tatsächliches Tumorstadium	Ergebnis der Klassifikation		
	T1	T2	T3
T1	8 (20)	17 (43)	15 (37)
T2	18 (22)	26 (33)	36 (45)
T3	27 (17)	56 (36)	72 (47)

Tabelle 4. Arzt 2-Ergebnisse der richtig klassifizierten Einzelbilder (in Prozent)

Auch in der fallbezogenen Auswertung, bei der jeweils der Mittelwert und der Median aus den jeweils fünf Bildern eines Tumorfalles verwendet wurden, ergaben sich keine wesentlich unterschiedlichen Werte.

5 Bewertung

Die Ergebnisse müssen in Relation gesehen werden zu einer bereits vor Studienbeginn von insgesamt fünf fachkundigen Ärzten unabhängig voneinander durchgeführten Klassifikation der untersuchten Tumorfälle. Auch diese Bewertung erbrachte unbefriedigende Ergebnisse. Die Ärzte erkannten zwar Tumore im Stadium T3 meist besser, mit einer Treffersicherheit von bis zu 90%, andererseits stuften sie die Stadien T1 und T2 zum Teil nur zu 20 bis 25% richtig ein. Das Einfließen dieser Einschätzungen in die Studie über die Auswahl der Einzelbilder und das Markieren der Tumoraußengrenze könnte ein wesentlicher Grund für die niedrigeren Trefferquoten der computergestützten Klassifikation sein. In Frage kommt auch die Tatsache, daß die Bilder der Vorstudie ursprünglich für einen Endoskopieatlas ausgewählt wurden und hierbei "typische" Tumorfälle bevorzugt wurden. Für einen Einsatz in der klinischen Routine erscheint die Bewertungsqualität des Programmes derzeit nicht ausreichend. Die Quoten der richtig eingestuften Tumorstadien schwanken zu stark und fallen zum Teil deutlich zu niedrig aus.

6   Ausblick

Eine Weiterentwicklung des Programmes erscheint dennoch sinnvoll, da die Bildqualität aktueller endosonographischer Untersuchungen erheblich verbessert wurde und somit die Erkennung von Gewebestrukuren durch das Programm erleichtert wird. Eine direkte digitale Übernahme der Bilder aus der Untersuchungssituation heraus unter Einsparung der Verwendung eines Videobandes würde die dadurch bedingten Qualitätseinbußen vermeiden und so die Bewertungsicherheit ebenfalls steigern. Sinnvoll erscheint auch die Anwendung größerer Datensätze zum Training des neuronalen Netzes und des statistischen Algorithmus.

7   Literatur

1. Keim V, Mössner J: Endoskopie, Ultraschall und Röntgen als rationelles Komplementärsystem. Internist, 37:785-792, 1996.
2. Schassmann A: Possibilities and limitations in endosonography of the gastrointestinal tract. Ther Umsch, 54:31-36, 1997.
3. Büsching D, Eberle K, Horsch A: Semiautomatische Tumorklassifikation in Endosonographiebildern des Ösophagus mit einem neuronalem Netz und einem statistischen Algorithmus. In: Arnolds B, Müller H, Saupe D, Tolxdorff T (Hrsg): Digitale Bildbearbeitung in der Medizin. Tagungsband zum 4. Freiburger Workshop 14.-15. März 1996, Universität Freiburg, 138-143
4. Rösch T, Classen M: Indikationen und Stellenwert der Endosonographie des oberen Gastrointestinaltraktes. Bildgebung. 58:100-108, 1991.
5. Rösch T, Classen M: Gastroenterologic Endosonography. Thieme, Stuttgart, 1992.

An Object-Oriented Library for 3D PET Reconstruction Using Parallel Computing

Claire Labbé[1], K. Thielemans[2], D. Belluzzo[3], V. Bettinardi[3], M.C. Gilardi[3], D.S. Hague[4], M. Jacobson[5], S. Kaiser[6], R. Levkovitz[5], T. Margalit[5], G. Mitra[1], C. Morel[1], T.J. Spinks[2], P. Valente[4], H. Zaidi[1], A. Zverovich[4]

[1] Division of Nuclear Medicine, Geneva University Hospital, CH-1211 Geneva 4 (Switzerland)

[2] Medical Research Council Cyclotron Unit, Hammersmith Hospital - London (UK)

[3] Department of Biomedical Sciences and Technologies, Instituto H.S. Raffaele - Milano (Italy)

[4] Department of Mathematics and Statistics, Brunel University - Uxbridge (UK)

[5] Israel Institute of Technology, Technion City - Haifa (Israel)

[6] PARSYTEC Computer GmbH - Aachen (Germany)

Email: clabbe@ulipn.unil.ch

Summary. We present a object-oriented library of C++ features for 3D PET reconstruction. This library has been designed so that it can be used for many algorithms and scanner geometries. Its flexibility, portability and modular design have helped greatly to (a) develop new iterative algorithms, (b) compare iterative and analytic methods using simulated, phantom and patient data, (c) adapt and apply the developed reconstruction algorithms to different designs of tomographs. As 3D iterative reconstruction algorithms are time consuming, the library contains classes and functions to run parts of the reconstruction in parallel, using parallel platforms with a distributed memory architecture.

Keywords: PET, reconstruction, algorithms, software engineering, parallel computing

1 Introduction

Iterative reconstruction methods applied to image reconstruction in three-dimensional (3D) positron emission tomography (PET) should result in possibly better images than analytical reconstruction algorithms. However, the long reconstruction time has remained an obstacle to their development and, moreover, their clinical routine use. Together with the constant increase in performances of the computing platforms, recent developments in parallel processing techniques offer practical ways to speed up the calculations and attain clinically viable processing rates [1].

The aim of this paper is to present the development of a library of object-oriented building blocks for the implementation of both analytical and iterative reconstruction algorithms in 3D PET.

2 An object-oriented library for volume reconstruction in 3D PET

2.1 Reconstruction algorithms

Various analytical (exact and approximate) and iterative algorithms have been proposed for 3D reconstruction in PET. The reconstruction algorithms already implemented or under development using the object-oriented library for volume reconstruction include:
- The reprojection algorithm (PROMIS) [2].
- The Fourier rebinning algorithm (FORE) [3].

- The maximum likelihood by expectation maximisation (ML-EM) algorithm [4].
- The ordered subsets, expectation maximisation (OSEM) algorithm [5].
- The maximum a posteriori, expectation maximisation (MAP-EM) algorithm [6].
- The least squares (LSQ) algorithm [7] and variants of it including the image space reconstruction algorithm (ISRA) and ordered subsets ISRA (OSISRA) [8].
- The ordered subsets, Mirror (OS-MIRROR) algorithm [1].
- The algebraic reconstruction technique (ART) [9].

2.2   Advantages of object-oriented programming

Unlike procedural programming languages which separate data from operations on data defined by procedures and functions, object-oriented programming languages consist of a collection of interacting high-level units, the objects, that combine both data and operations on data. This renders objects not much different from ordinary physical objects. This resemblance to real things gives objects much of their power and appeal. They can not only model components of real systems, but equally as well fulfil assigned roles like components in software systems. They interact and communicate with each other using messages.

Variables and methods common to every object of a certain kind define a class. Inheritance between objects allows the programmer to define a hierarchy of objects, where each object takes on the attributes and behaviours of its ancestors. This hierarchy is an inverted tree structure (with the root at the top and the leaves at the bottom) where each lower level of the tree defines more specific attributes about a particular class of object.

2.3   Description of the reconstruction library

We have designed a library of classes and functions for 3D PET image reconstruction. Its modular design uses the object-oriented features of C++: self-contained objects hide implementation details from the user, and hierarchies of objects are implemented using inheritance. The library contains classes and functions to run parts of the reconstruction in parallel on distributed memory architectures. This allows to run the library on massively parallel computers, as well as on clusters of workstations.

The library has been designed so that it can be used for many different algorithms and scanner geometries including both cylindrical PET scanners and dual-head rotating coincidence gamma cameras. It is portable on all computer systems supporting the GNU C++ compiler or Microsoft Visual C++.

The building block classes included in this library can be described as follows (fig. 1):

- information about the data to be reconstructed (PET scanner characteristics, PET study);
- memory allocations of multi-dimensional arrays or tensors (1D, 2D, 3D or 4D);
- reading and writing (I/O) data in Interfile format (for which a 3D PET extension is proposed);
- manipulation of multi-dimensional arrays;
- classes for projection data (the complete dataset, segments, sinograms, viewgrams) and images (3D and 2D);
- various filter transfer functions (2D and 1D);
- Fast Fourier Transform (FFT) utilities;
- forward projection operators (ray tracing method using Siddon's algorithm [10]);
- backprojection operators (incremental, beamwise interpolating backprojection using Cho's algorithm [11]);
- trimming, mashing, and zooming utilities on projection and image data;
- classes for both analytic and iterative reconstruction algorithms;

- stream-based classes for message passing between different processes, built on top of PVM (Parallel Virtual Machine), EPX (the native library provided with Parsytec-CC systems), or (in development) MPI (Message Passing Interface);
- classes and functions to use all these modules nearly transparently in a master-slave architecture.

The advantages of having such a library are:

- modularity and flexibility of the reconstruction building blocks to implement new reconstruction algorithms;
- possibility to use the same software implementation of the reconstruction building blocks to perform image reconstruction on different scanner architectures (cylindrical PET scanners ass well as dual-head coincidence gamma cameras).

Furthermore, operators can work indifferently on data stored in sinograms, in viewgrams (set of parallel projections), or in coincidence list mode.

Fig. 1. Chart of the object-oriented library showing its major building blocks .

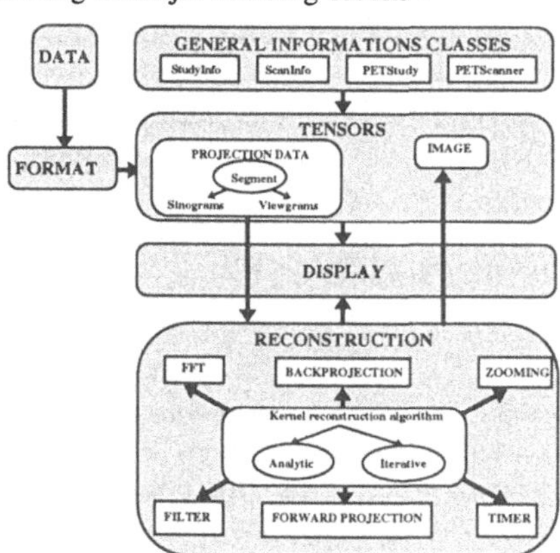

Fig. 2. Hierarchical view of the data structures.

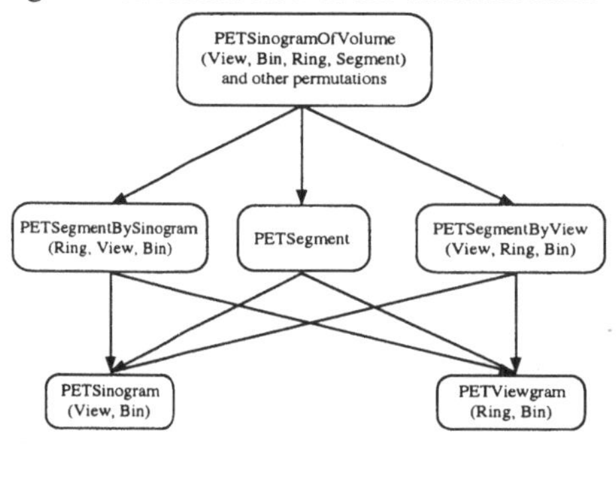

2.4   Data structure

The hierarchy of data structures implemented in the library is presented in fig. 2. This is not a hierarchy of class derivation, but of containment. Let a PETSegment be the 3D data structure by abuse of terminology. A PETSegment may be expressed in two flavours or derived classes (PETSinogram and PETViewgram), depending on the order of the coordinates: View, Ring and Bin. Thus, the user has the capacity to decide, depending on the scanner geometry, what is the best and fastest way to organise the data.

2.5   The projection/backprojection operators

The forward projection operator is based on the implementation of Siddon's algorithm [10], calculating the length of intersection of LORs with image voxels and making use of geometrical symmetries of the image volume.

The backprojection operator is based on an extension to 3D cylindrical geometry of Cho's incremental algorithm [11]: the 3D beamwise, incremental backprojection method [12]. Voxel update values are found from bi-linear interpolation between four projection elements. Sweeping the image volume beam by beam, where a beam is the volume delimited by the central rays of four adjacent projection elements, allows to make use of a number of beam constants. Combining this with the exploitation of the geometrical symmetries of the image volume results in a very fast implementation of the backprojection operator.

3 Software implementation and timing

The above described library was implemented on UltraSparc and Pentium processors, and on the Parsytec-CC system made of PowerPC 604 processors, a distributed memory, message passing parallel computer, globally classified into the multiple instructions operating independently on multiple data (MIMD) category of parallel computers.

The amount of computer time required for a PROMIS reconstruction of data sets obtained from three different PET scanners on a single node of the above described system can be split up into overhead (matrix handling and I/O), filtering, projection, and backprojection times as detailed in Fig. 3.

Fig. 4 shows representative slices of brain and thorax patient scans reconstructed with PROMIS and OSEM. The later is shown for comparative purposes.

Fig. 3. Compared execution times in minutes of the PROMIS algorithm applied to data sets of the (a) RPT-1 (16 rings, 256 sinograms, each 96 views by 128 elements), (b) ECAT-953, (16 rings, 256 sinograms, each 192 views by 160 elements) and (c) GE-Advance (18 rings, 265 sinograms, each 336 views by 281 elements) PET tomographs.

Fig. 4. (a) Brain scan with an external marker and (b) thorax scans reconstructed with two algorithms implemented in the present library: PROMIS (left) and OSEM (right). For the latter, 24 subsets and 5 iterations followed by a Gaussian filter were applied.

(a)

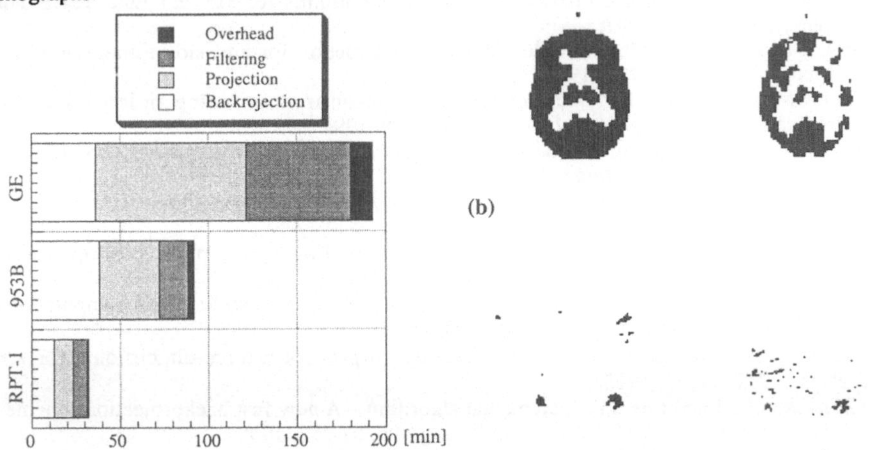

(b)

4 Discussion and conclusion

In this paper, we described a flexible library which can be used to study current and implement new reconstruction algorithms for a wide variety of scanner geometries. The use of object-oriented software has helped greatly to (a) compare analytic and iterative methods, (b) develop new iterative algorithms (c) adapt and apply the developed reconstruction algorithms to various designs of positron tomographs. The powerful constructs promoted by object technology can yield elegant, quality code. This programming paradigm makes it possible to envision incremental refinements to the building blocks described in this paper with maximum code reuse by providing a framework for effectively defining standards using the inheritance mechanism. This approach streamlines development and improves reliability.

Finally, elapsed computational time for reconstruction is an issue in the acceptance of a reconstruction algorithm. Hence parallel processing approaches are gaining in importance. Object-oriented programming also results in an undeniable computing time performance penalty associated with the service requests between the objects, because they are implemented as function calls. Moreover, objects are created and destroyed at a huge rate and the dynamic memory allocation/deallocation increases the execution time. The accuracy of iterative algorithms depends strongly on the performance of the projector-backprojector pair used.

Acknowledgements

This work was supported by the European Esprit LTR project PARAPET (EP23493) and the Swiss Federal Office for Education and Science under grant 96.193. The authors thank their partners within the project for fruitful discussions and useful suggestions.

References

1. Barrett T et al: A review of methods and techniques used in 3D PET image reconstruction. Submitted for publication to Medical Image Analysis, 1998.
2. Kinahan PE and Rogers JG: Analytic 3D image reconstruction using all detected events. IEEE Trans. Nucl. Sci., 36: 964-968.
3. Defrise M et al.: Exact and approximate rebinning algorithms for 3D PET data. IEEE Trans. Med. Imag., 16:145-158, 1997.
4. Shepp LA and Vardi Y: Maximum likelihood reconstruction for emission tomography. IEEE Trans. Med. Imag., 1: 113-122, 1982.
5. Hudson HM and Larkin RS: Accelerated image reconstruction using ordered subsets of projection data. IEEE Trans. Med. Imag., 13: 601-609, 1994.
6. Green PJ: Bayesian reconstructions from emission tomography data using a modified EM algorithm. IEEE Trans. Med. Imag., 9: 84-93, 1990.
7. Kaufman L: Maximum likelihood, least squares and penalized least squares for PET. IEEE Trans. Med. Imag., 12: 200-214, 1993.
8. Depierro AR: On the relation between the ISRA and the EM algorithm for positron emission tomography. IEEE Trans. Med. Imag., 12: 328-333, 1993.
9. Herman GT and Meyer LB: Algebraic reconstruction techniques can be made computationally efficient. IEEE Trans. Med. Imag., 12: 600-609, 1993.
10. Siddon RL: Fast calculation of the exact radiological path for a three-dimensional CT array. Med. Phys., 12: 252-255, 1985.
11. Cho ZH, Chen CM and Lee SY: Incremental algorithm – A new fast backprojection scheme for parallel beam geometries. IEEE Trans. Med. Imag., 9: 207-217, 1990.
12. Egger M, Joseph C, and Morel C: Incremental beamwise backprojection using geometrical symmetries for 3D PET reconstruction in a cylindrical scanner geometry. Phys. Med. Biol., 43: 3009-3024, 1998.

Die automatische Orientierung im Bildmaterial des Herzens - Anwendung in der klinischen Routine

A.Schroeder[1], A.M.Demiris[2], J.Albers[1], M.H.Makabe[2], G. Weisser[3], H.P.Meinzer[2], C.F.Vahl[1], S.Hagl[1]

[1] Chirurgische Klinik der Universität Heidelberg, Labor für Herzchirurgie,
Im Neuenheimer Feld 326, 69120 Heidelberg
Antje.Schroeder@urz.uni-heidelberg.de
[2] Deutsches Krebsforschungszentrum, Abt. Medizinische und Biologische Informatik,
Im Neuenheimer Feld 280, 69120 Heidelberg
[3] Universität Heidelberg, Klinikum der Stadt Mannheim, Institut für Klinische Radiologie,
Theodor-Kutzer-Ufer 1-3, 68167 Mannheim

Zusammenfassung: Die präoperative Planung cardiochirurgischer Eingriffe basierend auf standardisierten dreidimensionalen Rekonstruktionen eines vermuteten Defektes ist für den Herzchirurgen besonders wünschenswert. Um Verfahren zur Erstellung derartiger Ansichten allerdings in der klinischen Routine etablieren zu können, muß dieser Vorgang möglichst automatisch und mit einer intuitiv bedienbaren Oberfläche durchführbar sein. In folgenden Beitrag wird ein prototypisches System dazu vorgestellt.
Schlüsselwörter: Operationsplanung, Herzchirugie, Visualisierung, Segmentierung.

1 Einleitung und Motivation

In der Herzchirurgie bietet der Einsatz computerunterstützter Verfahren erheblich verbesserte Möglichkeiten zur präoperativen Planung eines Eingriffs. Die bisherige Planung wird entweder intraoperativ am offenen Herzen durchgeführt oder aber basiert auf zweidimensionalem Bildmaterial (Herzkatheterfilme, Angiographien) oder Schichtbildern, wie sie die Computer- und die Magnetresonanztomographie liefern. Beide Vorgehensweisen haben gravierende Nachteile.

Die intraoperative Planung ist unter zwei Gesichtspunkten problematisch. Erstens findet die Operation unter einem großen Zeitdruck statt, da der Patient an die Herz-Lungenmaschine angeschlossen ist und das Herz somit nicht durchblutet wird. Dieser Zustand sollte trotz Einsatz cardioprotektiver Lösungen nicht allzu lange beibehalten werden. Zweitens liegt das Herz, wenn es von der Blutversorgung abgekoppelt ist, erschlafft im Herzbeutel, so daß in dieser Situation die in vivo vorliegenden Verhältnisse nicht widergespiegelt werden. Dadurch erfordert der Eingriff ein hohes Maß an Erfahrung seitens des Operateurs. Zweidimensionales Bildmaterial kann die räumlichen Zusammenhänge komplexer cardialer Fehler nicht ausreichend abbilden, so daß eine große Erfahrung zur Beurteilung erforderlich ist.

Diese Gründe zeigen deutlich, daß eine computerunterstützte Operationsplanung basierend auf standardisierten dreidimensionalen Rekonstruktionen für den Herzchirurgen in seiner täglichen Routine von großem Nutzen ist. Die hierzu entwickelte Vorgehensweise wird als problemorientierte Visualisierung bezeichnet. In Abhängigkeit von der Verdachtsdiagnose wird geeignetes Bildmaterial akquiriert. In diesem Bildmaterial werden das Herz und alle für die Verdachtsdiagnose relevanten intracardialen Strukturen segmentiert. Anschließend werden defektangepaßte Visualisierungen erstellt, die den Herzchirugen bei der Entscheidung für oder gegen eine Operationsstrategie unterstützen.

2 State of the Art

Die computerunterstützte Operationsplanung gewinnt in vielen Bereichen der Medizin zunehmend an Bedeutung. Mögliche Einsatzgebiete sind beispielsweise die Planung von Zugangswegen zu einem Tumor in der Neurochirurgie oder aber die Resektionsplanung von Lebertumoren [1]. Für die Herzchirurgie zeigten [2] und [3] den Nutzen, den eine präoperative Planung basierend auf 3D-Rekonstruktionen haben kann. Speziell zur Veranschaulichung komplexer morphologischer Zusammenhänge, wie sie bei angeborenen Herzfehlern vorliegen, eignet sich diese Art der Darstellung besonders gut. Es wird aber auch gleichzeitig der Nachteil fehlender Automatisierung erwähnt. Durch den großen zeitlichen Aufwand, der aufgrund der manuellen Segmentierung für die Erstellung dieser Ansichten notwendig ist, sind diese Verfahren in der täglichen Routine praktisch nicht einsetzbar. Es gibt zwar mittlerweile unterschiedlichste Anwendungsbereiche, die aber jeweils nur spezifische Fragestellung basierend auf Bildmaterial einer jeweils geeigneten Modalität behandeln. Beispielhaft sind die Bestimmung der linksventrikulären Masse in MR-Bilddaten [4] oder aber die Darstellung congenitaler Vitien, wie oben schon erwähnt. Die verwendeten Verfahren sind dabei allerdings nur auf die jeweilige Fragestellung zugeschnitten und erfordern trotz allem noch einen Großteil an Interaktion seitens des Benutzers.

3 Präoperative Planung in der klinischen Routine

Wie zuvor gezeigt, ist eine computerunterstützte Operationsplanung wünschenswert. Um allerdings derartige Verfahren in die klinische Routine bringen zu können, müssen zwei Voraussetzungen erfüllt sein. Zum einen sollten die Verfahren mit möglichst wenig Benutzerinteraktion ablaufen. Zum anderen müssen sie in eine intuitiv bedienbare Benutzeroberfläche integriert sein.

3.1 Orientierung im Bildmaterial als Voraussetzung für eine Automatisierung

Für die Erstellung der standardisierten Rekonstruktionen sind zwei Arbeitsschritte notwendig, zum einen die Segmentierung aller relevanten Strukturen im Bildmaterial und zum anderen eine geeignete Wahl der Beleuchtungsparameter für den Visualisierungs-prozeß. Um den damit verbundenen Zeitaufwand zu reduzieren, wird eine automatische Orientierung im Bildmaterial benötigt, die das Auffinden aller für den vermuteten Defekt relevanten Strukturen ermöglicht. Dazu ist es notwendig, das anatomische Wissen in geeigneter Weise algorithmisch abzubilden, so daß es auf Bildmaterial beliebiger Modalitäten und beliebiger Schichtorientierung anwendbar ist.

Diese Orientierung muß drei Aufgaben erfüllen:
- die Identifikation der ROI (Herz) innerhalb der Schichten,
- die Einordnung der Schichten hinsichtlich ihrer Lage innerhalb des Herzens,
- die Identifikation aller relevanten intracardialen Strukturen.

Dies geschieht durch die Ausnutzung der im DICOM-Bildheader vorhandenen Informationen und durch die Anwendung von Merkmalen wie Lage, Form und Kontrast auf das Bildmaterial [5]. Die somit gewonnenen Informationen werden unterstützend sowohl für die Segmentierung intracardialer Strukturen eingesetzt als auch zur Wahl geeigneter Visualisierungsparameter wie Standpunkt und Blickrichtung herangezogen.

3.2 Benutzeroberfläche

Die entwickelten Algorithmen wurden mitsamt einer ergonomischen, graphischen Benutzeroberfläche (Abb. 1) in ein prototypisches System integriert, dessen Ziel die Erstellung standardisierter Ansichten eines vermuteten Defekt ist. Nach Festlegung der Diagnose erhält der Anwender eine Taskliste, die ihm diagnoseabhängig alle relevanten Arbeitsschritte vorschlägt. Zunächst muß unabhängig von der Diagnose das Ventrikelseptum durch drei Punkte markiert werden. Diese dienen als Anhaltspunkt für den weiteren Orientierungsprozeß, der auf der Ausnutzung räumlicher Zusammenhänge und anatomischen Wissens sowie der Erkennung von Formmerkmalen beruht. Anschließend wird das Herz als ROI segmentiert. Diese Segmentierung ist an die im Rahmen des SFB 414, Informationstechnik in der Medizin „Rechner- und sensorgestützte Chirurgie" entwickelten Algorithmen angelehnt und beruht auf der adaptiven Segmentierung [6], bei der die Segmentierung des Herzens über die Innenkontur der leicht identifizierbaren Lungen erfolgt. Nach und nach werden alle für die Diagnose relevanten intracardialen Strukturen segmentiert. Die Segmentierungsergebnisse können interaktiv korrigiert werden (Illusionskanten, Konturverfolgung, Region Growing). Abschließend werden die Parameter für den Visualisierungsalgorithmus berechnet. Es werden zunächst standardisierte Ansichten (Rundflüge um einen Defekt, Annäherung an einen Defekt) generiert, die der Benutzer durch Variation von Standpunkt und Blickrichtung interaktiv an die spezifische Morphologie anpassen kann.

4 Ergebnisse

Dieses Verfahren wurde auf Bildmaterial verschiedener Modalitäten (MR und EBT), beliebiger Schichtorientierung und unterschiedlicher Sequenzen angewendet. Auf diese Art war die Beurteilung verschiedener cardialer Defekte möglich. Es konnten bei-

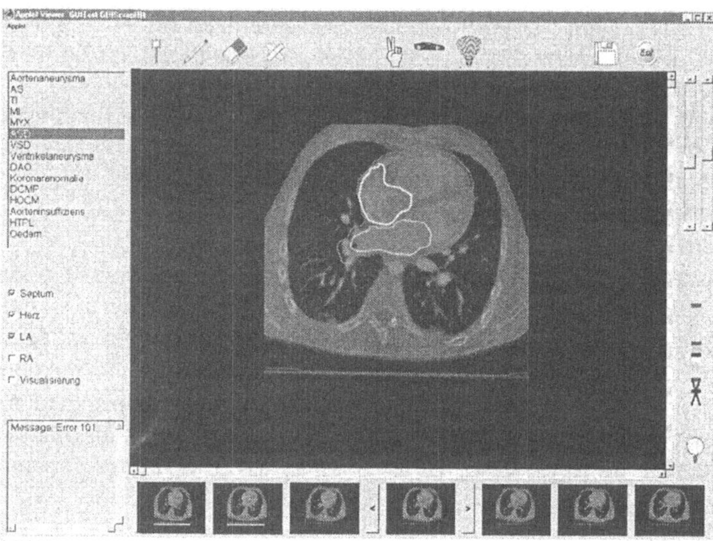

Abb. 1: Prototyp der Benutzeroberfläche

spielsweise Lage und Größe eines Vorhofseptumdefekts (Abb. 2) oder die Lage und
Ausdehnung eines Vorhoftumors (Abb. 3) qualitativ untersucht und dreidimensional
dargestellt werden. Das System findet in der klinischen Routine in der letzten Phase der
Operationsplanung Anwendung. Nachdem eine dem Defekt angepaßte Bildakquisition
durchgeführt worden ist, wird das System für die Planung des Eingriffs eingesetzt und
unterstützt somit den Chirurgen bei der Entscheidung für eine Operationsstrategie.

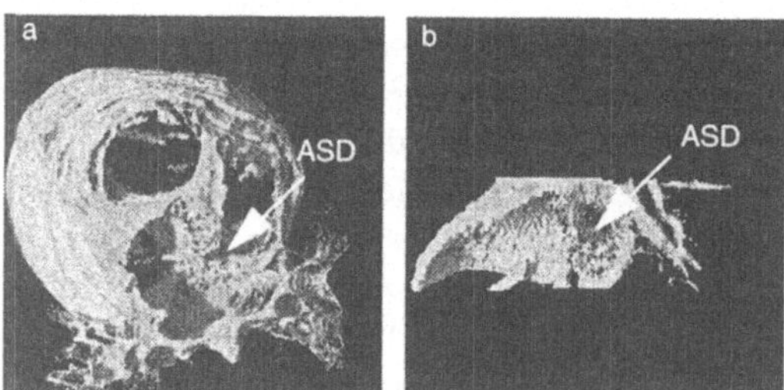

Abb. 2: Zwei unterschiedliche Ansichten eines Vorhofseptumdefektes (ASD).
Aufsicht (a) und Blick vom rechten in den linken Vorhof (b)

5 Ausblick

Durch den Einsatz eines Systems, wie es hier vorgestellt wurde, wird es möglich, eine
präoperative Operationsplanung basierend auf standardisierten 3D-Rekonstruktionen
durchzuführen. Bei der bisherigen Implementierung handelt es sich allerdings nur um
ein protypisches System, dessen Einfachheit der Bedienung und Praktikabilität in der
klinischen Routine noch evaluiert werden müssen. Aus diesem Grund ist eine Akzep-
tanzstudie in einer herzchirurgischen Abteilung geplant.

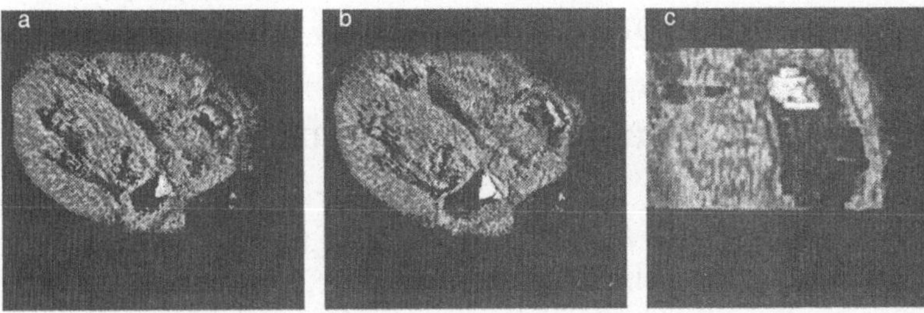

Abb. 3:   Unterschiedliche Ansichten eines Vorhoftumors. Aufsicht (a und b) und
Blick in den linken Vorhof hinein (c)

Danksagung

Diese Arbeit wird von der Deutschen Forschungsgemeinschaft im Rahmen des SFB
414, Informationstechnik in der Medizin „Rechner- und Sensorgestützte Chirurgie "
gefördert.

Literatur

1.   Glombitza G, Lamade W, Demiris AM, Göpfert MR, Mayer A, Bahner ML, Meinzer HP,
Wunsch C, Lehnert T, Herfarth C: Technical Aspects of Virtual Liver Resection Planning.
International Journal of Medical Informatics, (in print).
2.   Vahl CF, Meinzer HP, Hagl S: Three-Dimensional Presentation of Cardiac Morphology.
The Thoracic and Cardiovascular Surgeon, Vol 39 (Suppl III), (1991), 198-204.
3.   Vannier MW, Gutierrez FR, Laschinger JC: Three Dimensional Magnetic Resonance
Imaging. Topics in Magnetic Resonance Imaging, 2(2), (1990), 61-65.
4.   Balzer P, Furber A, Cavaro Menard C, Croue A, Tadei A, Geslin P, Jallet P, Le Jeune JJ:
Simultaneous and Correlated Detection of Endocardial and Epicardial Borders on Short
Axis MR Images for the Measurement of Left Ventricular Mass. Radiographics, 18(4),
(1998), 1009-1018.
5.   Schroeder A, Demiris AM, Alber J, Meinzer HP: Hierarchische Identifikation von Merkmalen zur automatischen Orientierung im Bildmaterial des Herzens. In Lehmann T, Metzler V, Spitzer K, Tolxdorff T (Eds). Informatik Aktuell - Bildverarbeitung für die Medizin
1998 - Algorithmen, Systeme, Anwendungen. Berlin Heidelberg, New York: Springer
(1998), 244-247.
6.   Makabe MH, Albers J, Schroeder A, Heiland M, Vahl CF, Meinzer HP. Adaptive segmentation and standardized visualization of aortic stenosis in tomographical image data for cardiac surgery planning. In: Lemke HU, Vannier MW, Inamura K, Farman A (Eds). CAR'98
- Computer Assisted Radiology and Surgery. Amsterdam: Elsevier (1998) 753-758.

Simulation der Knochenverlagerung
beim
Frontal Orbital Advancement

H. Grabowski*, S. Hassfeld**, J. Brief**,
J. Münchenberg*, U. Rembold*, H. Wörn*

*Institut für Prozeßrechentechnik, Automation und Robotik (IPR)
Universität Karlsruhe, 76128 Karlsruhe
Email: grabow@ira.uka.de

**Mund-, Kiefer- und Gesichtschirurgie
Universität Heidelberg, 69120 Heidelberg

1 Einleitung

Die bildgebenden Verfahren der medizinischen Diagnostik stellen Bilddaten zur
Verfügung aus denen komplexe dreidimensionale Modelle generiert werden können.
An Hand dieser Modelle könne Operationen simuliert und geplant werden [1, 2].
Durch neue rechnergestützte Verfahren können hierbei Meßgrößen bestimmt werden,
die wiederum Rückschlüsse auf die Effizienz des operativen Eingriffs zulassen. Dabei
kann durch die Simulation mit Hilfe des Computers die Veränderung dieser Größen
präoperativ bestimmt und während der Planung berücksichtigt werden.

So stellt z.B. bei der präoperativen Planung des *Frontal Orbital Advancement*
(FOA) der durch die Verlagerung der Kalotte erreichte intrakranielle Volumengewinn
eine wichtige Zielgröße dar. Um solche komplexen Eingriffe simulieren zu können,
müssen aus den Schichtaufnahmen geometrische Modelle erzeugt werden, die zum
einen die anatomischen Strukturen genau repräsentieren, zum anderen die Simulation
der für die Operation relevanten Eingriffe wie z. B. Bohren, Sägen, Fräsen oder Ver-
formen effizient unterstützen. Neben den geometrischen Modellen müssen zusätzlich
Methoden zur Bestimmung der relevanten Zielgrößen - hier der intrakranielle
Volumengewinn - bereitgestellt werden.

2 Erzeugung geometrischer Modelle

Für die Erzeugung geometrischer Modelle wurden zahlreiche Verfahren entwickelt,
die aus den Schichtbildern Oberflächenmodelle erzeugen [3, 4]. Diese Oberflächenmodelle sind jedoch für die Simulation von Schneideoperationen oder für die Simulation von Deformationen weniger geeignet, weil keine Informationen über die Eigenschaften innerhalb dieser Strukturen mehr vorliegen. Deshalb werden hier Finite

Element-Modelle verwendet, die die Simulation von Deformationen ermöglichen und die Berechnung virtueller Schnitte [5] erleichtern.

Für die Erzeugung von Tetraedernetzen aus segmentierten Tomogrammen wurde ein spezieller Netzgenerator entwickelt, der hier kurz vorgestellt werden soll. Das Verfahren kann in die folgenden vier Bearbeitungsschritte unterteilt werden:

1. Segmentierung: Das Bild wird in verschiedene homogene Grauwertbereiche zerlegt. Jeder Grauwertbereich repräsentiert dabei eine anatomische Struktur.

2. Konturpunkterzeugung: Für jeden Grauwertbereich wird eine Menge von Punkten erzeugt, die auf der Oberfläche der segmentierten Strukturen liegen. Die Anzahl der erzeugten Punkte kann dabei individuell den Regionen angepaßt werden.

3. Triangulierung: Die verschiedenen Punktmengen werden in einer Menge vereinigt. Diese Menge wird anschließend der dreidimensionalen Delaunay-Triangulierung unterzogen.

4. Klassifizierung: Die erzeugten Tetraeder werden entsprechend der segmentierten Bereiche klassifiziert. Für jeden Tetraeder wird eine Punktmenge generiert, an Hand derer entschieden wird, ob der Tetraeder eindeutig einer Klasse zugeordnet werden kann oder ob er rekursiv in zwei kleinere Tetraeder zerlegt wird.

Als Ergebnis erhält man ein aus Tetraedern bestehendes Netz, in dem jeder Tetraeder einer Klasse zugeordnet ist. Abbildung 1 zeigt die vier Teilschritte des Algorithmus.

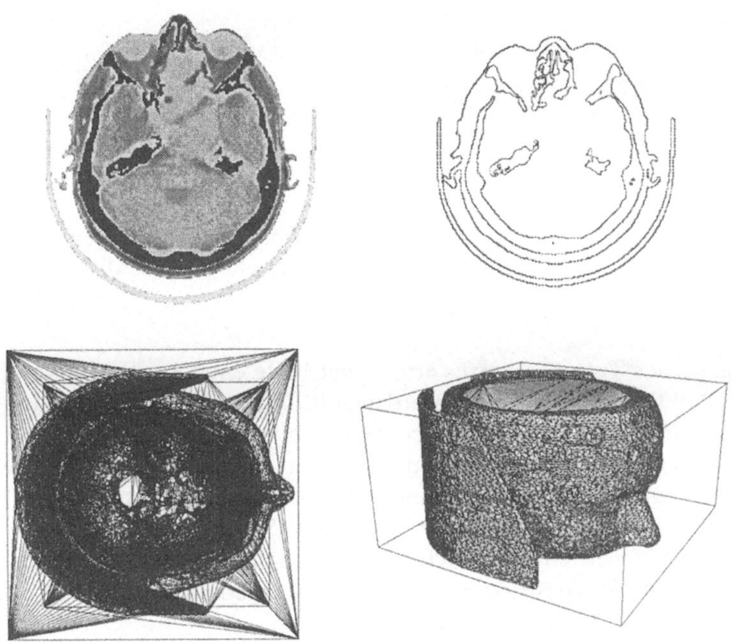

Abb. 1: Aus den segmentierten Grauwertbereichen (links oben) wird das Tetraedernetz (rechts unten) erzeugt.

3 Zerlegen der Tetraedernetze

Mit Hilfe des Netzgenerators wird der präoperative Datensatz in ein Tetraedernetz überführt. Dieses Netz besteht aus den drei Strukturen Haut, Knochen und Gehirn. (Die Struktur "Gehirn" stellt das intrakranielle Volumen dar und nicht das eigentliche Organ. Abbildung 2, links). Zur Simulation der Knochenverlagerung muß die Kalotte aus dem Schädelknochen herausgetrennt werden und ggf. in weitere noch kleinere Knochenstücke zerlegt werden.

Die Schnitteingabe wird interaktiv am Bildschirm durchgeführt. Der Schnitt wird dabei durch eine Folge von Oberflächenpunkten repräsentiert, die vom Chirurgen am Bildschirm eingegeben werden (Abbildung 2, rechts).

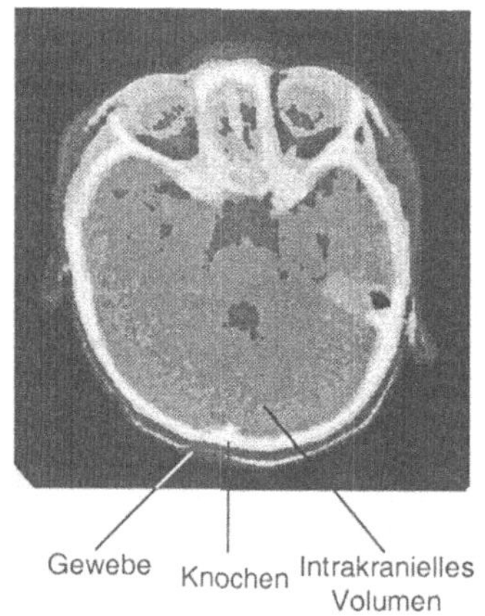
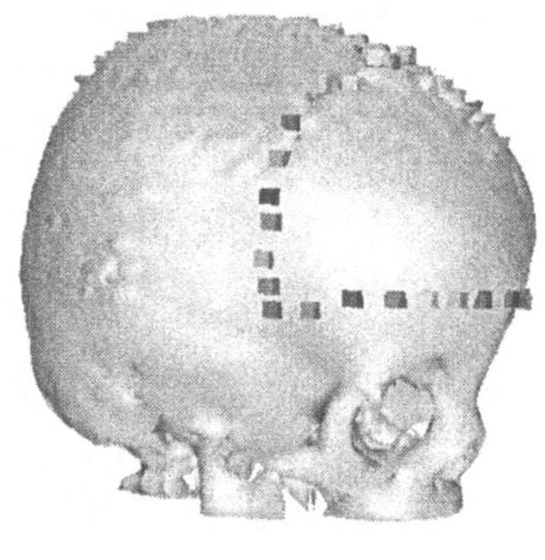

Abb. 2: In dem Datensatz (links) wurden drei Strukturen segmentiert. Auf dem daraus rekonstruieren Schädelknochen wird die Schnittrajektorie mit Hilfe einer Punktfolge eingezeichnet.

Die Zerlegung des Tetraedernetzes erfolgt mit Hilfe eines kegelförmigen Körpers, der hier als "Schnittkegel" bezeichnet werden soll. Dafür wird ein Punkt im Inneren des Schädels bestimmt, der die Kegelspitze repräsentiert. Die Verbindungsgeraden dieser Kegelspitze zu den vorher eingegebenen Punkten der Schnittrajektorie stellen die den Schnittkegel begrenzenden Seitenkanten dar. Jeweils zwei benachbarte Seitenkanten spannen dabei eine den Schnittkegel begrenzende Seitenfläche auf.

Anschließend werden alle sich in dem Schnittkegel befindenden Tetraeder markiert und einer neuen Struktur - der Kalotte - zugeordnet (Abbildung 3, links). Auf analoge Weise kann das so erhaltene Netz - es enthält jetzt die vier Strukturen Haut, Gehirn, Knochen und Kalotte - weiter zerlegt werden. In der Regel ist z.B. eine weitere Zerlegung der Kalotte in zwei Teile erforderlich (Abbildung 3, rechts).

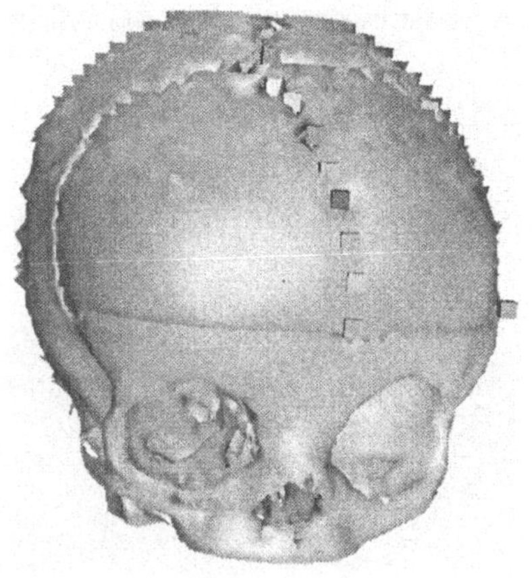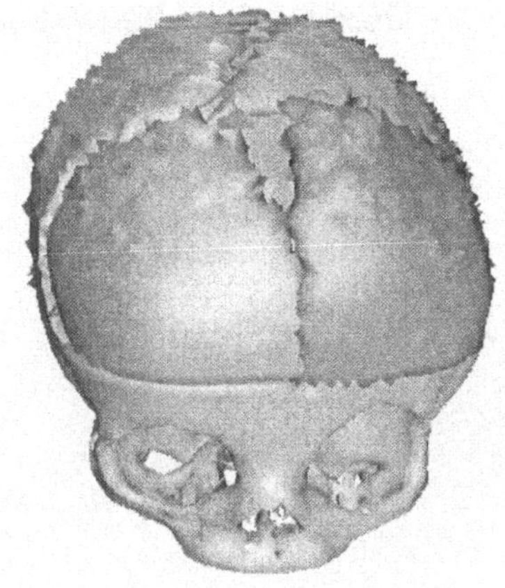

Abb. 3: Aus dem Schädelknochen wurde die Kalotte herausgeschnitten (links). Durch erneutes Anwenden des Schnittverfahrens wurde die Kalotte in zwei Teile zerlegt, die unabhänig voneinander positioniert werden können (rechts).

Nach der Zerlegung des Netzes in verschiedene Teile müssen die einzelnen Knochenteile verschoben werden. Dies erfolgt interaktiv am Bildschirm. Jedes Teil kann einzeln selektiert und durch Rotation und Translation in die gewünschte Position gebracht werden. Während der Positionierung kann der gesamte Datensatz aus beliebigen Ansichten betrachtet werden.

Mit Hilfe einer synchronen Zweikamera-Ansicht kann zu jeder Zeit das aus dem originären Datensatz erzeugte Netz mit dem zerlegten Netz aus der Simulation verglichen werden. Zusätzlich wird während der Positionierung der Knochenteile der durch die Verschiebung erzielte Volumengewinn angezeigt.

4 Volumenbestimmung

Durch die Verschiebung der Kalotte wurden auch die Knoten des Netzes verschoben. Diese Knoten liegen aber auf der Oberfläche der Innenseite der Kalotte und sind zugleich auch Knotenpunkte der als "Gehirn" bezeichneten Struktur. Durch die Verschiebung dieser Knoten vergrößert sich deshalb auch das Volumen der Struktur "Gehirn" (Abbildung 4). Dieses Volumen kann durch Aufsummation der Volumen der einzelnen Tetraeder leicht bestimmt werden.

Der Volumenzuwachs kann durch Differenzbildung des Volumens *vor* der Verschiebung und des Volumens *nach* der Verschiebung bestimmt werden oder es kann durch Quotientenbildung der prozentuale Zuwachs berechnet werden.

Auf völlig analoge Weise kann mit Hilfe postoperativer Aufnahmen der tatsächlich erreichte Volumenzuwachs bestimmt werden: In den prä- und postoperativen Bildern wird jeweils das intrakranielle Volumen segmentiert und in ein Tetraedernetz überführt. Durch Aufsummation der einzelnen Tetraedervolumen kann wiederum der durch die Operation erzielte Volumenzuwachs bestimmt und mit der Simulation verglichen werden.

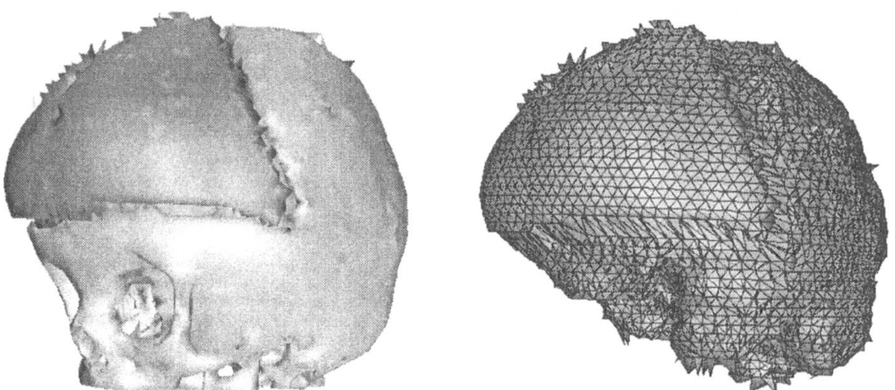

Abb. 4: Durch Verschiebung der Kalotte (links) vergrößern sich die Tetraeder des Gehirns (rechts). Durch Aufsummation aller Tetraedervolumen vor und nach der Knochenverlagerung kann der Volumengewinn bestimmt werden.

5 Ausblick

Mit Hilfe der hier beschriebenen Verfahrensweise können die Ergebnisse verschiedener Simulationen mit dem postoperativen Ergebnis verglichen werden. Dabei soll zunächst untersucht werden, in wie weit sich die realen Ergebnisse (postoperativ) durch die Simulation an Hand präoperativer Datensätze reproduzieren lassen. Zum anderen sollen mit Hilfe postoperativer Datensätze alternative Verlagerungen untersucht werden und der dadurch erzielbare Volumengewinn bestimmt werden.

Da zur Zeit noch keine statistischen Erhebungen über die hier betrachtete Zielgröße des *intrakraniellen Volumengewinns* vorliegen, können auch postoperativ akquirierte Datensätze bereits durchgeführter Operationen mit den entsprechenden präoperativen Datensätzen verglichen werden und die Zielgröße kann nachträglich bestimmt werden. Diese postoperative Erhebung kann dann als Richtwert für die präoperative Planung dienen.

6 Acknowledgment

Diese Entwicklung entstand am Institut für Prozeßrechentechnik, Automation und Robotik, Prof. Dr.-Ing. U. Rembold, Prof. Dr.-Ing. H. Wörn, Prof. Dr.-Ing. R. Dillmann, Fakultät für Informatik, Universität Karlsruhe. Die Arbeit wurde im Rahmen des Sonderforschungsbereichs „Informationstechnik in der Medizin - Rechner- und sensorgestütze Chirurgie" von der Deutschen Forschungsgemeinschaft finanziert.

7 Literatur

1. Robb, R. A., Hanson, D. P., *The ANALYZE Software System for Visualization and Analysis in Surgery Simulation*, in: Taylor, R., Lavallée, St., Burdea, G, Moesges, R. (eds.), Computer Integrated Surgery, MIT-Press, Cambridge, S. 175-189, 1996
2. Keeve, E., *Visualisierungs- und Simulationsverfahren zur interaktiven Planung kraniofazialer Korrekturoperationen*, Dissertation, Universität Erlangen-Nürnberg, infix Verlag, Sankt Augustin, ISBN 3-89601-008-5, 1997
3. Lorensen, W., Cline, H. E.. *Marching Cubes: A high resolution 3D surface construction algorithm*. Computer Graphics, 21(4):163-169, 1987
4. Bajaj, C. L., Coyle, E. J., Lin, K. N. *Surface and 3D triangular meshes from cross planar sections*. 5th International Meshing Roundtable, Pittsburgh, Pennsylvania, U.S.A., on October 10-11, 1996
5. Mazura, A., *Virtual cutting in Medical Data*. Medicine Meets Virtual Reality (MMVR 5), San Diego, January 1997, S. 420-429, 1997

Posterbeiträge

Neuronale Netz-Detektion von Brustkrebs basierend auf einer Multi-Skalen Analyse

Anke Meyer-Bäse

Dep. of Electr. and Comp. Engineering,
University of Florida, Gainesville FL 32611-6130, USA
Email: anke@alpha.ee.ufl.edu

Zusammenfassung Die Aufgabe des neuronalen Radialbasisnetzes besteht darin, eine binäre Maske zu erzeugen, die eine Segmentierung von Massen (Verschattungen mit radiären Ausziehungen) direkt in der Mammographie-Aufnahme ermöglicht. Das neuronale Netz lernt Merkmalsvektoren, die Wavelet-Koeffizienten bei verschiedenen Auflösungen eines jeden einzelnen Pixel darstellen und entscheidet über die Wahrscheinlichkeit, ob ein Bildpunkt zu einem Bereich einer Masse gehört. Eine anschließende Fusion einer globalen Kontrastverstärkung des gesamten Bildes sowie einer lokalen Kontrastverstärkung der segmentierten Region unterstützen den Radiologen bei seiner Diagnose.

Keywords: Neuronales Netz, Wavelet, CAD–System, Brustkrebs

1 Einleitung

Rechnergestützte Interpretation von Mammographie-Aufnahmen war stets von besonderem Interesse für Forscher aus aller Welt, wobei sich ihre Zielsetzungen entweder auf die Erkennung von Clustern aus Mikrokalzifikationen oder die von Detektion von malignen Tumoren konzentrieren.

Verschattungen mit radiären Ausziehungen („spicular masses") stellen eine der wichtigsten Formen von Läsionen dar, da die meisten Brustkarzinoma das Aussehen einer Verschattung mit radiären Ausziehungen besitzen und deren Wahrnehmung äußerst schwierig ist, insbesondere wenn sie ganz klein sind [1].

Die letzten Jahre sind von einer sehr regen Forschungsaktivität im Bereich der Anwendung von neuronalen Netzen zur Detektion und Klassifikation von Brustkrebs geprägt. Mehrschichtige Perzeptrons sind z.B. in [2] zur Detektion und Klassifikation von Mikrokalzifikationen eingesetzt worden.

Die Wavelet-Transformation ist in CAD-Systemen hauptsächlich zum Bildenhancement und zur Detektion von Mikrokalzifikationen eingesetzt worden. Die Verwendung der Wavelet-Transformation bei der Detektion von Massen wurde erstmals von Wei et al. vorgestellt [3]. Laine et al. [4] haben zum ersten Mal die Anwendung der Wavelet-Transformation für die Merkmalsextraktion bei Mammographie-Aufnahmen gezeigt. So können überabgetastete Wavelet-Transformationen bei jeder Skala die örtliche Lokalisation der Masse dank der Translationsinvarianz erhalten.

2   Das neuronale Radialbasisnetz

Neuronale Netze mit Radialbasisklassifikatoren stellen einen universellen Approximator bei einem dreischichtigen Aufbau dar. Die Ein- und Ausgangsschicht bestehen aus linearen Einheiten. Die Neuronen der verborgenen Schicht bestimmen den euklidischen Abstand zwischen Eingangs- und Referenzvektor und bewerten diesen schließlich über eine Radialbasisfunktion, die meistens eine Exponentialfunktion ist. Die Ausgangsschicht realisiert die Überlagerung der gewichteten Radialbasisneurone der mittleren Schicht und damit die Approximation der geforderten Funktion.

3   Merkmalsextraktion

Das System zur Erkennung von Massen arbeitet mit den vier üblichen Standardaufnahmen pro Brustkrebsfall. Für jede einzelne Aufnahme wird eine überabgetastete Wavelet-Darstellung durchgeführt sowie eine Darstellung bei kontinuierlichen Skalen zum Zwecke der Multi-Resolution-Analyse. Diese Darstellungen sind nötig, um für jeden Bildpunkt Merkmale bei verschiedenen Skalen zu extrahieren. Die Wavelet-Koeffizienten bei verschiedenen Auflösungen für jeden einzelnen Pixel bilden einen Merkmalsvektor und werden damit zum Eingangsvektor eines neuronalen Netzes. Der Ausgang vom Netz entscheidet über die Wahrscheinlichkeit, ob ein Bildpunkt zu einem Bereich einer Masse gehört. Ein anschließendes Schwellwertverfahren erstellt eine binäre Maske, die die krebsverdächtigen Gebiete segmentiert.

4   Netzaufbau, Segmentierung und Klassifikationsergebnisse

Die Aufgabe des neuronalen Netzes ist es, eine binäre Maske zu erzeugen, die die Segmentierung der Massen in der Mammographie-Aufnahme ermöglicht.

In diesem Sinne wird ein Fenster der festen Größe von 256×256 Pixeln über 18 Volumenaufnahmen der Transformationskoeffizienten des Bildes gestreift. Die Überlappungsrate beträgt dabei 50%. Bei jedem Überlappungspunkt werden die 3-D Skalenmerkmale extrahiert und dem neuronalen Netz als Eingangsvektor angeboten. Die Länge des Eingangsvektors ist somit durch die vorgegebene Anzahl der Merkmale gegeben. Der Ausgang des Netzes entscheidet über die Zugehörigkeit eines Pixels zu einer Masse. Die Neuronen der mittleren Schicht entstehen während des Lernvorganges und sollen die Umrisse der Massen lernen. Das neuronale Radialbasisnetzwerk ist optimal zum Lernen von Skalierungsraum-Darstellungen, da die Kernelfunktionen Hyperellipsoide darstellen können. Die durchgeführten Voruntersuchungen haben gezeigt, daß die Koeffizienten bei der kontinuierlichen Wavelet-Analyse Strukturformen (Cluster) annehmen, die durch die Überlagerung von Hyperellipsoiden gut nachgebildet werden können.

Ein Vergleich zwischen der Visualisierung von Bildern, die normales Brustgewebe und solche mit Verschattungen mit radiären Ausziehungen enthalten (Bild 1(a) und (b)), zeigt, daß diese Strukturen mit Hilfe von Linearkombinationen hyperellipsoidischer Cluster im Raum approximiert werden können. Diese Strukturen können besonders gut mittels neuronaler Radialbasisnetzwerke erkannt werden, da die 3-D rezeptiven Felder diese Formen optimal nachbilden können. Die uns zur Verfügung stehende Datenbank enthält 310 unterschiedliche Fälle mit je 4 Mammographie-Aufnahmen pro Fall, und es wurden die Hälfte zum Training und die andere Hälfte zum Testen genommen.

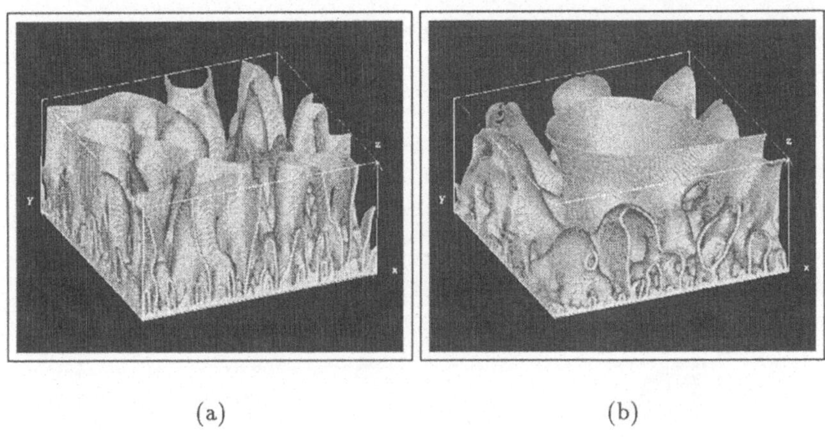

(a)   (b)

Abbildung 1. 3D-Visualisierung der Nulldurchgänge von kontinuierlichen Waveletkoeffizienten eines Bereiches (a) ohne Masse und (b) mit Masse (9mm).

Die Erkennungsrate des neuronalen Netzes bei der Massensegmentierung liegt bei $92,2\%$.

5 Globale und lokale Kontrastverstärkung

Die Bilder 2 und 3 beschreiben die verschiedenen Verarbeitungsschritte, die für die globale und lokale Kontrastverstärkung benötigt werden. Ausgangspunkt des Verfahrens ist - wie üblich - eine digitalisierte Mammographie-Aufnahme.

Globale Kontrastverstärkung: Eine Kontrastverstärkung wird für jeden Bildpunkt in einem gerade durchgestreiften Bereich eines Bildes oder sogar über das gesamte Bild durchgeführt. Das Problem bei der globalen Kontrastverstärkung ist, daß es zwar sehr geeignete Merkmale findet, jedoch Bilder erzeugt, die für den Radiologen ohne zusätzliche Interpretationshilfen wenig brauchbar sind. Um jedoch auf die Vorteile dieses Verfahrens nicht verzichten zu müssen, wird eine Bildfusion vorgenommen, die die lokal und global kontrastverstärkten Bilder miteinander verknüpft.

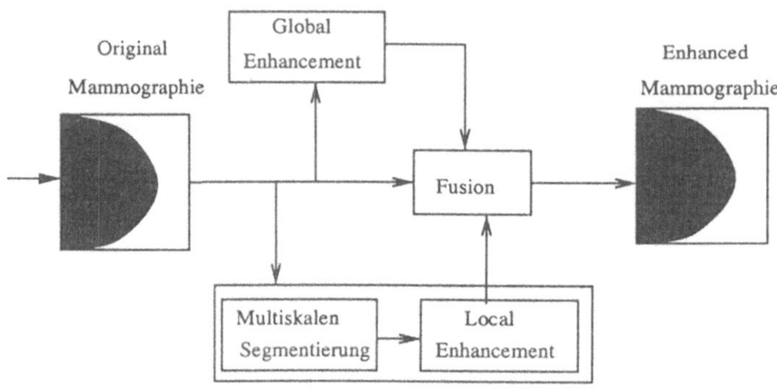

Abbildung2. Multi-Skalen Kontrastverstärkung.

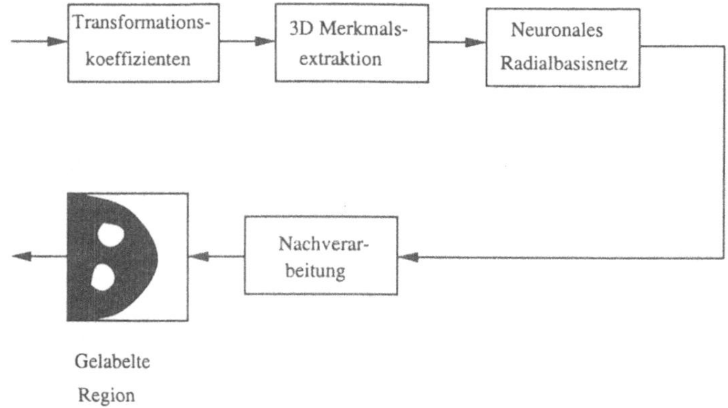

Abbildung3. Verarbeitungsstufen der Multi-Skalen Segmentierung von Massen.

Lokale Kontrastverstärkung: In [4] ist gezeigt worden, daß lokale Kontrastverstärkungsverfahren, die gezielt auf krebsverdächtige Gebiete fokussiert sind, größere Vorteile als globale Verfahren haben. Nachdem die Segmentierung anhand des neuronalen Netzes durchgeführt wurde, kann die lokale Kontrastverstärkung vorgenommen werden.

Eine anschließende Fusion einer globalen Kontrastverstärkung des gesamten Bildes sowie einer lokalen Kontrastverstärkung der segmentierten Region unterstützen den Radiologen bei seiner Diagnose. Bild 4 enthält eine Auswahl von lokalisierten Transformationskoeffizienten.

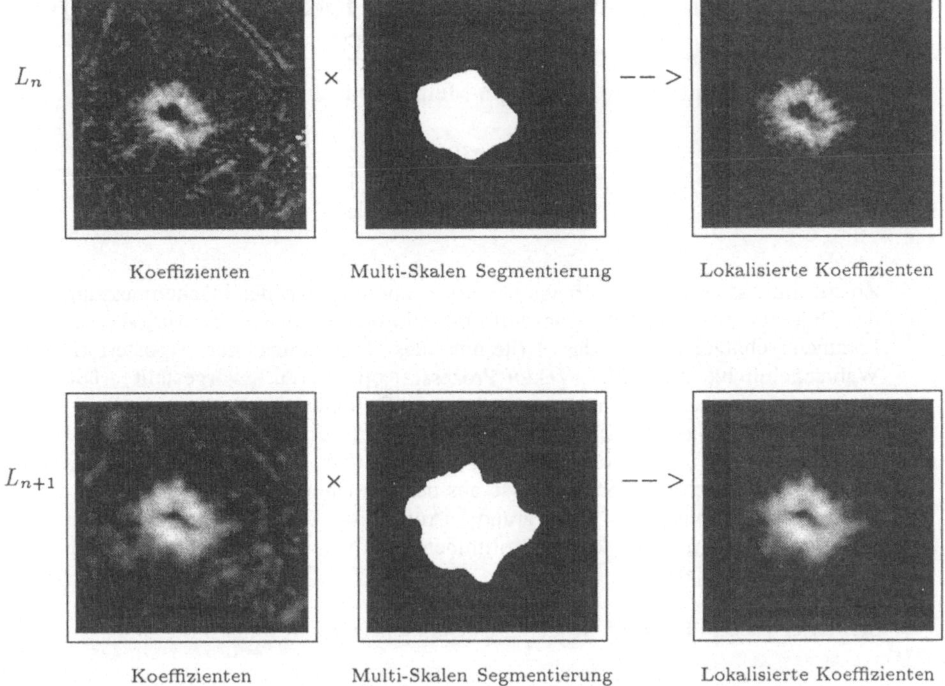

Abbildung4. Lokalisierte Waveletkoeffizienten anhand einer Glättungsfunktion bei einer Approximation einer Ableitung 1. Ordnung bei zwei verschiedenen Analysestufen; Obere Reihe: Feinere Skala, Untere Reihe: Grobere Skala.

References

1. Tabar R, Dean P: Teaching Atlas of Mammography. Thieme Inc., New York, 1985.
2. Zhang W, Wu Y, Giger M, Doi K, Nishikawa R: Computerized Detection of Clustered Microcalcifications in Digital Mammograms Using a Shift-Invariant Neural Network. Med. Phys., 21:517-524, 1994.
3. Wei D, Chan H, Helvie M, Sahiner B: Classification of Mass and Normal Breast Tissue on Digital Mammograms: Multiresolution Texture Analysis. Med. Phys., 22:1501-1513, 1995.
4. Laine A, Schuler S, Fan J, Huda W: Mammographic feature enhancement by multiscale analysis IEEE Trans. on Medical Imaging, 13:725-740, 1994.

Flächen- und Volumenmessung lokaler Objekte in DICOM-Bildern und –Bildfolgen

Sergei Hludov, Christoph Meinel und Thomas Engel

Institut für Telematik
Bahnhofsstr. 30-32, 54292 Trier
Email: hludov@ti.fhg.de

Zusammenfassung. Die Aufgabe der Segmentierung und der Flächenmessung des Objektbereichs im Bild einer DICOM-Bildfolge wird wie die Aufgabe der Parameterschätzung, die das Kriterium des Maximums der Aposteriori-Wahrscheinlichkeiten für Vektor-Prozesse optimieren, vorgestellt. Die Auflösung, die das Resultat der folgerichtigen Optimierung des Kriteriums ist, besteht aus der Pixelklassifikation der vorläufigen Bilder im Objektbereich und im Hintergrund, wobei die Grauwert-, Form- und Größenänderungen des Objekts berücksichtigt werden, sowie aus der zeitlichen Kalman-Filterung des Objektbereichs und des Hintergrunds. Auf Basis dieses vorgeschlagenen Verfahrens kann man konkrete Algorithmen ausarbeiten für die verschiedenen Untersuchungsobjekte.

Schlüsselwörter: DICOM, Modell, Zustand, Schätzung, Kalman-Filterung

1 Einleitung

Während der Analyse von CT- und MR-DICOM-Bildfolgen wird oft eine Fläche oder ein Volumen gebraucht, um bestimmte lokale Objekte zu messen. Zur Zeit markiert der Arzt manuell in jedem Bild ein Gebiet, das dem zu analysierenden Objekt gehört. Weiter werden die in Pixel berechneten Flächen der markierten Zonen aller Bilder der Bildfolgen addiert und auf Grund der Auflösung des Bildes und des Abstandes zwischen Bildern in Bildfolgen das Volumen des lokalen Objekts berechnet. Diese Operation erfordert für die übliche Länge einer Bildfolge (von 30 bis zu 50 Bildern) etwa 20 bis 35 Minuten.

Bekannte automatisierte Lösungen der Aufgabe basieren auf den Methoden der Segmentation [1-6]. Jedoch ist die Anwendung dieser Methoden oft von Schwierigkeiten begleitet, die mit der Auswahl des Merkmalsystems für Segmentation verbunden sind. Die Auswahl des Merkmals hängt ab von den Parametern des Objektbildes, die sich von Bild zu Bild in der Bildfolge ändern.

In dieser Arbeit wird die Aufgabe der Markierung der interessierenden Region (ROI) des Bildes, die zum Objekt gehören, als Aufgabe der Schätzung der Parameter des Bildes des Objekts (Bildpunkte, die des Objekts gehören) und der Parameter des Bildes des Hintergrund (Bildpunkte, die des Objekts nicht gehören) auf Grund der Erfassung die Änderung in den Bildern der Bildfolgen formuliert und gelöst.

Die Lösung setzt voraus, daß der Arzt die erste Markierung des Objektbereiches im ersten Bild macht. Hieraus erhält man die Apriori- Information über den Grauwert der Pixel und die Lage des Objektbereiches und den Hintergrund des nächsten Bildes.

2 Das Modell des Zustandes und der Messung

Seien n die Nummer des Bildes L_n der betrachteten Bildfolge, H_n der Objektbereich im Bild L_n, G_n der Hintergrund im Bild L_n, R_n die binäre Maske des Objektbereiches (Abb. 1).

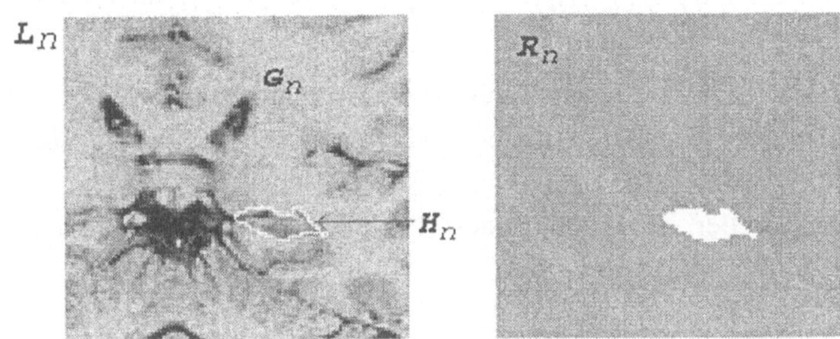

Abb. 1. L_n, G_n, H_n - Bilder und die binäre Maske des Objekts

Auf Grund der Apriori-Information ist bekannt: R_0 , wobei $r(i,j,0) = 1$ wenn Bildpunkt (i,j) in den Objektbereich gehört und $r(i,j,0) = 0$ im anderen Fall. Insgesamt ist $r(i,j,0) = \{1,0\}$ und ist eine Zufallsgröße mit der Verteilung $W(r(i,j,n)) = \{P(i,j,n), 1 - P(i,j,n)\}$; $g(i,j,0)$ ist der Grauwert des Hintergrund im Bildpunkt (i,j), für den $r(i,j,0) = 0$; $h(i,j,0)$ ist der Grauwert des Objektbereiches im Bildpunkt (i,j), für den $r(i,j,0) = 1$.

Das Modell des Grauwertzustandes der Objekt- und Hintergrundpunkte definieren wir durch Markprozess folgenden Typs:

$$g(i,j,n) = g(i,j,n-1) + \omega(i,j,n) \quad \text{für } r(i,j,n-1) = 0 \tag{1}$$

$$h(i,j,n) = h(i,j,n-1) + \eta(i,j,n) \quad \text{für } r(i,j,n-1) = 1 \tag{2}$$

wobei $\omega(i,j,n)$, $\eta(i,j,n)$ - $N(0, D_\omega)$, $N(0, D_\eta)$ Gauß'sche Normaleprozesse, die räumlich und zeitlich unkorreliert sind. Es wird weiterhin vorausgesetzt, daß der Objektbereich zweier aufeinanderfolgender Bilder der Bildfolgen nur kleine Änderungen des Grauwerts, der Form und der Größe hat. Dabei, seien Δ die vorausgesetzte mögliche Änderung der Größe des Objektbereiches von Bild zu Bild, δ der vorausgesetzte kleinste Unterschied zwischen Grauwert, Objekt und Hintergrund auf dem Bild im lokalen Bereich $-\Delta \times \Delta$ Pixel. Außerdem, sei $P(i,j/k,m)$ die Warscheinlichkeit, daß der Pixel (i,j) dem Objektbereich angehört, unter der Bedingung, daß Pixel (k,m) auch dem Objektbereich angehört. Dabei ist :

$$\sum_{k,m} P(i,j/k,m) = 1 \tag{3}$$

Das Modell der Messung im Bildpunkt (i,j) definieren wir als

$$l(i,j,n) = r(i,j,n) * h(i,j,n) + (1 - r(i,j,n)) * g(i,j,n) + \xi(i,j,n) \tag{4}$$

wobei $\xi(i,j,n) - N(0,D)$ ein Gauß'scher Normalprozess ist, der räumlich und zeitlich unkorreliert ist. Die Aufgabe besteht in der Schätzung der Parameter $r(i,j,n)$, $h(i,j,n)$, $g(i,j,n)$. Dabei ist die Menge der $r(i,j,n)$ die Lösung der Hauptaufgabe der Markierung des Objektbereiches im aktuellen Bild der Bildfolge.

3 Die Lösung der Aufgabe

Wenn die Aufgabe der Segmentierung und der Flächenmessung des Objektbereichs im Bild wie die Aufgabe der Parameterschätzung $r(i,j,n)$, $h(i,j,n)$, $g(i,j,n)$ vorgestellt und die Methode des Maximums der Aposteriori-Wahrscheinlichkeiten verwendet wird, müssen wir das globale Minimum des folgenden Kriteriums suchen

$$J = \sum_{i,j \in L_n} \left(\frac{(l(i,j,n) - s(i,j,n))^2}{D} - 2 Ln \, \overline{W}(r(i,j,n)) + \frac{(h(i,j,n) - \overline{h}(i,j,n))^2}{D_\eta} + \frac{(g(i,j,n) - \overline{g}(i,j,n))^2}{D_\omega} \right) \tag{5}$$

wobei $s(i,j,n) = r(i,j,n) * h(i,j,n) + (1 - r(i,j,n)) * g(i,j,n)$; $\overline{h}(i,j,n)$, $\overline{g}(i,j,n)$ die Erwartungswerte des Grauwerts von Objektbereich und Hintergrund sind; $\overline{W}(r(i,j,n))$ ist die Erwartungsverteilung der Parameter $r(i,j,n)$.

Die Lösung, die das Resultat der folgerichtigen Optimierung des Kriteriums des Maximums der Aposteriori-Wahrscheinlichkeiten (5) für Vektor-Prozesse ist, besteht aus zwei Teilen.

Im ersten Teil werden die Schätzungen $\hat{r}(i,j,n)$ berechnet. Die Schätzungen $\hat{r}(i,j,n) = 1$ im Bildpunkt (i,j) gehört zum Objektbereich, wenn die folgende Bedingung richtig ist

$$\ln\left(\frac{\hat{P}(i,j,n)}{1-\hat{P}(i,j,n)}\right) > 0 \qquad (6)$$

wobei

$$\ln\left(\frac{\hat{P}(i,j,n)}{1-\hat{P}(i,j,n)}\right) = \ln\left(\frac{\overline{P}(i,j,n-1)}{1-\overline{P}(i,j,n-1)}\right) + \frac{(l(i,j,n)-\overline{g}(i,j,n))^2 - (l(i,j,n)-\overline{h}(i,j,n))^2}{2D} \qquad (7)$$

und

$$\overline{P}(i,j,n-1) = \sum_{k,m\in\Omega} \hat{P}(i,j,n-1) * P(i,j/k,m) \qquad (8)$$

wobei für $\hat{r}(i,j,n-1)=1$ gilt: $\overline{g}(i,j,n) = \overline{h}(i,j,n-1) \pm \delta$, und $\overline{h}(i,j,n)$ ist gleich der Schätzung der Grauwerte des nahestehen Bildpunktes, für $\hat{r}(i,j,n-1)=0$ den $\hat{r}(i,j,n-1)=1$. Der Bereich Ω kann in einfachsten Fall die Größe 3x3 Pixel haben.

Die Bedingung wird nur für Bildpunkte berechnet, für die $\hat{r}(i,j,n-1)=1$ und für eine gewisse Umgebung Q_n dieser Punkte (Abb.2).

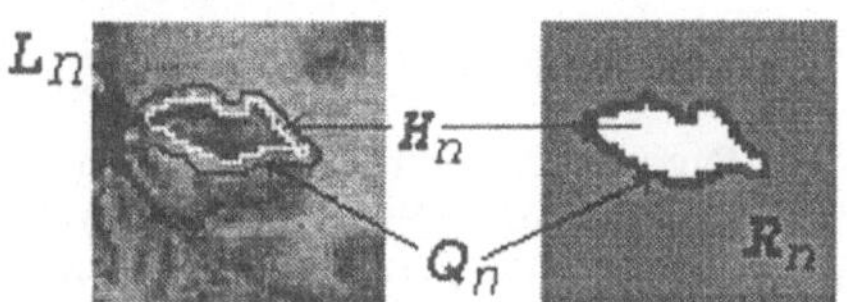

Abb.2. Die Umgebung Q_n des Objektbereich

Die Größe der Umgebung wird aus der möglichen Änderung der Größe des Objektbereiches von Bild zu Bild (Δ) ausgewählt. Ist die Bedingung (6) falsch, dann ist $\hat{r}(i,j,n)=0$ und der Bildpunkt (i,j) als Hintergrundpunkt klassifiziert.

Im zweiten Teil der Lösung werden auf Grund der Schätzung $\hat{r}(i,j,n)$ die Schätzungen $\hat{h}(i,j,n)$ und $\hat{g}(i,j,n)$ mittels Kalman-Filterung berechnet.

$$\begin{aligned}
\hat{h}(i,j,n) &= \overline{h}(i,j,n) + k_h(i,j,n) * (l(i,j,n) - \overline{h}(i,j,n)) \\
\hat{g}(i,j,n) &= \overline{g}(i,j,n) + k_g(i,j,n) * (l(i,j,n) - \overline{g}(i,j,n))
\end{aligned} \qquad (9)$$

wobei $\quad k_h(i,j,n) = \dfrac{D_\eta}{D + D_\eta}$ und $\overline{h}(i,j,n) = \hat{h}(i,j,n-1)$;

$$k_\varpi(i,j,n) = \dfrac{D_\omega}{D + D_\varpi} \text{ und } \overline{g}(i,j,n) = \hat{g}(i,j,n-1)$$

4 Erzielte Ergebnisse

Die statistische Modellierung des beschriebenen Algorithmus eignet sich gut zur Markierung der Objektbereiche auf Bildern verschiedener CT- und MR-DICOM-Bildfolgen. Die Genauigkeit der automatisierten Markierung ist gleich der Genauigkeit der manuellen Markierung. Die Werte Δ, δ und $W(r(i,j,0))$ hängen von der Modalität des Bildes, vom untersuchten Objekt und von der Anzahl der Bilder pro Zentimeter ab. Die $P(i,j/k,m)$ hängen von der Form des Objektbereiches und Δ ab. Alle Werte der oben genannten Parameter werden auf der Basis der statistischen Modellierung für jedes Untersuchungsobjekt berechnet.

Die Rechenzeit der automatisierten Markierung für Bildfolgen von 30 bis 50 Bildern mit Bildgröße 256x256 Pixel beträgt 30-60 Sekunden, für Bildgrößen von 512x512 Pixel beträgt sie 2-3 Minuten. Der oben beschriebene Algorithmus wurde in der Programmiersprache JAVA realisiert. Zur Modellierung wurde ein Arbeitsplatz-PC (Pentium200) benutzt.

5 Literatur

1. Rosenfeld, A., Kak, A.C. : Digital Picture Processing. Orlando : Academic Press 1982.
2. Saurbier F., Scheppelmann D., Meinzer H.P. (1989) Segmentierung biologischer Objekte aus CT- und MR-Schnittserien ohne Vorwissen. Informatik-Fachberichte 219, Mustererkennnung 1989, 11. DAGM-Symposium Hamburg, Springer Berlin, pp 210-210
3. Chelappa, R., Chatterjee, S. : Classification of textures using Gaussian Markov random fields. IEEE Trans. Acoust., Speech, Signal Process. 33 (1985), pp. 959-963.
4. Bouman,C.A., Shapiro, M.: A multiscale random field model for Bayesian image segmentation. IEEE Trans. Image Process. 3 (1994), pp 162-177.
5. Hötter, M., Thoma, R.: Image segmentation based on object-oriented mapping parameter estimation.   Signal Processing 15 (1988), pp. 315-334.
6. Grewal, M.S. and Andrews, A.P., 1993. Kalman Filtering, Theory and Practice. Prentice-Hall Inc.

LZW-JPEG Kompression radiologischer Bilder

Sergei Hludov und Christoph Meinel

Institut für Telematik
Bahnhofsstr., 30-32, 54292 Trier
Email: hludov@ti.fhg.de

Zusammenfassung. In der Arbeit wird ein Netzwerkalgorithmus für die Kompression und die Rekonstruktion von DICOM-Bildern präsentiert. Der Algorithmus besteht aus zwei Teil: die Bitebenen des Originalbildes werden aufgrund einer vorläufigen Segmentation und Analyse des Bildinhaltes klassifiziert; auf Basis der Klassifikationsergebnisse wird das DICOM-Bild in zwei Bilder aufgeteilt. Danach werden das erste Bild, das aus den höchsten Bitebenen des Originalbildes besteht, und das zweite Bild, das aus dem Rest besteht, entsprechend mittels LZW- und JPEG-Verfahren kodiert. Es werden Ergebnisse einer statistische Modellierung des Algorithmus dargestellt. Die Realisierung des Algorithmus wird in der Programmiersprache JAVA verwirklicht.

Schlüsselwörter: DICOM, Bildinhalt, Analyse, LZW- Kodieren, JPEG

1 Einleitung

Die schnelle Übertragung medizinischer Daten (Arztbriefe, Annotationen, Kardiogramme, einzelner Bilder oder Bildserien, Tonunterlagen usw.) über das Telefonnetz ist eine wichtige Frage für die Zukunft der Telemedizin.

Das Problem besteht dabei in der Übertragung großer Datenmengen in kurzer Zeit. Eine einzelne digitale Röntgenaufnahme beispielsweise kann sich aus einem Array von 4000x4000 Bildpunkten zusammensetzen, wobei jedem Bildpunkt normalerweise eine Grauwertauflösung von 12 Bit zugewiesen wird. Im günstigsten Fall bei einer mittleren Übertragungsgeschwindigkeit von 8 KByte pro Sekunde erfordert die Übertragung eines solchen Bildes bis zu 80 Minuten. Für die Speicherung eines derartigen Bildes sind etwa 24 MByte erforderlich.

Ein möglicher Weg zur Lösung dieses Problems ist die Kompression von Bildern auf der Server-Seite, die Übertragung dieser kodierten Bilder über ein Datennetz und die Dekompression der Bilder auf der Client-Seite [1-8].

Für die Telemedizin ist einerseits die Komprimierung mit einem großen Koeffizienten wichtig und andererseits muß sich der Verlust der Information auf Bits beschränken, die im Sinne der medizinischen Diagnose irrelevant sind. Positive Ergebnisse können bei der Benutzung des Komplexitätsalgorithmus erreicht werden, der aus verschiedenen Komressionsalgorithmen besteht. Die Kombination dieser Algorithmen ist von den Bildeigenschaften abhängig

Diese Arbeit bietet ein neues Verfahren zur Beschreibung der Ortstruktur der radiologischen Bilder und ein Verfahren der effektivsten Anwendung der LZW- und

JPEG-Kodierung zur „verlustfreien" Bildkompression an. Dieser Algorithmus wird LZW-JPEG Kompression genannt.

2 Die LZW-JPEG Kompression

Die Idee des Algorithmus ist einfach und besteht im Aufteilen des Originalbildes in zwei Bilder. Das erste Bild besteht aus den höchsten Bitebenen des Originalbildes und das zweite aus dem Rest, also den niedrigsten Bitebenen des Originalbildes. Im folgenden werden das erste Bild mittels LZW-Verfahren und das zweite mittels JPEG-Verfahren kodiert.

Das Problem besteht nun darin, das Originalbild in zwei Bilder aufzuteilen. Dabei soll ein Kompromiß zwischen zwei Bedingungen erfüllt sein und zwar der Kompressionsfaktor für LZW-JPEG Kompression soll einen höheren Wert erreichen als für die LZW-Kompression oder für die JPEG – Kompression und gleichzeitig sollen LZW-JPEG und JPEG Algorithmen keine sichtbare Verzerrung zum Originalbild geben, d.h. das Signal–Rausch-Verhältnis (Peak Signal to Noise Ratio - PSNR) für die acht höheren Bitebenen des Originalbildes und des dekodierten Bildes soll größer als 40dB sein.

Vor dem Aufteilen des Originalbildes in zwei Bilder wird das Originalbild in Bitebenen und in Bilder, die aus 2,.....,N-1 höheren Bitebenen bestehen, aufgeteilt (Abb. 1).

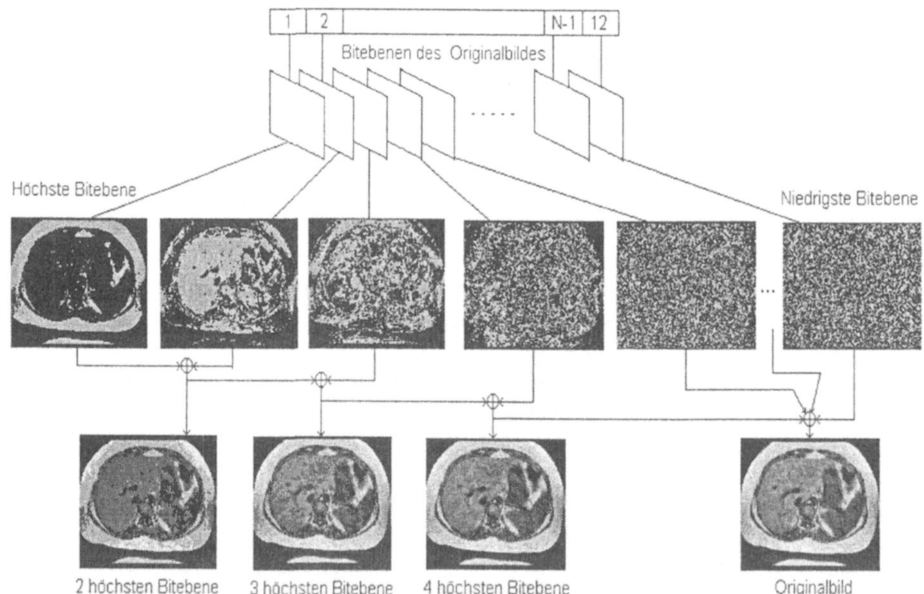

Abb. 1. Aufteilen des Originalbildes in Bitebenen und in Bilder, die aus 2,.....,N-1 höheren Bitebenen bestehen

Danach wird jedes Bild segmentiert und für jedes Bild der Mittelwert der Segmentflächen berechnet. Das Segment ist ein beschränkter Bildbereich und von beliebiger Form, dessen Pixel alle gleichen Grauwert haben. Es wird der Mittelwert der Segmentflächen für alle Bilder berechnet.

Die statistische Analyse von Mittelwerten der Segmentflächen für verschiedene DICOM-Bilder hat folgendes gezeigt.

Der Kompressionsfaktor des LZW-Verfahrens ist abhängig von dem Mittelwert der Segmentfläche des kodierten Bildes. Diese Abhängigkeit hat eine logarithmische Form (Abb. 2). Auf Grund dieser Abhängigkeit und der Mittelwerte der Segmentflächen der Bilder, die aus 1, 2, 3 ... , N höheren Bitebenen des Originalbildes bestehen, wird automatisch die Zahl der höheren Bitebene des Originalbildes für die LZW – Kompression bestimmt. Dabei sollen gleichzeitig zwei Bedingungen erfüllt werden. Die Zahl der Bitebenen soll möglichst groß sein und der Kompressionsfaktor soll größer als 10 sein.

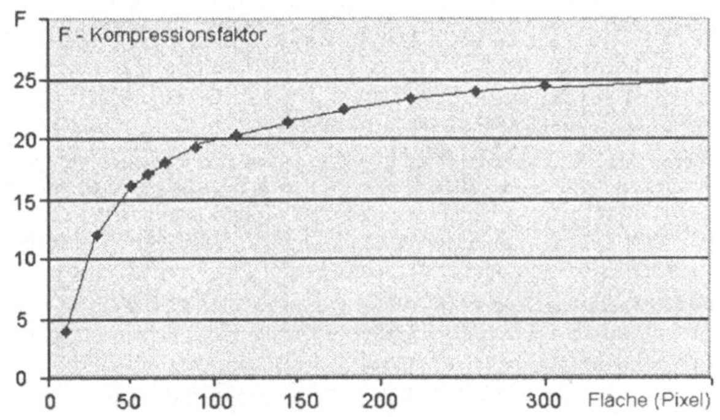

Abb. 2. Die Abhängigkeit des Kompressionsfaktors vom Mittelwert der Segmentfläche des kodierten Bildes

Auf Grund des Unterschiedes zwischen dem Mittelwert der Segmentfläche für jede Bitebene und dem Mittelwert der Segmentfläche für die niedrigste Bitebene, kann man die Bitebenen klassifizieren als die Bitebenen, die die Informationen über den Bildinhalt (medizinischen Bildobjekten) tragen, und jenen die nur das auf dem Bild vorhandene Rauschen enthalten. Dieser Unterschied soll größer als 10% vom Mittelwert der Segmentfläche für die niedrigste Bitebene sein.

Es existiert eine Abhängigkeit zwischen der Anzahl der Bitebenen des zweiten Bildes, die die Informationen über den Bildinhalt tragen, und dem Parameter Q für die JPEG-Kompression, der die Kompressionsrate bestimmt und bei dem die PSNR größer als 40 (dB) ist. Je größer die Anzahl dieser Bitebenen ist, desto geringer soll den Parameter Q sein. Auf Grund dieser Abhängigkeit wird der Parameter Q für JPEG-Verfahren ausgewählt. Diese Abhängigkeit wird durch die statistische Modellierung für jede JPEG – Version berechnet.

Sind die oben genannten Ergebnisse berücksichtigt, so kann man folgendes Blockschema für den vorschlagenen LZW-JPEG Algorithmus entwerfen (Abb.3). Block 1 teilt das Originalbild in Bitebenen und in Bilder auf, die aus 2,.....,N-1 höheren Bitebenen bestehen. Block 2 macht die Segmentierung und berechnet den Mittelwert der Segmentflächen für jedes Bild ($Si(n)$, n gleich Anzahl der Bitebenen, aus denen das Bild besteht) und für jede Bitebene ($Sb(k)$, k gleich Nummer der Bitebene). Blöcke 3-5 berechnen, auf Grund der Abhängigkeit des

Kompressionsfaktors des LZW-Verfahrens vom Mittelwert der Segmentflächen, die Anzahl (n) der Bitebenen,

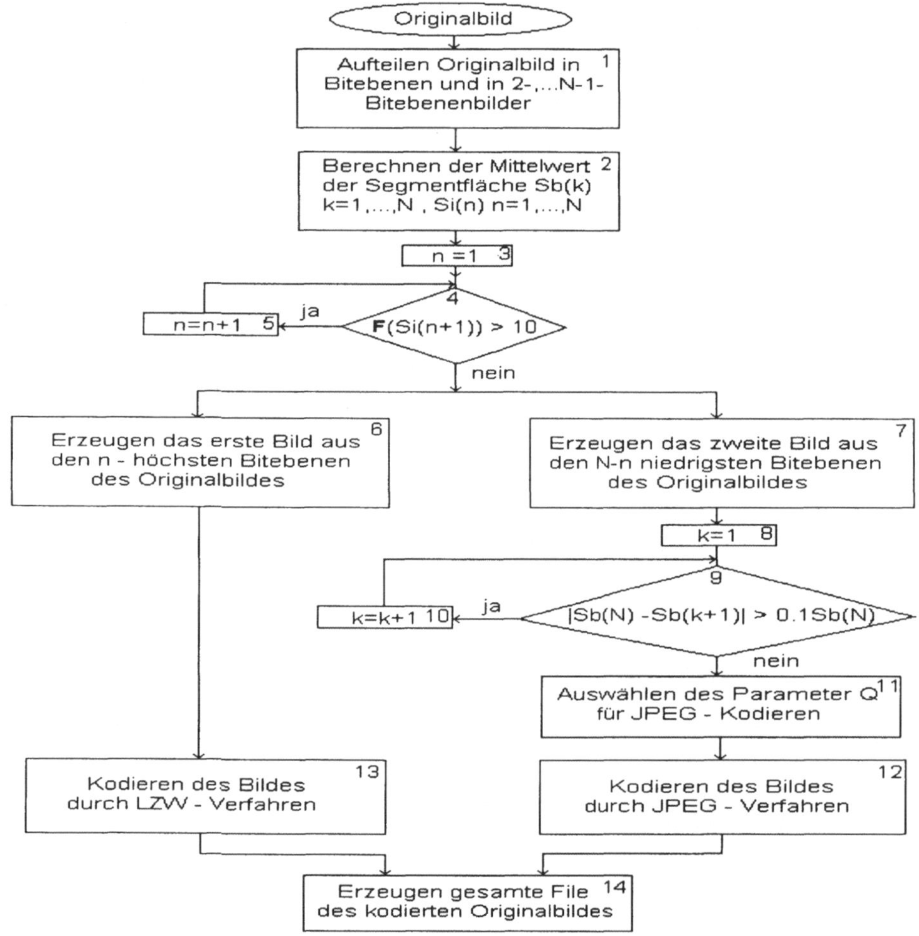

Abb. 3. Die Blockschema des LZW-JPEG Algorithmus

bei denen die Bedingung, daß der Kompressionsfaktor größer als 10 ist, noch richtig ist. Blocke 6,7 erzeugen das erste Bild aus den n höchsten Bitebenen und das zweite Bild aus den N-n niedrigsten Bitebenen des Originalbildes. Blöcke 8-10 berechnen die Anzahl (k) der Bitebenen, die die Informationen über den Bildinhalt tragen. Block 11 wählt auf Grund von k den Parameter Q für das JPEG-Verfahren, bei dem das PSNR größer als 40dB ist. Blöcke 12,13 implementieren die LZW und JPEG–Kodierungen. Block 14 erzeugt eine Datei des kodierten Bildes aus zwei Dateien, die die nach LZW und JPEG-Verfahren kodierten Bilder beinhalten. Der Header der erzeugten Datei beinhaltet Information über die Größen der LZW- und JPEG - Dateien und den Header des DICOM-Bildes.

3 Erzielte Ergebnisse

Die Effektivität des oben beschriebenen Algorithmus wird durch eine statistische Modellierung bewertet. Für eine statistische Modellierung der LZW-JPEG - , der LZW- und der JPEG – Kodierungen wurden DICOM-Bilder verschiedener Hersteller von radiologischen Geräten (Siemens, Philips, ...) mit jeweils verschiedenen Modalitäten verwendet, insgesamt zirka 200 Bilder. Die statistische Modellierung wurde mit dem Ziel des Vergleiches der Kompressionsraten bei gleicher Beschränkung für die PSNR durchgeführt. Die einzelnen Modellierungsergebnisse werden in Tabelle 1 dargestellt.

Tabelle 1. Kompressionsrate für LZW-JPEG, LZW, JPEG Algorithmen (PSNR > 40dB)

Algorithmus	LZW-JPEG	LZW	JPEG
Kompressionsrate (min)	5:1	1:1	4:1
Kompressionsrate (max)	15:1	3:1	8:1

Bei der statistischen Modellierung wurde der Algorithmus für die Bildinhaltanalyse in der Programmiersprache JAVA realisiert. Die Rechenzeit (Pentium200) für die Analyse eines DICOM-Bildes beträgt ca. 1-5 Sekunden. Für die Rekonstruktion wurde auf der Clientseite unter Internet-Browsern ein einfaches Java-Applet (600 Byte) verwendet. Die Zeit für das Rekonstruieren beträgt 1-10 Sekunden und ist abhängig von der Bildgröße.

Der beschriebene Algorithmus ist effizient für die Bildkompression bei Übertragungen über Netze, weil das LZW-Verfahren (GIF-Format) und JPEG in auf dem Markt verfügbaren Internet-Browsern implementiert sind, weshalb man auf der Clientseite das Rekonstruieren radiologischer Bilder nach der oben beschriebenen LZW-JPEG Kompression schnell mittels eines einfachen Java-Applets realisieren kann.

4 Literatur

1. Wong S., Zaremba L., Gooden D., Huang. H.K.: Radiologic Image Compression. Proceedings of the IEEE, Vol. 83, NO. 2, February 1995.
2. Sayood K.. Introduction to Data Compression. M. Kaufmann Publishers, Inc. 340 Pine Street, Sixth Floor San Francisco, CA. USA. 1996.
3. Pennebaker W.B. and Mitchell J. L., JPEG Still Image Data Compression Standard. New York: Van Nostrand Reinhold, 1993.
4. Arps R.B. and Truong T.K.. Comparison of International Standards for Lossless Still Image Compression. Proceedings of the IEEE, 82:889-899,June 1994.
5. Barnes C.F.and Frost R.L.. Vector Quantizers with Direct Sum Codebooks. IEEE Transactions on Information Theory, 39:565-580,March 1993.
6. Vetterli M. and Kovacevic. Wavelets and Subband Coding. Englewood Cliffs, NJ: Prentice Hall, 1995.
7. Michael Barnsley, Lyman Hurd. Fractal Image Compression. AK Peters Ltd, 1993.
8. Ridley, E. Universities collaborate on de facto standard for lossy compression. : Telemedicine and Telehealth Networks, Vol. 3, NO. 6, 1997.

Künstliche Neuronale Netzwerke zur Vorhersage der Hirnkontur

Jens Rittscher, Jens Hiltner und Claudio Moraga

Universität Dortmund – Lehrstuhl Informatik I
Otto-Hahn-Straße 16, 44221 Dortmund
Email: [hiltner|moraga]@ls1.cs.uni-dortmund.de

Zusammenfassung. Die innerhalb der medizinische Bildverarbeitung zu analysierenden Muster erfordern in der Regel die Anwendung von sogenannten "High-Level"-Bildverarbeitungsoperatoren. Um trotzdem eine schnelle Verfügbarkeit gewährleisten zu können, muß das Operationsgebiet ("Region Of Interest", ROI) der höherwertigen Bildverarbeitungsalgorithmen geeignet eingeschränkt werden. Der Vorteil dieser Vorgehensweise liegt darin, daß innerhalb des gefundenen Suchbereiches deutlich komplexere (zeitaufwendigere) Methoden eine anschließende Segmentierungs- und Klassifikationsaufgabe auf einem stark reduzierten Datenmaterial durchführen können. Innerhalb dieses Beitrags wird sowohl der theoretische als auch der praktische Ansatz eines neuen –auf Neuronalen Netzwerken basierenden– Konzeptes zur Vorhersage der Hirnkontur auf MRT-Kopfdatensätzen beschrieben. Schließlich werden anhand von Beispielen die Ergebnisse der Konturberechnung präsentiert.

Schlüsselwörter: Medizinische Bildverarbeitung, Neuronale Netzwerke, Bildsegmentierung, Datenreduktion, Region-of-Interest-Bestimmung

1 Einleitung

Grundsätzlich ist die medizinische Bildverarbeitung, wie sich in den vergangenen Jahren gezeigt hat, nicht trivial und die Erfüllung der hier gestellten Anforderungen nicht leicht. Zum einen werden die Ergebnisse sehr schnell benötigt, zum anderen müssen sie sehr genau sein. Eines der wichtigsten ungelösten Probleme in der Bildvorverarbeitung stellt die *Bildsegmentierung* dar, wobei es das Ziel der Bildsegmentierung ist, das Bild in sinnvolle Teilbereiche zu partitionieren, die im Idealfall den realen Objekten im Bild entsprechen. Bildsegmentierung ist somit der Schlüsselschritt zur eigentlichen *Bilderkennung*. Das Problem in der medizinischen Bildverarbeitung ist hierbei die große Variabilität in Form, Lage und Grauwertverhalten des vorliegenden Bildmaterials, die die Anwendung einfacher und damit schneller Algorithmen aufgrund fehlender Genauigkeit verhindert. Umgekehrt sind komplexe Algorithmen, wie sie durch die Anwendung von Methoden aus der *Computational Intelligence* entstehen, zeitaufwendig. Will oder kann man dennoch nicht auf die Anwendung dieser Algorithmen verzichten, muß eine zusätzliche Verarbeitungsstufe eingeführt werden, in welcher die *Region of Interest* (in folgenden kurz *ROI*) für komplexere Algorithmen ermittelt wird.

Im allgemeinen wird der Segmentierungsprozeß dadurch schneller bzw. durch die möglich gewordene Verwendung komplexer Algorithmen genauer. Wir haben im Rahmen unserer Forschung die Anwendbarkeit dieser Technik auf die Segmentierung des Gehirns auf MRT-Datenbildern hin untersucht und verschiedene Neuronale Netze zur Lösung dieser Aufgabe hin trainiert. Im folgenden werden die Begriffe *Neuronales Netzwerk*, *Künstliches Neuronales Netzwerk* oder einfach nur *Netz* synonym verwendet.

2 Grundlagen Neuronaler Netze

Neuronale Netze sind informationsverarbeitende Systeme, die aus einer Vielzahl von miteinander verschalteten Neuronen bestehen. Dabei handelt es sich −bei mathematische Betrachtungsweise− um ein Berechenbarkeitsmodell (d.h. jede berechenbare Funktion kann mit Hilfe eines Neuronalen Netzes berechnet werden). Der Unterschied zu herkömmlichen Modellen besteht darin, daß zur Lösung einer Aufgabe nicht der Lösungsweg explizit vorgegeben werden muß, sondern das Netz im Rahmen einer Trainingsphase die Aufgabenlösung durch Verallgemeinerung des Lernproblems *erlernt*.

Ein Neuronales Netz wird im Modell als gerichteter Graph mit einer Zustandsmenge Z für jeden Knoten (Neuron), einer Zustandsmenge W mit Gewichten für jede Verbindung zwischen Neuronen und je einer Menge von Ein- und Ausgaben verstanden. Die Zustandsmenge σ eines Netzes mit k Knoten und v Verbindungen ist ein $\Sigma = Z^k \times W^v$, wobei ein einzelner Netzzustand durch das Tupel $\sigma = (z, w)$ mit $z \in Z^k$ und $w \in W^k \times W^k$ beschrieben wird. Gruppen von Neuronen werden in der Literatur häufig gemäß ihrer Funktion in Schichten (z.B. Eingangsschicht, Ausgangsschicht, verdeckte Schichten) zusammengefaßt. Abbildung 1 zeigt ein einfaches Beispiel eines Neuronalen Netzes.

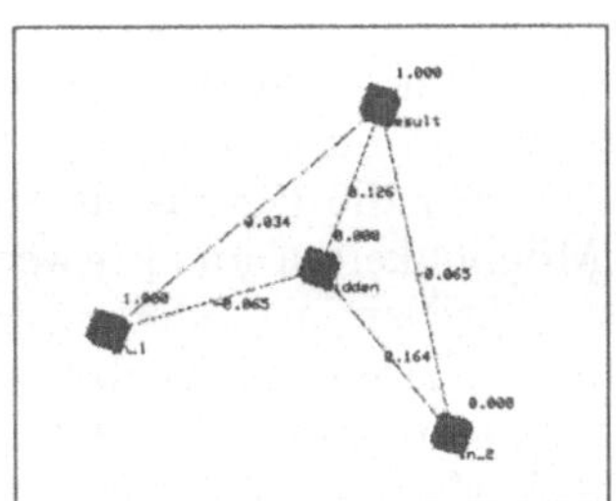

Abb. 1. Ein einfaches Neuronales Netz zur Realisierung der XOR-Funktion, bestehend aus einer Eingabe-, einer Ausgabe- und einer verdeckten Schicht

Das Verhalten eines Neuronalen Netzes wird einerseits durch seine Kurzzeitdynamik (das Verhalten der Neuronen selbst) und andererseits durch die Änderungen in der Gewichtsmatrix (Konnektivitätsmatrix) W in der Lernphase bestimmt, der Langzeitdynamik. Gleichung 1 zeigt die Veränderung des Gewichtes einer Neuronenverbindung mittels einer Lernfunktion g.

$$w_{ij}^{t+1} = w_{ij}^t + g_{ij}(w_{ij}^t, z_i^t, z_j^t) \tag{1}$$

Ziel des Lernvorgangs ist es, das Netz durch Justieren der Neuronenverbindungsgewichte so einzustellen, daß bei einem bestimmten an der Eingabeschicht angelegten Muster ein gewünschtes Ausgabenmuster berechnet wird. Die Abweichung zwischen Soll- und Istausgabe wird in der Praxis mit Hilfe einer mathematischen Fehlerfunktion gemessen, wobei das Lernen dann als Minimierung der Fehlerfunktion verstanden wird.

Das Problem für mehrschichtige Netzwerke ist, daß keine gewünschten Sollausgaben der Lerneingaben für die Neuronen in den verdeckten Schichten zur Verfügung stehen. Aus diesem Grund muß der an den Ausgabeneuronen beobachtbare Fehler E an die Neuronen in den verdeckten Schichten zurückpropagiert werden. Wendet man das Gradientenabstiegsverfahren auf die quadratische Fehlerfunktion an, so ergibt sich eine Gewichtsänderung w_{ij} für die Elemente der Gewichtsmatrix W aus $\Delta w_{ij} = \mu \delta_i o_j$, mit

$$\delta_i = \begin{cases} \sum_n (y_i^n - o_i(W, (x_i^n))) \cdot f'(c_i) & \text{falls } i \text{ Ausgangsneuron ist} \\ \sum_{k \in S(i)} \delta_k w_{ki} \cdot f'(c_i) & \text{sonst} \end{cases} \tag{2}$$

Das ist die bekannte *Backpropagation-Regel*. Innerhalb unserer Arbeit haben wir noch mit den Lernalgorithmen *Resilient Propagation* und *Quickpropagation* gearbeitet, da sie bzgl. ihres Konvergenzverhaltens Verbesserungen darstellen. Detaillierte Informationen dazu können etwa in [1] nachgelesen werden.

3 Ermittlung der ROI mittels Neuronaler Netze

Die ROI beinhaltet den Teil des Bildes, der für eine weitere Bearbeitung wichtig ist. Dabei müssen mindestens alle Punkte des gesuchten Objektes O in der ROI enthalten sein (d.h. $O \subseteq ROI$). Für die Repräsentation des Bildes im Netz bieten sich grundsätzlich zwei Möglichkeiten an. Entweder werden die Bildpunkte über ihre Grauwerte im Netz repräsentiert oder es werden nur Objektkonturen betrachtet. Wir haben uns für die zweite Möglichkeit entschieden, da Netze der Größe 256×256 recht komplex sind und außerdem eine statistisch ausreichende Menge an Daten nicht zur Verfügung stand (hierfür wären mehrere hundert Datensätze notwendig). Uns interessierte zudem auch noch die Fragestellung, ob die ROI im Sinne einer schnellen Vorverarbeitung nur aufgrund der vorliegenden Kopfform gefunden werden kann. Erste Netztypen werden u.a. in [2, 3] behandelt. Die Aufgabe unserer Netze bestand darin, zu einer bestehenden Eingabekontur eine passende Ausgabekontur zu generieren. Experimentell haben wir die besten Ergebnisse mit 29 Konturpunkten erzielt. Die getesteten vorwärtsgerichteten Netze bestanden somit aus mindestens $2 \cdot 29$ Neuronen in der Eingangsschicht und $2 \cdot 29$ Neuronen in der Ausgangsschicht, d.h. je 2 Neuronen repräsentierten einen Konturpunkt (je Koordinate je Punkt ein Neuron). Abbildung 2 veranschaulicht unser Vorgehen nochmals.

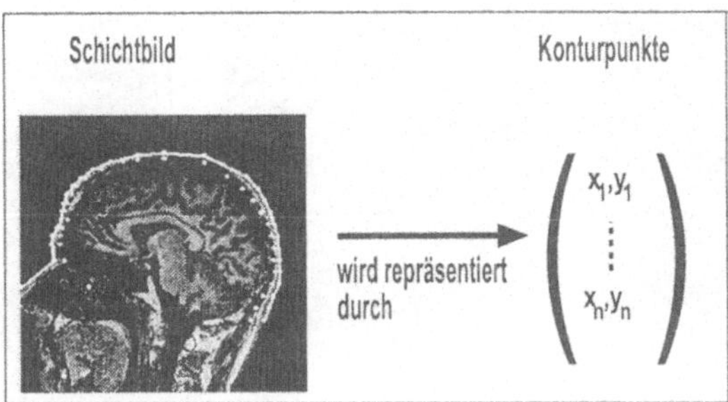

Abb. 2. Die den Kopf umschließende Kontur wird durch eine Menge von Punkten im Netz repräsentiert. Das Netz selbst berechnet wieder eine Menge von Punkten, die der ROI des Gehirns entsprechen.

Ein Problem bei dieser Repräsentationsform sind die Variabilitäten in Form, Lage und Größe, so existieren Stauchungen, Streckungen und Verschiebungen in Höhe, Breite und Länge. In ersten Testläufen ergab sich, daß die von uns getesteten Netze nicht in der Lage waren, hier eine Invarianz zu entwickeln (was an der noch geringen Trainingsmenge gelegen hat). Wir haben daher zwei Strategien angewandt, um die Variabilitäten abzuschwächen. Zum einen wurde die Kopfgröße normiert [4], zum anderen ein Konturpunktraster [1] verwendet.

Die Notwendigkeit der Verwendung eines Punktrasters ergab sich aus den Erfahrungen in der Erstellung von Trainingsdaten, wo sehr schnell deutlich wurde, daß manuelle Konturpunktpositionierung zu ungenau und zu aufwendig ist. Deshalb wurde für die semiautomatische Erstellung von Testdaten von uns ein entsprechendes Werkzeug entwickelt. Die eigentliche Trainingsdatenerstellung zerfiel in drei sequentiell abzuarbeitende Schritte:

1. Automatische Ermittlung der Kopfkontur mittels eines Sobeloperators
2. Interaktive Festlegung der ROI mittels Rasterschablone
3. Generierung eines Testmusters in einem SNNS-spezifischen Format

Alle Neuronalen Netze wurden jeweils mit Hilfe unterschiedlicher Gradientenabstiegsverfahren trainiert. Die meisten Netze konnten nach Abschluß der Lernphase einen nummerischen Lernfehler, bzw. SSE (sum of squared errors), < 1 erreichen, wobei der *StdProp* [5] den Algorithmen *RProp* [5] und *QuickProp* [5] in Konvergenzgechwindigkeit als auch im Endergebnis z.T. deutlich unterlegen war [1].

Nachdem die Netze trainiert waren, wurden sie anhand zuvor erstellten Validierungsdatensätze getestet, bzw. die von den Netzen erzeugte ROI wurde visuell begutachtet (die numerische Bewertung ist aufgrund des Fehlens von Sollvorgaben hier nicht mehr möglich). Fast alle Netze konnten die ROI des Gehirns auch auf den untrainierten Datensätzen finden. Beispiele der ROI-Berechnung sind in Abbildung 3 zu finden.

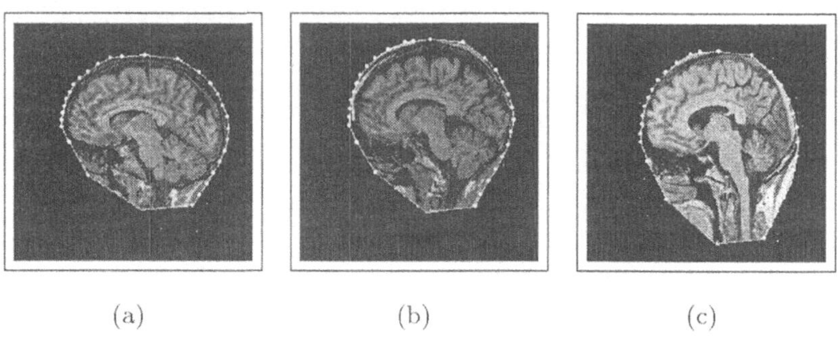

(a)   (b)   (c)

Abb. 3. Einige Ergebnisse der Segmentierung der ROI mittels Neuronaler Netze

4 Zusammenfassung und Ausblick

Ausgangspunkt unserer Untersuchungen war die Frage, ob die ROI für Segmentierungsalgorithmen des Gehirns mit Hilfe Neuronaler Netze einfach berechnet werden kann. Diese Frage kann positiv beantwortet werden. Ein wesentlicher Vorteil unseres Verfahrens liegt in der Geschwindigkeit, mit der die Ergebnisse berechnet werden. Mit Ausnahme der größeren Netze standen diese auf einem Pentium 133Mhz praktisch sofort zur Verfügung. Durch Hinzunahme weiterer Informationen wie z.B. Texturparameter, Grauwertinformation, o.ä. kann die Qualität der Netzausgaben vermutlich noch erheblich verbessert werden.

Derzeit wird außerdem durch die Verfügbarkeit von deutlich mehr Datensätzen getestet, ob auch kleinere Strukturen, etwa das Kleinhirn oder der Hirnstamm, mit diesem Verfahren schon grob segmentiert werden können.

Entwicklung, Training und z.T. auch die numerische Bewertung der entwickelten Neuronalen Netze geschah mit Hilfe des Stuttgarter Neuronalen Netz Simulators (SNNS) [5].

Literatur

1. Rittscher J: Einsatz Künstlicher Neuronaler Netze in der medizinischen Bildverarbeitung. Diplomarbeit am Fachbereich Informatik I, Universität Dortmund, 1998
2. Aizenberg I: Processing of noisy and small-detailed gray-scale images using cellular neural networks. Journal of Electronic Imaging, 6(3):272-285, 1997
3. Hiltner J, Aizenberg I, Meyer zu Bexten E, Moraga C: Neural Networks and Fuzzy Logic in Medical Image Processing. 5th International Conference on Soft Computing (Iizuka '98), Fukuoka, Japan, 1998
4. Hiltner J: Operatoren zur deskriptiven und modellbasierten unscharfen Wissensbeschreibung in der medizinischen Bildverarbeitung. Bildverarbeitung für die Medizin, Springer-Verlag, Berlin, 114:118, 1998
5. Zell A: Simulation Neuronaler Netze. Addison-Wesley, 1994

Quelldetektion in der medizinischen Bildgebung durch Applikation von gewichteten Komplexitätsmaßen

B.Poppe, H.Fischer* und G.Kirchner

Universität Bremen FB1, Postfach 330440, D-28334 Bremen,
Email:bpoppe@theo.physik.uni-bremen.de,
*Reinhard-Nieter Krankenhaus, Abt:Strahlentherapie/Nuklearmedizin, D-26389
Wilhelmshaven

Zusammenfassung. In diesem Beitrag wird die gewichtete Skalierungs-Index-Methode vorgestellt, die in ihrer ungewichteten Form einen Schätzer für den diskretisierten Hölder-Exponenten berechnet. Es wird gezeigt, daß mit Hilfe der Methode eine Quelldetektion auch dann noch mit hoher statistitischer Sicherheit möglich ist, wenn das eigentliche Signal kleiner als die statistischen Schwankungen des Rauschens ist. Anwendungsmöglichkeiten in der planaren Knochenszintigraphie zur Detektion von Läsionen und in der Einzelphotonen-Emissionstomographie (SPECT) zur Unterscheidung zwischen wahren Quellen und Rekonstruktionsartefakten werden vorgestellt

Schlüsselwörter: Skalierungs-Index-Methode, Quelldetektion, Rekonstruktionsartefakte

1 Einleitung

Die Anwendung empfindlicher Bildanalyseverfahren stellt neben der gerätetechnischen und pharmakologischen Weiterentwicklung eine weitere wichtige Methodik zur Verbesserung der medizinischen Diagnostik dar. In den vergangenen Jahren haben sich fraktale Bildanalysemethoden in vielen Bereichen, wie beispielsweise der Texturanalyse und der Objekterkennung als wichtige Verfahren etabliert. In diesem Beitrag soll die am Max-Planck-Institut für extraterrestrische Physik in Garching entwickelte Skalierungs-Index-Methode (SIM)[1] durch Anwendung lokaler Wichtungsfunktionen, die örtliche Rauscheigenschaften mit in Betracht ziehen, erweitert werden. Die Anwendungsfähigkeit der SIM in medizinisch relevanten Aufgabenbereichen wurde in mehreren Studien, wie zum Beispiel in der Kardiologie oder der Schilddrüsenszintigraphie belegt [1-4].

Einer der wichtigsten Arbeitsschritte der nuklearmedizinschen Diagnostik ist die visuelle Beurteilung des Szintigramms durch den untersuchenden Mediziner. Die für eine sichere Beurteilung notwendige Menge des zu verabreichenden Radiopharmakons wird dabei durch biologische und physikalische Effekte, wie die Anreicherung im Organ, die Reichweite der Strahlung oder die Halbwertszeit bestimmt. Um eine eindeutige Beurteilung des Szintigramms zu erlauben, wird letzlich jedoch immer ein Mindestmaß an Kontrast bzw. an Signal-zu-Rausch (SNR) Verhältnis angestrebt. In vielen Fällen besteht die diagnostische Aufgabe in der Detektion von sogenannten "heißen" oder "kalten" Knoten, die sich in Quellen oder Senken im digitalisierten Bild äußern. Dabei ist eine eindeutige Aussage umso schwieriger je geringer das SNR ist. In tomographischen Studien ergibt sich durch die Rekonstruktionsalgorithmen zudem noch das Problem der Rekonstruktionsartefakte, die sich ebenfalls als Quellen oder Senken im Bild manifestieren können.

2 Material und Methoden

Grundlage der Skalierungs-Index-Methode ist die Berechnung eines strukturellen Komplexitätsmaßes in Form eines Skalierungsindex in einem geeigneten Zustandsraum des Systems [1, 2]. Zur Anwendung auf beliebige Bildmatrizen der Größe nxm werden die Punkte des Zustandraums $\vec{p}_{i,j}$ durch die Raumkoordinaten (x_i, y_j) und dem Grauwert $F(x_i, y_j)$ gegeben. Nach Normierung des Phasenraums berechnet sich der Skalierungsindex $\alpha(x_i, y_j)$ nach:

$$\alpha(x_i, y_j) = \frac{\ln\left(\frac{N_{i,j}(r_1)}{N_{i,j}(r_2)}\right)}{\ln\left(\frac{r_1}{r_2}\right)}$$

mit

$$N_{i,j}(r) = \sum_{k=0}^{n-1} \sum_{l=0}^{m-1} \Theta(r - |(\vec{p}_{i,j} - \vec{p}_{k,l})|) \cdot w(r, \vec{p}_{i,j}, \vec{p}_{k,l})$$

$\Theta(\mathrm{x})$ ist die sogenannte Heaviside-Funktion ($\Theta(x) = 1$ für $x \geq 0$ und $\Theta(x) = 0$ in allen anderen Fällen). Die Funktion $w(r, \vec{p}_{i,j}, \vec{p}_{k,l})$ ermöglicht eine Wichtung der einzelnen Punkte, so daß *a priori* Wissen über den Bildinhalt berücksichtigt werden kann. Für $w(r, \vec{p}_{i,j}, \vec{p}_{k,l}) = 1 = const.$ resultiert die ungewichtete Skalierungs-Index-Methode (SIM), die Funktion $N_{i,j}(r)$ zählt dann die Anzahl der Phasenraumpunkte die innerhalb einer Kugel mit dem Radius r und dem Mittelpunkt $\vec{p}_{i,j}$ liegen.

3 Ergebnisse und Diskussion

3.1 Simulationen

Die Anwendung der Methode zur Quelldetektion im verrauschten Hintergrund erläutert Abbildung 1. In Abbildung 1a ist eine kreisförmige Quelle mit gaußverteiltem Rauschen überlagert worden, dessen Varianz das doppelte der Quellstärke beträgt. Die Abbildung 1b zeigt das Bild der Skalierungsindizes unter Verwendung einer rauschabhängigen Wichtungsfunktion, welche die Wahrscheinlichkeit bestimmt das ein Pixel vom Rauschen generiert wurde. Nach Definition einer Grenze α_{Gr} unterhalb derer alle entsprechenden Punkte des ursprünglichen Bildes den Grauwert Null erhalten, findet man potentielle Kanditaten für eine Quelle (Abb.1 c). Nach Vergleich der Grauwerte dieser Gebiete mit dem mittleren Grauwert des Rauschhintergrundes durch Verwendung eines t-Testes kann die Quellposition erfolgreich bestimmt werden (Abb. 1 d). In diesem Beispiel werden etwa 70% aller Signalpunkte erfolreich detektiert. Bei Verwendung der ungewichteten SIM können etwa 45% aller Pixel richtig bestimmt werden.

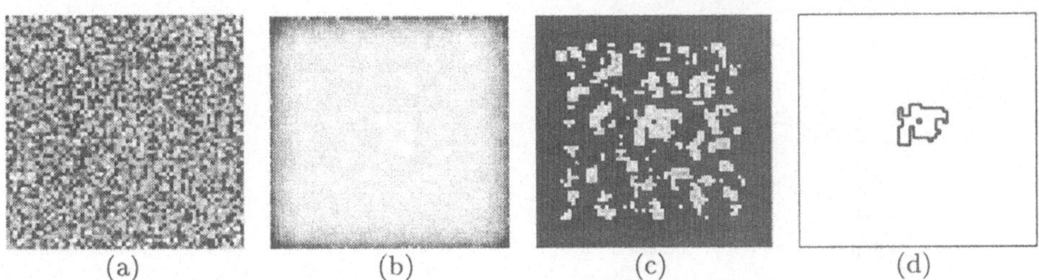

Abb. 1. Demonstration des Quelldetektionsalgorithmus

Herkömmliche Methoden, die auf einer direkten Trennung zwischen Signal und Rauschen im Grauwertehistogramm beruhen, können bei den Rauschverhältnissen in diesem Beispiel keine Quelldetektion mehr leisten, weil sich beide Anteile nicht mehr trennen lassen. Auch andere lineare Verfahren wie etwa die Glättung durch Filterfunktionen liefern in diesem Fall keine befriedigenden Ergebnisse.

3.2 Anwendung in der Knochenszintigraphie

Abbildung 2 zeigt einen Ausschnitt aus einem Ganzkörperszintigramm. Im Originalszintigramm sind eventuelle Läsionen nur sehr undeutlich auszumachen. Nach Anwendung des oben beschriebenen Algorithmus wurden mit einer statistischen Sicherheit von 99.9 Prozent zwei Quellen detektiert. Zur Verdeutlichung wurde in dieser Studie die Abgrenzung der Extremitäten mit einem üblichen Kantendetektor berechnet.

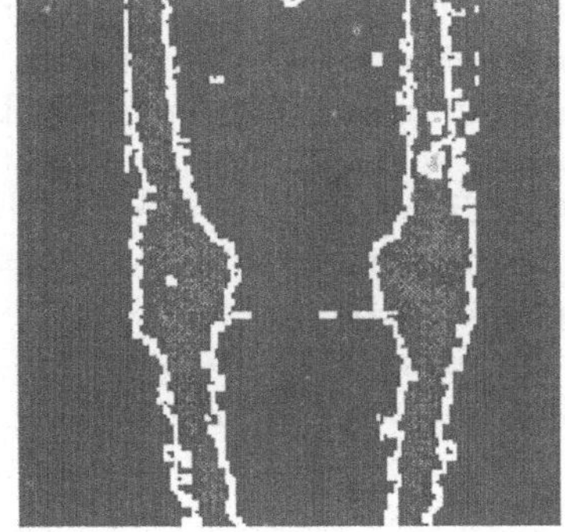

Abb. 2. Anwendungsbeispiel aus der Knochenszintigraphie

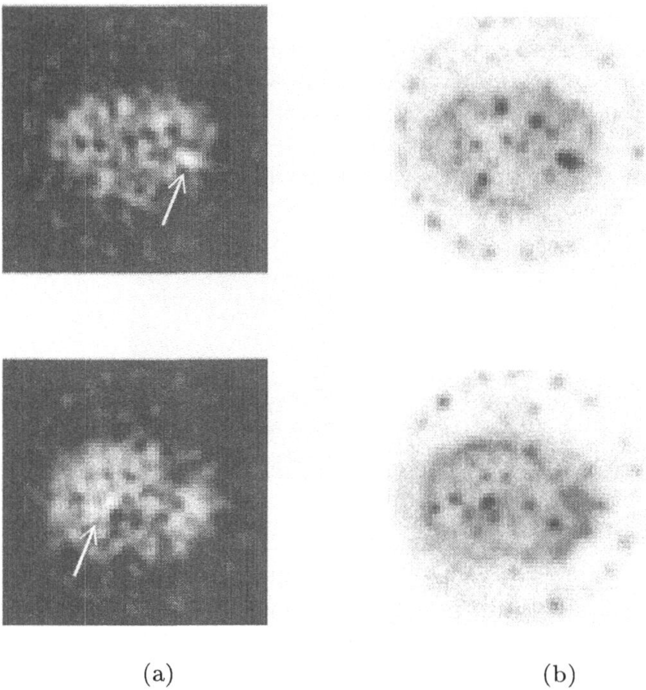

(a)   (b)

Abb. 3. Differenzierung zwischen Quellen und Rekonstruktionsartefakten

3.3 Charakterisierung von Rekonstruktionsartefakten

In diesem Abschnitt soll anhand einer Beispielstudie demonstriert werden, wie mit Hilfe der SIM eine Differenzierung von Rekonstruktionsartefakten und wahren Quellen möglich ist. Im konkreten Fall handelte es sich um die Validierung eines Phäochromozytoms in der ^{123}I-MIBG SPECT. Die Aufgabenstellung bestand in der Entscheidung ob es sich beid der in Abbildung 4.a unten mit einem Pfeil gekennzeichneten Objekt um eine Quelle oder ein Rekonstruktionsartefakt handelte. Die Studie wurde parallel zu den medizinschen Untersuchungen durchgeführt. Abbildung 4a oben zeigt eine Schicht in der sich ein Schnitt durch den Darmkanal als Quelle abzeichnet. In beiden Bilder erkennt man außerhalb des Körperstamms die für die SPECT typischen Rekonstruktionsartefakte. Da in diesem Fall keine direkten Informationen über die Rauschcharakteristik vorlagen, wurde die ungewichtete SIM verwendet. Abbildung 4b zeigt die jeweiligen Transfomationen ($r_1 = 0.6$ Pixel, $r_2 = 5.6$ Pixel). Beide Bereiche skalieren mit einem ähnlichen Index ($\alpha \approx 1.0$) wohingegen typische Rekonstruktionsartefakte mit einem Index skalieren der etwa bei $\alpha \approx 1.5$ liegt. Die Ergebnisse legten daher den Schluß nahe, daß es sich um eine Quelle und damit um ein Phäochromozytom handelte. Dieses Ergebnis wurde auf unabhängigen Wege durch weitere Untersuchungen verifiziert.

4 Zusammenfassung und Ausblick

Die in diesem Beitrag vorgestellte gewichtete Skalierungs-Index-Methode (SIM) ist in Hinblick auf ihre Fähigkeit zur Quelldetektion untersucht worden. Dabei stellt sich heraus, daß die präsentierten Methoden eine Unterstüzung für den behandelnden Mediziner darstellen können, da Quellen selbst dann noch mit hoher statistischer Sicherheit identifiziert werden, wenn dem Beobachter keine eindeutige Klassifizierung mehr möglich ist. Weitere Studien und Entwicklungen in diesem Zusammenhang sollen mögliche Aufgabenfelder erschließen und die Anwendungsfreundlichkeit, als wichtigen Bestandteil der Akzeptanzbereitschaft eines neuen Bildverarbeitungsverfahrens unter Medizinern [5], erhöhen.

In einer SPECT-Fallstudie wurde gezeigt, daß es mit Hilfe des Konzeptes der Skalierungsindizes möglich ist zwischen wahren Quellen und Rekonstruktionsartefakten zu unterscheiden. Auch hier sollen weitere Untersuchungen klären, ob eine generelle Differenzierung zwischen Artfeakten und Quellen in der Tomographie zu ermöglichen ist.

Die beschriebenen Ergebnisse sind Teil des Forschungsvorhabens "Weiterentwicklung und Anwendung der Skalierungs-Index-Methode", das in Zusammenarbeit mit dem Max-Planck-Institut für extraterrestrische Physik in Garching durchgeführt wird.

Literatur

1. Raeth C., Morfill G.: Texture detection and discrimination with anisotropic scaling indices. J. Opt. Soc. Am, 14A:3208–3215, 1997.
2. Poppe B, Neuens H, Fischer H: Anwendung einer Komplexitätsanalyse in der planaren Szintigraphie zur verbesserten Differenzierung autonomer Bereiche innerhalb der Schilddrüse. Medizinische Physik'97, 265-266, Hamburg 1997.
3. Poppe B, Fischer H, Kirchner G: Source detection and separation of tomographic artifacts in nuclear medicine imaging by the concept of weighted scaling indices (submitted to), Proc.of Spie, 3661:
4. Morfill G. Schmidt G.: Komplexitätsanalyse in der Kardiologie. Phys. Bl., 50:156–160, 1994.
5. Meyer zu Bexten E, Hiltner J: Medizinische Bildverarbeitung. Aktueller Stand und Zukunfstperspektiven. Bildverarbeitung für die Medizin 1998 Algorithmen, Systeme, Anwendungen. Springer-Verlag, Berlin, 1. Auflage 1998.

Modellbasierte Rekonstruktion von Organoberflächen auf der Basis von zweidimensionalen Schnittdaten

Sebastian von Klinski, Andreas Glausch, Claus Derz und Thomas Tolxdorff

Institut für Medizinische Statistik, Epidemiologie und Informatik
Universitätsklinikum Benjamin Franklin (UKBF)
Freie Universität Berlin, Hindenburgdamm 30, D-12200 Berlin
Email: vonklinski@medizin.fu-berlin.de

Zusammenfassung. Für die Durchführung einer oberflächenbasierten Interpolation, Registrierung, Bestrahlungsplanung und Visualisierung ist eine präzise Rekonstruktion der Organoberflächen unverzichtbar. Hierzu müssen die zweidimensionalen Segmentierungen in CT- oder MRT-Schnittdaten für eine Rekonstruktion der Oberflächen herangezogen werden. Aktuelle Rekonstruktionsalgorithmen basieren auf der Anwendung von Triangulationsverfahren, die anhand von globalen Regelvorgaben die Korrelation der Umrißlinien vornehmen. Die verbundenen Umrißlinien stellen die rekonstruierte Organoberfläche dar. Die Oberflächeneigenschaften variieren jedoch zwischen anatomischen Strukturen wie Knochen, Gehirn oder Bulbus. Wir haben daher einen modellbasierten Rekonstruktionsalgorithmus entwickelt, der unter anderem durch die Verwendung von anatomischen Spline-Modellen an die Oberflächeneigenschaften der jeweiligen Organe angepaßt werden kann und aufgrund von Artefakten fehlenden Informationen kompensiert.

Schlüsselwörter: Modellbasierte Rekonstruktion, Registrierung, Interpolation

1 Einleitung

Aktuelle Rekonstruktionsalgorithmen basieren auf der Anwendung von Triangulationsverfahren, die anhand von globalen Regelvorgaben die zweidimensionalen Umrißlinien miteinander korrelieren. Die in der Literatur beschriebenen Triangulationsansätze können in Optimierungsverfahren [1,2], Delauny Triangulation [3], und topologiebasierte Verfahren [4] unterteilt werden. Alle Verfahren verfolgen globale und vertikal ausgerichtete Korrelationsansätze, die auf jedes Objekt gleichermaßen angewandt werden. Diese Verfahren können nicht an die Unterschiede in den Oberflächeneigenschaften zwischen den einzelnen anatomischen Strukturen wie Knochen, Gehirn oder Bulbus angepaßt werden. Es können weder Metallartefakte, Partialvolumeneffekte oder fehlende Bereiche kompensiert werden, noch werden die meist runden Objektformen korrekt rekonstruiert.

Um eine stabile und präzise Rekonstruktion der Organoberflächen möglich zu machen, ist eine angepaßte Rekonstruktion notwendig, die darüber hinaus in der Lage ist, auf spezifische Darstellungseigenschaften und Artefakte einzugehen.

Wir haben einen modellbasierten Rekonstruktionsalgorithmus entwickelt, der Spline-Modelle der jeweiligen anatomischen Strukturen an die Segmentierungen anpaßt und dabei Artefakte und fehlende Bereiche kompensiert. Wichtiges a priori Wissen über die jeweilige Anatomie wird durch die Parametrisierung des Modells in seiner Form, der lokalen Kantenstruktur und den Freiheitsgraden der Modellparameter integriert. Darüber hinaus kann der Benutzer durch interaktive Eingaben von Korrespondenzen die Korrelation der Konturen und Oberflächen gezielt ausrichten.

2 Methoden

Die gesamte Verarbeitungspipeline zur modellbasierten Rekonstruktion ist in Abbildung 2.1 dargestellt.

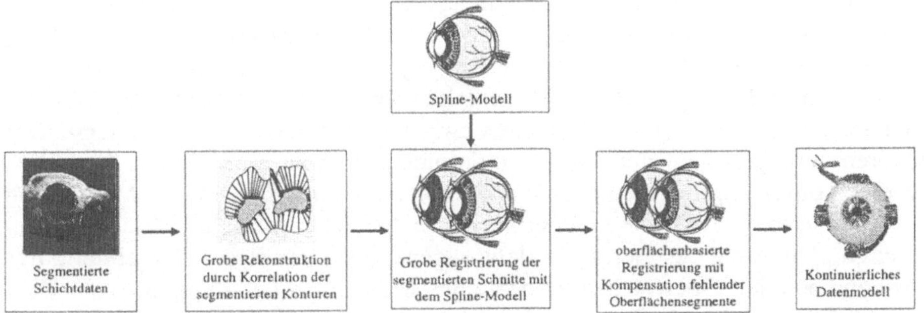

Abbildung 2.1: Verarbeitungspipeline zur modellbasierten Rekonstruktion.

Im ersten Schritt wird eine grobe Rekonstruktion der Objektoberflächen auf der Basis der zweidimensionalen Segmentierungen durchgeführt. Dabei werden die Konturen angrenzender Schichten miteinander korreliert und zu Oberflächen zusammengefaßt. Die Korrespondenzvektoren der Korrelation werden in einem iterativem Prozeß durch die Optimierung eines von uns entworfenen Parameters, dem „Degree of Correspondence" (DOC), gewonnen. Der DOC beschreibt den Grad der Übereinstimmung der Umrißlinien in zwei betrachteten Punkten und beinhaltet Orientierungsdifferenz, Distanz und Vektorwinkel (siehe Abbildung 2.2a):

$$DOC(a,b) = F_{Dist}\, e^{-\sigma_{Dist}\alpha_{Dist}} + F_{Orientdiff}\, e^{-\sigma_{Orientdiff}\alpha_{Orientdiff}}\, F_{Vektwink}\, e^{-\sigma_{Vektwink}\alpha_{Vektwink}} \qquad (1)$$

a und b sind die betrachteten Punkte. Dist steht als Abkürzung für Distanz, Orientdiff für Orientierungsdifferenz und Vektwink für Vektorwinkel. F_{Dist}, $F_{Orientdiff}$ und $F_{Vektwink}$ sind Normierungsfaktoren für die Wichtung der jeweiligen Parameter. σ_{Dist}, $\sigma_{Orientdiff}$ und $\sigma_{Vektwink}$ sind Normierungsfaktoren für die Exponentialfunktion. Sie sind so konditioniert, daß die e-Funktion ihr Maximum dort hat, wo der jeweilige Parameter seinen optimalen Wert annimmt. Optimale Werte sind die minimale Distanz, eine Orientierungsdifferenz von null Grad und ein Vektorwinkel von 90 Grad (siehe Abbildung 2.2a).

Bei dieser ersten Rekonstruktion der Organoberflächen kann durch manuelle Vorgabe von Korrespondenzvektoren die Korrelation der Umrißlinien beliebig ausgerichtet werden. Sinnvoll ist diese Vorgehensweise beispielsweise bei stark gefalteten Objekten, deren Falten von Schicht zu Schicht durch eine translatorische Verschiebung leicht verwechselt werden können, da keine eindeutigen topologischen Referenzen gegeben sind. Dieses Problem würde beispielsweise bei der Rekonstruktion des Gehirns auftreten, bei der die verschiedenen Sulci schnell verwechselt und somit fälschlich verbunden werden könnten. Durch die Vorgabe von zusammengehörigen Falten kann ein Springen der Rekonstruktionslinien zwischen den einzelnen Sulci und ein vertikales Verwischen der Oberflächenstrukturen vermieden werden.

Im zweiten Schritt wird eine grobe Registrierung der so gewonnen Oberflächen mit den Spline-Modellen vorgenommen. Die Modelle werden durch den Catmull-Rom Oberflächen-Spline beschrieben. Sie bestehen aus Referenzpunkten, deren Anzahl beliebig gewählt werden kann, und Richtungsvektoren, die die lokale Krümmung und Oberflächenform bestimmen. Vorbereitend werden zunächst für alle Objekte die Massenzentren berechnet. Anschließend werden objektweise die Massenzentren der Segmentierungen und des jeweiligen Modells gematcht, um den translatorischen Unterschied zu kompensieren. Danach werden zwei weitere Massenzentren andere Objektstrukturen herangezogen, um den Rotationsunterschied zu eliminieren. Anschließend wird eine Anpassung der Skalierung vorgenommen. Hierzu wird die Massenträgheit der segmentierten Oberfläche und der korrespondierenden Modelloberfläche berechnet und durch Skalierung des Gesamtmodells angepaßt. Da bei dieser Berechnung nur die korrespondierenden Oberflächensegmente des Modells zu der segmentierten Oberfläche betrachtet werden dürfen, werden die korrespondierenden Massenpunkte durch Verlängerung der Strecke Massenzentrum-Oberflächenpunkt ermittelt (siehe Abbildung 2.2b).

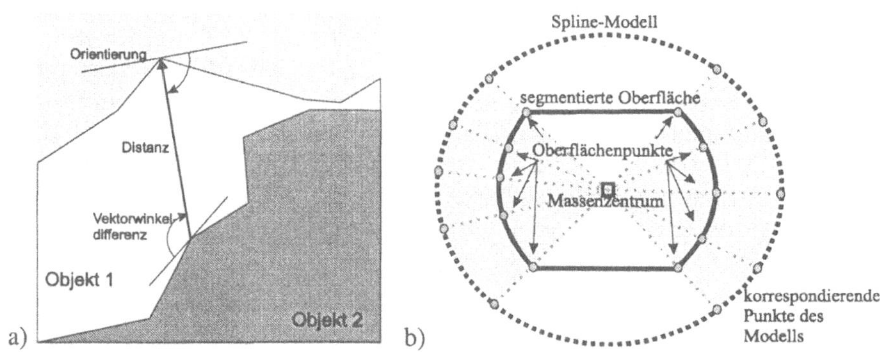

Abbildung 2.2: a) Die Parameter des DOC zur Korrelation der segmentierten Konturen. b) Berechnung der korrespondierenden Punkte auf der Modelloberfläche für die globale Skalierung.

Im dritten Schritt wird eine oberflächenbasierte Registrierung für die Feinanpassung durchgeführt. Sie wird getrennt für die korrespondierenden Oberflächen und für die Lücken in dem segmentierten Modell durchgeführt. Die korrespondierenden Oberflächen des Spline-Modells werden durch Anwendung des auf drei Dimensionen erweiterten DOC mit der segmentierten Oberfläche korreliert. Anschließend wird die Modelloberfläche entlang der Korrespondenzvektoren auf die segmentierte Oberfläche „gemorpht", um eine kontinuierliche Beschreibung der Oberflächen unabhängig von den segmentierten Konturen zu erreichen. Hierzu werden die Korrespondenzvektoren mittels Radial-Basis-Interpolation für das gesamte Modell berechnet und auf die Oberflächenpunkte inklusive der Richtungsvektoren angewandt. Fehlende Oberflächensegmente werden anschließend detektiert und um die entsprechenden, angepaßten Segmente des Spline-Modells ergänzt. Auf diese Weise können auch bei sehr unvollständigen Segmentierungen eine Übereinstimmung der Gesamtoberfläche mit dem anatomischen Modell sichergestellt werden. Fehlende Oberflächensegmente werden ermittelt, indem jene Polygone in der Oberfläche ausgewählt werden, deren Flächen oberhalb eines vorgegebenen Schwellwertes liegen, oder wenn eine Kontur keiner korrespondierenden Kontur in der anliegenden Schicht zugewiesen ist. Auf diese Weise gefundene Lücken im Oberflächenmodell werden durch das entsprechende Segment des bereits registrierten Spline-Modells geschlossen. Um das Oberflächensegment des Modells an die segmentierte Oberfläche anzupassen wird eine Skalierung des Modellsegments auf der Basis der Größenproportion der beiden Grenzflächen vorgenommen. Anschließend werden die beiden Grenzkonturen mittels DOC miteinander korreliert. Die Korrelation wird mittels Radial-Basis-Interpolation auf die gesamte Schnittfläche erweitert und dann vertikal auf das gesamte Modell-Segment angewandt. Das auf diese Weise angepaßte Oberflächensegment wird dann mit der Oberfläche zu einem Gesamtmodell zusammengefügt (vergleiche Abbildung 2.3).

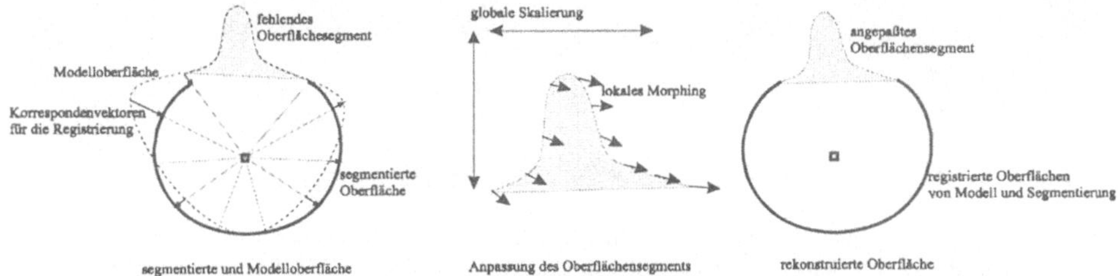

Abbildung 2.3: Modellbasierte Rekonstruktion der Oberfläche. Ersetzen der Segmentierungslücke durch Anpassung des Modellsegments.

3 Ergebnisse

Die in diesem Artikel beschriebene modellbasierte Rekonstruktion wurde im Rahmen eines Projektes mit dem Thema „Bildverarbeitung für die Bestrahlungsplanung von Augentumoren" entwickelt. Die Aufgabenstellung bestand in der modellbasierten Segmentierung, oberflächenbasierten Interpolation und Registrierung von CT- und MRT-Daten. Die modellbasierte Rekonstruktion wurde auf den Orbitabereich von CT-Schnittbildern des Kopfes und auf hochaufgelösten MRT-Daten der Orbita angewandt. Relevante Strukturen sind Bulbus, Linse, Sehnerv, Cornea und auf der Bulbusoberfläche aufgenähte Marker. Typische Hindernisse bei der Rekonstruktion stellen Partialvolumeneffekte bei Bulbus, Linse und Sehnerv, und Artefakte durch die Marker dar.

Das Modell des Bulbus bestand aus dem Gullstrandschen Normalauge, die Linse aus einem konvexem Linsenmodell, der Sehnerv aus einem Tubusmodell und die Marker aus einem Zylinder mit vorgegebenem Durchmesser und Höhe. Die Grobregistrierung wurde anhand der Massenzentren von Bulbus, Linse und dem Ansatzpunkt des Sehnervs ermittelt. Die Skalierung des Gesamtmodells wurde durch Normierung des Bulbus erreicht. Bei der Feinregistrierung wurden jeweils noch die einzelnen Objekte anhand ihrer eigenen Oberflächen normiert. Die modellbasierte Rekonstruktion konnte erfolgreich für die Segmentierung, die oberflächenbasierte Interpolation und die oberflächenbasierte Registrierung angewandt werden. Durch die weitgehend einheitliche Anatomie der betreffenden Strukturen konnten die Segmentierungsergebnisse gegenüber herkömmlichen Verfahren verbessert werden, indem lediglich Bilder mit sehr guten Darstellungseigenschaften für die Rekonstruktion der Objektoberflächen herangezogen wurden. Durch die kontinuierliche und von Löchern befreiten Oberflächen konnten sehr gute Interpolationsergebnisse gewonnen werden und Artefakte wie Partialvolumeneffekt kompensiert werden. Da trotz der grundsätzlich unterschiedlichen Bildeigenschaften von CT- und MRT-Daten alle Strukturen durch die Modelle mit gleicher Qualität rekonstruiert wurden, wies auch die oberflächenbasierte Registrierung deutlich bessere Ergebnisse auf, als bei herkömmlicher Rekonstruktion (siehe Abbildung 3.1).

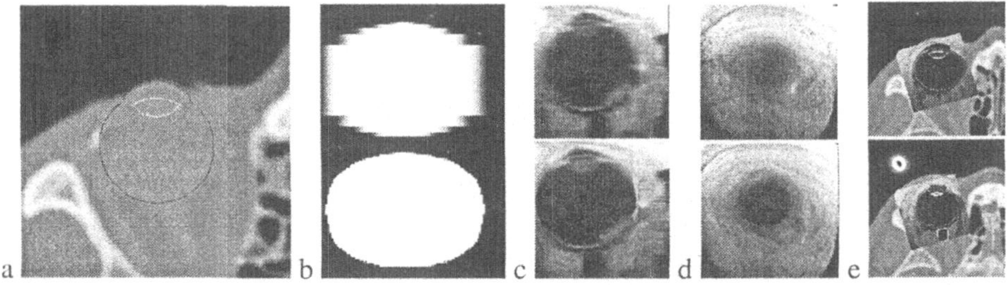

Abbildung 3.1: a) Modellbasierte Segmentierung b) Modellbasierte Interpolation von synthetischen Daten c) Modellbasierte Interpolation MRT-Daten d) Kompensation von Partialvolumeneffekten e) Registrierung von CT- und MRT-Daten

Wir bedanken uns bei der Deutschen Forschungsgemeinschaft für die Förderung dieses Projektes unter der Fördernummer (To 108/7-1).

4 Literatur

1. H Fuchs, ZM Kedem, and SP Uselton. Optimal Surface Reconstruction form Planar Contours. Communications of the ACM, 20:693-702, 1977
2. S Ganapathy and TG Dennehy. A New General Triangulation Method for Planar Contours. Computer Graphics, 16:69-75, 1982
3. J-D Boissonnat. Shape Reconstruction from Planar Cross Sections. Computer Vision, Graphics, and Image Processing, 44:1-29, 1988
4. K Anjyo, T Ochi, Y Usami, and Y Kawashima. A Practical Method of Constructing Surfaces In Three-dimensional Digitized Space. The Visual Computer, 3:4-12, 1987

Analyse komplexer Knochenbewegungen in Folgen von MRT Aufnahmen

F. Höwing[*,†], H. Bülow[*,†], D. Wermser[*], L. Dooley[†], W. Thoma[‡]

[*] Fachhochschule Braunschweig/Wolfenbüttel, FB E
Salzdahlumer Str. 46/48, 38302 Wolfenbüttel
Email: {f.hoewing|h.buelow|d.wermser}@fh-wolfenbuettel.de
[†] University of Glamorgan, School of Electronics,
Pontypridd, Mid Glamorgan, CD37 1DL, UK
Email: lsdooley@glamorgan.ac.uk
[‡] Orthopädische Universitätsklinik Frankfurt/Main, Stiftung Friedrichsheim
Marienburgstr. 2, 60582 Frankfurt/Main

Zusammenfassung. Schädigungen des Bewegungsapparates können häufig nicht durch Auswertung von Einzelaufnahmen sondern nur durch Analyse der Bewegungsabläufe von Knochen diagnostiziert werden. Dies gilt beispielsweise für Schädigungen der Bänder bzw. Knorpel im Bereich des Kniegelenks, der Hals- und der Lendenwirbelsäule. In diesem Beitrag wird ein System zur Diagnose von Schädigungen des Bänderapparates der Handwurzelknochen vorgestellt (karpale Instabilitäten). Das Verfahren unterstützt insbesondere die Diagnose der nach Stürzen am häufigsten auftretenden "Scapholunären Dissoziation", die bei einem Bänderriß zwischen dem Scaphoideum (Kahnbein) und dem Lunatum (Mondbein) sichtbar wird. Im Gegensatz beispielsweise zur Wirbelsäule führen die Handwurzelknochen Bewegungen um alle drei Raumachsen aus. Eine geeignete Schichtauswahl ermöglicht dennoch eine erfolgreiche Bewegungsvermessung mittels 2-D Analyse.

Schlüsselwörter: Knochenbewegungen, Bewegungsanalyse, MRT-Bilder, Handwurzelknochen

1 Problemstellung

Die Verfügbarkeit von modernen Kernspintomographen ermöglicht es, die Bewegung einzelner Knochen, zum Beispiel bei Drehbewegungen der Hand, zu verfolgen. Dadurch lassen sich Schädigungen des Bewegungsapparates wesentlich zuverlässiger diagnostizieren als bei Ertasten der Bewegungsabläufe durch einen Arzt oder durch Auswertung einzelner Röntgenaufnahmen [1,2,3]. Die Aufnahme eines Bewegungsvorgangs mit ausreichender räumlicher und zeitlicher Auflösung führt allerdings zu etwa 100 2-D Aufnahmen je Proband, deren manuelle Auswertung für die Vermessung von Bewegungsabläufen in der klinischen Praxis realistisch nicht machbar ist. Ziel des hier vorgestellten Projekts ist daher die weitgehend automatisierte Bestimmung von für die ärztliche Diagnose geeigneten Bewegungskurven aus solchen Folgen von MRT-Schichtaufnahmen.

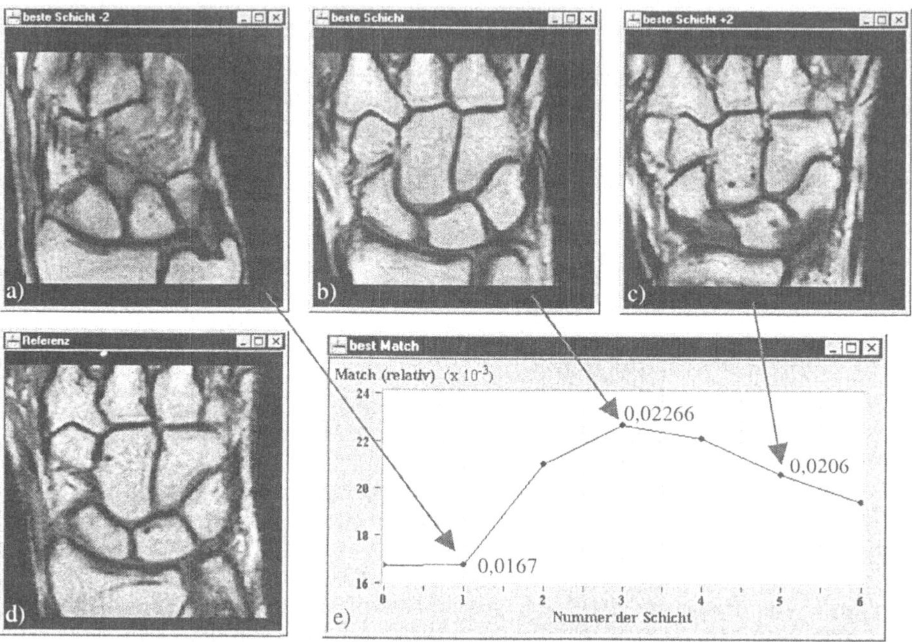

Abb. 1. Auswahl der besten Schicht: a) obere Schicht, nicht alle Knochen enthalten, b) geeignete Schicht, in der alle Knochen gut erkennbar sind, c) untere Schicht, einige Knochen nur teilweise geschnitten, d) Referenzbild eines typischen Probanden, e) Übereinstimmung der Schichten mit der Referenzaufnahme (nur sieben der ingesamt 12 Schichten dargestellt).

Bei Verletzungen der Hand treten häufig Risse der Bänder zwischen den Handwurzelknochen auf. Für die Erkennung dieser Läsionen hat sich eine Darstellung der Rotation bzw. Translation der einzelnen Knochen relativ zu einem durch den Radius (Speiche) definierten Koordinatensystem als besonders geeignet erwiesen. An Präparaten wurden entsprechende Messungen durch Implantation von Meßstiften bereits durchgeführt [4]. Wegen der Strahlenbelastung beim Röntgen und des aufwendigen manuellen Vermessungsverfahrens wurden solche Bewegungen in vivo bisher nur mit sehr grober Auflösung bestimmt [5]. Das hier vorgestellte automatische Vermessungsverfahren liefert demgegenüber wesentlich feiner aufgelöste Bewegungskurven (Abb. 4).

Die Vermessung der Bewegung der Handwurzelknochen ist im Vergleich zu den anderen Anwendungsbereichen, wie z.B. Bewegungen im Bereich des Knies oder der Wirbelsäule schwieriger, weil durch die Vielzahl ähnlich aussehender Knochen die automatische Identifikation der Knochen erschwert wird und darüberhinaus Kippbewegungen das Erscheinungsbild einiger Knochen in den Schichten der MRT-Aufnahmen während der Bewegungen stark verändern.

2 Automatisches Vermessungsverfahren

Die erarbeitete Gesamtlösung umfaßt im wesentlichen folgende Teilschritte:

- Erzeugung des Bilddatensatzes - Für jeden Patienten werden abhängig von der Beweglichkeit der Hand etwa 8 Handstellungen in einer Auflösung von jeweils 12 Schichten aufgenommen.
- Schichtauswahl - In der für die Vermessung ausgewählten Schicht müssen alle relevanten Handwurzelknochen erkennbar sein. Ein auf der Fourier-Mellin Transformation [6] basierender Ansatz ermöglicht diese Auswahl durch Vergleich mit Referenzaufnahmen anderer Patienten (Abb. 1)

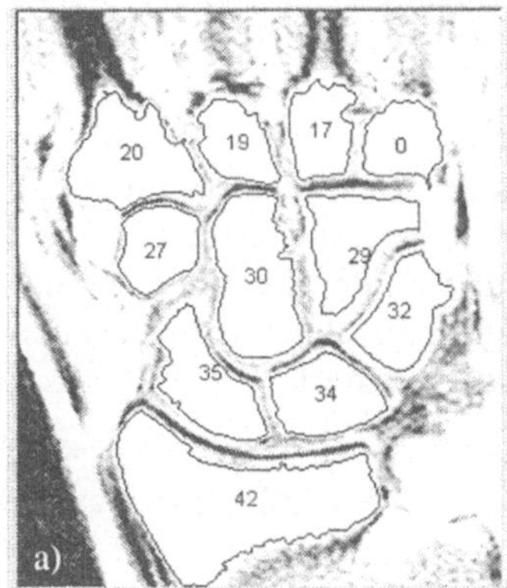
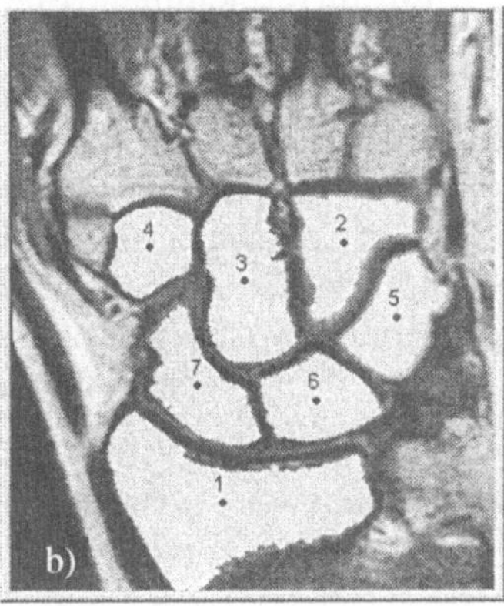

Abb. 2. Identifikation der Knochen. a) Vorauswahl von Kandidaten durch Auswertung von Position und Größe der Regionen, b) Automatisch identifizierte Knochenregionen (1 Radius, 2 Os hamatum, 3 Os Capitatum, 4 Os Trapezoideum, 5 Os Triquetrum, 6 Os Lunatum, 7 Os Scaphoideum).

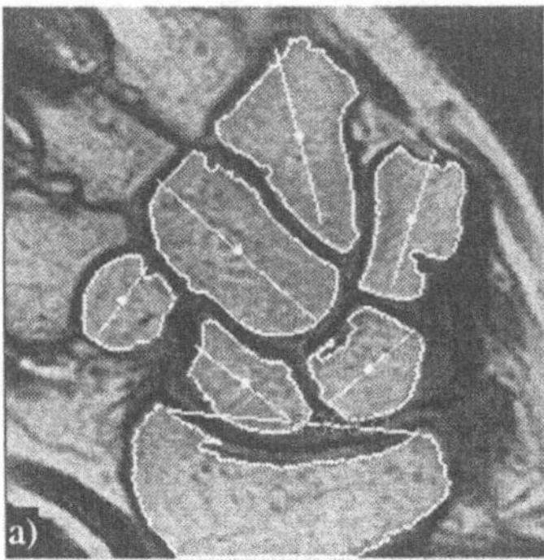
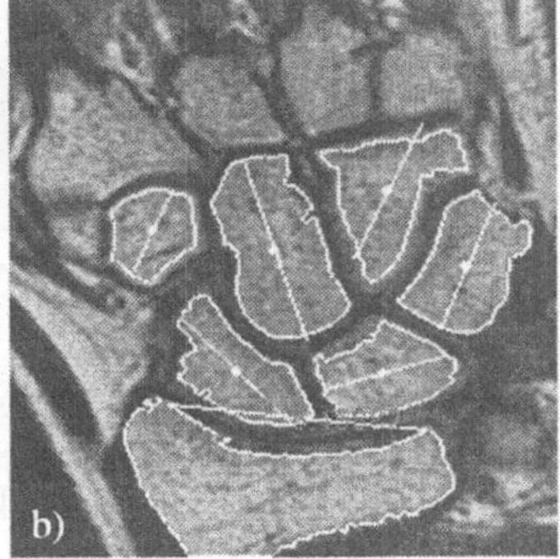

Abb. 3. Bestimmung von Translation und Rotation - Berechnung der Schwerpunkte und Hauptachsen für jeden Knochen sowie des Bezugskoordinatensystems; hier gezeigt für zwei exemplarische Handstellungen (a) extrem radial, b) neutral).

- Segmentation - Adaptive Schwellwertbildung auf eine automatisch gewählte
  "Region of Interest" (ROI). Zur Erzielung einer höheren Genauigkeit wird nach
  der Identifikation der Knochen eine genauere Segmentation mit einer an jeden
  Knochen angepaßten ROI vorgenommen, wobei auch Vorgaben zur spezifischen
  Form der einzelnen Knochen berücksichtigt werden.
- Identifikation der Knochen - Analyse von Form und relativer Lage unter Berück-
  sichtigung der Bewegungsspielräume der jeweiligen Knochen (Abb. 2)
- Bestimmung von Translation und Rotation - Berechnung der Schwerpunkte und
  Hauptachsen für jeden Knochen (Abb. 3).
- Bestimmung der Bewegungskurven - Zusammenstellung der Vermessungsergeb-
  nisse für typisch 8 verschiedene Handstellungen (Abb. 4). Das Bezugskoordina-
  tensystem wird durch die beiden Eckpunkte der konkaven Wölbung des Radius
  festgelegt, um unvermeidliche Bewegungen der Probanden während der Aufnahmen auszugleichen.

Tab. 1 zeigt die Erfolgsquoten für die Segmentation und Identifikation der verschiedenen Handwurzelknochen bei Anwendung des entwickelten Verfahrens auf dem
bisher verfügbaren Datensatz von 20 Probanden mit insgesamt 158 Handstellungen.
Die für die Diagnose der am häufigsten auftretenden Läsion (Scapholunäre Dissoziation; Riß des Bandes zwischen Scaphoideum und Lunatum) relevanten Knochen werden zu etwa 95 % korrekt identifiziert und segmentiert.

Tabelle 1. Erfolgsquote der automatischen Identifikation und Segmentation von Handwurzelknochen.

Knochen	Korrekte Segmentation
os hamatum	77,8%
os capitatum	94,9%
os trapezoideum	90,5%
os triquetrum	89,2%
os lunatum	*94,3%*
os scaphoideum	*96,8%*
Radius	*97,5%*

3 Klinischer Einsatz

Für den Einsatz des Systems in der klinischen Praxis wird eine interaktive Nutzerober-
fläche entwickelt [7]. Die Zwischenergebnisse jeder Verarbeitungsstufe werden automatisch auf Plausibilität überprüft und bei auftretenden Fehlern eine manuelle Nachbearbeitung durch den Nutzer angefordert. Eine Beschreibung der Erscheinungsform
spezifischer Läsionen in Bewegungskurven findet sich in [8].

Dieses Projekt wurde gefördert durch das AGIP-Programm des Niedersächsischen
Ministeriums für Wissenschaft und Kultur.

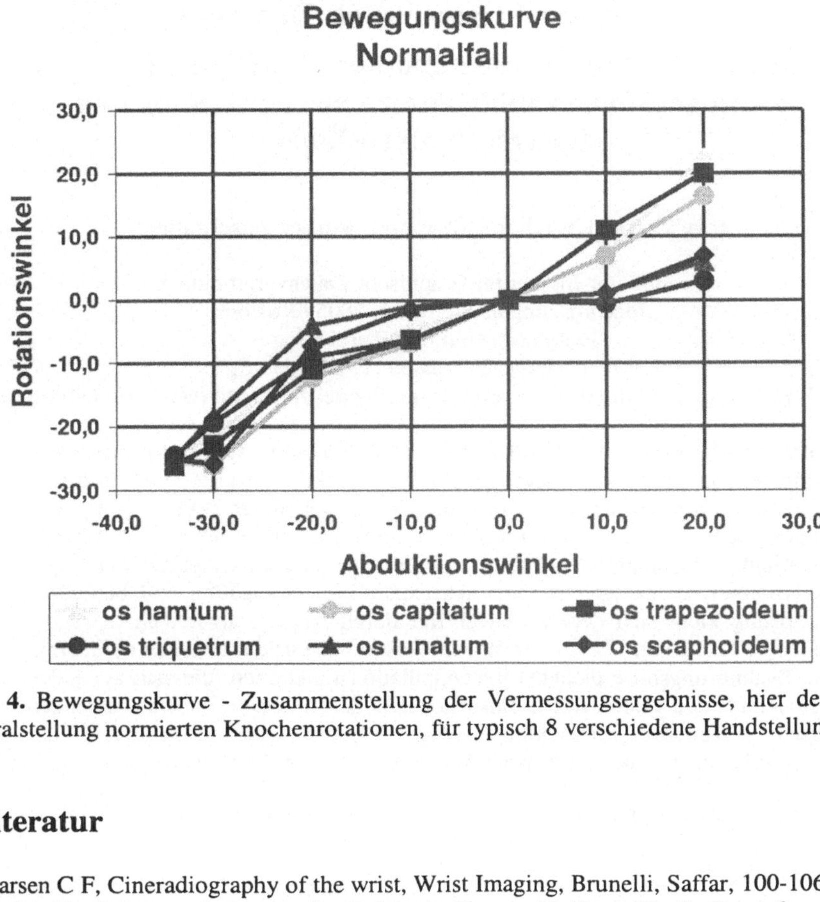

Abb. 4. Bewegungskurve - Zusammenstellung der Vermessungsergebnisse, hier der auf die Neutralstellung normierten Knochenrotationen, für typisch 8 verschiedene Handstellungen.

4 Literatur

1. Larsen C F, Cineradiography of the wrist, Wrist Imaging, Brunelli, Saffar, 100-106, 1992
2. Saffar Ph, Sokolow C, Mathoulin C, Martin-Bouyer Y, Verdeille S, Cinearthrography of the wrist in carpal instability, Wrist Imaging, Brunelli, Saffar, 109-114, 1992
3. Linscheid R L, Dobyns J H, Karpale Instabilitäten, Orthopäde, 22:72-78, 1993
4. Kobayashi M, Berger R A, Nagy L, Linscheid R L, Uchiyama S, Ritt M, An K, Normal kinematics of carpal bones: a three-dimensional analysis of carpal motion relative to the radius, Journal of Biomechanics, 80(8): 787-793, 1997
5. Peicha G, Sibert F J, Fellinger M, Grechenig W, Schippinger G, Lesions of the scapholunate ligaments in acute wrist trauma – arthroscopic diagnosis and minimally invasive treatment, Knee Surgery, Sports Traumatology, Arthroscopy, 5:176-183, 1997
6. Chen Q, Defrise M, Deconinck F, Symmetric Phase-Only Matched Filtering of Fourier-Mellin Transforms for Image Registration and Recognition, IEEE Pattern Analysis and Machine Intelligence, 16(12):1156-1168, 1994
7. Thoma W, Götz M, Fürst C-H, Höwing F, Bülow H, Wermser D, MRT-Bilderkennungssystem zur automatischen Analyse komplexer Knochenbewegungen, Videopräsentation auf dem Deutschen Orthopädenkongress, Wiesbaden, September 1998
8. Höwing F, Bülow H, Wermser D, Dooley L S, Thoma W, Automatic Motion Analysis of Bones from MR Sequences, eingereicht zur IPA99, Manchester

Multiple Image Stack Browser
Tools zur Montage, Präsentation und Navigation in einem n-dimensionalen Bildvolumen aus der konfokalen Laserscanmikroskopie

Jörg Zerbe, Christian Götze und Werner Zuschratter*

Fraunhofer-Institut für Graphische Datenverarbeitung
Joachim Jungius Straße 11, 18059 Rostock
*Leibniz-Institut für Neurobiologie
Brenneckestraße 6, D-39118 Magdeburg
Email: zerbe@egd.igd.fhg.de, goetze@egd.igd.fhg.de, zuschratter@ifn-magdeburg.de

Zusammenfassung. Zur Handhabung und Evaluierung von n-dimensionalen Bilddaten aus der konfokalen Laserscanmikroskopie wurde eine Software entwickelt, die es gestattet, multiple Bildstapel unter Verwendung von Alignment-Funktionen, entsprechend ihrer ursprünglichen räumlichen Anordnung, zu einem Gesamtbild zu montieren und anschließend durch das Bildvolumen zu navigieren. Bei achsenparalleler Navigation und beliebiger Auflösung kann sich der Anwender frei durch das Datenvolumen bewegen, beliebige Kanäle und Ebenen selektieren sowie neue Bildausschnitte definieren. Als Evaluierungshilfe dienen Bildmanipulationsfunktionen, die sich auf jeden Kanal und jede Ebene des n-dimensionalen Bildvolumens separat anwenden lassen. Weitere Entwicklungsarbeiten beschäftigen sich mit der Datenreduzierung und Geschwindigkeitsoptimierung beim Datentransfer.

Schlüsselwörter: 3D-Navigation, Laserscanmikroskopie, Alignment

1 Einleitung

Der Einzug moderner bildgebender Verfahren in die Neurowissenschaften gestattet heute eine Vielzahl neuer Einblicke in die Struktur-Funktionsbeziehungen des Zentralnervensystems und seiner Dysfunktionen bei neurodegenerativen Erkrankungen.

Weitgehend ungelöst ist jedoch die Frage, wie größere zusammenhängende Gebiete bei möglichst hoher, d.h. zellulärer, Auflösung analysiert werden können, bei gleichzeitiger Verfügbarkeit von Detail- und Übersichtsinformation. Ein solches Wissen ist unter anderem dann notwendig, wenn komplex verteilte Muster im Gewebe analysiert werden müssen.

Zwar lassen sich aufnahmeseitig hochauflösende, anatomische, bzw. funktionelle Landkarten heute durch automatisiertes, dreidimensionales Abscannen der Präparate mit Hilfe einer 3-Achsen-Motortisch-Steuerung an konfokalen Laserscanmikroskopen, bzw. modernen Videomikroskopen akquirieren [3]. Als problematisch erweist sich jedoch der anschließende Umgang mit dem immensen Datenmaterial. Da es sich bei den n-dimensionalen Bildserien um sehr rechenintensive Anwendungsfelder in bisher nicht handhabbaren Größenordnungen bezüglich Speicherplatz, Prozessorleistung und Kommunikationsbandbreite handelt und zudem Positionierungsfehler der verwendeten Motortische durch aufwendige Rechenoperationen kompensiert werden müssen, erfordert der Umgang mit diesem Datenmaterial eigene Lösungsstrategien bei der Aufnahme, Bearbeitung, Visualisierung, Übertragung und Archivierung.

2 Image Browser

2.1 Zielstellung und Aufgaben

Ziel des hier beschriebenen Projektes ist die Realisierung eines 3D-Image Browsers für hochdimensionale Bilddatensätze aus der konfokalen Laserscan- bzw. Videomikroskopie. Dazu wird im Rahmen eines vom BMBF geförderten Verbundprojektes ('Virtual Brain') eine Software entwickelt, die es gestattet, multiple n-dimensionale Bildstapel nahtlos zusammenzumontieren, um anschließend durch das akquirierte Bildvolumen hindurchzunavigieren, beliebige neue Bildausschnitte zu selektieren und für eine morphometrische 3D-Analyse, bzw. deren Präsentation aufzubereiten. Zusätzlich werden Fehlerrechnungen eingeführt, um Gerätetoleranzen, wie sie etwa beim Motortisch eines Mikroskops auftreten, auszugleichen. Eine weitere Ausbaustufe befaßt sich mit der Datenreduktion und Archivierung, sowie der Optimierung des Datentransfers von externen Datenträgern in den Hauptspeicher.

2.2 Ergebnisse

In einer ersten Ausbaustufe ist ein Multiple Image Stack Browser (MIS-Browser) unter Verwendung der Programmiersprache C++ als PC-Applikation entwickelt worden. Er wurde auf das Betriebssystem Windows NT zugeschnitten, ist aber auch unter Windows 98 lauffähig. Die Auswahl der Entwicklungsplattform (PC, Windows) wurde gewählt, um mit der Steuer-Software für Laserscanmikroskope verschiedener Hersteller kompatibel zu sein.

Bildmontage

Ausgangsbasis der Montage eines Multiple Image Stack ist Bilddatenmaterial, welches in Form einer Bilderserie, bestehend aus beliebig vielen Einzelbildern vorliegt (siehe Multiple Image Stack). Jedes Einzelbild repräsentiert eine Aufnahme für exakt eine X/Y/Z/C-Position innerhalb eines Multiple Image Stacks (mit C=Detektionskanal der entsprechenden Fluoreszenzemission). Es wurde ein Importmodul geschaffen, welches beliebige X/Y/Z/C-Anordnungen und Bildformate unterstützt und die Einzelaufnahmen selbstständig entsprechend ihrer ursprünglichen räumlichen Anordnung montiert. Durch Auswahl eines optimierten Montageverfahrens $F_{Pos}(z,y,x,c)$ kann auch auf Rechnern mit durchschnittlichem Speicherausbau parallel zum Importprozeß mit der Evaluierung der Aufnahmen begonnen werden. Die Montage erfolgt für jeden Kanal einzeln. Aufnahmebedingte

Fehler werden durch ein geeignetes Alignmentverfahren eliminiert (siehe Fehlerkorrektur und Alignment).

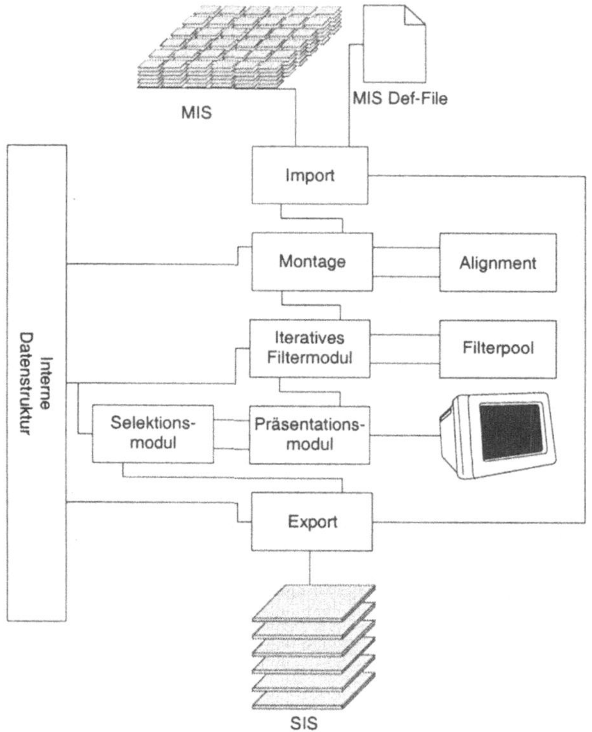

Schematische Darstellung des modularen Aufbaus des MIS-Browsers

Die zugrunde liegende Datenstruktur ist ebenenorientiert. Zur Beschleunigung späterer Bearbeitungsschritte wird der Multiple Image Stack im Anschluß an seine Rekonstruktion als Single Image Stack gespeichert. Dabei kommen verschiedene Memory-Mapped-File- und Paging-Techniken zum Einsatz, mit deren Hilfe ein geeignetes Speichermanagement für große Image Stacks erreicht wird.

Präsentation

Alle Bildausgaben werden in Echtzeit unter Verwendung der Originalbilddaten dargestellt. Während des Darstellungsprozesses durchlaufen die selektierten Bilddaten eine Filterkette, mit deren Hilfe Korrekturen bezüglich Helligkeit, Kontrast, Gamma, und Threshold durchgeführt werden. Dabei können grundsätzlich alle Einstellungen für jede Ebene und Kanal separat angewandt werden. Weitere Auswertungen werden durch histogrammbasierte Funktionen unterstützt. Wahlweise ist eine lineare Interpolation des darzustellenden Datenbereichs möglich. Eine zusätzliche Interpretation der Bilddaten läßt sich durch eine Maximum-Intensity-Projection über alle Ebenen erzielen.

Zur Navigation innerhalb des Image Stacks wurde ein achsenparalleles freies X/Y-Panning implementiert. In Z-Richtung erfolgt die Bewegung innerhalb der gegebenen Ebenen. Für Detailansichten kann zwischen einem automatischem Zoom und manuell einstellbarer beliebiger Auflösung umgeschaltet werden.

Fehlerkorrektur und Alignment

Wichtige Voraussetzung für die 3D-Navigation durch den Multiple Image Stack ist die korrekte Montage des Datenvolumens entsprechend der ursprünglichen Anordnung der Einzelbilder. Da eine fehlerfreie Aufnahme der Einzelbilder nicht möglich erscheint, entstehen bei der Montage der Teilaufnahmen Artefakte, die sich in zueinander verschobenen Einzelbildern niederschlagen.

Ein Ansatz zur Lösung dieses Problems besteht darin, die einzelnen Stacks mit überlappenden Randregionen aufzunehmen und anschließend die überlappenden Bereiche zu alignieren.

Zur Analyse des Positionierungsfehlers zwischen benachbarten Aufnahmen setzen wir dabei ein Verfahren aus der Bilderkennung ein, das Positionierungsfehler auf Grundlage der Methode der kleinsten Quadrate (MKQ) mit Hilfe eines Gauß-Newton-Algorithmus schätzt und minimiert [1].

Um eine möglichst gute Fehlerminimierung beim Vergleich der überlappenden Randbereiche zweier benachbarter Bildkacheln zu erreichen, müssen diese Teilbilder natürlich dieselben Voraussetzungen bezüglich Helligkeit, Kontrastumfang usw. aufweisen, ihre Bildintensitäten also identisch sein. Daher werden nicht die Randbereiche selbst untersucht, sondern es wird ihre Laplace-Pyramide berechnet [2] und die weiteren Vorgänge mit den vorverarbeiteten Daten durchgeführt. Damit gilt

$$I(X,2) = I(X - U(X),1) \tag{1}$$

wobei $X = (x, y)$ die Position eines Punktes, I die Intensität des Bildes und

$$U(X) = (u(x, y), v(x, y)) \tag{2}$$

die sogenannte Geschwindigkeit des Punktes X zwischen den Bildern 1 und 2 darstellt. $u(X)$ ist im vorliegendem Fall also eine Funktion des durch die Mechanik des Motortisches erzeugten Fehlers. Das Maß für die MKQ-Schätzung ergibt sich dann als

$$E(\{u\}) = \sum_X (I(X,2) - I(X - u(X),1))^2 = \Delta I, \tag{3}$$

ist also die Summe der Abweichungen über alle Punkte der Bildausschnitte.

Im vorliegenden Fall wird diese allgemeine Fehlerminimierung durch Beschränkung auf affine Transformationen zwischen den Teilbildern erheblich vereinfacht, da man davon ausgehen kann, daß die Fehler des Mikroskoptisches durch Translationen und Rotationen beschrieben werden können. Mit dieser Methode als Grundalgorithmus für das Alignment zweier beliebiger benachbarter Teilaufnahmen sind nun abhängig von der Aufnahmereihenfolge der einzelnen Teilbilder verschiedene Strategien denkbar, das Gesamtbild möglichst effektiv zu montieren.

Export

Der durch den Browser montierte und justierte Image Stack wird als Single Image Stack (SIS) in einem Hypermeshformat gespeichert. Zusätzlich ist das Speichern von Bildausschnitten über mehrere Ebenen möglich. Zur Selektion aller für den Export relevanten Bereiche wird ein Tracker eingesetzt, der sich in seinen Abmaßen auf beliebige Gruppen von Schichten des Image Stacks übertragen läßt. Zur Erstellung eines Teilvolumens wird die Vereinigung der Grundfläche sämtlicher Tracker auf allen zu exportierenden Ebenen gebildet.

3 Ausblick

Mit dem hier beschriebenen 3D-Image Browser wurde eine Software zum Navigieren durch hochdimensionale Bilddatensätze realisiert. Neben der Montage multipler Bildstapel gestattet das Programm, beliebige neue Bildausschnitte zu selektieren und bereitet die Daten für eine morphometrische 3D-Analyse, bzw. deren Präsentation vor. Weitere Entwicklungsarbeiten werden sich mit der automatischen Gammakalibrierung, der Rauschminderung, der Datenreduzierung und der Geschwindigkeitsoptimierung beim Datentransfer beschäftigen.

4 Förderung:

Das Projekt wird gefördert aus Mitteln des Bundesministeriums für Bildung, Wissenschaft, Forschung und Technologie (BMBF) im Rahmen des Forschungsverbundes: 'Virtual Brain', FKZ: 0310960.

5 Literatur

1. Bergen, J., Anandan, P., Hanna, K.: Hierarchical Model- Based Motion Estimation. Proc. Of European Conference on Computer Vision 92, Springer 1992
2. Jähne, B: Digitale Bildverarbeitung. Springer-Verlag Berlin, 2. Auflage 1991
3. Zuschratter, W., Steffen, T., Braun, K., Herzog, A., Michaelis, B., Scheich H. (1998). Acquisition of multiple image stacks with a confocal laser scanning microscope. In: Three-Dimensional and Multidimensional Microscopy: Image Acquisition and Processing V; Carol J. Cogswell, J.A. Conchello, J.M. Lerner, T Lu, T. Wilson (eds) Proceedings of SPIE Vol 3261, p: 177 - 186.

Modell- und wissensbasierte Segmentierung und Bildanalyse von Röntgenbildern

Frank Vogelsang, Frank Weiler*, Michael Kohnen, Michael van Laak, Markus Kilbinger, Berthold Wein und Rolf W. Günther

Klinik für Radiologische Diagnostik,Universitätsklinikum Aachen,
Pauwelsstr. 30, 52074 Aachen
*Parsytec AG, Auf der Hüls 183, 52086 Aachen
Email: vogel@rad.rwth-aachen.de

Zusammenfassung. Im Bereich der medizinischen Bildverarbeitung ist die Segmentierung der wichtigste Vorverarbeitungsschritt für die nachfolgende Bildanalyse. Um einen den visuellen und kognitiven Fähigkeiten des Menschen wenigstens nahen Algorithmus zu entwickeln, muß nach Ansicht der Autoren möglichst umfassend das a priori verfügbare Wissen über das Segmentierungszenario berücksichtigt werden, um eine Kopplung von Segmentierungs- und Analyseprozeß zu erreichen. Ein wesentliches Problem bei der Verwendung von aktiven Konturen zur Segmentierung ist eine hinreichend gute Initialisierung. Es wird eine Methode zur Initialisierung des vorgestellten Bildmodells mit Active Shapes beschrieben, die unter Ausnutzung der im Modell verankerten topographischen Information eine sehr gute initiale Ausrichtung zur Feinsegmentierung der zu detektierenden Objekte erlaubt.

Schlüsselwörter: Modell- und wissensbasierte Segmentierung, Active Shapes, Aktive Konturen

1 Einleitung

Die klassische Bildsegmentierung betrachtet jeden Bildverarbeitungschritt als einen in sich abgeschlossenen Prozeß. Dadurch können keine Beziehungen, die zwischen den verschiedenen Verarbeitungsprozessen bestehen, ausgenutzt werden. Darüber hinaus werden Fehler über den gesamten Prozeß propagiert, ohne daß höherstufige Verarbeitungsschritte diese Fehler beheben können. In das hier vorgestellte Verfahren wird in jeden der verschiedenen Bildverarbeitungsschritte möglichst viel a priori Wissen integriert. Unter Verwendung eines hierarchischen Bildmodells mit aktiven Konturen werden die verschiedenen Schritte des Bildverarbeitungsprozesses miteinander gekoppelt [2, 6, 7].

2 Hierarchisches Bildmodell mit aktiven Konturen

Eine übergreifende Methode, die eine Kopplung von Segmentierung und Bildanalyse ermöglicht, ist die Verwendung eines hierarchischen Bildmodells [6, 7].

Durch eine Triangulation kann die in einem solchen Modell verankerte topographische Ordnung verschiedener Objekte zueinander in ein Segmentierungsszenario integriert werden. Eine baumartige hierarchische Anordnung erlaubt darüber hinaus eine Zusammenfassung der Objekte zu Gruppen und eine semantische Zuordnung derselben. So kann den Objektkonturen des Modells ihre Bedeutung zugeordnet werden und eine kontextsensitive Bildanalyse wird möglich. Die Konturen innerhalb des Bildmodells werden als aktive Konturen modelliert [3]. Eine Erweiterung der klassischen Definition der aktiven Konturmodelle von KASS ET AL. ermöglicht es, Formwissen translations-, rotations- und skalierungsinvariant als internen Energieterm der aktiven Kontur zu modellieren. Das hier verwendete aktive Konturmodell besteht zusätzlich zu den von KASS ET AL. definierten (externe Energie E_{ext}, Energieterme der 1. und 2. Ableitung E_{deriv1}, E_{deriv2}) aus drei weiteren Energien. Die Formulierung wird jeweils für einen ausgezeichneten Punkt $v_i = (x_i, y_i)$ im Iterationsschritt $s, s \in \{1, \dots, S\}$ der aktiven Kontur dargestellt. Da die aktiven Konturen oder auch Snakes diskretisiert als Menge von Stützpunkten vorliegen, kann man über eine Delauny-Triangulation der Punktmenge Formwissen repräsentieren. Die Kantenlängen der Triangulation hängen von dem verwendeten Formprototypen ab. Jedem Punkt v_i kann über die Kantenlängen der Triangulation eine *Sollposition* $\bar{v}_i$ zugeordnet werden, die sich je nach Verformung der Snake von seiner aktuellen Position mehr oder weniger stark unterscheidet. Sie kann für den Punkt v_i mit den Längen der anliegenden Kanten $l_1, \dots, l_m$ translations- und rotationsinvariant berechnet werden. Durch eine Normierung der mittleren Kantenlänge der Triangulation der aktuellen Snake d auf die mittlere Kantenlänge d_0 aller Triangulationskanten des Formprototypen kann eine Skalierungsinvarianz der Sollposition erreicht werden und die gewichtete Sollposition $\bar{v}_i$ für den Punkt v_i folgendermaßen definiert werden:

$$\bar{v}_i = \frac{1}{2w_{lok_i}} \sum_{j=1}^{m} w_j \left(v_{j_1} + v_{j_2} + \frac{d}{d_0} l_j \frac{v_{j_1} - v_{j_2}}{|v_{j_1} - v_{j_2}|} \right) \tag{1}$$

$$\text{mit} \quad v_{j_1} = v_i \quad \text{und} \quad w_{lok_i} = \sum_{i=1}^{m} w_k$$

Die Formenergie muß nun entsprechend auf die Gewichte aller Kantengewichte normiert werden, da die Teilenergien der Konturpunkte im Verhältnis zur Gesamtsumme aller Kantengewichte w_{ges} der Snake berücksichtigt werden müssen.

$$E_{form}(s, v_i) = \alpha_{form} \cdot \beta_{form}(s) \cdot \frac{1}{w_{ges}^2} \sum_{i=1}^{n} \left(w_{lok_i} \frac{|\bar{v}_i - v_i|}{d} \right)^2 \tag{2}$$

Man hat damit ein affin invariantes Formmodell, das darüber hinaus gewünschte Formabweichungen von einer Standardform modelliert. Durch die Triangulation einer Menge von mehreren Objekten treten zwei unterschiedliche Typen von Triangulationskanten auf. Kanten, die je zwei Punkte des gleichen Objektes verbinden, werden als *Formkanten* bezeichnet. Kanten, die je zwei zu verschiedenen Objekten gehörende Punkte verbinden, heißen *Szenekanten*. Durch die Verwendung von Szenekanten können Lageinformationen der Objekte untereinander berücksichtigt werden. Die Berechnung der Szeneenergie E_{szene} erfolgt analog zur Berechnung der Formenergie. Zusätzlich wird eine Energie definiert, die während der Optimierung des aktiven Konturmodells gleichbleibende Punktabstände präferiert:

$$E_{dist}(s, v_i) = \alpha_{dist} \cdot \beta_{dist}(s) \cdot \left(\bar{v}_i - \frac{|v_{i+1} - v_i| + |v_i - v_{i-1}|}{2} \right)^2, \qquad (3)$$

wobei $\bar{v}_i$ der mittlere Abstand der Punkte der Kontur k mit $v_i \in k$ ist. Die Gesamtenergie des Punktes v_i im Iterationsschritt s kann nun als Summe ihrer Teilenergien dargestellt werden:

$$E_{ges}(s, v_i) = E_{ext}(s, v_i) + E_{deriv_1}(s, v_i) + E_{deriv_2}(s, v_i)$$

$$+E_{form}(s, v_i) + E_{szene}(s, v_i) + E_{dist}(s, v_i) \qquad (4)$$

Nach einer Initialisierung des Bildmodells wird durch die Energieminimierung eine Feinsegmentierung erreicht.

3 Modellinitialisierung mit Active Shapes

Ein wesentliches Problem bei der Verwendung von aktiven Konturen und einem Bildmodell ist die gute Initialisierung des Modells. Am Beispiel der Segmentierung von Handröntgenaufnahmen wird ein Verfahren zur Initialisierung vorgestellt. Eine entsprechende Darstellung für den Kontext der Thoraxröntgenbilder findet sich in [4]. Zur initialen Ausrichtung des Modells auf ein Handröntgenbild wird zunächst die Handkontur bestimmt. Hierzu wird mittels eines angepaßten Schwellenwertverfahrens nach Otsu eine grobe Segmentierung in Hand und Hintergrund durchgeführt [2, 5]. Die Methode der Active Shape Models gewährleistet in einem anschließenden Schritt eine zuverlässige Segmentierung des Handumrisses. Das Verfahren der Active Shape Models versucht durch Dimensionsreduktion des Merkmalsraumes die charakteristischen Formparameter mittels Hauptachsentransformation zu bestimmen. Der Algorithmus wird in der Literatur auch als Karhunen Loéve Transformation bezeichnet. COOTES ET AL. haben es in [1] zur Modellierung der Active Shape Models verwendet. Die Bestimmung der Handaußenkontur in Handröntgenbildern geschieht analog der Vorgehensweise von COOTES ET AL. und wird hier nicht näher behandelt. Interessant ist jedoch, daß in der Praxis die Anzahl der relevanten Eigenvektoren sehr niedrig ist. Eine Variation der ersten $k(k < 5)$ Eigenvektoren und der affinen Transformationsparameter erlaubt es, alle signifikanten Formen zu modellieren (Abb. 1). Das Auffinden der Handaußenkontur in einem gegebenem Handröntgenbild ist äquivalent mit der Optimierung des Active Shape Models. Als Grundlage für

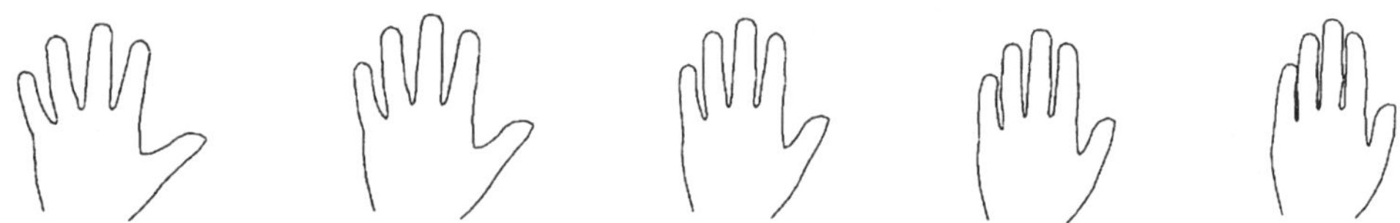

Abb. 1. Variation des Active Shape Models der Hand durch den Eigenvektor mit dem größten Eigenwert im Bereich einer Standardabweichung

die Optimierung des Active Shape Models dient ein aus der Vorsegmentierung entstandenes distanztransformiertes Bild $D(x, y)$. Durch Summieren der Werte kann ein Gütemaß F für die aktuelle Referenzkontur definiert werden:

$$F = \sum_{(x,y)\in R} g(x,y) \cdot D(x,y) \tag{5}$$

Die Referenzpunkte der Handkontur werden zusätzlich noch mit Gewichten $g(x, y)$ versehen. Im Verhalten des mittels Simulated Annealing durchgefürten Optimierungprozesses macht sich die Erweiterung der Active Shape Models insofern bemerkbar, daß der Prozeß seltener in lokale Minima konvergiert und darüber hinaus schneller gegen die optimale Lösung strebt.

4 Modellbasierte Segmentierung der Handknochen

Durch das Wissen über den Verlauf der Handkontur auf dem Röntgenbild kann nun die Lage der Handknochen bestimmt werden. Das triangulierte Bildmodell wird anhand der detektierten Handkontur auf das Bild eingepaßt. Anschließend wird das Active Shape-Verfahren für jeden Knochen der Hand noch einmal einzeln angewendet. Durch eine abschließende Minimierung des aktiven Konturmodells durch einen Greedy Algorithmus wird eine Feinsegmentierung der Handknochen erreicht. Abbildung 2 zeigt in der ersten Reihe das Originalbild, den segmentierten Handumriß und den angepaßten Formprototyp mit segmentiertem Handumriß und in der zweiten Reihe den optimierten Formprototyp, das Endergebnis nach der Segmentierung mit aktiven Konturmodellen und daraus resultierende Regions of Interest. In [4, 6] finden sich entsprechende Segmentierunsergebnisse für Thoraxröntgenbilder.

5 Zusammenfassung

Die Verankerung des a priori verfügbaren Wissens in einem hierarischen Bildmodell in Kombination mit hinreichend guten Initialisierungsalgorithmen führt zu einer sehr genauen Segmentierung des Bildmaterials. Die dann durch das Modell verfügbaren topographischen Informationen erlauben eine effiziente anschließende Bildanalyse. Das Verfahren läßt sich leicht auf einen anderen Kontext übertragen.

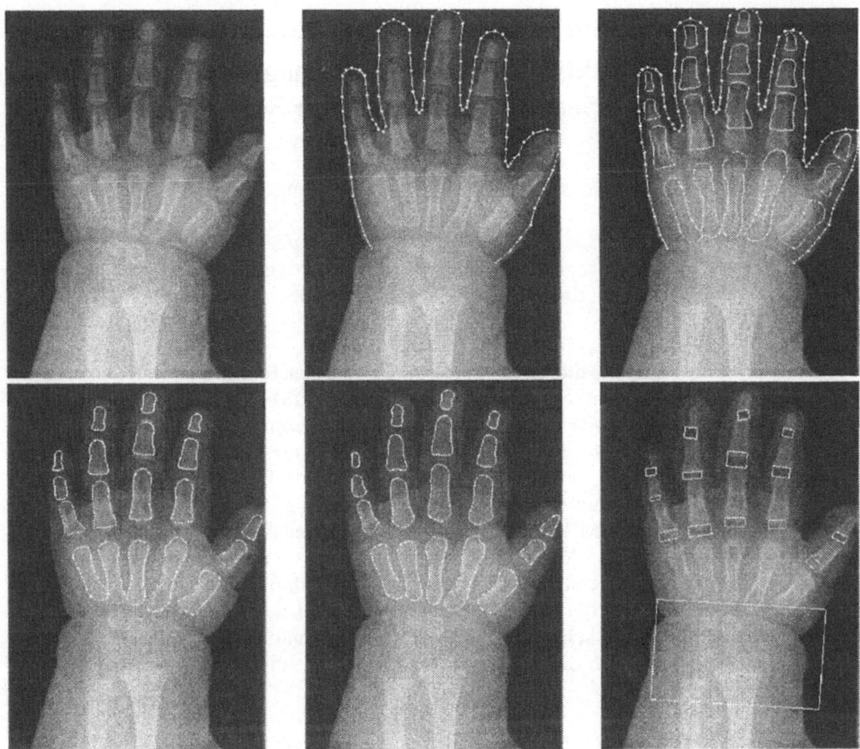

Abb. 2. Segmentierung der Hand

Literatur

1. Cootes, T. F., Taylor, C. J., Cooper D. H.: *Active shape models - Their Training and Application*. Computer Vision and Image Understanding, Vol. 61, No. 1, pp. 38 - 59, January 1995.
2. Kohnen, M. : *Modellbasierte Bildanalyse von Handröntgenbildern*. Diplomarbeit, Naturwissenschaftliche Fakultät, RWTH-Aachen, 1998
3. Kass, M., Witkin, A., Terzopoulos, D.: *Snakes: Active Contour Models*. Int. Journal of Computer Vision, p. 321, 1988.
4. van Laak, M.: *Modellbasierte Bildanalyse von Thoraxröntgenbildern*. Diplomarbeit, Naturwissenschaftliche Fakultät, RWTH Aachen 1998.
5. Otsu N.: *A Threshold Selection Method from Gray-Level Histograms*. IEEE Transactions, Vol. SMC-9, 62, 1979.
6. Weiler, F.: *Modellbasierte Bildsegmentierung mit aktiven Konturmodellen*. Dissertation, Lehrstuhl für angewandte Mathematik insbesondere Informatik, RWTH Aachen, 1998.
7. Weiler, F., Vogelsang, F.: *Model-Based Segmentation of Hand Radiographs*. Proc. of the SPIE's International Symposium on Medical Imaging 1998, San Diego, 1998.

Korrelations- versus Integrations-Analyse
Implikationen für funktionelle Kernspintomographie und Optische Registrierungen Intrinsischer Signale

Andreas Hess, Detlef Stiller und Henning Scheich*

*Leibniz Institut für Neurobiologie,
Brenneckstr. 6, D-39118 Magdeburg
Email: hess@ifn-magdeburg.de

Zusammenfassung. In dieser Kombinationsstudie von funktioneller Kernspintomographie (fMRI) und optischen Registrierung (ORIS) wurde zum einen zeitliche Korrelationen zwischen Stimulations- und Ruhephasen, zum anderen integrative Aktivierungen analysiert. Beide Methoden messen die hämodynamische Antwort; ORIS kann zusätzlich eine Sauerstoffverbrauchs- und ein Blutvolumensignal unterscheiden. Aufgrund gleicher Zeit- und Raumfunktionen von fMRI und ORIS des Blutvolumensignales wurde gezeigt, daß das funktionelle Kernspinsignal primär ein Blutvolumensignal ist. Aufgrund zeitlich-korrelativer Analyse konnte weiterhin durch Vergleich mit dem sehr gut lokalisierten Sauerstoffverbrauchssignal des ORIS auch für das Blutvolumensignal ein sehr gute räumliche Lokalisierung demonstriert werden. Dadurch verbessert sich die nutzbare räumliche Auflösung des Kernspinsignals um mehr als 10-fach.

Schlüsselwörter: fMRI, optische Bildgebung, Korrelationsanalyse, Hemodynamische Antwort, Auflösung

1 Einleitung

Die funktionelle Kernspintomographie (fMRI) hat eine enorme experimentelle und klinische Relevanz bei der Untersuchung von Gehirnfunktion und –fehlfunktion eingenommen. Die nicht invasive fMRI basiert auf dem sog. BOLD-Effekt („blood oxygenation level dependent" [1]). Dessen exakte physiologische Mechanismen sind noch nicht ausreihend verstanden. Um ein robustes, positives BOLD Signal zu erzielen, muß über längere Zeit stimuliert werden [2]. Die gemessene positive Polarität des BOLD-Signales wird üblicherweise als vermehrte Auswaschung von paramagnetischem Desoxy-Hemoglobin (HbR) aufgrund erhöhten Blutflusses (CBF) interpretiert. Diese Interpretation steht im Widerspruch zu Ergebnissen, die belegen, daß unter Stimulationsbedingungen die Konzentration von HbR zunimmt [3].
Optische Registrierungen intrinsischer Signale (ORIS) [4, 5] ist eine Methode, die durch Absorptionsänderungen des Gewebes sowohl Blutvolumenänderungen (bei 577 nm Wellenlänge) als auch Änderungen der Konzentration von Desoxyhemoglobin (bei 605 nm Wellenlängen) erfaßt. Weitere Vorteile sind die hohe räumliche Auflösung

und die Tatsache, daß Ergebnisse direkt bezüglich der zugrundeliegenden vaskulären Struktur interpretierbar sind.

Die hier durchgeführte Kombinationsstudie soll die zeitlich korrelative Analyse des periodischen Stimulations/Ruhe Protokolls zur Natur des BOLD-Effektes sowie seiner räumlichen Genauigkeit beitragen.

2 Methoden

2.1 fMRI Experimentalmethoden

Bei 5 Mongolischen Gerbils wurden unter Halothan-Narkose jeweils ein Schnurbarthaar (D2 rechts, alle anderen waren abgeschnitten) periodisch (30 sec Ruhe dann 30 sec Stimulation mit 8 Hz Modulation; 10 mal wiederholt, sog. *Block-Design*) mit einem sanften Luftstrom im Kernspinmagnet (4,7-T BRUKER Biospec imager, Bohrung 20 cm, aktiv entkoppeltes Spulensystem, 3 cm Oberflächenspule direkt über dem Kopf) stimuliert. Die Bildgebung des linken Somatosensorischen Cortex wurde mit folgenden Sequenzen durchgeführt:

Anatomische Referenzbilder: RARE Sequenz, T2-weighted spin echo, Dicke1,5 mm, field of view: 2,56*2,56 cm, Matrix: 256*256 voxels, 100 µm in-plane Auflösung).

Funktionelle Bilder: FLASH Gradienten Echo Sequenz, (TR/TE/flip-angle of 96,7 ms/20 ms/15^0, Dicke1,5 mm, field of view: 2,56*2,56 cm, Matrix: 64*64 voxels, und damit 400 µm in-plane Auflösung). In 100 sequentielle Scans wurden jeweils drei Bilder aufgenommen. Ein Scan dauerte 6 s; somit ergibt sich eine Gesamtexperimentzeit von 600 s.

2.2 fMRI Datenanalyse

Für jeden Voxel wurde der Zeitverlauf der Amplitudenveränderung des BOLD-Signales über die 600s des Experimentes mit Zeitverschiebung 0 mit dem Blockdesign der Stimulation korreliert. Die resultierende Matrix von Pearson's Koeffizienten wurde Fisher-transformiert und mittels Student-t-Test auf Signifikanz geprüft. Die aktivierte Fläche auf unterschiedlichen Signifikanzniveaus ergab sich aus Zahl aktiver Voxel des Somatosensorischen Cortex mal 400*400 μm^2 pro Voxel. Üblicherweise werden Signifikanzniveaus von 10^{-3} bis 10^{-4} gewählt; in dieser Studie wurde der Effekt des Signifikanzniveaus systematischer über einen weiten Bereich untersucht. Zur Ermittelung eines mittleren Zeitverlaufes wurden alle Experimentdaten aller Tiere gemittelt.

2.3 ORIS Experimentalmethoden

Am Tag nach dem fMRI Experiment wurde den Tieren unter Halothananästhesie ein Kopfhalter angeklebt, sowie über dem linken Somatosensorischen Cortex der Knochen dünngefräst. Durch diesen gedünnten Knochen wurden nun die optischen Signale mit der Kamera des Imager 2001 (Optical Imaging) aufgezeichnet. Vor Experimentbeginn wurde ein vasculäres Referenzbild des homogen ausgeleuchteten Cortex aufgenommen. Für jedes Tier wurden jeweils 5 Experimente für die Wellenlängen 577 ± 6 nm und 605 ± 10 nm durchgeführt. Aufgezeichnet wurden wiederum zehn 30 sec Ruhe/Stimulationsphasen mit 30 Bildern, also 1 sec pro Bild.

2.4 ORIS Datenanalyse

Wir bezeichnen im Rahmen dieser Studie die Pixel des ORIS-Kamerabildes zur Vereinheitlichung der Nomenklatur ebenfalls als Voxel da eigentlich auch die Pixel integrierte Photonenzahlen eines corticalen Volumens enthalten.
ORIS Daten wurden auf zwei Arten analysiert:
Konventionelle integrative Aktivierungskarten (Stimulation in Relation zur Ruhe) wurden für beide Wellenlängen nach einer sog. „first-frame"-Analyse errechnet. Hierzu wird für alle 30 Bilder einer Ruhe- bzw. Stimulations Halbperiode die Differenz zum jeweils ersten Bild gebildet und diese dann durch das jeweilige erste Bilder geteilt (DR/R). Alle 5 Experimente einer Wellenlänge eines Tieres wurden dann gemittelt und anschließend mittels Faltung mit einem 3x3 Gauß-Kern rauschbefreit. Die Aktivierungswerte zwischen dem 10% und 90 % Quantil wurden farbkodiert als Aktivierungs-Karten dargestellt.

Die neue Art der Auswertung bestand in der Anwendung der zeitlich korrelativen Analyse wie sie unter 2,3 für fMRI beschrieben wurde. Es wurden lediglich zu Beginn die Zeitauflösung der ORIS Daten (1 Bild / 1 sec) auf die des fMRI (1 Bild / 6 s) heruntergerechnet. Karten des Korrelationskoeffizienten sowie der Signifikanzniveaus wurden angefertigt. Für die ORIS Daten wurde auch eine komplette Korrelationsfunktion des Datensatzes mit Phasenshift ± 1 Periode errechnet. In den gemittelten Zeitverlauf für jeder Wellenlänge gingen wiederum alle Daten aller Tier für die Signifikanzniveaus von $p < 10^{-8}$ (605 nm) und $p < 10^{-18}$ (577 nm) ein.

Zur Überlagerung der Meßdaten der beiden Methoden wurden die in beiden Fällen gut erkennbaren arteriellen Aderstrukturen benutzt (siehe Fig. 2).

3 Ergebnisse

ORIS 605 nm reflektiert sehr genau den Raumbereich evozierter überschwelliger neuronaler Aktivität.

- Durch Vergleich der Kennlinien der aktivierten Fläche als Funktion des Signifikanzniveaus der korrelativen Analyse sowie des gleicheren Zeitverläufes, konnte nahegelegt werden, daß es sich bei dem *BOLD* Signal primär um ein *Blutvolumensignal* handelt (Daten nicht gezeigt).
- Die ORIS 605 nm Messung zeigte, daß für die gewählte lange Experimentaldauer die *Desoxykonzentration* über die gesamte Dauer während jeder Stimulationsphase *erhöht bleibt*. Bei der Analyse der Korrelationsfunktion zeigt sich eine Verschiebung der Werte bester Korrelation mit zunehmendem Phasenshift hin zu

dem abführenden venösen Gefäßbett. Der Aktivitätspeak der integrativen Analyse und die besten Korrelationskoeffizienten bei Phasenshift 0 der korrelativen Analyse zeigten eine sehr hohe räumliche Übereinstimmung und vergleichbare Raumaktivierungsfunktionen (Fig. 1).

- Das ORIS 577 nm Signal zeigte hierzu im Vergleich eine weit verteilte Aktivierung, die räumlich in beiden Analysemethoden unspezifischer und asymmetrisch zum *arteriellen* Gefäßbett verschoben ist.. Interessanterweise ergaben sich korrelativ analysiert, für die *höchsten Korrelationskoeffizienten* bei Phasenshift 0 eine *sehr gute räumliche Übereinstimmung* mit der ortsgenauen Erfassung neuronaler Aktvität des ORIS 605 nm Signales (siehe Doppelpfeil in Fig. 1 unten B).

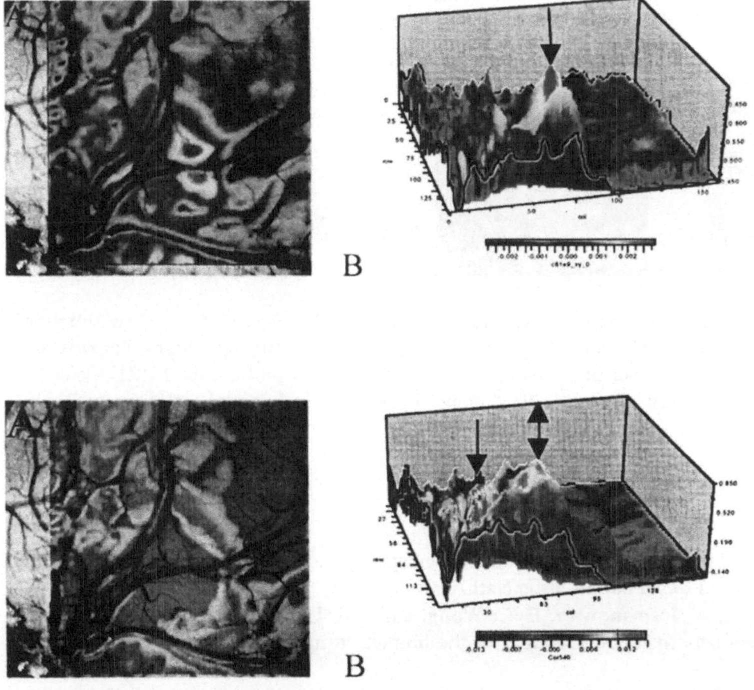

Fig. 1: **Oben:** A: Superpositionen der Aktivitäten von ORIS 577 und dem corticalen Gefäßbild: B: Superpositionen der Verteilung von Korrelationskoeffizienten (*Oberfläche*) und integrativer Aktivierungskarte (*Farbkodierung*) für ORIS 605 nm; gute Übereinstimmung von korrelativer und integrativer Signale (rot am höchsten Gipfelpunkt, siehe Pfeil, vergleiche mit Fig. 1 unten). **Unten:** Superpositionen der Aktivitäten von ORIS 577 und dem corticalen Gefäßbild: B: Superpositionen der Verteilung von Korrelationskoeffizienten (*Oberfläche*) und integrativer Aktivierungskarte (*Farbkodierung*) ORIS 577 nm (B). Für ORIS 577 keine Übereinstimmung (rot liegt nicht am höchsten Gipfelpunkt, siehe Einfachpfeile für stärkste integrative Aktivierung und Doppelpfeil am höchsten Korrelationskoeffizienten).

4 Diskussion

Nimmt man obige Befunde zusammen, ergibt sich für fMRI folgends Bild: Wir konnten zeigen, daß es sich bei dem fMRI BOLD-Signal, entgegen gängiger Auffassung, wohl primär um ein Blutvolumensignal handelt (Hess et al., submitted). Aufgrund der Ergebnisse des Experimentaldesigns und der korrelativen Analyse scheinen weiterhin die abführenden Venen („draining veins") entgegen üblicher Meinung kein Problem darzustellen; zumindest nicht bei Phasenshift 0. Der Vergleich der beiden optischen Registrierungen untereinander zeigt, daß bei korrelativer Analyse die höchsten Korrelationswerte des Blutvolumensignal (ORIS 577 nm) sehr gut mit denen des Desoxyhemoglobinsignales (ORIS 605 nm) übereinstimmen. Vergleicht man nun die korrelativen Aktivierungswerte von ORIS 577 nm Daten an ein und demselben Tier mit den fMRI Aktivierungen, so zeigt sich im Einzelfall eine Ortsgenauigkeit zwischen den Methoden von bis zu ± 1 Voxel. Dies entspräche einer Verbesserung der räumlichen Auflösung von mehr als Faktor 10 für fMRI (siehe Fig. 3).

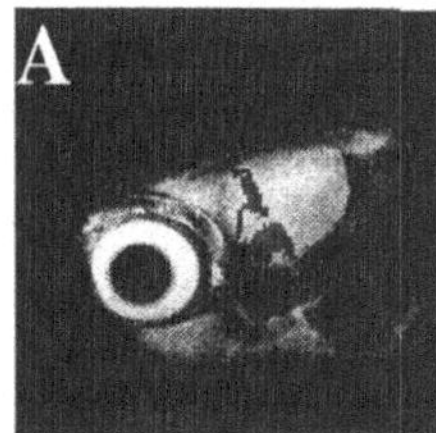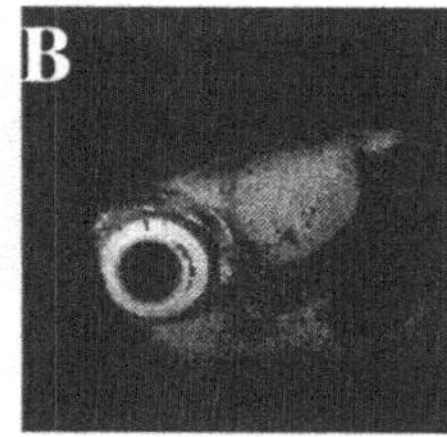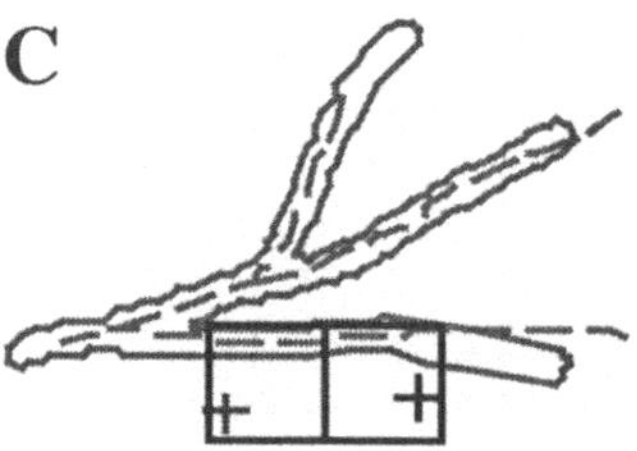

Fig 2: Funktionelles Kernspinbild mit Darstellung signifikanter Bereiche (rot) auf dem üblichen Signifikanzniveau von 10^{-3} (A) und mit verbesserter Ortsauflöung auf dem Signifikanzniveau 10^{-12} (B). C zeigt die Lokalisierungsgenauigkeit zwischen hochsignifikanter fMRI Aktivität (10^{-14} rot) und ORIS 577 nm Aktivität (10^{-16} blau). Sie beträgt ± 1 Voxel (schwarzers Rechteck).

5 Literatur

- Ogawa S, Lee TM, Kay AR, Tank DW, Brain magnetic resonance imaging with contrast dependent on blood oxygenation: Proc Natl Acad Sci USA, v. 87, p. 9868-72, 1990.
- Bandettini, P. A., A. Jesmanowicz, E. C. Wong, and J. S. Hyde, Processing strategies for time-course data sets in functional MRI of the human brain: Magn Reson Med, v. 30, p. 161-73, 1993.
- Kato, T., S. Takashima, K. Kamada, J. Kishibayashi, N. Sunohara, and T. Ozaki, Advantage of Near-Infrared Spectroscopy in the Human Functional MR Imaging in Brain: Proceedings of the SMRM, 12th annual meeting, New York 1993, p. 1409, 1993.
- Frostig, R. D., E. E. Lieke, D. Y. Ts'o, and A. Grinvald, Cortical functional architecture and local coupling between neuronal activity and the microcirculation revealed by in vivo high-resolution optical imaging of intrinsic signals: Proc Natl Acad Sci USA, v. 87, p. 6082-6, 1990.
- Grinvald, A., E. Lieke, R. D. Frostig, C. D. Gilbert, and T. N. Wiesel, Functional architecture of cortex revealed by optical imaging of intrinsic signals: Nature, v. 324, p. 361-364, 1986.

Knowledge-Based Lung Nodule Detection from Helical CT

Stephan G. Erberich[1], H.K. Huang[1], Koun-Sik Song[1], Hiroaki Arakawa[2],
W. Richard Webb[2], Kent Soo Hoo[1]

[1]Laboratory for Radiological Informatics, Univ. of California, San Francisco,
CA 94143-0628, U.S.A.
[2]Dept. of Radiology, Univ. of California, San Francisco, CA 94143, U.S.A.
Email: stephan@lri.ucsf.edu

Abstract: Lung nodule detection from CT images has been proven a difficult task even for experienced radiologists. The crucial clinical information concerning the total number of nodules and their size can only be acquired by a reliable detection and out-coming analysis. Apart from detecting a suspicious lesion, its even more difficult to differentiate between true nodules and blood vessels. Recent advantages in CT imagery technique, like helical CT, allows acquisition of continuous 3D data of the lung without respiratory artifacts. Thus, lung structures can be 3D-reconstructed more precisely which allows a shape based separation between cylindrical blood vessels and spherical nodules. Based on helical CT 3D images we developed an automated detection method to find lung nodules by combining shape information and knowledge from lung structures and nodules out of the UCSF PACS environment. First we segment the lung reducing the search space and avoiding false detection outside the lung. The following inspection for suspicious lesions is done slice by slice for smaller nodules, inhabiting only one slice, and by using the whole 3D volume for larger nodules with the gradient Hough transformation for circles and spheres. Finally the detected suspicious lesions are segmented and examined by verifying knowledge about the lung structures. The resulting nodules are stored in a patient database for further analysis of biometrics and cancer tissue textures.

Keywords: lung nodules, helical CT, 3D image processing, Hough transformation, PACS, knowledge based image processing

1 Introduction

Pulmonary nodules may be either solitary or multiple. A solitary pulmonary nodule is one of the most common radiological findings and characterized as a single well-defined, round or oval lesion within the lung up to 6 cm in diameter. Among the many diseases which may give rise to multiple nodules, hematogenous pulmonary metastases are the most common cause of multiple nodules. There are multiple typical radiological appearance of hematogenous pulmonary metastases of variable sized, round, smooth and well circumscribed. They are generally bilateral and 80-90% of the nodules are peripherally located within the subpleural regions and outer one third of the lungs. However, the appearance of the pulmonary metastases is so diverse, that differentiation between metastases and benign nodules is still a difficult task for a radiologist. The introduction of helical CT scanning made it possible to detect smaller nodules with greater accuracy than conventional CT by virtually eliminating the respiratory misregistration artifact and partial volume averaging. Routine CT scanning may reveal peripheral nodules as small as 2-3mm and has an approximately 25-30% rate of false-positive or false-negative findings at operation. Because diagnostic possibilities and management plans are different for solitary and multiple nodules, it is important to determine the total number of nodules found on CT scans. But sometimes it is difficult to differentiate small nodules from the vertically oriented blood vessels, and even larger nodules can be missed when located near the pulmonary hilum. If the computer-assisted detection of the pulmonary nodules with CT is possible, it will be useful for the radiologist as a second opinion.

2 Material and Methods

We used Helical CT and HRCT having continuous 512x512 pixel slices, with or without inter-slice gap (range is 1mm to 5mm), of the lung having a *slice thickness* between 1mm to 10mm. An average helical CT scan of the complete adult lung, using 7mm *slice spacing* without gaps, has about 50 continuous slices or 25 MB of data. Typically, 7-10mm scans without gaps are made for mass screening at UCSF.

2.1 Lung segmentation

It is necessary to automatically extract the lungs for the later detection of nodules by the Hough transformation, otherwise round shaped objects like the rips will be falsely detected, too. First the volume background is removed by median filtering and 3D region growing seeded in the background. To segment the lung we use a 3D region growing technique optimized for large data sets like helical CT. We reduce the amount of recursions by limiting the search space to only 3 slices at a time and process iterative through the slices. This region growing technique needs a seed point which is placed inside the largest concatenated 2D area. Otherwise it can happen that branches of areas in the z-dimension will not be selected. The background removed volume, containing only the body, is evaluated using the histogram for the slice having the largest lung area, the largest amount of air tissue pixels (usually in the range between 20 and 200 gray levels). In this slice the left and right chest wall is found by inspecting a scan line through the body along the x-axis at the body center. Two seed points inside the left and the right lung on the scan line are selected.

2.2 Detection of suspicious spherical or round-shaped objects

The shape feature of the lung nodule motivates the use of a method by which it is possible to detect spherical shaped objects. The Hough transformation for spheres can predict the center of a possible nodule. To detect smaller nodules which are inhabiting only one slice, the Hough transformation for circles is also used. The advantage of the Hough transformation is its robustness for weak shapes, gaps in the object's contour and noise. The method is split into the search for larger spherical objects (solitary nodules) and the smaller circle shaped metastasis nodules inhabiting only one slice. Round shaped objects are identified by following the gradient, calculated by the 2D and 3D Sobel operators, of each pixel in the lung for a given radius and counting the new positions in an accumulator array. In the accumulator array peaks are found for round shaped objects of given radius, because the gradient directions of their contour pixels are pointing to the center. All possible radii of nodules are inspected for circle shaped and spherical shaped objects. The resulting accumulators of each class, circle and sphere, are projected along the radius-dimension into two accumulators. An object could have more then one peak of different radii due to more or less contour pixels being counted. The projection selects the peak which is the strongest, i.e. having the most contour pixels. Location and radius of the strongest peaks are stored. Both accumulators are spatially smoothed with a standard Gauss filter removing weaker peaks and spatially adjacent peaks are combined. Finally, peaks are selected if they are above a threshold chosen heuristically from experiments, 90% of the maximum peak value in the accumulator for spheres and 70% of the maximum peak value in the accumulator for circles. The more stringent threshold for spheres is derived by the knowledge of the third dimension and results in a better differentiation between cylindrical blood vessels and spherical nodules. On the other hand the criteria for the circles is less due the higher risk of loosing true nodules which results in more false positive selections.

2.3 Classification of the detected suspicious object using knowledge rules

Finally, the depicted suspicious round-shaped objects have to verified by rules representing knowledge about nodules as well as about blood vessels. Therefore it is necessary to segment each object and transform the segmented object from its pixel representation to a graph representation. This graph representation stores for each concatenated 2D region of the 3D/2D object the size and its direct 3D neighbor connections to the upper and lower slice. For the 3D region growing segmentation of the object the Hough point is used. The upper region growing limit can be set to the maximum intensity (4096), because nodules are having the highest intensities among lung tissues. The lower threshold is calculated from the histogram of the 3D cube of two times the size in *milimeters* of the objects's diameter around its center. The gray level distribution of the surrounding lung tissue is assumed to be Gaussian. By calculating the mean and the standard deviation of the cube's background a good lower criterion for segmentation is found by *mean+std.dev*. After segmentation the object is transformed into its graph representation and the evaluation of the knowledge rules commonly used by radiologists is started. Each detected object is tested and classified as nodule or nonnodule by:

1. *Diameter rule* - If the diameter, predicted from the Hough radius, is d > 20mm, then the object is marked as nodule. Objects of such size and larger are artificial in the lung and can only be a nodule.
2. *Isolation rule* - If no connection exists between the region including the predicted center and the upper and lower slice, then the object is marked as isolated nodule. Cylindrical Blood vessels which are usually misidentified as nodules are connected to the upper and lower slice.
3. *Periphery rule* - If the diameter of the object is d > 10mm and the distance to the lung border is less than 20mm, the object is a nodule located in the periphery. Branches of blood vessels and air-ways are seen up to the 16th branch in CT. The vessels are getting so small and delicate in the periphery that there size is below our criteria.

4. ***Border connection*** - If the object diameter indicates an overlapping with the lung border by the object it is marked as nodule.

5. ***Diameter shrink and stationary center rule*** - The rule tests if the region including the predicted center is continued in the lower and upper slice, having a proportional shrinking of the diameter in these regions as it is expected for spherical shapes. Also the center of these connected regions must be stationary according to the predicted center. If two such regions exist having a deviation less than 10% of the estimated area and center position, the object is marked as a spherical nodule. Blood vessels do not have a shrinking diameter in two directions and a stationary center. This is the most powerful rule, because it directly tests the shape in 3D which is the most significant difference between blood vessels and nodules.

3 Example

This study demonstrates the combination of hierarchical image processing of anatomical and morphological knowledge. A key element of the analysis design was to follow standards of how radiologist are diagnosing the existence of lung nodules. 40 patients, having either solitary or multiple lung nodules and volunteers, without lung nodules, were collected and retrieved from the UCSF PACS database. The lung segmentation method successfully extracted the lungs of all cases. In a few cases, the trachea was segmented too, but without effect for the detection and classification steps. Lung nodules which are attached to the lung border are sometimes excluded from the lung segmentation. The detection of the nodules with the 2D/3D Hough transformation was successfully performed with the tested cases. As expected the search for larger nodules (3D) results in less suspicious objects. The necessary search for smaller metastatic nodules (2D) results in more blood vessels. Results from the classifier indicated promising high accuracy in some cases, where all nodules (solitary nodules) and only one false blood vessel were selected. In contrast we found other cases, especially with small metastatic nodules, where only 30-40% of the true nodules were detected. We assume that the implementation of more rules and refinement of the existing rules from experiments will improve the classifier.

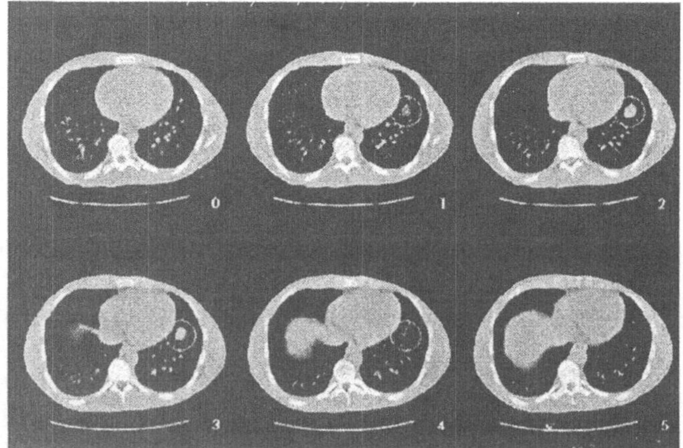

Figure 1: Helical CT of an 23 old male patient having two solitary nodules (Ø12mm, red; Ø26 mm, yellow); slice thickness is 5mm.

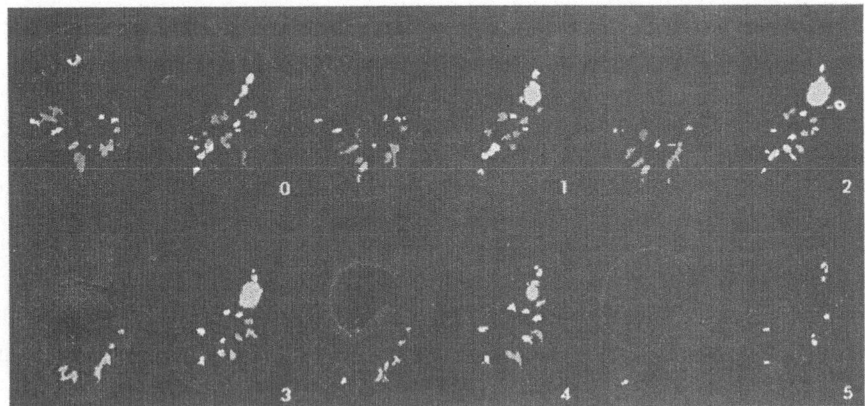

Figure 2: All detected suspicious objects from 2D/3D Hough transformation

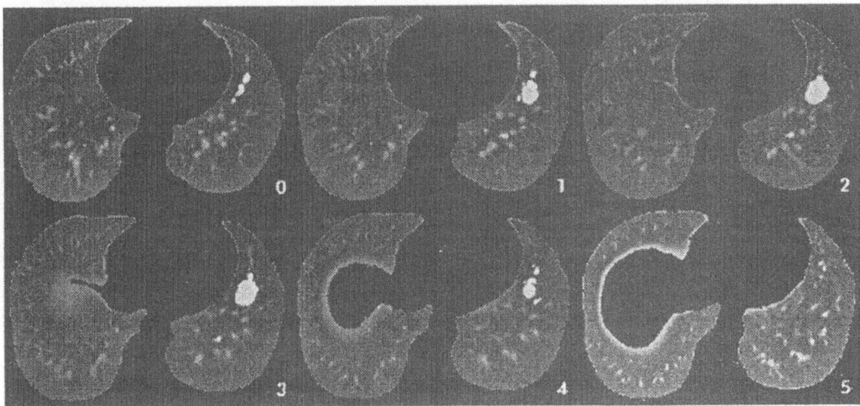

Figure 3: Results from classification of the suspicious objects. Both nodules are marked and one false detected blood vessel (blue) which has a similar nodule shape feature

6 Conclusion

Automated lung nodule detection from helical CT is possible, but the method still includes false positive blood vessels. The poor detection rate of the small nodules because of lack of 3D shape information and the difficult segmentation due to partial volume effects are the main weaknesses. More knowledge rules in the Classifier may result in an unsupervised detection. At this point, the project can be successful as a second opinion, a diagnosis aid. The segmented lung nodules, their volumes, overall amount and size are stored in a database. This lung nodule database allows the review of old cases in direct comparison with follow-up examinations for treatment control, planning and long-term medical analysis.   *Please contact the author for references.*

Aufbau einer JAVA/DICOM-basierten Hirninfarkt-Bilddatenbank mit integriertem Datenschutz

Johannes Bernarding, Andreas Thiel, Jürgen Braun, Christian Koennecke[1], Thorsten Schaaf, Jochen Hohmann, Gunter Bellaire[3], Karl-Jürgen Wolf[2] und Thomas Tolxdorff

Institut für Medizinische Informatik, Statistik und Epidemiologie, [1]Neurologische Poliklinik, [2]Abteilung für Radiologische Diagnostik, Universitätsklinikum Benjamin Franklin, Freie Universität Berlin,
12200 Berlin, Hindenburgdamm 30
[3]Surgical Research Unit OP2000, Robert Rössle Klinik am Max-Delbrück-Centrum für Molekulare Medizin, Universitätsklinikum Charité,
Medizinische Fakultät der Humboldt Universität zu Berlin, 13125 Berlin
Email:bernarding@ukbf.fu-berlin.de

Zusammenfassung: Verteilte Bilddatenbanken im medizinischen Bereich erfordern typischerweise die schnelle Übertragung großer Datenmengen innerhalb einer heterogenen Hard- und Softwareinfrastruktur. Exemplarisch wurde der Prototyp einer plattformunabhängigen Hirninfarkt-Datenbank realisiert. Der geforderte plattformunabhängige Transfer und das Management der Bilddaten erfolgt mittels des DICOM-Standards (Digital Imaging and Communication in Medicine). Aus den Originaldaten abgeleitete Parameter werden DICOM-konform gespeichert. Der periphere Zugriff erfolgt ohne Zusatzsoftware mittels Web-Technologie auf einen in der Radiologie installierten JAVA-basierten DICOM-Server. Patienteninformationen aus Abteilungssystemen werden über Schnittstellen eingebunden. Da DICOM keine Verschlüsselung gespeicherter Daten beinhaltet, wurden DICOM-konforme Verschlüsselungsverfahren implementiert. Unter verschiedenen getesteten Verfahren war eine neuentwickelte DICOM-konforme Teilverschlüsselung die optimale Lösung.

Schlüsselwörter: DICOM, JAVA, Datenschutz, Telemedizin, Bilddatenbank

1. Einleitung

Die Erfassung komplexer Krankheitsbilder erfordert oft multizentrische Studien, deren Ergebnisse zusammengeführt werden müssen. Während dies für klinische Daten oft realisiert wurde, stehen entsprechende Bemühungen für digitale Bilddatensammlungen erst am Anfang. Solche Datenbanken könnten bei Beachtung von Datenschutzbestimmungen auch für externe Nutzer zur Fortbildung oder Diagnoseunterstützung von großem Vorteil sein. Beim Aufbau eines Telekonsultationszentrums mit integrierten Bild- und Befunddaten zur Nutzung in einer heterogenen Hard- und Softwareumgebung müssen meist folgende Probleme gelöst werden [1,2]: a) Umfangreiche Originalbilddaten sind zu verwalten und deren Informationsfülle sinnvoll zu reduzieren. b) Sekundärbilder müssen aus den Originaldaten berechnet und letzteren zugeordnet werden (Abb. 1). c) Befunddaten verschiedener Abteilungen oder

Kliniken müssen integriert und zugeordnet werden, bildbasierte Auswertungen müssen nachvollziehbar sein. d) Die heterogene Hard- und Softwarearchitektur erfordert plattformunabhängige Lösungen. e) Zugriffe auf die Daten und Befunde müssen abgestuft und unter Beachtung der Datensicherheitserfordernisse erfolgen. Zur optimalen Nutzung in einer heterogenen Architektur bietet sich der DICOM-Standard an [3], der für Transport und Verwaltung medizinischer Bild- und Patientendaten entwickelt wurde. Nachteilig ist, daß in DICOM zur Zeit keine ausreichenden Datenschutzmechanismen integriert sind. Unterschiedliche DICOM-konforme Datenschutzkonzepte sind daher zu entwickeln und zu evaluieren.

Zur exemplarischen Lösung dieser Probleme wurde eine Bild- und Befunddatenbank humaner Hirninfarkte aufgebaut. Dies erforderte sowohl die Einbindung von Kernspin- und Computertomographien (MRT, CT) als auch die Integration berechneter Parameter und ASCII-basierter Patienteninformation.

2. Methoden und Ergebnisse

Bis zum jetzigen Zeitpunkt wurden 40 Patienten mit Infarkt am Kernspintomographen untersucht (T1-, T2- und diffusionsgewichtete Sequenzen). Die Auswertung der Bilddaten erfolgte sowohl an der Steuerkonsole des Tomographen als auch auf einem externen Rechner. Gesunde und pathologische Gewebe wurden mittels einer multimodalen histogrammbasierten Methode qualitativ und quantitativ charakterisiert und als farbige Overlays dargestellt. Eine detaillierte Beschreibung der Methode findet sich in [4, 5]. Originale, Sekundärbilder, farbkodierte Overlays und Histogramme wurden DICOM-konform abgespeichert (Abb. 2). Numerische Parameterwerte und textbasierte Patienteninformationen wurden in *private groups* in die DICOM-Bilder eingefügt. Die Langzeitspeicherung erfolgte auf CD. Bei speziellen Fragestellungen wurden zusätzlich ausgewählte computertomographische Originaldaten eingebunden.

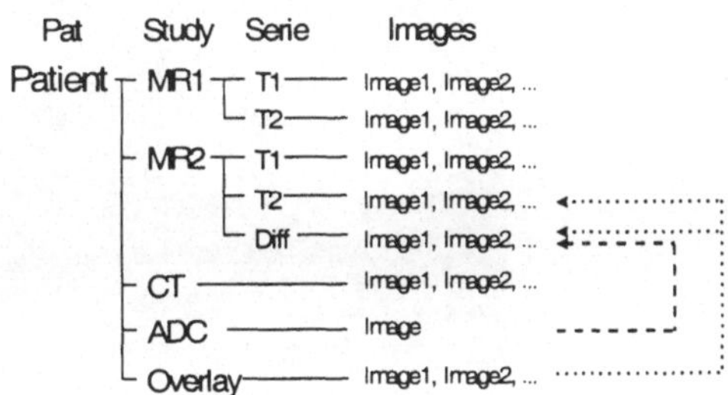

Abbildung 1: Beispiel einer Datenstruktur der beschriebenen Untersuchung zur Diagnostik des ischämischen Hirninfarktes. Sie umfaßt zwei Kernspinuntersuchungen (eine Study schließt eine spezielle diffusionswichtende Messung [Diff] ein), eine Computertomographie (CT) und berechnete Bilder. Aus der Serie Diff werden Diffusionskoeffizienten berechnet (ADC), verschiedene Bilder können kombiniert und histogrammbasiert ausgewertet werden (s. Text). Die Overlays werden DICOM-konform abgespeichert, die Basis-Bilder berechneter Daten (gestrichelte Linien) müssen erhalten bleiben [6].

Zur DICOM-konformen Integration des Datenschutzes wurden zwei Konzepte untersucht: Die Online-Verschlüsselung des gesamten Datenstromes oder eine gezielte

Offline-Verschlüsselung der relevanten Datenfelder [7, 8]. Letzteres führte zu einer erheblichen Reduktion der zu verschlüsselnden Datenmenge. Eine einfache Verschlüsselung der relevanten Felder ist jedoch in der Mehrzahl der Fälle nicht DICOM-konform, da abhängig vom Feld-Typ Zeichen und Feldlänge vorgeschrieben sein können. Zu lösen ist dieses Problem durch das Einfügen sogenannter *Private Groups* in den DICOM-Datenstrom (Abb. 3). Zum Vergleich mit Transferraten ohne Verschlüsselung wurde die Online-Verschlüsselung in die DICOM-Software des Mallinckrodt Institute of Radiology (MIR) und des OFFIS-Instituts integriert und auf unterschiedlichen Hardwareplattformen (DEC 3000/600, DEC Alphastation 255/4, PC Pentium 255 MHz) sowie Netzwerkumgebungen (Ethernet, FDDI, ATM) getestet. Speicherbasierende ATM-Datenübertragung erreichte bis zu 13 MByte/s (ohne Verschlüsselung). Maximale Übertragungsgeschwindigkeit bei *Online Verschlüsselung* mit RC4-MD5 ergab 1770 Kbyte/s, bei *Teilverschlüsselung* mit IDEA (ATM) 3900 KByte/s. Innerhalb des Klinikums wurde abschließend eine auf der Web-Technologie basierende Lösung realisiert. Randbedingungen waren klinisch akzeptable Zugriffszeiten, Softwareinstallation und -wartung an zentraler Stelle, Zugriff von nicht-radiologischen Nutzern aus ohne Zusatzsoftware. Zentraler Bestandteil ist ein DICOM-Server, der in JAVA implementiert ist. Er beinhaltet eine Schnittstelle zu einer beliebigen SQL-fähigen Datenbank.

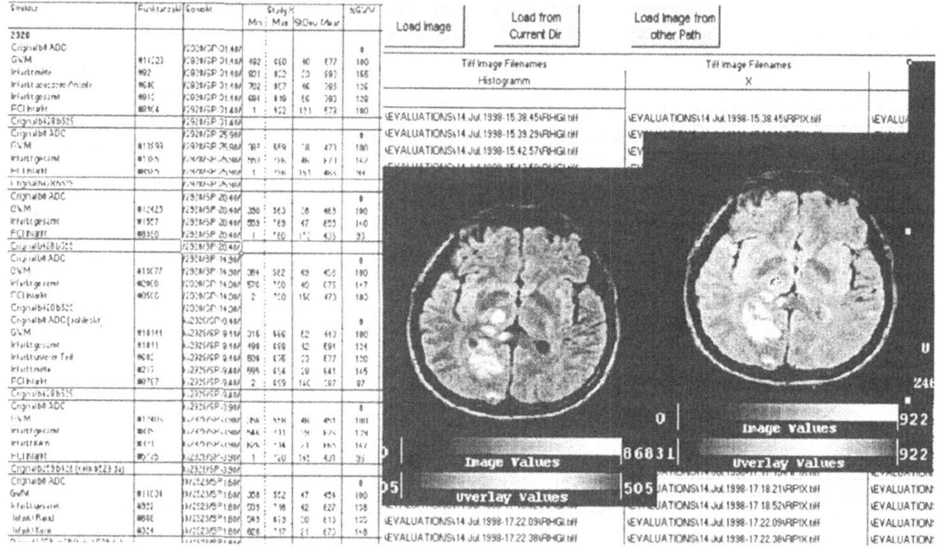

Abbildung 2: Beispiel eines Teil-View auf die Datenbank. Der dargestellte Patient erlitt ein ischämisches Ereignis 3 Tage vor der Untersuchung. Verschiedene Bilddaten können aufgerufen werden (linkes Bild: schwach diffusionsgewichtete Aufnahme; rechtes Bild: Original mit farbkodiertem Overlay eines segmentierten Teilgebiet des Infarktes). In den linken Spalten erkennt man die abgespeicherten Strukturen, in den mittleren Spalten sind die entsprechenden numerischen Auswertungen zu erkennen, die zur Charakterisierung verwendet werden können.

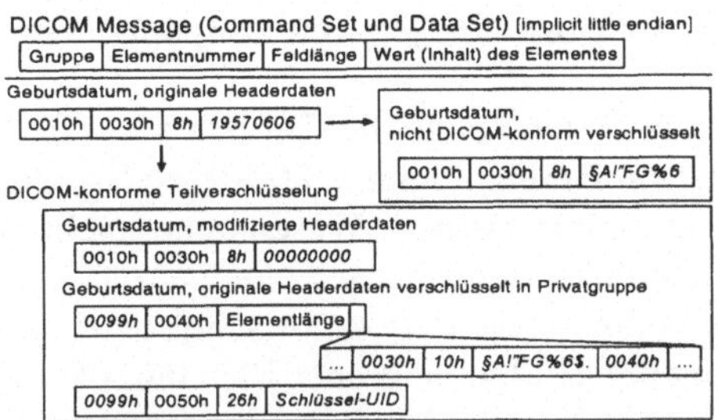

Abbildung 3: Schematische Darstellung des Aufbaus von DICOM-Command- und DICOM-Data-Sets. Der DICOM Standard unterscheidet zwischen verschiedenen Element-Typen [9]. Als Beispiel ist die Teilverschlüsselung des Geburtsdatums dargestellt. Die Elemente dürfen hier naturgemäß keine Sonderzeichen enthalten. Man füllt das Feld mit erlaubten, aber inhaltsleeren Daten und speichert die verschlüsselten Informationen in einer Privatgruppe [7,8].

Mittels eines JAVA/DICOM-Viewers können Bilder transferiert und manipuliert werden. Der Transfer der Originalbilddaten erfolgt per DICOM-Protokoll von zwei DICOM-fähigen Kernspintomographen (SIEMENS) und einem DICOM-fähigen Spiral-CT (SIEMENS). Die Anbindung eines weiteren Spiral-CT (mit Steuerrechner VAX unter VMS) erforderte die Entwicklung eines eigenen DICOM-Konverters. Die radiologischen Befunde wurden aus dem Radiologischen Informationssystem (RIS, SIMEDOS) über eine selbstentwickelte Schnittstelle eingelesen. Die Bilddaten werden über die Vorgangsnummer identifiziert. Bilder und Befunde sind mittels eines JAVA/DICOM-Viewers über Netscape einsehbar. Zusätzliche Softwarekosten und Wartungsarbeiten bei den Nutzern werden somit vermieden. Der Zugang wird geregelt über User, Paßwort und die IP-Nummer der Rechner eines jeden Nutzers

3. Diskussion

Die zunehmende Digitalisierung und Anbindung an Netzwerke ermöglicht neuartige Formen medizinischer Dienstleistungen, z.B. Bereitstellung von Datenmaterial durch spezialisierte Zentren zur Diagnoseunterstützung. Für die klinische Akzeptanz ist eine einfache Benutzerführung von hoher Priorität. Nach Erfahrungen in einem Vorprojekt sollte die Software für den Zugriff auf Bild- und ASCII-Daten zentral installiert werden. Dies hat neben einer verbesserten Wartung den Vorteil einer kostengünstigen Lösung, da die meisten der jetzt erhältlichen Softwareprodukte im Bilddatensektor relativ kostspielig und herstellerabhängig sind.

Die Ergebnisse zeigen, daß Plattformunabhängigkeit bei Transfer und Management der Bilddaten mittels DICOM optimal gelöst werden kann. Das Konzept der *private groups* ermöglicht eine flexible Gestaltung des sehr umfangreichen Standards. Es kann nicht nur für die dargestellte DICOM-konforme Teilverschlüsselung genutzt werden, sondern erlaubt beispielsweise auch die Einbindung von Zusatzinformationen (z.B. Befunde, Labordaten). Dieses Konzept ermöglicht somit den Aufbau einer minimalen multimedialen Patientenakte. Zwar ist die Einbindung entsprechender Datenstrukturen auch in DICOM in einem sehr umfangreichen Teil beschrieben, wurde jedoch unseres Wissens nach bis zum jetzigen Zeitpunkt noch von keinem Hersteller implementiert.

Die zu verschlüsselnde Datenmenge, die bei den vorgestellten spezialisierten Untersuchungen pro Patient im Bereich von ca. 80 Mbyte lag, konnte durch die Teilverschlüsselung erheblich reduziert werden. Wesentliche, nicht patientenspezifische Informationen (z.B. Schichtdicke und -abstand, Sequenznamen etc.) bleiben erhalten. Externe Applikationen können Daten trotz verschlüsselter Information weiterverarbeiten (z.B. bei funktioneller Bildgebung oder Matching-Algorithmen). Zum jetzigen Zeitpunkt werden Nutzer durch die Projektleitung eingetragen und autorisiert.

Zusammenfassend zeigt der realisierte Prototyp, daß mittels JAVA/DICOM unter Beachtung von Datenschutzmaßnahmen multimediale verteilte Anwendungen kostengünstig realisiert werden können.

4. Literatur

1. Bernarding J, Thiel A, Hohmann J, Cosic D, Tolxdorff T: Telemedizin auf öffentlichen, ungeschützten Breitbandnetzen. In: Muche R, Büchele G, Harder D, Gaus W (Hrsg.), Medizinische Informatik, Biometrie und Epidemiologie: GMDS ´97. MMV Medizin-Verlag München, 215-219, 1997.
2. Thiel A, Bernarding J, Kurth R, Wenzel R, Villringer A, and Tolxdorff T: Telemedicine with Data Security in the ATM-based Berlin Networks. In Medical Imaging 1997: PACS Design and Evaluation: Engineering and Clinical Issues, Hori CH, Blain JG, Editors, Proc. SPIE 3035, 191-199, 1997.
3. NEMA Standards Publication PS3.X (1994): Digital Imaging and Communications in Medicine, Parts 1-10, 1994.
4. Bernarding J, Braun J, Hohmann J, Haarbeck K, Stapf C, Hoehn-Berlage M, Wolf KJ, Tolxdorff T: Multiparameter MR Imaging including ADC-Maps and Relaxometry for Cluster Analysis: Improved Differentiation between Healthy and Ischemic Tissue in Humans. Revised version submitted to Magn Res Med
5. Bernarding J, Braun J, Hohmann J, Kurth R, Wolf KJ, and Tolxdorff T: Time course of the diffusion coefficient and relaxation times in human cerebral infarcts. MAGMA, Vol V, No II (Suppl.), 69, (1997).
6. Eichelberg M, Ehlers G, Hewett, and A Jensch P: Management of DICOM Data Structures - an Object-Oriented Approach. In Computer Assisted Radiology 1995, Lemke HU et al. (editors), Springer Verlag Berlin, Germany, 1995 ,452 - 457.
7. Thiel A, Bernarding J, Hohmann J, Cosic D, Tolxdorff T: Security concepts in clinical applications using DICOM. In: Horii SC and Blaine GJ (ed.) Medical Imaging: PACS Design and Evaluation: Engineering and Clinical Issues, SPIE 3339, 11-22, 1998.
8. ftp://ftp.nema.org/medical/dicom/SUPPS/sec-v017.doc
9. Levine BA, Cleary KR, Norton SN, Cramer TJ, Mun SK: Challenges encountered while implementing a multi-vendor teleradiology network using DICOM 3.0. In Medical Imaging 1997: PACS Design and Evaluation: Engineering and Clinical Issues, Hori CH, Blain JG, Editors, Proc. SPIE 3035, 1997, 237-246.

Das MedSeC Projekt wurde gefördert vom BMBF/DFN (Deutsches Forschungsnetz e.V.).

Bewegungsanalyse der Pharyngo-Ösophagealen Schleimhaut

Thomas Wittenberg*, Robert Frischholz♠, Jan Ernst♠,
Corina van As◇, Frans Hilgers◇, Monika Tigges* und Ulrich Eysholdt*

*Abt. für Phoniatrie und Pädaudiologie, Klinikum der Universität Erlangen,
Bohlenplatz 21,91054 Erlangen
♠DCS Dialog Communication Systems AG, Am Wetterkreuz 19a, 91058 Erlangen,
◇ Dept. of Otolaryngology-Head & Neck Surgery, Netherlands Cancer Institute,
Plesmanlaan 121, 1066 CX Amsterdam, Holland
Email: thomas.wittenberg@phoni.med.uni-erlangen.de

Zusammenfassung. In dieser Arbeit werden aktiven Konturen verwendet, um die wellenförmigen Bewegungen des pharyngo-ösophagealen Segmentes während der Phonation mit einer Stimmventilprothese zu beschreiben. Zur Parametrisierung der Schwingungen werden die Kurvenparameter Umfang, Fläche sowie Zirkularität als Funktionen der Zeit berechnet. Aus diesen Parametern läßt sich zudem die Grundfrequenz f_0 der pharyngo-ösophagealen Schleimhautbewegung ermitteln.

Schlüsselwörter: Bewegungsanalyse, Aktive Konturen, Stimmrehabilitation

1 Einleitung

Im fortgeschrittenen Stadium eines Kehlkopfkarzinoms muß der gesamte Kehlkopf operativ entfernt werden. Durch diese Laryngektomie stehen für die verbale Kommunikation keine Stimmlippen mehr als Klanggenerator zur Verfügung. Bei der Operation erfolgt zudem eine vollständige Trennung von Luft- und Speiseröhre, zum Atmen wird im vorderen Halsbereich eine Öffnung (*Tracheostoma*) zur Luftröhre eingerichtet. Der Atemluftstrom steht damit für eine mögliche Stimmproduktion nicht mehr direkt zu Verfügung [1].
Für die Patienten ist nach einer solchen Operation die Rehabilitation der Stimme zur Möglichkeit der Kommunikation eine wichtiges Ziel. Zu diesem Zweck werden seit ca. zwei Jahrzehnten vermehrt Stimmprothesen eingesetzt. Wegen ihrer guten Stimmqualität werden heutzutage insbesondere die sog. Niederdruckventilprothesen verwendet [3]. Diese sitzen auf der Höhe des Tracheostomas und bilden bei Bedarf eine künstliche Verbindung zwischen Luft- und Speiseröhre. Wenn der Patient das Tracheostoma mit einem Finger verschließt, öffnet sich das Ventil der Prothese und der ausströmende Atemstrom fließt durch das Prothesenventil über die Speiseröhre in die Mundhöhle. Damit wird die Schleimhaut am oberen Ende der Speiseröhre, dem sog. *pharyngo-ösophagealen (PE) Segment* in Schwingung versetzt [5].
Durch die Verwendung einer digitalen Hochgeschwindigkeitskamera ist es möglich, die Schleimhautbewegungen im PE-Segment aufzunehmen. Im Gegensatz zu

Abb. 1. Bildsequenz einer Hochgeschwindigkeitsaufnahme des schwingenden PE-Segmentes bei der Phonation mit Stimmventilprothese, Aufnahmerate T_s = 1987 Bilder/sek, Δt zwischen zwei Bildern 5.03 ms, räumliche Auflösung: 128 × 128 Pixel.

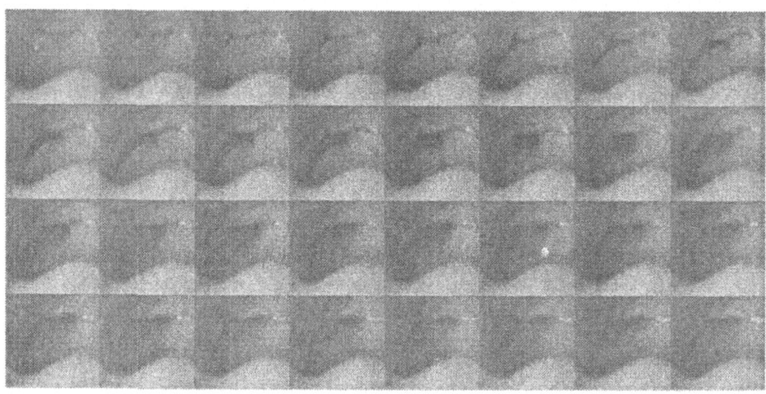

anderen bildgebenden Verfahren zu Erfassung schneller Bewegungen wie z.B. der Video-Stroboskopie oder der Video-Kymographie, können die irregulären Schwingungen des PE-Segmentes aufgrund der digitalen Bildsequenzen nicht nur qualitativ [1, 5, 4] sondern auch quantitativ beschrieben werden.

Zusammen mit dem holländischen Krebs-Institut wurden Hochgeschwindigkeitsaufnahmen von laryngektomierten Patienten mit einer Prothese vom Typ *Provox TM* [3] durchgeführt, um die Vibration des Speiseröhrenendes zu untersuchen. Das Ziel dieser Studie ist ein vertieftes Verständnis der Mechanismen bei der tracheo-ösophagealen Phonation.

Abb. 1 zeigt einen Ausschnitt einer solchen Aufnahme. Man blickt von oben in Rachen und sieht den Übergang von der Speiseröhre zum Rachenraum. Die obere Öffnung der Speiseröhre erscheint als dreieckige Öffnung. Neben einer mediolateralen Bewegung der Schleimhaut ist eine ausgeprägte kreisförmige Schleimhautwelle zu beobachten. Diese Welle kommt aus den tieferen Schichten der Speiseröhre und wandert nach oben bis zum Speiseröhrenende [5].

2   Bewegungsanalyse

Zur Berechnung der räumlichen Ausdehnung des PE-Segmentes sowie dessen geometrische Veränderung über die Zeit wurde das Programm *RegionTrack*© der Firma Mikromak verwendet. Dieses Programm verwendet aktive Konturen (*Snakes*) [2, 6], um die Bewegung einer zusammenhängenden Fläche — im vorliegenden Fall das PE-Segment — aus einer Bildfolge zu extrahieren. Eine Kontur K besteht aus einer Menge von Knotenpunkten $V = \{v_1, v_2, ..., v_n\}$, von denen jeweils zwei benachbarte v_i und v_{i+1} durch eine Kante miteinander verbunden sind. Jeder Knoten v_i läßt sich innerhalb eines Einzelbildes bezüglich eines definierten Nullpunktes eindeutig durch einen Positionsvektor $v_i = (x_i, y_i)$ beschreiben. Im vorliegenden Fall wurde eine Kontur mit $n = 60$ Knoten verwendet. In Analogie zu physikalischen Systemen besitzt eine Kontur eine sog. Konturenergie: $E_{Snake} = \alpha E_{elastic} + \beta E_{bend} + \gamma E_{image}$, bestehend aus den zwei internen Energietermen $E_{elastic}$ und E_{bend} sowie der externen Energie E_{image}. Die Terme $E_{elastic}$ und E_{bend} repräsentieren die inneren Eigenschaften Elastizität, Steifigkeit sowie die Krümmungsfähigkeit einer Kontur. Die externe Energie E_{image} beschreibt dagegen den äußeren Einfluß auf eine Kontur K, also die Form und Position des zu beschreibenden PE-Segmentes. Durch ein iteratives Energie-Minimierungsverfahren, im vorliegenden Fall mit dem *Greedy-Algorithmus*, wird die Position jedes Knotens v_i und damit die zugehörige Knotenenergie iterativ variiert, bis die Gesamtenergie E_{snake} minimal ist. Das Iterationsverfahren wird abgebrochen, wenn sich entweder die Gesamtenergie E_{snake} nicht mehr ändert oder eine vordefinierte Anzahl von Iterationsschritten durchlaufen wurde. Alle Energieterme wurden einheitlich mit $\alpha = \beta = \gamma = 1.0$ gewichtet.

Die Startkontur $K_{t=0}$ wird im Anfangsbild manuell mit der Maus eingezeichnet, wahlweise freihändig oder als Ellipse. Anschließend wird diese Kontur automatisch iterativ an die reale Kontur des PE-Segmentes angepaßt. Für alle weiteren Bilder wird die Kontur K_{t-1} des vorherigen Bildes als Startkontur verwendet. Der Benutzer kann zu jedem Zeitpunkt der Konturberechnung korrigierend eingreifen, d.h. jeder einzelne Knotenpunkt einer Kontur kann manuell mit Hilfe der Maus verschoben werden.

Abb. 2 zeigt eine Folge von berechneten Konturen des PE-Segmentes. In dem vorliegenden Beispiel bewegen sich die Schleimhautfalten des Hypopharynxtrichters zu Beginn einer Schwingungsperiode über ca. 7.5 ms seitlich auseinander, vgl. auch Abb. 1. Die Schleimhautwelle hat ihren Ursprung in den tieferen Abschnitten des Ösophagus und pflanzt sich bis zur Öffnung des Hypopharynxtrichters nach kranial fort [4]. Die dabei entstehende Öffnung besitzt in diesem Beispiel eine elliptische Form. Über ca. 15 ms bleiben Position, Form und Umfang dieser Öffnung relativ konstant, anschließend wird eine neue Schleimhautwelle sichtbar.

3 Frequenzanalyse

Zur Approximation der Grundfrequenz f_0 der pharyngo-ösophagealen Schleimhautbewegung werden separat zu jeder Kontur der zugehörige Konturumfang $U = \sum_{i=1}^{n} \sqrt{(x_i - x_{i-1})^2 (y_i - y_{i-1})^2}$, die Fläche A der Kontur $A = \frac{1}{2} \sum_{i=1}^{n} (x_i y_{i+1}) - (x_{i+1} y_i)$ sowie die *Zirkularität Circ* $= \frac{4\pi A}{U^2}$ berechnet. Die Grundfrequenz f_0 der pharyngo-ösophagealen Schleimhautbewegung läßt sich aus dem Maximum des Leistungsdichte-Spektrums des Umfangs als auch der Fläche bestimmen. In der Praxis hat sich allerdings die Verwendung des Mittelwertes $f_0 = \frac{f_A + f_U}{2}$ bewährt.

Die Zirkularität ist ein Rundheitsmaß für die jeweiligen Kontur, ein Wert von 1 bezeichnet einen exakten Kreis, kleinere Werte beschreiben gestreckte, ellipsenförmige Polygone. Abb. 3 zeigt die Änderung von Umfang, Fläche und Zirkularität als Funktionen der Zeit. In dem dargestellten Zeitraum von 450 ms läßt sich eine periodische Wiederholung der Schleimhautbewegung beobachten. Im vorliegenden Beispiel beträgt die berechnete Grundfrequenz $f_0 = 42\,\text{Hz}$.

Abb. 2. Eine einzelne Periode der Bewegung des PE-Segmentes während der Phonation mit Stimmventilprothese: Der Umfang der Speiseröhre nimmt an der beobachteten Stelle über ca. 15 ms zu und bleibt anschließend über ca. 30 ms konstant

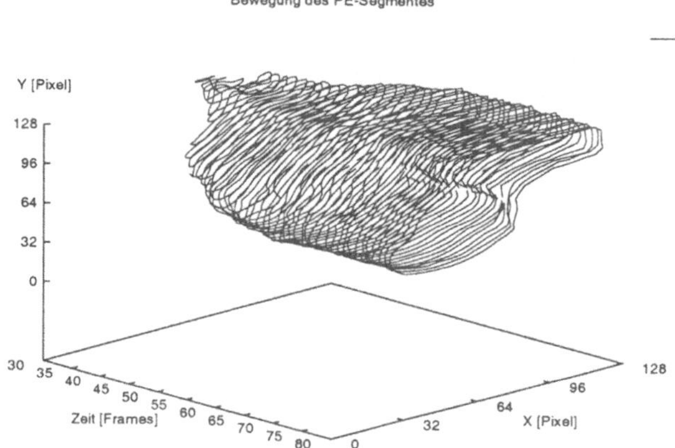

4 Diskussion

Im Gegegensatz zur automatischen Bewegungsanalyse von Stimmlippenschwingungen lassen sich bei der rechnergestützten Schwingungsanalyse der pharyngoösophagealen Schleimhautbewegung mithilfe aktiver Konturen keine lokalen Bewegungstrajektorien an bestimmten Punkten, sondern nur globale Parameter wie die Flächen- bzw- Umfangsänderungen als Funktion der Zeit bestimmen. Diese Parameter genügen jedoch, um die Grundfrequenz der Schleimhautbewegung zu berechnen.

Der einzige Nachteil an dem vorgestellten Verfahren ist die notwendige Benutzerinteraktion während der Konturberechnung. Eine solche Interaktion ist derzeit noch an zwei Stellen notwendig: (1) Zu Beginn einer jeder neuen Schwingungsperiode muß der Anwender die Startkontur neu um den Beginn der Schleimhautwelle setzten, da ansonsten die aktuelle Kontur an der Außenwand des Hypopharynxtrichters liegen bleibt. (2) Da die Konturen der Schleimhautwellen nicht immer klar in jedem Einzelbild ersichtlich ist, entstehen vereinzelt Rechenartefakte in den berechneten Konturen. Diese Artefakte müssen vom Benutzer manuell beseitigt werden. Diese beiden Aspekte sollen in nächster Zeit durch eine wissensbasierte Programmerweiterung berücksichtigt werden, um den Analysevorgang effizienter zu gestalten.

Literatur

1. van As C, Tigges M, Hilgers F, Eysholdt U: Oesophageal Vibration in Voice Rehabilitation after Laryngectomy, in: *Advances in Quantitative Laryngoscopy,*

351

Abb. 3. Umfang, Fläche, und Zirkularität des PE-Segmentes als Funktionen der Zeit,
es ist eine periodische Schwingung zu erkennen, die Grundfrequenz der Schwingung
beträgt 42 Hz.

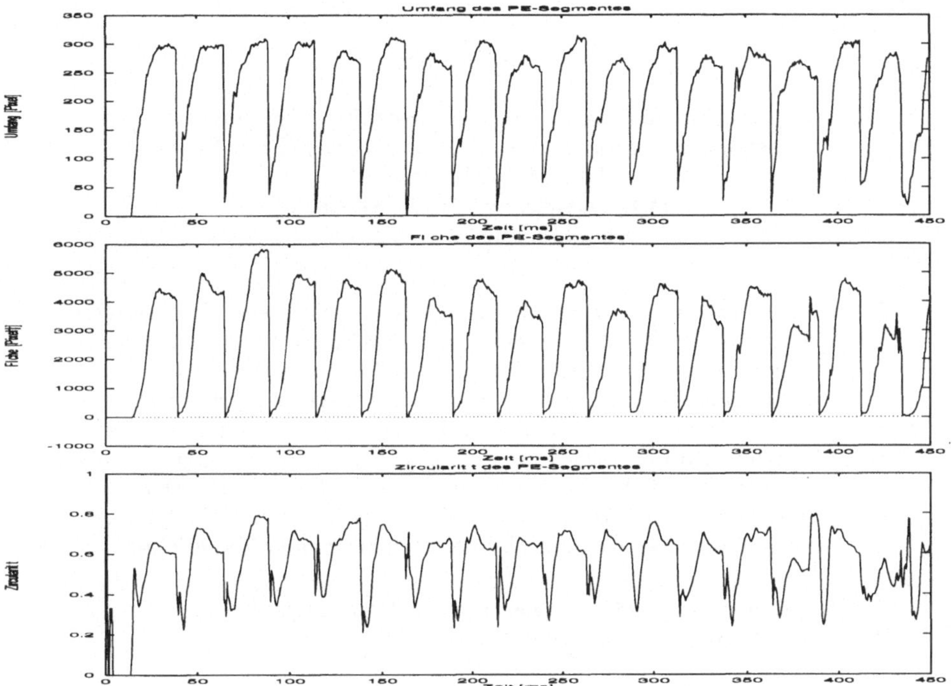

Wittenberg T, Mergell P, Tigges M, Eysholdt U (Eds.), Verlag Abt. Phoniatrie, 95–102,1997.

2. Kass M, Witkin A, Terzopoulus D, Snakes: Active Contour Models, Int.J.of
Comp.Vision, 321–331, 1988.

3. Hilgers F, Schouwenburg PF: A new low-resistance self-retaining prothesis
(*PROVOX TM*) for voice rehabilitation after total laryngectomy,Laryngoscope
100(11),1202–1207, 1990.

4. Tigges M, van As C, Wittenberg T, Hilgers F, Eysholdt U: Direkte Beobachtung der tracheoösophagealen Phonation bei 46 Laryngektomierten, in *Aktuelle phoniatrisch-p adaudiologische Aspekte (APPA) 1997, Band 6*, Gross M
(Ed), Median Verlag, Heidelberg, in print.

5. Tigges M, Wittenberg T, Mergell P, Eysholdt U: Phonationsmechanismus
der Ersatzstimme nach Stimmventilprotheseneinlage, in: *APPA 1997, Band
5*, Gross M (Ed), Median Verlag, Heidelberg, 152–156, 1998.

6. Wittenberg T, Tigges M, Mergell P, Eysholdt U: Bewegungsanalyse von
Stimmlippenschwingungen mittels aktiver Konturen (Snakes): Ein neuer
Ansatz zur automatischen Extraktion von Beurteilungsparametern zur Stim-
mdiagnose, in: *APPA 1996, Band 4*, Gross M, Eyshold U (Hrsg), Verlag
Abteilung Phoniatrie, Göttingen, 8–10, 1997.

Oszillierende Ladungen als Werkzeug für die Analyse von MR-Aufnahmen

Martin Haimerl

Institut für Algorithmen und Kognitive Systeme
Arbeitsgruppe *Medizinische Bildverarbeitung* (Prof. Beth)
Universität Karlsruhe
Am Fasanengarten, 76128 Karlsruhe
Email: haimerl@ira.uka.de

Zusammenfassung. Der vorliegende Beitrag zeigt, wie Verteilungen oszillierender elektrischer Ladungen bzw. die zeitliche Entwicklung einer Ladungsdichte zur Extraktion geometrischer Formen in MR-Aufnahmen eingesetzt werden können. Die Evolution wird mathematisch durch eine Kontinuitätsgleichung beschrieben und numerisch auf implizite Weise über die Klein-Gordon-Gleichung gelöst, die auch in der angegebenen Diskretisierung eine Erhaltungsgröße in Form von Ladungen besitzt. Die Ermittlung deren Nulldurchgänge ergibt bei geeigneter bildabhängiger Initialisierung eine Separierung in zusammenhängender Teilobjekte.

Schlüsselwörter: Evolutionsgleichungen, Erhaltungsgrößen, Bildsegmentierung, Topologische Bildeigenschaften

1   Einleitung

Die Aufteilung eines Bildes in zusammenhängende Bereiche, die in der Bildanalyse ein ebenso wichtiger wie schwieriger Verarbeitungsschritt ist, korrespondiert in natürlicher Weise mit der Bestimmung der Ränder der zu separierenden Gebiete. Für die Segmentierung eines einzelnen Objekts läßt sich z.B. nach interaktiver Vorgabe initialer Kurven mit Hilfe von aktiven Konturen [4] ein möglicher Objektrand mittels Minimierung von Energiefunktionalen schrittweise approximieren. Derartige Techniken sind allerdings sehr rechenaufwendig und erfordern, daß die initialen Konturen insbesondere hinsichtlich ihrer topologischen Struktur gute Annäherungen an die zu extrahierenden Objekte darstellen. Wird die Evolution der Randkurven nicht mehr explizit sondern z.B. anhand der Isolinien einer Funktion (*level set methods* [5]) implizit beschrieben, so lassen sich topologische Veränderungen wesentlich leichter handhaben und zudem werden verschiedene Bildregionen parallel bearbeitet. Diese Methodik kann beispielsweise verwendet werden, um eine durch Kurven gleicher Helligkeit gegebene Bildaufteilung weiter zu verarbeiten und die Randkurven zu optimieren (siehe [3] als Überblick).

Der vorliegende Artikel stellt einen alternativen physikalisch motivierten Ansatz vor, bei dem sich die Gebietsaufteilung anhand „elektrischer" Ladungen ergibt. Die Vorzeichen dieser Ladungen dienen der Markierung separierter Regionen, die nach Einbringung konkurrierender Bildmerkmale als Ladungsträger für deren Trennung sorgt. Die Ladungen oszillieren, so daß sich gleichnamige Ladungen lokal konzentrieren und die Randkurven zusammenhängender Bildregionen anhand der Nulldurchgänge der Ladungsdichte bestimmt werden können. Neben der Analyse von Variationsmöglichkeiten für die Initialisierung wird eine numerische Umsetzung der Evolution vorgestellt, bei der zentrale Systemeigenschaften wie die Erhaltung der Gesamtladung von der kontinuierlichen Darstellung auf die diskrete Näherung übertragen werden. Anwendungen und Ergebnisse der Methodik werden anhand medizinischer MR-Aufnahmen präsentiert. Beginnen wollen wir aber mit der mathematischen Modellierung der Ladungsdichte und Konstruktion einer korrespondierenden Kontinuitätsgleichung.

2 Mathematische Modellierung

Im Gegensatz zu Verfahren, die lediglich die Helligkeit eines Bildpunktes untersuchen und sich in Ihrer mathematischen Modellierung auf reellwertige Funktionen beschränken, basiert die folgende Methodik auf der Analyse komplexwertiger Signale. (Wie sich die daraus ergebenden Freiheitsgrade für Bildverarbeitungszwecke ausnutzen lassen, wird später behandelt). Im weiteren sei daher

$$\psi(z) = \psi_R(z) + i\psi_I(z) = r(z)e^{i\phi(z)} \tag{1}$$

ein komplexwertiges Signal (Wellenfunktion) in einer räumlichen (vektoriellen) Variablen z, wobei der Realteil ψ_R, der Imaginärteil ψ_I, die Amplitude r und die Phase ϕ reellwertige Funktionen in z darstellen.

Die Phasenfunktion ϕ bzw. deren Gradient bildet einen geeigneten Ansatzpunkt für die Beschreibung der Ladungsdichte. Betrachtet man unendlich oft differenzierbare Funktionen, so läßt sich zeigen (siehe [1]), daß das Wegintegral

$$R(\psi, z_0) = \frac{1}{2\pi} \int_{\Gamma_{z_0}} (\nabla\phi)(z)dz = \frac{1}{i\pi} \int_{\Gamma_{z_0}} \frac{\psi\nabla\psi^* - \psi^*\nabla\psi}{|\psi|^2} dz \tag{2}$$

über geschlossene orientierte Kurven Γ_{z_0} lediglich ganzzahlige Werte annimmt. (ψ^* bezeichnet die zu ψ komplex konjugierte Funktion). Für Kurven in einer hinreichend kleinen Umgebung des Bezugspunkts z_0 stellt dieser Wert die Ordnung einer in z_0 lokalisierten Singularität dar. Für Ordnungen ungleich null sind diese Singularitäten (z.B. in der Optik) als Speckles bekannt, in unserem Fall ist die Ordnung als Anzahl der in z_0 lokalisierten Elementarladungen zu interpretieren.

Um die Evolution dieser Ladungen zu beschreiben, führen wir zusätzlich eine zeitliche Abhängigkeit für ψ ein, die durch die Variable t als Ergänzung zur räumlichen Variable z charakterisiert wird. Mit der Einschränkung auf normierte Wellenfunktionen ψ läßt sich die folgende Kontinuitätsgleichung konstruieren

$$\frac{\partial\rho(z,t)}{\partial t} = \nabla j(z,t) \tag{3}$$

$$\text{mit } \rho(z,t) = \psi\frac{\partial\psi^*}{\partial t} - \psi^*\frac{\partial\psi}{\partial t} = i\left(\psi_R\frac{\partial\psi_I}{\partial t} - \psi_I\frac{\partial\psi_R}{\partial t}\right)$$

$$\text{und } j(z,t) = \psi\nabla\psi^* - \psi^*\nabla\psi,$$

die die Ladungsdichte ρ mit einem Ladungsfluß j in Korrespondenz setzt. (Auf die Problematik der angesprochenen Renormierung wird in diesem Beitrag nicht näher eingegangen). Gleichung (3) läßt sich bzgl. der Komponenten ψ und ψ^* separieren und damit in die Klein-Gordon-Gleichung

$$\frac{\partial^2 \psi(z,t)}{\partial t^2} = \nabla^2 \psi(z,t) - m^2 \psi(z,t) \tag{4}$$

übertragen. Die Funktion ψ^* erfüllt ebenfalls diese aus der relativistischen Quantenmechanik (siehe z.B. [2]) bekannte Gleichung, mit deren Hilfe (3) implizit gelöst werden kann. Der Übergang von ψ zu ψ^*, der gleichbedeutend ist mit einer zeitlichen Inversion, vertauscht lediglich das Vorzeichen der Ladungen. Aufgrund ihrer Linearität ist die Klein-Gordon-Gleichung (4) sowohl systemtheoretisch als auch numerisch wesentlich besser beherrschbar als (3) und wird deshalb als Ausgangspunkt für eine stabile Implementierung im Rahmen der Bildverarbeitung dienen. Man beachte, daß (4) Freiheitsgrade für ψ wie auch für deren zeitliche Ableitung $\partial \psi / \partial t$ enthält, die gezielt für Initialisierungen des zugehörigen Anfangswertproblems einsetzbar sind. Zudem ist anzumerken, daß (4) symmetrisch hinsichtlich Zeitumkehr ist und der durch (3) beschriebene Ladungsfluß somit einen reversiblen, informationserhaltenden Prozeß darstellt.

2.1 Initialisierung

Wie die Evolution über Initialisierungen gesteuert werden kann, läßt sich anhand lokaler Variationen der Phasenfunktion ϕ bzw. Ladungsdichte ρ demonstrieren. Aufgrund der Symmetrieeigenschaften von (4) haben weder ein Vorzeichenwechsel von ϕ noch die Addition einer globalen Phase (Eichinvarianz) Einfluß auf die Entwicklung der Ladungsdichte. Stattdessen erzeugen lokale Variationen der Phase ein Potential, daß die Entwicklung der Wellenfunktion leitet. Initialisiert man ϕ z.B. anhand der Helligkeitswerte eines gegebenen Bildes (abgebildet wird auf eine Hälfte der möglichen Phasenwerte), so konzentrieren sich gleichnamige Ladungen gemäß des durch die Intensitätsdifferenzen erzeugten Potentials.

Eine zweite Alternative besteht darin, eine initiale Ladungsdichte durch gezielte Variation von $\partial \psi / \partial t$ zu generieren. In der zeitdiskreten Näherung läßt sich für

$$\psi(z_0, t_0) = \begin{pmatrix} \cos(\theta) \\ \sin(\theta) \end{pmatrix} \quad \text{und} \quad \psi(z_0, t_0 - 1) = \begin{pmatrix} \cos(\theta + \Delta_\theta) \\ \sin(\theta + \Delta_\theta) \end{pmatrix}$$

die initiale Ladungsdichte auf folgende Weise beschreiben:

$$
\begin{aligned}
\frac{1}{i}\,\rho(z,t) &= \left(\psi_R \frac{\partial \psi_I}{\partial t} - \psi_I \frac{\partial \psi_R}{\partial t} \right) \\
&\approx \psi_R(z,t)\Big(\psi_I(z,t) - \psi_I(z,t-\Delta_t)\Big) - \psi_I(z,t)\Big(\psi_R(z,t) - \psi_R(z,t-\Delta_t)\Big) \\
&= \cos(\theta)\sin(\theta + \Delta_\theta) - \sin(\theta)\cos(\theta + \Delta_\theta) \\
&= \sin(\Delta_\theta) \qquad \text{(mit Hilfe trigonometrischer Formeln).}
\end{aligned}
\tag{5}
$$

2.2 Numerische Implementierung

Aufbauend auf dieser Korrespondenz kann die Ladungsdichte z.B. anhand von Bildintensitäten initialisiert werden, deren Evolution dann geeignet numerisch umgesetzt werden muß. Dazu stützen wir uns auf die Klein-Gordon-Gleichung, diskretisieren ψ zu $\widetilde{\psi}$ und approximieren (4) mittels finiter Differenzen, so daß sich im eindimensionalen Fall die Gleichung

$$\widetilde{\psi}(x, t+1) = 2\widetilde{\psi}(x,t) - \widetilde{\psi}(x,t-1) - \widetilde{m}^2\widetilde{\psi}(x,t)$$
$$+\widetilde{c}^2\Big(\widetilde{\psi}(x+1,t) - 2\widetilde{\psi}(x,t) + \widetilde{\psi}(x-1,t)\Big), \tag{6}$$

ergibt. (Höhere Dimensionen behandelt man analog.) Die Skalierungen der Koordinatenachsen sind in den Konstanten $\widetilde{c}$ und $\widetilde{m}$ enthalten. Gleichung (6) beschreibt eine Evolution, deren Übergangsmatrix symplektisch ist und die ihrerseits mit

$$\widehat{\rho}(x, t) := \widetilde{\rho}(x,t) - \widetilde{\rho}(x,t-1) =$$
$$= \widetilde{\psi}(x,t)\Big(\widetilde{\psi}^*(x,t+1) + \widetilde{\psi}^*(x,t-1)\Big)$$
$$-\widetilde{\psi}^*(x,t)\Big(\widetilde{\psi}(x,t+1) + \widetilde{\psi}(x,t-1)\Big) \tag{7}$$

eine Erhaltungsgröße in Form eines diskreten Analogons zur Ladungsdichte besitzt. Da $\widetilde{\rho}(x,t)$ wegen der symplektischen Übergangsmatrix der Evolution mit jedem Zeitschritt (halbe Periodendauer) oszilliert, stellt $\widehat{\rho}(x,t) = \widetilde{\rho}(x,t) - \widetilde{\rho}(x,t-1)$ eine Mittelung der approximierten Ladungsdichte $\widetilde{\rho}$ über zwei Zeitschritte dar.

3 Anwendung in der Bildverarbeitung

Aufgrund dieser Oszillation bewegen sich die Nulldurchgänge der Ladungsdichte, die aufgrund der eindeutigen Unterscheidung durch das Ladungsvorzeichen Kurven (für eindimensionale Grundbereiche) bzw. Hyperflächen (für höhere Dimensionen) darstellen und somit zusammenhängende Gebiete separieren, weitgehend kontinuierlich. Natürlich können dabei topologische Veränderungen entstehen, die im Rahmen der Bildverarbeitung wichtig sind, damit sich die Nulldurchgangslinien bzw. -flächen an Objektgrenzen effektiv annähern können.

Für die Anwendung der beschriebenen Methodik ist es entscheidend, binäre Merkmale wie z.B. eine hell-dunkel-Unterscheidung für die Separierung der Bildregionen zu nutzen. Beispielsweise zeigt Abb. 1 Evolutionsschritte bei Initialisierungen anhand der Bildintensitäten in einer MR-Aufnahme des Kopfes. Die aus den Nulldurchgängen resultierende Bildaufteilung kann als Vorverarbeitung dienen, um Rauschminderungsverfahren an regionale Charakteristiken anzupassen oder um Segmentierungsalgorithmen effektiv und effizient auf Basis der bereits erreichten Unterteilung zu gestalten. Weitere Einsatzmöglichkeiten ergeben sich, wenn in natürlicher Weise Phaseninformationen gegeben sind. Zum Beispiel läßt sich damit der lokal variierende Winkel des Grauwertgradienten so bearbeiten, daß sich Orientierungen lokal stabilisieren und in der Folge Kanten oder Texturmerkmale besser detektierbar werden (siehe Abb. 2).

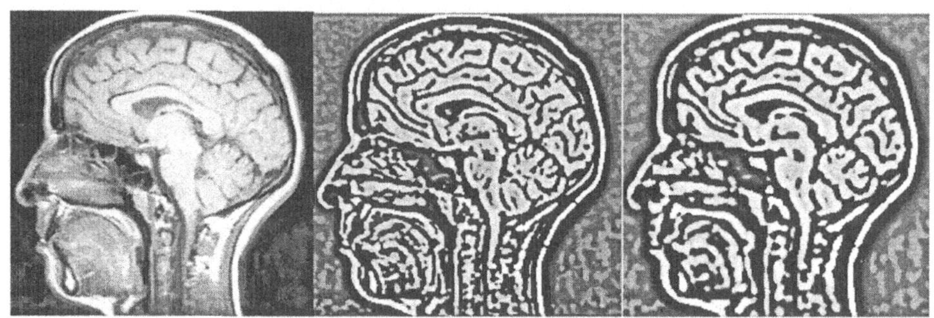

Abb. 1. Entwicklung der Ladungsdichte bei intensitätsabhängiger Initialisierung für eine MR-Aufnahme: Original (links) Evolution nach 10 (Mitte) bzw. 20 (rechts) Zeitschritten. (Negative Ladungsdichten sind dunkel, positive sind hell dargestellt).

Abb. 2. Evolution des Gradientenwinkels (MR-Bild aus Abb. 1): Winkel im Bereich $-\pi$ (schwarz) bis π (weiß) zu Beginn (links), nach 10 (Mitte) und 20 (rechts) Zeitschritten.

Danksagung. Ich danke der Deutschen Forschungsgemeinschaft für die Unterstützung durch den Sonderforschungsbereich SFB 414 „Informationstechnik in der Medizin – Rechner und sensorgestützte Chirurgie" (Projekte Q1 und Q6).

Literatur

1. Aagedal H, Schmid M, Beth Th, Teiwes St, Wyrowski F: Theory of speckles in diffractive optics and its application to beam shaping. Journal of modern optics 43:1409-1421, 1996.
2. Baym G: Lectures on Quantum Mechanics. Addison-Wesley, 1973.
3. Haar Romeny ter BM (Ed.): Geometry-Driven Diffusion in Computer Vision. Kluwer Academic Publishers, 1994.
4. Kass M, Witkin A, Terzopoulos D: Snakes: Active contour models International Journal of Computer Vision, 1(4):321-331, 1987.
5. Sethian JA: Level Set Methods. Cambridge University Press, New York, 1. Auflage 1996.

Linguistische Modellierung zur Erkennung anatomischer Objekte

Frank Höwing*[†], Diederich Wermser[†] und Laurence Dooley*

*University of Glamorgan, School of Electronics,
Pontypridd, Mid Glamorgan, CF37 1DL. UK
Email: lsdooley@glamorgan.ac.uk
[†]Fachhochschule Braunschweig/Wolfenbüttel, FB E
Salzdahlumer Str. 46/48, 38302 Wolfenbüttel
Email: {f.hoewing|d.wermser}@fh-wolfenbuettel.de

Zusammenfassung. Eine neue Methode wird vorgestellt, die es erlaubt unscharfes Vorwissen über Objektkonturen in ein Modell Aktiver Konturen ("Snakes") zu integrieren. Das neue Konzept der Fuzzy Snakes wurde entwickelt, um die Eigenschaften einer Objektkontur in intuitiver Weise beschreiben zu können. Zu diesen Eigenschaften zählen neben der durch das bildgebende Verfahren bestimmten Erscheinung eines Objektes im Bild auch Formmerkmale. Dies wird erreicht, indem unscharfe Energiefunktionen eingeführt werden, die zusammen mit einer linguistischen Regelbasis jeden Abschnitt einer Fuzzy Snake beschreiben. Weiterhin kann die ungefähre Länge jedes Abschnittes angegeben werden, was sowohl die Segmentation verbessert, als auch die Komplexität des Algorithmus verringert. Die abschnittsweise linguistische Beschreibung von Konturen ist besonders zur Erkennung starrer, aber auch verformbarer, anatomischer Objekte geeignet. Der Beitrag beschreibt ein Beispiel dafür, wie Fuzzy Snakes genutzt werden können, um Konturen anatomischer Objekte wie Handgelenksknochen in MRT- bzw. Röntgenbildfolgen detektieren zu können.

Schlüsselwörter: Konturmodellierung, Fuzzy Snakes

1 Einleitung

Aktive Konturen [1], oder "Snakes", stellen eine bekannte energieminimierende Methode dar, um das Konturmodell eines Objektes an Merkmale im Bild anzupassen und somit das Objekt zu segmentieren. Der Ansatz, der von einer polygonalen Objektrepräsentation ausgeht, hebt sich besonders durch seine Fähigkeit hervor, Variationen in der zu detektierenden Kontur zu berücksichtigen. Es ist daher möglich, auch verformbare Objekte in Bildfolgen zu segmentieren und zu verfolgen.

Eine Vielzahl von Verbesserungen des ursprünglichen Algorithmus wurden in den vergangenen Jahren publiziert. Oft blieb jedoch das explizite Einbeziehen von Vorwissen im Hintergrund. Vielfach wurde für alle Stützstellen der Aktiven Kontur dieselbe lokale Energiefunktion verwendet, was zu einer gobalen

Beschreibung des Objekts führte. Um dieses Problem zu lösen, führte Olstad [2, 3] eine grammatikalische Beschreibung der Energiefunktion E_{snake} ein. Eine Kontur kann nun definiert werden, als Folge verschiedener externer Energiefunktionen E_{ext}^{a}, E_{ext}^{b}, E_{ext}^{c} usw. Diese Energiefunktionen werden durch terminale Zeichen a, b, c usw. einer kontextfreien Grammatik repräsentiert. Somit ist es möglich, die Eigenschaften von Stützstellen einer Kontur durch einen regulären Ausdruck zu beschreiben, z.B. a*b*a*c*. Ein in die aktive Kontur integrierter Mustererkennungs-Algorithmus, beschränkt nun die möglichen Konturen, so daß nur Resultate möglich sind, die dem grammatikalischen Ausdruck entsprechen. Dieser Ansatz besitzt einige grundsätzliche Nachteile:

1. Die Energiefunktionen berücksichtigen nicht unscharfes Vorwissen.
2. Der Algortihmus ist rechenintensiv, da die Hüllenbildung (*) eine große Anzahl möglicher Zustände in dem auf einem endlichen Automaten basierenden Mustererkennungsalgorithmus erzeugt.
3. Die Länge eines Kontursegmentes kann nicht angegeben werden, obwohl ein ungefährer Wert im Voraus bekannt sein könnte.

Die folgenden Abschnitte beschreiben neue Lösungen für diese Probleme.

2   Fuzzy Segmentlänge

Die Fuzzy Snake [4] erlaubt die Angabe der Anzahl zusammenhängender Stützstellen, für die dieselbe Energiefunktion verwendet werden soll; ein Parameter der den Suchraum stark verkleinert. Eine scharfe Vorgabe dieser Abschnittslänge würde jedoch unscharfes Vorwissen in dieser Hinsicht unberücksichtigt lassen, daher wird eine neue Methode vorgestellt.

Dazu wird eine Notation eingeführt, mit der die Länge eines Kontursegments durch eine (diskrete) Fuzzy Zahl [4] l angegeben wird (Mittelwert l_0, Einflußbreite s, definiert durch $\mu(l) > 0 \ \forall \ l \in \{l_0 - s, \ldots, l_0 + s\}$). Eine Beispielkontur könnte nun durch den Ausdruck $(6a)(6b)(1c)(4d)$ genauer und dennoch flexibel beschrieben werden. Dabei bedeutet die Angabe $(6a)$ für das erste Segment bei einer Fuzzy Länge von $l_0 = l_a = 6$ und einer Einflußbreite von $s = 2$, daß der Konturabschnitt aus 4 bis 8 Stützstellen bestehen darf, die dieselben durch die Energiefunktion E_{ext}^{a} definierten Eigenschaften aufweisen.

Um die *variable* Länge der Snake-Segmente zu berücksichtigen, ist eine Erweiterung des ursprünglichen Optimierungsalgorithmus [5] notwendig (Tab. 1). Die Längenangabe wird als zusätzliche Bedingung betrachtet, wobei $l_z(n - 1, k)$ analog zu $S_z(n - 1, k)$ die Anzahl vorhergehender Stützstellen angibt, die den Endzustand $z \in \{a, b, c, \ldots\}$ annehmen würden, wenn der Kandidat $c_{n,m}$ ausgewählt werden würde. Dadurch werden Stützstellen bevorzugt, die dazu beitragen eine Kette der gewünschten Länge zu erzeugen. Zeile 4 in Tab. 1 aktualisiert die Längeninformation. T_z in Zeile 5 zeigt auf den Vorgänger von $c_{n,m}$, der optimal sein würde, falls der Endzustand von Stützstelle n der Zustand z wäre.

Tabelle 1. Optimierungsalgorithmus (dynamische Programmierung) mit integrierter Fuzzy Segmentlänge.

1. **for** $n = 1 \dots N - 1$
2.   **for** $m = 0 \dots M - 1$
3. $S_z(n, m) = \min_k \left[w_{int} E_{int} + w_{ext} E_{ext}^z(\mathbf{c}_{n,m}) + S_z(n - 1, k) + 1 - \mu(l_z(n - 1, k)) \right]$
4. $l_z(n, m) = l_z(n - 1, k^{\min}) + 1$
5. $T_z(n, m) = k^{\min}$

3 Fuzzy Energiefunktionen

Das zweite neue Merkmal der Fuzzy Snake betrifft die unscharfe Repräsentation von Energiefunktionen, d.h. von Beschränkungen der visuellen und geometrischen Eigenschaften eines Objektes. Hier werden linguistische Variablen eingesetzt, die die Aktive Kontur mit einer intuitiven Mensch-Maschine-Schnittstelle ausstatten, um das unscharfe Wissen von Experten wie z.B. Ärzten auszunutzen.

In der Fuzzy Snake werden die Energiekomponenten E_{image} und E_{con} der aktiven Kontur separat durch linguistische Variablen und Fuzzy Sets repräsentiert. Die üblichen Berechnungen der Bildmerkmale die der E_{image} zugrundeliegen werden zwar prinzipiell beibehalten, jedoch werden sie zu linguistischen Variablen.

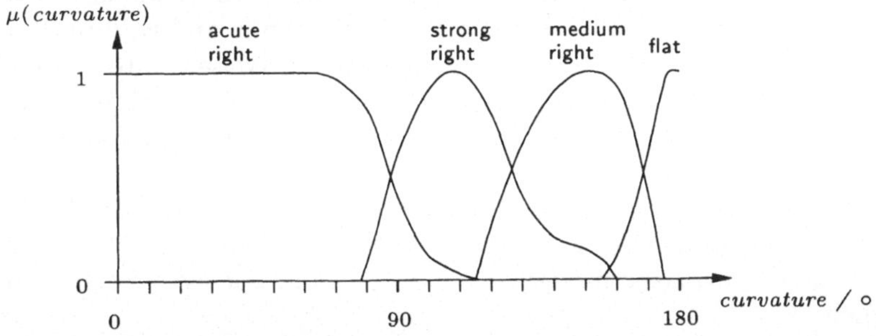

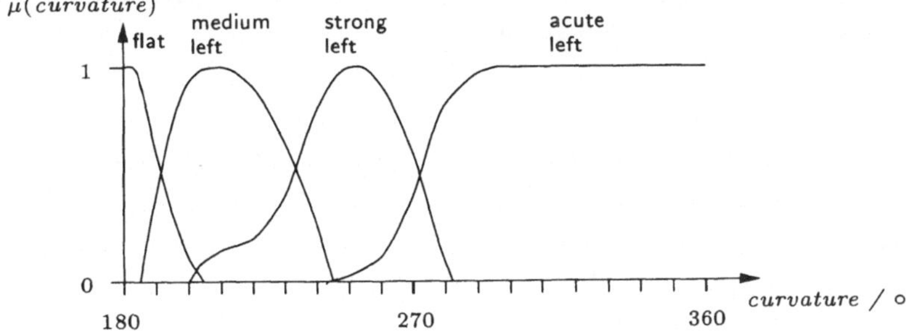

Abb. 1. Fuzzy Repräsentation eines Krümmungsmerkmals.

Ein Beispiel dafür, wie eine geometrische Bedingung (*constraint*), die bisher durch E_{con} ausgedrückt wurde, in die Fuzzy Snake integriert werden kann, zeigt Abb. 1. Das geometrische Merkmal wird zur linguistischen Variable *curvature* (Krümmung), deren Zugehörigkeitsfunktionen empirisch bestimmt wurden, um eine Abbildung eines lokalen Krümmungswinkels zu sprachlichen Begriffen zu erhalten.

Algebraische Energiefunktionen die üblicherweise zur Definition von E_{image} und E_{con} verwendet werden, können nun durch eine Fuzzy Inferenz ersetzt werden. Formale Regeln mit aussagekräftigen linguistischen Termen nehmen so den Platz von oft unklaren und experimentell zu bestimmenden Gewichtungsfaktoren ein.

Jede Energiefunktion für ein Kontursegment mit konstanten Eigenschaften besteht aus einer Regelbasis, die sowohl verschiedene Evidenzen aus dem Bild als auch Einschränkungen über z.B. die Form eines Objektes enthält. Die Ausgabe der Inferenz die diese Regelbasis verwendet, ist ein Qualitätsmerkmal, welches die Übereinstimmung einer Stützstelle mit der Regelbasis angibt.

4 Anwendungsbeispiel

Ein Beispiel für die Anwendung von Fuzzy Snakes stellt die Segmentation von Handwurzelknochen in MRT-Bildfolgen dar. Bei der in [6] näher ausgeführten Problemstellung sind die zu segmentierenden Objekte bekannt und besitzen charakteristische Formen, die jedoch individuelle Variationen aufweisen.

Verfahren, bei denen die Segmentation primär auf Bildmerkmalen basiert, liefern in vielen Fällen bereits gute Resultate [6]. Weisen unterschiedliche benachbarte Objekte jedoch zu große Ähnlichkeiten in ihren Merkmalen auf, kommt es zu Fehlern (Abb. 2a), die nur unter Einbeziehung von Formwissen zu vermeiden sind.

Reichen dazu globale Einschränkungen wie sie herkömmliche Aktive Konturen (vgl. [5] und Abb. 2b) machen nicht aus, kann das Objekt mit Hilfe von Fuzzy Snakes präziser modelliert werden. Eine korrekte Segmentation wird so möglich.

Das Ergebniss in Abb. 2c wurde mit der folgenden Prototypendefinition erzielt: (*3*c)(*2*d)(*1*f)(*2*a)(*3*e)(*1*f)(*1*e)(*4*b), wobei den terminalen Zeichen die Regelbasen aus Tab. 2 zugeordnet sind.

Tabelle 2. Regelbasen zum vereinfachten Anwendungsbeispiel.

a: IF *edge* rising strong AND *curvature* medium left THEN *quality* very good

b: IF *edge* rising medium AND *curvature* flat THEN *quality* very good

c: IF *edge* rising strong AND *curvature* flat THEN *quality* very good

d: IF *edge* rising medium AND *curvature* medium right THEN *quality* very good

e: IF *edge* rising strong AND *curvature* medium right THEN *quality* very good

f: IF *edge* rising medium AND *curvature* strong right THEN *quality* very good

Derselbe Knochen anderer Probanden kann ebenfalls mit dieser Modellierung segmentiert werden (Abb. 2d).

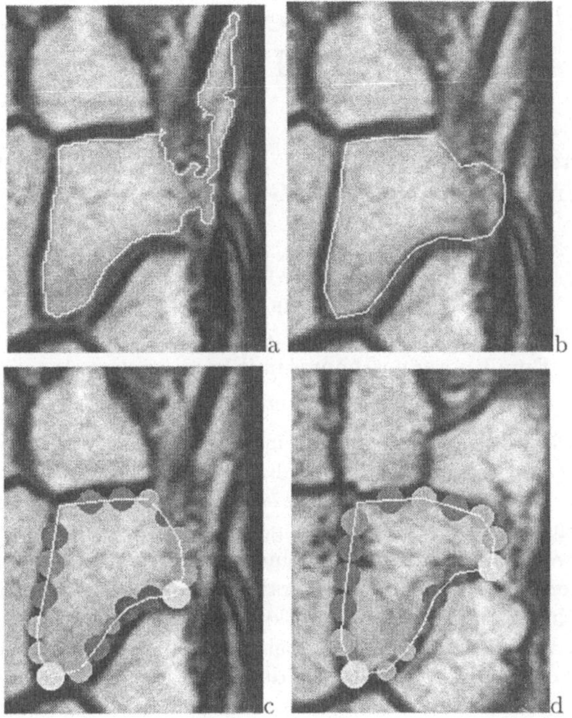

Abb. 2. Verbesserung der Segmentation durch Fuzzy Snakes. a) Histogrammbasiertes Verfahren aus [6], b) Aktive Kontur mit globalen Formbeschränkungen, c) und d) Segmentation verschiedener Probanden mit Fuzzy Snakes (die Kreisdurchmesser veranschaulichen die maximalen Zugehörigkeitsgrade einer Stützstelle, die Graustufen geben die entsprechende Fuzzy-Menge wieder).

Literatur

1. Kass M, Witkin A, Terzopoulos D: Snakes: Active contour models. Int. Conf. on Computer Vision, London, 259–268, June 1987
2. Olstad B: Automatic wall motion detection in the left ventricle using ultrasonic images. Electronic Imaging, San Jose, 1991
3. Olstad B, Torp A H: Encoding of a priori Information in Active Contour Models. Pattern Analysis and Machine Intelligence, 863–872, 1996
4. Bezdek J C, Pal S K (eds.): Fuzzy models for pattern recognition, IEEE Press, New York, 1992
5. Höwing F, Dooley L, Wermser D: Zungenverfolgung in medizinischen Röntgenbildern. Bildverarbeitung für die Medizin, Springer, 1998
6. Höwing F, Bülow H, Wermser D, Dooley L, Thoma W: Analyse komplexer Knochenbewegungen in Folgen von MRT Aufnahmen. Bildverarbeitung für die Medizin, Springer, 1998

Eine Entwicklungsumgebung für die interdisziplinäre Zusammenarbeit bei der Entwicklung des Image–Retrieval–Systems IRMA

J. Bredno, F. Vogelsang*, J. Dahmen[†], T. Lehmann,
M. Kilbinger*, B. Wein*, R.W.Günther*, H.Ney[†], K.Spitzer

Institut für Medizinische Informatik
* Klinik für Radiologische Diagnostik
[†] Lehrstuhl für Informatik VI
Rheinisch–Westfälische Technische Hochschule (RWTH), 52057 Aachen
Email: jbredno@bootes.imib.rwth-aachen.de

Zusammenfassung. Beim Aufbau eines Image-Retrieval–Systems, das inhaltsbasierte Anfragen an eine medizinische Bilddatenbank erlauben soll, muß das Zusammenführen der interdisziplinären Kompetenzen aller Beteiligten durch eine entsprechend gestaltete Entwicklungsumgebung unterstützt werden. Die Ressourcen eines Image-Retrieval–Systems sind das Bildmaterial, zu den Bildern extrahierte Merkmale inhaltlicher Relevanz und die Algorithmen zur Merkmalsextraktion, die bei den Projektpartnern verteilt zur Verfügung stehen. Eine Entwicklungsumgebung muß im interdisziplinären Rahmen den Austausch dieser Ressourcen möglichst einfach gestalten. Dies erst erlaubt die konstruktive Zusammenarbeit trotz räumlicher Trennung der Partner, die in der klinischen Routine und im Forschungsbereich tätig sind.

Schlüsselwörter: Software Engineering, Image Retrieval, Verteilte Systeme, Interdisziplinäre Entwicklung

1 Einleitung

In einem Röntgenarchiv können bislang Aufnahmen nur dann gezielt aufgefunden werden, wenn Indexeinträge bekannt sind. Dies schränkt den Nutzen des Archivs stark ein. Bisherige Konzepte zum Content–Based Image Retrieval [1], also dem Zugriff auf Bilder aufgrund einer inhaltlichen Beschreibung [2, 3], haben insbesondere für medizinisches Bildmaterial noch nicht zum Erfolg geführt [4]. Das Hauptproblem ist dabei, benötigtes Wissen aus unterschiedlichen Disziplinen zur Entwicklung eines einsatzfähigen Systems zusammenzuführen. Die grundlegende Vorgehensweise beim Image Retrieval besteht darin, bei der Eingabe von Bildern in eine Datenbank Merkmale zu extrahieren und diese in Form eines dimensionsreduzierenden Merkmalsvektors gemeinsam mit dem Bild abzulegen. Eine häufig genutzte Form der Datenbankanfrage ist das *Query–by–Example* (QBE), wobei dem System ein Anfragebild über den Benutzer vorgegeben wird. Der hierzu gehörende Merkmalsvektor wird dann berechnet, mit den in der Datenbank gespeicherten Vektoren verglichen, und es werden die dem Anfragebild ähnlichsten Bilder zurückgeliefert, wobei die Ähnlichkeit von Bildern durch den Einsatz geeigneter Distanzmaße auf den Merkmalsvektoren definiert wird.

Hauptaufgabe des zu entwickelnden Image–Retrieval–Systems ist die Unterstützung medizinisch relevanter Anfragen. Hierzu muß a–priori–Wissen bezüglich der gestellten Anfragen und Bildinhalte eingebracht werden. Dies erfordert eine sehr intensive Zusammenarbeit zwischen Medizinern und Softwareentwicklern, die selten die Möglichkeit haben, über längere Zeit gemeinsam an einem Algorithmus zur Merkmalsextraktion zu arbeiten.

Das IRMA–System (Image Retrieval in Medical Applications an der RWTH Aachen) soll zunächst digitale Röntgenaufnahmen automatisch nach dargestellten Bildinhalten klassifizieren und für diese vorklassifizierten Aufnahmen diagnostisch relevante Anfragen ermöglichen. Eine mögliche Bildinformation zur Klassifikation ist die Textur [5]. In diesem Beitrag wird eine Entwicklungsumgebung vorgestellt, die durch einen selbständigen Methodenaustausch die Interdisziplinarität des Projektes und die unterschiedlichen Qualifikationen der Entwickler unterstützt.

2 Methode

Ein Image–Retrieval–System muß unterschiedlichste Daten als zu verteilende Ressourcen ablegen und verwalten. Die Bilder sind heterogen, neben primär digitalen DICOM–Daten müssen auch sekundär digitalisierte Bilder verarbeitet werden können. Zu Bildern sind die Merkmalsvektoren, üblicherweise von geringerer Dimension als die Bilder selbst [6], präsent zu halten, damit diese bei einer Anfrage nicht neu zu berechnen sind. Im vorgestellten System sind auch die Extraktionsalgorithmen zur Merkmalsbestimmung Ressourcen, die in der Datenbank mit abgelegt werden müssen.

Abbildung 1 zeigt den schematischen Aufbau der Datenbank. Die heterogenen Bilder werden über eine Liste von Dateinamen verwaltet. Zu diesen Bildern werden Informationen über Format und Größe abgelegt. Mit der Bildwertrepräsentation ist bekannt, ob ein Bild Graustufen, Farbwerte oder multimodale Bildinformationen enthält, und welchen Datentyp diese Werte haben. Mit diesen Informationen kann dann festgestellt werden, welche Merkmalsextraktionsverfahren auf einzelne Bilder angewendet werden können. Dies ist wichtig, da in einem heterogenen System nicht alle Extraktionsverfahren sinnvoll mit jedem Bild kombiniert werden können. Die Verfügbarkeit der Bilder wird über die Verwaltung von Bildquellen sichergestellt. Hier sind Rechner und Verzeichnisse oder auch wechselbare Datenmedien, beispielsweise für eine konkrete Problemstellung zusammengestellte CDs, abgelegt. Merkmalsvektoren sind jeweils genau einem Bild und einem Extraktionsverfahren zugeordnet. Zusätzlich wird eine Liste an noch durchzuführenden Merkmalsextraktionen geführt. Extraktionsverfahren werden über den Dateinamen eines ausführbaren Programms verwaltet, das über Parametrisierungen Merkmale verschiedener Eigenschaften extrahieren kann. Zu Extraktionsverfahren müssen die Quelldateien verfügbar sein, um einen automatischen Methodenaustausch zu gewährleisten.

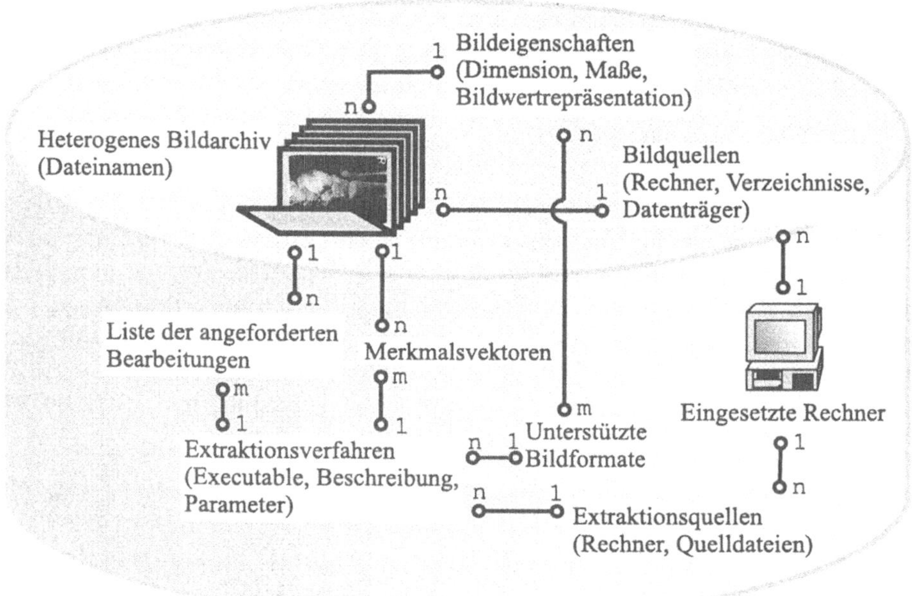

Abb. 1. Schematischer Aufbau der Datenbank

Zur Datenhaltung und Bereitstellung der Einträge wurde eine SQL–Datenbank aufgebaut. Der Datenbankserver steht zur Zeit am Institut für Medizinische Informatik, Zugriff auf die Daten wird über die Netzwerkadressen der anfordernden Client–Rechner und eine Nutzerverwaltung geregelt. In der Entwicklungsphase werden ausschließlich mit etablierten Methoden anonymisierte Röntgenbilder ohne Patientenbezug und Bilder aus frei verfügbaren Falldatensammlungen eingesetzt. Die zur Zeit verwendete SQL–Datenbank kann in einer späteren Projektphase durch ein kommerzielles und für patientenrelevante Daten zertifiziertes Softwareprodukt ersetzt und in das spezifische Sicherheitskonzept eines beispielsweise über Firewall-Rechner geschützten Krankenhausinformationssystems integriert werden.

Durch den heterogenen Aufbau der Rechnersysteme bei den beteiligten Projektpartnern war es von vorneherein ausgeschlossen, Extraktionsalgorithmen in binärer Form auszutauschen. Die Entwicklungsumgebung wurde daher mit einem hohen Abstraktionsgrad realisiert, so daß eine Source–Kompatibilität für alle beteiligten Rechnersysteme erreicht werden konnte. Merkmalsextraktionsverfahren, die so weit fertiggestellt sind, daß die Relevanz durch einen befundenden Mediziner beurteilt werden kann, werden in der Datenbank eingetragen. Für die Extraktionsalgorithmen wurde dabei eine Zugriffs– und auch Replikationstransparenz implementiert. Wenn zum Zeitpunkt einer Retrieval–Anfrage ein Extraktionsalgorithmus auf dem anfragenden Rechner nicht zur Verfügung steht, in der Datenbank aber die Existenz des Verfahrens dokumentiert ist, dann wird automatisch eine FTP–Verbindung zu dem Rechner aufgebaut, auf dem die Sourcen für das Verfahren verfügbar sind. Diese werden auf dem lokalen Rechner an einer definierten Stelle abgelegt. In Abhängigkeit der gelesenen Sourcen wird automatisch ein Makefile generiert, mit dem das Compilieren und Linken der erhaltenen Sourcen zu einem Executable durchgeführt wird. Der Nutzer des Extraktionsverfahrens muß kein Wissen über diese systemnahen Vorgänge einbringen, dieses Wissen wird bei der Installation Bestandteil des Systems.

Die Entwicklungumgebung ist auf nur wenige installierte Komponenten wie einen C++–Compiler, ein Make–Utility und die frei verfügbare Datenbank postgreSQL [7] angewiesen. Ein wesentlicher Bestandteil ist die Rahmenapplikation, die beliebige Bilder und Algorithmen zur Merkmalsextraktion kombiniert. Für jeden der Projektpartner stehen alle in der Datenbank eingetragenen Bilder zur Verfügung. Diese werden bei Bedarf ebenfalls automatisch über das Hochschulnetz ausgetauscht, ohne daß hierzu andere Nutzerinteraktion als das Eingeben eines FTP–Paßwortes erforderlich ist. Extrahierte Merkmalsvektoren werden in der Datenbank abgelegt und stehen damit für Recherchen, beispielsweise einem QBE, bei allen Projektpartnern ohne erneute Bearbeitung zur Verfügung. Die nötigen Schritte zum QBE werden von der Rahmenapplikation organisiert, welche bei Bedarf auch noch Extraktionsverfahren zu den Bildern der Recherche startet, wenn zugehörige Merkmalsvektoren fehlen oder nach einer Änderung des Verfahrens aktualisiert werden müssen.

Die beschriebene SQL–Datenbank wurde am Institut für Medizinische Informatik installiert, alle Projektpartner können darauf zugreifen. Wenn Einträge in der Datenbank auf Bilder oder Extraktionsverfahren verweisen, die bei einem Projektpartner nicht verfügbar sind, erfolgt die automatische Übertragung. Aufgrund der konsequenten Zugriffstransparenz benötigt der Nutzer für diesen Vorgang kein Wissen über die physische Lage der Dateien auf dem lokalen Rechner oder dem FTP–Server. Jeder beteiligte Rechner kann hierbei FTP–Server sein. In der Datenbank ist abgelegt, von welchem Rechner Extraktionsquelldateien und Bilder bereitgestellt werden.

Da die Merkmalsextraktionsalgorithmen die Aufgabe haben, eine Dimensionsreduktion umfangreicher Bilddaten unter Einbeziehung von a–priori–Wissen durchzuführen, benötigen schon einzelne Bilder oftmals eine nicht unerhebliche Rechenzeit. In der Entwicklung der Algorithmen ist die Evaluation durch die Entwickler aus unterschiedlichen Disziplinen ein wichtiger Schritt, für den immer möglichst viele Bilder aus der Datenbank bearbeitet werden müssen. Um die Rechenzeit hier zu verringern, wurden Hintergrundprozesse entwickelt. Diese Prozesse können auf mehreren Rechnern vor einer Merkmalsextraktion gestartet werden. Sie führen dann ein regelmäßiges "Polling" der Datenbanktabelle von zu bearbeitenden Bildern für Merkmalsextraktionsverfahren durch. Wenn hier Einträge gefunden werden, wird der Extraktionsalgorithmus gestartet, die dazu benötigten Koordinationsschritte wurden in die Kapselung zum Aufruf eines Extraktionsverfahrens integriert.

3 Ergebnisse und Diskussion

Die Leistungsfähigkeit und Praxistauglichkeit der Entwicklungsumgebung wurde anhand exemplarischer Fragestellungen getestet und nachgewiesen. Die Installation auf einem neuen Rechnersystem nimmt etwa zwei Stunden in Anspruch, eine Einarbeitung in die Erstellung von Extraktionsalgorithmen kann in wenigen Minuten erfolgen. Mit diesem schnellen Methodenaustausch konnte der Wissenstransfer zwischen den Projektpartnern aus den Disziplinen Medizin, Informatik und Ingenieurwissenschaften deutlich verbessert werden.

Bei der Entwicklung diagnostisch relevanter Merkmalsextraktionen kann ein neu realisierter Algorithmus direkt in der Klinik für Radiologische Diagnostik eingesetzt werden. Der Entwickler, der nicht über medizinisches Fachwissen verfügt, erhält so schnellstmöglich die Rückmeldung des Radiologen, von dem wiederum kein Wissen über das Rechnersystem und die Compilierung von Programmen gefordert wird. Damit wird es erstmalig möglich, in einem Image–Retrieval–System Bildmerkmale zu extrahieren, die diagnostisch relevante Bildähnlichkeit gut widerspiegeln. Die Entwicklungsumgebung gibt entscheidende Entlastung beim imterdisziplinären Austausch von Fachkenntnis für das Image Retrieval in Medical Applications (IRMA).

Literatur

1. Flickner M, Sawhney H, Niblack W, Ashley J, Huang Q, Dom B, Gorkani M, Hafner J, Lee D, Petkovic D, Steele D,Yanker P: Query by image and video content: The QBIC–system. Technical report RJ 9949 (87908), IBM Almaden Research Center, San Jose, 1995.
2. Doermann D: The indexing and retrieval of document images: A survey. Computer Vision and Image Understanding, 70(3):287–298, 1998.
3. De Marsicoi M, Cinque K, Levialdi S: Indexing pictorial documents by their content: a survey of current techniques. Image and Vision Computing, 15:119–141, 1997.
4. Dahmen J, Lehmann T, Spitzer K, Ney H: Image Retrieval für klinische Bilddatenbanken. In Lehmann T, Metzler V, Spitzer K, Tolxdorff T (Hrsg.) Bildverarbeitung für die Medizin 1998, 442–446, Springer–Verlag, Berlin, 1998.
5. Vogelsang F, Weiler F, Wein B, Kilbinger M, Günther RW: Determination of x-ray image classes by measurement of texture and shape. In Bartolozzi C, Caramella D (Hrsg.) 15th International EuroPACS Meeting, 61–64, Pisa, 1997.
6. Dahmen J, Beulen K, Ney H: Objektklassifikation mit Mischverteilung. In Levi P, Ahlers RJ, May F, Schanz M (Hrsg.) Mustererkennung 1998, 167–174, Springer–Verlag, Berlin, 1998.
7. Lockhart T (ed.): PostgreSQL Tutorial. Technischer Bericht des PostgreSQL Development Team, http://www.postresql.org/index.html, 1998.

Co–Occurrence Matrizen
zur Texturklassifikation in Vektorbildern

C. Palm, V. Metzler*, B. Mohan, O. Dieker, T. Lehmann, K. Spitzer

Institut für Medizinische Informatik
Rheinisch–Westfälische Technische Hochschule Aachen, D–52057 Aachen

*Institut für Signalverarbeitung und Prozeßrechentechnik
Medizinische Universität zu Lübeck, Ratzeburger Allee 160, D–23538 Lübeck

`chripa@bootes.imib.rwth-aachen.de`   `metzler@isip.mu-luebeck.de`

Zusammenfassung. Statistische Eigenschaften natürlicher Grauwert-
texturen werden mit Co–Occurrence Matrizen, basierend auf der Grau-
wertstatistik zweiter Ordnung, modelliert. Die Matrix gibt dann die a-
priori Wahrscheinlichkeiten aller Grauwertpaare an. Da in der medizinischen Bildverarbeitung verstärkt Multispektralbilder ausgewertet werden, wird das bekannte Konzept hier auf beliebige Vektorbilder erweitert.
Dadurch kann bei der Texturklassifikation die zur Verfügung stehende Information vollständig genutzt werden. Insbesondere zur Detektion von
Farbtexturen ist dieser Ansatz geeignet, da Wertepaare unterschiedlicher
Spektralebenen ausgewertet werden können. Ebenso kann die Methode
auch bei der Multiskalendekomposition von Intensitätsbildern zur Verbesserung der Texturerkennung beitragen. Die in den Matrizen entstehenden Muster lassen dann über die Extraktion geeigneter Texturde-
skriptoren Rückschlüsse auf die Texturen des Bildes zu.

Schlüsselwörter: Texturerkennung, Vektorbilder, Multispektralbilder,
Multiskalenbilder, Klassifikation

1 Einleitung

Bei der Segmentierung der in einem digitalen Bild enthaltenen morphologischen
Strukturen kommt der Texturanalyse in der medizinischen Bildverarbeitung eine
besondere Bedeutung zu. Zur Extraktion geeigneter Merkmale werden hierbei
meist frequenzbasierte und statistische Ansätze verwendet. Eine der wichtigsten
Methoden zur statistischen Texturklassifikation stellen die von HARALICK ein-
geführten Co–Occurrence Matrizen dar [1]. Herkömmliche Co–Occurrence Matrizen sind auf Intensitätsbildern definiert und modellieren die a–priori Wahrscheinlichkeit des paarweisen Auftretens von Grauwerten bei festem Distanzvektor **d** mit Hilfe einer Statistik zweiter Ordnung. In der Regel bilden sich in der
Matrix charakteristische Muster aus, die Rückschlüsse auf die zugrundeliegende
Textur erlauben. Co–Occurrence Matrizen eignen sich aufgrund ihres Datenvolumens nicht direkt als Texturmerkmale, weshalb meist sinnvolle Teilmengen der

in [1] vorgeschlagenen 14 Texturmaße als zu klassifizierende Merkmalsvektoren verwendet werden. Zur überwachten Klassifikation werden aus diesen Merkmalen zunächst prototypische Texturklassen errechnet. Anschließend können unbekannte Texturen aufgrund von Ähnlichkeitsmaßen einer der Klassen zugeordnet werden.

In der medizinischen Diagnostik werden vermehrt Vektorbilder (z.B. Farbbilder) akquiriert. Die dargestellten Texturen können oft in der entsprechenden Intensitätsdarstellung nicht beobachtet werden, es handelt sich also um reine Farbtexturen [2]. Um in solchen Fällen alle verfügbaren Informationen zur Texturklassifikation auszunutzen, wird hier das Konzept der Co–Occurrence Matrizen auf beliebige Vektorbilder erweitert.

Weiterhin verbessert die Modellierung von Korrelationen zwischen den Bildebenen synthetisch erzeugter Multiresolutionsbilder (Skalenräume) die Texturklassifikation in Intensitätsbildern. Dieser Ansatz geht über die bekannte Methode hinaus, den variablen Distanzvektor $\mathbf{d}$ als Skalenparameter zu verwenden [3], da hier ein "echter" Skalenraum durch sukzessives Filtern erzeugt wird.

2 Methode

Aufgrund der Kombinationsmöglichkeiten der Bildebenen ergeben sich für Vektorbilder eine Vielzahl verschiedener Co–Occurrence Matrizen. Anschließend werden für jede Matrix die Haralick'schen Texturmaße berechnet, welche als Trainingsdaten eines Klassifikationsprozesses dienen.

Für ein gegebenes Bild $f(\mathbf{x} \in \mathbb{N}^2)$ beschreibt die Co–Occurrence Matrix $\mathbf{C_d}(i,j)$ die Wahrscheinlichkeit, daß zwei Pixel mit dem Abstand $\mathbf{d}$ genau die Funktionswerte i und j besitzen, wobei $\mathbf{d} \in \mathbb{N}^2$ ist. In der Regel ist die unabhängige Bearbeitung einzelner Bildebenen bei Vektorbildern $f_z(\mathbf{x})$ nicht ausreichend, weil so keine ebenenübergreifende Korrelation von Wertepaaren modelliert werden kann. Eine Co–Occurrence Matrix, die die Bildebenen f_{z_1} und f_{z_2} bezüglich der Distanz $\mathbf{d}$ berücksichtigt, ist gegeben durch:

$$\mathbf{C_d}^{z_1,z_2}(i,j) \;=\; P\left(f_{z_1}(\mathbf{x})\!=\!i \;\wedge\; f_{z_2}(\mathbf{y})\!=\!j \mid \mathbf{x}\!-\!\mathbf{y}\!=\!\mathbf{d}\right) \tag{1}$$

Im einfachsten Fall wird in $\mathbf{C_d}^{z_1,z_2}$ das Auftreten von Werten an korrespondierenden Stellen der Ebenen z_1 und $z_2 \neq z_1$ gezählt. Da in der Regel sowohl $\mathbf{C}^{z_1,z_2} \neq \mathbf{C}^{z_2,z_1}$, als auch $(\mathbf{C}^{z_1,z_2})^{\mathrm{tr}} = \mathbf{C}^{z_2,z_1}$ gilt, können bei festem $\mathbf{d}$ und N Ebenen $(N^2 - N)/2$ unabhängige Co–Occurrence Matrizen berechnet werden. Wegen dieser Vielzahl von anfallenden Matrizen ist es häufig sinnvoll, Intervallmatrizen zu bilden, die über einen bestimmten Intervallbereich $\mathbf{d} \in [\mathbf{d}_1; \mathbf{d}_2]$ die Matrizen $\mathbf{C}$ integrieren:

$$\mathbf{I}_{\mathbf{d}_1,\mathbf{d}_2}^{z_1,z_2}(i,j) = \frac{4}{\pi(|\mathbf{d}_2|^2 - |\mathbf{d}_1|^2)} \sum_{|\mathbf{d}_1| \leq |\mathbf{d}| \leq |\mathbf{d}_2|} \mathbf{C_d}^{z_1,z_2}(i,j) \tag{2}$$

Bei festen Bildebenen f_{z_1} und f_{z_2} werden so ganze Distanzbereiche durch eine Matrix $\mathbf{I}$ repräsentiert.

Während bei RGB–Farbbildern die einzelnen Bildebenen gleichwertige Informationen enthalten, läßt sich z.B. bei Multiskalenbildern eine Ordnung definieren. Deshalb ist hier eine weitere Variante der Summenmatrix sinnvoll, bei der alle Co–Occurrence Matrizen bezüglich einer Referenzebene f_{z_0} aufsummiert werden:

$$\mathbf{R}_{\mathbf{d}}^{z_0,z}(i,j) = \frac{1}{z - z_0} \sum_{\widehat{z}=z_0+1}^{z} \mathbf{C}_{\mathbf{d}}^{z_0,\widehat{z}}(i,j) \tag{3}$$

Welche der akkumulierten Matrizen für eine Anwendung geeignet sind, hängt in erster Linie von der Art der Vektorbilder ab. Im folgenden wird kurz auf die beiden wichtigsten Typen von Vektorbildern eingegangen.

2.1 Farbbilder

Bei der Akquirierung eines Farbvektors $\mathbf{c} = [c_1, \ldots, c_m, \ldots, c_M]$ durch einen Sensor entsteht ein Element c_m durch spektrale Integration der sensorspezifischen Spektralwertfunktion $r_m(\lambda)$ und dem Spektrum des einfallenden Lichts $L(\lambda)$:

$$\int_\lambda L(\lambda) r_m(\lambda)\, d\lambda \tag{4}$$

Dabei wird mit λ die Wellenlänge bezeichnet. Während die Dimension M in der Spektrometrie zwischen dreißig und sechzig liegt, unterscheidet man bei der Aufnahme durch eine CCD–Farbkamera drei Spektralwertfunktionen. Da bei einigen problemangepaßten Farbräumen wie HSV oder Luv die Symmetrie der Farbbänder verloren gehen kann, wurde zur Berechnung der ebenenübergreifenden Co–Occurrence Matrizen der RGB–Farbraum verwendet.

2.2 Multiskalenbilder

Der Multiskalenansatz geht davon aus, daß Texturen in mehreren Auflösungsstufen (Skalen) betrachtet werden müssen, um ihre Frequenzeigenschaften analysieren zu können. Durch die Matrizen $\mathbf{C}$ oder $\mathbf{R}$ werden Korrelationen und statistische Abhängigkeiten in Intensitätstexturen adäquat modelliert. In der Regel werden Tiefpaß– oder Bandpaßfilter zum Aufbau des Skalenraums verwendet [4].

Der Gaußsche Skalenraum wird beispielsweise durch Variation des Skalenparameters σ generiert, der die Breite des Filterkerns bezeichnet. Als Distanzvektor wird hierbei in der Regel der Nullvektor $\mathbf{0}$ verwendet. Eine Co–Occurrence Matrix $\mathbf{C}_{\mathbf{0}}^{\sigma_1,\sigma_2}$ erfaßt also die statistische Abhängigkeit zwischen einem Bildpunkt in f_{σ_1} und seiner Gauß–gefilterten Umgebungen.

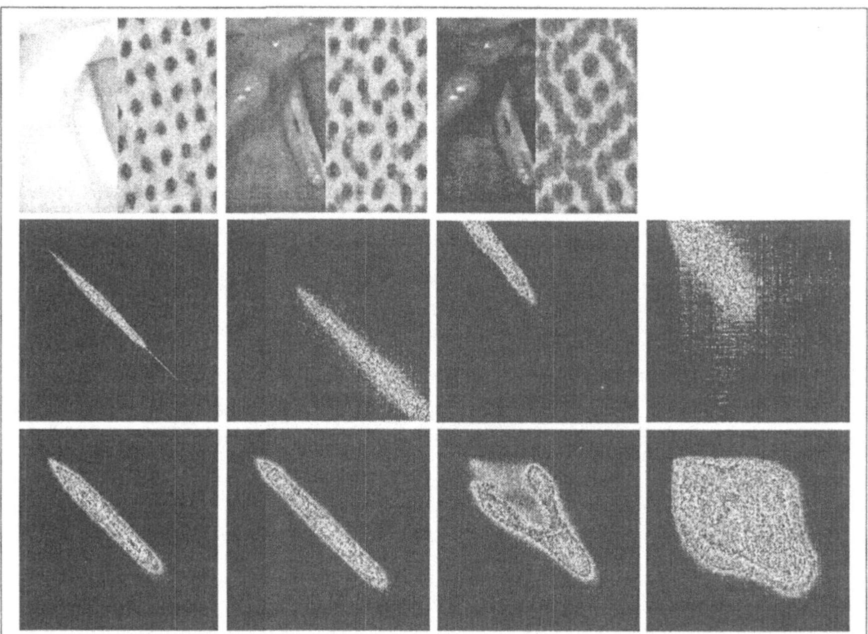

Abb. 1. *Obere Zeile.* RGB–Bänder zweier Farbtexturen. *Mittlere Zeile:* klassische Co–Occurrence Matrizen $\mathbf{C}_1^{\mathrm{grau}}$, $\mathbf{C}_1^{G}$, Intervallmatrizen $\mathbf{I}_{1,1}^{GB}$, $\mathbf{I}_{1,8}^{GB}$ der linken Textur. *Untere Zeile:* $\mathbf{C}_1^{\mathrm{grau}}$, $\mathbf{C}_{1,1}^{R}$, $\mathbf{I}_{1,1}^{RG}$, $\mathbf{I}_{1,8}^{RG}$ der rechten Textur.

3 Ergebnisse und Ausblick

Das vorgestellte Verfahren ist bei Farbtexturen erfolgversprechender als herkömmliche Co–Occurrence Matrizen, die nur die Intensitätsverteilungen betrachten. Beispielsweise kann eine Überbelichtung, die sich zuerst in den Farbbändern der Objektfarbe bemerkbar macht, leicht durch Deformationen der üblicherweise ellipsenförmigen Verteilungen erkannt und ggf. korrigiert werden (Abb. 1). Ebenenübergreifende Farbmatrizen verlieren zwar ihre Symmetrieeigenschaften, zeigen aber charakeristische Strukturen.

Bei der Analyse von Grauwertbildern können die Auflösungsebenen mit beliebigen Filtern erzeugt werden. Man modelliert also den Einfluß des Filters auf die Textur, da die elliptische Verteilung umso breiter wird, je größer der Effekt des Filters ist (Abb. 2). Gerade für morphologische– und Rangordnungsfilter (also nichtlineare Filter) konnte festgestellt werden, daß die Texturen unterschiedlich reagieren, was deren Klassifikation vereinfacht.

Die etablierten Haralickschen Texturmaße [1] sind bei Verwendung von Co–Occurrence Matrizen auf Vektorbildern teilweise ungeeignet, da die Verteilungen oft von der charakteristischen elliptischen Form abweichen. Deshalb werden

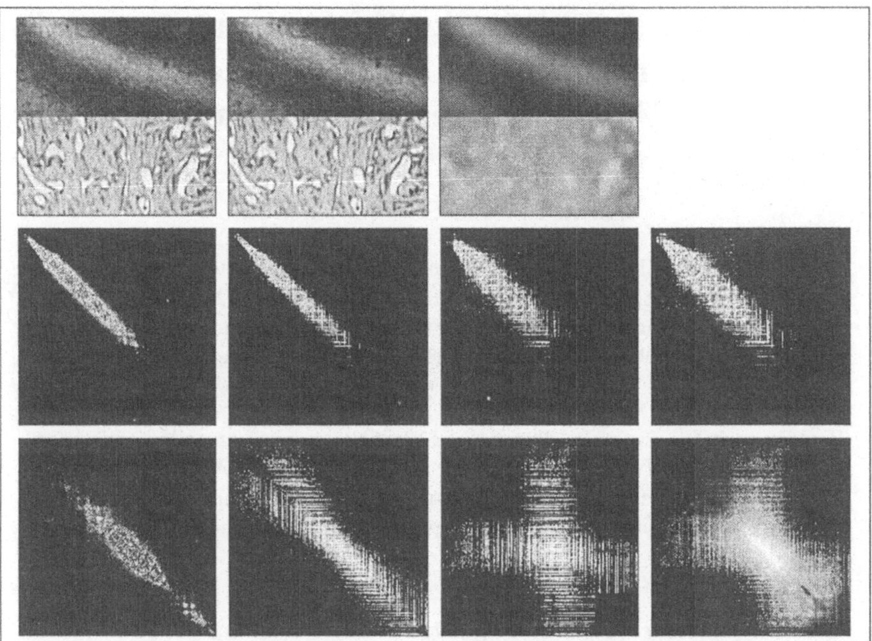

Abb. 2. *Obere Zeile.* Zwei Texturen in drei Auflösungsstufen ($\sigma = 0$, $\sigma = 1$, $\sigma = 5$). *Mittlere Zeile:* Klassische Co–Occurrence Matrix $\mathbf{C_1}$, Multiskalenmatrizen $\mathbf{C}_0^{0,1}$, $\mathbf{C}_0^{0,5}$, Summenmatrix $\mathbf{R}_0^{0,5}$ der oberen Textur. *Untere Zeile:* $\mathbf{C_1}$, $\mathbf{C}_0^{0,1}$, $\mathbf{C}_0^{0,5}$, $\mathbf{R}_0^{0,5}$ der unteren Textur.

zukünfig geeignete Merkmale entwickelt, die die Diskriminanzeigenschaften der Matrizen unterstützen. Zur Klassifikation soll ein statistischer Klassifikator auf Basis einer Mischverteilung eingesetzt werden, dessen Parameter mit Hilfe eines überwachten EM–Algorithmus' trainiert werden können.

Literatur

1. Haralick RM, Shanmugam K, Dinstein I. Textural features for image classification. *IEEE Trans. Systems, Men, and Cybernetics*, 3(6):610–621, 1973.
2. Lakmann R, Priese L. Ein Farbkovarianzmodell zur Analyse und Synthese von Farbtexturen. In Paulus, Wahl, eds., *Mustererkennung 1997*, pp. 55–62. Springer–Verlag, Berlin, 1997.
3. Walker RF, Jackway P, Longstaff ID. Recent developments in the use of the co-occurrence matrix for texture recognition. In *13th Int'l. Conf. on Digital Signal Processing*, Santorini, vol. 1, pp. 63–65, 1997.
4. Burt PJ. The pyramid as structure for efficient computation. In Rosenfeld, ed., *Multiresolution Image Processing and Analysis*, pp. 6–35. Springer–Verlag, 1984.

Plattformunabhängige Verarbeitung und Auswertung medizinischer Bilder mittels WWW-Internet Server

István Pál und Georg Michelson

Augenklinik mit Poliklinik Universität Erlangen–Nürnberg
Schwabachanlage 6. (Kopfklinikum), D–91054 Erlangen
Email: inpal@cip.informatik.uni-erlangen.de
michelson.georg@augen.med.uni-erlangen.de

Zusammenfassung In dieser Arbeit möchten wir vorstellen, wie man große, rechnenaufwendige Aufgaben mit Hilfe eines WWW-Servers auch auf Arbeitsrechnern durchführen kann, die geringe Hardwareparameter haben. Ein Demo ist unter http://agy.bgytf.hu/~pali/retanal/retanal.cgi zu finden.

Schlüsselwörter: Bildübertragung, verteiltes System, WWW-Server, CGI-Script,

1 Einleitung

Die an der Klinik vorhandenen Arbeitsrechner sind meistens für Textverarbeitung und nicht für rechnenaufwendige Arbeit geeignet. In der Medizin gibt es aber immer mehr Aufgaben, wo die Methoden der Bildverarbeitung, Computergrafik und Soft Computing angewendet werden. In diesen Fällen besteht ein großer Rechnenaufwand. So ist es z.B:

- In der Bildverarbeitung
  - Computer Tomographie (CT)
  - Auswertung von Ultraschall- und Röntgenbilder
  - Scanning Laser Dopper Flowmetry (SLDF)
- In der Computergrafik:
  - 3D Modellierung (Schädel, Zahnprothese, usw.)
  - Beleuchtungsmodellierung, Rendering
- In der Soft Computing
  - Neuronale Netze und Fuzzy–Systeme zur Klassifikation

Die Verarbeitung medizinischer Bilder soll auch auf den Rechnern mit geringen Hardwareparametern ausführbar sein. Die Arbeit soll auf verschiedenen Rechnerarchitechturen (IBM PC, Machintos, Sun Workstation, usw.) mit verschieden Betriebsystemen (UNIX, OS/2, Dos, Win95/98/NT) durchzuführen sein. Das Ziel ist also eine kostengünstige und platformunabhängige Lösung für den hochen Rechneraufwand. Es soll sowohl für Hardware, als auch für Software gelten. Eine Lösungsmöglichkeit obigen Problemstellungen kann die verteilte Datenverarbeitung im Rechnernetz sein. Dazu wird die Verarbeitung der Daten in einem Client/Server Modell durchgeführt, wo die Arbeitsrechner als Client und ein Hochleistungsrechner als Server verwendet sind. Die Arbeitsrechner sind in einem lokalen heterogenen Netz miteinander und mit dem Hochleistungsrechner lokal oder durch das Internet verbunden.

2 Verteilte Datenverarbeitung im Rechnernetz

Es gibt verschiedene Möglichkeiten für die verteilte, Client/Server Datenverarbeitung über das TCP/IP (Transmission Control Protocol/Internet Protocol) [1]. Das Xwindow für Web (UNIXLink 97) [2] gibt eine Möglichkeit für X-Anwendungen über das WWW mittels eines Web-Browsers auszuführen. Eine andere Möglichkeit ist die Virtual Network Computing (VNC) [3], die die Steuerung der Rechner über das Netz mit beliebigen Betriebsystemen (Win95, OS/2, Linux/Unix) ermöglicht. Nach der Untersuchung der Möglichkeiten zur verteilten Datenverarbeitung haben wir festgestellt, daß das Common Gateway Interface (CGI) des WWW-Servers diejenige Lösung ist, die den obigen Bedingungen entspricht.

3 Verteilte Datenverarbeitung durch WWW

Die vorgeschlagene Lösung beruht auf einer Bild- bzw. Datenübertragung und auf einer Remote-Verarbeitung auf einem Hochleistungsrechner, auf dem ein World Wide Web (WWW) Server installiert ist. Der WWW-Server basiert auf einem Client/Server Modell (ein verteiltes System), wo der Server auf einem Hochleistungsrechner und die Clients auf den Arbeitsrechnern laufen (siehe Abb. 1). Als Server kann der freiverfügbare Apache-Webserver und als Client ein beliebiger Web-Browser z.B. Netscape Navigator eingesetzt werden. Die Verarbeitung und die Auswertung kann auf dem Server paralell durchgeführt werden. Das System ist in dem Sinn plattformunabhängig, daß der Web-Browser Netscape (der Client) unter verschiedenen gängigen Betriebsystemen (UNIX, OS/2, Dos, Windows95/98/NT) und auf beliebigem Arbeitsrechner zur Verfügung steht. Diese Plattformunabhängigkeit ermöglicht die Arbeit auch in einem heterogenen Rechnernetz. Zur Bildübertragung kann sowohl das lokale Netzwerk, als auch das Internet verwendet werden, was den Bild- und Datenaustausch zwischen Instituten durch einen gemeinsamen Hochleistungsrechner ermöglicht.

3.1 Daten- und Bildübertragung mittels WWW-Servers

Die Daten- und Bildübertragung zwischen dem WWW-Server und dem Web-Browser wird über das Protokoll TCP/IP [1] und über das darauf aufgebaute Hyper Text Transfer Protocol (HTTP) Protokoll [4] abgewickelt. Die auf dem Client hergestellten Bilder, die aus dem lokalen oder auch aus dem remoten

Abbildung1. Clien/Server Modell für WWW

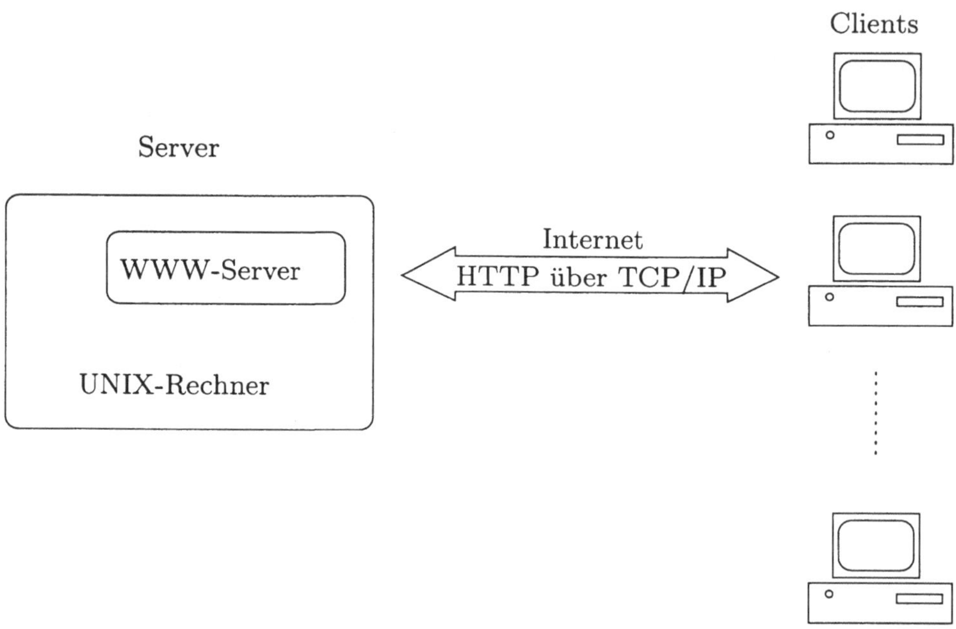

Bilddatenbank ausgewählt werden können, werden auf den WWW-Server aufgeladen. Dies erfolgt durch die sogenannte POST–Methode in der Hypertext Markup Language (HTML) [4].

3.2   Die CGI-Schnittstelle

Die Daten werden durch die CGI-Schnittstelle empfangen und durch ein CGI-Script (ein Programm in beliebiger Programmiersprache, z.B. C, C++, perl, usw.) [5] verarbeitet. Die Ergebnisse werden zu dem Client zurückgeleitet, bzw. auf dem Web-Browser an dem Bildschirm erschienen (siehe Abb. 2). Die freiverfügbare `cgihtml` C–library von E. E. Kim erleichtert die CGI Parsing und HTML Ausgangsfunktions. Mit einer kleinen Korrektion im library kann das CGI-Script des Servers die Anforderungen von beliebigen Clients verarbeiten. Bei der Verwendung des CGI-Sripts muß eine große Aufmerksamkeit auf die Siherheitsfragen liegen. Vor allem muß hier die System- und die Patientensicherheit erwähnt werden.
Nachteile der Verwendung des CGI-Sriptes sind:

– Die geringe Interaktivität
– Jede Anforderung zum Server wird als ein eigenes Prozess gestartet
– Schwierigkeiten bei der Programmfehlersuche

Abbildung2. Datenübertragung im WWW

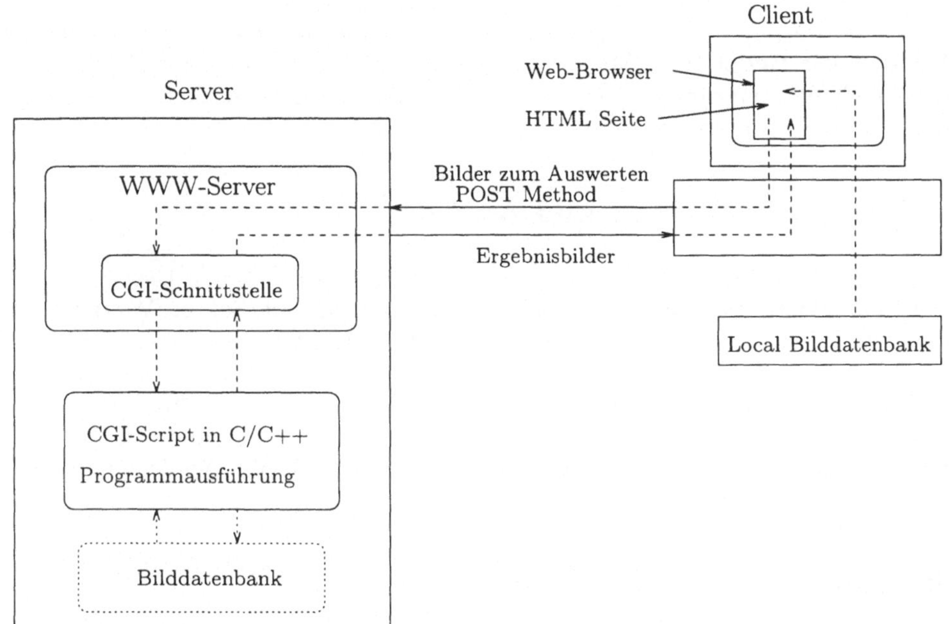

Vorteilen:

- Schnelle, parallele und plattformunabhängige Verarbeitung
- Preisgünstige Hardware,- und Softwareausrüstung

4 Ein CGI-Auswertungsystem für SLDF-Bilder

In der Augenklinik in Erlangen wurden Experimente durchgeführt, wo die automatische Auswertung der SLDF-Perfusionsbilder durch einen WWW-Server verwirklicht wurde. Der Anwender (Arzt) kann die Bilder mit Hilfe eines Netscape Navigators (Web-Browser) aus der lokalen (aber auch aus einer remoten) Bildatenbank auswählen (siehe Demo: http://agy.bgytf.hu/~pali/retanal/retanal.cgi), dann auf den Remote-Server aufladen bzw. für den CGI-Script übergeben und automatisch auswerten lassen. Nach der schnellen Verarbeitung werden die Ergebnisse an dem Bildschirm des Arbeitsrechners wieder erscheinen. Wegen dem Unix-Betriebsystem ist die gleichzeitige Übertragung und Verarbeitung von mehreren Bildern möglich, die von einem Anwender (Multitasking) und/oder auch von mehreren Anwendern (Multiuser) verarbeitet werden.

In unserem System wurde für die Verarbeitung der SLDF-Bilder einen Apache WWW-Server unter einem Betriebsystem Linux auf einem dual Pentium

Pro PC eingesetzt. Als Clients wurden die PCs, die auf das Netz zugeschaltet waren, ohne weitere Hardware und Software ausgerüstet.

Um die hoche Netzbelastung zu vermeiden, haben wir nicht die originallen Meßdaten der Bilder (ca. 2MB), sondern die von Meßdaten hergestellten Bilder (< 100KB) [6] übertragen. So haben wir wegen der Bilddateigröße eine wesentlich schnellere Übertragung erreicht.

5 Zusammenfassung und Ausblick

Es gab einen bedeutenden Zeitunterschied zwischen der "single User Verarbeitung" auf einem Dos/Windows Rechner und der Client/Server Verarbeitung auf einem Linux Rechner, wobei die Client/Server Konfiguration mit "multiuser Bildübertragung" belastet war.

Eine interaktive Oberfäche in Java ist geplant, um die Nachteile des CGI-Scriptes, also die Interaktivitätsprobleme zu vermeiden. So kann das CGI-Script in Kombination mit der Programmiersprache JAVA, JAVA Applet [7, 8] oder Servlets verwendet werden.

Literatur

1. Washburn K, Evans J: *TCP/IP running a successful network.* Addison–Wesley Longman Ltd, Harlow/England, 2.. Ausg., 1996.
2. UNIX^{Open}, Aug. 1997.
3. Linux-Magazin, Jun. 1998.
4. Ramm F: *Recherchieren und Publizieren im World Wide Web.* Vieweg Verlag, Braunschweig/Wiesbaden, 2. neub. u. erw. auflage. Ausg., 1996.
5. Kim E. E: *CGI: developer's guide; so funktionieren Web-Programmierung und Common Gateway Interface.* Haar bei München SAMS, München, 1997.
6. Pál I, Michelson G, Niemann H, Welzenbach J: Erkennung von Mikrozirkulationsstörungen der Netzhaut mittels "Scanning Laser Doppler Flowmetrie". Lehmann T, Scholl I, Spitzer K (Hrsg.), *Bildverarbeitung für die Medizin: Algorithmen–Systeme-Anwendungen Proceedings des Aachener Workshops*, Verlag der Augustinus Buchh., Aachen, S. 89-94, November 1996.
7. Erki I, Kleines H, Ziemons K, Zwoll K: Interaktives System zur Darstellung funktionaller Bilddaten. Lehmann T, Scholl I, Spitzer K (Hrsg.), *Bildverarbeitung für die Medizin: Algorithmen–Systeme-Anwendungen Proceedings des Aachener Workshops*, Verlag der Augustinus Buchh., Aachen, S. 249-254, November 1996.
8. Kleines H, Erki I, Ziemons K, Zwoll K: ATM und Multimedia Pilotsystem im Rahmen des Projekts M-FIBRe - Aufbau und Erfahrungen. Lehmann T, Scholl I, Spitzer K (Hrsg.), *Bildverarbeitung für die Medizin: Algorithmen–Systeme-Anwendungen Proceedings des Aachener Workshops*, Verlag der Augustinus Buchh., Aachen, S. 241-248, November 1996.

Zungenverfolgung in medizinischen Röntgenbildsequenzen

Frank Höwing[*†], Laurence Dooley[*] und Diederich Wermser[†]

[*]University of Glamorgan, School of Electronics,
Pontypridd, Mid Glamorgan, CF37 1DL. UK
Email: lsdooley@glamorgan.ac.uk
[†]Fachhochschule Braunschweig/Wolfenbüttel, FB E
Salzdahlumer Str. 46/48, 38302 Wolfenbüttel
Email: {f.hoewing|d.wermser}@fh-wolfenbuettel.de

Zusammenfassung. Dieser Beitrag stellt ein System zur Verfolgung von verformbaren Strukturen in zweidimensionalen Bildsequenzen vor. Es wird angewendet auf Röntgenbildsequenzen des menschlichen Vokaltraktes. Ziel dieser Anwendung ist das Vermessen artikulatorischer Organe. Die Messungen werden vorgenommen, um die komplexen dynamischen Vorgänge bei der menschlichen Spracherzeugung zu untersuchen. Von besonderem Interesse sind dabei verformbare Organe, insbesondere die Zunge.
Um dieses nicht eindeutige Erkennungsproblem auch unter dem Einfluß transparenter Überlagerungen sowie variierender Objekttexturen lösen zu können, wird ein zweistufiges System vorgestellt. Auf der unteren Ebene kombiniert der Ansatz kanten-, regionen- sowie bewegungsbasierte Bildverarbeitungsoperatoren, um deren jeweilige Vorteile nutzen und gleichzeitig Mängel kompensieren zu können. Auf einer höheren Ebene ermöglicht eine nicht-iterative Komponente auf der Basis aktiver Konturen die Nutzung von geometrischem Vorwissen.

Schlüsselwörter: Vokaltrakt, aktive Konturen, dynamische Programmierung

1 Merkmalsextraktion

Um die Vorteile der vielen existierenden Bildverarbeitungsoperatoren auszunutzen und gleichzeitig ihre jeweiligen Schwächen zu kompensieren, wird eine Struktur eingeführt, die es erlaubt einige kanten-, regionen- sowie bewegungsbasierten low-level Operatoren auf effiziente Weise zu kombinieren.

Um eine höhere Genauigkeit bei der Segmentierung zu erzielen, werden die Ergebnisse der Operatoren nicht als größere Elemente wie z.B. Liniensegmente repräsentiert, sondern bleiben pixelorientierte Bildbereichshinweise oder Evidenzen.

Experimente zeigen, daß jeder Operator für sich genommen fälschlicherweise niedrige Evidenzen für Konturpixel liefern und/oder hohe Werte für Pixel ausgeben kann, die nicht zu der gesuchten Kontur gehören. Die gewichtete, normalisierte Summe (Gl. (1)) aller Evidenzen für einen Pixel kann diesen Effekt kompensieren und zu einer Verstärkung der Gesamtevidenz e_{image} der meisten Konturpixel führen.

$$e_{image}(\mathbf{c}) = w_{edge}\|e_{edge}(\mathbf{c})\| + w_{region}\|e_{region}(\mathbf{c})\| + w_{motion}\|e_{motion}(\mathbf{c})\| \quad (1)$$

Die tatsächlichen Evidenzfunktionen sind stark von der Anwendung abhängig. Die folgenden Definitionen in den Gleichungen (2) bis (4) wurden erfolgreich in der hier vorgestellten Anwendung eingesetzt. Abb. 1 sowie Abb. 2 demonstrieren die jeweiligen Teilkomponenten von e_{image}, welche im folgenden beschrieben werden.

Kantenbasierte Hinweise ergeben sich aus

$$e_{edge}(\mathbf{c}) = \nabla_\perp(\mathbf{c})\delta \quad (2)$$

wobei $\nabla_\perp$ den Gradienten senkrecht zu einer initialen Konturhypothese darstellt. Der Faktor δ bezeichnet dabei entweder eine steigende ($\delta = 1$) oder fallende ($\delta = -1$) Kante.

Die regionenbasierten Evidenzen aus Gl. (3) schwächen den Einfluß verdeckender Objekte, wie z.B. Füllungen, deren Grauwert einen Schwellwert θ unterschreitet. Pixel innerhalb dieser Objekte werden dabei nicht beeinflußt.

$$e_{region}(\mathbf{c}) = -|\nabla(\Theta, \mathbf{c})| \qquad \Theta(x_i, y_j) = \begin{cases} 1 & : \quad R(x_i, y_j) \le \theta \\ 0 & : \quad R(x_i, y_j) > \theta \end{cases} \quad (3)$$

$R(x_i, y_j)$ bezeichnet hier einen Pixel innerhalb einer Region $\mathbf{R}$ um die Konturhypothese (vgl. Abb. 1). θ hängt von Vorwissen ab.

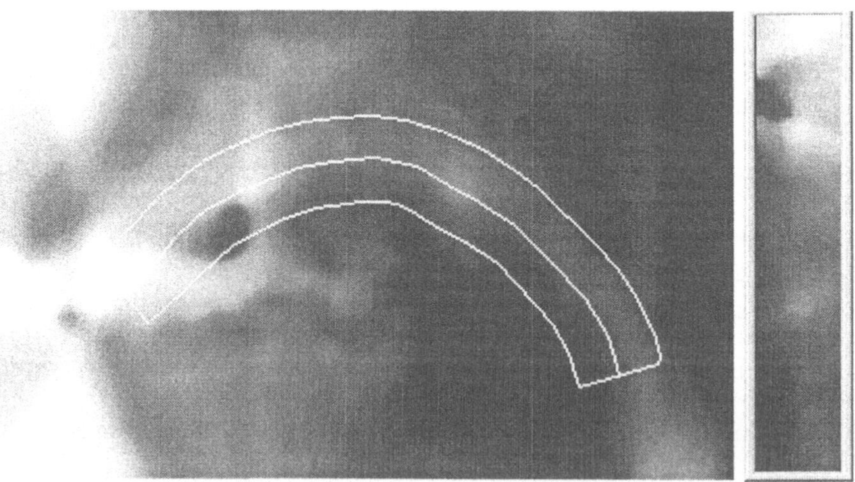

Abb. 1. Sagittale Röntgenaufnahme des Vokaltraktes (Ausschnitt). Der Suchraum $\mathbf{R}$ wird aus einer Konturhypothese (Mittellinie) abgeleitet.

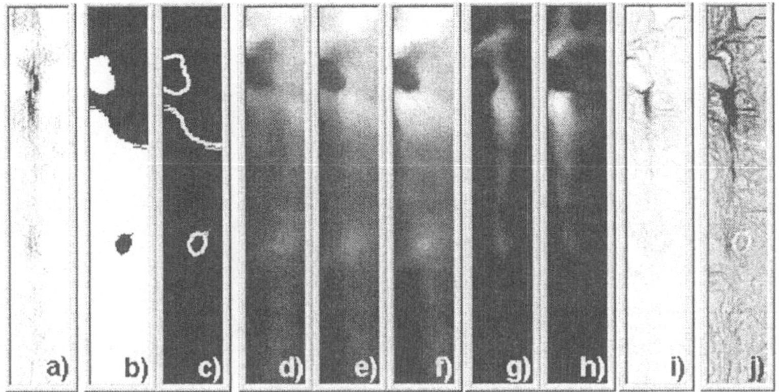

Abb. 2. Teilkomponenten von e_{image}. a) e_{edge}, b) Θ ($\theta = 80$), c) e_{region}, d) $\mathbf{R}_{t-d_1}$ ($d_1 = 5$), e) $\mathbf{R}_t$, f) $\mathbf{R}_{t+d_2}$ ($d_2 = 5$), g) $|\mathbf{R}_{t-d_1} - \mathbf{R}_t|$, h) $|\mathbf{R}_t - \mathbf{R}_{t+d_2}|$, i) e_{motion}, j) e_{image} ($w_{edge} = 0.1, w_{region} = 0.1, w_{motion} = 0.8$)

Um Bewegungsinformationen nutzen zu können wird die dritte Evidenzfuktion in Gl. 4 angewendet.

$$e_{motion}(\mathbf{c}) = \varepsilon_{med}(\mathbf{c}) = \sqrt{\nabla\left(|\mathbf{R}_{t-d_1} - \mathbf{R}_t|\right)}\sqrt{\nabla\left(|\mathbf{R}_t - \mathbf{R}_{t+d_2}|\right)} \tag{4}$$

Dieser Operator liefert hohe Evidenzwerte für bewegte Kanten (*moving edge detector, med*), durch Multiplikation der Gradienten zweier Differenzbilder. Die Berechnung wird auf den Regionen $\mathbf{R}_i$ durchgeführt, die aus der Bildsequenz zu den Zeitpunkten $i = t$, $i = t - d_1$ und $i = t + d_2$ extrahiert werden. d_1 und d_2 sind dabei benutzerdefinierte Konstanten, die von der Bewegungsgeschwindigkeit des zu segmentierenden Objektes abhängen.

2 Kontursegmentation und -verfolgung

Ein Ansatz zur Segmentierung von Konturen, der nicht nur eine Zwischensymbolische Objektrepräsentation verwendet, sondern diese Repräsentation auch mit Bildmerkmalen und Vorwissen verbindet, sind die aktiven Konturen oder *Snakes*. Aktive Konturen wurden von Kass et al. [1] eingeführt und können als energieminimierende Splines oder Polygone bezeichnet werden. Für jedes Bild benötigt der Algorithmus ein initiales Polygon $\mathbf{P} = (\mathbf{p}_0, \mathbf{p}_1, \ldots, \mathbf{p}_{N-1})$, welches aus N Stützstellen $\mathbf{p}_i = (x_i, y_i)$ besteht, wobei x_i und y_i die Räumlichen Koordinaten von $\mathbf{p}_i$ sind. Die erkannte Kontur wird durch das Polygon $\mathbf{Q} = (\mathbf{q}_0, \mathbf{q}_1, \ldots, \mathbf{q}_{N-1})$ mit $\mathbf{q}_i = (x_i, y_i)$ repräsentiert. Jede $\mathbf{q}_i$ wird aus einem Satz von Kandidaten $\mathbf{C}_i = (\mathbf{c}_{i,0}, \mathbf{c}_{i,1}, \ldots, \mathbf{c}_{i,M-1})$ ausgewählt, wobei die Kandidaten $\mathbf{c}_{i,j} = (x_j, y_j)$ in unserer Anwendung entlang einer Suchlinie abgetastet werden, die senkrecht zum initialen Polygon steht und $\mathbf{p}_i$ schneidet. Das Verfolgen der Kontur über eine Sequenz erfolgt Bild für Bild, wobei das jeweils resultierende $\mathbf{Q}(t)$ als initiale Konturhypothese $\mathbf{P}(t + 1)$ für das nächste Bild verwendet wird.

Tabelle 1. Energiminimierung der aktiven Kontur durch dynamische Programmierung.

1. **for all** m
2. $\quad S(0, m) = w_{image} E_{image}(\mathbf{c}_{0,m})$
3. **for all** m
4. $\quad S(1, m) = \min_{k}\left[w_{image} E_{image}(\mathbf{c}_{1,m}) + w_{int} E_{int} + S(0, k)\right]$
5. $\quad T(1, m) = k^{\min}$
6. **for** $n = 2 \ldots N - 1$
7. $\quad$ **for** $m = 0 \ldots M - 1$
8. $\quad\quad S(n, m) = \min_{k}\left[w_{image} E_{image}(\mathbf{c}_{n,m}) + w_{int} E_{int} + w_{con} E_{con} + S(n - 1, k)\right]$
9. $\quad\quad T(n, m) = k^{\min}$

Die Energiefunktion der aktiven Kontur wird minimiert mittels dynamischer Programmierung. Tab.1 zeigt den Algorithmus, wobei $S(n, m)$ den minimalen Energiewert repräsentiert, der für die Stützstellen $0, \ldots, n$ erreicht werden kann, falls die $n$te Stützstelle der Kandidat $\mathbf{c}_{n,m}$ wäre. $T(n, m)$ speichert den Index k ($k = 0 \ldots M - 1$), durch den der Ausdruck in Zeile 8 minimiert wird und zeigt so auf den optimalen Vorgänger des Kandidaten $\mathbf{c}_{n,m}$. Nachdem alle Stützstellen durchlaufen wurden, ergibt sich die neue Kontur durch Zurückverfolgen der Zeiger, wobei mit dem Kandidaten begonnen wird, der die minimale Gesamtenergie $S(N - 1, m)$ aufweist. Die Gewichtungsfaktoren w_{image}, w_{int} und w_{con} in Tab. 1 steuern den relativen Einfluß der einzelnen Komponenten der Energiefunktion.

In der vorgestellten Anwendung wird die Energie der Bildmerkmale aus den oben beschriebenen Evidenzen abgeleitet:

$$E_{image} = 1 - e_{image} \tag{5}$$

Die interne Energie der aktiven Kontur ergibt sich aus[2]

$$E_{int} = ||e^{|k-m|}||, \tag{6}$$

wobei Kandidaten bevorzugt werden, die eine ähnliche lokale Krümmung wie die Anfangshypothese aufweisen. Dadurch existiert zwischen den Stützstellen eine Kraft, die der externen Kraft entgegenwirkt und so die Kontur glättet. Die Funktion $|| . ||$ normalisiert E_{int} auf den Bereich $[0, 1]$, wobei ein niedriger Wert eine große Übereinstimmung bedeutet.

Eine geometrische Bedingung, die in [3] vorgeschlagen wurde, integriert Vorwissen über die erwartete Form des Objektes in die dynamische Programmierung. Gl. (7) bevorzugt konvexe oder konkave Konturen, durch Gewichtung eines Winkels γ der in dem Polygon gemessen wird, das aus den Stützstellen $\mathbf{c}_{n,m}$ (aktueller Kandidat), $\mathbf{c}_{n-1,k}$ (sein möglicher Vorgänger) sowie $\mathbf{c}_{n-2,T(n-1,k)}$ (der optimale Vorgänger von $\mathbf{c}_{n-1,k}$) besteht. Die resultierende Kontur kann in eine bestimmte Richtung gezwungen werden, indem γ immer in derselben Richtung gemessen, der erlaubte Bereich $[\gamma^{\min}, \gamma^{\max}]$ sowie der erwartete Winkel $\bar{\gamma}$ und die Standardabweichung σ eingestellt wird.

$$E_{con} = ||\nu(\gamma)|| \qquad \nu(\gamma) = \begin{cases} 0 & : \gamma^{\min} > \gamma > \gamma^{\max} \\ \frac{1}{\sqrt{2\pi}\sigma} e^{-\frac{1}{2}\left(\frac{\gamma - \bar{\gamma}}{\sigma}\right)^2} & : \gamma^{\min} \leq \gamma \leq \gamma^{\max} \end{cases} \tag{7}$$

3 Ergebnisse

Abb. 3 zeigt einige Resultate des vorgestellten Systems bei der Segmentierung und Verfolgung der Zunge. Jedes zehnte Bild einer Sequenz ist dargestellt (von oben nach unten). Die überlagerte Kontur ist in diesem Beispiel nicht geglättet.

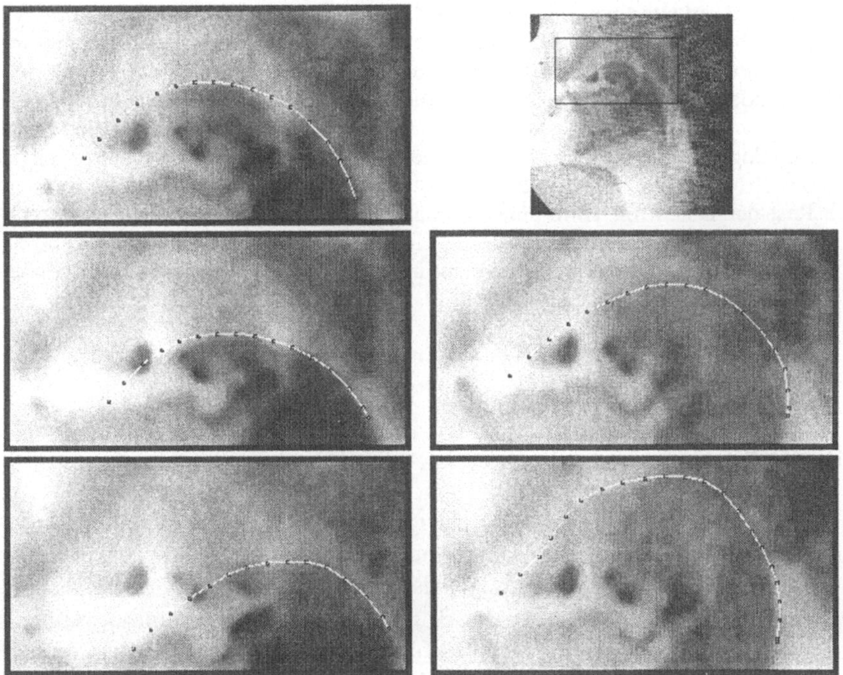

Abb. 3. Resultate des vorgestellten Systems.

Literatur

1. Kass M, Witkin A, Terzopoulos D: Snakes: Active contour models. Int. Conf. on Computer Vision, London, 259–268, June 1987
2. Olstad B: Automatic wall motion detection in the left ventricle using ultrasonic images. Electronic Imaging, San Jose, 1991
3. Höwing F, Wermser D, Dooley L: Recognition and tracking of articulatory organs in X-ray image sequences. IEE Electronics Letters, (32):444–445, 1996

Segmentierung der Brüste in der dynamischen MR-Mammographie

Harald Fischer, Stefan Egenter*, Dietmar Saupe*, Jürgen Hennig

Universitätsklink Freiburg, Abt. Röntgendiagnostik, Sektion Medizinpysik
Hugstetter Str. 55, 79106 Freiburg
*Institut für Informatik
Albert-Ludwigs-Universität, 79106 Freiburg
Email: fischerh@ukl.uni-freiburg.de

Zusammenfassung. In der dynamischen MR-Mammographie wird das Anreicherungsverhalten von Gewebe nach Gabe eines Kontrastmittels mit Hilfe der Bildgebung untersucht. Eine exakte Segmentierung der Brüste ermöglicht es a) das Fett/Parenchym-Verhältnis zu quantifizieren, b) Analysen auf die interessierenden Pixel einzugrenzen und c) die Daten für eine numerisch aufwendigere Bewegungskorrektur vorzubereiten. Es soll ein schneller, exakter und robuster Segmentierungsalgorithmus vorgeschlagen werden. Das Verfahren trennt die Brust an der Grenze Brust/Brustmuskel oder Brustmuskel/Thorax vom Rest der Daten mit Hilfe einer offenen Aktiven Kontur. Die robuste Berechnung der Aktiven Kontur wird durch Einbeziehen von MR-Mammographie spezifischen Bildmerkmalen erreicht und indem die Beweglichkeit der Snake-Stützstellen beschränkt wird.

Schlüsselwörter: Aktive Konturen, Snakes, MR-Mammographie

1 Einleitung

Brustkrebs ist bei Frauen eine sehr häufige Erkrankung. Wie bei allen Krebserkrankungen erhöht eine rechtzeitige Erkennung der malignen Gewebsveränderung die Chance auf eine langfristige Heilung. Als diagnostisches Mittel zur Krebserkennung gelten in erster Linie das Abtasten der Brust und die Röntgenmammographie. Werden mit den Verfahren keine eindeutigen Befunde erzielt, so kann eine dynamische kernspintomograpische Untersuchung (MR-Mammographie) durchgeführt werden. Die MR-Mammographie zeichnet sich durch eine hohe Spezifität bei der Klassifikation des Gewebes in benigne und maligne Gewebsveränderung aus. Im Rahmen der Untersuchung werden nach Kontrastmittelgabe mehrere Volumen der Brust aufgenommen und bei der Auswertung mit dem Volumen vor Gabe des Kontrastmittel (KM) verglichen.

Die Datenaufnahme erfolgt unter normaler Atmung, so kann es zu Fehlklassifikationen von Pixeln auf Grund von Bewegung der Patientin während der Datenakquisition kommen. Die Bewegungsartefakte lassen sich meist durch Nachbearbeitung der Daten korrigiert. Im Rahmen des von Fischer et al. verwendeten lokal-elastischen

Matchingverfahren [1] wurde ein schneller und präziser Segmentierungsalgorithmus [2] entwickelt, um:

- die numerisch teure Bewegungskorrektur durch Reduktion der berücksichtigten Pixel zu beschleunigen,
- die Bewegungskorrektur robuster zu machen, indem Gewebe außerhalb der Brustspule (vor allem das KM-anreichernde Herz) keinen Einfluß auf die Korrektur besitzt,
- eine Quantifizierung von Fett, Parenchym und verändertem Gewebe zu ermöglichen,
- eine schnelle 3D-Visualisierung der Klassifikationsergebnisse zu gestatten,
- für die Klassifikation die Anzahl der zu untersuchenden Pixel zu begrenzen.

2 Methodik

Zur Segmentierung der Brust muß das Parenchym mit den Gefäßen, das Fettgewebe, die Mamille und - optional - der Brustmuskel vom Rest des Körpers getrennt werden. Es sind die diagnostisch relevanten Bereiche die gemeinsam als "geschlossenes" Objekt segmentiert werden sollen. Brustoberfläche, Brustseiten und Brustwand werden unterschiedlich behandelt. Die Brustoberfläche wird mit Hilfe eines schnelle Scanline-Verfahrens erkannt. Die Brustwand bzw. der Brustmuskel trennt die Brust vom Thorax. Die Segmentierungsgrenze wird mit einer offenen Aktiven Kontur - einer B-Spline Snake - gefunden. Die Segmentierungslinien von Brustoberfläche und Brustwand müssen an den seitlichen Rändern der Brust zusammengeführt werden, was durch eine horizontale Linie erfolgt. Diese wird aus den Bildmerkmalen an dem rechten und linken Bildrand berechnet. Außen- und Innenkontur der Brust lassen sich mit Hilfe dieser horizontalen Kante verbinden, da die Außenkontur immer die horizontale Kante schneidet und der erste und letzte Stützpunkt der Aktiven Kontur auf die horizontale Kante gelegt wird.

Mathematisch beschrieben ist eine Aktive Kontur oder Snake als eine in der Ebene liegende parametrische Kurve

$$v(s) = \left(x(s)\,y(s)\right)^{T}, s \in [0,1], (x, y) \in \Re^{2}.$$ (1)

Auf sie wirken innere und äußere Kräfte, die als Energiefunktionen definiert werden. Die Kurve bewegt sich in einer iterativen Optimierung so lange, bis ein Kräftegleichgewicht erreicht ist, wobei ein Gleichgewicht einem (lokalen) Minimum der gesamten Snake-Energie entspricht. Die Energiefunktion der Snake teilt sich entsprechend der auf sie wirkenden Kräfte in zwei Terme auf:

$$\varepsilon = \int_{0}^{1} \left(\varepsilon_{int}(s) + \varepsilon_{ext}(s)\right)ds.$$ (2)

Die interne Energie $\mathcal{E}_{int}$ basiert auf geometrische Eigenschaften der Kurve und beschreibt vereinfachend die Glattheit. Die externe Energie $\mathcal{E}_{ext}$ beschreibt den Bezug zu den Daten, mit Hilfe eines auf dem Bild definierten skalaren Potentialfeldes. Das Potentialfeld wird so gewählt, daß die lokalen Minima mit den gesuchten Bildmerkmalen wie Intensitätsmaxima oder Objektkanten übereinstimmen.

In der vorgestellten Segmentierung wird der Übergang von Brust zu Brustmuskel bzw. Brustmuskel zu Thorax gesucht. Dieser Übergang hat einen starken Grauwertgradient (*Abb. 1c*), weshalb er als Potentialfunktion verwendet wird. Für den Übergang von Brust zu Muskel erzeugt der Gradientenoperator zwei eng nebeneinander liegende Kanten was darin begründet ist, daß nur eine sehr dünne Fettschicht das dunkle Parenchym vom dunklen Brustmuskel trennt. Dieses Vorwissen wird in die Berechnung des Potentialfeldes eingebracht, indem lediglich die Grauwertübergänge von hell nach dunkel (bei Bewegung auf die Körperachse zu) einen Beitrag liefern.

Ist die Snake etwas weiter von einer scharfen Kante entfernt, so hat der lokal starke Gradient trotzdem keinen Einfluß auf die Snake, weil er sich nur in der direkten Nachbarschaft der Kante auswirkt. Zur Überwindung dieses Problems wurde ein Scale-Space Ansatz verwendet. Dabei wird das Bild vor der Snake-Segmentierung geglättet. Zuerst wird das Bild stark geglättet, so daß eine scharfe Kante in der Potentialfunktion einen relativ großen Bereich in der Nähe der Kante beeinflußt und eine weiter entfernt liegende Snake "heranziehen" kann. Die neu berechnete Snake wird als Initialisierung für eine weitere Aktualisierung der Snake verwendet, jedoch für weniger stark bis gar nicht gefilterte Daten.

Trotz Verwendung des gerichteten Gradienten und des Scale-Space Verfahrens konnte nicht immer eine zufriedenstellende Segmentierung erzielt werden da viele kleine und schwächere Kanten in der Nähe der gesuchten Kante liegen können. Das Problem wurde durch Einbeziehen der absoluten Pixelintensitäten bei der Gradientenberechnung gelöst. Gesucht wird eine Kante von hell nach dunkel. Der berechnete Gradient wird jedoch nur dann in das Potentialfeld eingetragen, wenn das hellere Pixel - bei einem Übergang von hell nach dunkel - oberhalb eines Intensitätsschwellwertes liegt wodurch sich eine Vielzahl kleiner Karten im Gradientenbild ausblenden lassen (*Abb. 1d*).

Eine weitere Modifikation der Aktiven Kontur ist das Verbieten der horizontalen Verschiebung der Kontrollpunkte. Dadurch lassen sich Schlaufenbildungen der Snake verhindern. Bei einer offenen Snake müssen Anfangs- und Endpunkt separat behandelt werden. In dem beschriebenen Verfahren werden die beiden Punkte automatisch auf die horizontale Segmentierungsgrenze gezogen.

Die verschiedenen Schritte bei der Segmentierung sind in *Abb. 1* zusammengefaßt.

3 Ergebnisse

Die Segmentierung wurde auf eine Reihe verschiedener klinischer Datensätze angewendet. Die Daten wurden auf einem SIEMENS Vision mit 1,5 T Feldstärke unter Verwendung einer 3D-FLASH Sequenz aufgenommen. 40 anatomische Schichten

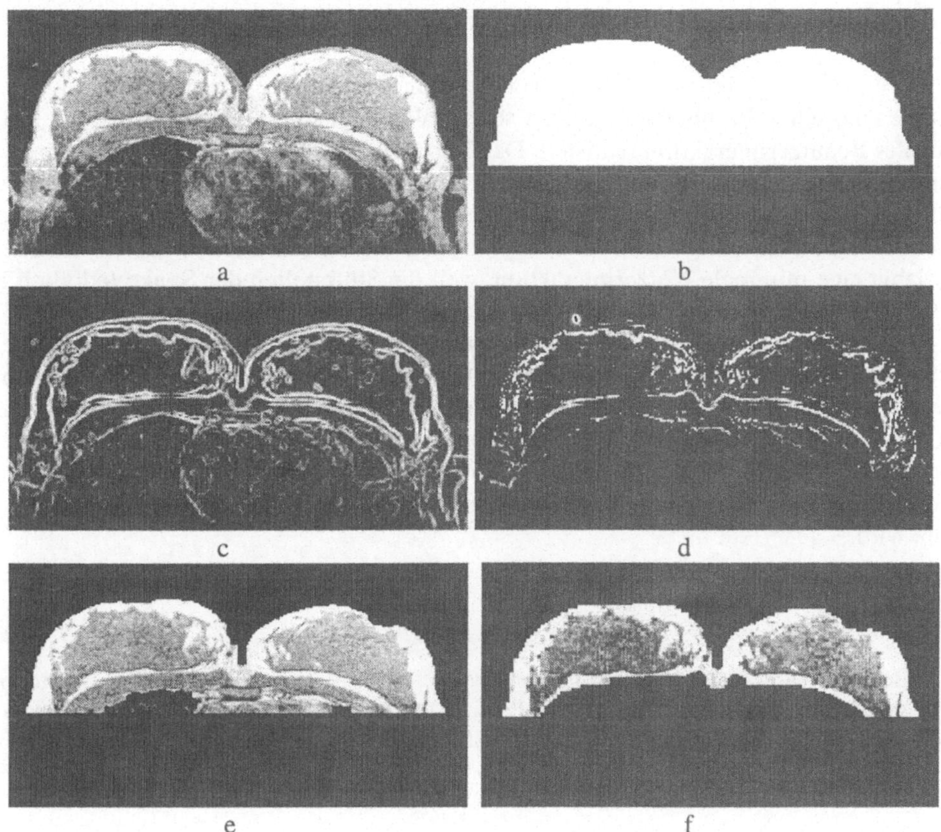

Abbildung 1. Überblick über den Segmentierungsalgorithmus anhand eines - in seiner Höhe reduzierten - Bildes. (a) Anatomische Bild, (b) die Maske gebildet aus der erkannten Brustoberfläche und dem horizontalen "Schnitt", (c) Gradientenbild, (d) Potentialbild, das nur einseitige Gradienten betrachtet mit Pixelhelligkeiten im Originalbild, die über einem Schwellwert liegen müssen, (e) mit einem einfachen Region-Growing-Verfahren ermittelte Maske und (f) mit der Snake segmentiertes Bild.

mit jeweils 256x256 Pixeln wurden vor Gabe des Kontrastmittel akquiriert, gefolgt von 4x40 Schichten nach KM. Die Voxelgröße betrug 1,3x1,3x3 Millimeter.

Zur Segmentierung wurde durch manuelles Setzen von 15 Stützstellen in der mittlere Schicht des ersten Volumens initialisiert. Alle weiteren Schichten des jeweiligen Volumens konnten vollautomatisch berechnet werden. Die Segmentierung eines Volumens dauerte in der aktuellen Java-Implementierung ca. eine Minute. Die Initialisierung der zeitlich späteren Volumen durch die Snakes der schon segmentierten Volumen schlug bei starken Bewegungsartefakten teilweise fehl, so daß bei diesen Datensätzen jedes Volumen einzelnen manuell initialisiert werden mußte.

Um die Reproduzierbarkeit der Ergebnisse und die Robustheit des Verfahrens zu überprüfen, wurden eine Reihe von Datensätzen von Personen segmentiert, die mit MR-Bildern vertraut sind. Die mittlere Abweichung der Snake lag je Pixel im Bereich von 0,3 Pixel.

4 Zusammenfassung und Diskussion

Zur Verbesserung der Auswertung kernspintomographischer Mammographie-Daten wurde eine schnelle robuste und doch sehr exakte Segmentierung der Brüste bei minimaler Benutzerinteraktion realisiert. Das Verfahren ist schnell, weil rechentechnisch teure Operationen nur dort durchgeführt werden, wo sie nicht vermieden werden können. Es arbeitet robust und exakt, indem MR-Mammographie spezifische Bildmerkmale berücksichtigt und Aktiver Konturen verwendet werden. Das Verfahren verlangt eine minimale Nutzerinteraktion, weil die Stützstellen der Snake lediglich in einer Schicht und einem Volumen manuell zu initialisieren sind.

Die Segmentierung des Gesamtvolumens nach Initialisierung nur einer einzelnen Schicht arbeitete vollautomatisch für alle untersuchten Datensätze. Die Initialisierung der Snakes späterer Volumen jedoch erzeugte Fehlsegmentierungen für den Fall, daß in den MR-Aufnahmen starke Bewegungsartefakte auftraten. Hier muß das Verfahren verbessert werden, indem z.B. nicht die vorige Snake übernommen wird, sondern das Gewebe um die Snake in der späteren Schichtbild durch Matching-Verfahren eingepaßt wird.

Literatur

1. Fischer H, Otte M, Ehritt-Braun C, Buechert M, Peschl S, Hennig J: Local Elastic Motion Correction in MR-Mammography. In Proc. ot the Inermational Society for Magnetic Resonance in Medicine, 6th Scientific Meeting (Sydney), 725, 1998.
2. Egenter S: Auswertung und Segmentierung von MR-Mammographie-Daten. Diplomarbeit, Institut für Informatik, Universität Freiburg, 1998.

Bildmatching und Bewegungskompensation von Fundus-Bildern

Ein neuer Ansatz unter Verwendung von Methoden der Bildrestauration

Wolfgang Ortmann und Torsten Baumbach

Friedrich-Schiller-Universität Jena, Digitale Bildverarbeitung,
Ernst-Abbe-Platz 1-4, 07743 Jena
Email: wolfgang.ortmann@uni-jena.de
torsten.baumbach@uni-jena.de

Zusammenfassung Bei der Aufnahme einer Serie von Fundus-Bildern über einen Zeitraum von etwa einer halben Stunde stellt sich das Problem, daß es zwischen den einzelnen Aufnahmen zu geometrischen Abweichungen kommt. Ein schnelles und robustes Verfahren zur Ermittlung dieser geometrischen Abweichungen basiert auf der Detektion der Verschiebung durch Bildrestauration des Verschiebungsoperators (Shift Detection by Restoration). Eingebettet in ein dem Blockmatching ähnliches hierarchisches Verfahren kann damit die notwendige Transformation zur Korrektur der Einzelbilder schnell und sicher bestimmt werden.

Schlüsselwörter: Bildregistrierung, Translationsschätzung, Bildrestauration, Bewegungkompensation

1 Einleitung

Bildgestützte Diagnosen des Augenhintergrundes werden oft durch eine instabile Fixation der Augen des Patienten erheblich erschwert. Deshalb ist es bei einer Aufnahmefolge des gleichen Augenhintergrundes unbedingt notwendig, die stabile Fixation durch eine Bewegungskompensation zu garantieren. Dies ist eine klassische Aufgabe der Bildregistrierung, eine Übersicht zur Bildregistrierung findet man in [1].

In der Abbildung 1 sind zwei Frames mit den möglichen Grauwertstörungen zu sehen:

- Ein großer zeitlicher Abstand zwischen zwei Frames bedingt erhebliche photometrische Schwankungen.

- Physiologisch bedingte Veränderungen des Augenhintergrundes führen zu starken Veränderungen, so z.B. das Füllen und Leeren von Adern des Augenhintergrundes, siehe Abbildung 1.

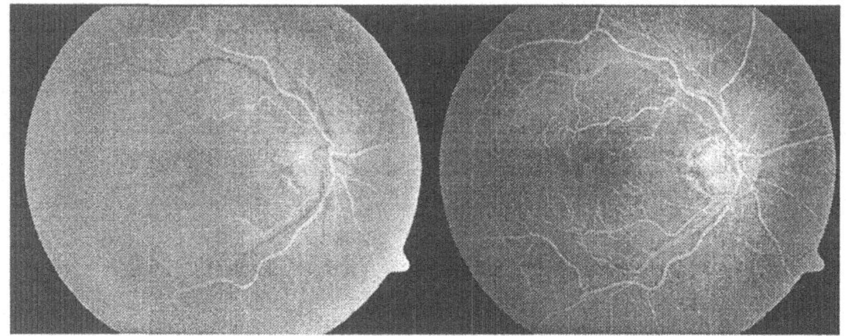

Abbildung1. Zwei Bilder aus einer Serie von Fundus-Bildern

Die geometrischen Transformationen bestehen im wesentlichen aus Translationen, aber auch geringe Rotationen, Skalierungen und sogar Deformationen sind vorhanden. Als mathematisches Entzerrungsmodell ist deshalb eine affine Transformation ausreichend, die durch Referenzpunkt-Paare zu bestimmen ist, siehe auch [5]. Diese Referenzpunkt-Paare sind lokal durch Schätzung der Translation zu ermitteln. Als Standardmethode kommt ein Blockmatching-Algorithmus (siehe z.B. [4]) in Frage. Der normierte Korrelationskoeffizient ist ein robustes Gütemaß (siehe z.B. [2]) mit dem die Verschiebung in den Fundus-Bildern gut detektiert werden kann. Allerdings ist der Rechenaufwand dafür so groß, daß Blockmatching-Algorithmen für die obige Aufgabenstellung praktisch nicht relevant sind.

Verfahren, die die beim Blockmatching notwendige Suche vermeiden, und die Translation direkt schätzen, arbeiten meist schneller. Die verbreitesten Methoden ohne Suchraum sind die "Peak"-Bestimmungen mittels der Kreuzkorrelation (siehe z.B. ([5],[3])) und cepstraler Techniken (siehe z.B. [6]). Diese setzen jedoch eine problemabhängige Vorverarbeitung der Blöcke voraus, wie die Wahl einer geeigneten Fensterfunktion und eine Bandpaßfilterung, um "wesentliche Strukturen" zu selektieren. Im folgenden soll gezeigt werden, wie durch "Bildrestaurationstechniken" eine sehr robuste Schätzung erreicht werden kann, bei der Maßnahmen zur Dämpfung der Randeffekte und die Bandpaßfilterung in der Vorverarbeitung meist völlig entfallen können.

2 Methode

Zur Vereinfachung der Schreibweise werden wir in allen Formeln diskrete Funktionen einer Veränderlichen, die an n äquidistanten Stützstellen definiert sind, verwenden, der zweidimensionale Fall ist äquivalent.

Gegeben seien zwei Bildblöcke f und f' mit einer Verschiebung. Es sei δ der Einheitsimpuls und S_d der Verschiebungsoperator mit einer Verschiebung d.

Dann gilt

$$f' = S_d f = S_d f * \delta = f * S_d \delta. \quad (1)$$

Damit ist die (zyklische) Verschiebung auf die Faltung von f mit dem verschobenen Einheitsimpuls $S_d\delta$ zurückgeführt. Soll diese Formel reale Bilder beschreiben, so muß zusätzlich ein Rauschen einbezogen werden. Folglich erweitern wir das Modell (1) mit dem Störungsfeld N zu

$$f' = f * S_d\delta + N . \quad (2)$$

Das Störungsfeld N enthält hier das Rauschen, physiologisch bedingte Grauwertänderungen, aber auch den Randeffekt, der dadurch eintritt, daß das Modell im Vergleich zur realen Fall die zyklische(!) Verschiebung verwendet. Die letzte Komponente wird umso größer sein, je geringer der überlappende Bereich der realen Bilder ist.

Betrachten wir dieses Modell (2), so fallen die Ähnlichkeiten zur Bildrestauration auf. Im Unterschied zur "normalen" Bildrestauration sind hier beide Bilder bekannt, und die Point Spread Function (also die Verschiebung) ist gesucht. Durch die Kommutativität der Faltung ist dies jedoch völlig äquivalent und wir können versuchen, mit Mitteln der Bildrestauration die verschobene Delta-Funktion $S_d\delta$ zu ermitteln. Durch das vorhandene Rauschen ist die reine Entfaltung (z.B. Invers Filter) nicht anwendbar, da diese das Rauschen verstärkt.

Da über das Störungsfeld N nur wenig bekannt ist, wenden wir die "Restauration unter Zwang" an, die vom Störungsfeld N nur annimmt, daß die "mittlere Störstärke", also $E(||N||^2)$, bekannt ist. Dann bilden wir folgendes Extremalproblem

$$||Lg||^2 \rightarrow Minimum \quad (3)$$

$$bei \; ||f' - f * g||^2 = E(||N||^2) \quad (4)$$

Dabei sei g die Lösung der Extremalaufgabe als Approximation für $S_d\delta$. Wir wählen für den Operator L hier den identischen Operator. Wir lösen (3) aus Effektivitätsgründen im Frequenzraum. Es sei $\alpha_k(f)$ der k. Fourierkoeffizient der Funktion f. So erhalten wir

$$\alpha_k(g) = \frac{\overline{\alpha_k(f)} \cdot \alpha_k(f')}{|\alpha_k(f)|^2 \cdot \sqrt{n} + \frac{\beta}{\sqrt{n}}} \quad , k \neq 0 \quad (5)$$

Dabei ist β der Regularisierungsparameter, der in Abhängigkeit von der mittleren Störungsstärke zu bestimmen ist, n ist die Zahl der Stützstellen der diskreten Funktionen. In Abbildung 2 sind die Ergebnisse der Restauration mittels (5) für verschiedene β dargestellt.

Für $\beta \rightarrow 0$ erhalten wir aus (5) die "reine Entfaltung", für $\beta \rightarrow \infty$ erhalten wir die "reine Kreuzkorrelation" zwischen f' und f. So erweisen sich Entfaltung und Kreuzkorrelation als Spezialfall von (5) im Fall vernachlässigbaren Rauschens bzw. sehr großen Rauschens. Im Normalfall muß jedoch ein dazwischen liegendes β für eine optimale Schätzung von $S_d\delta$ gewählt werden.

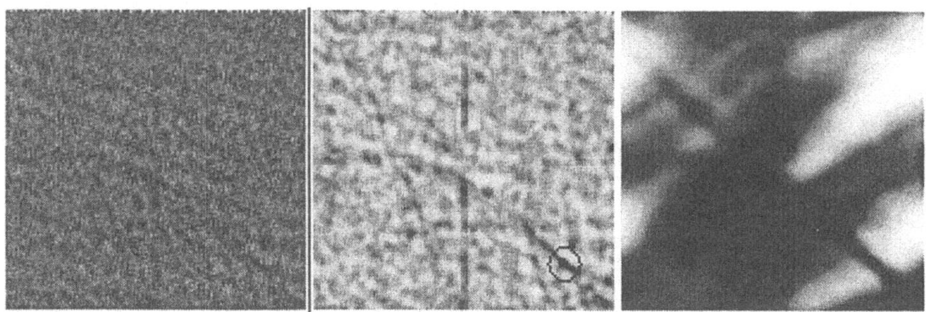

Abbildung2. a) Reine Entfaltung, b) "richtiger" Parameter β, c) Reine Kreuzkorrelation

Um das richtige β zu ermitteln, müßte man nun ein objektives Maß finden, welches das restaurierte Bild im Vergleich zum erwarteten verschobenen Einheitsimpuls bewertet, und dann in einem Optimierungsprozeß das optimale β bestimmen. Es zeigt sich jedoch, daß praktisch eine dynamische Bestimmung von β meist nicht notwendig ist, da die Wahl von β sehr unkritisch ist. Es genügt, einmalig ein geeignetes β zu finden.

Das Verfahren ist ebenfalls unabhängig von Kontrast- und Helligkeitsänderungen in den Fundus-Bildern, da diese sich nur als Kontrast- und Helligkeitsänderung in den Peak-Bildern niederschlagen, und damit die Peak-Bestimmung nicht beeinflussen.

3 Anwendung

Die Methode der Translations-Schätzung mittels Restauration (Shift Detection by Restoration - SDR) wird in einem dem Blockmatching ähnlichen hierarchischen Verfahren eingesetzt, wobei die Suche nach dem ähnlichsten Block durch die Verschiebungs-Detektion mittels mittels SDR nach Formel (5) ersetzt wird.

- Im ersten Schritt wird dabei in einem großen Block in der Bildmitte die Verschiebung mittels SDR ermittelt.

- Im zweiten Schritt erfolgt eine Unterteilung des gesamten Bildes in kleinere Blöcke. Die Verschiebung wird dann für jeden dieser Blöcke bezüglich des entsprechenden Blocks des Vergleichsbildes mittels SDR ermittelt. Das Ergebnis ist eine Liste von Punkt-Referenzen, wobei durch eine Bewertung des jeweiligen Peaks zu jeder Referenz auch noch ein Gewicht ermittelt wird. In Bildbereichen ohne oder fast ohne Bildinformation ist die Güte des Peaks gering und das Gewicht der Referenz klein.

— Mittels gewichteter Ausgleichsrechnung kann an die Referenzliste jetzt eine affine Transformation angepaßt werden, die die geometrischen Abweichungen des Bildes bezüglich des Referenzbildes beschreibt.

4 Experimentelle Ergebnisse

Das Verfahren erweist sich als sehr robust, so daß selbst bei starken Verschiebungen mit nur 40 Prozent überlappender Fläche und starkem Rauschen die Verschiebung sicher detektiert werden kann. Ein Beispiel dafür ist in Abbildung 3 gezeigt.

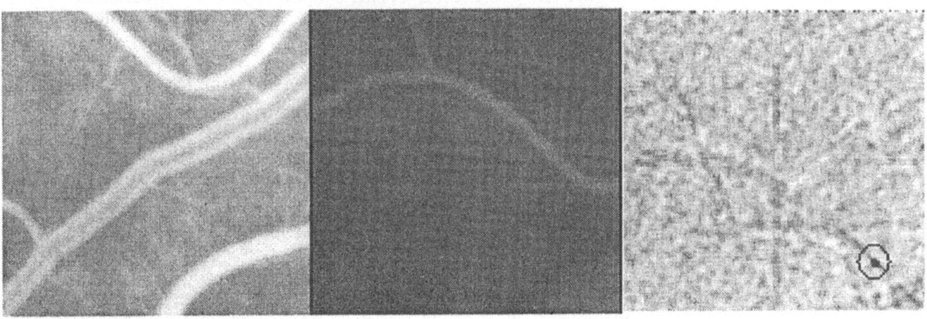

Abbildung3. Massive Grauwertstörungen und Verschiebungen mit 40 Prozent überlappender Fläche

Literatur

1. Brown L.G.: *A Survey of Image Registration Techniques* ACM Computing Surveys, Vol. 24, No. 4(1992)327-376
2. Brunelli R., Messelodi S.: *Robust Estimation of Correlation with Applications to Computer Vision* Pattern Recognition 28(1995)833-841
3. Calway A.D.: *Image Representation based on the Affine Symmetry Group* , Proc. ICIP 1996
4. Jain J.R., Jain A.K.: *Displacement Measurement and its Application in Interframe Image Coding* IEEE Trans. on Comm. 29(1981)1799-1808
5. Krüger S.A., Calway A.D.: *A Multiresolution Frequency Domain Method for Estimating Affine Motion Parameters* , Proc. ICIP 1996
6. Lehmann T., Goerke C., Schmitt W., Repges R.: Rotations- und Translationsbestimmung durch eine erweiterte Kepstrum-Technik. *Proceedings 17. DAGM-Symposium* Bielefeld 1995, 395-402

Methodik und Applikation der deformationsbasierten Morphometrie

Christian Gaser, Hans-Peter Volz, Stefan Kiebel* und Heinrich Sauer

Klinikum der FSU Jena
Klinik für Psychiatrie
*Klinik für Neurologie
Philosophenweg 3, 07740 Jena
Email: gaser@caesar.med.uni-jena.de

Zusammenfassung. Wir stellen eine neue Methode vor, mit welcher strukturelle Veränderungen im gesamten Gehirn detektiert werden können. Dazu werden Deformationsfelder mittels nichtlinearer Normalisierungsalgorithmen für jedes zu untersuchende Bild ermittelt. Für die Analyse dieser Deformationsfelder stellen wir ein multivariates allgemeines lineares Modell vor, welches eine Vielzahl von Fragstellungen modellieren kann. Wir haben unsere Methode angewendet, um Fragestellungen im Bereich der Schizophrenieforschung zu beantworten. Die Magnetresonanz-Bilder von 85 Schizophrenen und 75 gesunden Kontrollpersonen wurden analysiert, um zu untersuchen, ob die Sensitivität der vorgestellten deformationsbasierten Methode für die Detektion struktureller Unterschiede zwischen diesen beiden Gruppen ausreicht.

Schlüsselwörter: nichtlineare Registrierung, Gehirn, Magnetresonanztomographie, Schizophrenie, Morphometrie

1 Einleitung

Der Großteil der Studien zur Untersuchung struktureller Unterschiede im Gehirn benutzt manuelle oder semiautomatische Segmentierungsmethoden, um *a priori* definierte Regionen abzugrenzen. Die Volumina dieser segmentierten Regionen können dann verglichen werden, um Unterschiede z.B. zwischen einer Patienten- und einer gesunden Kontrollgruppe festzustellen. Dieser interaktive Vorgang ist jedoch nicht nur sehr zeitaufwendig und benutzerabhängig, sondern auch auf eine limitierte Anzahl von Regionen begrenzt.

Wir stellen eine neue Methode vor, welche mittels nichtlinearer Registrierungsalgorithmen strukturelle Veränderungen im gesamten Gehirn detektieren kann. Dazu werden Deformationsfelder für jedes zu untersuchende Gehirn ermittelt und anschließend analysiert.

2 Statistische Analyse von Deformationsfeldern

2.1 Allgemeines lineares Modell

Für die statistische Analyse von Deformationsfeldern stellen wir für jedes Voxel
ein multivariates allgemeines lineares Modell auf [1]

$$\underset{(n \times d)}{Y} = \underset{(n \times p)}{X} \underset{(p \times d)}{B} + \underset{(n \times d)}{U}. \tag{1}$$

Dabei stellt Y die Matrix der n unabhängigen Beobachtungen von d Antwort-
variablen dar, X enthält $n \times p$ Erklärungsvariablen (die sogenannte "Design-
Matrix") und B ist die Matrix der $p \times d$ unbekannten Parameter. Die Fehler U
sind unabhängige und normalverteilte (independent and identically distributed
– i.i.d.) d-dimensionale Zufallsvariablen mit Mittelwert 0 und der Dispersions-
Matrix $\sum$, i.a. $U \overset{i.i.d.}{\sim} N_d(0, \sum)$.

Mit der entsprechenden Spezifizierung der Design-Matrix X können verschiedenste Fragestellungen implementiert werden. Wenn die Spalten von X In-
dikatorvariablen (Dummy-Variablen) enthalten, sind kategorische (Modellierung
von Gruppendifferenzen) oder faktorielle Fragestellungen möglich. Parametrische
Fragestellungen können modelliert werden, wenn die Design-Matrix Kovariate
enthält, welche die beobachtete Varianz in Y erklären.

Weiterhin ist eine Unterteilung der Design-Matrix in interessierende Effekte
und nicht-interessierende Effekte (Confounds) möglich. Um zwischen diesen Ef-
fekten zu unterscheiden, teilen wir die Matrizen $X = (X_1, X_2)$ und $B = (B_1, B_2)$.
Wir erhalten damit

$$\underset{(n \times d)}{Y} = \underset{(n \times p_1)}{X_1} \underset{(p_1 \times d)}{B_1} + \underset{(n \times p_2)}{X_2} \underset{(p_2 \times d)}{B_2} + \underset{(n \times d)}{U}, \tag{2}$$

wobei X_1 eine $n \times p_1$ Matrix mit dem Rang p_1 ist. X_2 hat die Dimension $n \times p_2$
mit Rang p_2 bestehend aus den Variablen, welche die nicht-interessierenden Effekte modellieren. Die Spalten von X_1 und X_2 werden so gewählt, daß sie linear
unabhängig voneinander sind. Ein Spezialfall des allgemeinen linearen Modells
ist das kategorische Design. Dieser Fall ist äquivalent zum Hotelling's T^2-Test
für den Vergleich der Mittelwerte zweier Gruppen. Dabei besteht X_1 aus zwei
Spalten, welche mit 0 oder 1 angeben, ob ein Element von Y zur ersten Gruppe
gehört oder nicht.

Die Schätzung nach der Methode der kleinsten Quadrate von B und B_2
(Eqn. 1, 2) ist gegeben durch

$$\hat{B} = (X'X)^{-1}X'Y \quad \text{and} \quad \hat{B}_2 = (X_2'X_2)^{-1}X_2'Y. \tag{3}$$

2.2 Inferenz

Um Aussagen über die statistische Inferenz der interessierenden Effekte zu erhalten, testen wir die Null-Hypothese H_0: $B_1 = 0$ wie folgt: die Fehlerquadratsumme
(SSE) ist gegeben durch die gefitteten Werte von Y

$$SSE = (Y - X\hat{B})'(Y - X\hat{B}), \tag{4}$$

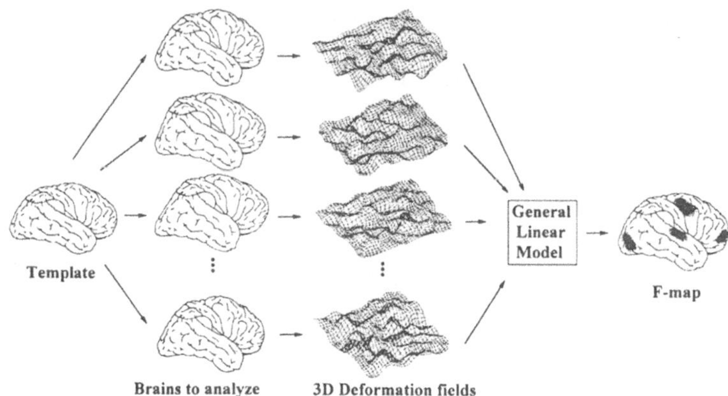

Abb. 1. Dieses Schema beschreibt die Detektion struktureller Veränderungen im Gehirn. Ein Referenzgehirn (Template) wird mittels nichtlinearer Registrierungsalgorithmen auf jedes zu untersuchende Gehirn normalisiert. Das dabei resultierende Deformationsfeld kann mit dem allgemeinen linearen Modell strukturelle Unterschiede im Gehirn charakterisieren.

und die Fehlerquadratsumme unter der Null-Hypothese (SSH) ergibt sich aus

$$SSH = (Y - X_2\hat{B}_2)'(Y - X_2\hat{B}_2). \tag{5}$$

Die Freiheitsgrade für SSH und SSE sind

$$m_H = p_1 \quad \text{und} \quad m_E = n - p_1 - p_2 \tag{6}$$

und die Likelihood-Statistik ergibt Wilks' Λ

$$\Lambda = \frac{|SSE|}{|SSH|}. \tag{7}$$

Da $m_H = 1$ (einfaktorielle Manova mit zwei Gruppen), können wir Λ in eine T^2-Statistik transformieren

$$T^2 = m_E \frac{1 - \Lambda}{\Lambda}. \tag{8}$$

2.3 Korrektur für multiple Vergleiche

Für hohe Schwellenwerte von T^2/m_E nahe dem globalen Maximum approximiert die erwartete Eulercharakteristik den P-Wert von T^2_{max}/m_E [2]

$$P\left\{\frac{T^2_{max}}{m_E} \geq y\right\} \approx E\{\chi(A_y)\}, \tag{9}$$

wobei $E\{\chi(A_y)\}$ die erwartete Eulercharakteristik der Exkursionsmenge A_y über dem Schwellenwert y darstellt. Sie berechnet sich aus

$$E\{\chi(A_y)\} = \lambda(S)\det(\Lambda^*)^{\frac{1}{2}}p_d(y),\tag{10}$$

dabei ist $\lambda(S)$ die Lebesgue Messung der Suchregion S und

$$\det(\Lambda^*)^{\frac{1}{2}} = (4\log_e 2)^{\frac{d}{2}}\prod_{i=1}^{d}FWHM_i^{-1}.\tag{11}$$

Für den dreidimensionalen Fall d=3 ergibt sich die Dichte der Eulercharakteristik aus

$$p_3(y) = \frac{\pi^{-\frac{3}{2}}\Gamma(\frac{m_E+3}{2})}{\Gamma(\frac{3}{2})\Gamma(\frac{m_E-1}{2})}(1+y)^{-\frac{m_E+3}{2}}\left(y^2 - \frac{5}{m_E-1}y + \frac{2}{(m_E+1)(m_E-1)}\right).$$

2.4 Schätzung der Glätte

Die Glätte (angegeben in FWHM – full width at half maximum) des T^2-Feldes wird unter der Null-Hypothese bestimmt, daß keine nicht-interessierenden Effekte auftreten. Sie wird geschätzt durch die Varianz der diskreten partiellen Ableitungen der normalisierten Residuen-Felder [3]. Unter der Annahme, daß die Glätte der Residuen in jeder Dimension unter der Null-Hypothese gleich ist, kann die Glätteschätzung über alle Dimensionen gemittelt werden.

2.5 Volumenänderung

Mit dem vorgestellten allgemeinen linearen Modell können zwar Aussagen über die Inferenz regionaler Unterschiede getroffen werden, es ist aber nicht möglich zu unterscheiden, ob diese Unterschiede durch eine Volumenvergrößerung oder -verkleinerung hervorgerufen werden. Dafür kann die Divergenz des Verschiebungsvektors u genutzt werden [4]

$$\nabla u = \frac{\delta u_x}{\delta x}(x,y,z) + \frac{\delta u_y}{\delta y}(x,y,z) + \frac{\delta u_z}{\delta z}(x,y,z).\tag{12}$$

Positive Werte von ∇u lassen auf eine Volumenvergrößerung schließen, während negative Werte eine Volumenverkleinerung indizieren.

3 Applikation

Das vorgestellte Modell stellt eine generalisierte Methode dar, mit welcher Deformationsfelder analysiert werden können, die mit Hilfe nichtlinearer Registrierungsmethoden bestimmt werden.

Wir haben die T_1-gewichteten Magnetresonanz-Bilder von 85 Schizophrenen und 75 gesunden Kontrollpersonen analysiert, um zu untersuchen, ob die Sensitivität von niederfrequenten Registrierungsverfahren für die Detektion struktureller Unterschiede zwischen diesen beiden Gruppen ausreicht [5]. Für die

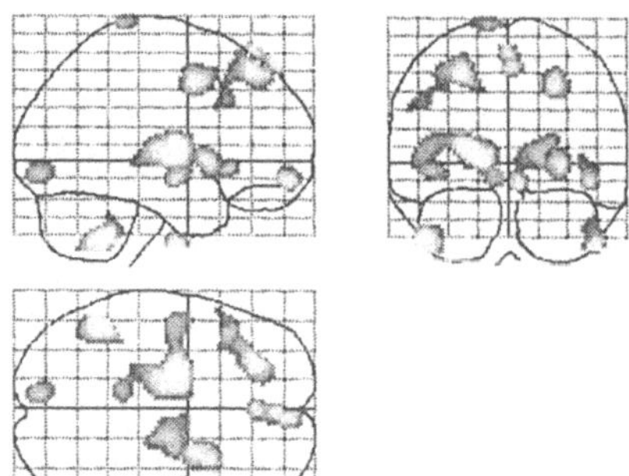

Abb. 2.
Vergleich zwischen 85 Schizophrenen und 75 Kontrollen. Die T^2-Karte ist dargestellt als "maximum intensity projection" in sagittalen, koronaren und transversalen Schichten (p=0.001, k=72 Voxel). Signifikante Unterschiede wurden bilateral gefunden im Thalamus und im Frontal- bzw. Temporalbereich, linkslateral im Gyrus precentralis bzw. lingualis und in beiden Hemisphären des Cerebellums.

Berechnung der Deformationsfelder wurden die Normalisierungsroutinen des Auswerteprogramms SPM98d verwendet [6]. Zuerst wurde eine affine Transformation mit 12 Parametern eingesetzt, um alle Bilder in den Talairach-Raum zu normalisieren. Die nachfolgende nichtlineare Normalisierung basiert auf dem regularisierten Minimierungsprozeß der Abstandsquadrate zwischen den einzelnen Bildern und einem Referenzbild (Template) gleicher Modalität. Dafür wurde eine Linearkombination von $11 \times 13 \times 10$ dreidimensionalen Basisfunktionen einer diskreten Kosinustransformation ermittelt. Als Resultat erhält man ein Deformationsfeld für jedes Gehirn mit einem dreidimensionalen Verschiebungsvektor in jedem einzelnen Voxel. Dieser Vektor beschreibt die notwendige Verschiebung dieses Voxels im Referenzgehirn zur entsprechenden Position des zu untersuchenden Gehirns.

Literatur

1. G. A. F. Seber. *Multivariate observations*. John Wiley & Sons, New York, 1984.
2. A. M. Hasofer. Upcrossing of random fields. *Supplement to Advances in Applied Probability*, 10:14–21, 1978.
3. S. Kiebel, J.-B. Poline, A. P. Holmes, K. J. Worsley, R. S. J. Frackowiak, and K. J. Friston. Robust Smoothness Estimation in Statistical Parametric Maps using Residuals from the General Linear Model. In *Proccedings of Second International Conference on Functional Mapping of the Human Brain*, page 69, Boston, 1996.
4. J.-P. Thirion and G. Calmon. Deformation Analysis to Detect and Quantify Active Lesions in 3D Medical Image Sequences. Technical Report 3101, Inria, February 1997.
5. C. Gaser, H.-P. Volz, S. Kiebel, S. Riehemann, and H. Sauer. Detecting Structural Changes in Whole Brain Based on Nonlinear Deformations – Application to Schizophrenia Research. *J Neurosci*, submitted, 1998.
6. J. Ashburner and K.J. Friston. Nonlinear Spatial Normalization using Basis Functions. *Hum Brain Mapp*, submitted, 1998.

Physikalische und Rekonstruktionstechnische Vorrausetzungen zur Darstellbarkeit kleiner Objekte in der PET

Simone Peschl und Michael Mix

Radiologische Universitätsklinik Freiburg,
Nuklearmedizin, Abtl. PET
Hugstetter Str. 55, 79106 Freiburg
Email: peschl@ukl.uni-freiburg.de

Zusammenfassung: Das Auflösungsvermögen der Positronen-Emissions-Tomographie resultiert aus einem Zusammenspiel verschiedenster Parameter, die in ihrer Summe Grenzen der Detektierbarkeit kleiner Objekte festlegen. Diese Grenzen sollten an Hand von Simulationen mit einem Software-Phantom in Abhängigkeit von Akquisitionszeit und Aktivitätskontrast Objekt / Hintergrund ermittelt werden. Die Rekonstruktionen wurden vergleichsweise mit gefilterter Rückprojektion mit zwei verschiedenen Filtertypen, mit iterativer Rekonstruktion (ML-OSEM)[1,2] mit variierender Anzahl an Iterationen und Subsets und mit einer Optimierung des ML-OSEM durchgeführt. Als Maß für das resultierende Auflösungsvermögen, respektive der Detektierbarkeit wurde das Kontrast-zu-Rausch-Verhältnis berechnet. Bei den gewählten Aktivitäts-kontrasten von 6:1, 4:1 zwischen Objekt und Hintergrund resultieren signifi-kante Unterschiede in der Entwicklung des Kontrast-zu-Rausch-Verhältnises in Abhängigkeit von der Rekonstruktion. Um bei dem gesetzten Durchmesser der Läsion von ca. 7 mm eine sichere Abgrenzung vom Hintergrund zu erreichen, bedarf es unterschiedlicher Akquisitionszeiten. Unabhängig von der Rekon-struktion konnte bei einem gesetzten Aktivitätskontrast von 2:1 keine ausrei-chende Abgrenzung der Läsion erreicht werden. Diese Auswertungen wurden in ersten Versuchen auf eine dynamische Ganzkörperuntersuchung mit einem auffälligen Lymphknoten vergleichbarer Größe im Lungenbereich übertragen.

Schlüsselwörter: PET, Detektierbarkeit, Akqusitionszeit, Rekonstruktionsver-fahren

1 Software-Phantom

In Anlehnung an eine onkologische Ganzkörperuntersuchung wurde ein Modelldaten-satz erzeugt, indem die Aktivitätsverteilung einer Emissionsaufnahme im Thoraxbe-reich entsprechend dem Meßprozeß angepaßt wurde. Dieser wurde im Bildraum mit einer Läsion versehen, welche mit einem Durchmesser von 7mm etwa dem zweifachen technischen Auflösungsvermögen eines gängigen 2D-PET Ringscanners entspricht (Abbildung 1a). Die Aktivitätsverhältnisse zwischen Läsion und Hintergrund wurden zu 6:1, 4:1 und 2:1 gewählt. Den verschiedenen Gewebetypen wurden die Schwä-chungskoeffizienten der gemessenen Transmissionsmessung zugewiesen.

Nach der Vorwärtsprojektion der Modelldatensätze wurden die Scandaten mit den Schwächungskoeffizienten verrechnet. Die Anzahl der Gesamtereignisse in den Sinogrammen und damit die Akquisitionszeit wurde durch Skalierung der Absolutwerte der Pixel schrittweise variiert. Der Meßprozeß wurde dann, als vom Absolutwert abhängiges Rauschen simuliert und durch Zufallsereignisse einer angenommenen Poissonverteilung generiert. Als Eckwerte für die Anzahl der Gesamtereignisse sind gemäß einer onkologischen Ganzkörperuntersuchung für die Akquisitionszeit von 3.5min 109400 Ereignisse und für 30min 984000 Ereignisse zu nennen. Um zufällige positive Addition von Rauschen zum tatsächlichen Ereignis zu vermeiden, welches im Anschluß zu einer falschen Detektion führen könnte, wurden pro Meßkonstellation jeweils 4 Simulationen durchgeführt und gemittelt ausgewertet. Die Sinogramme wurden im Anschluß ohne Normalisierung und Zerfallskorrektur rekonstruiert.

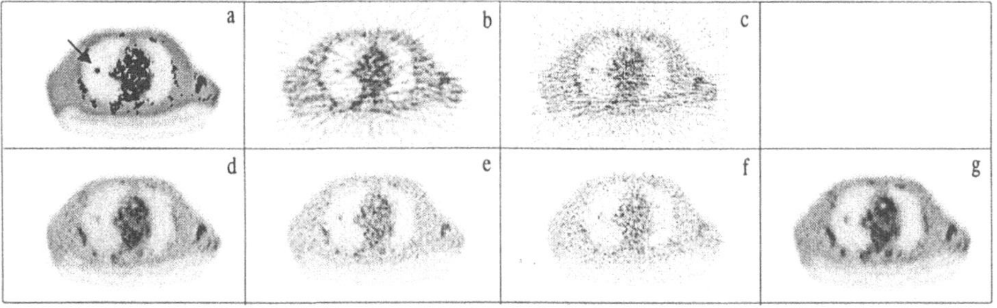

Abb.1: (a) Modelldatensatz im Thoraxbereich mit gesetzter Läsion (Pfeil), Aktivitätskontrast von 6:1, Aqkuisitionszeit von 30min. (b) und (c) Rekonstruktion mit FBP, Hanningfilter (0,4) und Sheppfilter (0,6). (d),(e) und (f) ML-OSEM, 2 Iter. 4 Subs., 4 Iter. 16 Subs. und 8 Iter. 32 Subs. (g) optimierter OSEM.

2 Rekonstruktionsverfahren

Die gefilterte Rückprojektion (FBP) wurde einerseits mit einem Hanning-Filter mit einer cut-off-Frequenz von 40% der Nyquist-Frequenz und andererseits mit einem Shepp-Filter mit einer cut-off-Frequenz von 60% der Nyquist-Frequenz durchgeführt. Diese Frequenzen werden in der klinischen Routine gewählt. Die iterativen Rekonstruktionen mit ML-OSEM wurde in 3 Variationen durchgeführt: 2 Iteration und 8 Subsets, 4 Iterationen und 16 Subsets und 8 Iterationen und 32 Subsets. Des weiteren wurde ein optimierter ML-OSEM angewendet, welcher nachfolgend als smoothed-OSEM bezeichnet werden soll. Hierbei handelt es sich um eine Abfolge von Verarbeitungsschritten, bestehend aus einer Kombination aus iterativer Rekonstruktion mit verschiedener Anzahl von Iterationen und Subsets, sowie 3-dimensionalen Gauß-Filtern unterschiedlicher Kernelbreite. Die resulierenden Bilder der verschiedenen Rekonstruktionsverfahren eines Modelldatensatzes mit der Zählstatistik von 30 Minuten Meßzeit und einer gesetzten Läsion mit dem Aktivitätsverhältnis von 6:1 sind in Abbildung 1b-g dargestellt. Die obere Bildreihe zeigt neben dem Modelldatensatz mit markierter gesetzter Läsion die FBP mit Hanning-Filter und Shepp-Filter. Die untere Reihe illustriert die Ergebnisse des ML-OSEM mit den gewählten Einstellungen und zuletzt des smoothed-OSEM.

3 Kontrast-zu-Rausch-Verhältnis

Da das Ziel der durchgeführten Simulationen die Untersuchung der Detektierbarkeit kleiner Läsionen war, wurde das Kontrast-zu-Rausch-Verhältnis (CNR) in der Nachbarschaft der Läsion als Maß zur Beurteilung gewählt [3]. Die Signalkomponente ist durch die Differenz zwischen mittlerer Aktivität innerhalb der Läsion L und der mittleren Aktivität des Hintergrundes B gegeben. L wurde innerhalb einer kleinen Region-of-Interest (ROI) in der Läsion (Durchmesser der ROI ungefähr die Hälfte des Gesamtdurchmessers der Läsion) und B in einer größeren ROI im Hintergrund, welche die Läsion umschließt, berechnet. Die Rauschkomponente σ ist definiert als Standardabweichung der Aktivität innerhalb der ROI im Hintergrund. CNR berechnet sich dann durch $CNR = L - H / \sigma$. Dieses Verhältnis wird maximiert einerseits durch Vergrößerung der Signaldifferenz zwischen Läsion und Hintergrund und andererseits durch Verringerung des Rauschens im Hintergrund.

4 Ergebnisse

In Abb. 2 sind für die Rekonstruktionen mit ML-OSEM (2 Iterationen und 8 Subsets) und mit smoothed-OSEM die rekonstruierte Aktivität der Läsion und die Entwicklung der Standardabweichung des Rauschens im Hintergund über die Meßzeit aufgetragen. Des weiteren sind CNR-Verhältnisse für die unterschiedlichen Rekonstruktionsverfahren, gemittelt aus jeweils 4 Messungen, in Abb. 3 zu sehen. Zur Bestimmung der Detektierbarkeit der Läsionen wurde in den Bilddatensätzen geprüft, ab welcher Akquisitionsdauer sich diese ausreichend vom Hintergrund abgrenzen und der entsprechende Schwellwert zusätzlich aufgetragen.

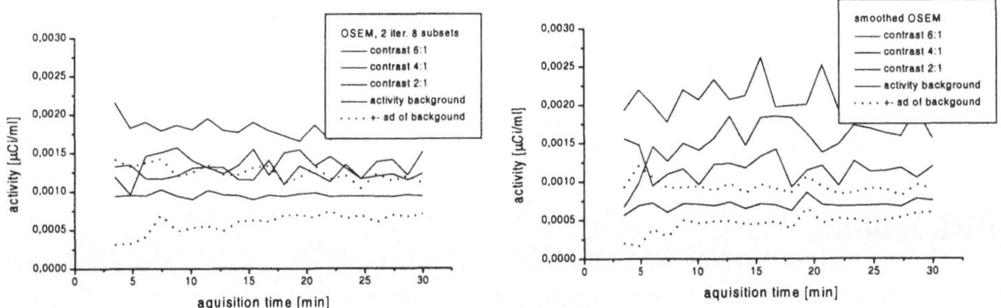

Abb.2: Rekonstruierte Aktivität der gesetzten Läsion und des Hintergundes und die Standardabweichung des Rauschens, welche sich mit zunehmender Meßzeit verringert. Das rekonstruierte Aktivitätsverhältnis (AV) ergibt sich durch mittlere Aktivtät ROI L / mittlere Aktivität ROI H, z.B. für den gesetzten Kontrast von 6:1 links ca. 2:1 und andererseits ca. 3:1.

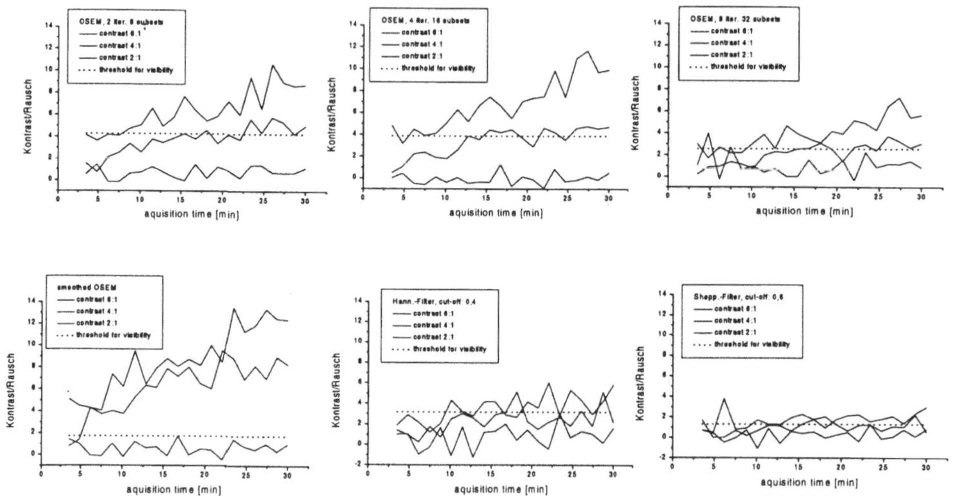

Abb.3: CNR für die verschiedenen Aktivitätskontraste und Rekonstruktionsverfahren über die Meßzeit aufgetragen. Die Mindestdauer der Aufnahme ermittelt sich über den Schwellwert der Detektierbarkeit.

5 Patientendatensatz

Zur Anwendung der Auswertung auf einen Patientendatensatz wurde eine dynamisch gefahrene Ganzkörperaufnahme, bestehend aus Einzelaufnahmen mit der Dauer von 1,2,3 und 4 Minuten gewählt. In Abb. 4 sind transaxiale Schnitte im Bereich des Thorax zu sehen, wobei die übereinander liegenden Bildpaare die Ergebnisse der Rekonstruktionen mit ML-OSEM und smoothed-OSEM darstellen, jeweils über die Akquisitionszeit von 1-4 Minuten. Der Durchmesser des, exemplarisch durch Pfeile markierten malignen Lymphknotens wurde mittels Isodensity Contouren (Prozent des Maximums: 70%) auf ca. 7 mm bestimmt.

5 Diskussion

Bei den Simulationen mit einem gesetztem Aktivitätsverhältnis von 2:1 und der gewählten Läsionsgröße von 7mm konnte mit keiner der beschriebenen Rekonstrukionsmethoden eine ausreichende Abgrenzung vom Hintergrund erreicht werden und somit war die Läsion nicht detektierbar. Dasselbe gilt bei einem Aktivitätskontrast von 4:1 für die Rekonstruktion mit der FBP. Vergleicht man die nötige Meßzeit zur Detektion der Läsion nach der Rekonstruktion mit ML-OSEM von ca. 22 min bei allen 3 Varianten, so liegt sie deutlich über der Dauer von 7 min mit smoothed-OSEM. Bei einem Aktivitätskontrast von 6:1 verringert sich dieser Unterschied, bleibt aber dennoch erhalten. Deutlich höher sind die Mindestmeßzeiten nach den Rekonstruktionen mit FBP.

Die signifikant kürzere Meßzeit mit dem smoothed-OSEM kann durch die Verarbeitungsabfolge mit mehrmaligen Filterungen erklärt werden. Das bewirkt einerseits eine geringere Standardabweichung des Rauschens innerhalb der ROI H im Hintergund andererseits liegen auch die absoluten Mittelwerte der Akitvitäten in der ROI L und H weiter auseinander. Das rekonstruierte Akivitätsverhältnis bei einem gesetzten Verhältnis von 6:1 im Modelldatensatz ist deshalb mit smoothed-OSEM ungefähr 3:1, im Gegensatz zu 2:1 mit ML-OSEM.

Im Patientendatensatz in Abbildung 4 ist die Läsion selbst bei sehr kurzer Akquisitionszeit von 3 bzw. 4 Minuten mit iterativer Rekonstruktion sichtbar, nach der Rekonstruktion mit FBP ist dies nicht der Fall. Als Erklärung für die nahezu gleiche Mindestmeßzeit bei ML-Osem und smoothed-OSEM kann das rekonstruierte Aktivitätsverhältnis von 4:1 dienen. Dies bedeutet, daß die physiologische Anreicherung im Lymphknoten den tatsächliche Kontrast von ca. 8:1 haben muß und somit von den simulierten Kontrastverhältnissen abweicht.

Die Simulationen und der Patientendatensatz zeigen, daß die zur Detektion kleiner Läsionen nötige Meßzeit mit abnehmenden Kontrast Läsion zu Hintergrund zunimmt und zusätzlich noch von der gewählten Rekonstruktionsmethode abhängt.

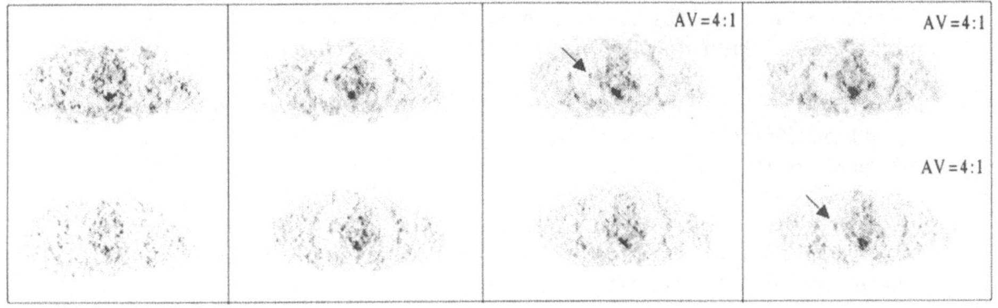

Abb.4: Dynamische Ganzkörperaufnahme mit Läsion (Pfeile) im Thoraxbereich. Bildpaare mit smoothed-OSEM (oben) und ML-OSEM (2 Iter., 8 Subs.) mit zunehmender Meßzeit von 1-4 Minuten . Ab 3 bzw. 4 Minuten hat die Läsion den Aktivtätsverhältnis von ca. 4:1 und ist sichtbar.

6 Literatur

1. Shepp L.A., Vardi Y., IEEE Trans. Med. Imag., Vol. MI-2, 1982. [3] Shepp L.A., Vardi Y., IEEE Trans. Med. Imag., Vol. MI-2, 1982.
2. Hudson H.M., Larkin R.S, IEEE Trans. Med. Imag., Vol. MI-13, 1994.
3. Meikle S.R. et al: Accelerated EM Reconstruction in Total-Body PET: Potential for Improving Tumor Detectiability. Phys.Med.Biol.,1994,39,1689-1704.

Bolus-Segmentation in Bildsequenzen des Schluckaktes

R. Blechschmidt[1], S. Braun, U. Lörcher[2], D. Richter

Fachhochschule Wiesbaden, FB Informatik, Kurt-Schumacher-Ring 18,
65197 Wiesbaden
[1] TU Darmstadt, Inst. f. Elektromech. Konstr., Merckstr. 25, 64283 Darmstadt
[2] Deutsche Klinik für Diagnostik, Aukammallee 33, 65191 Wiesbaden
Email : richter@informatik.fh-wiesbaden.de

Beschwerden im Bereich des Ösophagus (Speiseröhre) werden von Patienten sehr subjektiv wahrgenommen und beschrieben. Bildgebende Verfahren unterstützen den Arzt bei einer detaillierten Befundung. Ziel des vorliegenden Projekts ist eine Bolus-Segmentierung des Schluckaktes und damit eine Konturfindung des Ösophagus in einer zeitlichen Sequenz von Röntgendurchleuchtungsbildern und ihre Darstellung als Bewegtbildfolge.

Das entwickelte Programm unterstützt den Radiologen bei einer Befundung und erleichtert die Differentialdiagnose zwischen fixierten Engstellen, beispielsweise bei tumorbedingten Impressionen und temporären Einengungen, wie sie von atypischen Muskelkontraktionen hervorgerufen werden können, da die maximal erreichte Ausdehnung an jeder Stelle des Ösophagus dokumentiert ist.

Schlüsselwörter : Speiseröhre, Ösophagus, Schluckakt, Röntgendurchleuchtung, Bildauswertung, Bildfolgenauswertung, Segmentation, Konturfindung, Kinematographie, Breischluck.

1 Einleitung und Ziel der Arbeit

Für die Diagnose von Erkrankungen der Speiseröhre ist die radiologische Durchleuchtung ein standardisiertes bildgebendes Verfahren. Der Patient schluckt ein Röntgenkontrastmittel, während der Arzt die Passage durch die Speiseröhre beobachtet und statische Aufnahmen mit einem Röntgenfilm anfertigt. Zunehmend werden digitale Aufzeichnungsverfahren eingesetzt, die von der Breischluckpassage eine Bewegtbildfolge aufzeichnen. Die digitale Bewegtbildfolge bietet sich für eine rechnergestützte Darstellung und Auswertung an. Hierzu sollen die folgenden zwei Fragestellungen beantwortet werden :

Welche Strukturen sind in der Bildfolge diagnostisch relevant ?

Zur übersichtlichen Darstellung kann die Speiseröhre in vier Bereiche eingeteilt werden : Lumen, Schleimhautoberfläche, Muskelschlauch und umliegendes Gewebe. Das Lumen sollte eine freie Kontrastmittelpassage ermöglichen, eingewachsene Strukturen oder Fremdkörper sind eindeutig pathologisch. Die Schleimhautoberfläche ist ein sehr wichtiges diagnostisches Kriterium, insbesondere Tumore können an ihrer veränderten Oberfläche erkannt werden. Die Beweglichkeit und Dehnbarkeit des Muskelschlauches hat eine hohe Aussagekraft bei Bindegewebserkrankungen, wie zum Beispiel der Sklerodermie, einer Verhärtung des Bindegewebes. Das dargestellte umliegende Gewebe wird vom Radiologen in die Befundung mit einbezogen und liefert Hinweise auf anatomische Nachbarorgane, wie zum Beispiel degenerative Veränderungen der Halswirbelsäule, die auf die Speiseröhre drücken.

Wie kann die Auswertesoftware den Arzt bei der Befundung unterstützen?

Die Auswertesoftware verwendet digitale Bilder, die sowohl von ihrer Orts- als auch Kontrastauflösung deutlich schlechter sind als klassische Röntgenfilmaufnahmen. Hieraus folgt, daß die Bewegtbildfolge hauptsächlich zur Beurteilung dynamischer Vorgänge wie der Bewegung und der Dehnbarkeit des Ösophagus geeignet ist. Für eine Beurteilung der Schleimhautoberfläche und des umliegenden Gewebes sind die Aufnahmen nicht geeignet. Von diesen Randbedingungen leitet sich die Zielsetzung der vorliegenden Arbeit ab. Es soll die maximal erreichbare Aufweitung der Speiseröhre während des Schluckens dokumentiert und berechnet werden. Sie gibt dem Radiologen eine quantitative Grundlage, um zwischen fixierten (Tumor) oder temporären Engstellen (atypische Muskelkontraktionen) zu unterscheiden.

2 Segmentierung

Die zur Verfügung stehenden Aufnahmen sind Röntgendurchleuchtungsbilder des Ösophagusbereichs stehender Patienten. Die Aufnahmen stellen 12 Zeitreihenbilder dar, die im Abstand von 125 ms während des Schluckens eines Röntgenkontrastmittels aufgenommen werden. Daher sind die Konturen in den Bildern weitgehend statisch, mit Ausnahme des aus Röntgenkontrastmittel bestehenden Bolus und der von der Schluckbewegung herrührende, sich ändernde Durchmesser des Ösophagus. Bei posterior-anteriorem Strahlengang verläuft der Ösophagus mit überwiegend senkrechter Ausrichtung in der Bildmitte, bei lateralem Strahlengang bildet der Verlauf des Ösophagus mit der Vertikalen einen Winkel deutlich kleiner als $\pm$ 45°.

Das verwendete Röntgengerät, Modell Sireskop der Fa. Siemens, liefert ein digitalisiertes rechteckiges Bild im TIFF-Datenformat mit einer geometrischen Auflösung von 1056^2 Pixel und einer Grauwertauflösung von 8 Bit. Die eigentlichen Röntgenbilddaten sind in einem kreisförmigen Bildbereich enthalten. Für die Minimierung der Strahlenbelastung des Patienten wird während der Untersuchung der Röntgenstrahl für nicht relevante Körperbereiche durch vertikale Bleiblenden abgedeckt.

2.1 Modellierung

Aus der Durchführung der Aufnahme und aus der Aufnahmetechnik kann man a-priori-Wissen zur Bildauswertung heranziehen und auf weitgehende Interaktionen bei der Bildauswertung verzichten. Beispielsweise sind die ungefähre Lage und Richtung des Ösophagus im Bild beim lateralen und beim posterior-anterioren Strahlengang und dessen durchschnittlicher physiologischer Durchmesser im ausgedehnten Zustand bekannt. Mit Sicherheit ist in einigen Bildern der Bildsequenz der Bolus vorhanden. Der Bolus erzeugt im Bild einen signifikanten Grauwertgradienten senkrecht zur Ausdehnung des Ösophagus. Wegen des Röntgenkontrastmittels sind die Grauwerte des Bolus deutlich niedriger als der mittlere Grauwert des auszuwertenden Bildausschnittes. Die Aufnahmesequenz bezieht sich auf nur einen Schluckakt.

2.2 Segmentierungsschritte

In [1] wird zum gleichen Thema ein Schwellwert-basierter Ansatz vorgestellt, der mit einer Sobelfilterung eine große Anzahl Zwischenbilder erzeugt und daher zeitaufwendig sein dürfte. Die hier präsentierte Arbeit stützt sich mehr auf modellabhängiges Wissen, um eine einfache und möglichst interaktionsfreie Konturfindung zu erreichen. Die Segmentierung erfolgt in vier Stufen. Nach einer Reduzierung des Bildausschnittes auf relevante Bereiche wird eine globale horizontale Kantendetektion durchgeführt. Anschließend werden lokal die gefundenen Konturen anhand der Nachbarpixel der Ösophaguskontur zugeordnet und schließlich mit einer zeitlichen Korrelation in aufeinanderfolgenden Bildern als Ösophaguskontur definiert.

2.2.1 Reduzierung des Bildausschnittes

In einem ersten Schritt werden die durch die Bleiabdeckung nicht belichteten Bildbereiche durch einfache Auswertung eines spaltenweise aufgenommenen Grauwerthistogramms detektiert und von der weiteren Auswertung ausgeschlossen.

2.2.2 Globale Kantendetektion

Da der Ösophagus im Bild eine vertikale Vorzugsrichtung hat, wird das Bild mit einem richtungsabhängigen Kantenfilter für vertikale Kanten gefiltert, wobei für die weitere Auswertung auch das Vorzeichen des Grauwertgradienten verwendet wird. Dieser Filter erzeugt Rauschpunkte und bildet auch weitere im Bild vorhandene vertikale Strukturen ab [Abb. 1]. Wegen der niedrigen Grauwerte des Bolus zwischen der linken und der rechten Ösophaguskontur wird die linke Ösophaguskontur mit einem negativen Grauwertgradienten und die rechte Kontur mit einem positiven Gradienten gefunden. Zwischen diesen beiden Gradienten müssen die Grauwerte kleiner als der mittlere Grauwert des Bildausschnittes und weitgehend strukturlos sein. Der Abstand zwischen negativem und positivem Gradienten darf einen empirisch ermittelten Abstand nicht überschreiten. Diese Bedingungen eliminieren eine Reihe der Rauschpunkte und der nicht relevanten vertikalen Konturen [Abb. 2].

2.2.3 Lokale und zeitabhängige Kontursuche

In den nun vorliegenden Zwischenbildern kann eine Kontursuche aufgrund der Pixelumgebung in lokaler und zeitlicher Hinsicht durchgeführt werden. Zunächst werden alle noch vorhandenen, mindestens doppelt auftretenden Konturpixel einer Zeile mit den mindestens doppelt auftretenden Konturpixeln einer Zeile oberhalb und unterhalb in Korrelation gesetzt und diejenigen Konturpixel entfernt, die keine angrenzenden Nachbarn oberhalb oder unterhalb besitzen.
Für eine zeitliche Korrelation zur Bestimmung von Konturpixeln in sequentiellen Aufnahmen werden die Bilder in quadratische Bildbereiche von 2^4 Pixeln Kantenlänge eingeteilt. Nur diejenigen Pixel werden als Konturpixel übernommen, wenn innerhalb der zeitlichen Folge eines Blockes innerhalb der Bildfolge Konturpixel in einer ununterbrochenen Sequenz auftreten. Dieses entspricht der Tatsache, daß der Schluckvorgang während der Aufnahme der Zeitreihenbilder einmalig stattfindet und der Bolus nur in hintereinander folgenden Aufnahmen zu sehen ist.

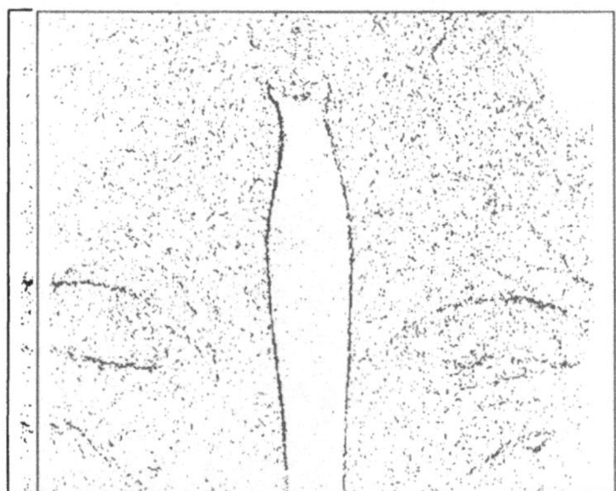 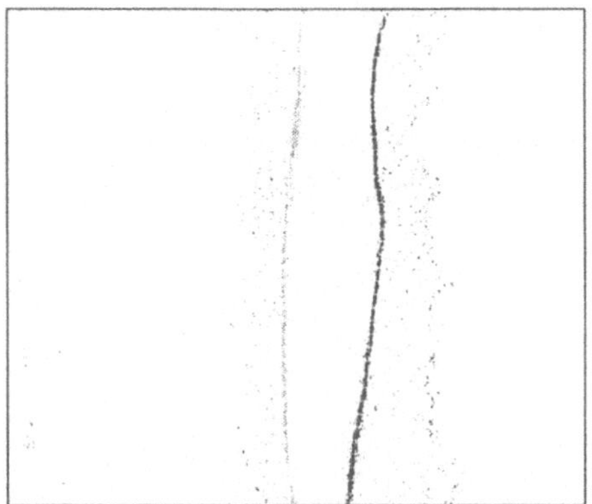

Abb. 1. Filterung eines Bildes mit posterior-anteriorem Strahlengang mit einem horizontalen Kantenfilter. Die durch die Bleiblenden erzeugten, nicht relevanten Bildbereiche wurden entfernt. Es sind außer der Ösophaguskontur in den seitlichen Bildbereichen noch die Konturen der Schlüsselbeine zu sehen. Das Bild enthält noch viele Rauschpunkte.

Abb 2. Filterung eines Bildes mit posterior-anteriorem Strahlengang unter der Berücksichtigung der Vorzeichenfolge der Gradienten innerhalb eines empirisch ermittelten Bereichs. Weitere Strukturen und die Anzahl der Rauschpunkte ist deutlich vermindert. Graue Pixel haben einen negativen, schwarze Pixel einen positiven Gradienten.

3 Diskussion der Ergebnisse

Bei ausreichender Bildqualität wird der Bolus durch den Algorithmus mit großer Wahrscheinlichkeit erkannt. Nach der Analyse aller Bilder der Bildfolge können die gefundenen Konturen des Ösophagus in die Grauwertbilder oder in eine neue Bildfolge eingezeichnet werden. Diese Bildfolge ist dann in Originalgeschwindigkeit oder in variabler Zeitlupendarstellung betrachtbar.

Der befundende Radiologe sieht für jede Stelle des Ösophagus die maximal erreichte Aufweitung auf einen Blick. In Abb. 3 ist eine unauffällige Ösophaguskontur dargestellt. Der gleichmäßige Ösophagusdurchmesser ist eindeutig dokumentiert.

In Abb. 4 ist die Ösophaguskontur bei fortgeschrittener degenerativer Halswirbelsäulenerkrankung abgebildet. Bei dieser Erkrankung bilden sich von der Ober- und Unterkante des Wirbelkörpers knöcherne Ausziehungen, die von dorsal den Ösophagus imprimieren können. Anhand der eingezeichneten Konturlinie ist die eindeutige Korrelation der Ösophagusimpressionen mit den Zwischenwirbelräumen erkennbar. Hieraus folgt, daß die Einengungen des Ösophagus nicht für einen Tumor sprechen.

Jede nicht erklärbare Einengung muß wegen Tumorverdacht abgeklärt werden. Besonders hilfreich ist die Auswertung dann, wenn auf einem Bild eine eindeutige Einengung erkennbar ist. Eine mögliche Ursache könnte sowohl ein Tumor als auch eine atypische Muskelkontraktion sein. Wesentliches Merkmal eines Tumors ist, daß er zu einer dauerhaften Einengung führt. Weitet sich die verdächtige Stelle auch nur für kurze Zeit vollständig auf, dann spricht dieses gegen einen Tumor. Genau diese Information liefert der vorgestellte Auswertealgorithmus und unterstützt damit den Radiologen bei der Auswertung und Befundung. Selbstverständlich müssen alle

radiologischen Informationen - insbesondere die hochauflösenden Röntgenfilmaufnahmen - bei der Diagnose berücksichtigt werden, denn weitere charakteristische
Merkmale eines Tumors sind die veränderte Schleimhautoberfläche und die Verdrän-
gung des umliegenden Gewebes.

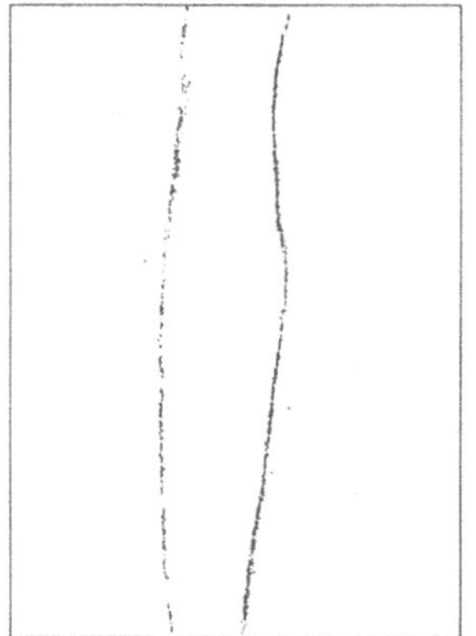 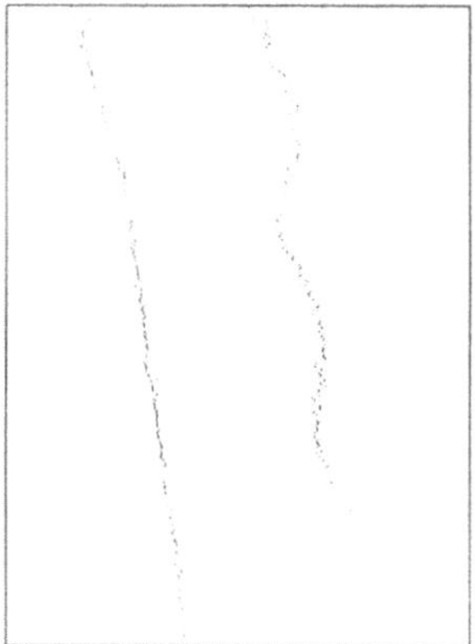 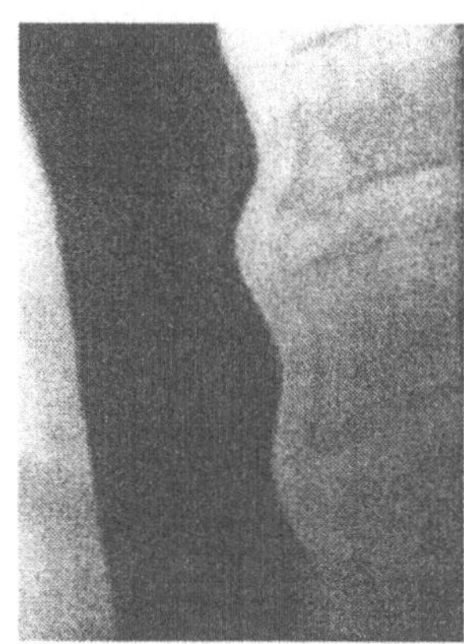

Abb. 3 (links). Beispiel einer unauffälligen Ösophaguskontur im posterior-anterioren Strahlengang. Eine weitere Verminderung der Rauschpunkte aus Abb. 2 wurde durch eine lokale Korrelation der Konturpixel mit der Umgebung in der oberhalb und unterhalb liegenden Zeile erreicht.

Abb. 4 (mitte). Ösophaguskontur bei fortge-schrittener degenerativer Halswirbelerkran-kung im lateralen Strahlengang. Der Befund wird durch die dynamische Darstellung als Bewegtbildfolge oder durch die Korrelation mit dem Grauwertbild (rechts) besonders deutlich.

4 Implementierung

Das vorgestellte Segmentierungsverfahren wurde in Visual C++ erstellt und läuft auf
Pentium-Rechnern unter den Betriebssystemen Windows 95 und Windows NT. Die
Auswertezeit pro Bilderie beträgt je nach Bildausschnitt 5 bis 10 sec.

5 Geplante Weiterführung

Das Projekt soll mit einer quantitativen Auswertung des Ösophagusdurchmessers
ergänzt werden. Die Ösophaguskontur soll in Bereichen, in denen sie nicht leicht
durch den Bolusdurchmesser erkannt werden kann, durch eine Korrelation mit zeitlich
vorherliegenden und nachfolgenden Bildern ausgedehnt werden.

6 Literatur

1. Vogelsang F., Weiler F., Wein B., Kilbinger M., Günther R.W. : Bolusverfolgung und
Bewegungsanalyse in Bildsequenzen des Schluckaktes. 5. Freiburger Workshop Digitale
Bildverarbeitung in der Medizin, 172 - 174, 1997

Virtuelle Endoskopie bei kranialen Gefäßen

Jürgen Beier, Dirk Schmitz, Torsten Rohlfing,
Norbert Hosten und Roland Felix

Strahlenklinik, Charité, Campus Virchow-Klinikum
Augustenburger Pl. 1, 13353 Berlin
Email: juergen.beier@charite.de

Zusammenfassung. Anschließend an Segmentierung und 3D-Rekonstruktion von kranialen Strukturen konnte innerhalb der Szenerie eine virtuelle Endoskopie durchgeführt werden. Die Definition des Flugweges erfolgte wahlweise oder kombiniert mit drei verschiedenen Methoden in den Ansichten der Betrachterkamera, der Pfadkamera sowie multiplanaren Reformatierungen. Entlang der dort markierten Stützpunkte wurde eine Splinefunktion berechnet und demgemäß eine Kamera mit unterschiedlichen Darstellungsoptionen (Farbe, Transparenz, reformatierte Schnittebene) durch die Untersuchungsdaten geführt. Die aus den Einzelbildern erstellten Videosequenzen zeigten die Ansichten von aussen, von innen sowie die senkrecht zum Pfad verlaufende Schnittebene. Basierend auf den berechneten Reformatierungen wurde die Gefäßquerschnittsfläche quantifiziert.

Schlüsselwörter: Virtuelle Endoskopie, virtuelle Angioskopie, CT, kraniale Gefäße

1 Einleitung

Neben der Katheterangiographie als Goldstandard besitzen die modernen Schnittbildverfahren (Computertomographie (CT) und Magnetresonanztomographie (MRT)) heute einen wesentlichen Stellenwert in der Eingangsdiagnostik zerebraler Gefäßerkrankungen. Basierend auf diesen Schnittbildaufnahmen erlaubt die Technik der virtuellen Endoskopie (VE) eine nicht-invasive Abbildung von Gefäßstrukturen.

Erste Studien anderer Arbeitsgruppen haben gezeigt, daß die virtuelle Endoskopie [1 - 5] von Hirngefäßen oder –ventrikeln auf der Basis von Spiral-CT-Datensätzen neue Ansichten auf die Untersuchungsdaten zu liefern vermag [6, 7]. Gleichermaßen offenbar wurden die Limitierungen der VE, die - bereits bedingt durch die Bildakquisition - vor allem in der Darstellbarkeit kleiner Gefäße begründet liegen. Zudem entfällt in der VE die Möglichkeit zur Intervention (Koagulation, Coiling, etc.). Weitere Einsatzgebiete der virtuellen Endoskopie ergeben sich bei Anwendung auf andere Körperregionen [8 - 11].

Das Anliegen war es hier, aus den berechneten Einzelbildern und Filmsequenzen der durchgeführten virtuellen Endoskopien die Indikationen sowie das Potential dieser Methode für die Anwendung bei kranialen Gefäßen abzuleiten.

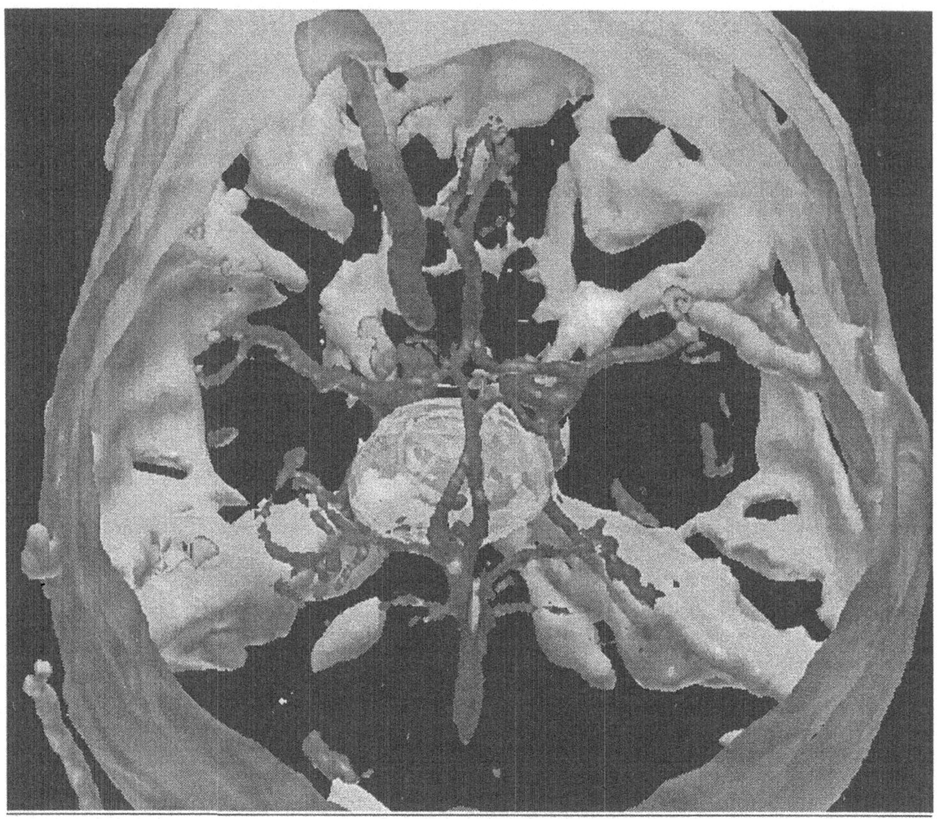

Abb. 1: 3D-Rekonstruktion eines Aneurysmas der A. basilaris; cranio/caudale Ansicht; arterielle Gefäße (rot), Aneurysma (gelb, Ø ca. 3 cm, Bildmitte), Knochen (weiss).

2 Segmentierung und 3D-Rekonstruktion

Den ersten Schritt zur virtuellen Endoskopie bildete die Segmentierung und dreidimensionale Rekonstruktion der tomographischen Bilddaten. Die Aufteilung der Bildregion in unterschiedliche Objekte, wie z.B. „Schädelknochen", „Hirnparenchym", „Aneurysma", etc. und deren Visualisierung erfolgte mit selbstentwickelter Software sowie mit AVS/Express (Advanced Visual Systems, Waltham, MA, USA).

Diese erlaubte eine effiziente Objektdemarkation mit verschiedenen, sich ergänzenden Optionen: 1) Schwellenwertsegmentierung global oder als 2D-/3D-Regionenwachstum, 2) gradientenbasierte Konturverfolgung, 3) verschiedene Spline-Funktionen, 4) geometrische Grundformen, 5) bildmorphologische Operatoren und 6) manuelles Einzeichnen und Korrektur mit diversen Zeichenwerkzeugen.

Die erstellten Objekte wurden als 3D-Modelle mit diversen, vom Anwender konfigurierbaren Eigenschaften (Farbe, Grad der Transparenz, Material, Beleuchtung, etc.) in einer 3D-Szene dargestellt. Zur besseren räumlichen Orientierung konnte diese Szenerie mit einem umschreibenden Quader sowie einem Koordinatensystem versehen und aus beliebiger Perspektive betrachtet werden. Diese konventionelle Sichtweise auf die rekonstruierten Daten mit dem Standort einer (computergraphischen) Kamera außerhalb des Datenraums wird im folgenden als „Betrachterkamera" (BK) bezeichnet (Abb. 1).

3. Definition eines Kamera-Flugweges

Darüberhinaus gestattete die entwickelte VE-Software die interaktive Definition und Anpassung eines Flugweges durch die 3D-Szene sowie die Aufzeichnung der Einzelbilder entlang dieses Weges zu einem digitalen Videofilm. Bei der Festlegung des Flugweges standen dem Anwender drei unterschiedliche Ansichten auf die Untersuchungsdaten mit jeweils verschiedenen Optionen zur Verfügung: 1) die oben erwähnte Sicht der Betrachterkamera (Abb. 1, 3a, 4a), 2) in den drei Raumachsen (axial, sagittal, koronar) berechnete Schnittebenen mit einstellbarer Position (multiplanare Reformatierung (MPR), Abb. 2) und 3) die Sicht eines virtuellen Endoskops innerhalb der abgebildeten Region (hier als Pfadkamera (PK) bezeichnet, Abb. 3b, 4b). Diese drei Ansichten wurden in separaten Fenstern auf dem Bildschirm angezeigt und erlaubten die flexible Eingabe von Stützpunkten entlang des gewünschten Flugweges - wahlweise oder kombiniert - mit einer der drei Funktionen.

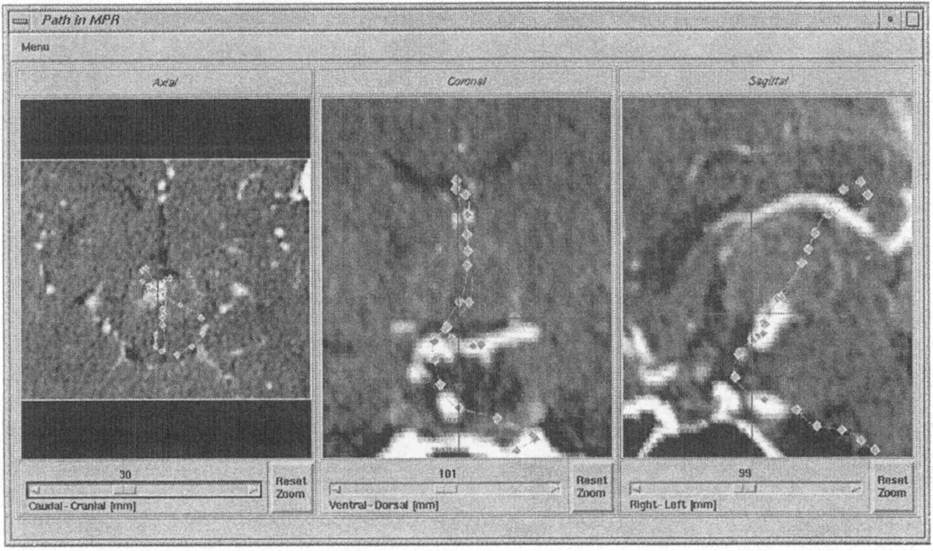

Abb. 2: Definition des Flugweges mit Methode #2: Markierung in multiplanar reformatierten Schnittebenen (axial, koronar, sagittal). Darstellung von Stützpunkten (grün), resultierender Spline-Funktion (weiss) sowie der Positionen der anderen Schnittebenen (rote Achsen).

Zur besseren Zuordnung und zur simultanen Darstellung von Kamerabild und -ort wurde die jeweilige Position der Kamera in der Betrachteransicht durch eine Drahtgitterpyramide und/oder die reformatierte Schnittebene angezeigt. Die Blickrichtung der Kamera bzw. die Orientierung der Schnittebene entsprach dabei exakt dem in den Kameratypen dargestellten Bild (Abb. 3a, 4a).

Zwischen den eingegebenen Stützpunkten wurde mittels einer dreidimensionalen kubischen Splinefunktion ein glatter Kurvenverlauf interpoliert. So konnte der Anwender mit der Computermaus in einfacher Weise auf ein Objekt in der Betrachteransicht klicken und der aktuelle Stützpunkt wurde an entsprechender Position auf dessen Oberfläche plaziert. Da bei Gefäßen und anderen Hohlorganen der Flugweg innerhalb des Objektes verlaufen sollte, wurde der Stützpunkt anschließend in den MPR-Ansichten an die gewünschte Stelle (lumenmittig) korrigiert. Der resultierende Weg innerhalb der 3D-Daten wurde on-line aktualisiert und in allen drei Ansichten (BK, MPR, PK) dargestellt.

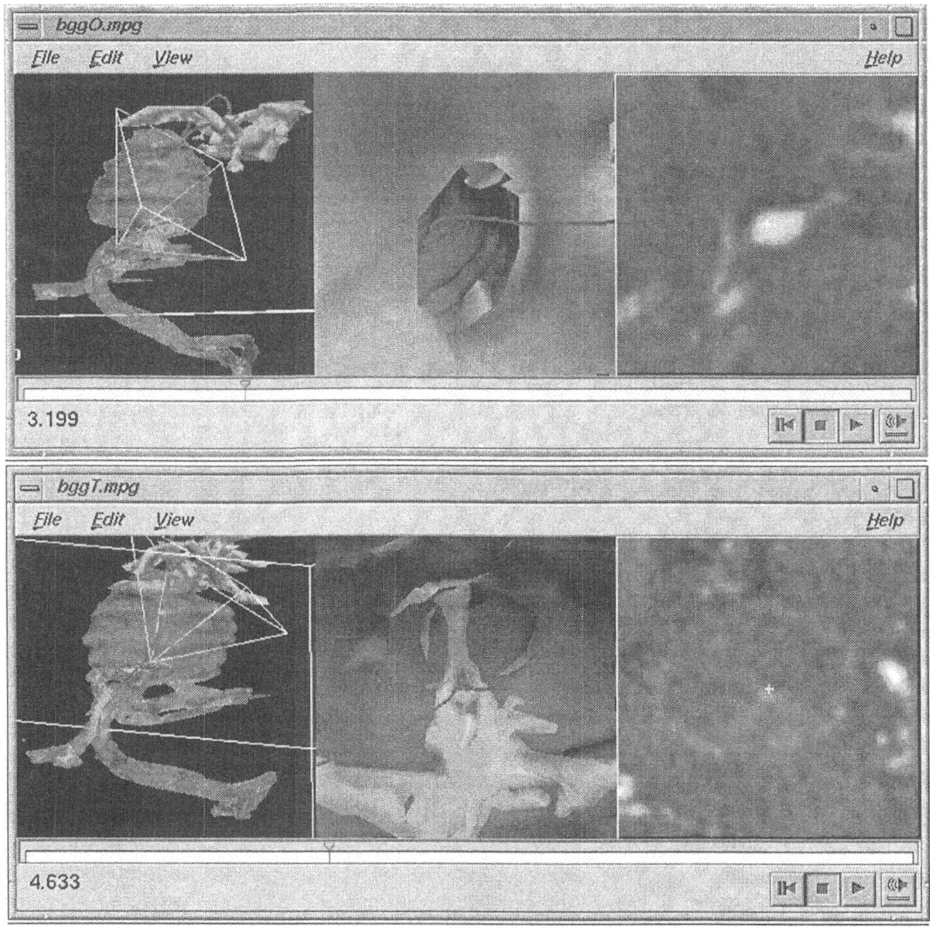

Abb. 3/4: Bilder aus der Filmsequenz zum virtuellen Flug durch ein Aneurysma der A. basilaris. Links: Betrachterkamera, mitte: Pfadkamera, ggf. mit transparenter Darstellung, rechts: reformatierte Schnittebene.

Über die Visualisierung hinaus war im Gesichtsfeld der Pfadkamera auch die Navigation, d.h. die Definition des aktuellen Pfades, möglich. Nachdem die Kamera an einer initialen Position plaziert worden war, konnte durch interaktives Bewegen der Maus die weitere Richtung vorgegeben und so in dieser Ansicht der Pfad fortgesetzt werden. Nach der Pfaddefinition wurde eine virtuelle Kamera entlang dieses Pfades bewegt und die resultierenden Einzelbilder an diesen Positionen zu einer Filmsequenz zusammengefaßt. Das Bild der PK wurde durch folgende Einstellungen im Benutzerinterface parametrisiert: Blickwinkel (10° - 180°), Richtung (vorwärts/rückwärts), sowie Einstellungen zur Tiefenschattierung.

Danksagung

Diese Arbeit wurde von der Deutschen Forschungsgemeinschaft im Rahmen des Graduiertenkollegs GRA 331/1-97 gefördert.

3 Literatur

1. Ahorn S, Cameron BM, Robb RA: Computation of efficient patient specific models from 3-D medical images: use in virtual endoscopy and surgery rehearsal. In: Information Processing in Medical Imaging. 15th International Conference, IPMI '97. Proceedings. Springer-Verlag, Berlin. 429 – 434, 1997
2. Kay CL, Evangelou HA: A review of the technical and clinical aspects of virtual endoscopy. Endoscopy 28(9) 768 – 775, 1996
3. Niemeier R, Fleiter T, Benölken P, Lang U, Sokiranski R: An advanced collaborative tool for virtual endoscopy. CAR '98 - Computer Assisted Radiology and Surgery, Hrsg. Lemke HU, Vannier MW, Inamura K, Farman AG, Elsevier Science, 118 – 123, 1998
4. Vining DJ, Stelts DR, Ahn DK, Hemler PF, Ge Y, Hunt GW, Siege C, McCorquodale DB, Sarojak ME, Ferretti GR: FreeFlight: a virtual endoscopy system. In: CVRMed-MRCAS '97. First Joint Conference, Computer Vision, Virtual Reality and Robotics in Medicine and Medical Robotics and Computer-Assisted Surgery. Proceedings. Springer-Verlag, Berlin. 413 – 416, 1997
5. Vining DJ: Virtual Endoscopy: Is It Reality? Radiology 200(1) 30 – 31, 1996
6. Auer LM, Auer D, Knoplioch JF: Virtual endoscopy for planing and simulation of minimally invasive neurosurgery. In: CVRMed-MRCAS '97. First Joint Conference, Computer Vision, Virtual Reality and Robotics in Medicine and Medical Robotics and Computer-Assisted Surgery. Proceedings. Springer-Verlag, Berlin, 315 – 318, 1997
7. Blank M, Fellner C, Fellner F, Kalender WA: Motion Protocols for Virtual Cisternoscopy using Volumetric MRA and CTA. Proc. CAR '98 - Computer Assisted Radiology and Surgery, Hrsg. Lemke HU, Vannier MW, Inamura K, Farman AG, Elsevier Science 107 – 111, 1998
8. Beier J, Schmitz D, Gutberlet M, Rohlfing T, Vogl T, Felix R: Quantification and virtual angioscopy of aortic stenoses by CT and MR. Computer Assisted Radiology and Surgery CAR '98, Hrsg. Lemke HU, Vannier MW, Inamura K, Farman A, Elsevier Science 876, 1998
9. Beier J, Vogl T, Hidajat N, Felix R: Virtual Angioscopy in the Assessment and Control of TIPS, American Roentgen Ray Society, 98th Annual Meeting, April 26 - May 1, 1998, AJR 170, No. 4, Supplement, 60, 1998
10. Beier J, Bittner RC, Knollmann T, Wust P, Felix R: Virtual bronchoscopy based on 3 D HR-CT, European Respiratory Journal, Vol. 10, Supplement 25, 157, 1997
11. Beier J, Diebold T, Vehse H, Biamino G, Fleck E, Felix R: Virtual Endoscopy in the Assessment of Implanted Aortic Stents, Computer Assisted Radiology and Surgery CAR '97, Elsevier Science, 183 – 188, 1997

Echtzeit-Kompensation von Augenbewegungen bei der Bestimmung des retinalen Gefäßdurchmessers

Christian Bräuer-Burchardt

Friedrich-Schiller-Universität Jena, Digitale Bildverarbeitung
Ernst-Abbe-Platz 1-4, 07743 Jena
Email: cbb@pandora.inf.uni-jena.de

Zusammenfassung. Es wird ein Algorithmus vorgestellt, der es ermöglicht, in Fundusbildfolgen Augenbewegungen, die sich als zufällige Fehlerquelle bei der örtlichen und zeitlichen Analyse des retinalen Gefäßverhaltens erweisen können, in Echtzeit zu korrigieren. Damit kann der Algorithmus in online–Verfahren zur retinalen Gefäßanalyse eingesetzt werden. Neben der Fehlerreduzierung bei der Gefäßdurchmesserbestimmung können mit dem Algorithmus Häufigkeit und Größe sprunghafter Augenbewegungen hoher Frequenz sowie langsamer Driftbewegungen, wie sie für eine Untersuchung mit einer Funduskamera unter Verwendung einer Fixationseinrichtung typisch sind, ohne zusätzliche Gerätetechnik untersucht werden.

Schlüsselwörter: Eye-tracking, Echtzeitverfahren, Retinaler Gefäßdurchmesser

1 Einleitung

Bei der Diagnostik von Glaukom, Diabetischer Retinopathie, Hypertonie oder Verschlußkrankheiten, die durch Durchblutungsstörungen des Augenhintergrundes charakterisiert sind, gewinnt die retinale Gefäßanalyse immer größere Bedeutung. Mit dem Retinal Vessel Analyzer (RVA) wird das örtliche und zeitliche Verhalten retinaler Astgefäße auf Grundlage von online-Messungen des Gefäßdurchmessers entlang des Gefäßverlaufs analysiert [1]. Mit dem RVA können bis zu 50 Meßwerte pro Sekunde erfaßt werden. Augenbewegungen, wie in Abb. 1 dargestellt, die auch bei Verwendung von Fixationsmarken unvermeidlich sind, bewirken eine Verschiebung der Meßposition und können damit zu Fehlern führen.

Um die Verwendung zusätzlicher Gerätetechnik (Eye-Tracker) zu vermeiden, wurde ein Algorithmus entwickelt, der die typischen bei der Fundusuntersuchung auftretenden Augenbewegungen in Echtzeit, d.h. in wesentlich weniger als 40 ms zwischen zwei aufeinanderfolgenden Vollbildern bestimmt und somit eine entsprechende Meßortkorrektur bei der Gefäßdurchmesserbestimmung ermöglicht.

Es hat bisher bereits eine Reihe erfolgreicher Versuche gegeben, unter den verschiedensten Aufgabenstellungen zeitlich auseinanderliegende Fundusbilder zu matchen bzw. Augenbewegungen zu kompensieren [2,3,4,5,6,7,8]. Echtzeitverfahren werden u.a. bei Jean, Markov und Dölemeyer [3,4,7] vorgestellt. Die dort beschriebenen Algorithmen sind jedoch für die vorliegende Aufgabestellung entweder nicht robust genug [3] oder zu langsam [4]. Der in [7] vorgestellte Ansatz erwies sich in früheren eigenen Untersuchungen als zu fehleranfällig. Eine Alternative zu rein algorithmischen Lösungen bieten spezielle Eye-Tracking-Geräte [9].

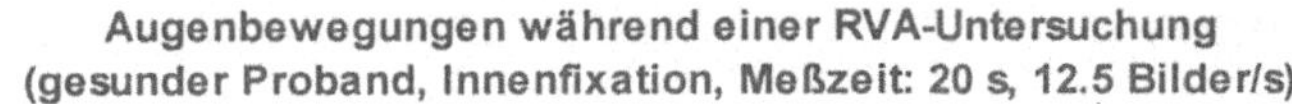

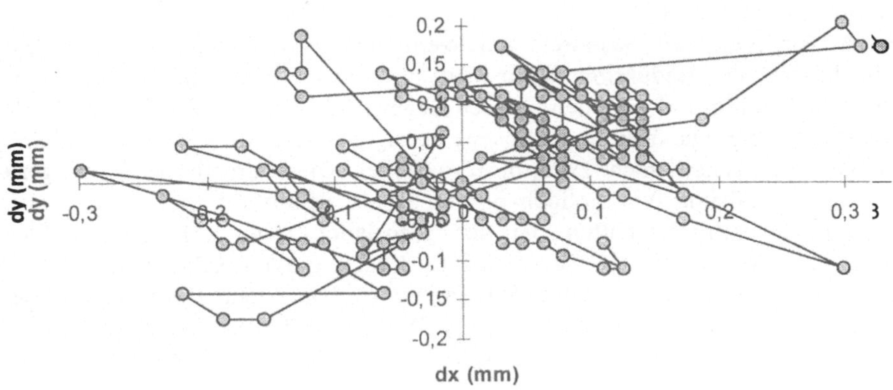

Abb. 1 Typische Folge zweidimensionaler Augenbewegungsvektoren

2 Modell und Meßbedingungen

Die Augenbewegungen wurden unter der speziellen Fragestellung der Meßort-positionierung als reiner Verschiebungsvektor modelliert, da die geometrischen Bewegungen zwischen den Einzelbildern einer Sequenz hauptsächlich aus Translationen besteht und Skalierungen, Rotationen und Scherungen bei aufeinanderfolgenden Bilder innerhalb einer Sequenz eine vernachlässigbare Rolle spielen. Geht es jedoch um eine exakte Bildüberdeckung und liegen die Aufnahmen zeitlich weit auseinander, muß das aufwendigere geometrische Modell einer affinen Transformation zugrunde gelegt werden [8].

Die typischen zu erwartenden Augenbewegungen während der RVA-Untersuchung sind kurze schnelle Sakkaden, die mit Geschwindigkeiten von bis zu 4 mm/s auftreten und zwischen 0.02 und 0.1 s andauern sowie langsame permanente Driftbewegungen mit ca. 0.1 bis 0.2 mm/s Geschwindigkeit.

Die Bildfolgen mit Aufnahmen des Augenhintergrundes überdecken bei der üblicherweise verwendeten 35°-Einstellung der Funduskamera einen Bildbereich von etwa 6 bis 10 mm in horizontaler und vertikaler Richtung. Aus der Pixelempfindlichkeit von etwa 15 µm pro Pixel resultiert eine Bildgröße von ca. 400 x 400 bis zu 786 x 568 Pixel. Die großen retinalen Gefäße, die einen Durchmesser von 80 – 200 µm besitzen, werden mit etwa fünf bis zwölf Pixeln überdeckt.

Um die Echtzeitfähigkeit des Verfahrens zu erreichen, wurde ein großes Maß an A-priori-Informationen über die Bildstruktur des Augenhintergrundes und die Physiologie der Augenbewegungen, wie sie in [10] und [11] beschrieben sind, einbezogen. Unter den angenommenen Voraussetzungen müssen von Bild zu Bild in der Regel Verschiebungen von einem bis ca. zehn Pixel bestimmt werden, in seltenen Fällen oder nach Artefakten auch größere Translationen.

3 Algorithmus

Zunächst wird eine Reduzierung der örtlichen Auflösung durch Zusammenfassen von Pixeln vorgenommen, wodurch gleichzeitig eine Verminderung des Bildrauschens erreicht wird. Der Reduktionsfaktor wird so gewählt, daß sich die großen Gefäße noch gut vom Hintergrund abheben. In der Regel sind dies je vier Pixel in Zeilen- und Spaltenrichtung. Die örtliche Auflösung beträgt damit ca. 60 µm/Pixel, und die großen Gefäße überdecken noch zwei bis drei Pixel. Diese drastische Verringerung der örtlichen Auflösung wird jedoch nur im ersten Schritt für die grobe Translationsbestimmung aufrechterhalten. Ist der Translationsvektor mit 4-Pixel-Genauigkeit bestimmt, wird im zweiten Schritt die Bestimmung auf Pixelgenauigkeit vorgenommen. Für diese Operation ist in jedem Fall nur noch konstante Rechenzeit nötig.

Die Bestimmung der Translation von Bild i zu Bild j erfolgt über die Peakdetektion einer Ähnlichkeitsfunktion C über die potentiellen Verschiebungsvektoren (x,y):

$$C(i,j,x,y,B) = 1 - \left(\frac{1}{B} \cdot \sum_{k,l \in B} (V(k,l,i) - V(k+x,l+y,j))^2 \right)^{1/2} / normwert. \qquad (1)$$

Die durch die Verringerung der örtlichen Auflösung verursachte Bildreduzierung reicht jedoch für ein Bildmatching in Echtzeit noch nicht aus. Für die Bestimmung des Translationsvektors erfolgt eine Beschränkung auf die Gebiete B im Bild, welche die deutlichste Strukturinformation vor allem an Gefäßverzweigungen enthält. Aus Effektivitätsgründen wird eine Auswahl von Rechteckfenstern gewählt. Als Parameter können Anzahl und Fenstergröße variiert werden (Standard: drei Fenster).

Die Position der Fenster beschränkt die maximal detektierbare Verschiebung vom Ausgangsbild. Die Anwendung der Ähnlichkeitsfunktion auf die potentiellen Translationswerte erfolgt in der Reihenfolge ihrer Häufigkeitsverteilung. Diese wird hauptsächlich von den typischen langsamen Driftbewegungen und schnellen Blicksprüngen (Sakkaden) geprägt. Durch eine spiralförmige Suchreihenfolge um den wahrscheinlichsten Verschiebungsvektor (0,0) und das schwellwertbasierte Abbruchkriterium der Peakdetektion wird erreicht, daß nur ein kleiner Teil des potentiellen Verschiebungsbereichs abgesucht werden muß. Damit ist die Rechengeschwindigkeit nur noch von der Größe der Augenbewegung selbst, nicht aber von der Bildgröße abhängig.

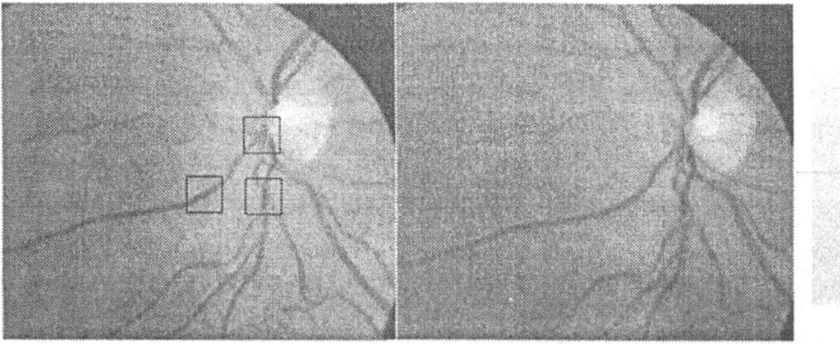
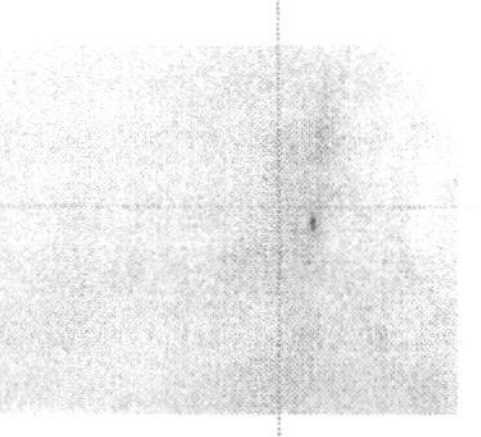

Abb. 2 Zu vergleichende Folgebilder vor nach Blicksakkade, Vergleichsfenster und Grauwertdarstellung von C über den maximalen Verschiebungsbereich. Der schwarze Fleck repräsentiert das Maximum von C, das Kreuz den Translationsnullpunkt.

Tabelle 1. Exp. bestimmte Blicksprunghäufigkeit (Bildfolgefrequenz. 12.5Hz,2119 Folgebilder)

Blicksprünge (mm)	Anzahl	Relative Häufigkeit (%)	Rechenzeit pro Bild (ms)
bis ca. 0.14	1977	93,39	12
0.14 – 0.21	44	2,08	22
0.21 – 0.28	19	0,90	34
0.28 – 0.35	14	0,66	50
> 0.35	11	0,52	70 - 200
Artefakte	54	2,55	32

4 Ergebnisse

In ersten experimentellen Untersuchungen an 50 Bildfolgen von 10 gesunden Probanden mit Bildwiederholraten von 12.5 und 25 Hz konnte die Zuverlässigkeit und Echtzeitfähigkeit des Verfahrens auf PC-Basis (Pentium Pro 200 MHz) gezeigt werden. Die minimale Rechenzeit pro Bild betrug 12 ms, die mittlere 14 ms und die maximale (Abbruchkriterium nicht erfüllt und kein Ausreißerbild erkannt) ca. 200 ms. Tritt letzterer Fall ein, wird die Echtzeitfähigkeit entweder durch Rückweisung nach vorgegebener Rechenzeit oder durch Auslassen der folgenden Bilder erzwungen. Die Häufigkeit von Rechenzeiten über 40 ms betrug 1.2 % (n=2119).

Durch Lidschlag gestörte Bilder werden als Artefakte erkannt und gekennzeichnet.

Die Trefferquote (Translationsbestimmung mit ±1 Pixel Genauigkeit und Artefakte korrekt erkannt) betrug bei 2950 untersuchten Folgebildern 98.2 %.

In den untersuchten Bildfolgen wurde der Einfluß der Augenbewegungskompensation (ABK) auf die ortsaufgelöste Gefäßdurchmesserbestimmung und bei der Pulsationsanalyse untersucht. Neben einer allgemeinen Minderung des Meßsignalrauschens wirkt die ABK besonders dann fehlerreduzierend, wenn sich bei der ortsaufgelösten Messung durch die Driftbewegungen ein großer Abstand vom Anfangsmeßort ergibt, was Abb. 3 an einem Beispiel zeigt.

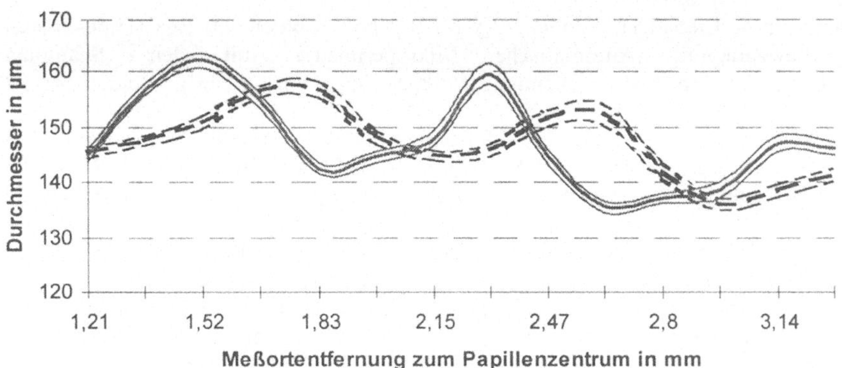

Abb. 3 Einfluß der ABK auf die ortsaufgelöste Durchmesserbestimmung (Beispiel)

5 Diskussion

Die Ergebnisse zeigen, daß der hier vorgestellte Algorithmus zur automatischen Bewegungskorrektur von digitalisierten Bildfolgen des menschlichen Augenhintergrundes mit hoher Zuverlässigkeit die unvermeidbaren Augenbewegungen kompensiert. Die erreichte Pixelgenauigkeit ist zur Positionierung des Meßfensters für die Gefäßdurchmesserbestimmung völlig ausreichend.

Durch seine Onlinefähigkeit ist der Algorithmus prädestiniert, im Rahmen gefäßanalytischer Verfahren und Meßmethoden, z.B. auch zur Quantifizierung des Blutflusses mittels Indikatortechnik [12] zum Einsatz zu kommen. Mit ihm können die Probleme der Berechnung von zeitlichen Durchmesseränderungen örtlich aufgelöst analysiert werden. Der bisherige Fehleranteil, der durch die Augenbewegungen verursacht wurde, konnte drastisch reduziert werden. Im Zusammenhang mit anderen automatisierenden Methoden bei der Analyse des retinalen Gefäßsystems, sind eine Reihe weiterer diagnostischer Verfahren für die Augenheilkunde denkbar.

6 Literatur

1. Vilser W, Riemer Th, Bräuer-Burchardt Ch, Münch K, Senff I, Kleen W, Bachmann K, Pietscher S, Lang GE, Lang GK: Retinal Vessel Analyzer (RVA) - A New Measuring System for Examination of Local and Temporal Vessel Behaviour (Abstract). Invest Ophthalmol Vis Sci, 38/4, S1050, 1997
2. Preußner PR: The principle of retinal rheometry. Graefe's Arch Clin Exp Ophtalmol 229, 557-567, 1991
3. Jean B, Kazmierczak H, Grunert T, Thiel HJ: Echtzeit Eye Tracking – Grundlagen und Lösungsprinzipien. Klin Monatsbl Augenheilkd 198(6), 538-43, 1991
4. Markov MS, Rylander HG, Welch AJ: Real-Time Algorithm for Retinal Tracking. IEEE Trans Biomed Eng 40(12), 1269-81, 1993
5. Dölemeyer A: Bewegungskompensation videofluoreszenzangiographisch gewonnener Bildsequenzen der Netzhaut. In: Mustererkennung 1994, Springer-Verlag Berlin Heidelberg, 170-177, 1994
6. Petrig B, Bigun J, Curchod MD: Motion estimation of ocular fundus images. Proceedings ICIP'96, Vol.III, 691-694, 1996
7. Dölemeyer A, Liebau H, Toonen F, Wolf S, Meyer-Ebrecht D: Real-Time-Tracking von Augenbewegungen: Automatische Mikroperimetrie mit dem Scanning-Laser-Ophthalmoskop. In: Mustererkennung 1998, Springer-Verlag Berlin Heidelberg, 227-233, 1998
8. Voss K, Ortmann W, Süße H: Bildmatching und Bewegungskompensation bei Fundus-Bildern. In: Mustererkennung 1998, Springer-Verlag Berlin Heidelberg, 439-446, 1998
9. Crane HD, Steele C:Generation-V dual-Purkinje-image eye-tracker. Appl Opt 24, 527-537, 1985
10. Schober H: Das Sehen. Verlag für Fachliteratur Rich.Markewitz, 103 ff, 1950
11. Velhagen K (Hrsg): Der Augenarzt. Georg Thieme Leipzig , 256 ff, 1969
12. Vilser W, Schack B, Bareshova E, Senff I, Bräuer-Burchardt Ch, Münch K, Strobel J: Adaptive Verfahren zur Messung arterieller Blutgeschwindigkeiten in Netzhautgefäßen mittels Indikatortechnik. Ophthalmologe 92, 728 – 734, 1995

Optimiertes Warping durch gewichtete Summen von Verschiebungsvektoren - eine neue Methode zur Reduktion von interindividuellen Variabilitäten von Hirndaten

Rainer Pielot, Michael Scholz*, Klaus Obermayer*, Eckart D. Gundelfinger
und Andreas Hess

Leibniz Institut für Neurobiologie, Brenneckstr. 6, D-39118 Magdeburg
* TU Berlin, FB Informatik, Sekr. FR 2-1 Franklinstr. 28/29, D-10587 Berlin
Email: pielot@ifn-magdeburg.de

Zusammenfassung *Warping* ist eine Klasse von Bildverarbeitungsverfahren, die durch Neudefinition räumlicher Beziehungen einzelner Bildpunkte zwei Bilder nicht-affin geometrisch transformieren. In dieser Arbeit definieren homologe Stützpunkte jeweils Verschiebungsvektoren. Die Verschiebung jedes Voxel wird durch die gewichtete Summe aller dieser Verschiebungsvektoren berechnet. Das jeweilige Gewicht wird durch den Abstand des Voxel zu einem Stützpunkt sowie dem Stützpunktspezifischen Gewichtungsfaktor bestimmt. Um diese Gewichtungsfaktoren zu optimieren, wird eine Evolutionstrategie angewendet. Die Fitness entspricht dem Kreuzkorrelationskoeffizienten zwischen Quelle und Ziel. Diese Methode wurde an artifiziellen dreidimensionalen Daten und an 3D-Rekonstruktionen von Autoradiographien von Nagergehirnen getestet. Die erzielte Optimierung führte dabei zu einer verbesserten Qualität des *Warpings*.

Keywords: *Warping*, Säugerhirn, Evolutionsstrategie

1 Einleitung

Die Erforschung von Struktur-Funktionsbeziehungen so komplexer Organe wie des Gehirns ist eine der faszinierendsten Herausforderungen der aktuellen Biowissenschaften. Um im Rahmen dieser Forschung eine schnelle, qualitativ hochwertige Analyse und Interpretation unterschiedlichster experimenteller dreidimensionaler Datensätze durchführen zu können, muß eine gemeinsame Bezugsbasis der untersuchten Spezies, ein virtuelles standardisiertes Gehirn, etabliert werden. *Warping*-Verfahren können dabei entscheidend dazu beitragen, interindividuelle Variabilitäten auszugleichen, indem sie Datensätze vieler Individuen in ein gemeinsames Bezugssystem transformieren (*Matching* der Hirndaten). Durch unterschiedliche experimentelle Verfahren erhobene Datensätze des gleichen Individuums (multimodale Datensätze) können auf diese Weise miteinander verglichen und schließlich Präparationsartefakte ausgeglichen werden.

Warping-Algorithmen sind geometrische Bildtransformationstechniken, welche die Form der Objekte verändern. Dabei bleibt der Wert des Bildpunkts (Grau- oder RGB-Wert) im Gegensatz zu den sogenannten *morphing*-Algorithmen erhalten. Räumlich-basierte *Warping*-Verfahren benutzen die geometrischen Bezüge in den Datensätzen, welche durch homologe Stützpunkte für jedes der Objekte vorher definiert wurden [1]. Diese Stützpunkte (landmarks) können dabei diskrete Punkte oder auch Konturlinien sein. Die Transformationsfunktion bildet die korrespondierenden Punktmengen aufeinander ab und führt mit Hilfe dieser Information die Transformation der restlichen Bildpunkte des Ausgangsbildes durch. Transformationfunktionen können z.B. auf Polynomen 2. Grades [2] oder auf Interpolation mit *"thin-plate" Splines* basieren [3]. Das Problem bei vielen räumlich-basierten Verfahren liegt in der Güte und Verteilung der *landmarks*. Manuelle oder semi-automatische Verfahren der Stützpunkt-Generierung sind, wenn auch unter größerem zeitlichen Aufwand, auf zweidimensionale Bilddaten noch anwendbar, dreidimensionale Hirndatensätze mit 50 oder mehr Schnittebenen können auf diese Weise kaum mehr praktikabel bearbeitet werden. Automatische Verfahren haben den Nachteil, daß sie die Stützpunkte oft ungleichmäßig verteilen und somit die Transformation unrealistisch verzerren können. So können in Regionen des Datensatzes viele Stützpunkte mit unterschiedlicher Information dicht beieinander liegen und sich somit in ihrer Wirkung gegenseitig aufheben. In dieser Arbeit wird ein Ansatz vorgestellt, mit dem der Einfluß jedes einzelnen Stützpunktes separat optimiert werden kann, um auf diese Weise bei einer gegeben Menge an Stützpunkten das Ergebnis des *Warpings* zu verbessern. Diese Methode basiert auf der intuitiv leicht erfaßbaren Methode des *Warpings* mit Verschiebungsvektoren, welche sich sehr gut auf die hier untersuchten Datensätze anwenden lässt und unabhängig von der verwendeten Stützpunktmenge robustere Ergebnisse liefert.

2 Methode

2.1 Stützpunktgenerierung

In den gezeigten Beispielen wurden die Stützpunkte durch automatische Verfahren gefunden. Diese Verfahren beruhen im Falle der biologischen Daten auf dem Erkennen und dem Zuordnen homologer Konturen und erzeugen somit direkt homologe Stützpunkte. Jeweils ein Paar homologer Stützpunkte definiert einen Verschiebungsvektor, welcher die geometrische Transformation, also die Verschiebung in Richtung des Vektors, an dieser Stelle des Datensatzes beschreibt.

2.2 Transformationsfunktion

Die Transformationsfunktion $T(x, y, z)$ berechnet die Transformation aller Bildpunkte anhand der Verschiebungsvektoren. Dabei wird ein gewichtetes Mittel

419

aller Verschiebungsvektoren gebildet, wobei Verschiebungsvektoren in unmittelbarer Nachbarschaft ein größeres Gewicht haben als weiter entfernte. Der Grauwert des Bildpunktes bleibt dabei erhalten. Wenn nun (x, y, z) einen Bildpunkt und M die Anzahl der Stützpunktpaare definiert, so lautet die Transformationsgleichung:

$$T(x, y, z) = (x, y, z) + \frac{\sum_{i=0}^{M-1} w_i(x, y, z)((u_i, v_i, w_i) - (x_i, y_i, z_i))}{\sum_{i=0}^{M-1} w_i(x, y, z)} \tag{1}$$

mit $w_i(x, y, z)$ als Gewichtungsfunktion:

$$w_i(x, y, z) = e^{-\beta_i d_i(x, y, z)} \tag{2}$$

Sie besteht aus dem stützpunktabhängigen Gewichtungsfaktor β_i und dem euklidischen Abstand $d_i(x, y, z)$ des Bildpunktes (x, y, z) zu dem Stützpunkt (x_i, y_i, z_i). Alternativ kann die Abstandsfunktion, um Rechenzeit einzusparen, auf der city-block-Metrik anstelle der euklidischen Metrik basieren:

$$d_i(x, y, z) = |(x - x_i)| + |(y - y_i)| + |(z - z_i)| \tag{3}$$

2.3 Optimierung

Der Gewichtungsfaktor β_i beschreibt den Einfluß des Stützpunktes i auf die Verschiebung der Bildpunkte. Um einen optimalen Satz an M Gewichtungsfaktoren zu finden, verwenden wir eine Evolutionsstrategie. Zu Beginn wird eine Population von 10 Sätzen von Gewichtungsfaktoren erzeugt. Danach wird deren Qualität in einem zweistufigen Verfahren quantifiziert. Zuerst wird mit Hilfe des jeweiligen Satzes von Gewichtungsfaktoren ein *Warping* durchgeführt und dann der lineare Kreuzkorrelationskoeffizient zwischen den sich überlappenden Objekt-bereichen des transformierten Bildes und des Zielbildes berechnet. Der Kreuzkorrelationskoeffizient dient hier als grobes hnlichkeitsmaß zwischen dem transformierten Bild und dem Zielbild. Der Kreuzkorrelationskoeffizient bestimmt die Fitness - und damit auch die Qualität der jeweils durchgeführten Transformation - und der Satz mit der höchsten Fitness wird kopiert und ersetzt den schlechtesten Satz (Selektion). Die einzelnen Gewichtungsfaktoren werden durch zufällige Betragsänderungen normalverteilter Schrittweite leicht verändert (Mutation) und die neue Population tritt in den nächsten Generationszyklus ein. Nach einer konstanten Anzahl von Generationen bricht das Programm ab.

2.4 Biologische Daten

Radioaktive, nicht-metabolisierbare 2-Fluoro-Desoxyglukose (2FDG) wurde intraperitoneal in Mongolischen Wüstenrennmäusen (*Meriones unguiculatus*) injiziert, um Gehirnaktiväten als Orte erhöhten Glukoseverbrauches sichtbar zu machen. Nach 45-minütiger akustischer Stimulation (1 und 2kHz Sinustöne mit einer Lautstärke von 70 dB) wurden die Wüstenrennmäuse getötet, die Gehirne entnommen und auf einem Gefriermikrotom in horizontale Scheiben geschnitten. Nach dem Trocknen bei 60 C wurden die Schnitte 2 Wochen auf KODAK NMB Röntgenfilmen exponiert, anschließend entwickelt und dann die Autoradiographien mit einer CCD-Kamera digitalisiert (768 * 512 pixel, 8 bit/pixel).

3 Ergebnisse

Die vorgestellte Methode wurde an artifiziellen und biologischen Daten durchgeführt, wobei hier aus Platzgründen nur die Ergebnisse des *Warpings* der biologischen Daten gezeigt werden. Obwohl die Transformation an dreidimensionalen Datensätzen durchgeführt wurde, sind hier aus Gründen der bersichtlichkeit nur einzelne Horizontal-Schnitte gezeigt. Die linke Hälfte von Abb. 1 zeigt das Ausgangsbild mit einer Untermenge (42) von Stützpunkten (insgesamt 223), deren z-Koordinaten denen des gezeigten Schnittes $\pm$ 40 μm entsprechen; rechts ist der entsprechenden Schnitt durch den Zieldatensatz dargestellt.

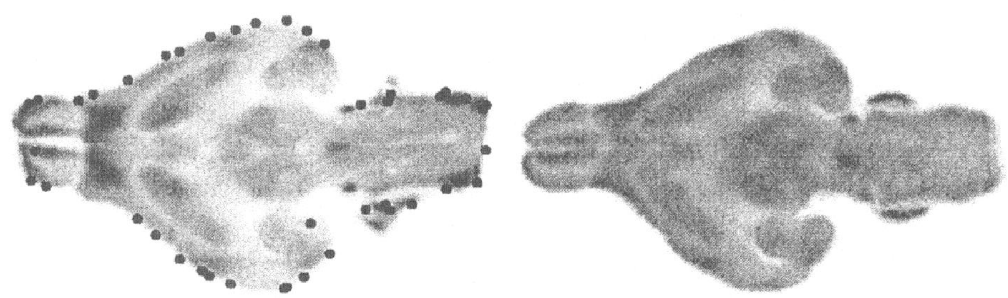

Abbildung 1. Linke Seite: Schnitt durch Ausgangsdatensatz mit Stützpunkten (dunkle Punkte), deren z-Koordinaten ungefähr der des Schnittes entsprechen. Rechte Seite: entsprechender Schnitt durch Zieldatensatz.

Das optimierte *Warping* wurde mit einer Population von 10 Sätzen von identisch initialisierten Gewichtungsfaktoren durchgeführt und nach 1.400 Generationen terminiert. Die Rechenzeit (ANSI C; Parallelisierung mit PVM 3.3.9; 2 Prozessoren) betrug auf einer SGI Origin 200 etwa 86 h. Abb. 2 zeigt links die Entwicklung des Kreuzkorrelationskoeffizienten und rechts das Endergebnis des *Warping* mit optimalen Gewichtungsfaktoren.

4 Diskussion

Durch das hier vorgestellte Verfahren der optimalen Parametrisierung des Einflusses der einzelnen *landmarks* ist es möglich, für eine gegebene Transformationsfunktion und einen gegebenen Satz von *landmarks* optimale *Warping*-Ergebnisse

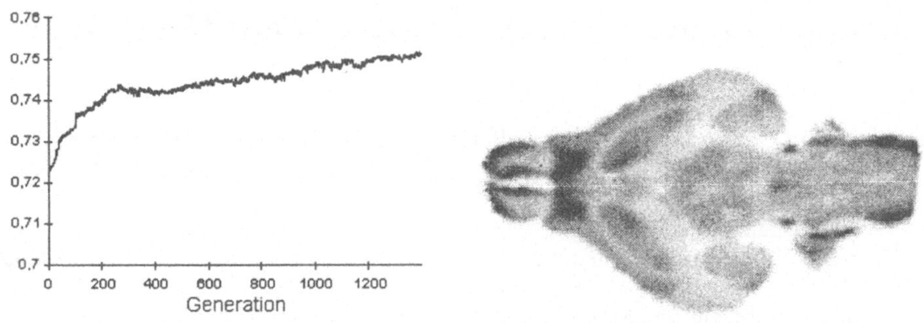

Abbildung2. Linke Seite: Entwicklung des linearen Kreuzkorrelationskoeffizienten über 1.400 Generationen. Rechte Seite: Schnitt durch den transformierten Datensatz, die Schnittebene entspricht der Schnittebene in Abb. 1.

zu erzielen. Die lokale Regulierung der Gewichtungsfaktoren, die in der ersten Generation für alle Verschiebungsvektoren mit identischen Werten initialisiert wurden, konnte die Qualität des *Warpings*, hier durch den linearen Kreuzkorrelationskoeffizienten zwischen dem transformierten und dem Zieldatensatz definiert, insbesondere in der Anfangsphase stark erhöhen. Diese Optimierung der Gewichtungsfaktoren für Verschiebungsvektoren erlaubt eine genaue Transformation mit lokalen Feinregulierungen. Somit kann in weiteren Testreihen nun die *Warping*-Funktion bzw. die Wahl der *landmarks* optimiert werden. Da durch die hier vorgestellte Methode eine sehr gute Lösung bei gegebener *Warping*-Funktion bzw. *Landmarks* gefunden wird, ist der vergleichsweise hohe Aufwand an Rechenzeit gerechtfertigt.

References

1. Toga AW: Visualization and warping of multimodality brain imagery. Funktional Neuroimaging. Edited by Thatcher RW, Hallet M, Zeffiro T, John ER, Huerta M. San Diego: Academic press, 171-180, 1994
2. Wolberg G: Digital Image Warping. IEEE Computer Society Press, 1990
3. Bookstein FL: Principal warps: thin-plate splines and the decomposition of deformations. IEEE Transactions on pattern analysis and machine intelligence, 11, 567-585, 1989

Unüberwachte Zeitreihenanalyse von fMRT-Daten

Stephan G. Erberich, Matthias Fellenberg, Stefan Kemeny, Susanne Weis,
Timo Krings, Klaus Willmes

Interdisziplinäres Zentrum für Klinische Forschung - Zentralnervensystem,
Abt. Neuroradiologie, Univ. Klinikum der Rheinisch-Westfälischen Technischen Hochschule
(RWTH), 52074 Aachen
Informationszentrum, Max-Planck-Institut für Biochemie, 82152 Martinsried
Email: stephan@izkf.rwth-aachen.de

Zusammenfassung. Funktionelle Untersuchungen des Gehirns mittels schneller
Echo-Planar Magnet-Resonanz-Tomographie (fMRT) liefern örtliche und zeitliche Information über komplexe Hirnaktivitäten. Die vorgestellte Methode versucht, eine Zerlegung der gemessenen Zeitreihen anhand ihrer charakteristischen Merkmale in disjunkte Klassen, d.h. echte Aktivierung, ruhendes Gewebe, Hintergrund oder Bewegungsartefakt zu gewinnen. Die Zerlegung erfolgt
mittels eines neuronalen Netzwerks, der selbst-organisierenden Merkmalskarte
(SOM), die unüberwacht, d.h. ohne zusätzliche Informationen über das Aufgabenparadigma oder einer Modellierung der hämodynamischen Antwort, die
hochdimensionalen Zeitreihen in eine 2D Neuronenkarte überführt. Ziel ist eine
den Klassen entsprechende geordnete Bildung von Clustern auf der Neuronenkarte, die als Eingabe für einen anschließenden Klassifikationsprozeß geeignet
ist. Es zeigt sich, daß die SOM in der Lage ist, Cluster von ähnlichen anatomischen oder funktionellen Voxeln zu bilden und diese Ähnlichkeit auch räumlich
in der Neuronenkarte abzubilden.

Schlüsselwörter: fMRT, Selbst-Organisierende Merkmalskarte, SOM, Auto-
korrelation

1 Einleitung

Funktionelle Magnet-Resonanz-Tomographie (fMRT) beruht auf dem von Ogawa [1]
gefundenen BOLD-Effekt. Oxygeniertes und deoxygeniertes Hämoglobin (oHB u.
dHB) besitzen eine unterschiedliche Magnetisierbarkeit (susceptibility), die für dHB
zu einem schnelleren MR-Signalabfall bei T2* Gewichtung führt. Bei der Aktivierung
einer Hirnregion kommt es infolge des erhöhten Energieverbrauchs zu einer erhöhten
regionalen Durchblutung. Der verstärkte Zufluß an oHB führt zu einer Luxusperfusion
des Parenchyms, wodurch auch die oHB Konzentration in den regionalen abfließenden Venen erhöht wird. Hierdurch wird der Magnetisierungsunterschied zwischen
aktivem Parenchym und den abfließenden Kapillaren reduziert und gleichzeitig der
T2* Signalabfall verlangsamt. Als Resultat ergibt sich ein meßbar erhöhtes MR-Signal
in diesen Kapillaren. fMRT mißt als nur die hämodynamische Reaktion auf eine neuronale Aktivität, wodurch sich eine interindividuell variable Latenzzeit, typischerweise 4-8 sec., bis zum MR-Signalanstieg ergibt. Blut stellt jedoch nur einen sehr gerin-

gen Anteil in der grauen und weißen Gehirnsubstanz dar, wodurch der Signalunterschied des BOLD-Effekts mit 2-7% (bei 1.5 Tesla Magnet) gegenüber ruhendem Gewebe sehr gering ausfällt. Durch wiederholte schnelle Echo-Planar MR-Aufnahmetechnik haben wir die hämodynamische Antwort (HRF) jedes Voxels des Hirnvolumen als Zeitreihe abgetastet (typisch 50-120 Zeitpunkte). Zum Auffinden von Aktivierung, d.h. von Zeitreihen die mit dem Aufgabenparadigma korreliert sind, wird üblicherweise ein Test (z.B. Student's t-Test) auf Korrelation mit einer aus dem Aufgabenparadigma abgeleiteten Stimulationsfunktion verwendet. Der Nachteil dieser Methodik ist die explizite genaue Kenntnis der zu erwartenden HRF [2]. Bei der Modellierung der HRF geht man von der Gleichförmigkeit der HRF in alle Hirnregionen aus, die jedoch nicht notwendig gegeben ist. Auch die unbekannte intra-individuelle Varianz der Latenzzeit der HRF kann bei der Modellierung nicht berücksichtigt werden. Naheliegend ist somit eine Methode, die auf die Modellierung der HRF verzichtet. Die vorgestellte Methode sortiert die Daten einer Person, nach geeigneter Vorverarbeitung, mit einem neuronalen Netzwerk, einer selbst-organisierenden Merkmalskarte (SOM), die die Daten in disjunkte Merkmalsklassen aufteilt. Ziel ist die geordnete Verteilung des hochdimensionalen Eingaberaumes in den 2-dimensionalen Ausgaberaum der SOM-Karte anhand der Merkmale der Zeitreihen, wodurch eine drastische Reduktion des Suchraumes mit zusätzlicher topologischer Information, d.h. ähnliche Merkmale werden in benachbarten Neuronen gespeichert, der Karte erreicht wird. Besonders wichtig ist die topologische Ausbildung von Clustern ähnlicher Merkmale, wodurch eine anschließende Segmentierung und Klassifikation der SOM-Karte möglich wird.

2 Material

Funktionelle Gehirnaufnahmen von motorischer (Faustschluß), sensorischer (Eisspray auf Handrücken), visueller und auditorische Stimulation sind an Probanden und an neurochirurgischen Patienten durchgeführt worden. Für die fMRT Versuche wurden BOLD kontrastierte multi-slice T2*-gewichtete Gradienten Echo EPI Sequenzen (TR 4000, TE 40ms, FA 40, FOV 250x175, 128x128 und 64x64 Matrizen, 66 Volumen mit je 15 Schichten beider Hemisphären) auf einem 1.5 Tesla Philips Gyroscan NT MR-System verwendet. Jede Aufgabe bestand aus 6 abwechselnden Epochen von Ruhe und Aktivierung, mit einer Epochenlänge von 45 Sekunden.

3 Methoden

3.1 Vorverarbeitung

Die Zeitreihenvektoren der funktionellen Daten enthalten neben echter Aktivierung auch verschiedene Artefakte, z.B. Bewegungsartefakte korreliert mit einer motorischen Aufgabe, Pulsationsartefakte korreliert mit der Frequenz der HRF und der Aufgabe und Suszeptibilitäts-Artefakte an Gewebegrenzen sowie weitere meßtechnische Artefakt. Neben Artefakten soll die SOM auch Hintergrund und nicht-aktiviertes Parenchym separieren. Da aktiviertes Parenchym jedoch i.a. einen nur sehr geringen Anteil der Voxel ausmacht, ergibt sich für die SOM zusätzlich das Problem der Unterrepräsentiertheit der Aktivierung am Gesamtbeitrag aller Eingabevektoren. Dies führt zwangsläufig zu einer schlechten Ausprägung der Aktivierungsmerkmale und somit direkt zum Verlust von echter Aktivierung zu Gunsten der anderen Klassen. Daher ist einen intensive Vorverarbeitung der Eingabedaten zwingend erforderlich:

- Die Grundlinienanpassung [3] auf den Erwartungswert von 0 führt gleichförmige, aber in ihrer Grundlinie verschiedene Zeitreihen zusammen. Dies führt zwangsläufig zu einem Informationsverlust, da Zeitreihen mit verschiedenen Grundlinien von der SOM unterschieden werden.

- Die Autokorrelationsfunktion jeder Zeitreihe mit *lag = 1,..,Zeitpunkte-1* wird auf einem vorgegeben Niveau (z.B. 0.6) überprüft. Für Hintergrundrauschen oder nicht mit dem Aufgabenparadigma korrelierte Zeitreihen wird weißes Rauschen angenommen mit einer Autokorrelationsfunktion von 0 für ein *lag > 2*. Dies entspricht dem Vorherrschen von niedrigen Frequenzen in der Zeitreihe, was mit der spektralen Dichtefunktion auch nachgewiesen werden kann. Die Auswahl entspricht einem High-Pass Filter.

- Filterung der Voxel in der Zeit mit einem Gaussfilter, um Ausreißer und Spitzen zu glätten, wodurch die Ähnlichkeit gleichförmig ausgeprägter Signale erhöht und thermisches Rauschen unterdrückt wird.

3.2 Lern- und Trainingsphase der SOM

Zuerst werden die Neuronengewichte mit Zufallszahlen aus dem Wertbereich der Eingabedaten initialisiert. Anschließend werden die in der Vorverarbeitung ausgewählten Zeitreihen dem neuronalen Netzwerk zum Training präsentiert. Jede ausgewählte Zeitreihe wird dabei simultan an alle Neuronen der Karte angelegt. Das Neuron mit dem kleinsten Fehlermaß, z.B. kleinste euklidische Distanz zur Zeitreihe, gewinnt und seinen Gewichte werden dem der Zeitreihe angepaßt. Neben dem Gewinner wird auch eine vorher definiert Nachbarschaft der Zeitreihe angepaßt. So bildet sich die oben erwähnte Topologie von ähnlichen Clustern auf der Karte aus. In der anschließenden Trainingsphase werden die Zeitreihen dem angelernten Netzwerk präsentiert und mit der Markierung des Gewinners versehen. Die so erzeugte Verteilung der Zeitreihen auf der SOM und die Ähnlichkeitsbeziehung wird durch den Farbwert mittels einer rot-grün Verlaufstafel visualisiert.

4 Anwendungsbeispiel

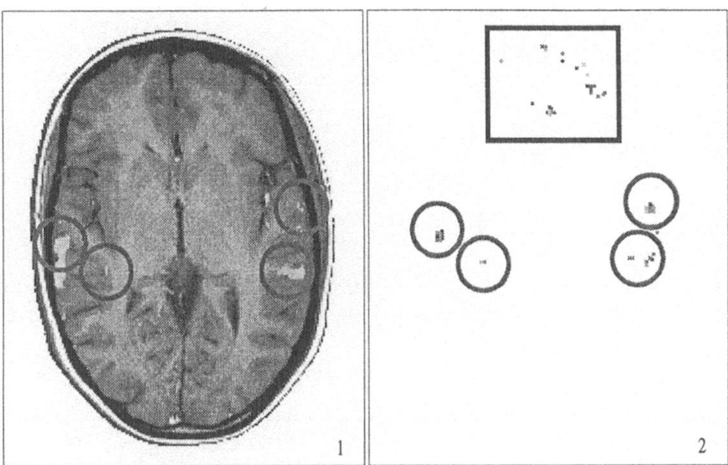

Abbildung 1: Links: Funktionelle Aktivierung (eine von 15 Schichten mit 66 Zeitpunkten) zur auditorischen Verarbeitung (1), nach Auswertung des Kolmogorov-Smirnov Test. Rechts (2) Lokalisation der Aktivierung nach Neuronen eines Clustern auf der 2D SOM-Karte (Einfärbung nach Rot-Grün Tafel, 5x5 Neurone) und vorheriger Autokorrelationsfilterung (lag=64, Niveauschwelle>0.6). Merkmale benachbarter Neurone eines Clusters (Hellgrün-Mittelgün Färbung) korrespondieren mit der in (1) gefundenen Aktivierung (Kreismarkierung). Rot-Braun eingefärbte Neurone korrespondieren mit nicht-aktiviertem Parenchym (Quadratmarkierung). Zu beobachten ist eine insgesamt schwächere räumliche und nicht vollständige Ausprägung der Aktivierung in (2) bedingt durch die stringente Auswahl der Voxel durch die Autokorrelationsfunktion.

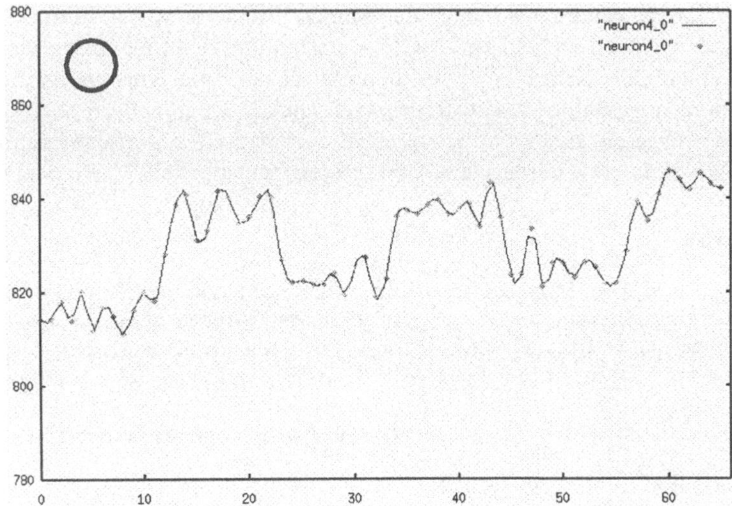

Abbildung 2: Aus den 66-dimensionalen Zeitreihenvektoren gelernter Merkmalsvektor eines Neurons. Die starke Ähnlichkeit zum Aufgabenparadigma (6 Epochen, alternierend Ruhe und Aufgabe) ist deutlich erkennbar.

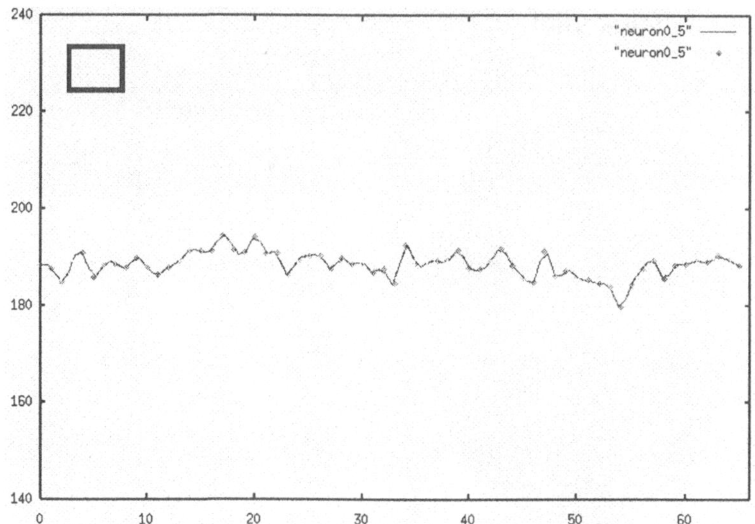

Abbildung 3: Gelernter Merkmalsvektor eines Neurons mit maximaler Distanz in der SOM-Karte zum Neuron in Abb.2. Der Zustand nach lernen zeigt keinen Bezug zur Aufgabe.

5 Zusammenfassung

Die unüberwachte selbst-organisierende Merkmalskarte ist in der Lage, die Zeitreihendaten von fMRT Experimenten in disjunkte Klassen zu trennen (Abb. 2 und Abb. 3). Wie im Beispiel zu sehen, sind jedoch nicht alle Aktivierungen entdeckt worden, da diese nicht die gefilterte Autokorrelationsfunktion passiert haben. Wir schließen, das für eine generelle Verwendbarkeit der Methode eine präzisere Vorverarbeitung notwendig ist, ggf. unter Berücksichtigung des Aufgabenparadigmas, z.B. mit einer Fourier Spektrum Analyse [4] oder der Kreuzkorrelation [5]. Weitere Vorverarbeitungsmethoden finden sich in [6,7]. Die Verarbeitung der SOM-Karte ist zu diesem Zeitpunkt ein noch offenes Problem, denn es besteht die Notwendigkeit die SOM-Karte in ihren ausgebildeten Clustern entsprechende Regionen zu segmentieren und auch zu klassifizieren. Erst wenn letzteres als automatisches Verfahren realisiert ist, ist die SOM-Methode als Alternative zu den inferenzstatistischen Methoden anzusehen.

5 Literatur

1. S. Ogawa, T.M. Lee: Magnetic resonance imaging of blood vessels at high fields: In vivo and in vitro mesurements and image simulation, Magn. Reson. Med. 16(1), 9-18, 1990
2. J.C. Rajapakse, F. Kruggel, J.M. Maisog, D.Y. von Cramon: Modeling Hemodynamic Response for Analysis of Functional MRI Time-Series, Human Brain Mapping, 6:283-300, 1998
3. K.J. Friston, P. Jezzard, R. Turner: Analysis of Functional MRI Time-Series, Human Brain Mapping, 1:153-171, 1994
4. P.A. Bandettini, A. Jesmanowicz, E.C. Wong, J.S. Hyde: Processing Strategies for Time-Course Data Sets in Functional MRI of the Human Brain, MRM, 30:161-173, 1993
5. Ch. Hahn, H. Handels, M.F. Nitschke, U.H. Melchert, S.J. Pöppl: Bestimmung und Visualisierung von aktivierten Hirnregionen aus fMRT-Daten, Tagungsband BVM 98, 1998
6. F. Kruggel, X. Descombes, D.Y. von Cramon: Die Vorverarbeitung von fMR-Daten, Tagungsband BVM 98, 1998
7. P.J. Brockwell, R.A. Davis: Time Series: Theory and Methods, Springer-Verlag, 1992

Techniken zur Visualisierung der elektrischen Aktivität der Herzens

F. B. Sachse, C. D. Werner, O. Dössel

Institut für Biomedizinische Technik, Universität Karlsruhe
Kaiserstraße 12, D 76128 Karlsruhe, email: fs@ibt.etec.uni-karlsruhe.de

Zusammenfassung. Die computergestützte Modellierung und Visualisierung der elektrischen Erregungsausbreitung im Herzen kann zu einem besseren Verständnis in der elektrokardiologischen Diagnostik, Therapie und Ausbildung beitragen. Die auf Grundlage derartiger Modelle berechneten elektrischen Feldverteilungen erfordern Techniken zur Visualierung, die an ihr hohes Datenvolumen sowie ihre zeitliche und räumliche Variabilität angepasst sind. Im Beitrag werden volumen-, oberflächen- und linienorientierte Techniken zur Visualisierung der elektrischen Feldgrößen vorgestellt und untersucht. Die Darstellung der Feldgrößen erfolgt zeitabhängig und im anatomischen Kontext.

Schlüsselwörter: Visualisierung, Elektrische Felder, Numerische Feldberechnung, Erregungsausbreitung im Herzen, Elektrokardiologie, Elektrokardiogramm, Multikanal-EKG-Ableitung

1 Einleitung

Informationen über die Verteilung des elektrischen Potentials im menschlichen Körper ausgehend von den Stromquellen im Herzen sind für die elektrokardiologische Diagnostik, Therapie und Ausbildung von großem Interesse.

Diese Informationen lassen sich nur indirekt durch Messungen gewinnen, z. B. mittels elektro- und magnetokardiographischer Verfahren. Eine Ergänzung dazu ist die computergestützte Simulation auf der Grundlage von makroskopischen Modellen, welche die elektrische Erregungsausbreitung im Herzen [1][2] und die Leitfähigkeitsverteilung im Körper nachbilden [3]. Zur Berechnung der Verteilung des Potentials und des Stroms werden hierbei numerische Verfahren eingesetzt [4]. Die bei derartigen Simulationen berechneten Feldverteilungen erfordern aufgrund ihrer zeitlichen und räumlichen Variabilität, sowie ihres hohen Datenvolumens angepasste und effiziente Techniken zur Visualisierung [5].

In vorliegender Arbeit sollen Techniken zur Visualisierung der physiologischen und pathologischen Ausbreitung der elektrischen Erregung und der damit verbundenen Feldverteilung untersucht werden. Es werden volumen-, oberflächen- und linienbasierte Techniken zur Darstellung der Verteilungen elektrischer Feldgrößen im anatomischen Kontext vorgestellt und verglichen.

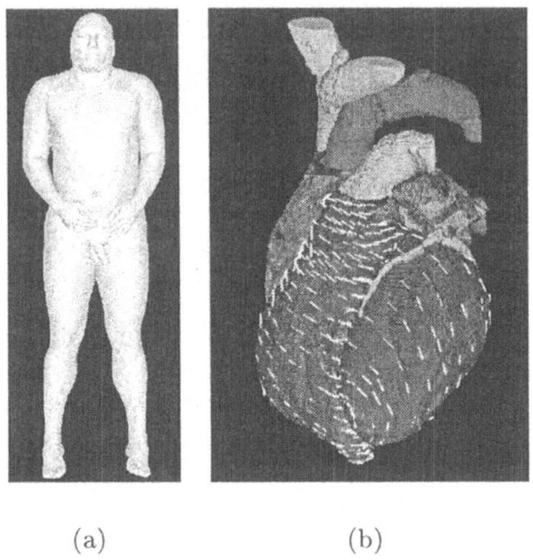

(a)   (b)

Abb. 1. Anatomisches Modell. (a) Ganzkörpermodell, bestehend aus ca. 370 Mio. kubischen Volumenelementen, denen jeweils eine von vierzig Gewebearten, der Farbwert, der Hounsfieldwert und zwei Winkel zur Beschreibung der Gewebeorientierung zugeordnet sind (b) Modell des Herzens. Die weissen Linien kennzeichnen die Orientierung der Muskelfasern.

2 Modellierung

Modellierung der Anatomie Das anatomische Modell basiert auf dem Visible Man Datensatz [6] der National Library of Medicine (USA). Dieser Datensatz wurde in vorangegangenen Arbeiten [3] mit Verfahren der digitalen Bildverarbeitung vorverarbeitet, segmentiert und klassifiziert (siehe Abb. 1 a). Die Muskelorientierung wurde durch Detektion von Orientierungen und deren Normalen an Stützstellen und anschließende Interpolation im Bereich des Muskelgewebes in das Modell eingebracht (siehe Abb. 1 b) [7]. Von dem anatomischen Modell werden abhängig von der Anwendung weitere Modelle abgeleitet, welche z. B. eine geringere Auflösung besitzen und nur ausgewählte Körperregionen nachbilden.

Modellierung der Leitfähigkeitsverteilung im Körper Ausgehend von den anatomischen Modellen werden Leitfähigkeitsmodelle erstellt [7]. Jedem Voxel ist gewebespezifisch ein Leitfähigkeitstensor σ_{local} zugeordnet, der in einem lokalen Koordinatensystem Diagonalform hat. Die Transformation in das globale Koordinatensystem zum Leitfähigkeitstensor σ_{global} wird berechnet durch Rotation mit einer aus der Gewebeorientierung ermittelten Matrix T_R.

Modellierung der Erregungsausbreitung im Herzen Die Modellierung erfolgt unter Anwendung des anatomischen Modells mit Hilfe eines zellulären Automaten

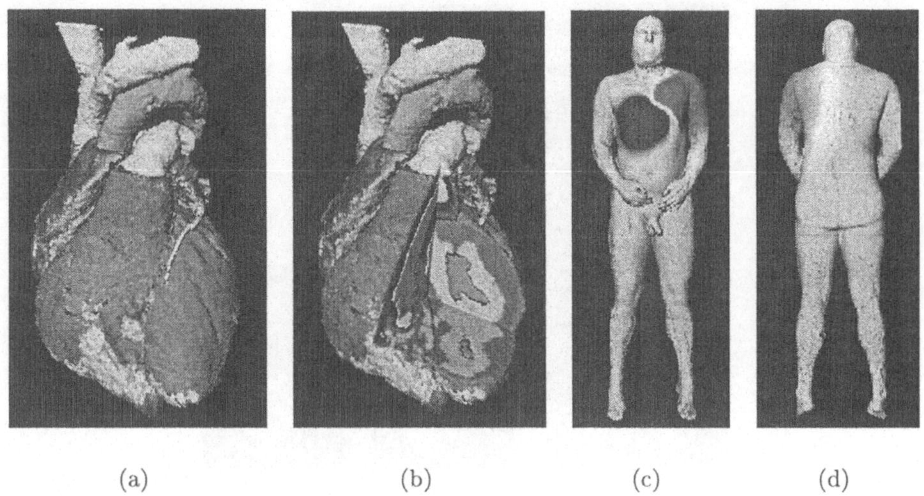

(a)   (b)   (c)   (d)

Abb. 2. Oberflächenbasierte Visualisierung von skalaren Feldgrößen. Farbkodiertes Transmembranpotential U_m (a) auf der Herzoberfläche und (b) im Innern zum Zeitpunkt ventrikulärer Erregung. Zugehöriges farbkodiertes Oberflächenpotential ϕ in (c) frontaler und (d) dorsaler Ansicht des Körpers.

[2][8]. Dazu wird ein anisotropes Modell des Herzens eingesetzt, bei welchem ein Verhältnis der Ausbreitungsgeschwindigkeit in Faserrichtung zu senkrecht dazu von 1 zu 3 gewählt ist. Das Modell liefert u. a. die Verteilung des Transmembranpotentials U_m und der Quellstromdichte f im Herzen zu vorgegebenen Zeitpunkten.

Bestimmung der elektrischen Feldgrößen Die Bestimmung der elektrischen Feldgrößen im Körper erfolgt zu den im Erregungsausbreitungsmodell vorgegebenen Zeitpunkten. Der Leitfähigkeitstensor σ und die Quellstromdichte f sind hierbei vorgegeben. Berechnet wird das Potential ϕ eines stationären Strömungsfeldes, welches durch die generalisierte Poisson-Gleichung $\nabla(\sigma\nabla\phi) + f = 0$ beschrieben wird. Aus dem Potential läßt sich die elektrische Feldstärke $\mathbf{E}$ durch $\mathbf{E} = -\nabla\phi$ und daraus die Stromdichte $\mathbf{J}$ durch $\mathbf{J} = \sigma\mathbf{E}$ bestimmen. Zur Lösung der Poisson-Gleichung wird das Finite-Differenzen-Verfahren herangezogen [4].

3 Visualisierung der elektrischen Feldgrößen

Die darzustellenden Feldgrößen sind zum einen skalar, z. B. das Potential ϕ und die Quellstromdichte f, zum anderen vektoriell, z. B. die Feldstärke $\mathbf{E}$ und die Stromdichte $\mathbf{J}$.

Bei volumenbasierten Visualisierungstechniken werden die Feldgrößen und anatomischen Strukturen auf Volumenelemente abgebildet. Die Abbildung er-

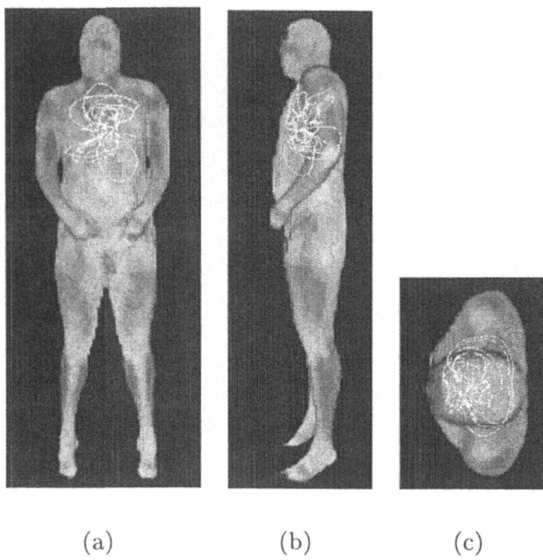

Abb. 3. Feldlinien im volumenbasiert visualisierten, semitransparenten Körper in (a) frontaler und (b) ventraler Ansicht, sowie von (c) oben. Die Feldlinien werden erzeugt ausgehend von der elektrischen Feldstärke **E** zum Zeitpunkt ventrikulärer Erregung.

folgt durch Zuordnung von Farben und Transparenz. Bei oberflächenbasierten Visualisierungstechniken werden die Feldgrößen auf Flächenelemente unter Zuordnung von Farben und Transparenz abgebildet. Derartige Elemente lassen sich zum einen aus den Oberflächen von Strukturen und aus Schnittebenen im anatomischen Modell, zum anderen aus den Feldgrößen ermitteln. Dies führt z. B. bei skalaren Feldgrößen zu Isopotentialflächen. Bei linienbasierten Visualisierungstechniken werden die Feldgrößen auf Linienelemente abgebildet. Der Verlauf einer Linie, sowie Farbe und Transparenz eines Linienelementes werden aus den Feldgrößen ermittelt wird.

Die sequentielle Visualisierung der elektrischen Feldgrößen zu den im Erregungsausbreitungsmodell vorgegebenen Zeitpunkten erlaubt die Erstellung von Animationen.

4 Ergebnisse und Diskussion

Eine oberflächenbasierte Visualisierung skalarer Feldgrößen zeigt Abbildung 2. Die Oberflächen werden aus Strukturen und Schnittebenen im anatomischen Modell extrahiert.

Skalare Feldgrößen werden volumenbasiert in Abbildung 4, vektorielle werden linienbasiert in Abbildung 3 dargestellt. Die anatomischen Strukuren sind unter

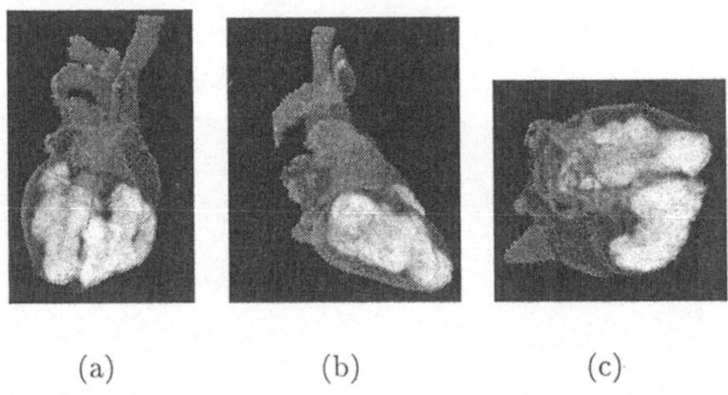

(a)   (b)   (c)

Abb. 4. Semitransparente, oberflächenbasierte Visualisierung des Herzens und volumenbasierte Darstellung des Transmembranpotentials bei ventrikulärer Erregung in (a) frontaler und (b) ventraler Ansicht, sowie von (c) unten.

Verwendung von Transparenz visualisiert, um die Feldverteilung im Innern des Herzens sichtbar zu machen.

Die vorgestellten Techniken sind geeignet, die mit der Erregungsausbreitung im Herzen verbundenen elektrischen Feldverteilungen zu illustrieren und damit zu einem besseren Verständnis in der elektrokardiologischen Diagnostik, Therapie und Ausbildung beizutragen.

Literatur

1. B. E. H. Saxberg and R. J. Cohen. Cellular Automata Models of Cardiac Conduction. In L. Glass, P. Hunter, and A. McCulloch, editors, *Theory of Heart*, Seiten 437–476. Springer, Berlin, Heidelberg, New York, 1991.
2. C. D. Werner, F. B. Sachse, and O. Dössel. Applications of the Visible Man Dataset in Electrocardiology: Simulation of the Electrical Excitation Propagation. In *Proc. Second Users Conference of the National Library of Medicine's Visible Human Project*, 1998.
3. F. B. Sachse. *Modelle des menschlichen Körpers zur Berechnung von physikalischen Feldern*. Doktorarbeit, Techn. Univ. Karlsruhe, Aachen, 1998.
4. H. R. Schwarz. *Numerische Mathematik*. Teubner, Stuttgart, 3. Auflage, 1993.
5. F. B. Sachse, C. Werner, K. Meyer-Waarden, and O. Dössel. Applications of the Visible Man Dataset in Electrocardiology: Calculation and Visualization of Body Surface Potential Maps of a Complete Heart Cycle. In *Proc. Second Users Conference of the National Library of Medicine's Visible Human Project*, 1998.
6. M. J. Ackerman. Viewpoint: The Visible Human Project. *Journal Biocommunication*, 18(2):14, 1991.
7. F. B. Sachse, M. Wolf, C. Werner, and K. Meyer-Waarden. Ein Leitfähigkeitsmodell des menschlichen Körpers unter Berücksichtigung der Anisotropie von Muskelgewebe. In *31. Jahrestagung der Dt. Gesellschaft f. Biomed. Technik*, 1997.
8. C. D. Werner, F. B. Sachse, and O. Dössel. Electrical Excitation of the Human Heart: A Comparison of Electrical Source Distributions in Models of Different Spatial Resolution. In *Proc. Computer in Cardiology*, 1998.

Systemdemonstrationen

Meiji
eine DICOM lesende, Java basierte Software zur Auswertung von MR-Mammographien

Harald Fischer, Stefan Egenter*, Dietmar Saupe*, Jürgen Hennig

Universitätsklink Freiburg, Abt. Röntgendiagnostik, Sektion Medizinpysik
Hugstetter Str. 55, 79106 Freiburg
*Institut für Informatik
Albert-Ludwigs-Universität, 79106 Freiburg
Email: fischerh@ukl.uni-freiburg.de

Zusammenfassung. Die MR-Mammographie ist eine sehr sensitive Methode zur Erkennung von Brustkrebs. Dabei wird das Anreicherungsverhalten von Kontrastmittel in dem Gewebe mit Hilfe der Bildgebung verfolgt. Die Auswerteprogramme, die von den unterschiedlichen Kernspintomographenhersteller angeboten werden, sind jedoch zur Untersuchung dynamischer Bildserien häufig nur begrenzt geeignet. Deshalb wurde die Software *Meiji* entwikkelt, die für den Anwendungsfall der MR-Mammographie zugeschnitten ist. *Meiji* liest Daten im DICOM 3.0 Format, so lassen sich die Aufnahmen direkt vom Tomographen zur Auswertesoftware senden. Die Software ist in Java implementiert, so kann sie auf unterschiedlichen Plattformen – auch preisgünstigen PCs – verwendet werden.

Schlüsselwörter: MR-Mammographie, Java, DICOM

1 Einleitung

MR-Mammographien [1] sind dynamische kernspintomographische Untersuchungen, bei denen mit Hilfe der Bildgebung das Kontrastmittelverhalten von Gewebe untersucht wird. Maligne Gewebsveränderungen zeichnen sich durch einen starken und schnellen Signalanstieg aus. An der Auswertekonsole des Tomographen wird zur Erkennung von Brustkrebs lediglich die Differenz des Bildes nach Gabe des Kontrastmittels (KM) bezogen auf das Bild vor KM (Nativbild) berechnet und die mittleren Zeitreihen der verdächtig hellen Bereiche ausgelesen. Typischerweise können weder mehrfache Zeitreihen benachbarter Pixel ausgelesen werden, noch die Einzelbilder oder Differenzbilder als Movie angeschaut werden. Ferner können Funktionalitäten wie eine rechenintensive Bewegungskorrektur [2] nicht auf dem Akquisitionsrechner durchgeführt werden um die Datenakquisition nicht zu gefährden. Für eine umfassende Auswertung lassen sich die MR-Mammographiedaten jedoch per DICOM-Protokoll auf einen Auswerterechner übertragen, wo sie von einem DICOM-Empfängerprogramm übernommen und mit *Meiji* ausgewertet werden können.

2 Funktionalität des Programmes

Die aktuelle Version von *Meiji* [3] ermöglicht eine Basisausertung. Die Bilder der einzelnen Schichten und Zeitpunkte lassen sich betrachtet, die Bilder können vergrößert dargestellt werden und die Helligkeit läßt sich einstellen. Jedes Bild wird in cinem eigenen Viewer (*Abb. 1*) dargestellt und jeder Viewer kann eine beliebige Schicht zu einem beliebigen Zeitpunkt des Experimentes anzeigen.

Meiji importiert Daten im DICOM 3.0 Format und legt diese im ANALYZE-Format ab, weil der Zugriff sehr viel schneller ist als der Zugriff auf DICOM-Bilder. Auch werden Ergebnisse wie Differenzbilder oder segmentierte Bilder im ANALYZE-Format abgelegt.

Das Programm besteht der Übersichtlichkeit wegen nur aus einem Hauptfenster. Die verschiedenen Funktionalitäten sind auf den einzelnen Karteikarten des Hauptfensters erreichbar, müssen in der aktuellen Version jedoch noch über den Menüpunkt "Methods" umgeschaltet werden. Dies liegt darin begründet, daß *Meiji* noch nicht vollständig auf die Java Foundation Classes in Java 1.2 umgestellt wurde, welche Karteikarten-Widgets bereitstellen.

Die erste Karteikarte bietet drei Viewer wobei der rechte das Differenzbild der Daten in den ersten beiden Viewern anzeigt. Damit läßt sich ein Differenzbild der Post-KM-Aufnahmen zu der Nativaufnahme anzeigen, wie in der klinischen Diagnostik üblich. Es können aber auch z.B. Differenzen von anatomische benachbarten Schichten der selben oder unterschiedlicher Zeitaufnahmen untersucht werden, was zur Beurteilung der Anatomie und zur Beurteilung von Bewegungsartefakten sehr hilfreich ist.

Die zweite Karte ermöglicht in drei Viewern einzelne Schichten als Movie anzuschauen (*Abb. 1*). Während des Movies können die Bilder gezoomt, die untersuchte Schicht geändert und die Helligkeitseinstellung modifiziert werden.

In der dritte Karte wird eine Segmentierung der Daten ermöglicht (*Abb. 2*), entweder mit einem einfachen Schwellwertverfahren, oder mit einer speziell im Rahmen einer Diplomarbeit [3] entwickelten Segmentierung, die auf Aktive Konturen basiert.

Die letzte Karte erlaubt es die Pixelzeitreihen als Graphen darzustellen (*Abb. 3*). Zur Positionierung des Mauszeigers kann eine beliebige Schicht des Datensatzes oder ein Differenzbild zugrunde gelegt werden. Die Zeitreihen können entweder unter einer bis zu 11x11 Pixeln großen Matrix gemittelt angezeigt werden, oder als einzelne benachbarte Zeitreihen in einer bis zu 11x11 großen Matrix an Graphen.

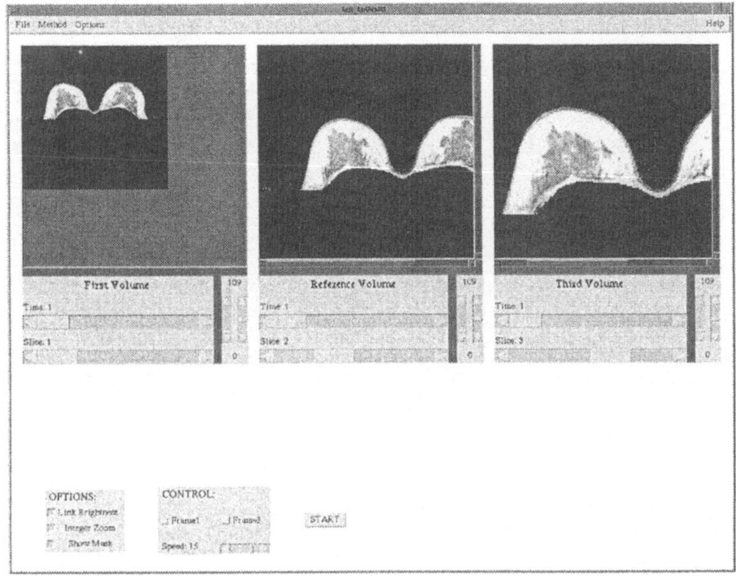

Abbildung 1. Die drei Bildviewer der Karteikarte für die Moviedarstellung der Daten. Drei anatomisch benachbarte Schichten werden dabei untersucht. Die Movies können für unterschiedliche gezoomte Daten durchgeführt werden: (links und Mitte) Integer-Zoom, der die Bilder zur Darstellung nicht interpoliert, (rechts) beliebiger Zoomfaktor. Die Bilder lassen sich optional segmentiert darstellen wie in der Abbildung zu sehen.

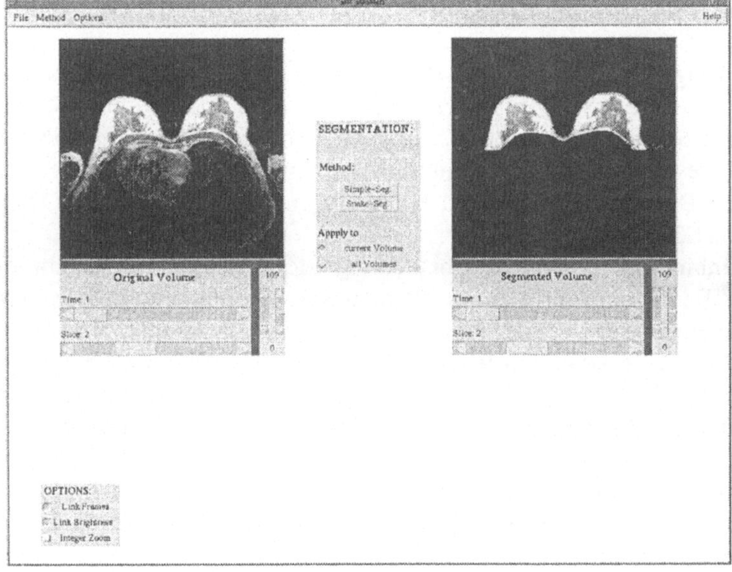

Abbildung 2. Karteikarte zum Segmentieren der Daten. Links ist die aktuell untersuchte Schicht zu sehen, rechts das Ergebnis der Snake-Segmentierung.

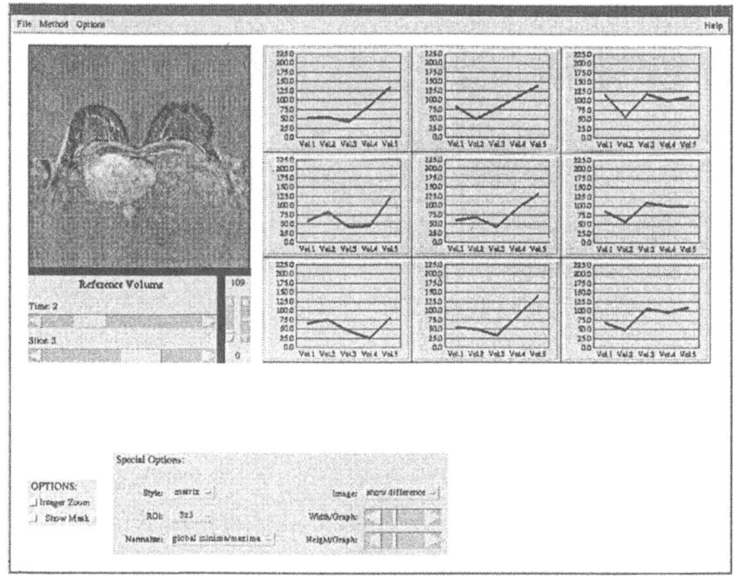

Abbildung 3. Auslesen und Darstellung der Pixelzeitreihen in einer 3x3 Pixel großen Region, deren Mittelpunkt interaktiv mit dem Mauszeiger im Datenviewer angewählt wird. Dem Datenviewer kann optional - wie in der Abbildung zu sehen - ein Differenzbild zugrunde gelegt werden.

3 Ergebnisse und Diskussion

Mit dem Programm wurden eine Reihe klinischer Datensätze untersucht. Die Daten stammen von einem SIEMENS Vision mit 1,5 T Feldstärke unter Verwendung einer 3D-FLASH Sequenz. 40 anatomische Schichten mit jeweils 256x256 Pixeln wurden vor Gabe des Kontrastmittel akquiriert, gefolgt von 4x40 Schichten nach KM. Es resultierten Datensätze mit einem Umfang von 200 Einzelbildern. Die Voxelgröße betrug 1,3x1,3x3 Millimeter.

Die Einbindung in den klinischen Alltag erfolgte jedoch noch nicht, da eine lokalelastische Bewegungskorrektur noch in das Programm integriert werden soll. Die bisherigen Ergebnisse zeigen jedoch, daß mit dem Programm - auch aus diagnostischer Sicht - eine erheblich bessere Beurteilung der MR-Mammographien möglich ist. Durch die Verwendung des DICOM-Protokolls und der damit verfügbaren Umgebung konnte die Akzeptanzschwelle zur Verwendung des Programms bei dem medizinischen Fachpersonal erheblich verbessert werden.

Java als verwendete Plattform hat sich von daher bestätigt, daß *Meiji* auf verschieden Plattformen verfügbar ist. Verwendet wurde *Meiji* bislang unter den Betriebssystemen Solaris, Windows NT und LINUX. Bei der Aktualisierung der jeweils verwendeten Java-Version traten zum Teil jedoch erheblich Probleme auf. Auch war das Debuggen des Progammes während der Entwicklung etwas problematisch, da in Java viele Operationen automatisch angestoßen werden, was der Entwickler nur schwer überblicken kann. Eine weitere Erfahrung mit Java ist, daß die Initialisierung von Objekten sehr lange dauert, jedoch nach der Initialisierung die Geschwindigkeit der Programmausführung durchaus zufriedenstellend ist. Ein Problem ist ferner die Speicherverwaltung in Java. So ist es für die medizinischen Bildverarbeitung problematisch, daß belegter Speicher nicht explizit freigegeben werden kann.

4Literatur

1. Kaiser W: MR Mammography (MRM). Springer-Veralg, Berlin, 1993.
2. Fischer H, Otte M, Ehritt-Braun C, Buechert M, Peschl S, Hennig J: Local Elastic Motion Correction in MR-Mammography. In Proc. ot the Inermational Society for Magnetic Resonance in Medicine, 6th Scientific Meeting (Sydney), 725, 1998.
3. Egenter S: Auswertung und Segmentierung von MR-Mammographie-Daten. Diplomarbeit, Institut für Informatik, Universität Freiburg, 1998.

Haptisches Rendering in der Operationsplanung

Christoph Giess, Harald Evers, Hans-Peter Meinzer

Deutsches Krebsforschungszentrum, Abt. MBI / H0100
Im Neuenheimer Feld 280, 69120 Heidelberg
Email: ch.giess@dkfz-heidelberg.de

Zusammenfassung. Dieses Paper präsentiert unsere laufende Arbeit auf dem Gebiet der Operationsplanung unter Verwendung eines PHANToM Force Feedback Devices. Der bisherige Einsatz kraftreflektierender Eingabegeräte in der Medizin beschränkt sich vorwiegend auf die Operationssimulation. An Hand von zwei Szenarien aus der Herz- und Leberchirurgie werden Möglichkeiten der Verwendung dieser Geräte in der präoperativen Planung aufgezeigt sowie unser Design eines haptisch unterstützten Segmentiertools beschrieben.

Schlüsselwörter: Haptisches Rendering, Segmentierung, Operationsplanung

1 Einleitung

Der Einsatz von haptischen Eingabegeräten in der Medizin beschränkt sich vor allem auf die Simulation von Operationen. Durch das in der letzten Zeit stark angewachsene Interesse im Soft Tissue Modelling werden die Grundlagen für eine realistische Simulation geschaffen. Notwendig für deren Einsatz mit patientenspezifischen Daten ist eine Überführung der radiologisch gewonnenen Daten in das der Simulation zugrundeliegende Modell. Diese Segmentieraufgabe ist bis heute nur unzureichend gelöst. Wir präsentieren in diesem Paper einen neuen Ansatz, der ein haptisches Eingabegerät zur Unterstützung des Segmentierprozesses verwendet.

2 Das PHANToM Force Feedback Device

Das von uns verwendete Force Feedback Device (PHANToM 1.0 von SensAble Technologies) besitzt sechs Freiheitsgrade, von denen drei mit Motoren steuerbar sind (Bild 1 links mit Zeiger des rechten Devices). Dieses ermöglicht dem Anwender, Form und Textur virtueller Objekte mit Hilfe des am Ende des Devices angebrachten Zeigers zu ertasten. Die Einschränkung auf drei aktive Freiheitsgrade läßt nur die

Bild 1: Das eingesetzte PHANToM Force Feedback Device

Modellierung eines Punktkontaktes [1] zu, was sich als ausreichend für die von uns zu modellierenden Aufgaben erwiesen hat.

Wie in der Computergraphik können auch bei der Berechnung der auf den Benutzer rückwirkenden Kräfte (haptic rendering) zwei Verfahren unterschieden werden: Oberflächen- und Volumenrendering. Die Repräsentation der Daten beim haptischen Oberflächenrendering gleicht der zum visuellen Rendering verwendeten Datenstrukturen (z.B. OpenInventor).

Zur Kraftberechnung beim haptischen Volumenrendering werden n-dimensionale Arrays verwendet, welche mehrere Objekteigenschaften enthalten können. Die von uns eingesetzten Daten besitzen jeweils drei Dimensionen. Die Anzahl der Objekteigenschaften unterscheidet sich in Abhängigkeit von der die Daten erzeugenden Modalität. Bei CT-Daten ist dies die Dichte, bei Doppler-Ultraschall sind dies Echo-Intensität, Flußgeschwindigkeit und Turbolenz.

3 Einsatzmöglichkeiten

In der medizinischen Bildverarbeitung besteht häufig die Notwendigkeit zum manuellen Eingriff durch den Anwender. Begründet ist dies einererseits in der hohen Komplexität medizinischer Daten und zum anderen können die vom Computer berechneten Ergebnisse nur als Vorschlag dienen. Der Anwender (Arzt) muß zu jeder Zeit die Möglichkeit besitzen, Änderungen vornehmen zu können. Aus laufenden Projekten in unserer Arbeitsgruppe, welche im folgenden exemplarisch skizziert werden, leiten sich einige grundsätzliche Anforderungen für ein haptisch unterstütztes, direkt in 3D arbeitendes, interaktives Segmentiersystem ab.

3.1 Planung der Resektion von Lebertumoren

Von [2] wurde ein Planungssystem zur Resektion von Lebertumoren entwickelt. Die dreidimensionalen Daten der kontrastmittelverstärkten CT-Aufnahme werden dabei in drei Schritten verarbeitet:
- Klassifikation des Leberparenchyms, der Gefäßbäume und des Tumors
- Bestimmung der Lebersegmente basierend auf den vorverarbeiteten Gefäßbäumen
- Berechnung der erhaltenen Leberparchenchymmasse nach einer Resektion.

Die Klassifikation der verschiedenen Gewebe wird gegenwärtig mit Hilfe von VolMes [3] in 2D durchgeführt. Dieses Programm beinhaltet verschiedene Segmentieralgorithmen sowie Korrekturmöglichkeiten nach einer Falschklassifkation. Ein geübter Anwender benötigt jedoch zur Klassifikation der ca. 180 Schichten bis zu 3 Stunden. Automatische Algorithmen, die die notwendige Anforderung an die Genauigkeit erfüllen, sind bisher nicht vorhanden. Eine Segmentierung direkt in 3D würde diesen Prozeß erheblich beschleunigen.

Aufgrund der beschränkten Auflösung der Daten können bei der Rekonstruktion der Gefäßbäume Fehler auftreten. Diese bestehen in fehlenden oder falschen Verbindungen der einzelnen Äste. Diese Fehler müssen ebenfalls manuell korrigiert werden.

Aus den korrigierten Daten wird ein Modell der Lebersegmente erzeugt. Dieses Modell besteht aus Ebenen, die jeweils benachbarten Segmente voneinander trennen. Dieser Prozeß erfolgt automatisch, sollte jedoch vom Arzt überprüft und nachträglich noch angepaßt werden können.

3.2 Segmentierung von Herzdaten

In [4] wurde ein adaptiver Algorithmus zur Segmentierung von MR und EBT-Aufnahmen des Herzes vorgestellt. Die "edge controlled three-dimensional region growing method" benötigt als einzige Benutzerinteraktion die Eingabe eines Startpunktes sowie einige Konturpunkte der zu segmentierenden Organe.

Zur Segmentierung des Herzklappenringes wie in [5] beschrieben wird der Benutzer ebenfalls benötigt, um interaktiv einige Konturpunkte im 3D-Raum zu markieren.

3.3 Allgemeine Anforderungen

Aus den in den vorigen Kapiteln beschrieben Szenarien lassen sich folgende Aufgaben ableiten, welche durch ein interaktives 3D-Segmentierprogramm unterstützt werden müssen:

- Markierung einzelner Punkte im Volumen
- Starten von benutzerdefinierten Funktionen ausgehend von der aktuellen Position
- Manipulation von Overlays, die durch Oberflächenelementen beschriebenen werden

4 Systemdesign

Zusätzlich zu den allgemeinen Anforderungen sind bei der Verwendung des PHANToMs technische zu berücksichtigen. Die Berechnung der rückwirkenden Kräfte muß mit mindestens 1000 Hz erfolgen, um ein befriedigendes taktiles Feedback zu erzeugen. Diese Wiederholrate muß ständig gewährleistet werden, da das Device bei einem Unterschreiten aus Sicherheitsgründen abgeschaltet wird.

Parallel zu der Kraftberechnung ist die Graphik mit interaktiven Wiederholraten (~25Hz) darzustellen, und es sind anwendungsspezifischen Algorithmen auszuführen. Desweiteren sollte das gesamte System für einen Einsatz in der klinischen Routine auf einer kostengünstigen Hardware lauffähig sein.

Erreicht wird dies durch eine Trennung von haptischem Rendering und der Anwendungsapplikation wie in Bild 2 dargestellt. Die Grundlage dafür bildet die von Mayer [6] entwickelte Client/Server Architektur für Bildverarbeitungssysteme. Die Integration der PHANToM Steuerungskomponente in den Bildverarbeitungsserver ist notwendig, da in diesem die zur

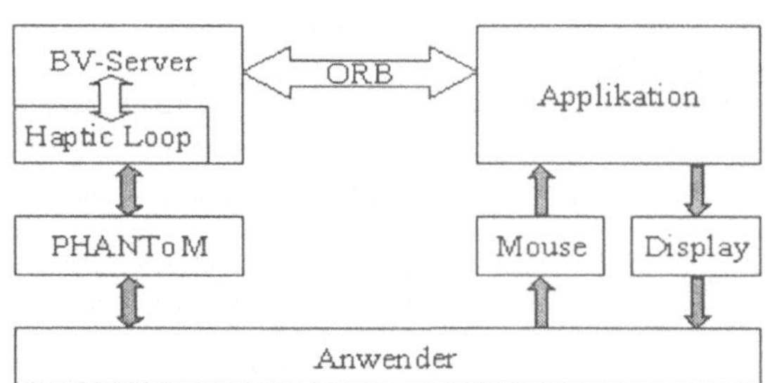

Bild 2: Design des Gesamtsystems

Kraftberechnung benötigten Daten verwaltet werden. Zudem ermöglicht dieses Konzept den Entwicklern von Anwendungsapplikationen die Verwendung der bereitgestellten Funktionalität ohne Kenntnisse über haptisches Rendering. Als Schnittstelle zwischen den Komponenten wird CORBA verwendet, welche eine einfache, plattform- und programmiersprachenunabhängige Implementierung von Anwendungsapplikationen gewährleistet.

4.1 Kraftberechnung

Der erste Ansatz zum haptischen Volumenrendering wurde von Avila [7] vorgestellt. Dieser verwendet bereits segmentierte MR-Daten. Jedem Voxel werden dabei fünf verschiedene Eigenschaften zugeordnet, aus welchen die rückwirkende Kraft berechnet wird.

Für unsere Anforderungen wurde das Verfahren weitgehend modifiziert. Als Eingabe können jetzt beliebige dreidimensionale Datensätze verwendet werden. Die Kraftberechnung basiert dabei auf den Grauwerten, den Gradienten an der aktuellen Zeigerposition sowie der Geschwindigkeit, mit welcher der Zeiger bewegt wird.

Für ein gleichmäßiges aktiles Feedback ist eine trilineare nterpolation der Grauwerte notwendig. Um feine Strukturen ertasten zu können, wurde der Samplingabstand der Gradienteberechnung frei wählbar gestaltet. Für Daten unterschiedlicher Modalitäten hat sich eine unterschiedliche Gewichtung der einzelnen Komponenten zur Kraftberechnung als notwendig erwiesen. Diese Gewichtung kann, wie alle anderen Parameter der Kraftberechnung, vom Benutzer modifiziert werden.

Virtuelle Hilfselemente werden mittels „Mass-Spring-Model" [1] modelliert. Die Kombination der Kräfte aus Volumen- und Oberflächenrendering kann frei gewichtet werden. Damit ist es möglich, Strukturen aus dem Datenvolumen als Führung bei der Manipulation von virtuellen Hilfselementen zu verwenden.

4.2 Graphische Darstellung

Als unverzichtbar für ein effizientes Arbeiten hat sich ein kohärentes visuelles und taktiles Feedback erwiesen. Die Visualisierung der Volumendaten erfolgt durch das im Bildverarbeitungsserver integrierte Heidelberger Raytracing Modell [8]. Aus Performancegründen wird während der Berechnung einer neuen Ansicht das haptische Rendering abgeschaltet. Die Darstellung der virtuellen Hilfselemente, inklusive des virtuellen Zeigers, erfolgt auf Clientseite durch OpenGL. Mittels eines Z-Buffer-

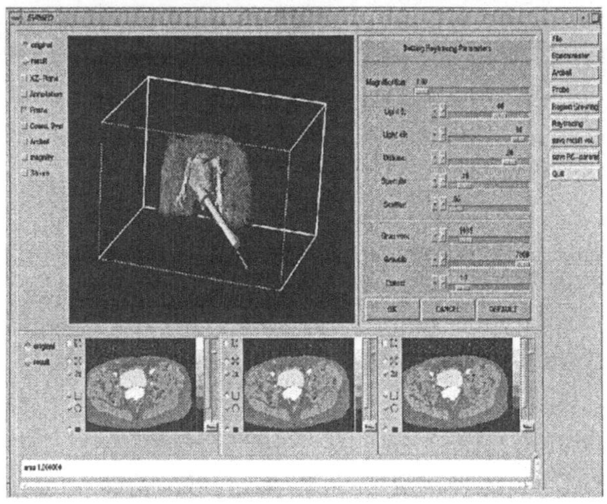

Bild 3: Ansicht des Prototypes

Mergings werden beide Darstellungen überlagert.

Die Viewingparameter des Raytracing Modells sind interaktiv anpaßbar. Jede Änderung der Ansicht auf das Volumen ändert gleichzeitig die Parameter für das haptische Rendering. Die Daten, welche der Benutzer am Monitor sieht, sind immer auch fühlbar (Bild 3).

5 Status und Ausblick

Bei unserem ersten Prototyp können der Bildverarbeitungsserver und die Anwendunsapplikation gleichzeitig auf einer SGI Indigo^2 mit einem MIPS R4400 Prozessor und Maximum Impact Graphikkarte mit ausreichender Performance ausgeführt werden. Die ersten Tests [6] zeigten neben einigen noch zu verbessernden Details des visuellen und haptischen Renderings die prinzipiellen Vorteile einer haptisch unterstützten Segmentierung in 3D.

6 Literatur

1. Massie TH: Initial Haptic Explorations with the PHANToM: Virtual Touch Through Pointer Intraction. Master´s Thesis, Department of Electrical Engineering and Computer Science, Massachusetts Institute of Technology, 1996.
2. Glombitza G, Lamadé W, Demiris AM, Göpfert M, Mayer A, Bahner ML, Meinzer HP: Technical Aspects of Liver Resection Planning. in Cesnik B, McCray AT, Scherrer JR (eds). MedInfo`98; 9th World Congress on Medical Informatics. Amsterdam: IOS Press: 1041-1045, 1998.
3. Demiris AM, Cardenas CE, Meinzer HP: Eine modulare Architektur zur Vereinfachung der Entwicklung klinischer Bildverarbeitungssysteme. in Lehmann T, Metzler V, Spitzer K, Tolxdorff T (eds). Bildverarbeitung für die Medizin 1998 - Algorithmen Systeme Anwendungen: Springer: 184-188, 1998.
4. Makabe MH, Albers J, Schroeder A, Heiland M, Vahl CF, Meinzer HP: Adaptive segmentation and standardized visualization of aortic stenosis in tomographical image data for cardiac surgery planning. in Lemke HU, Vannier MW, Inamura K, Farman AG (eds). CAR´98 - Computer Assisted Radiology and Surgery. Amsterdam, Elsevier: 753-758, 1998.
5. Glombitza G, De Simone R, Evers H, Giess C, Meinzer HP, Vahl CF, Hagl S: Comparison of different methods for three-dimensional segmentation of cardiac structures. Echocardiography 15(8): S69, 1998.
6. Mayer A, Meinzer HP: High Performance Medical Image Processing in Client/Server-Environments. Computer Methods and Programs in Biomedicine, (in print).
7. Avila RS, Sobierajski LM: A Haptic Interaction Method for Volume Visualization. Proc. Visualization`96: 197-204, 1996
8. Meinzer HP, Meetz K, Scheppelmann D, Engelmann U, Baur HJ: The Heidelberg Raytracing Model. IEEE Computer Graphics & Applications, 11(6): 34-43, 1991.

Autorenverzeichnis

Stichwortverzeichnis